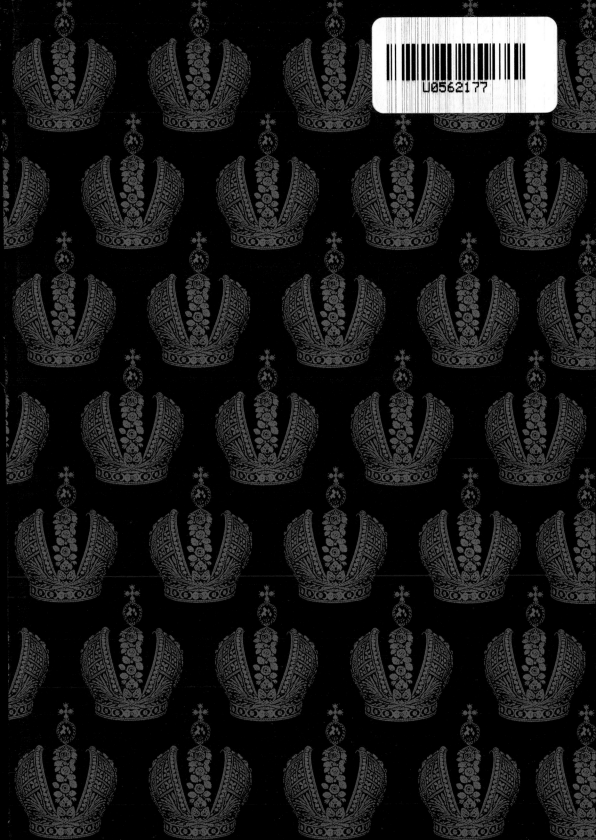

U0562177

《叶卡捷琳娜二世加冕肖像》
叶卡捷琳娜二世在加冕典礼上所穿礼服，银缎长袍上用金线绣有170多个俄罗斯双头鹰盾徽纹样。

《1762年9月22日叶卡捷琳娜二世加冕登基》

《叶卡捷琳娜二世在正义女神神殿中的肖像》

《叶卡捷琳娜二世在皇村散步》

书，当然要每日读。

书 · 美好生活
Book & Life

叶卡捷琳娜大帝
通往权力之路

[美] 罗伯特·K.迈锡 著 徐海帽 译

全新
修订版

Catherine
THE GREAT

PORTRAIT OF A WOMAN

北京时代华文书局

目　录

第一部分　德意志公主

第二部分　痛苦的婚姻

第三部分　诱惑，母亲，对峙

第四部分　"是时候了！"

第五部分　俄国女皇

第六部分　波将金与男宠

第七部分 "我的名字是'叶卡捷琳娜二世'"

第一部分

德意志公主

第一章

索菲娅的童年时光

18世纪的德意志，诸侯割据，上流社会充斥着各种默默无闻、穷酸吝啬的贵族，他们的身影无处不在。安哈尔特-泽布斯特公国[1]的克里斯蒂安·奥古斯都亲王[2]跟这些人没有什么分别。他没有什么过人之处，不过倒也并非一个令人担心的恶棍。事实上，他继承了容克[3]阶层实实在在的品质——绝对地服从、自律、刚正、节俭、虔诚，并且对他人的是是非非、风流韵事以及印刷品上的各种消息都毫不动容。总体而言，他对自己生活之外的世界很漠然。克里斯蒂安·奥古斯都出生于1690年，在效力于普鲁士国王腓特烈·威廉一世的军队期间成了一名职业军人。在对瑞典、法国和奥地利的战斗中克里斯蒂安·奥古斯都一直恪尽职守，不过他并没有在战场上建立多少功勋。他从未飞黄腾达过，也不曾停滞不前。据说国王曾经把自己麾下这名忠诚的指挥官叫作"泽布斯特的白痴"，尽管如

---

[1] 安哈尔特-泽布斯特公国（Anhalt-Zerbst），现今德国撒克逊－安哈尔特下辖的一个地区，撒克逊－安哈尔特则是德国的一个州，州府在马格德堡。它与下撒克逊州、勃兰登堡州、撒克逊州和图林根州相邻。（本书所有页下注均为译者注。）

[2] 克里斯蒂安·奥古斯都亲王（Christian Augustus，1690年11月29日—1747年3月16日），德国安哈尔特王族的成员，先后统治安哈尔特-多恩堡和安哈尔特-泽布斯特地区。

[3] 容克（Junker），指无骑士称号的青年贵族，后用途扩大指普鲁士贵族和大地主。起源于16世纪，在第二次世界大战后基本消亡。在德国文献中容克被分为作战容克、宫廷容克、议院容克和乡村容克等四种类型。在德国历史上真正起过较大作用的是乡村容克。

此，战争结束后，国王还是擢升他为步兵团团长，驻防斯德丁[1]，该地是普鲁士王国新近从瑞典王国攫取到的一片土地。当时，瑞典控制着波美拉尼亚[2]位于波罗的海沿岸的地区。驻守在斯德丁的克里斯蒂安·奥古斯都一直保持着单身汉的身份，不过到了1727年，三十七岁的亲王还是听从了家人的意见，决意娶妻生子了。他穿上最精致的蓝色制服，挂上锃亮的佩剑，迎娶了当时年仅十五岁的约翰娜·伊丽莎白公主。完婚之前，亲王对这位荷尔斯泰因–戈托普公国的公主几乎一无所知，他俩的结合完全由两方家长一手包办。这桩婚事令亲王的家人大喜过望，首先婚姻可以确保安哈尔特–泽布斯特家族后继有人，其次从门第上来看亲王家显然是高攀了。

这段婚姻是一场悲剧，夫妇俩的年龄差距导致了很多问题的出现。通常来说，妙龄女子同中年男人的结合总是出于各种综合因素的考虑。约翰娜出身良好，家族算不上大富大贵，不过也属于殷实的富户。童年刚一结束，她的双亲在没有征得她本人同意的情况下便为她甄选了一位可敬的男人做她的夫婿，这个男人的年龄几乎是她年龄的三倍。对此，约翰娜毫无选择的余地。更令人灰心的是这对夫妇的性格和脾气几乎可以说是背道而驰。克里斯蒂安·奥古斯都单纯坦诚，严肃呆板，不喜欢社交，也不喜欢铺张浪费；而约翰娜则是一个头脑复杂、活泼好动的人，喜欢寻欢作乐和奢华的生活。她是一个公认的美人儿，一双弯弯的眉毛，一头金色的卷

[1] 斯德丁（Stettin），即今天的什切青，位于波兰西北部，奥德河下游，北面靠近波罗的海的斯德丁湾和波美拉尼亚湾，波兰的第二大海港，西波美拉尼亚的首府，从中世纪后期，直到第二次世界大战结束（1945年）之前，该市居民几乎全是德国人，并采用德文的市名"斯德丁"，后划归波兰。

[2] 波美拉尼亚（Pomerania），中欧的一个历史地域名称，位于现今德国和波兰北部，处于波罗的海南岸，主要河流包括维斯瓦河、奥德河和雷克尼茨河。从962年到1181年是波兰的一个省，1181年一直到1806年，此地成为神圣罗马帝国的一部分。它亦曾是波美拉尼亚公爵的采邑；波兰、丹麦、撒克逊、勃兰登堡、普鲁士和瑞典多国也一度统治该地。神圣罗马帝国解体后，波美拉尼亚成为普鲁士王国的一部分，后来并入德意志帝国。第二次世界大战后，此地分别为德国与波兰所有。波美拉尼亚的主要都市有格但斯克和什切青等。

发，浑身上下充满了魅力，而且她总是急切地试图取悦众人，这一切让她轻而易举地就俘获了众人的目光。只要身边有人，约翰娜就觉得应该让大家为自己倾倒。不过随着年龄的增长，她需要付出的努力也越来越多了，因为她的缺点很快地暴露了出来。那些喋喋不休轻松愉快的闲谈暴露出她的浅薄，而且一旦受到打击，她的魅力就会消失，取而代之的是一脸的躁怒，随即她的火暴脾气就爆发了。约翰娜一直很清楚自己之所以这样无非是因为自己的婚姻是一个可怕的错误，而且这段婚姻让她根本无从逃避。

第一次看到新婚丈夫为她在斯德丁购置的宅邸时约翰娜就意识到了这一点。在整个青少年时期，约翰娜一直过着锦衣玉食的生活。她的家族是荷尔斯泰因家族中不太显赫的一支，她的父亲是路德教在吕贝克[1]地区的主教，家里总共育有十二个孩子，约翰娜被过继给她的教母——无嗣的布伦瑞克公爵夫人——抚养。在那个德意志北部地区最为奢华的宫廷中，约翰娜早就习惯了华丽的礼物、众多的仆从、舞会、歌剧、音乐会、焰火表演、集体狩猎，以及没完没了的闲言碎语。

约翰娜的新婚丈夫，职业军人克里斯蒂安·奥古斯都靠着微薄的军饷勉强度日，根本无法维持约翰娜的任何一项爱好，他最多也就只能竭尽全力保证有一座像点样的青石房。那座房子坐落在一条卵石铺筑的小巷里，小巷常年经受着风吹雨淋。四面环绕着城墙的斯德丁是一座要塞小镇，向北可远望到一片荒凉的大海。整座小镇充满了死板的军事气氛，在这个地方找不到多少乐子，也享受不到富贵安逸的生活，就连一点点社交圈的风雅之事都看不到。生活在驻防区的太太们过着单调的生活，而镇子里那些军官夫人的生活就更加平淡了。一个充满朝气的年轻女子，之前还沉浸在

---

[1] 吕贝克（Lubeck），位于现今德国石勒苏益格－荷尔斯泰因州的吕贝克市，典型的中世纪山地城市。自1143年建城至今，一直是欧洲著名的港口及商业城市。

布伦瑞克宫廷的奢华与各种消遣中，转眼间就得在他人的安排下靠着丈夫那微薄的收入过日子；清教徒般的丈夫全身心投入军队生活中，热衷节俭，擅长下达命令，却无法跟他人进行正常的交流，此外他还一心巴望妻子能够实现他对这桩婚事所寄予的希望，为他产下一男半女。约翰娜尽了自己最大的努力，虽然不开心，但她还是履行着妻子的职责，可是在内心深处她无时无刻不渴望着重获自由，远离乏味的丈夫，摆脱贫困，逃离狭隘粗鄙的斯德丁，她一直认为自己理应过着更好的生活。就在婚后十八个月的时候，她怀孕了。

十六岁的约翰娜还没有做好为人母的准备，面对这次怀孕，她只是一味地龟缩在自己的白日梦里。她憧憬着这个孩子将延续自己过去的生活，他们最终将有能力搬到大城市去，她自己也会徜徉在一条条宽阔的大道上，好让自己过去那些个夙愿得以实现。在她的白日梦里，约翰娜想当然地认为自己这次怀的，即她的头生子一定是个男孩，这个孩子将继承他父亲的爵位。更为重要的是，这个孩子必定相貌堂堂，超凡脱俗，在约翰娜的引导下，他将拥有光辉灿烂的职业生涯，约翰娜也将同他一道分享他的荣耀。

1729年4月21日凌晨两点半，在波罗的海灰暗阴冷的拂晓时分，约翰娜分娩了，然而小家伙却是一个女孩。面对这种现实，克里斯蒂安·奥古斯都没有约翰娜那么消极。约翰娜勉勉强强地和丈夫一起给孩子取了名字——索菲娅·奥古斯塔·弗雷德里卡，然而从一开始她就对这个孩子没有或者说没有表现出母爱。约翰娜不曾给年幼的女儿喂过奶，也没有爱抚过她，甚至从来没有照看过摇篮，也没有抱过她。实际上，她急急忙忙地将孩子丢给了用人和奶妈们。

有人解释说这是分娩过程害得约翰娜差点丢了性命，因为在索菲娅出生十九个星期后她尚未成年的母亲仍旧卧床不起。还有一种解释是说约翰娜当时年纪尚轻，对生活仍旧怀揣着一大堆炫目的抱负，而梦想成真的那一天却遥不可及。然而，真正的深层原因其实还在于这是个女孩，而不是男孩。具有讽刺意味的是，当时约翰娜没能意识到，这个女孩的降生才是她这一生至高无上的成就。倘若降临人世的是约翰娜满心期待的男孩，而且这个男孩能够长大成人，那么他将继承父亲的爵位，成为安哈尔特–泽布斯特亲王，这样一来俄罗斯的历史就会改头换面，而约翰娜·伊丽莎白为自己在历史上赢得的那一点位置也将不复存在。

在长女出生后十八个月的时候约翰娜又产下一子，她一心扑在了这个孩子的身上。在发现第二个孩子——威廉·克里斯蒂安——的身体存在着严重的缺陷时，约翰娜对这个孩子就更加疼爱了。饱受佝偻病折磨的男孩令约翰娜着魔，她溺爱他，一味地宠着他，几乎无时无刻不盯着他，她把不曾给予过女儿的爱一股脑地倾注在这个儿子身上。索菲娅之前就非常清楚自己的出生令母亲很失望，而现在又目睹母亲对弟弟无微不至，将温柔的亲吻、爱抚和喃喃细语全都给了弟弟，而她只能在一旁看着。当然，对于母亲而言，如果自己的孩子中有人患有残疾或者慢性疾病，那么在这个孩子身上多花费一点心血并不为过，而家里其他孩子对母亲这种有失均衡的爱心怀憎恶也同样很正常。然而，早在威廉·克里斯蒂安出生之前约翰娜对索菲娅的排斥就已经存在了，弟弟的出生让母亲对她的排斥更加强烈了，母亲的偏心给索菲娅的心里留下了永远无法弥合的伤口。在父母对孩子有所偏爱的家庭里，大多数受到排斥或者忽视的孩子都会多多少少有些像索菲娅那样，为了避免受到伤害她不向他人流露自己的真实情感，她什么都得不到，同时家人对她也不抱什么期望。小威廉只是理所当然地接受了母亲的爱，母亲的过失与他毫不相干。尽管如此，索菲娅还是对他充满了恨意。四十年后，在撰写《回忆录》的时候，索菲娅的心中仍旧沸腾着对威廉的愤恨：

他们告诉我有人欢天喜地地等待着我的降生……父亲把我当作天使，而母亲则丝毫没有注意过我。一年半后，她（约翰娜）生下了一个儿子，她将这个孩子视若掌上明珠。我忍受着这一切，却经常遭到不公的怒斥。我无法理解这一切究竟是怎么一回事。

正因为如此，在《回忆录》中叶卡捷琳娜只提到威廉·克里斯蒂安逝于1742年，终年十二岁。随后，叶卡捷琳娜冷漠地用寥寥数语对他做了一番记述：

他只活到了十二岁，死于斑疹热（即猩红热），直到去世后才查明让他拄着双拐的病因。由于斑疹热，加之于他身上的各种治疗都无法见效，为了这个病他们找遍了全德意志最著名的医生。医生建议将他送到巴登和卡尔斯巴德[1]去泡温泉，然而每次回来时他还是跟出发前一样跛着脚。随着身高的增长他的腿也相应地越长越细。在他死后，经过尸体解剖人们才发现他的臀部错位了，这种状况应该是在他的婴儿时期就出现了……他的过世令我的母亲伤心欲绝，全家人都不得不陪着她一起痛苦。

这种怨恨仅仅意味着索菲娅对母亲极大的愤慨，约翰娜无遮无拦的偏心对幼年的索菲娅所造成的伤害在索菲娅的性格中留下了深深的烙印。在童年时代遭到的排斥可以帮助我们理解长大成人后为何索菲娅始终不断地寻求着自己曾经缺失的东西。即便在成为叶卡捷琳娜女皇之后，在其独裁统治的巅峰时期，她也仍旧希望人们不单单只是钦慕她非凡的智慧，或者

---

[1]　巴登（Baden）和卡尔斯巴德（Karlsbad）均位于现今德国境内的巴登–符腾堡州，巴登是一处有名的温泉疗养地。

因为考虑到女皇的身份而对她毕恭毕敬，她始终都在谋求最基本的人与人之间的温情，正如弟弟从母亲那里得到，而她却不曾得到过的温暖一样。

在18世纪，就连那些小公国的君主们都要力求在马车、服饰等各个方面彰显出自己的身份和地位。贵族家庭出身的孩子身边有保姆、女家庭教师、男教师以及各种指导者来照顾他们，教授他们音乐、舞蹈、骑术和宗教等方面的知识，对他们进行训练，以确保他们的仪态、举止和信仰能达到欧洲宫廷的标准。首先要学的就是礼仪，年幼的学生们不断地练习着鞠躬和屈膝礼，直到能够不假思索地做出最标准的动作。语言的学习是重中之重，法语是全欧洲知识界的通用语言，年轻的亲王和公主们必须具备这种语言的听说读写能力。当时，德意志贵族普遍认为德语过于粗俗。

在这段时期，索菲娅的女家庭教师伊丽莎白·芭贝特·卡德尔对索菲娅的生活产生了至关重要的影响。芭贝特这个法国人是胡格诺派[1]的信徒，她认为尊崇新教的德意志比以天主教为国教的法国更安全，也更投合自己的脾气。索菲娅的教育就被托付给了这个女人。芭贝特很快就意识到自己的学生之所以频频与人发生冲突是因为她经受着孤独的折磨，这个小女孩渴望受到鼓励和来自他人的温暖。芭贝特满足了索菲娅，她还竭尽全力地凭借着法语的逻辑性、微妙性，以及这门语言所富有的机智和生动培养起索菲娅对法语的热爱。索菲娅对法语的喜爱始终都没有消失过。法语课从最初的《拉封丹[2]寓言》教授到法国剧作家高乃依、拉辛和莫里哀的作品。后来索菲娅认定其实当时大部分时间里她都只是在死记硬背："很早就有人注意到我有个好记性，因此我一直饱受着背诵的折磨。现在我的手边还保留着一本德语版的《圣经》，在那本《圣经》里，所有当时我必

---

[1] 胡格诺派，又译雨格诺派、休京诺派，是16—17世纪法国新教徒形成的一个派别，16—18世纪在法国长期遭到迫害，大批教徒逃往英格兰、普鲁士、荷兰或美洲等地。

[2] 让·德·拉封丹（1621年—1695年），法国古典文学代表作家之一，著名寓言诗人。

须背下来的章节下都画着红线。"

与牧师相比，芭贝特的教育方法已经算是很温和了。索菲娅的父亲是一个狂热的路德派教徒，他选中了瓦格纳这个迂腐的军队牧师充任女儿的宗教、地理和历史教师。瓦格纳的教学方法很死板，他只知道让学生不停地背课本，结果他的学生几乎什么都没有学到。在芭贝特的描述中这个学生完全就是一个"聪明的傻瓜"，她总是不断地问一些令人尴尬的问题——马可·奥勒留[1]这样伟大的先贤为何因为不知道基督的救赎就饱受没完没了的诅咒，而且他自己也得不到拯救？瓦格纳回答说这是上帝的旨意。对于创世纪之前的宇宙是怎样一副模样这个问题，瓦格纳的回答是"混沌世界"。索菲娅请老师给她讲述一下最初那个一团混沌的世界，瓦格纳就找不到答案了。当瓦格纳提到"割礼"这个词时，自然又引出了一个问题——这个词是什么意思？处在当时那个位置的瓦格纳恐惧极了，他拒绝回答这个问题。在详细解释末日审判的恐怖景象和得到拯救的困难时瓦格纳把自己的学生吓得"每天傍晚都要走到窗户跟前大哭一场"。不过第二天学生又会对老师进行反击——上帝的无限仁慈如何同末日审判的恐怖景象协调一致呢？瓦格纳一边嚷嚷着说这种问题根本就找不到合理的解释，凡是他教的她都必须毫无怀疑地接受下来，一边挥舞着手杖恫吓他的学生。芭贝特出面打断了他俩的争执。后来，索菲娅说："瓦格纳先生就是个榆木疙瘩，对此我深信不疑。"随后她又补充道："这一辈子我始终都乐于向温柔和理性屈服，压迫只会让我奋起抵抗。"

然而，索菲娅的音乐教师罗林先生无论是用柔情还是打压都对索菲娅

---

[1] 马可·奥勒留（121年—180年），罗马帝国最伟大的皇帝之一，公元161年至180年担任罗马帝国皇帝。代表作《沉思录》，是著名的"帝王哲学家"。

起不了什么作用。在后来给朋友弗雷德里希·梅尔基奥·格林男爵[1]的信中索菲娅写道："他总是带来一个长着一副公鸭嗓子的人，他让那个人在我的房间里唱歌。我听着那个人的歌声，心想'他叫唤起来活像一头公牛'。可是只要这个公鸭嗓子一开腔，罗林先生就总是欣喜地陪在他的身旁。"索菲娅对和声艺术缺乏鉴赏能力，在这方面她始终都没有得到多少改善。"我渴望听音乐，渴望享受到音乐的美妙之处，可是我的努力都付诸东流了。在我听来那都是些噪声而已。"索菲娅，即日后的叶卡捷琳娜在自己的《回忆录》中这样写道。

叶卡捷琳娜始终记得芭贝特对孩子的教育方式，多年后女皇倾吐出自己对芭贝特的感激之情："她灵魂高贵，富有教养，还有着一颗金子般的心灵。她耐心，温柔，开朗，公正，始终如一。简而言之，所有的人都希望为自己的孩子找到一位这样的女家庭教师。"在给伏尔泰的信中女皇自称为"卡德尔老师的学生"；1776年，四十七岁的女皇在给格林的信中又写道：

人无法随时猜透孩子们的心思，孩子们也很难被人理解，特别是在接受了全面的训练之后孩子们已经习惯于顺从他人的意志，经历过的一切让他们在同教师谈话时变得谨小慎微。您能从这里面明确地总结出一条原则吗？——不应对孩子进行过度的责骂，应该培养起他们对他人的信任，这样在我们面前他们才不会把自己那些愚蠢的想法埋藏在心底。

索菲娅表现得越独立，她的母亲就越担心她。约翰娜认定这个女孩品性傲慢，难以管束，为了能把她嫁出去，她身上的这些毛病必须去除。

---

[1] 弗雷德里希·梅尔基奥·格林（1723年—1807年），以法语写作而出名的德国作家，在当时的社交界非常活跃。

对小公国的公主们而言，婚姻是她们的唯一出路，约翰娜打定主意要把"骄傲这个魔鬼从她身上赶走"。约翰娜总是不停地跟女儿说她既丑陋又无礼。除非有人先同索菲娅说话，否则索菲娅不许吭声，也不许向大人表明自己的观点。她还被迫向每一位到访的女宾下跪，亲吻她们的裙摆。索菲娅没有违抗母亲的命令。虽然得不到关爱与认可，索菲娅还是对母亲毕恭毕敬，在母亲面前总是默不作声，顺从母亲的旨意，掩藏自己的想法。日后，人们看到更名为叶卡捷琳娜的索菲娅也用同样的恭顺掩饰着内心的骄傲，以此作为应对危机和威胁的慎重而有效的手段。在威胁之下，索菲娅用驯服和顺从以及暂时性的屈服包裹着自己。芭贝特在这方面同样也给索菲娅做出了示范。这位出身高贵的女性接受了自己作为家庭教师的低下地位，但仍旧设法保持着自重、尊严和骄傲，这些品质使这位女教师在索菲娅的眼中比她的母亲更值得她尊敬。

从表面上看，当时的索菲娅总是兴高采烈，她脑袋里源源不断冒出来的好奇心是一方面的原因，此外她充沛的精力也起到了作用。索菲娅需要大量的锻炼，同芭贝特在公园里散步无法满足她的要求，因此她的父母允许她跟镇子里的其他孩子一道玩耍。没花费多少工夫索菲娅就成了孩子王，这并非单纯是因为公主的身份，索菲娅天生就具有领袖气质，她凭借着自己的想象力设计出来的那些游戏赢得了所有孩子的喜爱。

终于，身为边防指挥官的克里斯蒂安·奥古斯都被擢升为斯德丁镇的统治者，借着这次的提拔他搬进了斯德丁中心广场上那座花岗岩城堡的翼楼里。住进城堡还是没能让约翰娜有所改变，她依然是一副闷闷不乐的样子，也仍旧无法接受命运对她的安排。她下嫁了。她曾梦想着光辉灿烂的生活，而现如今她只是边防小镇里的一个乡巴佬。在前两次生育之后她又生下了两个孩子———一儿一女——不过这两个孩子也同样没有带给她多少快乐。

约翰娜渴望逃离这一切，想起自己还有些权贵亲戚，她便打算求助于他们。从血统上来看，约翰娜是德意志最重要的家族之一荷尔斯泰因公爵家的一分子。她深信凭借着家族的地位，再加上自己的才智、魅力和活力她仍然还有机会爬上更高的位置。她开始花费大把时间频频给亲戚们写信，登门拜访他们，维护自己跟他们之间的联系。她经常去布伦瑞克公爵家，她的少女时代就是在这个挂着伦勃朗和凡·戴克画作的金碧辉煌的宫廷里度过的。此外，每年2月聚会盛行的季节她都要去柏林向普鲁士国王表达自己的敬意。约翰娜对权谋之类的事情充满了热情，就连德意志那些小公国里发生的阴谋都能引起她的注意，一听到诸如此类的流言蜚语她就感到兴奋，她总觉得自己能够在政治上的钩心斗角中大放异彩。然而，无论走到哪里约翰娜总是清楚地意识到自己只不过是显赫的亲戚们的一个穷亲戚而已，一个出身良好，然而婚姻生活却前景黯淡的小丫头。

在索菲娅八岁那年，约翰娜开始带着她一起外出了。为女儿找到合适的婆家是约翰娜的天职，就算在女儿年纪尚幼的时候着手操办也不会造成什么损害，她必须让外界知道斯德丁有一位日渐成熟的小公主。事实上，出门在外的日子里，"婚姻"成了母女俩之间最主要的话题。这时索菲娅已经年满十岁了，叔叔婶婶们经常把各个合适的丈夫人选挂在口头上。索菲娅从不反感跟母亲一道出行，相反她很喜欢出门。随着年龄的增长，她不仅越来越清楚地了解到这些探亲访友的目的，还对此满心欢喜。婚姻不但是她逃离母亲和家庭最好的出路，她还已经目睹过另外一种可怕的未来——终身未嫁的姨妈们的生活。德意志北部地区小贵族家庭里那些过剩的女性不是被打发到家族城堡最尽头的翼楼里生活，就是被永远安置在偏远的天主教女修道院里。索菲娅的母亲有不止一个境遇如此堪怜的姐姐，索菲娅记得自己就拜访过其中的一位。那位姨妈养了十六只哈巴狗，狗跟女主人吃住在同一间屋子里，完全不受约束，"而且，那间屋子里还住着很多大鹦鹉。谁都能想象得出笼罩在那间屋子里的是怎样一股气味"。

　　尽管索菲娅自己十分渴望出嫁，但是寻到一桩好婚姻的希望似乎非常渺茫。每年欧洲都会新产生出一批青春年少、正值适婚年龄的公主，对于当权的皇室和贵族家庭来说，其中绝大多数公主开出的条件都远比微不足道的泽布斯特家的要优厚得多，况且索菲娅也不是一个容貌超群的女孩。十岁的她相貌平平，长着一副尖削单薄的下巴，芭贝特曾经建议她注意收紧下颌。索菲娅明白自己的容貌存在着缺陷，后来她写道：

　　我不知道小时候的自己是不是一个丑八怪，但是我清楚地记得人们经常跟我说我很丑陋，因此我必须竭力展现内在的美德和聪慧。到了十四五岁的时候，我已经十分确信自己是个丑丫头了，所以我更关注如何具备内在的品质，尽量不去在意自己的容貌。十岁那年我看到过一幅自己的画像，倘若画像千真万确很像我的话，那么大家就说得没错，我的确是个丑八怪。

　　尽管前途黯淡，相貌平平，索菲娅仍旧跟随母亲走遍了德意志北部，旅行进一步丰富了她的"学业"，通过大人们嘴里的流言蜚语她了解了欧洲大部分皇室的家族渊源。在众多的访问中有一次格外有趣。1739年，十一岁的荷尔斯泰因公爵彼得·乌尔里希刚刚失去双亲，约翰娜的亲哥哥，即吕贝克亲王主教阿道夫·腓特烈被任命为小公爵的监护人。这个同约翰娜家族关系紧密的男孩日后很有可能飞黄腾达，他是俄罗斯沙皇彼得大帝唯一活下来的亲孙子，在整个家族里对于瑞典王国的王位他又具有第一继承权。而且，比索菲娅年长一岁的彼得还是她的小表哥。这个孩子刚被置于约翰娜哥哥的监护下，约翰娜就立即带着索菲娅拜访了一次亲王主教。在《回忆录》中还是索菲娅的叶卡捷琳娜称彼得·乌尔里希"令人愉快，教养良好，不过他嗜酒的毛病已经显露端倪了"。叶卡捷琳娜对这个十一岁孤儿的描述与实际情况相去甚远。实际上彼得·乌尔里希矮小纤弱，一副病态，长着一对金鱼眼，下颌短得几乎看不见，一头稀薄的金发耷拉在肩头，无论从情感还是从体格上看这个孩子都多少有些发育不良。他腼腆、孤僻，整日被一堆教师和军事教官包围着，跟同龄人没有接触。他不读书，却有着饕餮般的胃口。不过，就像每一位女儿待嫁闺中的母亲一样，约翰娜紧紧地盯着彼得·乌尔里希的一举一动，看到自己十岁的索菲娅跟他攀谈起来的时候约翰娜的心里乐开了花。随后，索菲娅就看到母亲跟姨妈们交头接耳地嘀咕了起来。尽管年仅十岁，索菲娅还是能够明白她们正在谈论自己跟这个陌生的男孩究竟有多少嫁娶的可能。索菲娅并不介意长辈们的议论，她已经信马由缰地幻想了起来：

我知道他迟早会成为瑞典国王，尽管我还是个孩子，但是王后的头衔在我听起来是那么的悦耳。自那时起，我周围的人就开始拿他跟我开起了玩笑，渐渐地我也习惯了，我觉得自己注定会成为他的妻子。

与此同时，索菲娅也日渐漂亮了。长到十三岁时，她变成了一个身材苗条的姑娘，长着一头深栗色缎子般的秀发，额头饱满，一双暗蓝色的眼睛闪闪发亮，翘起的嘴唇如蓓蕾一般，原本尖削的下颌也不那么明显了。在其他方面她也逐渐引起大家的注意。索菲娅不仅聪明，而且反应十分机敏，有人开始意识到她绝对不会是一个无足轻重的小姑娘。瑞典外交官亨宁·于伦伯里伯爵曾经在汉堡索菲娅的祖母家见过索菲娅，当时索菲娅的机智给他留下了深刻的印象。他当着索菲娅的面对约翰娜说："夫人，您并不了解这个孩子。我敢说您低估了她的聪慧和品格，因此我恳请您多留意一下您的这个女儿，无论如何她都应该得到您的关注。"约翰娜并没有被打动，但是索菲娅却永远记住了这番话。

　　索菲娅一直在想方设法赢得外人对她的喜爱，刚一学会这套本事她就颇有成效地将其利用了起来。但这并不是说她利用女性的特征来吸引别人的目光。索菲娅，即日后的叶卡捷琳娜从来都不是一个卖弄风情的女人，她希望自己能够激发的不是别人的性欲，而是对她的热情、认同和理解，就像亨宁伯爵对她的态度一样。她采用的手段并不出格，也很有节制，因此在外人看来她甚至有些傲慢。索菲娅清楚人们更喜欢倾诉，而不是聆听，更喜欢谈论自己，而不是别的话题，在这方面她那位可怜兮兮的、急于引起外界重视的母亲成了索菲娅绝佳的反面教材。

　　除此以外，索菲娅的内心还涌动着其他一些情绪，到了十三四岁的时候她的性意识已经苏醒了，夜晚回到自己卧室时不安分的精力常常搅扰得她十分焦躁。为了释放自己的情绪她就站在床上，用两条腿夹着一只敦实的枕头，想象着自己跨在马上"驰骋着，直到精疲力竭才罢休"。卧室外的女佣们听到动静进房查看时总是会看到索菲娅悄无声息地躺在床上，完全是一副沉睡的模样。"我从来没有被当场抓到过。"她说。面对外人她表现出了强大的自制力，因为她怀揣着一个压倒一切的迫切愿望——逃离自己的母亲。索菲娅明白摆脱母亲的唯一出路就是出嫁，为了梦想成真她必须结婚，而且她不仅只是找到一位夫婿，她更需要依靠这个男人来尽可能地提高自己的地位，让自己凌驾于约翰娜之上。

　　不过，这时候索菲娅正深陷于一场青涩的恋情中不能自拔。在十四岁那年，她同一位年轻英俊的舅父暧昧过一段很短的时间。舅舅乔治·路易斯比索菲娅年长十岁，含苞待放的外甥女浑身散发出来的朝气与纯真诱惑着这个油头粉面的骑兵军官向其大献殷勤。索菲娅在书中提到过这一小段浪漫史，因为乔治舅舅突然向她求婚，这段恋情便戛然而止了。当时她惊讶得目瞪口呆："我对爱情一无所知，而且也从来没有把爱情跟他联系在一起。"受宠若惊的索菲娅心存顾虑，毕竟这个男人是母亲的亲弟弟，"我的父母可不希望看到这样的婚姻"。乔治·路易斯告诉索菲娅家族血缘不会成为他俩之间的障碍，近亲通婚在欧洲贵族家庭中很普遍。索菲娅稀里糊涂地纵容着乔治舅舅继续追求自己。"当时他相貌俊朗，长着一双漂亮的眼睛，而且他很了解我的性格。我习惯有他陪在我的身旁。渐渐地，我就觉得他很吸引我，所以我也就不再躲避他了。"最后，索菲娅甚至差点接受舅舅的求婚，倘若"父母也赞同的话。当时，舅舅完全迷失在狂热的激情中，不放过任何一个拥抱我的机会，而且他很善于制造这样的机会。不过，除了吻了我几次，他的拥抱一向都很纯洁"。

　　索菲娅真的会为了当母亲的弟妹而将成为女皇的抱负抛之脑后吗？索菲娅的确犹豫过一阵子，或许她会放弃自己的野心，任由乔治·路易斯舅舅肆意妄为，最终嫁给他。然而，就在这一切尚未尘埃落定的时候索菲娅家接到了一封从圣彼得堡发来的信函。

第二章

召至俄罗斯

发自俄国的这封信函令泽布斯特家族的所有人都大吃了一惊，不过信中提到的事情正是约翰娜一直梦寐以求的事情。这位野心勃勃的母亲一边领着女儿遍访德意志北部各位小贵族，一边还忙着试图利用自己那些门第高贵的亲戚们来实现自己的梦想。长期以来，约翰娜家，即荷尔斯泰因家族与统治沙皇俄国的罗曼诺夫王朝保持着姻亲关系。索菲娅十二岁的那一年，即1741年，彼得大帝的小女儿伊丽莎白在11月间依靠一场午夜政变攫取了俄国皇位。新登基的女皇与荷尔斯泰因家族之间存在着牢固的情感纽带。首先，伊丽莎白钟爱的姐姐，彼得大帝的长女安娜嫁给了约翰娜的堂哥——荷尔斯泰因公爵查理·腓特烈。这桩婚姻的产物就是可悲的小彼得·乌尔里希。在彼得出生三个月之后安娜便过世了。

其次，伊丽莎白本人与荷尔斯泰因家族之间的关系更为亲密。在十七岁那年她曾和约翰娜的亲哥哥查理·奥古斯都定下了婚约。1726年，荷尔斯泰因的这位亲王前往圣彼得堡迎娶伊丽莎白。然而，就在距离大婚之日只剩几个星期的时候，这位原本可以成为新郎的亲王却在俄国的首都染上了天花，还未回国就逝世了。伤心欲绝的伊丽莎白此后一直都未能彻底消除心中的伤痛，因此，在她心中荷尔斯泰因家族基本上就等同于自己的家人。

突然听说一夜之间坐上了沙皇俄国皇位的就是这个伊丽莎白，约翰娜立即向这位曾经差点成为自己嫂子的女皇发去了贺信。伊丽莎白的回复和蔼亲切，信中洋溢着一片深情，两个家族之间的关系将进一步亲密起来。约翰娜的手头保留着一幅伊丽莎白过世的姐姐安娜的肖像画，女皇一心希望得到这幅画像。伊丽莎白致信自己"亲爱的外甥女"，询问能否将这幅画像交还给俄国，"外甥女"的母亲约翰娜欣喜若狂地答应了。没过多久，一位俄国驻柏林的大臣来到斯德丁，他给约翰娜送来了一幅伊丽莎白的袖珍画像，画像镶嵌在灿烂夺目的钻石相框里。仅那个相框就价值一万八千卢布。

看到跟俄国皇室的关系大有希望，约翰娜便打算继续强化这种关系。她带着女儿赶往柏林，在那里俄国的宫廷画师安东尼·皮斯尼为索菲娅绘制了一幅肖像，这幅画像将作为礼物送给女皇。画像没有丝毫出众之处，与皮斯尼呈现在画布上的大部分作品都没有什么区别，他为索菲娅绘制的这幅肖像画看上去就是一幅普普通通的18世纪妙龄少女的肖像。不过，当这幅画像送达圣彼得堡之后约翰娜还是收到令她称心如意的回复——"年轻公主那富于表现力的面容令女皇为之倾倒"。

随后，约翰娜便刻不容缓地着手加固两个家族间新产生的纽带。1742年年底约翰娜生下了第五个孩子，这是她的第二个女儿，索菲娅唯一的妹妹。刚一确定小宝宝的性别，约翰娜就立即致信女皇，她在信中宣称这个孩子将被命名为"伊丽莎白"，并请求女皇当孩子的教母。伊丽莎白不仅答应了约翰娜的请求，而且很快另一幅女皇的肖像画便被送到了斯德丁。这幅画像也同样被镶嵌在钻石相框里。

与此同时又出现了一连串同样令约翰娜心满意足的事情。1742年1月，荷尔斯泰因家的小彼得·乌尔里希突然在基尔消失了，随后又出现在圣彼得堡。这个父母双亡的小男孩被他的姨母伊丽莎白所收养，并被宣布为沙皇俄国的皇位继承人。三年前索菲娅曾与这个男孩见过一面，现如今他竟然成了未来的沙皇。彼得是约翰娜的亲戚，自然同索菲娅也存在血缘关系。到了1743年，又发生了一桩令约翰娜大吃一惊的好事。由于彼得·乌尔里希成了俄国皇位继承人，因此这位年幼的荷尔斯泰因亲王宣布放弃自己对瑞典王位的继承权。根据俄国与瑞典两国间的协定，伊丽莎白女皇有权为自己的外甥选择继任者。女皇选中了约翰娜的亲哥哥吕贝克亲王主教，即小彼得·乌尔里希的监护人阿道夫·腓特烈接替彼得，成为瑞典王位继承人。公告一经发布，继承权也交接完毕，再加上其他各种变化逐一落定之后，约翰娜突然发现自己被好运气团团围住了。她的运气好得甚至令人吃惊。由于天花，她失去了原本可以成为俄国新女皇丈夫的兄长，然而现在她又多了一位有朝一日将成为沙皇的亲戚，而且在世的哥哥也将成为瑞典国王。

　　妻子在想方设法地促进家族同圣彼得堡方面的交往，陪着女儿走遍德意志北部各公国，作为丈夫和父亲的克里斯蒂安·奥古斯都亲王则留守家中。五十四岁的亲王依旧恪守着自己朴素的生活方式，因为中风他的身体瘫痪了一阵子，不过最终还是痊愈了。他目睹着自己的官阶和地位一次次地得到提升。1742年7月，普鲁士新国王腓特烈二世又将他擢升为普鲁士军队的陆军元帅。同年11月，亲王同自己的兄长又联合继承了位于柏林西南方的小公国安哈尔特-泽布斯特的统治权。安哈尔特-泽布斯特四周围着中世纪的城墙，城内塔楼和带有山墙结构的房子也是中世纪时兴建的。克里斯蒂安·奥古斯都辞去原先的军职，离开了斯德丁，他带着全家搬到了泽布斯特，为自己两万臣民的利益全心全意地忙碌着。约翰娜多少有些满足，现在她成了德意志一个芝麻绿豆般大小的小公国的亲王夫人，掌握着这个公国的统治权，住在一座同样如芝麻绿豆般大小的巴洛克风格的王宫里。尽管同俄国女皇保持着通信联系，并且还经常拜访加官晋爵的亲戚们，但是约翰娜仍旧担心自己这一辈子就将这样悄无声息地流逝掉。

1744年1月1日这一天，就在全家人在城堡小教堂的祷告结束，刚坐下来开始享用新年晚宴的时候，一位信使给约翰娜送来了一封密信。约翰娜立即拆开了这封信。信来自圣彼得堡，发信人是荷尔斯泰因公爵——显然也是俄国皇位继承人——的大元帅奥托·布鲁默。布鲁默在信中写道：

鉴于女皇陛下（伊丽莎白女皇）的明令，我不得不告知夫人您，女皇希望您的长女，公主殿下，在公主您的陪伴下尽快动身前往俄国，并刻不容缓地赶到宫廷所在地。公主殿下聪慧过人，不会不明了女皇急于立即在此召见您及您女儿的真实用意。据说您的女儿非常可爱……同时，我们无与伦比的君主也明确要求我告知公主殿下您，无论如何亲王都将与你们同行。关于这件事，女皇陛下自有非常紧要的理由。我相信，公主殿下的一句话便可令我们非凡的女皇心满意足。

布鲁默在信中还提出了其他几项要求。他要求直到俄国边境的里加之前约翰娜一路上都要使用化名，如有可能她应当对此行的目的地守口如瓶，万一目的地被暴露，她应当向对方解释说此行是出于职责与礼节的需要，亲自向俄国女皇对荷尔斯泰因家族施与的慷慨表示感谢。为了保证约翰娜此行的用度，布鲁默还随信附上了一张由柏林一家银行开出的价值一万卢布的汇票。这封信并没有指明女皇此番召见的真实用意，不过几个小时之后，另外一位信使送达的信中说明了一切。第二封信来自普鲁士国王腓特烈二世，这封信同样也指明收信人仅为约翰娜。

我将不再隐瞒我对您以及您的女儿——小公主——长期以来怀有的敬意，除此以外我还要告诉您我一直希望能带给后者不同寻常的好运。我突然意识到或许有可能将她许配给她的表兄，俄国的彼得大公。

布鲁默明确地将克里斯蒂安·奥古斯都亲王排除在女皇的邀请名单之外，而腓特烈专门写给约翰娜的信——当然，他的来信令这位名义上的一家之主颜面尽失——则进一步让克里斯蒂安·奥古斯都亲王置身事外。两封信的措辞都清晰地表明涉及此事的所有人都相信无论克里斯蒂安·奥古斯都亲王提出何种理由抗议自己所遭到的排斥，以及从其他方面否定这桩潜在的婚事，他的妻子都将设法推翻呆头呆脑的丈夫所提出的反对意见。为了嫁给未来的沙皇，德意志公主将被要求放弃自己的新教信仰，皈依东正教会，众人担心的便是亲王将主要针对这个问题进行干涉。众所周知，克里斯蒂安·奥古斯都亲王是一个虔诚的路德教教徒，涉及索菲娅婚事的各方人士都清楚他是不会同意女儿将自己的信仰抛之脑后的。

对于约翰娜而言，这是一个荣耀的日子。在经历了十五年令人沮丧的婚姻生活之后一位女皇同一位国王为她铺筑了一条康庄大道，她那些令人兴奋的梦想和冒险都将得以实现了。她将成为一个大人物，在世界舞台上大显身手，她曾经消磨掉的那些可贵的品质都将被利用起来。约翰娜立即变得扬扬得意起来。时间一天天地过去了，俄国和柏林继续向泽布斯特发来信函，催促约翰娜赶紧启程。在圣彼得堡的布鲁默一直承受着来自伊丽莎白女皇的压力，女皇非常焦躁不安。布鲁默告诉女皇约翰娜回信说"只是缺少一双翅膀，否则她就会飞赴俄国"。这么说并没有什么错，仅仅十天约翰娜就做好了启程的准备。

索菲娅的母亲津津有味地品味着自己人生的巅峰时刻，而父亲则将自己锁在书房里。这个老战士向来很清楚如何作战，然而眼下他却不知所措。对于被排除在整件事情之外他感到恼怒，但他仍旧希望自己能给予女儿一些帮助。他痛恨女儿将被迫改变宗教信仰的事实，而且一想到她将被送到离家那么遥远，而且如俄国一样政局动荡的某个国家时他就心神不宁。最终，尽管有那么多的担忧和顾虑，这位优秀的老战士还是意识到自已毫无选择的余地，他必须听命于妻子，遵从腓特烈国王的命令。他锁上了书房的门，对女儿告诫了一番，教她该如何在俄国宫廷行事：

除了尊敬女皇陛下以外，最首要的就是你要像尊敬你的主人、你的父亲和你的主那样对大公（彼得，索菲娅未来的丈夫）心存敬意。但是，你也要竭尽所能地关心他，对他言听计从，以此赢得他对你的信任和爱。你的主和他的意旨喜好人世间所有的欢愉和珍宝，任何有违其意愿的事情都不会发生。

只用了三天，约翰娜就已经可以回复腓特烈了。

亲王，即我的丈夫，业已首肯了。在这个时节旅行将变得极其危险，然而对于此次行程我无所畏惧。我已经做出了决定，而且我坚信将要发生的一切都是天意。

对于这项重大的任务，泽布斯特一家人里不仅仅只有克里斯蒂安·奥古斯都亲王的角色被明确无误地贬低了。就在约翰娜读着各方来信、做出答复、发号施令，并挑选衣服的时候，索菲娅被大家忽视了。到手的钱被用来充实母亲的衣柜，女儿一个子儿都没有拿到。索菲娅的行装——本该是嫁妆的行囊里就只有三件旧礼服、一打内衣、几双长袜和几块手帕，为大婚准备的床单和枕套还是用母亲的旧床单做成的。这些东西总共只装满了一只当地姑娘嫁到邻村时提的那种小旅行箱。

索菲娅已经意识到要发生什么事情了，她瞟过一眼布鲁默的来信，看到那封信来自俄国，而且母亲在拆信的时候念出了声："……带上公主，她的长女。"此外，母亲那副上气不接下气的样子，然后父母又匆忙躲闪到一旁嘀嘀咕咕的模样都令索菲娅更加相信那封信涉及她的未来。索菲娅清楚婚姻的意义，她仍旧记得四年前当她见到年幼的彼得·乌尔里希公爵时母亲的那股兴奋劲儿，她也知道自己的肖像画已经被送往俄国。终于，索菲娅再也克制不住自己的好奇心了，她找到母亲。约翰娜向索菲娅坦白了信中的内容，她还证实了对方并未明确说明的事情。叶卡捷琳娜在自传中还写道："她告诉我由于那个国家动荡不安，这件事存在着很大的风险。我对她说如果这是上帝的旨意，那么他会让一切平息下来，而且我的勇气让我足以面对这种风险，我的心告诉我一切都会平安无事的。"令索菲娅的父亲感到苦恼的事情，即她不得不改宗叛教这件事并没有令索菲娅感到痛苦，正如瓦格纳牧师所了解到的那样，索菲娅对待宗教信仰的态度非常实际。

在同芭贝特相处的最后一个星期里，关于将要发生的一切，索菲娅对自己的女教师始终保持着沉默。索菲娅的父母不允许她走漏风声，他们对外宣称他们同女儿离开泽布斯特只是为了去柏林完成一年一度的拜访。与自己的学生心有灵犀的芭贝特意识到所有人都没有对她说实话，即使是泪眼婆娑地向自己钟爱的老师告别时她的学生也仍旧没有告诉她真相。这一别，师生二人便再也没有重逢过。

1744年1月10日，母亲、父亲和女儿乘上了一辆马车前往柏林，他们将在那里同腓特烈国王会面。索菲娅和母亲一样急不可耐，她一直憧憬着这次出逃。从此刻起，她非凡的一生便拉开了序幕。离开泽布斯特，动身前往普鲁士的首都时没有出现伤感的场面。索菲娅吻了吻九岁大的弟弟腓特烈——当时她憎恨的弟弟威廉已经去世了，然后她又亲了亲刚出生的小妹妹伊丽莎白。她曾亲吻过，甚至对其以身相许的舅舅乔治·路易斯已经被她遗忘了。马车穿过城门，驶上了大路，索菲娅自始至终都不曾回头。接下来的五十多年里她再也没有回到过这个地方。

第三章

腓特烈二世与俄罗斯之行

索菲娅跟随父母动身赶往柏林。就在三年半前，二十八岁的腓特烈二世登基，成了普鲁士国王，欧洲各国不得不开始面对一个古怪有趣、自相矛盾的人物。这位新君主思想开明，精力充沛，有着敏锐的政治头脑，在军事方面他也极具天赋。当然，关于最后这一点，当时大家都还没有多少认识。这位喜欢自省的国王热爱哲学、文学和艺术，同时又精于权术，奉行冷酷无情的治国方针。继位时，他治下那个弹丸小国的军事力量变得越来越不安定。腓特烈的王国已经做好了扩张的准备，它要在欧洲的历史上写下辉煌的一笔。腓特烈只能下令让自己的军队继续向前推进。

腓特烈的这个举动出乎欧洲各国的预料，甚至普鲁士王国自身也感到了意外。孩提时代的腓特烈是一个充满梦想、纤弱文雅的孩子，因为缺乏男子汉气质，他经常遭到父亲，即当时的国王腓特烈·威廉的殴打。到了少年时期，他总是蓄着一头长及腰部的卷发，身着天鹅绒绣花衣裳。他喜欢阅读法国作家的作品，用法语撰写诗歌，用小提琴、大键琴和长笛演奏室内乐——他一生都热爱着长笛这种乐器，一生中创作过一百多首长笛奏鸣曲和协奏曲。年满二十五岁的时候，他接受了自己作为王位继承人的命运，开始执掌一支步兵团。1740年5月31日，这个男人成为普鲁士国王，腓特烈二世。腓特烈二世相貌平平，五点七英尺[1]高，面庞瘦削，额头高耸，一双硕大的蓝眼睛略微有些凸起。不过对任何人来说，这一切都无关紧要，至少当时国王自己并不在意这些事情，他根本无暇打扮自己，或者顾及其他无聊的东西，他甚至没有举行正式的加冕典礼。继位六个月后，腓特烈突然让自己的王国卷入了战争。

腓特烈从父亲手中继承下来的普鲁士只是一个面积不大、人口稀疏、自然资源有限的小国，而且国土七零八落地分散在莱茵河至波罗的海沿线。勃兰登堡这个选帝侯国[2]就坐落在普鲁士正中心，当时柏林还是其首府。在王国东面，东普鲁士省与王国之间横亘着波兰王国一片狭长的领土；在西面，莱茵河沿岸、威斯特伐利亚地区[3]、东弗里西亚地区[4]以及北海沿岸分布着一系列孤零零的领土。这个国家固然存在着国土分散的缺陷，但是腓特烈二世却拥有强大的武器——普鲁士军队，一支由精兵强将组成的精英部队，这支部队拥有八万名训练有素经验丰富的士兵、一批出色的指挥官以及先进的武器装备。腓特烈二世意图凭借普鲁士强大的军事力量来解决其国土分布上的问题。

很快腓特烈二世就得到了机会。1740年10月20日，在他继位五个月后，神圣罗马帝国皇帝、奥地利的查理六世突然谢世，这位哈布斯堡王朝的最后一位男性成员只在身后留下了两个女儿。奥地利王位落入了查理六世二十三岁的长女玛丽亚·特蕾西亚的手中。腓特烈意识到自己的机会出

---

[1] 英制计量单位与公制计量单位换算不为整数，所以本书中英尺、英里等单位不进行换算，保留原貌。

[2] 勃兰登堡（Brandenburg）。它的首府为波茨坦，1827年迁到柏林，1843年又迁回波茨坦，最后1918年迁到夏洛特堡。选帝侯，是德国历史上的一种特殊现象，指那些拥有选举神圣罗马帝国皇帝的权利的诸侯。此制度严重削弱了皇权，并加剧了德意志的政治分裂。

[3] 威斯特伐利亚地区（Westphalia），德国西部的一个地区，原为普鲁士之一省，于1945年并入联邦德国。

[4] 弗里西亚地区（Frisia），位于北海东南角的海岸地区，该地区主要分布着使用弗里西亚语的德意志人，该种语言与英语相似。该地区涵盖现今的荷兰和德国的西北部地区，北面与丹麦接壤。

现了。他立即召集各路将领，于10月28日做出决定，要将哈布斯堡王朝治下最富有的地区之一——西里西亚[1]纳入自己的版图。腓特烈的理由非常自以为是，他认为自己的军队已经做好了全面的准备，而群龙无首的奥地利羸弱且困窘。腓特烈丝毫不顾及其他因素。此外，他曾庄严地宣誓承认玛丽亚·特蕾西亚拥有对哈布斯堡王朝治下所有领土的统治权，但是誓言根本无法束缚住他的手脚。后来，在自己撰写的回忆录《今世通史》中腓特烈开诚布公地说："野心、胜算、建功立业的欲望——这三个因素具有决定性的作用，因此战争不可避免。"他选中了西里西亚，因为这片地区就在家门口，该地区的农业与工业又都非常发达，而且居民中大量的新教教徒将会成为自己手中这个弹丸小国的有力补充。

12月16日，天气寒冷刺骨，腓特烈冒着雨率领三万两千名战士越过西里西亚边境，一路上他基本没有遇到抵抗。这场战役与其说是一场侵略战，不如说是直接占领。次年1月底，腓特烈返回柏林。然而，在开战前的筹谋中，这位年轻的国王没能了解到一个重要情况——他不了解自己与之为敌的那个女人的性格。玛丽亚·特蕾西亚，奥地利公主，匈牙利王后，她生有一双蓝色的眼睛，一头金色的秀发，这副洋娃娃般的美貌颇具迷惑性。重负之下的她竭力让自己显露出不同寻常的平静，一些旁观者甚至断言她有些愚蠢。这些人都看错了。这个女人不仅有头脑，而且勇敢坚韧。腓特烈发起进攻，并占领西里西亚的时候，维也纳的上上下下都被吓得目瞪口呆，只有玛丽亚·特蕾西亚没有被吓倒。尽管已临近分娩，玛丽亚·特蕾西亚仍旧凭借着盛怒之下爆发出来的力量做出了反应。她筹集资金，动员军队，鼓舞起臣民的士气，与此同时还生下了未来的奥地利皇

---

[1] 西里西亚（Silesia），最先属于波兰皮亚斯特王朝，后来被波希米亚王国征服并成为神圣罗马帝国的一部分。1742年，普鲁士的腓特烈大帝利用奥地利王位继承战争的机会从奥地利获得西里西亚的大部分地区，后来组成了普鲁士的西里西亚省。1945年之后，西里西亚绝大部分并入波兰，小部分位于德国撒克逊自由州，而曾经奥匈帝国统治的部分现在属于捷克。

帝约瑟夫二世。初出茅庐的妙龄女子顽强抵抗、坚决不放弃国土的态度令腓特烈大吃一惊，更令他惊讶的是，到了4月份，一支奥地利军队翻过波希米亚[1]的崇山峻岭，重又攻入西里西亚地区。普鲁士人再一次击退了奥地利军队，在随后一段短暂的和平时期，腓特烈控制了西里西亚绵延一万四千英里范围内肥沃的农产区、富饶的矿脉、繁荣的城镇及其多达一百五十万的人口。新增的人口中大部分为信奉新教的日耳曼人，加上腓特烈继位时国内原有的人口，到这时普鲁士王国的人口达到了四百万。然而腓特烈的劫掠也让他付出了巨大的代价。玛丽亚·特蕾西亚认为自己对继承到的哈布斯堡王朝肩负有神圣的职责，腓特烈的侵略战争激起了玛丽亚·特蕾西亚对他终其一生的仇恨，让普鲁士与奥地利陷入了长达百年的敌对状态。

尽管夺得了西里西亚，腓特烈却将自己置于了危险的境地。普鲁士一直是个小国，国土四分五裂，日益增强的国力让它那些强大的邻居们感到了不安。两个国土面积大于普鲁士，实际国力也强于普鲁士的帝国现在有可能同时成为它的敌人。这两个国家一个是怒火中烧的玛丽亚·特蕾西亚统治下的奥地利，另一个则是国土蔓延至普鲁士东部及北部的俄国，这个一望无际的帝国的统治者就是新近加冕的伊丽莎白女皇。面对这种状况，对腓特烈而言最重要的莫过于谋求俄国的友谊，或者说至少让其保持中立。腓特烈记得父亲在临终时提醒他要牢记的一条原则——同俄国开战，失大于得。眼下，腓特烈还无法确定伊丽莎白女皇将作何选择。

登基后不久，伊丽莎白女皇就任命了敌视普鲁士的阿列克谢·别斯杜捷夫-柳明伯爵为新的枢密院副总理大臣，总领国务。别斯杜捷夫的终生

---

[1] 波希米亚（Bohemia），为古中欧国家与地区，曾为神圣罗马帝国的一个王国，随后成为奥地利哈布斯堡王朝的一个省。波希米亚曾经南邻奥地利，西抵巴伐利亚，北接撒克逊和卢萨蒂亚，东北与西里西亚毗邻，并与东部的摩拉维亚接壤。

抱负就是同欧洲的海上霸权英格兰和荷兰、中欧的大陆强国奥地利和波兰-撒克逊结盟。腓特烈很清楚别斯杜捷夫的态度，他相信在自己与伊丽莎白女皇的外交斡旋中只有这位副总理大臣这么一个障碍。这个障碍似乎不得不被除掉。

深思熟虑之后，腓特烈断定倘若自己能协助伊丽莎白女皇为她十五岁的外甥兼继承人甄选新娘的话，那么两国之间在外交方面存在的不少棘手问题都将迎刃而解。一年前，普鲁士驻圣彼得堡的大使向腓特烈报告说别斯杜捷夫正在向伊丽莎白施压，要求她选择撒克逊选帝侯兼波兰国王奥古斯都三世的女儿玛丽安公主。倘若计划得以实现，那么这桩婚事将成为副总理大臣构筑反普鲁士联盟的外交政策中一枚至关重要的棋子。腓特烈一心想要阻止伊丽莎白女皇同撒克逊选帝侯联姻，因此他需要在某个地位显赫的公爵家里找到一位具有德意志血统的公主。伊丽莎白女皇选中了索菲娅，来自安哈尔特-泽布斯特家族这枚手边的小卒子令腓特烈称心如意。

到了1744年的新年，可供进一步对俄国皇室这桩婚事进行磋商的时间已经所剩不多了。布鲁默在第一封信中要求约翰娜加快速度，并注意保密，腓特烈的来信又再次对这些问题强调了一遍，因为别斯杜捷夫为了波兰-撒克逊的玛丽安公主一直在不断地向伊丽莎白女皇施加压力。不过，女皇已经选定了索菲娅。伊丽莎白同腓特烈都希望两位荷尔斯泰因家族的公主能尽快赶到圣彼得堡。对于腓特烈来说，至关重要的是不能给女皇留下片刻迟疑的工夫。

腓特烈急切地想要见到泽布斯特家的小公主，他希望自己能先看一看这个小女孩究竟能在圣彼得堡得到什么样的待遇。然而，或许是因为担心索菲娅会令国王感到失望，或者只是因为根本没有想到腓特烈对女儿的兴趣超过对她的热情，因此一到柏林，约翰娜就立即只身前往王宫。腓特烈问起索菲娅的时候，约翰娜声称女儿因病无法入宫，次日她又搬出老一套借口，在国王的逼迫下她不得不说自己无法带女儿来觐见，是因为女儿没有像样的衣服。急不可耐的腓特烈命人将自己姐姐的一套礼服拿给索菲娅，要她即刻进宫。

索菲娅终于现身了。腓特烈看到眼前这个女孩说不上漂亮，也算不得丑陋，她穿着一身不合体的礼服，全身上下没有一件珠宝首饰，头发上也没有扑粉。起初索菲娅很腼腆，但是当得知同国王一同进餐的人选既不是母亲，也不是父亲，而是她自己的时候，她大吃一惊。随后，意识到自己真的就落座在这位君主身边的时候，她惊讶得目瞪口呆。腓特烈设法让紧张不安的小姑娘放松下来。后来索菲娅记下了这次会面。她说腓特烈谈起了"歌剧、戏剧、诗歌和舞蹈，还有无数我不明白的事情，通常人们不会用那些事情来取悦一个十四岁的少女"。渐渐地，索菲娅有了信心，对国王的问题总能做出一番机灵的回答。日后她骄傲地说过："在座的所有人都惊愕地盯着我俩，他们看着国王饶有兴趣地跟一个孩子聊着天。"索菲娅令腓特烈很开心，在他请索菲娅帮忙将一碟果酱递给一位来宾时，他冲那位客人微微一笑，说："领受这来自爱与恩典的馈赠吧。"这个夜晚令索菲娅得意极了，不过腓特烈并没有对这位晚宴的小宾客滥用溢美之词。在给伊丽莎白女皇的信中，他写道："泽布斯特家的小公主拥有与其年龄相符的令人愉快的品质与天性，同时又兼具了超乎年龄的灵性与智慧。"这时的索菲娅只不过是政治棋局中一枚小小的棋子，但是腓特烈很清楚，这个小姑娘很有可能会成为一个举足轻重的角色。索菲娅十四岁，腓特烈三十一岁，这次的会面是这两位伟大君主的初次谋面，也是唯一的一次。最终，索菲娅和腓特烈都被冠以"大帝"的名号，这两个人决定了此后数十年间中欧与东欧的历史。

尽管在公开场合腓特烈的目光全都集中在索菲娅的身上，但是私下里他关注的焦点却是女孩的母亲。按照腓特烈的计划，约翰娜将担任普鲁士在圣彼得堡的非官方特使。就这样，除了谋求索菲娅许配给俄国皇位继承人为普鲁士带来的长远利益，在接近俄国女皇时，约翰娜还将代表普鲁士对女皇施加影响。腓特烈将别斯杜捷夫的为人及其实施的政策对约翰娜详细地解释了一番，他特别强调说作为普鲁士不共戴天的仇敌，这位枢密院大臣会利用权力之便想方设法阻挠索菲娅和彼得·乌尔里希的婚事。普鲁士国王还固执地宣称即便没有其他理由，约翰娜也应该出于对自身利益的考虑而努力削弱别斯杜捷夫的权势。

腓特烈轻而易举地激发出了约翰娜的热情，秘密任务让她兴奋极了。此次俄罗斯之行，约翰娜不再只是充当女儿的陪护这么个小角色了，她成了一场至关重要的外交活动的核心人物，这场外交旨在推翻俄罗斯帝国的副总理大臣。约翰娜激动得难以自持，她曾一而再再而三地公开向伊丽莎白女皇表达过自己的感激与挚爱。她那位真诚而迂腐的丈夫告诫过她不要参与政治，然而此刻她将这一切全都抛之脑后，她甚至忘记了此行自己真正的任务只在于护送女儿前往俄国。

1月16日，星期五，索菲娅同父母一道被由四驾马车组成的轻便车队送离了柏林。依照布鲁默的吩咐，前往俄国的这一行人非常有限：两位公主，一位军官，一位陪护公主的女侍臣，两名女随从，一名男随从以及一名厨师。按照计划，约翰娜一路上都采用化名"瑞恩贝克女伯爵"。在柏林向东五十里外奥得河畔的施维茨，克里斯蒂安·奥古斯都亲王同女儿道别了，尽管父女二人都没有意识到此生他俩再也无法相见，但是两个人都失声痛哭了一场。在两个星期后发自柯尼斯堡[1]的一封信中，虽然言辞有些拘谨，但索菲娅还是道出了自己对父亲的感情。在信中，她对父亲做

---

[1] 柯尼斯堡（Konigsberg），第二次世界大战后叫为加里宁格勒，位于波罗的海海岸的俄罗斯海港城市，原为东普鲁士（普鲁士王国的省份之一）的首府。

出了承诺——她会尽力满足父亲的愿望，保留住自己作为路德教教徒的身份。索菲娅知道这个承诺会让父亲满意的。

　　阁下，恳请您相信您的建议与忠告将永远铭记于我心间，神圣的信仰播撒在我灵魂中的种子将永存于此。为此我祈求上帝给我以勇气，让我有能力面对前方的诱惑……我希望此番努力不会付诸东流，同时还希望能不断听到亲爱的父亲的好消息，以此得到些许的慰藉。只要我活在世上一天，我可以充满敬意地说我将永远都是殿下您最卑微、最孝顺、最虔诚的女儿及仆人。

索菲娅

　　一位皇后的愁绪、一位母亲的野心，再加上普鲁士国王的阴谋，在这三个因素的共同作用下，一个少女被送往了陌生的国度，这趟旅程险象环生。与父亲分别的伤感刚一消失，索菲娅就兴奋了起来。她不害怕漫长的旅程，也不畏惧嫁给自己只在四年前略微接触过一次的男孩。即便未来的丈夫无知而任性，即便他身体羸弱，即便在俄国的生活让他变得性情乖戾，索菲娅都不在乎。她之所以前往俄国不是为了彼得·乌尔里希，真正吸引她的是俄国本身，是让她有机会靠近彼得大帝的皇位。

　　一到夏季，柏林与圣彼得堡之间的路况就变得非常糟糕，在这个时节很多人都会取道海上；在冬季，除非是十万火急的外交使节，或者是邮差，否则更没有人选择这条道路。在女皇的催促下，约翰娜没有选择的余地。尽管已经到了1月中旬，然而由于一直没有降雪，约翰娜一行人无法使用适合硬地面道路的雪橇，他们只能乘坐着笨重的马车日复一日慢慢悠悠上下颠簸地沿着一道道冰冻的车辙前行着，从波罗的海吹来的凛冽寒风呼啸着从四面八方钻进车厢。车厢里，母女俩紧紧地搂成一团。她俩的身上都裹着厚实的大衣，脸颊和鼻子上也都捂着羊毛面罩。可是，索菲娅的双脚还是常常被冻僵，每当车队停下休息时都得有人将她从车厢里抱出来。

腓特烈下过命令，要求行程中尽可能地为"瑞恩贝克女伯爵"及其女儿提供便利舒适的条件。鉴于国王的命令，德意志小镇但泽和柯尼斯堡都为女伯爵一行准备了相当舒适的房间。听了一整天车轮的吱扭声和抽打在马背上的皮鞭声之后，舟车劳顿的人们走进了温暖的房间。房间里摆着一罐罐热巧克力饮料，餐桌上摆着一盘盘烤鸡。出发后他们便沿着冰封的道路一路向东，途中他们只见到过一座座简陋的驿站，每个驿站里只有正中心的公共休息室里摆放着一个巨大的火炉。"卧室里没有生火，冰冷刺骨，我们只能躲到驿站长官自己的卧室里去。事实上，他的卧室就跟猪圈差不多……他，他的妻子，看门狗，再加上几个孩子，他们都跟甘蓝和芜菁似的一个摞一个地躺在一起……我给自己找来了一条长椅，睡在了房间中央。"约翰娜向丈夫禀告说。至于索菲娅在哪里过夜，约翰娜根本没有提及。

事实上，在身体健康、充满好奇心的索菲娅看来，眼前的一切都是这场伟大的历险中不可或缺的一部分。穿行在库尔兰[1]的时候，索菲娅目睹了1744年那颗硕大无朋的彗星在漆黑的夜空中熊熊燃烧的景象。在《回忆录》中她写道："我从未见过如此辉煌的景象，看上去它距离大地那么近。"在路上，索菲娅生了一场病。她写信对父亲说："最近几天我有些消化不良，因为我把能找到的啤酒全都灌进了肚子。亲爱的妈妈为此让车队

---

[1] 库尔兰（Courland），位于现今拉脱维亚西部的一个旧地名。16世纪到18世纪，库尔兰地区曾经存在一个由波罗的海德国人建立的小国——库尔兰公国。18世纪后，库尔兰先是一度被瑞典占领，后又成为俄罗斯帝国的一部分（库尔兰省）。现在的库尔兰是拉脱维亚的一部分。

停了下来，不过我现在已经恢复了。"

天气越来越冷，可是仍旧没有降雪的迹象。每一天，从黎明到日暮，车队仍旧沿着车辙纵横的冰冻大地吱吱呀呀地前行着。走过梅梅尔[1]之后就再也找不到驿站了，车队只能从当地的农夫那里租用替换的马匹。2月6日，车队到达波兰-立陶宛联邦[2]与俄国交界处的米陶[3]，一位俄国上校在这里等待着他们。上校是俄国边境驻防区的指挥官。随后的一路上，约翰娜她们又见到了一位俄国的内廷大臣，即前俄国驻伦敦大使谢缪尔·纳雷什金亲王。亲王以女皇的名义为约翰娜一行举行了正式的欢迎会，他还转交给约翰娜一封布鲁默的亲笔信。在信中，布鲁默再一次提醒约翰娜在面见女皇的时候切勿忘记亲吻女皇的手，以此来表达对她"无上的崇敬"。车队到里加时，里加副总督同一位市政代表恭候在穿城而过的德维纳河[4]河畔，河水已经冻结了。等在河边的还有一驾供客人专用的富丽堂皇的皇家马车。约翰娜在信中对车厢内的情形做了一番描述："我看到里面事先摆着两件精美的缎面貂皮，以供我俩披戴……还有两条同样质地的皮领子及其他皮子做成的被单，所有的皮子都那么漂亮。"母女俩顺着冰封的路面进了城，城堡里到处都在向她们鸣枪致敬。这时，默默无闻的"瑞恩贝克女伯爵"摇身一变，成了安哈尔特-泽布斯特的约翰娜公主，下一任沙皇的准岳母。

---

[1] 梅梅尔（Memel），即今立陶宛的克莱佩达，是立陶宛在波罗的海唯一的一个海港，历史上，该地区很长一段时间属于东普鲁士，当时叫作梅梅尔。

[2] 波兰-立陶宛联邦，存在于1569年—1795年间，16世纪中期开始俄国以蚕食方式逐渐入侵该王国，并兼并大片土地，王国摇摇欲坠。18世纪，普鲁士崛起，最终该王国土地遭俄国、奥地利和普鲁士三国瓜分。1795年，波兰-立陶宛联邦正式灭亡。

[3] 米陶（Mitao），即叶尔加瓦，德语称为"米陶"，是拉脱维亚中部的一座城市，位于里加之西南约四十一千米。

[4] 德维纳河（Dvina），此处指西德维纳河，拉脱维亚语称为"道加瓦河"，是拉脱维亚和白俄罗斯北部的主要河流，注入波罗的海的里加湾。

在里加，这群客人的日历倒退了十一天，因为俄国采用的仍旧是罗马儒略历[1]，比西欧各国普遍采用的格里历晚十一天。还是在里加，雪终于下了起来。1月29日，即柏林和泽布斯特的2月9日，两位公主从里加出发，动身赶往圣彼得堡，这次她们换乘了豪华的皇家雪橇。实际上，"雪橇"是架在橇板上，由十匹马拉着的一座小木屋，房间里挂着绯红色的帷幔，帷幔上缀着金线和银线编织的穗带。房间宽敞得足够让乘客在铺着羽毛褥子和绸缎垫子的床上舒展开全身。乘坐着这驾舒适的"雪橇"，在一队疾驰的骑兵中队的陪伴下，2月3日，约翰娜一行人就赶到了位于圣彼得堡的冬宫。在冰封的涅瓦河河畔，彼得保罗要塞[2]惊天动地的礼炮声宣告着她们的到来。皇宫外，一队仪仗队向来宾举枪致敬；皇宫里，身着鲜艳的军装和绸缎或金丝绒礼服的人们笑容可掬地冲她们鞠着躬。

伊丽莎白女皇并不在场，早在两个星期前她就先行去了莫斯科，不过大部分的朝官和各国外交使节仍旧留在圣彼得堡。伊丽莎白已经做过吩咐，要求给客人以皇家规格的接待。约翰娜在给丈夫的信中写道：

在这里，一切都那么辉煌，所有的人对我们都毕恭毕敬，我甚至以为……一切仿佛是一场梦……同我进餐的都是女王陛下特意安排的淑女和绅士。我受到了女王般的伺候……赴宴时房间里的号声和外面仪仗队的鼓声都是在向我们致敬……看上去太不真实了，这一切根本不像是可怜兮兮的我所能碰上的事情，以前我只在不多的几座王宫里听到过欢迎

---

[1] 儒略历，格里历的前身，由罗马共和国独裁官儒略·恺撒采纳埃及亚历山大的希腊数学家兼天文学家索西琴尼计算的历法，在公元前45年1月1日起执行，取代旧的罗马历法。由于累积误差随着时间越来越大，1582年后被教皇格里高利十三世改善，变为格里历，即沿用至今的公历。

[2] 彼得保罗要塞（Peter and Paul Fortress），圣彼得堡最初的城堡，彼得大帝于1703年为城堡的建造举行了奠基仪式，工程施工于1706年—1740年，该要塞坐落在圣彼得堡市中心涅瓦河右岸，与圣彼得堡同龄。最初，它被用作俄国同瑞典进行北方战争的前哨阵地，但1717年它失去了军事意义，成了关押政治犯的国家监狱。

我的鼓声而已。

当然，这一切并非只是为了"可怜兮兮的"约翰娜所准备的。当母亲纵情于这些荣耀中时，索菲娅就在她的身旁目睹着这一切。事实上，更吸引索菲娅的是那十四头大象滑稽古怪的步伐——波斯国王敬献给伊丽莎白女皇的礼物在冬宫广场上表演着各种各样的杂耍。

约翰娜给远在柏林的腓特烈发去的信函中完全换成了另外一副口吻，她让自己看上去完全是腓特烈忠于职守的臣仆，为了腓特烈的利益而努力着。前往莫斯科之前，在命人为两位德意志公主设计缝制俄国民族服装的同时，腓特烈还指派了两个人对约翰娜进行了一番指点。这两个人分别是腓特烈派驻俄国的大使马德菲尔德男爵和驻法兰西公使拉舍塔迪埃侯爵。两位大使再次向约翰娜指出枢密院大臣别斯杜捷夫竭力反对让索菲娅作为俄国皇位继承人的妻子的人选，为此务必要除掉这位枢密院大臣。他们指望在这件事情上约翰娜能助一臂之力。他们告诉约翰娜，为了尽可能地让女皇感到亲切，她们还应该及时赶到莫斯科，去参加定于2月10日，为刚被受封的彼得大公举行的十六岁生日庆典。

鉴于最后这一条建议，两位已经长途劳顿的公主又于2月5日当晚启程奔赴莫斯科，这一次随行的是三十驾雪橇组成的车队。这四百里路非常顺畅，车队一路疾驰在已经被压得很坚实的雪原上。通往莫斯科的这条路是俄国境内路况最好的一条路，到了冬季女皇也会取道这条路。在沿途的村庄停下更换马匹时，村民们都盯着车队，他们交头接耳地说："这就是大公的新娘。"

第四天，即1744年2月9日的下午4点钟，车队来到了距离莫斯科只有四十五里路的一座别墅，约翰娜一行人看到女皇派来的信使正等在这里。女皇要求他们等到夜幕降临再进入莫斯科城。在等待期间，大家一边享用着热鱼汤和咖啡，一边为觐见女皇而精心打扮了一番。索菲娅换上了一条镶着银边的玫红色丝绸礼服。在他们休息的时候，为了加快行进速度，除了来时拉雪橇的十匹马被全部换掉外，还多加了六匹。重新启程后车队便全速向莫斯科驶去，不到晚上8点他们就赶到了莫斯科。城里漆黑一片，只有戈洛文宫[1]广场被熊熊的火光照亮。这趟旅程终于结束了，此时距离新年晚宴时约翰娜接到女皇传召的密信已经过去了整整五十天，发信人布鲁默现在就站在宫殿门廊宽阔的台阶下等待着索菲娅和约翰娜。母女俩来不及同布鲁默详谈，也没有多少时间脱去身上的皮衣，时间只够她们抻展了各自的礼服。几分钟后，十四岁的索菲娅站在了伊丽莎白女皇及其外甥——彼得大公——的面前。在随后的十八年里，索菲娅的生活将完全被这两个人主宰。

---

[1] 戈洛文宫（Golovin Palace），位于现今俄罗斯普希金市（旧称"皇村"）的叶卡捷琳娜宫的旧称，得名于其最初的拥有者、沙皇俄国的首位总理大臣费多尔·戈洛文。

第四章
伊丽莎白女皇

伊丽莎白自打降临人世起就颇具传奇色彩。1709年12月18日，伊丽莎白的父亲在莫斯科举行了一场游行，以庆祝头一年夏天那场大败劲敌瑞典国王查理十二世的波尔塔瓦[1]大捷。在那场战役中，俄军取得了震惊世人的胜利。彼得大帝站在游行队伍最前方，身后站着皇家卫队，卫队后面又跟着一批俄军其他军团的战士。他们在雪地上拖着三百杆瑞典战旗，一群战败的瑞典大将紧随其后。队伍的末尾是一万七千名瑞典战俘，两年前那支所向披靡、大举入侵俄国的队伍如今就只剩下了这点人。

就在彼得大帝要率领队伍穿过白雪茫茫的街巷时，一位军官突然赶上前来，递给沙皇一封短信。彼得扬起手，游行队伍停下了脚步，沙皇说了短短几句话之后就快马加鞭地离去了。没一会儿工夫，彼得就在莫斯科郊外那座庞大的木结构宫殿——卡洛明斯卡雅庄园——的门前勒住了口吐白沫的坐骑。进门之后，彼得看到妻子已经结束了分娩，在她身边的床上躺着一个女婴。这个女婴名叫伊丽莎白，三十二年后她成为俄国女皇。

伊丽莎白是彼得大帝与农奴出身的妻子所生的第五个孩子，他们一共育有十二个孩子，六男六女，除了两个孩子之外其他孩子都没有活过七

---

[1] 波尔塔瓦（Poltava），现今乌克兰东部城市，波尔塔瓦州首府，位于第聂伯河支流沃尔斯克拉河畔。在北方战争中，俄、瑞两国军队于1709年在波尔塔瓦地区进行了决定性会战。

岁。两个幸存下来的孩子分别是伊丽莎白和比她年长一岁的姐姐安娜。众所周知，伊丽莎白与安娜都是私生子，她们的父亲彼得大帝曾经说过自己"抽不出时间"公开迎娶她们的母亲——丰满美丽的利沃尼亚[1]女农奴玛莎·斯科夫龙斯卡娅。后来，玛莎改名为叶卡捷琳娜。实际上，1707年11月间，彼得已经悄悄地与玛莎举行过一场婚礼，只是出于对国家利益的考虑他们没有对外宣扬过这件事情。年少时彼得曾娶过一位妻子，尤都西雅。这个女人非常不合彼得的脾性，休妻之后彼得将她打发到了一座修道院。1707年，瑞典大军逼近，沙皇在这种时刻迎娶一个目不识丁的外国农奴为妻对很多保守的俄国人而言无疑是一个巨大的打击。五年后，取得了波尔塔瓦大捷的彼得认为此时的情形与五年前完全不同了，于是在1712年2月9日大张旗鼓地在众人面前再一次迎娶了叶卡捷琳娜。在第二次的婚礼上，两个小姑娘——三岁的安娜与两岁的伊丽莎白——披戴上珠宝头饰，给母亲充当伴娘。

彼得总是说他"就像爱自己的灵魂一样热爱自己的两个女儿"。1722年1月28日，彼得为十二岁的伊丽莎白举行了成人礼。健康的伊丽莎白长着一头秀发，一双蓝蓝的眼睛，浑身上下充满了活力，而且身体已经发育得显现出了女性的妩媚。她的欢笑声和蓬勃的朝气总是能感染所有人。深受她爱慕的姐姐安娜恬静稳重，与她形成了鲜明的对比。安娜和伊丽莎白都接受了欧洲公主们普遍接受的那一套教育，包括语言、礼仪和舞蹈等方面的训练。她俩在学习俄语的同时还掌握了法语，较妹妹更为优秀的安娜还学了一点意大利语和瑞典语。多年后，伊丽莎白女皇仍清楚地记得父亲对她们俩的教育是多么关注。彼得大帝常常到女儿的房间探望她们，而且

---

[1] 利沃尼亚（Livonia），中世纪后期的波罗的海东岸地区，即现在的爱沙尼亚及拉脱维亚的大部分领土的旧称。1721年的大北方战争结束后，利沃尼亚被俄国占领，俄罗斯人开始大量移居此地。苏联建立后，又有白俄罗斯人和乌克兰人陆续迁入。但在历史上的大部分时间里德意志人是这一地区的主要统治阶层，德语是上层社会的通用语言，直到二战结束。

总是要询问她俩在当天的课上都学到了些什么。如果女儿的回答令他满意的话，他就会对她俩赞扬一番，亲亲她俩，有时候还会给每人一件礼物。伊丽莎白记得彼得始终非常遗憾于自己不曾接受过正规教育，她说："我的父亲一而再再而三地说，倘若以前能得到读书学习的机会，那么他愿意牺牲掉自己的一根手指。这点缺陷令他抱憾终身。"

年满十五岁的时候，伊丽莎白比姐姐矮一些，也不如姐姐安娜那么优雅，不过相比于身材高挑的黑发美人所展现出的典雅与威严，很多人还是更喜欢活泼的金发姑娘散发出的热情。利里亚[1]公爵，即西班牙大使曾不无夸张地描述过伊丽莎白："我从未见过如此出众的美人。迷人的面容，闪烁的双眼，完美的嘴唇，颈部和胸部都透着鲜有的洁白。她身材高挑，性格活泼，总是兴高采烈，充满幻想。你能感觉到她非常聪慧，也非常可亲，但同时你也会意识到她胸怀大志。"撒克逊公使莱福特曾赞美过她那双硕大明亮的蓝眼睛，他发现她那副精神抖擞无忧无虑的模样具有令人难以抗拒的吸引力。

十五岁那年，伊丽莎白到了谈婚论嫁的年纪。自1717年巴黎之行开始，彼得大帝便一直希望能将伊丽莎白嫁给法国国王、比伊丽莎白年轻的路易十五世。长期以来，伊丽莎白一直在为这桩婚姻而接受着调教，除了法语和宫廷礼仪之外，她还学了法国历史和文学。法国驻圣彼得堡大使康普勒东全心全意地支持沙皇对这桩婚事的计划，在发往巴黎的信函中他写道："伊丽莎白公主的人品毫无令人不悦之处。无论是从肤色、双眸，还是那两只手来看，她都可以说是一个大美人。如果非要指出缺点的话，那么就是她所受到的教育和她的礼仪仍旧存在着不足。不过，我相信她天资聪颖，倘若达成此事，那么为她安排一些经验十足的人对其进行指点，这

---

[1] 利里亚（Liria），位于现今西班牙巴伦西亚省境内。

点不足将会轻而易举地得到弥补。"尽管有了这样的举荐，而且伊丽莎白本人的魅力也是公认的，在凡尔赛的宫廷看来她身上仍旧存在着影响名誉的污点——她的母亲是农奴，而且她本身或许还是一个私生子。法兰西可不希望王座上坐着一个杂种，甚至不希望这种出身的人接近他们的王座。

彼得寄予伊丽莎白的希望受到了打击，不过还是有一个女儿即将出嫁了。1721年，伊丽莎白还未满十二岁，她的姐姐安娜年满十三岁的时候，荷尔斯泰因公爵查理·腓特烈来到了圣彼得堡，公爵是彼得大帝那位家喻户晓的劲敌——瑞典国王查理十二世唯一的外甥。国王查理逝世时，公爵被转移到了斯德哥尔摩，成了舅父的继承人。在俄国，彼得用一大笔年金和荣誉性的职务对这位年轻人的到来表示了欢迎。出于自身长远利益的考虑，公爵开始对伊丽莎白的姐姐安娜公主大献殷勤。四年后，安娜年满十七岁，尽管她自己对这位追求者没有多少热情，但是他们还是订婚了。在订婚仪式上，沙皇亲自帮这对新人交换了戒指。1725年1月25日，五十二岁的彼得大帝突然驾崩了，安娜的婚礼延期举行，与此同时她的母亲以叶卡捷琳娜一世的名号继承了皇位。在父亲过世四个月后，即5月21日，安娜嫁给了查理·腓特烈，伴娘是她十六岁的妹妹伊丽莎白。

彼得大帝的过世及其女儿安娜的完婚让本来就错综复杂的俄国皇位继承谱系变得更加扑朔迷离。1722年2月彼得大帝曾颁布法令，宣布废除长子继承制。在俄国，按照惯例，最初是大公拥有皇位继承权，后来又改为长子继承制。彼得大帝指出这种不无危害的传统在宗教典籍中根本找不到理论依据，因此他宣布所有在位君主都有权指定自己的继承人。在这项法令颁布后，彼得大帝便为叶卡捷琳娜举行了加冕仪式，封其为女皇。

父亲的早逝对伊丽莎白未来的命运产生了意义深远的影响，谋得一桩好婚事的前景对她来说更加渺茫了。她的母亲仍旧希望同法兰西王国联姻，但这时路易十五世已经与波兰公主完婚。这时，在圣彼得堡伊丽莎白的新婚姐夫、荷尔斯泰因公爵查理·腓特烈向皇室举荐了自己二十岁的堂弟、荷尔斯泰因的查理·奥古斯都亲王，这位亲王正是安哈尔特公主约翰娜的亲哥哥。疼爱女婿的叶卡捷琳娜一世同意邀请荷尔斯泰因家族又一位年轻的贵族前往俄国。

1726年10月16日，查理·奥古斯都来到了圣彼得堡，皇室上上下下对他的印象都非常不错。在伊丽莎白眼中，查理·奥古斯都就是自己亲爱的姐姐的婆家人，她自然而然地就爱上了亲王。俄国皇室计划于1727年1月6日宣布亲王与伊丽莎白订婚，就在此时，叶卡捷琳娜一世不断地遭到伤寒与感冒的侵袭，订婚仪式被推迟至女皇康复之后举行。然而，女皇没有康复，到了4月，她的身体每况愈下。在位二十七个月后，叶卡捷琳娜一世辞世了。到了5月，就在母亲过世一个月后，伊丽莎白决定继续操办自己的大婚。然而5月27日，就在宣布订婚的前夜，未婚夫的原定人选查理·奥古斯都病倒了，经过几个小时的诊断，医生们宣布他染上了天花。过了四天，查理·奥古斯都也过世了。在十七岁这一年，伊丽莎白的幸福荡然无存了，在此后的岁月中，她始终没能忘却亲王。虽然伊丽莎白不再指望自己也能像其他待嫁的女孩那样出嫁了，但悲伤也没有阻止她放弃从其他男人身上寻找慰藉。

叶卡捷琳娜一世过世后，皇位传给了彼得大帝年方十一岁的孙子，即后来继位的彼得二世。1727年7月，叶卡捷琳娜过世后不久，荷尔斯泰因公爵认为自己在俄国生活得已经太久了。他在瑞典度过了自己的童年时光，成年后又在俄国生活了六年，直到此时方才成为荷尔斯泰因这个德意志小公国的统治者。他同妻子安娜带着俄国政府赠予他们的丰厚年金离开圣彼得堡，回到了荷尔斯泰因的首府基尔。

孤身留在俄国的伊丽莎白陷入了深深的悲痛中。在六个月的时间里，她的母亲、未来的丈夫，以及她钟爱的姐姐相继离她远去了。尽管根据母亲的遗嘱，在皇位继承谱系中她仅位居彼得二世之后，但是她对年轻的沙皇丝毫没有构成过政治上的威胁，实际上她对他很友好。年轻的侄子英俊健硕，拥有着超乎年龄的高挑身材，没过多久他就成了伊丽莎白的伙伴。彼得非常欣赏伊丽莎白的美貌和热情洋溢的秉性，他喜欢年轻的姑妈陪在自己身边。1728年3月，在皇室迁居至莫斯科的一路上，伊丽莎白一直不离彼得的左右。她跟年轻的皇帝一样热爱狩猎，他俩一道策马飞奔在莫斯科郊外的山林间。到了夏季，他们两个人一同泛舟河上；到了冬季，他们又一起驾雪橇。彼得不在身边的时候伊丽莎白就会找来其他男人陪着自己。她坦言自己"只有在热恋中才会感到心满意足"。有传言称伊丽莎白一直在竭力地取悦年轻的皇帝。

在外人眼中伊丽莎白或许是一个轻率愚蠢的人，不过除了轻浮，她还有另外一面。伊丽莎白对宗教非常虔诚，急切地寻欢作乐之后，她总是会独自一人长时间地进行祷告。每当对宗教的虔敬感涌上心头时，伊丽莎白就会在教堂或者修道院里一连跪上几个钟头，之后就恢复了生机，这时她的身边就会出现一些开怀大笑的卫队军官。伊丽莎白继承了父亲热情如火的个性，对于满足自己的欲望她从不犹豫。在她未满二十岁的时候，有报告称她已经同六个年轻人发生过关系。对此她丝毫不感到羞愧，她告诉自己生而如此美丽不是没有理由的，况且命运又夺走了她此生唯一真心爱慕的男人。

伊丽莎白对权力和责任之类的事情漠不关心，每当朋友劝她留意一下自己的未来时她总是会冷落对方。然而，终于有一天皇位似乎特意为伊丽莎白空了出来。1730年1月11日的夜晚，感染了天花、已经病入膏肓的彼得二世离开了人世，享年十四岁。当时只有二十岁的伊丽莎白就寝在附近的房间里，突然她的法国医生阿尔芒·莱斯托克冲进了房间。他对伊丽莎白说倘若她能现在起身去找近卫军，现身于民众面前，并赶到议会，然后公开称帝的话，她绝对不会失手。但是伊丽莎白将医生打发走，转头又进入了梦乡。到了次日清晨，她的机会已经不复存在了。枢密院推选伊丽莎白三十六岁的堂姐，库尔兰女公爵安娜为皇。伊丽莎白之所以没有采取行动在一定程度上是出于对行动失败的恐惧。一旦失手她就将蒙羞受辱，甚至被打入大牢。不过，更为重要的原因还在于她自己并未做好准备。伊丽莎白对皇权和各种繁文缛节没有兴趣，她更渴望的是自由。她从未遗憾过自己当时的决定，后来她说过："当时我还太年轻。我很高兴自己没有那么早夺得皇位。我太年轻，臣民们是不会接受我的。"

那天晚上，枢密院将来自库尔兰的安娜推上了皇位，因为他们相信同彼得大帝的亲生女儿相比，安娜无疑会是一个懦弱而驯服的君主。二十年前，年满十七岁的安娜成了寡妇，就在同一年她离开了俄国，此后没有再婚，也没有产下一男半女。安娜是彼得大帝同父异母的哥哥、即与其共同主持朝政的沙皇伊凡五世的女儿。伊凡五世性情温和，优柔寡断，深受弟弟彼得的喜爱。在不幸的哥哥去世时，彼得大帝立下誓言，声称自己将照顾伊凡的妻子和三个年幼的女儿。彼得没有食言。1710年，在取得波尔塔瓦大捷之后，彼得将当时年满十七岁的侄女安娜许配给了十九岁的库尔兰公爵腓特烈·威廉。可是，这段婚姻非常短命。当时，彼得为这对新人安排了一场盛大的婚宴，新郎在宴席上喝得酩酊大醉，不省人事。几天后，在动身离开俄国的时候，新郎突然腹痛难忍，一阵阵发作的绞痛最终让他死在了半路上。年轻的寡妇恳求沙皇准许自己留在圣彼得堡陪伴母亲，然而彼得执意要求她去库尔兰继承爵位。安娜遵从了沙皇的旨意，在俄国资金和军力的支持下她成了库尔兰公国的统治者。二十年过去了，安娜仍旧统治着库尔兰，辅佐她的是来自德意志的大臣及情人欧内斯特·约翰·比龙。俄国枢密院向安娜拱手让出了皇位，但在接受馈赠的同时安娜必须接受一大堆条件——不得再婚，不得指定自己的继承人，枢密院将保留宣布对外战争或者讲和、征收税款的权力，皇室的开支、分封采邑、校级以上官员的任免等权力也都掌握在枢密院的手中。安娜接受了这些条件，1730年的春天，她在莫斯科登基了。随后，在近卫军的支持下，安娜撕毁了自己签署过的协议，废除枢密院，恢复了独裁统治。

尽管黄袍加身，安娜却一直忌惮伊丽莎白。考虑到二十一岁的堂妹有可能对自己构成的威胁，当伊丽莎白前来向她表达敬意时，她将这个年轻的姑娘拉到一旁，说："我的妹妹，现如今这个家族已经不剩几个人了，因此咱俩的和睦相处非常重要，我会尽全力维护我们的关系。"伊丽莎白开朗而坦率的回答在一定程度上说服了女皇，让她相信自己的担心的确有些多余。

从二十岁至三十岁的十一年里，伊丽莎白一直生活在安娜女皇的统治下。一开始，每逢正式场合伊丽莎白都会应召入宫，而且要端庄地坐在女皇身旁。伊丽莎白竭尽全力地掩藏起自己的光芒，然而无论怎样努力她都还是会令堂姐相形见绌。她是彼得大帝唯一在世的孩子，除此之外，在整个朝堂上她还是无可争议的美人。最终，宫廷生活令伊丽莎白不堪重负，她回到乡下的庄园，生活又变得无拘无束了，她的品行做派都不再受到宫廷的监督。伊丽莎白是一名出色的骑手，她常常穿着男装骑马出游。她要显露出自己那一双天生的美腿，只有穿着男式裤装那两条腿才会最大限度地招来别人的爱慕。伊丽莎白深爱着看得见原始森林和辽阔牧场的俄国乡野，在那里，她与农人们同吃同住，跟他们一道欢笑，一起唱歌跳舞，到了夏天跟他们一道采蘑菇，在冬季可以滑雪橇、溜冰，守着火堆吃烤栗子和黄油蛋糕。

伊丽莎白是一个未婚而年轻的女人，过着自由自在的生活，没有什么人有权管束她，就这样她成了流传在宫廷里各种绯闻的主角，这无可避免地引起了女皇的注意。伊丽莎白的轻浮令女皇大为恼火，她对男人的吸引力令女皇心生妒意，她的好人缘让女皇感到不安，同时女皇对她的忠诚又毫无把握。女皇一度被各种有关伊丽莎白的传言所触怒，她威胁说要将伊丽莎白关进修道院。岁入被屡次削减，伊丽莎白非常清楚自己的处境已是今非昔比。一开始女皇还掩饰着自己对她的敌意，现在则开始对她动用手段了。伊丽莎白爱上了年轻的军士阿列克谢·舒宾，女皇便将这个年轻人流放到五千里外的太平洋堪察加半岛[1]，伊丽莎白也接到立即返回圣彼得堡的命令。

伊丽莎白没有违抗女皇的命令，她在首都选中了一处住所，那个地方非常便于她结识近卫军官兵。曾经效命于彼得大帝的将士们在伊丽莎白还是小女孩的时候就认识了她，看到心中的英雄在世上仅存的后代，他们都感到非常开心。伊丽莎白常常去营房，在那里总是逗留好一阵子，她对将士们的言谈和习惯都越来越了解，而且她还对他们大加恭维，同他们一起回忆往日的时光，在牌桌上把钱输给他们，并给很多人的孩子当起了教母。没过多久，将士们就彻底为她所倾倒了，她征服了近卫军。除了美貌与慷慨之外，伊丽莎白的俄国血统也深为近卫军将士们所爱慕与信赖。没有人说得出这时的伊丽莎白是否有着自己的考虑，是否已经盘算好了一切。当时把持皇位的是安娜女皇，即便伊丽莎白打算废黜安娜，那这个想法的形成也是很久以后的事情了。或许现实根本没有那么复杂，伊丽莎白原本就是一个随心所欲、慷慨大度、与人为善的人，她喜欢别人，也希望身边围满了自己的爱慕者。总之，事实就是，首都的大街小巷里总是能看到她的身影。她越是抛头露面，俄国人民就越是爱戴她。

不无讽刺的是，这位端庄美丽，而且深受人民喜爱的年轻女子却发现自己难以出嫁。她是彼得大帝的女儿，而且有可能会继承皇位，这些事实

---

[1] 堪察加半岛（Kamchatka Peninsula），位于俄罗斯远东联邦管区，属堪察加边疆区。长一千二百五十千米，面积四十七万二千三百平方千米。西为鄂霍次克海，东为白令海及北太平洋。

都为她赋予了无穷的魅力，原本足以让她轻而易举地找到夫婿。然而，只要库尔兰的安娜仍旧坐在俄国的皇椅上，伊丽莎白与好姻缘之间就存在着许多难以克服的阻碍。欧洲没有任何一个皇室会允许他们的子孙追求伊丽莎白，大家都唯恐此举会被认为是对安娜女皇的敌意；对于俄国本国贵族的后代而言，迎娶伊丽莎白又存在着另外一种障碍——对于原本有可能成为君主的女性而言，下嫁意味着降低自己得到皇位的可能性。

对此，伊丽莎白做出的回应就是放弃结婚的念头，转而选择了自由。如果不能拥有来自皇室或者贵族家庭的丈夫，那么就选择近卫军的士兵、车夫，或者是俊朗的仆从吧。事实上，在伊丽莎白的生命里的确出现了一个令她一往情深的男人，而且直到临死前她仍旧眷恋着他。伊丽莎白的父亲在农奴出身的妻子那里得到了幸福，伊丽莎白也同样在下层人民中间找到了自己的伴侣。一天清晨，伊丽莎白听到宫廷礼拜堂的合唱队中传出一个雄浑有力的声音，她从来没有听到过这种低沉饱满的男低音，后来她发现这个声音来自一个高挑的年轻人。年轻人长着一双黑眼睛，一头黑发，笑起来是那么地迷人。这个年轻人出身于一户乌克兰农奴家庭，跟伊丽莎白同岁，名叫阿列克谢·拉祖莫夫斯基。伊丽莎白立即将其召至自己的合唱队，没过多久就安排他住进了自己寝宫附近的房间。

对于伊丽莎白来说，拉祖莫夫斯基是一个非常理想的宠臣。除了相貌出众之外，拉祖莫夫斯基还非常正派单纯，伊丽莎白中意于他的厚道、温和和乖巧的秉性。他虽然接受过教育，但是教育并没有培养出他的野心，他从未插手过朝政。后来，叶卡捷琳娜大帝致信给阿列克谢·拉祖莫夫斯基和他的弟弟基里洛，说她"清楚没有任何一个家族能像他们兄弟俩那样得到皇帝的恩宠，被那样钟爱着，而且有那么多人爱着他们"。伊丽莎白喜爱拉祖莫夫斯基英俊的脸庞、温文尔雅的举止，还有他非凡的嗓音。拉祖莫夫斯基成了伊丽莎白的情人，而且后来很有可能通过一场不为人知的婚礼，这个来自民间的年轻人成了女皇的丈夫，朝臣们称他为"夜皇帝"。登基后伊丽莎白立即册封他为伯爵，随即又宣布他为亲王，最后他官拜元帅。当女皇为他冠满各种头衔时，拉祖莫夫斯基却对女皇说："陛下或许可以让我成为元帅，但我拒绝您或其他任何人授予我任何官衔，哪怕勉强说得过去的上尉一职都不可以。"

同面色凝重、令人难以亲近的安娜女皇相比，伊丽莎白到了二十多岁的时候依然显得活力十足。从其他角度来观察的话，两个女人的差异就更加明显了。安娜总是被包围在一群德意志人中间，伊丽莎白的心和灵魂却完全属于俄国。伊丽莎白热爱俄国的语言、俄国的人民，还有俄国的传统习俗。尽管她从没有流露过急于称帝的欲望，但是还是有人自认为在她恬静的外表下能看到另外一种情绪。英国大使的夫人说："当着外人的面，她总是表现出一副率真欢乐的样子，看上去还有几分孩子气，但是我听说在私下里她的谈吐非常理性，很有说服力，让我相信她的那些举动不过是假象罢了。"

除此以外，伊丽莎白的命运还蒙着另外一层阴影。无儿无女的安娜女皇将亲姐姐的女儿、具有德意志血统的外甥女——梅克伦堡[1]的叶卡捷琳娜——接到了圣彼得堡，并让她皈依了东正教，并改名为安娜·利奥波多芙娜。随后，女皇打算将安娜·利奥波多芙娜许配给一位德意志的亲王，布伦瑞克[2]的安东·乌尔里希。已经心有所属的安娜·利奥波多芙娜拒绝了女皇的提议，但是女皇非常固执。1738年的春天，俄国宣布安娜·利奥波多芙娜同安东·乌尔里希订婚。大婚前的几个月里，人们看到安娜·利

---

[1] 梅克伦堡（Mecklenburg），即梅克伦堡－什末林公国，公国北邻波罗的海海岸，东北紧靠普鲁士波美拉尼亚省，南方毗邻普鲁士勃兰登堡省，西南方则相接汉诺威王国的艾姆切·诺伊豪斯地区。

[2] 布伦瑞克（Brunswic），现今德国下撒克逊州东部的一个城市，1918年该公国公爵逊位以前布伦瑞克是布伦瑞克公国的首都。

奥波多芙娜从一个活泼开朗的女孩变成了相貌平平、沉默寡言、愁眉苦脸地等待着出嫁的准新娘。安娜·利奥波多芙娜打心眼里痛恨姨母为自己所做的安排。与安娜·利奥波多芙娜形成了鲜明对比的伊丽莎白依旧充满了自信，风情万种，即便跟十年前相比她的容貌已经今非昔比，但她的美依然足以令女皇感到恼怒。

1739年7月，安娜·利奥波多芙娜嫁给了安东·乌尔里希；1740年8月，她生下了一个男孩。大喜过望的女皇坚持给男孩取名为伊凡，这是女皇先父的名字。小伊凡尚未满月女皇就得了中风，身体稍有所恢复她便心急火燎地宣布尚在襁褓中的外孙为自己的继承人，倘若这个孩子继位时仍未成年，那么孩子的母亲——安娜·利奥波多芙娜——则将被任命为摄政王。10月16日，女皇再次中风，这一次医生均认为她已经没有康复的希望了。最终，安娜女皇在四十七岁这一年去世了。女皇过世的第二天，她立下的遗嘱被公开宣读了，只有两个月大的婴儿登基，成为伊凡六世。三十岁的伊丽莎白同这个孩子的双亲都宣誓将效忠于这位新皇帝。

俄国政局陷入了一片动荡之中。小伊凡的母亲，安娜·利奥波多芙娜没能得到安娜女皇的恩典，继承皇位，而是成了摄政王。大为懊恼的安娜·利奥波多芙娜任命自己来自德意志的丈夫，布伦瑞克的安东·乌尔里希为俄军总司令，随后她又同老情人、撒克逊大使利内尔伯爵旧情复燃。安东·乌尔里希受到的羞辱尽人皆知，众目睽睽之下，只要他的妻子同情人在一起的时候，守在寝室门口的卫兵就不允许他进去。

伊丽莎白是彼得大帝的亲生女儿，但她已经连续三次被排除在皇位继承人选之外了，不过她对此却无动于衷。她没有僭越过新摄政王，依然我行我素地过着自己的日子。圣彼得堡的大街小巷里还是常常能看得到她的身影，每天她也都会在位于自己寝宫附近的普列奥布拉任斯基近卫团兵营的操场上散会儿步。各国外交使节都在揣测伊丽莎白的心思，各国首都也都流传着各种各样有关她的传言。英国大使爱德华·芬奇在发给伦敦的报告中称伊丽莎白"古道热肠，平易近人，因此她本人非常受欢迎"。

"彼得大帝的女儿"这一身份也为她增加了一项优势，尽管与同时代欧洲其他各位君主相比彼得都更令人畏惧，但同时他也比其他人更受人爱戴……"对彼得大帝的爱无疑会转移到其子女身上，普通民众同军队中间都普遍存在着这种情绪。"

一开始，安娜·利奥波多芙娜同伊丽莎白之间没有出现龃龉，伊丽莎白经常应邀前往冬宫。不过没过多久伊丽莎白就冷淡了下来，只是在无可回避的重大庆祝活动中才会露面。1741年2月，摄政王下令对伊丽莎白实施监控。俄罗斯宫廷与各国使节都注意到了伊丽莎白受到的约束。1741年夏天，摄政王与伊丽莎白的关系恶化了。这时，活跃在安娜·利奥波多芙娜身边的全都是外国人。她的情人，撒克逊的利内尔伯爵继续敦促她下令逮捕伊丽莎白。对伊丽莎白实施的管束越来越严厉了，7月的时候，她的薪俸被进一步削减，入秋后她又听到传言称摄政王正谋划着要她立下书面声明，宣布放弃皇位继承权。还有消息说安娜·利奥波多芙娜打算将她强行送入女修道院，成为一名修女。11月24日清晨，伊丽莎白的医生莱斯托克走进她的寝室将她唤醒，然后递给她一张纸。莱斯托克在正反两面画了两幅伊丽莎白的画像，在一面上她坐在皇椅上，在另一面上她则穿戴着修女的袍子，身后还摆着绞刑架和其他行刑架。他说："夫人，现在您务必要做出选择了，要么成为女皇，要么被贬黜到修道院，亲眼看着您的仆人一个个地惨死在酷刑之下。"伊丽莎白决定采取行动。午夜时分，她来到普列奥布拉任斯基近卫团的营房。伊丽莎白说："你们都清楚我是谁的女儿！"士兵们高呼道："我们准备好了！我们要杀光他们！""不，"伊丽莎白说，"一个俄罗斯人都不能死。"在寒冷刺骨的深夜里，伊丽莎白带领着三百名士兵赶往冬宫，在门口值守的卫兵没有进行抵抗，伊丽莎白径直来到了安娜·利奥波多芙娜的床前。摄政王还在睡梦中，伊丽莎白拍了拍她的肩膀，说："小丫头，该起床了。"看到大势已去，安娜·利奥波多芙娜便祈求伊丽莎白对她们母子俩网开一面。伊丽莎白向安娜·利奥波多芙娜保证说没有人会加害于布伦瑞克家族的任何一个人。伊丽莎白向全国人民宣布自己继承了父亲的皇位，并对篡位者实施逮捕，篡位者被指控剥夺了伊丽莎白的继承权。1741年11月25日下午三点，伊丽莎白重新回到冬宫，在三十二岁这一年，彼得大帝的女儿成为俄国女皇。

登基后，伊丽莎白首先对那些在自己漫长的蛰伏期里支持她的人表达了自己的感激之情，对他们大行封赏——封官加爵，提拔晋升，赏赐珠宝以及其他各种各样的恩典。普列奥布拉任斯基近卫团里跟随她前去冬宫的每一位官兵都得到了提拔；莱斯托克医生不仅得到了一幅镶嵌在钻石相框里的女皇画像和一笔丰厚的年金，而且还被任命为枢密院大臣，并被擢升为首席医师。拉祖莫夫斯基则摇身一变成了伯爵，除了被任命为皇宫总管之外还得到了"狩猎团团长"这一荣誉性的封号。伊丽莎白同时还任命了其他数位枢密院大臣，并加封了一批伯爵，赏赐给很多人镶嵌在珠宝相框里的女皇画像和鼻烟壶，很多渴望得到赏赐的人也都戴上了来自女皇的戒指。

但是，这些恩赐无法让伊丽莎白面前最迫切需要解决的问题化为乌有。仍旧在世的沙皇——伊凡六世——还在圣彼得堡，两个月大的时候他继承了皇位，十五个月大的时候他遭到了废黜。伊凡六世对自己身为皇帝的事实一无所知，但他接受过涂油礼，是公认的皇帝，通过一枚枚流通的硬币他的肖像传遍了全国，全俄国大大小小的教堂都在为他祝祷。从一开始，伊凡六世就成了伊丽莎白的心头大患。伊丽莎白原本打算将伊凡六世同他的双亲一起送到国外去，因此她先将布伦瑞克全家人打发到了里加，从那里再继续前往其他国家。可是，等布伦瑞克一家到了里加，伊丽莎白的心里又有了另外的打算——将那个年幼却危险的囚犯牢牢地羁押在自己眼皮底下或许更为稳妥。小伊凡被人从父母身边带走之后被打入秘密政治犯的行列，在此后二十二年里他的身份始终不曾改变过。伊凡六世从一个监狱被转移到下一个监狱，尽管如此，伊丽莎白还是担心随时会有人将他营救出去，并帮助他复位。很快，解决方案就在伊丽莎白的心里浮现了出来——若想让伊凡继续活在人世，而且永远对自己不构成威胁的话，她就必须为自己找到一位继承人，这个继承人将能守住王朝的江山，而且受到全国人民乃至全世界的认可。然而，到了这时伊丽莎白已经意识到自己的身体是不可能孕育出这样一位继承人了。所有人都知道她还没有出嫁，而要为自己找到满意的夫婿为时已晚，她也根本找不到合适的男人。此外，尽管多年来她一直过着无拘无束耽于逸乐的日子，但世人都知道她从未怀上过一男半女。因此，她的继承人只能是其他女人的孩子。伊丽莎白的眼前有一个现成的人选——她挚爱的姐姐安娜的儿子，也就是她受人崇敬的父亲彼得大帝的亲孙子。被伊丽莎白接至俄国，受她调教，并被宣布为继承人的正是这个生活在荷尔斯泰因的十四岁男孩。

第五章

公爵的诞生

在这个世界上，伊丽莎白最爱的人莫过于她的姐姐安娜。在这对姐妹中，妹妹总是能让外人情不自禁地对她的美貌和朝气进行一番热情洋溢的赞美，而姐姐也不乏狂热的仰慕者。普鲁士王国驻圣彼得堡公使马德菲尔德男爵曾经写道："我相信在当代，整个欧洲没有任何一位公主能与安娜的端庄秀雅相媲美。安娜长着一头浅黑色的秀发，皮肤白皙，肤色健康。她的五官非常完美，即便以最挑剔的古典审美标准来评判的话，她也会令任何一位技艺精湛的画师感到心满意足。就算她沉默不语，人们也能在她硕大而美丽的双眸中感觉到她的亲善与宽厚。在她的举手投足间看不到丝毫的矫揉造作。她总是一脸肃穆，在她的脸上很难看到笑容。从儿时起她就在努力培养自己的心智……她讲着一口流利的法语和德意志语。"

安娜在世的时间没有伊丽莎白那么长久。十七岁那年她嫁给了资质平平，然而前途远大的荷尔斯泰因公爵查理·腓特烈。查理·腓特烈的母亲海德维格·索菲娅是颇有传奇色彩的瑞典国王查理十二世的亲姐姐；她的丈夫，荷尔斯泰因公爵腓特烈四世是她的表哥，后者死于查理国王领导的战役中。查理·腓特烈一直在瑞典接受教育，这让他有充分的理由认定自己那位无儿无女的舅父——查理十二世——会将他指定为继承人。查理国王逝世后，黑森[1]亲王腓特烈被授予瑞典王位，十九岁的落选者查理·腓特烈离开瑞典，来到了圣彼得堡，谋求彼得大帝的庇护。沙皇接纳了公爵，因为仍旧觊觎着瑞典王位的公爵可以成为政治这盘棋上一枚有力的棋子。

寄居在圣彼得堡的公爵其野心远远超过了自己的能力，来到俄国没多久他就打算向沙皇的女儿求婚了。彼得本人很反对这样的婚姻，但是他的妻子叶卡捷琳娜喜欢这位德意志公爵。母亲说服了女儿安娜，让她相信公爵同她非常般配。在母亲的劝说下安娜屈服了，她同公爵都同意了这桩婚事。

1725年1月间，彼得大帝突然身染重病，临终前原本已经神志昏迷的他又苏醒过来，大声嚷嚷着："我的小安娜在哪儿？我要见她！"安娜被召至父亲的床前，可是还未等她赶到时父亲再度陷入了昏迷，此后再也没有苏醒过来。订婚仪式与婚礼延期举行，不过并没有拖延太长时间。1725年5月21日，安娜嫁给了公爵。

在母亲短暂的主政期间，安娜同丈夫仍旧生活在圣彼得堡。1727年叶卡捷琳娜一世离世后，查理·腓特烈公爵同妻子离开俄国，回到了荷尔斯泰因。安娜痛苦于无法带走伊丽莎白，不过令她喜悦的是她发现自己已经怀有身孕了。1728年2月21日，回到荷尔斯泰因六个月后安娜生下了一个男孩，次日这个男孩在基尔的路德教教堂里领洗。公爵夫妻俩给儿子取名为查理·彼得·乌尔里希，这个名字彰显出小家伙显赫的身世——"查理"来自他的父亲，同时也来自他的舅爷查理十二世；"彼得"则代表了他的外祖父彼得大帝；"乌尔里希"则得自在位的瑞典王后乌尔丽卡，她是彼得的姨奶奶。

---

[1] 黑森（Hessen），现今德国的一个联邦州，首府是威斯巴登，历史上曾存在过黑森公国。

为了纪念小亲王的诞生，家里举行了一场舞会。当时还是2月份，尽管天气潮湿阴冷，而且安娜的身体还没有完全恢复，但是这位只有十九岁，沉浸在幸福中的母亲还是固执地站在敞开的窗口边看着舞会后的焰火表演。安娜的女侍臣不许她这样做，但是安娜却哈哈大笑了起来，她对女侍臣说："记住，我是个俄国人，我的身体早就习惯了比这更恶劣的气候。"安娜着了凉，随后就恶化成了结核病，在儿子出生三个月后就撒手人寰了。在遗嘱中，安娜要求将自己埋葬在父亲身边。最终，她的遗体被一艘俄国护卫舰沿波罗的海送回到了圣彼得堡。

安娜过世后，查理·腓特烈悲痛不已，他不仅失去了年轻的妻子，而且曾经源源不断地从圣彼得堡发往基尔的俄国皇室财宝也断流了。公爵的开销非常大，家里始终维持着一大群仆役和身着制服华而不实的侍卫。他认为这种做派很有必要，因为他觉得自己仍旧是瑞典王位的继承人。在惦记着这些事情的同时，查理·腓特烈对自己尚在襁褓中的儿子却漠不关心。小家伙被托付给了一群保姆，在年满七岁之前还有一批法国女教师包围着他，教会他一点实用的法语，虽然他基本上不曾离开过德意志。到了七岁，彼得开始接受军事训练，诸如站岗时保持军姿，身上挂着小军刀和小火枪时依然能趾高气扬地行进。很快，他就迷恋上了军事训练本身，还有训练时的那种气氛。跟教师坐在一起学习功课时，他总是会突然蹦起来，一个箭步冲到窗前，盯着院子里正在操练的士兵们。身着军装出现在操场上对彼得来说是最幸福的事情，不过他没有多少耐力。他常常会身染疾病，生病时就只能待在房间里，将玩具士兵排列起来，模拟着操场上真正的操练。终于，他的父亲意识到了他的存在。年满九岁时彼得已经被授以中士军衔。有一天，公爵同军官们一道进餐，彼得在门外站岗执勤。开宴后，看着仆人们从自己身前走过，将一道道菜肴送到餐桌上的时候，饥肠辘辘的小家伙只是一个劲儿地盯着那些菜品。就在第二轮上菜的时候，他的父亲站起身，将他领到餐桌前。公爵郑重其事地将儿子提拔为中尉，并邀请他同军官们一道就餐。多年后，彼得在俄国说过那是"他这一辈子最幸福的一天"。

彼得接受的教育杂乱无章。他精通瑞典语和法语，并且能将这两种语言翻译为德语。他热爱音乐，不过兴趣并没有激发他的学习热情。拉小提琴对他来说是一件开心的事情，但他从未学过正确的指法，总是自顾自地练习着，竭尽所能地演奏着自己中意的乐曲。可是，对于任何听到琴声的人而言，他的演奏都不啻一种折磨。

年少时，摆在彼得面前的有不止一种选择。他是一位继承人，在父亲百年之后可以成为荷尔斯泰因公爵，父亲过世还会让他得到瑞典王位继承权；从母亲的家世来看，他又是彼得大帝唯一在世的男性后代，因此他有可能成为俄国皇位的继承人。然而，在他的表兄——沙皇彼得二世——过世后，俄国枢密院将彼得大帝的女儿伊丽莎白排除在继承皇位的人选之外，他们也没有考虑这位荷尔斯泰因小亲王的继承权，而是直接将库尔兰的安娜扶上了皇椅。一心指望着从小彼得的俄国亲戚身上获益的荷尔斯泰因公爵对此愤愤不平。结果就是，在基尔大家会当着小彼得的面嘲笑俄国是野蛮人的国家。

面对选择的同时，彼得也承受着外界对他的诸多要求，看上去似乎是命运辜负了他。彼得同时是北方战争中两位非凡的敌手在血缘上最为亲近的男性亲属，是彰显着人类力量的彼得大帝和当时最杰出的军人、战无不胜的查理十二世的孙子，然而他却是一个羸弱多病的孩子，长着一双鼓胀的眼睛，一副单薄的嘴唇，浑身上下看不到多少活力。他必须面对自己的生活，必须接过祖先留给他的庞大的"遗产"，这一切对他来说都只是沉重的负担而已。倘若他的地位没有这么显赫的话，那么他将会无所畏惧地承担起自己的职责。指挥一支军团会让他感到喜悦，但是皇帝，哪怕是国王这种头衔对他来说都过于沉重了。

1739年，当彼得年满十一岁的时候，他的父亲过世了，至少从名义上来说这个男孩成了荷尔斯泰因公爵。除了继承了爵位之外，他父亲对瑞典王位的继承权也随之传给了他。彼得的叔父、荷尔斯泰因的阿道夫·腓特烈亲王被任命为彼得的监护人，亲王本人同时也是路德教在奥伊廷[1]的主教。显然，主教本该精心抚育这个同时拥有俄国皇位和瑞典王位继承权的孩子，然而阿道夫是个多少有些懒惰的老好人，他并没有承担起自己的责任。培养彼得的重任转而落在了一批军官和教师身上，这群人都效力于公爵的元帅，即曾经服役于骑兵部队的奥托·布鲁默。布鲁默性情粗暴，对属下非常严厉，常常毫不留情地对年幼的主公施以体罚，小公爵的法语教师认为布鲁默"更适合驯马，而不是训练亲王"。布鲁默对自己负责照看的小公爵所施加的暴力除了粗暴的惩罚之外，还有营养失衡的膳食、冷嘲热讽、公开的羞辱。年轻的亲王在上课时经常表现得不尽如人意，每当出现这种情况，刚用完餐，布鲁默就会出现在餐厅里，威胁小公爵说要对其进行惩罚。惊恐的小家伙根本没法再继续吃下去，离开餐桌后便大口大口地呕吐起来。接着布鲁默会吩咐属下第二天不得给小公爵准备饭食。在这样的日子里，每到开饭的时候，饥饿的小公爵就只能站在餐厅门口看着自己的侍臣们进餐，而且他的脖子上还挂着一张纸片，纸上画着一头驴。棍棒皮鞭对这个孩子而言是家常便饭，布鲁默还会让这个孩子在干瘪的硬豌豆上一连跪上好几个钟头，直到小家伙裸露的双膝变得又红又肿为止。布鲁默无休无止地施暴造就出一个可悲而扭曲的孩子。彼得变成了一个胆小怕事却冷酷无情，喜欢搞两面派的人，而且总是满嘴谎话，对他人充满敌

---

[1] 奥伊廷（Eutin），位于现今德国石勒苏益格－荷尔斯泰因州的一个市镇。

意，喜欢夸夸其谈，同时又非常怯懦。他只把地位最低下的仆人当作朋友，因为他有权攻击这些人。他还残忍地虐待宠物。

布鲁默愚昧的管教方式，及其通过折磨日后有可能成为瑞典国王或俄国沙皇的孩子来取乐的心态始终令人难以理解。如果说他指望通过虐待帮这个孩子培养起钢铁般的意志，那么结果则与他的愿望完全背道而驰。生活对彼得来说难以忍受，布鲁默试图通过殴打与羞辱将知识灌进彼得的脑袋里，让彼得学会服从，然而他的努力只是不断地遭到彼得的抵制。在彼得不幸的一生中，他所面对过的最可怕的恶魔莫过于布鲁默。彼得遭受过的伤害日后才一点点地暴露出来。

十三岁生日到来之前，彼得的生活出现了改变。1741年12月6日半夜时分，他的姨母伊丽莎白结束了年幼的伊凡六世沙皇的统治，并解除了其母安娜·利奥波多芙娜的摄政权。登基后，伊丽莎白女皇首先下令将自己的外甥召至身边。彼得是女皇唯一在世的男性亲属，女皇打算收养彼得，并宣布他为自己的继承人。没有人违抗女皇的命令，很快她的外甥就悄悄地从基尔来到了圣彼得堡。在这个孩子得到安全的看护之前，伊丽莎白始终没有征询过任何人的意见，也没有将自己的打算透露给任何人。必须向各自的君主解释清楚伊丽莎白这一举动的外交使节们只能对女皇的意图做一番揣测，他们指出伊凡六世的存在对女皇构成的威胁，还解释说女皇对姐姐安娜的爱也起到了作用。此外，使节们还提到了另外一个有些自私的理由，即女皇对自我保护的考虑。伊凡六世已经被置于警卫的看守下，这样一来彼得就成了唯一一个有权同伊丽莎白争夺帝位的人。倘若彼得继续留在荷尔斯泰因，那么他对俄国皇位的继承权就会得到国外势力的支持；如果他成了俄国的公爵，生活在伊丽莎白的视野范围之内，那么伊丽莎白就能够控制他未来的一举一动。

对于彼得自己而言，伊丽莎白发动的政变令他的生活发生了翻天覆地的变化。十四岁这一年，他同令他痛苦的布鲁默一道离开了坐落在基尔的城堡，将属于他的荷尔斯泰因公国抛在了身后——虽然在名义上他仍旧是这个公国的统治者——动身前往圣彼得堡。彼得走得非常突然，而且不为人知，在一定程度上可以说他是被绑架了。离开荷尔斯泰因三天，在他已经跨过边境之后，他的臣民才得知公爵已经离他们远去了。1742年1月初，彼得来到了圣彼得堡，女皇在冬宫设宴为他接风洗尘，席间的气氛激动人心。女皇张开双臂，泪流满面，她发誓说自己会对姐姐的独生子视如己出。

在此之前，伊丽莎白还从未见过这个孩子，经过一番仔细地打量，她看到了索菲娅早在四年前就看到过的那个彼得。这时的彼得仍旧是当年那个古里古怪的小不点，跟年龄不相符的矮小身材，苍白的面色，看上去羸弱而笨拙，一头散乱的金发被梳理得耷拉在肩头。为了向女皇表达自己的敬意，彼得将单薄的身体绷得就像木雕玩具士兵一样僵直。面对女皇开口作答时，他的声音听上去尖细而短促，仍旧是一副青春期变声前的嗓音。谈话中，他交替说着德意志语和法语。

眼前这个少年的相貌令伊丽莎白感到惊讶，同时又大失所望，而他的无知则更加令她感到震惊。伊丽莎白自己并不是一个学识渊博的人，她甚至认为过于好学有害健康，她怀疑姐姐安娜之所以早逝就是因为太喜欢读书了。伊丽莎白指派了一位和蔼可亲的撒克逊人、圣彼得堡皇家科学院的史泰林教授全权负责彼得的教育。在将教授介绍给彼得的时候，她对彼得说："我发现殿下还有很多东西需要学习，史泰林先生将会用愉快的方式将这些知识传授给你。他会让学习变成你的娱乐。"史泰林对这位新学生细细打量了一番，很快彼得在各个领域的无知就显露了出来。史泰林还发现这个学生具有跟年龄不相符的惊人的幼稚，而且总是坐立不安，对任何事情都难以集中注意力，同时任何有关军人和战争的事情却都能点燃他的热情。彼得来到俄国后，伊丽莎白授予他普列奥布拉任斯基近卫团中校军衔，该团在皇家卫队中占有至高无上的地位。彼得却对此不以为然，他对俄国松松垮垮的深绿色军装嗤之以鼻，在他眼中，俄国军装同荷尔斯泰因公国和普鲁士王国那种贴身的德意志风格的蓝色军服有着天壤之别。

史泰林竭尽所能地履行着自己的职责，尽可能给彼得减轻学习的压力。他拿着带有大量地图和插画的书籍，并从美术馆借来馆藏的古代钱币和勋章给自己的这位学生教授俄国历史；拿着巨大的对开本地图册讲解有朝一日将属于彼得的这个国家的地理概貌，从地图册上可以看到从里加到土耳其和中国边境的俄国各处要塞重镇。为了拓宽彼得的眼界，史泰林还将外交信函和外国报纸上发布的新闻读给彼得，他一边读新闻，一边指着地图或者地球仪，好让彼得知道那些事情都发生在什么地方。为了教授几何和机械原理，史泰林亲手制作了一批微缩模型。他带着彼得漫步在皇宫花园里，告诉他花草树木的目、科、属、种，以此来让彼得获得自然方面的知识。轮到建筑学的课程时他就领着彼得徜徉在皇宫里，不停地向他介绍着宫殿的设计与建造过程。彼得根本无法安安静静地坐下来听老师的讲解，绝大多数时间师生二人都只能肩并肩来来回回地溜达着，在散步中上着课。史泰林不负责彼得在舞蹈方面的学习，女皇对舞蹈极为重视，可是彼得却学得一塌糊涂。伊丽莎白的舞技非常精湛，她命人对外甥进行四对方舞[1]和小步舞[2]的强化训练。每个星期彼得必须接受四次舞蹈训练，只要舞蹈教师带着一位小提琴手出现在他的房间里，他就必须立即丢下手头的其他事情。彼得在舞蹈方面的学习就像是一场灾难，终其一生他的舞姿都很滑稽。

---

[1] 四对方舞即方块舞，起源于法国的欧洲宫廷舞，舞蹈活泼优雅，内容分为五个部分，其舞曲通常改编自流行歌曲或舞台音乐。

[2] 小步舞，起源于西欧民间的三拍子舞曲，盛行于法国宫廷，因舞蹈步子较小而得名。

史泰林任职三年，到最后也没有取得多少进展，但这并不是他的过错，彼得学无所成的真正根源在于他对学习的热情和勇气早已遭到了破坏和扭曲。对彼得而言，生活里就只剩下无休无止枯燥乏味的学习，对于必须学习的那些东西他自己丝毫也不关心。在日记中，史泰林写道，他的学生"完全不务正业"，"总之非常不守规矩"。尽管如此，对于年轻的彼得来说，只有史泰林曾试图理解他，带着头脑和同情心来面对他。虽然彼得没有掌握多少知识，但此后他一直对自己的这位前任教师非常友善。

在来到俄国的头一年里羸弱的身体一直影响着彼得学习。1743年10月，史泰林写道："他非常虚弱，对任何原本能令他开心的事情都失去了兴趣，甚至是音乐。在一个星期六，有人在小公爵的客厅里演奏起音乐，一名阉伶唱着彼得最喜爱的歌曲，可是这个男孩却闭着双眼，轻声说：'能让他们赶快停下吗？'声音轻得几乎让人听不到。"伊丽莎白冲到彼得的身旁，失声痛哭了起来。

即便没有患病，彼得也仍旧被其他问题困扰着。他没有朋友，实际上他根本不认识任何一个同龄人，他的身边总是能看到布鲁默的身影。伊丽莎白女皇始终都没有意识到，或者说没能看透这个人的性格。疾病已经夺去了彼得的勇气，而布鲁默的粗暴更进一步地让这个男孩变得怯懦起来。史泰林在一份报告中称，一日，布鲁默又对彼得大打出手了，这一次他直接对小公爵施以拳脚。史泰林赶来干涉的时候，彼得跑到了窗户前，冲院子里的卫兵高声呼救，随即他又冲回自己的房间，再次回来时他的手里拎着一把剑，冲布鲁默吼道："这是你最后一次侮辱我了。"尽管如此，女皇还是没有将布鲁默打发走。彼得意识到自己遭受的迫害并没有因为来到俄国而有所缓解，如果说他的生活出现了变化，那么也只能说是更加糟糕了。毕竟，在基尔时，无论布鲁默的陪伴对他来说是多么的痛苦，他至少还生活在自己的故乡。

外甥的一事无成令伊丽莎白很是痛苦。她不是一个有耐心的女人，原本指望一切都能令自己称心如意，再加上伊凡六世的存在仍旧在不停地折磨着她的神经，她只能对彼得和他的教师们愈加严厉了。为何自己的外甥是这样一个令人头疼、毫无前途的孩子？伊丽莎白自问道。当然，很快他就会有所改变的。有时候，为了缓解焦虑，说服自己相信一切正常，伊丽莎白会对外甥的进步滥用一堆溢美之词。她会说："看到你没有虚度光阴，真是没法说我有多么开心。"然而，日复一日，彼得的状况仍旧没有丝毫改善，女皇的心一点点沉了下去。

最令伊丽莎白感到悲哀的是外甥厌恶俄国的一切，而且毫不掩饰自己的这种情绪。伊丽莎白派人教彼得学习俄语和东正教的教义教规，还让经验丰富的教师和牧师在课余时间检查彼得的学习状况。每天彼得要上两个小时的神学课，他可以含含糊糊地背上零星几句经文，但他藐视这种陌生的宗教，对那群留着一把大胡子的牧师也充满了鄙视。他冷嘲热讽地对奥地利和普鲁士的大使们说："他（即上帝）给牧师们许下了那么多自己根本无法兑现的诺言。"彼得对俄语的态度也是如此，女皇为他安排了课程，可他痛恨这门语言，根本不花费精力去学习俄语的语法规则。一有机会他就会尽可能地将一大群荷尔斯泰因的军官招到自己身边，操着一口德语同他们聊天。

这不仅仅是能否学会俄语的问题，假以时日的话，或许最终彼得还是可以学会这门陌生的语言。摆在彼得面前的难题远远不只是他对很多事物的憎恶与玩世不恭的态度，在每一门功课的背后他的老师都会让他隐隐约约地看到一个远比功课本身要庞大的难题——有朝一日他将继承俄国皇位。彼得试图同命运做一番抗争，将自己从中解脱出来。他对统治这么一个庞大的帝国毫无兴趣，这不是他自己的国家，况且在他眼中这个国家又是如此落后。他思念着德意志与荷尔斯泰因，他渴望过着当初在基尔的兵营里那种简单明了的生活，在那里的生活只有制服、军鼓、命令，还有服从。尽管命中注定要做全世界最庞大的帝国的统治者，在心里他却还是当年那个小小的荷尔斯泰因战士，他心中的英雄并不是自己那位无人能出其右的俄国外祖父，而是全体德意志将士共同的偶像——普鲁士王国的腓特烈。

然而，伊丽莎白女皇还是一意孤行。1742年11月18日，在克里姆林宫里的小礼拜堂，查理·彼得·乌尔里希在庄严的受洗之后以俄国名字彼得·费奥多罗维奇加入东正教教会，女皇意图通过这个罗曼诺夫家族的名字抹去原先路德教加诸彼得的不良影响。随后，伊丽莎白正式宣布彼得为皇位继承人，封其为皇储，授大公爵位。彼得用死记硬背下来的俄语宣誓说自己将抛弃一切有违东正教教义的信条。在仪式结束前朝臣们一起宣誓将效忠于彼得。在典礼中以及典礼结束后，当着众人的面，彼得始终保持着一副愁眉苦脸的样子。外国使节们都注意到了他的情绪，他们说"他开口时仍旧跟平日一样任性，显然他对东正教不会有多少热情"。不过，至少在这一天伊丽莎白完全忽略了一切原本会令她感到沮丧的迹象，在彼得被涂圣油时她泪流满面。典礼过后大公回到了自己的房间，他看到价值三十万卢布的汇票就在房间里等待着自己。

尽管伊丽莎白对彼得的感情表露无遗，但她并不信任这个外甥。为了让彼得无法反悔自己对俄国做出的承诺，并彻底切断他的退路，伊丽莎白在俄国与瑞典的协定中增加了一项条款，该条款将彼得对瑞典王位的继承权转交给了他之前的监护人，约翰娜那位出任吕贝克主教的哥哥，荷尔斯泰因的阿道夫·腓特烈。主教取代彼得成为瑞典王位的继承人。

彼得在俄国的生活很压抑，越是意识到彼得的痛苦，伊丽莎白女皇就越是忧虑。当初她将自家人拉下皇位，痛恨他们的德意志血统，而现在她却发现自己选中的继承人比那群亲戚更像德意志人。尽管她利用一切机会对彼得施以俄罗斯式的影响，然而彼得却顽固地保持着德意志式的观念、审美情趣、对事物的成见和人生观。伊丽莎白大失所望，可是到了这一步她也只能听天由命了，彼得再也无法被送回荷尔斯泰因了。从血缘上来说，彼得是同她最亲近的家人，刚刚加入东正教教会，还被宣布为皇位继承人，他成了罗曼诺夫王朝的希望。1743年10月间，彼得身染重疾，直到11月中旬才勉强可以下床，经过这场病，伊丽莎白才意识到彼得对她而言是多么重要。

实际上，彼得的健康问题促使伊丽莎白采取了进一步的行动。彼得总是病恹恹的，倘若有朝一日他真的离开这个人世，伊丽莎白该作何考虑？解决这个问题的出路——必须是最佳方案，或许也是唯一的选择——就是为彼得找到妻子。彼得已经年满十五岁了，有了年轻般配的妻子陪在他的身边不仅可以使他尽早成熟起来，而且他的妻子还可以完成一项更为重要的任务——生下一位小继承人，这个孩子将会比自己的父亲更具有继承皇位的潜力。伊丽莎白决定采纳这个方案，尽快为彼得找到妻子，生一位小继承人。女皇火急火燎地为彼得选定了未婚妻，布鲁默奉女皇之命给泽布斯特的约翰娜发去一封封十万火急的信函——来俄国！把你的女儿带来！不得耽搁！不得耽搁！不得耽搁！

第六章
初见伊丽莎白与彼得

索菲娅同母亲等在那里，突然彼得出现在母女俩面前。"我等不及了。"彼得操着一口德意志语，脸上挂着夸张的笑容，不过看上去很真诚，索菲娅和母亲都非常开心。彼得站在母女俩面前，多少有些紧张不安。索菲娅仔细地打量着未来的丈夫，此前她只是在这个男孩十岁那年与之见过一面，现如今这个男孩已经十五岁了，可是他的身板依然异乎寻常的矮小瘦弱，跟五年前索菲娅见到过的那副模样相比，他的五官也没有太大的变化，仍旧是苍白的面色，宽阔的嘴巴，尖削的下颌。有人解释说彼得在迎接索菲娅时所表现出的热情是因为索菲娅是彼得的表妹，与彼得年龄相仿，而且还能同彼得用德语交谈。此外，索菲娅的出身跟彼得有着相似之处，因此她能理解他。或许彼得还相信这位小表妹可以同他一起抵抗俄国强加给他的诸多要求。彼得走来走去，一边还不停地唠叨着，当莱斯托克医生出现在他们面前，说女皇准备接见他们的时候彼得才停了下来。彼得向约翰娜伸出手臂，一位女侍臣也向索菲娅伸出手臂。母女俩穿过一个又一个燃满蜡烛的大厅，所经之处全都挤满了向她们鞠躬屈膝的男女宾客。终于，母女俩来到了女皇寝宫的大门外。里外两重大门突然被推开了，俄国女皇伊丽莎白站在约翰娜与索菲娅的面前。

索菲娅和母亲都完全为女皇所倾倒了。伊丽莎白高大丰满，一双蓝眼睛硕大而明亮，额头宽阔，牙齿洁白，双唇饱满红润，洁净无瑕的脸庞上透着一抹淡淡的红晕，天生的金发被染成了深黑色。她身着一条气势恢宏的银色礼服，裙子上镶着金线织成的蕾丝花边，裙撑撑起宽大的裙摆，她的头发、脖子和丰满的胸部全都被淹没在钻石中。站在索菲娅面前的这个女人完全被笼罩在金丝银线绣花和珠宝首饰所绽放出的耀眼光芒中，她的魅力令人头晕目眩。不过，索菲娅还是设法注意到了女皇身上最为特别的点睛之笔。在女皇脑袋一侧的秀发上插着一根黑色的翎毛，羽尖垂了下来，略微遮住了一点女皇的脸庞。这个细节令索菲娅永生难忘。

心里想着布鲁默的忠告，约翰娜亲吻了伊丽莎白的手，然后结结巴巴地对女王给予她们母女俩的恩宠表示感谢。伊丽莎白将约翰娜搂在怀中，说："迄今为止，我对你的付出同我接下来要为你们全家所做的事情与你的努力相比根本不值一提。你的孩子跟我的骨肉对我来说都一样珍贵。"说完，伊丽莎白又将头转向索菲娅。十四岁的索菲娅深深地俯下身，屈起双膝。伊丽莎白的脸上挂着淡淡的笑容，她看到眼前这个女孩充满朝气，天资聪颖，而且言谈举止非常谨慎，一副毕恭毕敬的样子。与此同时，索菲娅对女皇也自有一番认识。三十年后索菲娅写道："初次见到她时不可能不被她的魅力与威仪所震撼。"索菲娅在这个浑身上下挂满珠宝、皇权在握的女人身上看到了自己梦寐以求的东西，她希望有朝一日自己能成为今日的伊丽莎白。

第二天是彼得的十六岁生日，女皇身着银线绣花的棕色礼服出现在生日庆典中，"头上、脖子上，还有胸口都缀满了珠宝首饰"，她将为母女俩均授予圣叶卡捷琳娜勋章[1]。身着狩猎团团长制服的拉祖莫夫斯基用金色的盘子托着挂在绶带上的勋章，当他走到索菲娅跟前时索菲娅在心里也对这个男人做出了一番评判。用索菲娅的话来说，女皇

---

[1] 圣叶卡捷琳娜勋章，1714年11月24日彼得大帝在同叶卡捷琳娜一世的婚礼上设立的奖项，在俄罗斯帝国时代，这是唯一专为女性所设立的奖项。

的正式情人，人称"夜皇帝"的拉祖莫夫斯基是她这辈子见过的"最英俊的男人之一"。这一天伊丽莎白依旧兴致勃勃，她笑容可掬地招呼索菲娅和约翰娜走到自己跟前，然后将勋章分别挂在了母女俩的脖子上。

除了对这场前景不错，而且眼看就能落实的政治联姻感到满意之外，女皇之所以对约翰娜和索菲娅如此热情还存在着更深层的原因。就在两年前，女皇将姐姐的儿子彼得接到了俄国，让他成为自己的继承人，然而彼得对她竭力给予他的母爱毫无反应。现在，她又为彼得选定了新娘，而这位新娘的亲舅舅又是自己曾经深爱过的男人。这位孤独的俄国女皇希望能在自己的身边组建起一个真正的家庭。

约翰娜将女皇对她们母女的欢迎看作是自己在政坛上的胜利，她发现自己就站在一座金碧辉煌的宫殿正中间，正蒙受着一位以慷慨大度闻名的君主的宠爱。母女俩分别被赏赐以专属于她们的仆从，包括管家、女侍臣、侍从，以及一大批仆人。在给丈夫的信中约翰娜写道："我们过着王后般的生活，所有的东西都镶金挂银，美不胜收。驾车外出时的排场也妙不可言。"

约翰娜对自己及女儿所寄予的希望眼看就要实现了，但是这位年方三十二岁的母亲并没有过多考虑过即将到来的这段婚姻中必然存在的男女之事和其他一些隐秘的问题，也没有想过自己有义务为女儿提供一些实用的建议，毕竟多年前在她嫁给年纪比自己大两倍多的男人时也没有人考虑过她的感受。她对未来女婿的人品知之甚少，知道他注定要成为沙皇就足够了。倘若有人问约翰娜这对少男少女是否有可能培养出对彼此的爱慕之情，约翰娜发自内心的回答一定是耸耸自己的肩膀。在父母包办的皇族婚姻中，诸如此类的问题都无足轻重。约翰娜对此很清楚，索菲娅也明白这一点，只有伊丽莎白女皇仍旧相信真爱，并一心希望促使这对年轻人结合在一起的因素不仅只有政治利益，而且还有爱情。

后来，索菲娅仍旧记得："在最初的十天里，每次见到我和我的母亲时，彼得看上去总是很开心……在那短短的几天里我逐渐意识到他对自己注定要统治的这个国家毫无兴趣，他仍旧是一个坚定的路德教教徒，他不喜欢身边的随从，而且非常幼稚。我总是沉默不语地倾听着，这让我赢得了他的信任。"

彼得又是如何看待索菲娅和即将与她订婚这件事呢？的确，在索菲娅出现在他面前的那个夜晚他的确滔滔不绝地说了很多话，而且在随后的几天里他也不断地表达着自己的喜悦，因为他的身边终于有了一个年龄相仿的亲人，他同她可以畅所欲言。索菲娅出于礼貌而对他表现出的热情给了他信心，他真的畅所欲言了起来，以至于到了口无遮拦的地步。他先是告诉她自己恋爱了，对方的母亲曾经是伊丽莎白女皇的宫廷女侍臣。他说自己现在依然希望能跟那个女孩结婚，但可悲的是最近女孩的母亲失宠了，已经被发配到了西伯利亚。他的姨母，伊丽莎白女皇是不会允许他娶这名女侍臣的女儿为妻的。彼得接着说自己现在只能乖乖地跟索菲娅结婚，"因为这是姨母的心愿"。

在彼得心中，索菲娅更像是自己的玩伴，而不是未来的妻子，他并不是故意要伤索菲娅的心，站在他的立场来看的话他只是过于坦白而已。索菲娅在《回忆录》中写道："我面红耳赤地听着他倾吐自己的秘密，感谢他对我如此信任，可是在心里他的轻率和判断力的缺乏却令我大为震惊。"即便彼得的愚蠢和迟钝的确给索菲娅造成了伤害，索菲娅也没有显露出什么。在自己的家里她已经学会了如何面对没有爱的生活，已经做好了在新的环境里继续面对这种生活的准备。而且，在同她分别时父亲曾吩咐过她要像尊敬"你的主人、你的父亲、你的主"那样尊敬这位公爵，并"对他言听计从"，以此赢得他对她的爱。

这时的索菲娅只有十四岁，但她聪明，而且现实。索菲娅暂时接受了彼得的态度，耐心地扮演着朋友和玩伴的角色，然而她根本不爱彼得，就连当初对乔治舅舅的那种懵懵懂懂的爱意都丝毫感觉不到。

第七章
肺炎

到俄国后没多久，索菲娅就意识到有两个潜在的因素决定着自己在这个国家的处境。首先，她必须取悦的不是彼得，而是伊丽莎白；其次，若想站稳脚跟她就必须学会这个国家的语言，而且还要尊奉这里的宗教信仰。来到莫斯科尚未满一个星期的时候，索菲娅就开始学习俄语了。女皇指派了一名教授教索菲娅学习俄语的阅读和会话，另有一位博学的牧师指导她掌握俄罗斯东正教的教义和礼拜仪式。彼得对所有的课程都抱着抵制的态度，索菲娅则截然相反，她求知心切。

对伊丽莎白女皇而言，真正的当务之急还是索菲娅的皈依问题。这个年轻的新教徒将被迫放弃自己原本的路德教信仰，为此女皇专门挑选了一名有能力帮助索菲娅消除内心恐惧的宗教导师，普斯科夫[1]教区的西蒙·托多尔斯基主教。有涵养、思想开明、德语流利的西蒙·托多尔斯基曾在德意志的哈雷大学学习过四年，在那段时间里他逐渐认识到各教派至关重要的因素并不是教义上的区别，而是基督教最核心、最本质的要旨。西蒙·托多尔斯基开导索菲娅说从教义上看东正教与路德教不存在太大的差别，皈依东正教并不意味着她违背了对父亲做过的承诺。激动的索菲娅写信告诉父亲自己逐渐意识到路德教同东正教之间的差异仅在于"外在的

---

[1] 普斯科夫（Pskov），现今俄罗斯普斯科夫州首府，位于爱沙尼亚边境以东二十千米。

礼拜方式"上，而且"这里的教会之所以采用了另外一种形式也只是出于适应野蛮民族的需要"。担心女儿对路德教的信仰正在快速地消退着，克里斯蒂安·奥古斯都在给女儿的回信中写道：

仔细反省一下你自己，看一看究竟是对宗教的兴趣引导着你，还是——或许你自己也没有意识到——女皇对你的恩惠……影响着你的选择。我们凡人常常只能顾及眼前这一点利益。然而，上帝以他无限的公义审视着我们的内心、我们不可告人的动机，依此向我们施与他的仁慈。

索菲娅苦苦挣扎于如何才能将两位自己尊敬的长者完全相左的信仰相协调一致，可是一直苦于找不到解决的办法。普鲁士王国驻俄大使马德菲尔德男爵在给腓特烈国王的信中写道："改变信仰这件事令公主非常痛苦，她不停地哭泣着。"

在师从西蒙·托多尔斯基的同时，索菲娅还在奋力地学习俄语。每天的规定课时不能满足她的需要，她恳求延长自己的学习时间。索菲娅开始半夜就爬起床，举着课本和蜡烛，光着脚在冰冷的石头地板上走来走去，不停地默诵着俄语单词。在早春三月的莫斯科，索菲娅不可避免地患上了感冒。由于担心女儿被人诟病为弱不禁风，约翰娜还试图遮掩女儿的病情。结果，感冒发展到了高烧，索菲娅的上牙磕着下牙，同时身上却大汗淋漓，到最后她昏厥了过去。经过诊断，迟迟才被召来的医生确定索菲娅患上了急性肺炎，他们认为这位昏迷不醒的病人应该接受放血治疗。约翰娜激动地争辩说就是因为放血过多，自己那位原本就要跟伊丽莎白订婚的哥哥查尔斯才丢了性命，她绝对不会答应任何一位医生再加害于自己的女儿。后来，索菲娅写道："我发着高烧躺在那儿，母亲和医生在我身旁争执不休。我忍不住呻吟起来，结果还惹来了母亲的训斥，她原本指望我能安安静静地忍受着病痛的折磨。"

索菲娅性命攸关的消息传到了伊丽莎白女皇的耳朵里。正在四十里外的特罗伊茨修道院里休养的女皇火速返回莫斯科，急匆匆地赶到病房时，约翰娜和医生们之间仍旧剑拔弩张。女皇打断了争执，随即便命令医生对索菲娅动用一切必要的措施。她一边严厉斥责约翰娜竟敢不服从自己的宫廷医生，一边命人立即为索菲娅放血。约翰娜仍旧不同意医生的意见，女皇便将她赶出了索菲娅的病房。伊丽莎白搂着索菲娅的脑袋，好让医生切开索菲娅脚上的静脉，放出了两盎司的血。从这一天起，整整四个星期里，伊丽莎白一直亲自照顾着索菲娅。看到索菲娅高烧不退，她又命人继续为索菲娅放血。在二十七天里，这个十四岁的女孩接受了十六次放血治疗。

索菲娅时而清醒，时而陷入昏迷，在此期间伊丽莎白始终守在她的床边。看到医生们都摇起了头，女皇流下了眼泪。这个无儿无女的女人对这个自己几乎一无所知的女孩充满了母爱，她以为自己就要失去这个女孩了。终于，索菲娅苏醒了，那一刻她就躺在伊丽莎白的怀中，后来索菲娅一直没有忘却自己同女皇最为亲密的那些时刻。长年生活在伊丽莎白的控制下，索菲娅在享受着女皇的慷慨大度和善意的同时也在忍受着她的小肚鸡肠和非难，然而无论如何她始终无法忘记这个女人，在她生死未卜的那段日子里，正是这个女人俯身望着她，拢着她的头发，亲吻着她的额头。

索菲娅患病对有些人而言并不是一件令人悲痛的事情，而是一桩喜事。副总理大臣别斯杜捷夫，以及主张彼得同撒克逊公国联姻的人都为此而欣喜若狂。不过，很快伊丽莎白就挫杀了这伙人的威风。女皇宣布无论如何——即便是自己不幸地失去索菲娅——"只要魔鬼还没有夺走索菲娅的性命，她就不会考虑撒克逊公国的任何一位公主"。在柏林，普鲁士国王腓特烈已经开始考虑接替索菲娅的人选了。他致信给达姆施塔特[1]大公，希望一旦索菲娅逝世，对方的女儿就能够填补上索菲娅留下的空缺。

与此同时，生病的索菲娅虽然对外界的情况一无所知，却俘获了民心。她身边的女侍臣们都知道她染病的缘由，女侍臣们把一切都讲给了女仆，女仆们再转述给男仆们，这件事在皇宫上下不胫而走，接着又传遍了整个莫斯科——外国来的这位小公主热爱俄语，为了尽快学会俄语她每天半夜里就爬起床，结果害得自己现在挣扎在死亡线上！彼得大公对俄国的冷漠和消极曾经令很多人感到恼怒，就在这短短几个星期的时间里，这场肺炎却让索菲娅赢得了很多人对她的喜爱。

在索菲娅患病期间，还发生了另外一件更加广为人知的事情，索菲娅也因此更加声名大噪。在大家对索菲娅的病情最悲观的时候，约翰娜曾提出找一位路德教的牧师来抚慰女儿。当时持续的高烧和放血已经让索菲娅精疲力竭了，但她还是挣扎着轻声说道："为什么要这么做？还是把西蒙·托多尔斯基叫来吧。我更想跟他聊聊。"听到这番话，伊丽莎白顿时失声痛哭了起来。没过多久，无论是宫廷里，还是市井中，人们全都议论着索菲娅的这个举动。这个信仰路德教的德意志小姑娘来到俄国的同时，也为这里的人民带来了深深的不安，而现在大家都对她充满了同情。

索菲娅是否清楚自己的一举一动，是否明白自己说过的那些话能够产生的效果，这些都不得而知。在俄国生活几个星期就能让她真心诚意地信仰东正教，这种可能性并不大。事实很有可能是，在濒临死亡的那一刻索菲娅非常幸运，或者说非常清醒地利用了最有效的手段——"把西

---

[1] 达姆施塔特（Darmstadt），位于现今德国黑森州南部的中型城市，地处莱茵河和美因河交汇地区。

蒙·托多尔斯基叫来"，这个举动唤起了人们对她的同情，而这些人终有一天将成为她的同胞。

在《回忆录》中，当回顾往昔时，叶卡捷琳娜似乎暗示出当年那个十四岁的小女孩的确很清楚自己的请求将会产生怎样的影响力，她开诚布公地说自己在患病期间的确有几次是在蒙骗外人。有时候，她会闭上双眼，假装熟睡，好偷听守在病床前的女侍臣们都在谈些什么。当时俄国宫廷里普遍使用法语，索菲娅用的也是法语。她说，总而言之，"女侍臣们信马由缰地聊着各自的事情，就这样我了解到了很多事情"。

或许这种解释还是太过于简单。没有明显的证据表明陌生的路德教牧师守在病床前就能让索菲娅振作精神，或者恢复健康。况且，倘若之前西蒙·托多尔斯基对索菲娅说的话没有错，即路德教同东正教在本质上不存在太大差异，那么何不请她喜爱，并且乐意同其聊天的西蒙·托多尔斯基来安慰自己呢？

到了4月的头一个星期，索菲娅的高烧已经彻底消退了，不过体力还有待恢复。就在这时她注意到身边的人改变了先前对她的态度。不仅是守在病房里的女侍臣们更和善了，而且"在我患病期间母亲的做派让所有的人都对她有些鄙视了"。不幸的是，约翰娜在这种情况下还在继续为自己制造着麻烦。她对女儿的关心的确是出于真心，但看到小姑娘悄无声息地得到了众人的赞许和爱慕时，被挡在病房外的她又变得牢骚满腹了。索菲娅还没有痊愈时，有一天，约翰娜派一名女仆去女儿那里索要一块蓝色和银色相间的绸缎，那是索菲娅的叔叔在临别时送给索菲娅的礼物。索菲娅交出了布料，但心里却非常不乐意，她说自己一直很珍惜这块布料，这是叔叔给她的礼物，而且从故乡到俄国她就只带来这么一个漂亮的物件。陪在病房里的女侍臣们愤愤不平地将这件事转述给了伊丽莎白，后者立即派人给索菲娅送去了很多精美的礼物，其中包括一块华美的蓝色绸缎，布料上还点缀着银线绣花。新的这块绸缎跟索菲娅原先那一块很相似，但是要精致得多。

4月21日，在十五岁生日这一天，索菲娅来到了皇宫，自从患病以来这还是她头一次在宫里露面。后来，索菲娅写道："很难想象人们会乐意见到我的那副模样。我瘦骨嶙峋，个子更高了，满脸的憔悴，还在脱发，面如死灰。我都觉得自己看上去奇丑无比。我甚至都认不出自己来了。那天，女皇叫人给我送来了一盒胭脂，命我在脸上搽一点。"为了表彰索菲娅的勇气，同时也是庆祝她的痊愈，伊丽莎白送给索菲娅一条钻石项链和一对价值两万卢布的耳坠。彼得大公送给索菲娅一只镶嵌着红宝石的表。

生日晚宴上出现在众人面前的索菲娅或许算不得是一个年轻貌美的女子，但当她在皇宫里步入一间间会客室的时候，她意识到情况发生了变化。每张面孔透出的神色，握手时传来的温暖和力道都让索菲娅看到并感受到自己所赢得的同情和敬意。她不再是外人了，不再受到大家的揣测与猜疑了。她是他们的一员，现在她回到了他们的身边，大家都在欢迎她的回归。饱受疾病折磨的几个星期里，在俄国人民心中，她终于变成了一个俄国人。

第二天清晨，索菲娅跟西蒙·托多尔斯基的学习又开始了。她同意加入东正教教会，随后一段时间里莫斯科与泽布斯特之间书信往来频繁，对于改变宗教信仰，索菲娅仍旧需要征得父亲的同意。她知道这件事会令克里斯蒂安·奥古斯都非常痛苦，可是泽布斯特毕竟远在天边，况且她已经被母亲彻底交给了俄国。在5月初发给父亲的一封信中，索菲娅写道：

主啊，我斗胆致信殿下，望殿下能应允女皇陛下为我所做的安排。我可以向您保证，您将永存于我心中，任何人都无法阻挠我履行对您的职责。我发现东正教与路德教的教义并不存在多少差异，因此我决定皈依东正教，并将在第一时间给您发去我获准入教时所做的信仰声明。对于您给予我的谆谆教导我毫无冒犯之意。我自认为这个选择将会令殿下感到愉快。主啊，在世的每一天我都对殿下心怀深深的敬意，我将永远是他恭顺而谦卑的女儿与仆人。

索菲娅

克里斯蒂安·奥古斯都过了很长一段时间才同意了索菲娅的请求。十分关心这桩婚事的普鲁士国王腓特烈致信黑森领地伯爵，向对方讲明了当时的情况："我们那位亲王为人不错，但是在这个问题上非常顽固。为了打消他在宗教立场上的顾虑我费尽心力，可无论我提出什么样的意见，他的回答都是'我的女儿不会加入东正教教会'。"最终，腓特烈找了一位热情的路德教牧师去劝说克里斯蒂安·奥古斯都，让他相信路德教和东正教"没有本质上的区别"。终于，克里斯蒂安·奥古斯都同意了。腓特烈后来在自己的书中写道："就算是世界上最重要的事情也不会让我花费这么多的心血。"

第八章

被截获的信件

普鲁士的腓特烈终于设法打消了克里斯蒂安·奥古斯都心中的顾虑，索菲娅的母亲约翰娜也就立即开始参与到腓特烈更为宏大的外交战略中，但是自认为是腓特烈派驻俄国的首席秘密代表的约翰娜表现得非常蹩脚。之前，为了煽动约翰娜帮助自己扳倒别斯杜捷夫，腓特烈告诉约翰娜俄国这位副总理大臣对普鲁士怀有敌意，因此对索菲娅和彼得的婚事也没有好感，他会竭尽全力阻止这门婚事。一到俄国，约翰娜就立即同法国和普鲁士驻俄大使密谋铲除别斯杜捷夫的势力。阴谋暴露之后，两位大使遭到了灭顶之灾，约翰娜也元气大伤。

在索菲娅患病期间，伊丽莎白的一举一动让所有人都清楚地看到了她对这位小公主的关爱。订婚在即，约翰娜或许也自问过别斯杜捷夫究竟会给这桩婚事造成怎样的威胁，片刻的思忖后她告诉自己，造成危害的可能性微乎其微，无论他怎样反对，在这个问题上他的意见都不可能压倒女皇自己的主张，从而令女皇取消同德意志的联姻。约翰娜原本应当对那位被挫败的敌手宽厚一点，倘若她足够明智，她就会努力争取对方对女儿的支持。然而，约翰娜根本不具有扭转局面的能力。从到达圣彼得堡的那一刻起，别斯杜捷夫的敌人——马德菲尔德男爵和拉舍塔迪埃侯爵——就成了她的密友。他们秘密聚在一起，谋划着各种方案，并不断地向巴黎和柏林方向发出密信。约翰娜沉迷于令她飘飘然的阴谋中不能自拔。总之，她再也没有回头的机会了。她已经陷得太深了。

在当时的俄国，五十一岁的别斯杜捷夫算得上是最有天资的人之一。在外交事务方面，他的能力强于绝大多数外交家，让他在外交政策和宫廷权谋的旋涡中立于不败之地的政治能力则为他赢得了更为重要的地位。少年时期，别斯杜捷夫就显示出超凡的语言能力。十五岁那年，他被彼得大帝选派到国外去接受教育，在很长一段时期内他一直在学习外交事务。1720年，在他二十七岁的时候，彼得大帝任命他为俄国驻哥本哈根大使。又过了五年，在彼得大帝驾崩后，他被委任为俄国驻汉堡公使，这个无足轻重的职务他担任了十五年。经过了安娜女皇与安娜·利奥波多芙娜摄政王这两位德意志女人的统治期之后，伊丽莎白刚一继位就打算恢复当年父亲确定的外交政策。为确保政策的实施，她重新起用了父亲的门徒别斯杜捷夫。伊丽莎白将别斯杜捷夫从一潭死水的汉堡召回到俄国，任命他为枢密院副总理大臣，总领外交事务。

别斯杜捷夫双唇单薄，鼻子却很突出，长着一副尖削的下颌，宽阔的额头有些倾斜。他是一个美食家，热爱化学，但患有忧郁症，生性残忍、喜怒无常、脾气暴躁，而且向来深藏不露。这位玩弄权术的高手在重掌大权之后变得更加沉默寡言，而且雷厉风行，人们对他更多的是心怀畏惧，而非喜爱。他对敌人毫不手软，为了国家和伊丽莎白女皇的利益殚精竭虑。在索菲娅还没有成为叶卡捷琳娜女皇的时候，别斯杜捷夫一开始对她充满敌意，后来又变得友好起来，索菲娅也因此而见识到了这位副总理大臣所具有的截然不同的性格。一方面，他很直率、刚愎自用，甚至有点暴虐，但同时他又是一个出色的心理学家，对人的判断很准确，工作起来非常忘我，毫无私心，又是一个狂热的民族主义者，独裁统治忠诚的仆人。

伊丽莎白在位时，全俄国上上下下只有她一个人说了算。作为男性来考虑的话，女皇或许并不喜欢自己的副总理大臣，但她信任他，将他当作自己最重要的谋臣。普鲁士大使及其他各方人士都在图谋破坏女皇对别斯杜捷夫的信任，但女皇对他们的努力一概不理不睬。在大多数问题上，女皇都允许别斯杜捷夫自行决定，不过偶尔有几次女皇也会坚持自己的主张。比方说，将自己的外甥召至俄国，并让他成为自己的继承人，自始至终女皇都没有征求过别斯杜捷夫的意见；选择索菲娅作为彼得的新娘，这个决定也与别斯杜捷夫的意见背道而驰。对于这两件事情，女皇都表现得有些冲动，凭着自己的直觉采取了先发制人的策略。此外，在这个流光溢彩令人艳羡的皇宫里，有时候女皇只乐意将自己当作一个美丽的女人，这个女人只需要周围的人不停地讨好她，这种状况一旦出现就会持续上好一阵子。当女皇陷入这种情绪时，为了让女皇在重要文件上签名，别斯杜捷夫常常得一连等上几个星期甚至几个月。他曾经对一位奥地利外交官说过："在处理国务方面，倘若我们的女皇能拿出玛丽亚·特蕾西亚万分之一的时间，那我就会成为全世界最幸福的人了。"

腓特烈在柏林时吩咐过约翰娜，要她协助自己派驻俄国的大使除掉这位副总理大臣，然而参与这场阴谋的人却全都对这个敌人一无所知。他们以为这个人资质平平，身上存在着很多缺陷，例如赌博、嗜酒，是一个拙劣的阴谋家。因此，他们想当然地以为只要选择合适的时机略施小计即可将这位副总理大臣逼到绝境上。但是，谁都没有预料到，对方对他们所有的秘密聚会都了解得一清二楚，也不知道对方已经敏锐地揣测出他们的意图，经验十足的别斯杜捷夫已经开始提防他们，而且先发制人的将会是他，而不是他们自己。

别斯杜捷夫的防御措施很简单，他只消截获并破译对方来往的信件，读完之后再抄录下来即可。一位就职于外交部的德语专家负责破译、抄录密信，之后还要将原件不露痕迹地重新封口。莫斯科与欧洲大陆之间信函往来无数，发信方与收信方都丝毫不曾怀疑过别斯杜捷夫已经读过，并抄录下了信中的每一句话。

别斯杜捷夫无须担心这些信件暴露出他个人的问题，实际上信中最醒目的内容都是拉舍塔迪埃侯爵对伊丽莎白女皇的讽刺挖苦和轻蔑的人身攻击而已。侯爵向自己的政府报告称伊丽莎白是一个懒惰、奢侈、不检点的女人，一天之内更衣四五次，签署一些自己根本没有读过的文件，而且"轻浮、懒散，越来越胖"，"已经没有充沛的精力来治理国家了"。充斥在信中的傲慢和敌意都旨在激起路易十五和凡尔赛那群臣僚们的兴趣，这种信件很容易激怒一个生性敏感易怒的君主，但是彼得大帝的女儿却不属于这种人。

除了对女皇的人身攻击之外，拉舍塔迪埃侯爵还在信中透露了他们正在密谋推翻别斯杜捷夫及其倡导的亲匈政策，泽布斯特的公主秘密参与其中的事情在信中也有所提及。侯爵在信中提到约翰娜赞同他的观点，并提到她同普鲁士国王腓特烈也保持着通信往来，约翰娜作为普鲁士间谍的身份就这样被侯爵暴露了出来。

别斯杜捷夫很从容，他耐心地等待着自己的敌人在这场阴谋中越陷越深。在截获了五十封这种不怀好意的信件之后，他才将证据出示给了女皇。这批信件绝大部分都出自拉舍塔迪埃侯爵之手。1744年6月1日，伊丽莎白带着彼得、索菲娅和约翰娜去了13世纪修建的特罗伊茨修道院去休养。深思熟虑之后，别斯杜捷夫认为，在远离宫廷的修道院里女皇会有充足的时间读这些信件，他将自己搜集到的证物摆在了女皇面前。伊丽莎白发现，索菲娅的母亲一边享受着俄国恩赐给她们的荣华富贵，一边除了参与推翻副总理大臣的阴谋之外，还在为了其他国家的利益而对俄国图谋不轨。

6月3日，索菲娅、彼得和约翰娜刚用完午餐，伊丽莎白女皇就走了进来，身后跟着莱斯托克。女皇命令约翰娜跟她走，留在房间里的索菲娅和彼得爬上窗台，并排坐在一起，两个人都把腿耷拉在窗台下。他俩有说有笑地聊着天，就在索菲娅被彼得逗得哈哈大笑的时候，房门突然被推开了，莱斯托克出现在门口。"立即停止你们的打闹！"他冲两个人嚷嚷道，随即又转头看着索菲娅说，"你可以回去收拾行李了。你马上就要回家了。"两个年轻人大吃一惊。彼得问莱斯托克："这是怎么回事儿？"莱斯托克严肃地回答道："你会知道的。"说完便怒气冲冲地离去了。

彼得和索菲娅无法想象究竟出了什么事儿，就算位高权重，侍臣用这种傲慢无礼的口气跟皇位继承人及其未来的妻子说这样的话也是难以置信的。彼得试图给索菲娅做出解释，他说："如果你的母亲做了坏事，那也不意味着你做了坏事。"惊恐的索菲娅回答说："我的职责就是服从我的母亲，服从她的命令。"索菲娅以为自己就要被送回泽布斯特了，她望着彼得，猜测着倘若自己真的离去彼得又会作何感想。多年后索菲娅写道："我清楚地意识到，他根本不会为了同我的分别而难过。"

两个年轻人仍旧坐在窗台上，眼前发生的一切令他俩迷惑不解，身体也随之战栗着。就在这时，伊丽莎白女皇从自己的房间里走了出来，那双蓝眼睛闪闪发光，盛怒之下的她面颊涨得通红。约翰娜走在女皇的身后，她的两只眼睛里噙满了泪水。看到女皇走到自己正下方时，两个小家伙从窗台上跳了下来，毕恭毕敬地向女皇垂下了脑袋。索菲娅知道母亲的所作所为跟自己毫不相干。

但是，凡是侮辱或者背叛过伊丽莎白女皇的人都无法得到她的宽恕。女皇首先将矛头指向了拉舍塔迪埃侯爵。她命令这位法国大使在二十四小时内离开莫斯科，直接前往边境城市里加，其间不得在圣彼得堡停留。这位昔日的朋友令女皇大为震怒，她下令要求他归还自己的一幅画像，那是当年女皇送给侯爵的一幅镶嵌在钻石相框里的女皇肖像画。侯爵将画像还给了女皇，把钻石留了下来。普鲁士大使马德菲尔德男爵获准在俄国继续逗留一段时间，但不得超过一年。约翰娜被允许留在俄国的唯一理由就是她是索菲娅的母亲，一旦女儿同彼得大公完婚，她就必须立即离开俄国。

随着政坛上的敌手彻底覆灭，别斯杜捷夫的权势就更加膨胀了。原本只是副总理大臣的他被擢升为总理大臣，女皇还赐予他一座新的宫殿和封地。政治敌手的溃败意味着别斯杜捷夫"亲匈反普"政策的胜利。大权在握的别斯杜捷夫认为没有必要再继续反对彼得同索菲娅的婚事了，他明白伊丽莎白女皇一心想要促成这桩婚事，自己插手阻挠将会惹火上身。而且，就算这对新人能够完婚，新娘的母亲也已经没有继续兴风作浪的能力了。

约翰娜短暂的外交生涯就这样毁于一旦。法国大使被草草驱逐离境，在俄国宫廷里浸淫了二十来年的老外交家、普鲁士大使也彻底失了势，而别斯杜捷夫则被提拔为俄国的总理大臣。最终，约翰娜自己也遭到了毁灭性的打击。伊丽莎白曾经深爱过约翰娜的哥哥，由于爱屋及乌，她对约翰娜也曾十分友善，但现在她对约翰娜的情感已经不复存在了，取而代之的是对约翰娜尽快返回德意志的强烈愿望。

第九章

皈依与订婚

急于求成的伊丽莎白女皇将索菲娅同彼得订婚的日子定在了6月29日。按照计划,年轻的德意志公主将在订婚的前一天,即1744年6月28日正式并公开宣布放弃路德教信仰,加入东正教会。几乎到了最后关头,索菲娅仍然十分担心这个没有挽回余地的决定。然而,就在举行皈依仪式的前一天夜里,索菲娅的忧虑似乎全都消失了。约翰娜写信告诉丈夫:"她美美地睡了一个晚上,显然她的内心风平浪静。"

第二天清晨,伊丽莎白女皇派人将索菲娅带到自己面前,她要亲自负责索菲娅的着装。伊丽莎白命小姑娘穿上一件跟自己身上那件一模一样的礼服,两件礼服都由厚重的猩红色塔夫绸制成,缝线处加了银线绣花。两个人着装的唯一区别就是伊丽莎白的礼服上缀满了璀璨的钻石,索菲娅的衣服上只点缀着自患上肺炎以来女皇赏赐给她的项坠和胸针。典礼之前,索菲娅被吩咐禁食三天,因此这时的她面色苍白,没有扑粉的头发上只戴了一条白色缎带,不过约翰娜还是在信中写道:"不得不说,我觉得她看上去很可爱。"实际上,在典礼这天,在黑色的秀发、苍白的肤色、蓝色的双眼和猩红的礼服的衬托下,这个纤弱而优雅的女孩令不少人为她而着迷。

伊丽莎白牵着索菲娅的手穿过一道道走廊,在她们的身后跟随着一条长长的队伍。终于,他们来到了皇宫教堂,教堂里已经挤满了人。索菲娅跪在方形垫子上，冗长的入教仪式开始了。约翰娜向没能到场的丈夫描述道："前额、眼睛、脖子、喉咙、手掌和手心全都涂上了油膏，涂油之后随即就有人用棉布将油擦去了。"

索菲娅跪在垫子上，娴熟地扮演着自己的角色。她用坚定和清晰的声音背诵出自己刚接受的信条，后来她坦率地承认道："当时我鹦鹉学舌般地将俄语的教义死记硬背下来。"伊丽莎白女皇放声大哭起来，不过这位刚刚改变宗教信仰的年轻人称"自己仍旧十分镇定，人们对我的镇定给予了高度的评价"。对索菲娅而言，入教仪式跟以前的功课没有什么区别，她一向都很擅长于这种事情。约翰娜为自己的女儿感到骄傲："她的仪态……自始至终都那么高贵而端庄，倘若她不是我女儿的话，那么我都会开始崇拜她了。"

就这样，来自安哈尔特–泽布斯特的索菲娅·奥古斯都·弗雷德里卡变成了叶卡捷琳娜。索菲娅原本可以沿用自己的原名"索菲娅"接受洗礼，这个名字在俄国很普遍。但是伊丽莎白很反对这样做，因为她的姑母就叫"索菲娅"。索菲娅姑母是彼得大帝同父异母的姐姐，同时也是他的劲敌，五十五年前她同年幼的沙皇争夺过皇位。伊丽莎白选择了自己母亲的名字，叶卡捷琳娜。

此外，索菲娅的中间名也存在着问题，新为她取的名字来自她的父亲。俄国人的名字通常由三部分组成：首先是教名，其次是父名，最后是族名。对男性来说，父名部分由父亲的名字加上"之子"（俄语发音为"维奇"）构成，女性的父名部分则是父亲的名字加上"之女"（俄语发音为"伊芙娜"或"芙娜"）构成。因此，作为彼得大帝的女儿，伊丽莎白的全名就是"伊丽莎白·彼得罗芙娜"，伊凡五世的女儿安娜就是"安娜·伊凡诺夫娜"。但是，如果父亲的名字是西欧风格的名字，那么通常父名部分的发音在俄国人听来就很奇怪。被伊丽莎白·彼得罗芙娜推翻的摄政王安娜·利奥波多芙娜，她的名字就总让人联想到她那不受欢迎的德意志背景。因此，伊丽莎白没有采纳"叶卡捷琳娜·克里斯蒂诺芙娜"这个名字，她决定以自己祖父的名字当作叶卡捷琳娜的父名，即沙皇阿列克谢。因此，这名东正教教会刚刚接纳的教徒就成了"叶卡捷琳娜·阿列克谢耶芙娜"。当叶卡捷琳娜二世登基后，她立即放弃了这个令自己厌恶的父名。不过，在皈依东正教、改用俄语名字的这一刻，索菲娅的父亲再一次遭到了冷落。起初，伊丽莎白女皇不准许他护送女儿赶赴俄国；现在，就连女儿的姓名中都见不到他的痕迹了。

一走出教堂，东正教的这位新教徒就得到了来自伊丽莎白女皇的馈赠，一条钻石项链和一枚钻石胸针。尽管叶卡捷琳娜对女皇心存感激，但是到了这时她已经精疲力竭了，为了给第二天的活动保存体力，她请求女皇准许自己缺席随后的宴会。当天夜里，叶卡捷琳娜随同伊丽莎白女皇、彼得大公及自己的母亲赶往克里姆林宫。次日，订婚仪式将在那里举行。

第二天清晨，一睁开双眼，叶卡捷琳娜就看到有人给她递过来两幅小画像，一幅是伊丽莎白女皇的肖像，另一幅是彼得的，两幅装在钻石相框里的画像都来自伊丽莎白女皇。很快，彼得亲自来到叶卡捷琳娜的寝室，陪着她去了女皇的房间。女皇正忙着戴皇冠，披皇袍，走出克里姆林宫。伊丽莎白女皇走在一顶纯银打制的华盖下，硕大而沉重的华盖需要八名将领才能撑举起来。叶卡捷琳娜和彼得跟在女皇身后，在他俩身后跟着约翰娜和朝臣们，还有教会和议院的显赫人物。队伍走下著名的红楼梯[1]，穿过近卫团列队把守的教堂广场，然后又进入圣母升天大教堂，历代沙皇都是在这座教堂里举行加冕礼。一走进大教堂，伊丽莎白女皇就拉起两个年

---

[1] 红楼梯，克里姆林宫教堂广场的西面有一座多棱宫，金色红楼梯连接着教堂广场与多棱宫，且与宫殿本身相连接。根据古老的传统，它由四段楼梯和三个楼梯间组成，在18世纪时还装饰有白石制成的狮子。这个正门楼梯是专门给沙皇用来举行隆重仪式的，而其他时间都用饰有金丝和油彩的雅致的栅栏锁上。

轻人的手，领着他俩走向覆盖着丝绒的祭坛。祭坛位于教堂正中心，两侧耸立着高大的梁柱。订婚仪式由诺夫哥罗德[1]教区的大主教主持，女皇亲自帮这对新人交换了订婚戒指。约翰娜审视着订婚戒指，在她看来那对戒指"真吓人，两个都一样吓人"。叶卡捷琳娜后来在自传中特别提到了那对戒指："他给我的价值一万两千卢布，我给他的价值一万四千卢布。"仪式结束前，一名大臣宣读了一份圣旨，赐封叶卡捷琳娜以"女大公"的头衔，并授以"殿下"的尊号。

约翰娜在向丈夫汇报订婚仪式的信中却抱怨连连。

仪式进行了四个钟头，其间连坐一会儿的工夫都没有。我不得不跟数不清的夫人们拥抱，不停地俯身弯腰，可以毫不夸张地说，我的脊背都麻木了，右手上也因为不停地被人亲吻留下了一块硬币大小的红印。

约翰娜对女儿的态度很复杂。这场盛典的中心是她的女儿，伊丽莎白女皇不遗余力地对自己鄙视的女人施以仁爱，这原本应该让约翰娜对女儿的情绪有所缓和。在圣母升天大教堂里，女皇拦住正要向自己跪拜的约翰娜，说："咱俩身份相当，誓言也没有差别。"但当仪式在轰鸣的礼炮声和教堂的钟声中宣告结束，朝臣们也转移到附近的格拉诺维塔亚宫去参加宴会时，闷闷不乐的约翰娜爆发了。根据爵位，新娘的母亲无法同皇室成员，即伊丽莎白女皇、彼得大公及新被加封的女大公同桌进餐。听到这种解释后约翰娜提出了抗议，她声称，凭着自己的地位她绝对不应该只跟一群女侍臣们坐在一起。婚宴的司仪不知所措，叶卡捷琳娜默不作声地看着母亲的表演。这个忘恩负义谎话连篇的客人表现出的傲慢再一次激

---

[1] 诺夫哥罗德（Novgorod），俄国历史上最重要的古城之一，位于莫斯科与圣彼得堡之间。

怒了伊丽莎白，她命人在一间隐秘的隔间里给约翰娜单独摆了一张餐桌，约翰娜只能透过窗户看到大厅。

当晚的舞会安排在格拉诺维塔亚宫的多棱宫举行。多棱宫虽然名为"宫"，其实就是一个没有隔间的大厅，正中间有一根占据整个大厅四分之一面积的梁柱支撑着低矮的天花板。叶卡捷琳娜曾经说过，在这个大厅里"由于热气和拥挤的人群，人几乎喘不过气来"。走在回寝宫的路上时，涉及叶卡捷琳娜在皇室地位的几项新规定也已经生效了。叶卡捷琳娜成了"殿下"，俄罗斯女大公，未来皇位继承人，因此约翰娜也只能跟随在女儿身后。叶卡捷琳娜试图躲开这种窘境，约翰娜也看得出她的意图。在给丈夫的信中，约翰娜写道："面对新的地位，我的女儿表现得很机智。每当迫不得已走在我身前的时候，她总是羞得满面通红。"

伊丽莎白女皇仍旧对母女俩慷慨有加，后来叶卡捷琳娜回忆道："不曾有任何一天我没有收到女皇的礼物。金银珠宝、锦衣华服等，实际上可以想象得到每一样礼物都至少价值一万到一万五千卢布。她对我真是关爱备至。"没过多久，女皇又给了叶卡捷琳娜三万卢布，作为个人用度。从未得到过零用钱的叶卡捷琳娜大吃一惊，她立即将钱寄给了父亲，好支付弟弟的教育和医疗费用，并在给克里斯蒂安·奥古斯都亲王的信中写道："我知道殿下已经将我的弟弟送抵洪堡，这笔花销必定不菲。我恳请殿下，只要对身体的康复有利，便尽量允许我的弟弟在那里多居住些时日，期间产生的一切费用均由我来承担。"

女皇还将一小群自己的贴身随从赏赐给了新近加封的女大公，其中包括几位年轻的女侍臣和多名侍女。再加上此前彼得已经拥有了属于自己的贴身随从，在大公与女大公的府邸里经常能见到一群年轻人玩着捉迷藏之类的游戏。他们在房间里欢呼雀跃，唱歌跳舞，奔来跑去。甚至还有人取下大键琴的顶盖，将顶盖放在几只枕头上，拿它当雪橇在房间的地板上滑来滑去。在跟大家嬉戏的同时，叶卡捷琳娜始终都在竭尽全力地取悦着自己的未婚夫。彼得对这位表示出主动的伙伴很友好，他是一个聪明人，深知自己对未婚妻的任何一点示好都足以赢得女皇的欢心。就连布鲁默在目睹这一切之后都认为，在对付自己这位叛逆的公爵时，叶卡捷琳娜可以助自己一臂之力。他请求叶卡捷琳娜"动用自己的影响力帮助大公改正不得体的行为，甚至对大公施以惩戒"。叶卡捷琳娜拒绝了布鲁默的请求，"我告诉他这件事绝无可能，那会使我在他（彼得）的眼中变得跟他的其他随从一样令他厌恶"。她十分清楚若要对彼得产生影响，自己就必须跟所有企图帮助大公"改正不得体的行为"的人势不两立。当大公接近她，希望寻求到友情的时候，绝对不能让大公看到他的身边只是又多了一个监视他的人。

约翰娜同叶卡捷琳娜更加疏远了。现在，每当希望同女儿见上一面的时候她都不得不先通禀一声。约翰娜根本不情愿面对这一切，她尽量躲着女儿，声称围绕在女儿身边的年轻侍从们过于吵闹，放荡不羁。与此同时，约翰娜自己也结交到了朋友。女皇和宫廷上下大多数人对她新结识的那帮朋友都嗤之以鼻。没过多久，她同伊凡·贝特斯科伊伯爵[1]的亲密关系就招来了风言风语。他俩经常形影不离，宫廷里的一些人开始传言他俩之间存在着不轨的行为。人们甚至还说三十二岁的安哈尔特-泽布斯特公主已经有孕在身。

---

[1] 伊凡·贝特斯科伊（Ivan Betskoy，1704年—1795年），俄罗斯教育改革家，叶卡捷琳娜大帝的教育顾问，出任俄罗斯皇家艺术学院院长长达三十年，对俄罗斯公共教育体系的建立功不可没。

第十章
朝圣基辅与化装舞会

准新娘已经来到了俄国，她年轻，身体彻底康复了，皈依东正教的问题也得到了解决。她和彼得已经完成了订婚仪式，还有什么理由让婚礼继续拖延下去呢？还有一个障碍，就连伊丽莎白女皇都无法逾越的障碍——医生对于彼得健康状况的意见。作为一个十六岁的少年，彼得看上去更像刚刚年满十四岁，而且医生们发现没有任何清晰的迹象表明他的身体进入了青春期。医生们估计距离彼得有望成为一位父亲至少尚有一年的时间，而等到小王子真正呱呱坠地还得再加上九个月的时间。对于女皇来说，长达二十一个月的等待似乎遥遥无期。由于婚礼被迫延期举行，女皇又不得不推迟约翰娜动身离开俄罗斯的日期了。

面对这么多不能称心如意的事情，女皇很不甘心，于是她又安排了另外一场向民众展示新王朝的"表演"。1744年8月，女皇动身前往基辅，开始了一场朝圣之旅。公元800年，基辅大公弗拉基米尔将基督教引入俄国，除了作为俄国最古老的城市之外，基辅同时也是全俄国最为神圣的地方。这段横亘在莫斯科与基辅之间五百英里的旅程是女皇的乌克兰情人拉祖莫夫斯基向女皇提出的建议，与女皇同行的还有彼得、叶卡捷琳娜、约翰娜及他们的贴身随从。一行人中还包括二百三十名侍从和数百名仆佣。启程之后，马车与辎重车便日复一日上下颠簸地走在了一眼望不到尽头的路上，所有的人都忍饥挨饿，饱受着疲惫与无聊的折磨。一路上，车队不停地更换着马匹，在每一个驿站都有八百匹精力充沛的马匹等待着皇家马队的到来。

俄国宫廷的权贵们坐在备有天鹅绒坐垫的马车里，与此同时却有一个人在大部分旅程中都坚持步行。女皇对救赎和朝圣这两件事情的态度非常严肃，赤日炎炎，很少见到阴凉的路途中她一直汗流浃背，但她还是不停地念诵着祷文。每遇到一个小村镇的教堂，或者是路边的神龛时，她都要停下脚步，做一番祈祷。拉祖莫夫斯基对上帝和尘世怀有同样现实而适度的期望，他则更喜欢坐在跟随在女皇身后的马车里。

自上路之后，叶卡捷琳娜与约翰娜就同两位女侍臣坐在马车里，彼得、布鲁默和其他两位教师搭乘了另外一驾马车。一天下午，那两位被叶卡捷琳娜称为"好为人师的老先生"的教师终于让彼得感到厌烦极了，他决定跟那两位来自日耳曼的公主一起同行。彼得觉得两位公主肯定不会像那两位教师那么无趣。他下了自己的马车，"钻进我们的马车，再也不打算离开了"，而且他还带来了一个精力充沛的随从。很快，被年轻人惹得怒火中烧的约翰娜对马车做了一次调整。她挑选了一驾车厢里置备有床褥的马车，然后她又将车厢里的床板与枕头重新布置了一番。这样一来，她的这驾马车最多能同时容纳十位乘客。令约翰娜感到大为恼火的是，彼得与叶卡捷琳娜都执意召来了更多的年轻人。叶卡捷琳娜说："我们只允许最有趣、最能逗乐的随从坐进我们的马车。我们从早到晚除了哈哈大笑、寻欢作乐就没有别的事情好做了。"这种完全无视宫廷地位尊卑高下的调整惹恼了彼得的导师布鲁默和约翰娜的女侍臣们。"我们在这边很开心，他们四个人坐在同一驾马车里闷闷不乐，嘟嘟囔囔地咒骂着我们，冷言冷语地挖苦我们。我们这驾马车上的每一个人都十分清楚他们在说些什么，不过我们也只会拿他们开玩笑。"

对于叶卡捷琳娜、彼得和他们的伙伴而言，此番旅程已经不是一场虔诚的朝圣之旅了，它只是一次远足，一次欢乐的秋游而已。没有人着急赶路。每天，伊丽莎白女皇最多只能走上几个小时。三个星期将尽的时候，大队人马终于走到了阿列克谢·拉祖莫夫斯基位于科塞勒茨[1]的别墅，他们在这里逗留了几个星期，等着女皇跟上队伍。8月15日，女皇终于赶到了科塞勒茨，行程中的宗教意味得到了暂时的淡化。连续两个星期，此番"朝圣"中又穿插进一系列的舞会、音乐会，大伙儿夜以继日地沉迷于牌桌，有时桌面上会摊着四五万卢布。

驻留在科塞勒茨的这段日子里发生了一场意外，约翰娜与彼得之间因此留下了永远没能弥合的裂隙。有一天，约翰娜正在伏案写信，这时彼得突然走进了房间。约翰娜的脚边摆着一只小凳子，凳子上放着她的首饰匣，匣子里装着她的重要物品，其中就包括一些信件。彼得蹦来跳去地逗着叶卡捷琳娜开心，他装出一副翻查匣子、抢走信件的样子。约翰娜冲彼得怒喝，叫他不要碰那些信件。彼得并没有停下脚步，他开始横冲直撞地在房间里跑了起来，飞旋着在约翰娜身边溜来溜去。结果，他的外套衣襟碰到了匣子敞开的盖子，匣子被打翻了，里面的东西一股脑地滑落到了地上。约翰娜断定彼得是有意为之，她变得怒不可遏起来。一开始彼得还竭力地向约翰娜赔礼道歉，然而约翰娜根本不相信他是无意的。彼得随即也恼羞成怒了。

叶卡捷琳娜被夹在两个人的中间。

我深知自己的母亲有多么容易激动起来，而且她的第一反应总是暴怒，所以我担心倘若自己没有附和她的话她就会给我的脸上来上一巴掌。我既不想对她扯谎，也不想冒犯大公，于是我选择了默不作声。不

---

[1] 科塞勒茨（Koseletz），位于现今乌克兰切尔尼戈夫州境内。

过，我还是对母亲说我认为大公这番举动并不是故意的。

约翰娜随即便将矛头转向了叶卡捷琳娜。

每逢盛怒之下，我的母亲就总得找个人出气。我没有吭声，很快就哭了起来。一开始，我的沉默令他俩都大为恼火。可是，当看到母亲因为我站在他的那一边而将全部的怒火都转向我，而我又号啕大哭起来的时候，彼得便开始谴责起我的母亲，说她是一个为人不公、盛气凌人的泼妇。我的母亲则反击道，说彼得是"一个有人养、没人教的小不点"。他俩之间的口角愈演愈烈，战争是无可避免的。

从那时起，大公就十分憎恶我的母亲了，他一直都没能忘记那场口角。至于我的母亲，她一辈子都没能释怀，始终对彼得怀着深深的怨恨。他俩之间的火药味越来越浓，两个人对彼此的厌恶和猜疑都与日俱增，对彼此的怒火一触即发，而他俩在我面前又都毫不掩饰这种情绪。我竭尽全力在顺从一方的同时又能取悦另一方，一边还试图帮他们俩达成谅解，可是我的付出只得到了短时期的回报。他们俩对彼此的讽刺挖苦和恶语中伤总是脱口而出。日复一日，我的处境变得越来越尴尬了。

叶卡捷琳娜被折磨得疲惫不堪，不过母亲的暴躁，再加上她自己对彼得的同情却起到了意想不到的作用。

事实上，就在那段时间里，大公对我敞开了心扉，他从没有对其他任何人如此坦诚过。他意识到一旦我的母亲找不到借口冲他发火，那她就会对我大加斥责。这样一来，我在他心中的地位就提高了，他觉得我是一个值得他信赖的人。

伊丽莎白女皇与随行人员在基辅逗留了十天，此趟朝圣之旅也达到了高潮。这也是叶卡捷琳娜头一次目睹这座圣城的全貌，一座座金色的教堂圆顶在第聂伯河西岸拔地而起。女皇、彼得与叶卡捷琳娜同一大群牧师和修道士一起跟随着一个巨大的十字架，步行进入基辅城。曾经，在这座俄罗斯真正的圣城里，教会富可敌国，人民对上帝无限虔敬，而今，全城上上下下都以盛大的仪式等待着女皇的到来。在著名的佩彻尔斯克大隐修院的圣母升天大教堂里，修道士队伍的壮观、宗教仪式的优雅，以及教堂本身无与伦比的辉煌无不令叶卡捷琳娜瞠目结舌。后来，她曾写道："世间还从未有任何一样东西能像这座气派非凡的教堂一样令我如此难以忘怀。每一座塑像都覆以真金、白银和珍珠，上面还嵌满了各色宝石。"

尽管眼前的一切都令她大为惊叹，然而终其一生，叶卡捷琳娜也始终没能成为一名虔诚的教徒。无论是父亲信守的律条严明的路德教，还是伊丽莎白女皇虔诚信奉的东正教，都始终没能打动叶卡捷琳娜的心。在这座俄罗斯教堂里，她欣赏到的只是它富丽堂皇的建筑、无与伦比的艺术和音乐，这一切都完美地融合在一起，充满了富于创造力的美。不过，归根结底它的美也只是人工造就出来的美。

伊丽莎白女皇与随行人员从基辅返回莫斯科后没过多久就又开始大肆操办演出、社交舞会和化装舞会。每个夜晚，叶卡捷琳娜的着装都从来没有重过样，人们会对她说她看上去有多么出众。头脑清醒的她十分清楚这些阿谀奉承都是宫廷社交中的润滑剂而已，她也知道仍旧有些人对她嗤之以鼻——别斯杜捷夫及其同党、对这颗冉冉升起的新星满怀妒意的贵族夫人们，还有那些小心翼翼地在女皇面前争宠的寄生虫。叶卡捷琳娜拼命消除着周围人对她的敌意。后来，她曾写道："我生怕惹人厌烦，所以竭尽全力地取悦着那些将陪伴我终生的人们。"她尤其清楚自己最应当对什么人怀有忠心。她曾说："我对女皇充满敬意与感激，她也经常念叨着她对我的爱几乎要超过对大公的爱了。"

跳舞绝对能令女皇龙颜大悦，对于叶卡捷琳娜来说这件事情也绝非难事。同女皇一样，叶卡捷琳娜也非常喜欢跳舞。每天早上7点，来自法国的御用芭蕾舞教师就会带着自己的小提琴来到叶卡捷琳娜的房间，一待就是整整两个小时，教她巴黎最新流行的舞步。每天下午4点到6点，他还要再来教习一次。到了晚上，叶卡捷琳娜就会用优雅的舞步征服所有的人。

在这段时期里，有几场舞会令人叹为观止。由于女皇的命令，每逢星期二，所有参加舞会的来宾都要男扮女装，或者女扮男装。这种化装舞会令年方十五岁的叶卡捷琳娜非常开心。"我不得不说没有比大部分男人穿着女人的衣服看上去更丑陋，同时也更滑稽的事情了，也没有比女人穿着男人的衣服看上去更悲惨的事情了。"绝大多数朝臣贵族都对这样的夜晚深恶痛绝，不过女皇对这种异想天开的决定却有着充分的理由——穿着男装的她看上去超凡脱俗。尽管女皇一点也不苗条，不过在丰满的躯干下却长着两条细长的腿，腿型也非常完美。出于自负，女皇绝不允许这两条优美的腿被掩藏起来，而唯一能让其示于众人的方法就是穿上男式紧身长裤。

一天晚上，叶卡捷琳娜让自己身临险境了。她记述下了当时的状况。

我跟西弗斯先生跳起了波洛涅兹舞[1]。身材极其高大的西弗斯先生穿着裙子，裙摆里支撑着女皇借给他的裙撑。就在西弗斯先生牵着我的手转身的时候，在我身后跳着舞的亨德里科夫伯爵夫人跟跟跄跄地踩在了西弗斯先生的裙摆上。跌倒的时候，亨德里科夫伯爵夫人狠狠地撞在了我的身上，而我身旁的西弗斯先生则跳了起来，结果我跌倒在他的裙撑

---

[1] 波洛涅兹舞，起源于波兰民间的一种舞蹈。

下。西弗斯先生被绞缠在一起的长裙摆绊住了脚步，我们三个人全都瘫倒在地上，而我则严严实实地被他的裙摆给遮盖了起来。我笑个不停，一边挣扎着想要从地上爬起来，周围的人都不得不上来搭把手，因为我们三个人被西弗斯先生的裙摆缠得太紧了，只要有人试图站起来，其他两个人就会被再次扯倒在地上。

然而，当年秋天叶卡捷琳娜还是瞥见了伊丽莎白女皇的性格中邪恶的一面。在虚荣心的唆使下，女皇不仅需要自己权倾天下，而且还要自己艳压群芳。她无法容忍有人说世上还有比自己貌美的女人。叶卡捷琳娜在宫廷里的成功没能逃过女皇的眼睛，女皇为自己的怒火找到了一个宣泄的渠道。一天晚上，在歌剧院里，女皇同莱斯托克坐在皇家包厢里，叶卡捷琳娜、约翰娜与彼得坐在女皇对面的包厢里。在幕间休息时，女皇看到叶卡捷琳娜同彼得有说有笑地聊着天。眼前的这个小姑娘活力四射，充满自信，在皇宫里大受欢迎，难道她就是不到一年前才来到俄罗斯的那个腼腆的小丫头吗？突然间，女皇妒意大发。她怒视着这个比自己年轻很多的女人，涌上心头的不满让她失控了。她将莱斯托克派了过去，仿佛这件事情已经到了刻不容缓的地步似的。莱斯托克告诉叶卡捷琳娜由于她负债累累，令人难以容忍，所以女皇大为震怒。之前女皇给了叶卡捷琳娜三万卢布，这笔钱都花到哪里去了？在传达女皇口信的时候，莱斯托克专门挑了一个彼得及众人都能听得到的场合。叶卡捷琳娜的眼泪夺眶而出，刚擦了一把眼泪，眼眶随即又湿润了。彼得并没有安慰她，相反，他认为自己的姨母说的没错，而且他也认为自己的未婚妻理应得到惩戒。约翰娜随即又当着众人的面说由于叶卡捷琳娜在如何为人儿女方面早就不再征询她的意见，因此这件事"与她无关"。

事态急转直下。究竟是怎么一回事？人们都在想这个年仅十五岁、这个得到所有人尤其是女皇欢心的女孩究竟犯了什么错？在查阅了一番账目之后，叶卡捷琳娜发现自己已经负债两万卢布了。女皇自己过着奢侈无度的生活，而且对所有人总是那么慷慨大方，叶卡捷琳娜的这笔债款对女皇来说不足挂齿。显然，女皇对叶卡捷琳娜的责难只是在掩饰她在另外一方面对叶卡捷琳娜的不满而已。叶卡捷琳娜的确有些挥霍无度，她将钱寄给自己的父亲，以资助弟弟的生活，同时她也给自己花了不少钱。当初，她只拎着一只手提箱就来到了俄国，箱子里装着四条裙子和一打内衣，而俄国宫廷里的女人们每天都要更换三套衣服。为了配得上自己的地位，她拿出一部分零用钱，给自己添置了不少衣服。不过，对于她来说最大的一笔开销还是给母亲、自己的女侍臣们，甚至是彼得购买礼物。她发现礼物能最有效地让母亲打消怒气，并平息她同彼得之间持续不断的口角，她也意识到在这个宫廷里，礼物能帮自己收买人心。同时，她还注意到围绕在自己身边的大多数人都不会拒绝礼物。自然而然地，继续讨好大家的叶卡捷琳娜觉得自己没有理由排斥这种直接而露骨的方法。在短短几个月的时间里，除了俄语，她还学会了俄国式的社交规矩。

来自伊丽莎白女皇的打击令叶卡捷琳娜感到匪夷所思，而且难以接受。这件事情让她见识到了女皇的两面性，女皇是一个迷人又恐怖的女人，她的这两张面孔交替出现着，在变脸时也毫无先兆。后来，当叶卡捷琳娜回忆起那个夜晚的时候，她依然记得当时她得到的教训——在同像伊丽莎白女皇这样自我膨胀的女人打交道的时候，宫廷里其他所有女人都必须十分当心，切莫让自己在任何方面超过女皇。叶卡捷琳娜使出浑身解数试图重新赢得自己这位恩主的欢心。当这股突如其来的妒火平息之后，女皇又对叶卡捷琳娜生出了怜悯，到最后也终于将这场风波抛之脑后了。

第十一章
身染天花

当年11月，所有人都还住在莫斯科，这时麻疹让彼得一病不起，叶卡捷琳娜从来没有出过疹子，所以她同彼得被彻底隔离开了。在彼得患病期间，有人告诉叶卡捷琳娜，彼得"充满了心血来潮的怪念头和冲动，没有人能管得住他"。彼得被禁足于自己的寝室里，他的老师们对他很是怠慢，为了打发时间他吩咐自己的仆人、宫廷侍从和一些小跟班绕着自己的病床来来回回地列队走正步。彼得卧床休息了六个星期之后叶卡捷琳娜终于又见到了他。"他悄悄地跟我聊了很多他那些幼稚的恶作剧，我没有责任制止他，我只是任着他的性子来，对他说他想做什么都没有问题。"叶卡捷琳娜的态度让彼得很开心，他对叶卡捷琳娜并没有男欢女爱的情欲，但是他完全可以信任她，只有面对她的时候他才可以畅所欲言。

到了1744年的年底，彼得已经完全康复了，伊丽莎白女皇决定带领全体王公大员离开莫斯科，回到圣彼得堡。此时，莫斯科被淹没在一片雪海中，整座城寒冷刺骨。叶卡捷琳娜、约翰娜同两名女侍臣一道上路了，彼得同布鲁默及另外一名教师坐在另一驾马车里。等女士们纷纷落座之后，将要单独搭乘一驾马车的伊丽莎白女皇将头探进了车厢，为叶卡捷琳娜披好了身上的皮衣围巾。即便如此，女皇仍旧担心这些衣物还不足以御寒，于是她又将自己身上那件华贵的貂皮斗篷披在了叶卡捷琳娜的肩头。

四天后，叶卡捷琳娜与彼得带领的小队人马投宿在位于特维尔[1]与诺夫哥罗德之间的霍季洛沃[2]。这天夜里彼得突然浑身哆嗦了起来，昏厥之后就被人扶上了床。次日，叶卡捷琳娜和约翰娜赶来看望彼得，但是在门廊上就被布鲁默拦住了。布鲁默说在前天夜里彼得已经发起了高烧，脸上还出现了染上天花的症状——疹子。约翰娜的脸霎时间便失去了血色，这种疾病已经夺去了她哥哥的性命，恐惧之下她一把将站在门口的叶卡捷琳娜拽走了。她吩咐仆人准备好马车，随即便驾车赶往圣彼得堡去了。彼得被丢给了布鲁默和两名女侍臣照顾，一名侍臣先行赶往圣彼得堡，将这个消息禀告给已经抵达首都的伊丽莎白女皇。一接到消息，女皇便立即命人备车，快马加鞭地回到了霍季洛沃。叶卡捷琳娜的马车同伊丽莎白的马车同时奔驰在雪原上，然而两驾马车的方向却完全相反，最终它们在半道上相遇了。两驾马车都停了下来，约翰娜将自己了解到的情况讲给了伊丽莎白女皇，女皇一边听，一边不时地点着头，然后便示意继续赶路。马车向前狂奔着，女皇死死地盯着一望无际的黑暗。在她眼中不仅只有车厢外的夜色，她还看到了一旦彼得发生意外，这个王朝将要面临的黯淡前景。

然而，回到霍季洛沃之后女皇的一举一动并不仅仅是出于个人的考虑。刚一赶到霍季洛沃，女皇便来到了彼得的病榻前。她坐在床边，告诉众人外甥将由她亲自照看。女皇在彼得身边守了六个星期，其间很少躺下来休息一下，也几乎没有换过衣服。伊丽莎白最在乎的似乎只有自己的美貌，然而此时的她却干起了护士要做的每一桩脏活累活。她将天花本身所具有的危险全然抛之脑后，也丝毫没有顾及天花可能会损伤她的美貌，始终守在外甥的病榻前。当初，那位年幼的德意志小公主身染肺炎的时候，女皇也是在同样温暖的母性驱使下守在叶卡捷琳娜的病榻前。当彼得入睡

---

[1] 特维尔（Tver），位于现今的俄罗斯特维尔州首府特维尔市。

[2] 霍季洛沃（Khotilovo），位于现今的俄罗斯特维尔州境内。

后女皇派侍臣火速将消息捎给了一个人。在女皇心中，这个人同她一样爱着彼得，并为彼得担忧着。

在圣彼得堡，叶卡捷琳娜心急如焚地等待着最新的消息。刚出完麻疹的彼得能安然熬过这种更加严重的恶症吗？叶卡捷琳娜真心为彼得感到担忧，尽管她已经发现彼得是一个幼稚的男人，甚至经常令她感到恼火，但是在她心中彼得就是她未来的丈夫。当然，叶卡捷琳娜的担忧并不仅限于此，她同时还对自己的未来感到忧虑。一旦彼得过世，她的命运就要被改写了。她在俄国皇宫里的地位，以及一切加诸她的荣耀全都只是对"未来沙皇皇后"的赏赐。此时，在圣彼得堡的一些侍臣已经预见到彼得将难以躲过这场劫难，他们纷纷同叶卡捷琳娜疏远了起来。无权无势的叶卡捷琳娜对一切都无能为力，她只能给伊丽莎白女皇不断地发去言辞间恭敬有加、充满关爱的信件，打听彼得的身体状况。这些用俄文撰写的信件都先由叶卡捷琳娜的俄语教师起草，然后叶卡捷琳娜亲自誊抄一遍。无论伊丽莎白女皇是否清楚这些信件背后的故事，它们都令她大为感动。

与此同时，约翰娜却在继续制造着事端。伊丽莎白女皇在冬宫里为叶卡捷琳娜安排了一个四室的套房，约翰娜也得到同样的一个套房。母女俩的套房并不毗邻，但两个套房里的各个房间面积全都一样，家具、蓝色和红色的布幔也别无二致，唯一的区别只在于叶卡捷琳娜的房间在上楼后的右手边，约翰娜的位于左手一侧。尽管如此，在得知这种安排后约翰娜还是抱怨了起来，她声称女儿的房间比自己的大很多。而且，凭什么叶卡捷琳娜的房间要同她的房间完全分隔开？她并没有这样的考虑，也从来没有同意过这样的安排。叶卡捷琳娜告诉母亲女皇有令，两个人的套房不能相连，而且女皇专门对母女俩的房间做出了安排，女皇不希望叶卡捷琳娜同母亲住在一起。得知这一切之后约翰娜的火气就更大了。在她看来，这种新安排是对她早前在宫廷里的举动，以及她对女儿的影响力所表示出的攻击。约翰娜无法将矛头指向伊丽莎白女皇，于是她将怒火一股脑地宣泄在女儿身上。她不停地挑起同女儿的口角，"由于跟所有的人交恶，她便不再同大家一道进餐，而是让人将饭菜端到她的房间里。"不过，叶卡捷琳娜倒是坦白地说过母女分房而居的安排"很合我的心意，在母亲的房间里我十分不自在，我对她拉拢在自己身边的那群密友没有一丝好感"。

叶卡捷琳娜单独居住，再加上她总是注意躲开母亲的朋友，因此约翰娜生活的某些方面对她来说就是空白。约翰娜同伊凡·贝特斯科伊伯爵究竟维持着怎样的关系？这种关系究竟发展到什么程度？这一切都属于叶卡捷琳娜留意不到的盲点。叶卡捷琳娜知道母亲很喜欢伯爵，而且自己也总能碰见伯爵，皇宫里包括伊丽莎白女皇在内的不少人都相信约翰娜同伯爵的关系已经有些过分了。对于约翰娜身怀伯爵的孩子这条传言，叶卡捷琳娜在自己的《回忆录》中并未提及。不过，她还是提到了下面这件事。

一天清晨，约翰娜的德国女侍臣冲进了叶卡捷琳娜的房间。女侍臣对叶卡捷琳娜说她的母亲昏过去了。叶卡捷琳娜跑到母亲的房间里，看到约翰娜面色苍白，躺在地垫上，不过神志倒还清醒。叶卡捷琳娜问母亲出了什么事情，约翰娜说自己命人给她放放血，可是找来的医生太拙劣了。"试了母亲手臂上的两条血管都没能成功之后，他又试图切开她脚上的两条血管。"可是医生的努力还是以失败告终了。于是，约翰娜就昏倒了。叶卡捷琳娜知道约翰娜向来恐惧于放血治疗，在自己身患肺炎的时候她也曾激烈地反对过对她进行这种治疗，她不明白为何现在母亲却会叫人给自己放血——或者说，她不明白母亲究竟患了什么样的疾病，居然会叫人给自己放血。约翰娜变得歇斯底里起来，她不仅不再回答叶卡捷琳娜的任何问题，而且还尖叫起来。她责备女儿一点也不关心她，然后又命女儿"走开"。

叙述至此，叶卡捷琳娜便停笔了，她只含蓄地指出约翰娜究竟出了什么事。约翰娜为自己这场突如其来，同时又语焉不详的疾病找了一个经不起推敲的借口。听上去这个女人不太可能会叫人给自己放血。在《回忆录》中，叶卡捷琳娜将约翰娜放血过多怪罪在无能的医生身上，她还说医生没有将身份显赫的病人扶上床，而是扔在了地垫上，这无异于是在说约翰娜突然失去了平衡，栽倒在了地板上。叶卡捷琳娜还描述了一番约翰娜面对女儿时表现出的暴怒和歇斯底里。最后，她还继续写道，在随后的几天里原本应该在经过这场放血治疗后有所痊愈或者缓和的疾病，并没有再显现出任何其他症状。对于这一系列事情，存在着一种不无可能的解释，即约翰娜流产了。

这件事情结束后没多久，约翰娜又经历了另外一场打击。泽布斯特方面传来消息，约翰娜两岁半的女儿伊丽莎白，即叶卡捷琳娜的妹妹突然夭折了。约翰娜离开家已经一年有余了。在发来的一封封信件中，约翰娜的丈夫反反复复地要求她返回家乡，约翰娜总是回复说自己的首要义务在于监督摆在长女面前的这桩婚事。

终于，叶卡捷琳娜收到了一条伊丽莎白女皇发自霍季洛沃的消息：

殿下，我至亲至爱的外甥女，我十分感激殿下不断发来喜人的消息。我始终没有一一回复，因为关于大公殿下的病情我一直没法给你一个确定的答复。到了今天，让我欢欣的是我可以十分肯定地告诉你——谢天谢地——他的康复指日可待。他又回到了我们的生命中。

读着这封信，叶卡捷琳娜又找回了天性中的开朗，当天夜里她便参加了一场舞会。当看到她现身于舞会的时候，整个大厅里的人全都围在了她的身边。危险不复存在，彼得已经康复的消息在人群中传开了。如释重负的叶卡捷琳娜看到过去莫斯科的那种生活又回来了，每天晚上不是社交舞会就是化装舞会，每个夜晚所有人都沉浸在极度的喜悦中。

就在这一场风波还未平息的时候，瑞典王国外交官亨宁·于伦伯里伯爵来到了圣彼得堡。作为瑞典国王的全权使节，于伦伯里伯爵是专门前来俄国宣布刚刚加冕的瑞典王储，即约翰娜的亲哥哥，叶卡捷琳娜的亲舅舅，荷尔斯泰因的阿道夫·腓特烈将同普鲁士国王腓特烈二世的妹妹路易莎·乌尔莉卡完婚。五年前，在祖母位于汉堡的宅邸里，叶卡捷琳娜曾与于伦伯里伯爵见过一面，当时她年仅十岁。当时，叶卡捷琳娜少年老成的聪慧给伯爵留下了深刻的印象，他提醒约翰娜要对自己的女儿多加留意。

叶卡捷琳娜在书中记下了她同伯爵的第二次会面。

他是一个智力超群的人。他已经不再年轻（当时于伦伯里已经三十二岁）……他看到我已经毫无怨言地接受了俄国皇宫里的一切阴谋和陋习，在他看来在圣彼得堡的我显得似乎不像在汉堡时他所赞许的那般聪明。他说："你在汉堡时是那么活力十足，坚强自信，你怎么会允许你的品格出现如此严重的退步呢？而今，你整日里沉迷于浅薄浮华之物，只知道纵情享乐。你必须找回自己的天性，你的天赋注定是要造就一番事业的，现在你却将自己的生命消耗在无足轻重的事情上。我敢跟你打赌，自从来到俄国后你就再也没有读过书了。"

我告诉他我将自己关在房间里的时间全都用来读书了。他说一个年仅十五岁的哲学家还是缺乏足够的自知之明，而且我的身边布满了诱惑，除非我心如金坚，否则失足对我来说只是早晚的事情。他还说我应当用最好的书籍来滋养我的头脑。他向我推荐了普鲁塔克[1]的《希腊罗马名人传》中的《西塞罗[2]传》一篇，以及孟德斯鸠的《罗马盛衰原因论》。我信誓旦旦地说自己肯定会读的。实际上，我的确找过这两本书。我找到了《西塞罗传》的德意志语译本，翻了不多的几页，然后又有人帮我找来了孟德斯鸠的著作。刚翻了几页我就有所感悟，可是我没法读下去，因为那本书害得我哈欠连天，所以最终我还是把它扔在了一旁……当时我没能找到全本的《希腊罗马名人传》，两年后我才读到了这部著作。

为了向于伦伯里证明自己的头脑并不浅薄，叶卡捷琳娜为自己撰写了一篇文章，"好让他看看我是否有自知之明"。第二天，她完成了一篇名为《十五岁的哲学家》的文章，并将文章交给了于伦伯里。文章打动了伯爵，在将文章交还给叶卡捷琳娜的时候，伯爵在后面还附上了长达数页的评语，基本上都是溢美之词。"我一遍又一遍地读着评语，将评语全都牢牢地记在了心底，并且打定主意要遵循他的忠告行事。不过，有些事情还是出乎了我的意料。有一天，在同我交谈的时候他突然脱口而出：'太可惜了，你要结婚了！'我试图弄明白他的言外之意，可是他对我缄口不言。"

2月初，彼得终于恢复了足够的体力，可以经受得住长途旅行了。女皇带着彼得回到了圣彼得堡。叶卡捷琳娜来到冬宫的接待厅，等着同女皇

---

[1] 普鲁塔克（Plutarch，约46年—120年），以希腊语撰写作品的罗马传记文学家和散文家，同时也是柏拉图学派的学者。著作极其丰富，传世之作为《希腊罗马名人传》和《掌故清谈录》。尤以前者更为脍炙人口，对后世影响最大，莎士比亚的三出戏剧，很多情节都来自《希腊罗马名人传》的内容。英国传记家鲍威尔将普鲁塔克尊为"传记之王"。

[2] 马库斯·图利乌斯·西塞罗（Marcus Tullius Cicero，公元前106年—公元前43年），罗马共和国晚期著名哲学家、政治家、律师、作家和雄辩家。

和彼得见面。下午4点过后，天色已经渐渐黑了下来，叶卡捷琳娜说，"在昏暗的光线中"他们重逢了。之前的忧虑再加上彼得不在身边，这一切都令这个将要迎娶她的男人在叶卡捷琳娜心中的形象变得温和了起来。彼得向来都不是一个英俊少年，不过他的身上却具有一种难以名状、无伤大雅的率直。有时候，他会龇牙咧嘴地露出一抹乖戾的笑容，有时候他的微笑看上去有些愚蠢，或者说只是因为他有些腼腆。总而言之，他的容貌不再那么令人厌烦了，叶卡捷琳娜心急火燎地等着见到他。

在昏暗的接待厅里，站在自己面前的这个人看上去有了翻天覆地的变化，叶卡捷琳娜的心中充满了"恐惧……他的脸……几乎已经认不出来了"。那张脸彻底被毁了，浮肿的肌肤上布满了无法修复的痘痕。显然，彼得的身体遭到了重创。他的头发被剃光了，脑袋上顶着假发。那顶假发让他看起来更加恐怖了。尽管房间里十分昏暗，叶卡捷琳娜还是无法掩饰自己的惊恐。后来，在提到未婚夫此时的面孔时，她曾用到了"面目狰狞"这个词。叶卡捷琳娜站在那里，"彼得走上前来，问道：'你还认得出我吗？'"叶卡捷琳娜鼓起勇气，结结巴巴地对彼得的康复表达了一番祝贺，说完便逃回到自己的寝室。一进屋，她就瘫倒在了地上。

叶卡捷琳娜不是一个不切实际的少女，尽管如此，伊丽莎白女皇还是很担心她会对外甥的容貌产生过激的反应。女皇唯恐这个小女孩会在冲动之下对未婚夫骇人的面容产生厌恶，从而要求父母收回他们对这桩婚事的认可，于是她开始对女孩施与更多的慈爱。2月10日是彼得十七岁的生日，然而女皇的这位外甥始终还无法在公众场合中亮相。这一天，女皇邀请叶卡捷琳娜同自己单独进餐。在席间，女皇对叶卡捷琳娜用俄文撰写的信件大加赞许，就连同叶卡捷琳娜聊天时女皇说的也是俄语。她称赞叶卡捷琳娜的发音，还对她说现如今她已经出落成了一个美人。

叶卡捷琳娜对女皇的付出心存感激。其实，女皇根本无须做出这种努力，叶卡捷琳娜并没有打算解除婚约。无论未婚夫的相貌如何，她从来没有生出过一丝一毫重返日耳曼的念头。这一辈子，叶卡捷琳娜自始至终坚守着一个诺言，一个她绝不会违背的承诺——她对自己的抱负所许下的诺言。她要嫁的不是一张脸，那张脸英俊与否都不重要，因为她要嫁的是一个帝国的继承人。

无论是在情感上，还是心理上，天花对彼得造成的影响都远比对叶卡捷琳娜的影响要严重。不过，疾病已经造成了破坏，而举止失当则完全是叶卡捷琳娜自己造成的。她的第一反应太正常了，在那样一张恐怖破损的脸孔面前，绝大多数年轻女子都会退缩的，能够镇定地掩饰起情绪的女孩子大概为数不多。然而，对于叶卡捷琳娜而言，若指望自己与彼得的感情能够度过这场危机，继续发展下去，同彼得重逢的那一刻她就需要具备超乎寻常的能力——如同伊丽莎白女皇那样发自内心的爱，热情洋溢、无拘无束的爱，那种自然而然便会涌上心头的温柔。叶卡捷琳娜不具备这种能力。

看到自己的身体令未婚妻如此反感，彼得也感到十分痛苦。在昏暗的大厅里见到彼此的那一刻，彼得在叶卡捷琳娜的眼睛和嗓音里都真切地感觉到了她的心思。因此，他也认为自己"面目狰狞"，一点也不讨人喜欢。新添的自卑进一步加重了一直折磨着彼得的情绪。在凄凉孤独的童年时代，彼得自始至终都没有同任何人交过心。现在，当这个自己被迫迎娶的表妹逐渐赢得他的信任时，他的面庞却变得丑陋骇人，他又多了一个受人诟病的理由。他问叶卡捷琳娜"你还认得出我吗？"这个问题透露出他的担忧。他是在担心容貌的改变会对叶卡捷琳娜产生影响。就是在这一刻，叶卡捷琳娜无意中辜负了彼得。倘若她能挣扎着对他报以充满同情的微笑，说上几句嘘寒问暖的话语，她的付出就必然能为两个人带来多少有些和睦的未来。没有微笑，没有问候，失落的年轻人只看到自己一向信赖的伙伴在看到自己的时候浑身战栗了起来。他知道自己用她的话说就是"面目狰狞"。

叶卡捷琳娜对此一无所知。一开始，她感到很迷惑，倘若得知令彼得疏远她的正是自己那一刻的无意之举的话，她一定会大吃一惊。在确定彼得对她的态度是有意为之后，在自尊心的驱使下叶卡捷琳娜对彼得的冷漠报之以同样的姿态。结果，她的矜持只是在进一步地让彼得确信她已经十分嫌弃他了。没过多久，深陷于沮丧与孤独中的彼得就变得乖张恶毒了起来。他断定她对他的友好仅仅是出于客套的需要。他憎恨她的一帆风顺，看到她健康地日渐成熟起来他便感到恼怒。每当同外人在一起的时候，叶卡捷琳娜越漂亮、自然和开心，彼得就越清晰地感觉到丑陋的容貌让自己越发孤独了。叶卡捷琳娜翩翩起舞，俘获着众人的目光，而彼得只会对人冷嘲热讽，越来越疏远大家。两个人都很痛苦。

不过，叶卡捷琳娜还是希望两个人关系的不断恶化能够避开外人的目光。彼得既缺乏智慧，又不具有叶卡捷琳娜一样的远大抱负，他根本不可能像叶卡捷琳娜一样做戏给外人看。他的精神和身体都已经遭到了天花毁灭性的打击，而容貌的损毁又让他的心理失衡了。在重重压力之下，这个年轻人又躲进了自己的童年世界。在1745年的春天和夏天，彼得找了很多巧妙的借口，好一直待在自己的房间里，由他的仆人们包围着他、保护着他。最令他开心的事情莫过于给仆人们都穿上军装，然后由他来带领他们进行操练。从儿时起，军装、军事操练、下达口令等就已经开始帮着彼得遗忘掉自己的孤独。而今，彼得越发感到孤独，更加清楚地意识到他人对自己的厌恶，于是他又开始用老办法来抚慰自己。彼得认为自己的生活与坐牢无异，而且他正被迫走向一条令自己感到厌恶的道路。他让一群身着军装的仆人在房间里列队行进，这正是彼得在宣泄着自己对人生的不满。

第十二章

大婚

伊丽莎白女皇的耐心已经消耗殆尽了，一路狂奔到霍季洛沃的那个夜晚，在彼得的病榻前不休不眠熬过的那一个个夜晚，这一切都如噩梦一般仍旧萦绕在她的心头，挥之不去。外甥差点就丢了性命，不过最终他还是挺了过来。现在，他已经年满十七岁了，他那位十六岁的新娘来到俄国已经一年多了，可是他俩却仍旧没有完婚，生下一男半女的日子也遥遥无期。诚然，医生们都还是跟她说彼得还太年幼，太不成熟，而且身体也还没有彻底康复。然而，这一次女皇不再理会医生们的意见了。她的眼中就只剩下皇室子嗣完全取决于彼得的健康状况，她只能看到彼得生育皇位继承人的能力。倘若再继续等上一年，没准又会有一场致命的疾病夺走彼得的性命；可是，如果能够让彼得与叶卡捷琳娜完婚，只消一年的光景或许就能为俄国带来一位具有罗曼诺夫血统的小继承人，一位比彼得健康强壮的小继承人，一位同叶卡捷琳娜一样健康强壮的小继承人。出于这种考虑，婚礼便应当尽快举行了。医生们让步了，女皇开始为大婚选择吉日了。1745年3月，女皇下令，确定婚礼将在7月1日举行。

由于这个年轻的俄国王朝此前还从未举行过公开的皇家婚礼，因此伊丽莎白女皇一心想要让这场婚礼气派十足，好让自己的臣民与全世界都看到俄国王朝的力量，相信这个王朝能够万世永存。这场婚礼应当成为全欧洲街谈巷议的焦点，它必须仿照法国皇室最高规格的庆典来安排。女皇要求俄国驻巴黎大使向她详详细细地报告最近在凡尔赛宫里举行的婚礼庆典情况，不放过任何一个细节。一份份包罗万象、描述法国皇室婚礼的信函发到了俄国，那些婚礼将成为俄国皇室效仿的对象，如有可能，俄国皇室婚礼还将有所超越。一卷卷沉甸甸的设计图被人捎了回来，同时带回来的还有金丝绒、丝绸和金线穗带之类的样品。巨额花费将法国艺术家、乐师、画师、裁缝、厨师和木匠吸引到了俄国。大量的信息和人力涌向了圣彼得堡，伊丽莎白女皇整日忙于翻阅资料，审查人员，进行大量的研究、咨询、比较与考虑。她事无巨细地监督着整个准备过程，实际上，从春天到初夏，女皇都被缠身于婚礼筹备的事务中，根本没有时间考虑其他事情。她将国务抛在了一边，完全无视自己的臣僚们，正常的国务活动几乎完全陷入了停滞状态。

一等到波罗的海沿岸与涅瓦河流域冰消雪融，各种船只便开始向圣彼得堡运送大量的绫罗绸缎、金丝绒及厚实的银线织物，这些布料都将用来缝制叶卡捷琳娜的婚礼礼服。宫廷大员们提前领到了一年的薪俸，以便为自己置备锦衣华服。女皇还颁布了一道法令，要求所有的贵族都必须给家里添置上六马车辇。

皇宫上下一片沸腾，两位新人却很奇怪地被大家冷落在了一旁。没有人来告诉他们婚姻中具体涉及的方方面面。关于如何处理夫妻关系，彼得还是从自己的一名仆人那里了解到了一些杂乱无章的知识。名叫容伯里的仆人曾经在瑞典骑兵团中服过役，他的妻子留在了瑞典。容伯里告诉彼得，丈夫就是主子，当着丈夫的面，倘若没有经过丈夫的允许妻子便不得开口，只有蠢货才会允许妻子说出自己的想法；倘若这样做有问题，那么及时地在妻子脑袋上敲打几下，问题自然就解决了。彼得喜欢听这种论调，而且还"像对待炮弹一样小心翼翼地"——借用叶卡捷琳娜的话来说——将这些话都转达给了叶卡捷琳娜。

至于男欢女爱，彼得之前就了解到了一些最基本的事情，不过他对这些事情的理解并不全面。他的仆人们也很粗俗地给他讲过一些这方面的事情，不过他们对彼得的"教育"并没有让彼得深受启发，相反，他们讲的那些话只是增加了彼得的迷惑与恐惧。没有人有心情告诉彼得性爱中最根本的事实，即人常常能在性爱中得到欢愉。对于性事，彼得感到迷惑、尴尬，同时又毫无欲望，来到新婚妻子的床榻前仅仅只是出于责任感，他能想到的就是用最简单最机械的方式来履行自己的责任。

由于两个人分别住在毗邻的两套套房里，在婚礼前的整个春天与夏天，叶卡捷琳娜便常常能见到自己的未婚夫。然而，彼得从来不会同叶卡捷琳娜单独相处很久。随着时间的流逝，彼得的态度越来越明确了——他在尽力躲避叶卡捷琳娜的陪伴，这样就可以同自己的仆人待在一起。到了5月，彼得同伊丽莎白女皇一道迁回了坐落在芬兰湾南岸的夏宫，叶卡捷琳娜同母亲被留在了圣彼得堡。叶卡捷琳娜曾经写道：

大公曾经投之于我的关心不复存在了。他派了一名仆人来告诉我由于住得太远，所以他无法过来看望我。我很清楚他对我缺乏热情和爱，我的自尊心与虚荣心饱受折磨，但是我并不应当奢望自己还能对此有所抱怨。倘若有人对我流露出一星半点可能被理解为怜悯的同情，我肯定会感到羞辱。然而，每当自己独处的时候我却总是泪水涟涟，然后我又会擦干泪水，跟我的女侍臣们嬉戏打闹起来。

当年夏天，皇室又搬迁到了位于首都西面十九英里外、芬兰湾岸边的彼得霍夫宫。叶卡捷琳娜记下了当时宫里的情形。

我们不是在散步、骑马，就是在驾车出游。就在那时，我一清二楚地看到大公的随员，特别是他的那些教师对他已经彻底束手无策了，对那些从来不向外人展示的军事游戏他几乎是完全公开了。现在，只有在公开场合布鲁默伯爵才能见得到他，在其他时间里他只同自己的仆人做游戏。对他这个年纪的人来说，这些事情都幼稚得令人难以置信。他甚至还在玩洋娃娃。大公觉得对我进行军事操练是一件妙趣横生的事情，我能像一名实战经验丰富的老兵那样准确无误地开枪，这还得归功于他。他逼着我身披盔甲，手持火枪，在间隔在我俩套房之间的那个房间的门外站岗。

从很多方面来看，叶卡捷琳娜也仍旧孩子气十足。用她的话来说她喜欢跟同龄的随从一起"嬉戏"，她们在一起仍旧玩着捉迷藏。但是，在心底里她却恐惧地等待着婚礼的到来。

随着大婚之日的临近，我变得越来越忧郁起来，时常会莫名其妙地流出眼泪。我的心几乎感觉不到幸福，支撑我的就只有我的野心了。在灵魂深处始终存在着某样东西，它丝毫容不得我对自己迟早将凭借着自己的能力成为俄国女皇这个事实产生怀疑。

叶卡捷琳娜对大婚的不安并非由于她在担心新婚之夜势必会出现的男欢女爱，她对这些事情还一无所知。实际上，直到婚礼前夜她还对男女两性在身体上的差别毫无认识，对于女人跟男人睡在一起要做的那些隐秘之事她也缺乏了解。谁要做什么？怎么做？另外一个人要做什么？就这些问题她也曾向自己的女侍臣们打听过，可是她们都同她一样无知。在6月的一天夜里，叶卡捷琳娜突发奇想，在自己的寝室里举办了一场"睡衣聚会"，姑娘们在地板上铺满了床垫，叶卡捷琳娜的床垫也都被征用了。临睡时，八个慌乱又兴奋的年轻女子聊着有关男人的话题——他们是怎样一副德行？他们的身体是什么样的？对于这些问题，参加聚会的姑娘中没有人有确切的答案。实际上，她们知道的都很有限，一直都在东拉西扯着不相干的事情，对叶卡捷琳娜毫无帮助，于是叶卡捷琳娜宣布第二天清晨她就会向自己的母亲打听这些事情。她的确去了母亲那里，可是结婚时也只有十五岁的约翰娜拒绝向她做出解释。相反，由于女儿"下流"的好奇心，她将女儿"狠狠地斥责了一番"。

伊丽莎白女皇很清楚叶卡捷琳娜同彼得的关系并不和谐，但是她认为这个问题只是暂时的，彼得或许不够成熟，但是婚姻会让他变成一个男子汉的。女皇指望着叶卡捷琳娜能帮助自己实现这个心愿。一旦这个女孩跟彼得同房，施展出她充满青春活力的魅力和生气，那她一定能让他将自己同仆人玩的军事游戏忘到九霄云外去。无论如何，夫妇间的感情都是些无关紧要的琐事。现实就是两个年轻人都没有选择的余地，他们必须结婚，无论是否两情相悦。这对已经订婚的未婚夫妇当然都深知这一点，不过两个人在面向未来的时候却保持着迥异的态度。彼得的情绪大起大落，时常陷入极度的抑郁，时常又会闹点小脾气。有时候他会嘟嘟囔囔地说俄国是一个该死的国家，自己绝对无法忍受在这里的生活，他相信自己会死在这里；有时候他还会火冒三丈地将身边的人痛打一顿。叶卡捷琳娜的反应则与其截然不同。尽管内心充满了恐惧，但是她根本没有退路。来到俄国，学习俄语，违背父命，皈依东正教，她一直在竭尽全力地讨好伊丽莎白女皇。尽管彼得身上有很多缺点，她还是做好了嫁给他的准备。在做了这么多的让步与牺牲之后，她不会就轻易抛开这一切，重返故里，同自己那位在重骑兵兵团当中尉的乔治舅舅共度一生。

与此同时，繁重复杂的婚礼筹备工作使得已经心急火燎地等待着大婚之日的伊丽莎白女皇都不得不将婚礼延期，而且延期了两次。终于，婚礼定在了8月21日。在20日这一天的深夜，礼炮声、隆隆的钟鸣声响彻全城。叶卡捷琳娜同母亲坐在一起，母女俩暂时放下了分歧与敌意，"我们友好地聊了很久，对于我接下来需要履行的职责她对我提出了很多忠告。我俩抱头痛哭了片刻，然后便依依不舍地分开了。"

在这一刻，母亲和女儿都体会到了令人屈辱的失落。约翰娜已经惹得伊丽莎白女皇对她既厌恶又不屑，发展到这一步她在俄国宫廷里几乎已经找不到一寸容身之地了。她很清楚这一点，对于女儿的婚姻所能带给自己的利益，她并没有过多不切实际的期望。她将唯一的希望寄托在自己的丈夫身上，指望他作为新娘的父亲将应邀出席这场婚礼。促使约翰娜期盼丈夫到来的并非是她对克里斯蒂安·奥古斯都亲王不可抗拒的爱意，而是她的自尊。她很清楚伊丽莎白女皇执意拒绝向亲王发出邀请无异于给他们夫妇俩都狠狠地来了一记耳光。约翰娜现在究竟身陷何种境地，这对于她自己，甚至全世界都是一目了然的事情。

想要对丈夫解释清楚这一点并非易事。数月来，留在泽布斯特的克里斯蒂安·奥古斯都不停地写信恳求约翰娜帮他争取到女皇的邀请，这种邀请显然是他所应得的。约翰娜一直对这张请柬心怀希望，她告诉丈夫一切都没有问题，请柬马上就要发送出去了。然而，没有请柬被发往泽布斯特。最终，克里斯蒂安·奥古斯都得到的解释是尽管黑森亲王、荷尔斯泰因的大公，以及其他数位德意志的贵族都长期生活在俄国皇宫里，但是考虑到俄国内部的舆论，伊丽莎白女皇还是不敢邀请亲王参加这场婚礼。约翰娜告诉亲王俄国方面对德意志亲王都充满敌意。但是，受到邀请的宾客中包括约翰娜的两位亲兄弟，即现在已经成为瑞典王位继承人的阿道夫·腓特烈，以及在阿道夫之后继任为吕贝克亲王主教的腓特烈·奥古斯都，这两位均为德意志的亲王。因此，叶卡捷琳娜的两位舅父届时都将出席她的婚礼，他的父亲却无法参加，这不啻一种公然的羞辱，约翰娜对此却束手无策。

叶卡捷琳娜也一直期待着父亲能得到婚礼的邀请，她已经有一年半的时间没有见到过父亲了。她知道父亲很牵挂她，而且还一如既往地天真而坦然地坚信自己能够给女儿一些有用的建议。然而，对于这件事情，叶卡捷琳娜的心愿与感觉都无关紧要。通过这件事情，叶卡捷琳娜的地位与她的母亲一样清晰地摆在众人面前。顶着一头钻石和头衔的她只不过是一个小小的德意志女孩，她被人带到俄国只是为了给俄国皇位继承人产下一子而已。

1745年8月21日，清晨6点的时候，叶卡捷琳娜就起床了，当伊丽莎白女皇来突袭检查情况时她正在洗澡，这个能够为伊丽莎白的王朝孕育希望的处女一丝不挂。等叶卡捷琳娜穿戴周全后，女皇与自己的御用理发师便开始商量新娘应该保持怎样的发型才能戴稳头冠。每一个环节都在女皇的监督下进行着，约翰娜得到允许陪在一旁，这才得以为自己远在德意志的亲人们记录下当时的景象。

我从来没有见过像她的银色缎面礼服这么闪烁的衣裳了，礼服上用银线绣满了闪闪发光的玫瑰。礼服的裙摆很大，腰部只有十七英寸，上半身是短袖，非常紧绷。（她还戴着）豪华的珠宝首饰——手镯、耳坠、胸针、戒指……披挂在全身的宝石让她看起来充满了魅力……她的气色从来没有如此动人过……一头闪亮的黑发微微卷曲着，使得她看起来更加年轻了。

由于面色苍白，叶卡捷琳娜的脸上还施了一抹淡淡的胭脂。她肩头缀着一条由银线蕾丝制成的斗篷，斗篷沉重得令叶卡捷琳娜几乎寸步难行。最后，伊丽莎白女皇将象征着俄罗斯女大公的头冠加在了她的头上。

到了中午，彼得穿着一套同样面料的礼服和披肩来到了叶卡捷琳娜的寝室。他也被全身上下的珠宝压得几乎喘不过气来——扣子、剑柄、鞋扣上无不镶满了钻石。按照女皇的吩咐，这对同样银线钻石满身的新人牵着彼此的手走向了婚礼礼堂。

喧天的号声与雷鸣般的鼓声宣告婚礼开始了。二十四驾豪华马车从冬宫出发，沿着涅瓦大道[1]徐徐驶向喀山圣母大教堂。新人同伊丽莎白女皇乘坐着女皇的御用皇家马车，这驾"差不多就是一座小城堡"的马车由八匹白马牵引着，马的辔头上都挂着银搭扣，巨大的镀金车轮闪闪发光，厢板和车门上全都绘制着神话故事。英国大使在报告中称"仪仗队绝对超过我见过的任何一支"。在教堂里，叶卡捷琳娜被包围在珠宝镶嵌的神像、燃烧的蜡烛、氤氲的香气和一行行的面孔中。在诺夫哥罗德大主教的主持下，仪式持续了三个小时。

在整场婚礼中，人们反复地吟唱着祝祷词和庄严的圣歌。对于叶卡捷琳娜的身体而言，自己的这场婚礼却只是一种折磨。美丽的皇冠"异常沉重"，负重之下叶卡捷琳娜的前额感到疼痛难忍，然而在仪式之后还有宴席和舞会等待着她。在教堂里的婚仪刚一结束，叶卡捷琳娜便恳请伊丽莎白女皇准许她将皇冠摘掉，但是女皇没有答应她的请求。在冬宫的长廊里举行的宴会中，叶卡捷琳娜坚持了下来，在舞会即将举行之前头疼加剧了，她恳求女皇允许她将皇冠只摘掉哪怕几分钟，女皇勉强允许了。

在舞会上，只有那些地位最为显赫的权贵才有资格同十六岁的新娘共舞，荣誉和年龄令那些男人不堪重负。由于伊丽莎白女皇急于让新婚夫妇

---

[1]　涅瓦大道（Nevsky Prospect），圣彼得堡的主干道，由彼得大帝亲自设计，连接着诺夫哥罗德与莫斯科。该大道的命名用以纪念古代罗斯统帅和政治家亚历山大·涅夫斯基（1220年？－1263年），其原名为亚历山大·雅罗斯拉维奇，诺夫哥罗德公国公爵，1246年起为基辅大公，1252年起为弗拉基米尔大公。他与瑞典侵略者和德意志利沃尼亚骑士团的斗争，使今俄罗斯的西北部地区免于被西方天主教国家征服。

同房，舞会在持续了一个半钟头之后便被迫结束了。在一大群官员和男女侍从的引领下，伊丽莎白女皇将十七岁的丈夫同他十六岁的妻子护送到了他们的寝宫里。一路上，新婚夫妇仍旧牵着彼此的手。

他们的寝宫是一个四室的套房，每个房间都十分宽敞华丽，其中三间都挂着银色的布帘，卧室的墙上则挂满了猩红色天鹅绒的布幔，布幔四周还镶着银边。卧室正中间被一张巨大的床占据着，床上盖着大红色的金线绣花天鹅绒床罩，床罩上压着一顶有银浮雕的头冠。到了这里，新娘和新郎便分开了，包括新郎在内的一切男性都退出了房间。女人们留了下来，帮助新娘更衣。伊丽莎白女皇为叶卡捷琳娜摘掉了头冠，黑森的公主帮她脱掉了沉重的裙子，一名侍从递给她一条崭新的来自巴黎的粉红色睡衣。在众人的服侍下新娘终于躺在了床上，可是就在所有人即将退出卧室的时候她喊叫了起来，"我恳请黑森公主留下来陪我一会儿，可是她拒绝了我"。人去屋空，叶卡捷琳娜穿着粉红色的睡衣，孤零零地在巨大的婚床上等待着。

叶卡捷琳娜死死地盯着门，她的丈夫将从门外进来。几分钟过去了，门仍旧紧闭着。她继续等待着。两个小时过去了。"我还是一个人，不知道该做点什么。我应该爬起来吗？还是继续躺着？我不知道。"她什么也没有做。子夜将近，她的贴身女侍臣克鲁泽夫人走进了卧室，"兴高采烈地"向她宣布说彼得刚刚吩咐人为他自己做了晚餐，现在正等着用餐。叶卡捷琳娜继续等待着。终于，彼得来了，身上散发着一股酒精与烟草的恶臭味。在叶卡捷琳娜身边躺下后，他神经质般地哈哈大笑了起来，说："要是看到咱俩躺在一起的话，我的下人们该觉得多么好笑啊。"随即，他便睡着了，彻夜未能醒来。叶卡捷琳娜一直没有入睡，不知道自己该何去何从。

翌日，克鲁泽夫人向叶卡捷琳娜询问新婚之夜的情况，叶卡捷琳娜没有鼾声。她清楚头天夜里一定不太对头，可是她想不清楚究竟问题出在哪里。在随后的几天夜里，她仍旧"安然无恙地"躺在沉睡中的丈夫身旁，每天清晨克鲁泽夫人的一番盘问也始终没有得到答案。在《回忆录》中叶卡捷琳娜写道："而且，在随后的九年中这种状况没有丝毫的改变。"

虽然两个人未能圆房，但是此后十天，俄国宫廷却还是纵情于各式各样的社交舞会、化装舞会、歌剧表演、皇家宴席和一场场的晚宴中。皇宫外，在海军广场，除了为全城人民举行烟火表演，还摆放着餐桌，喷泉里不断地喷涌着红酒。平日里叶卡捷琳娜很喜欢跳舞，但是这些夜晚都令她感到厌恶极了，因为她的同龄人全都不准参加晚宴。"没有一个男人可以跳跳舞，他们全都是些六十到八十岁的老头子，其中绝大多数人不是跛着脚，或者患有痛风，就是已经老朽不堪了。"

与此同时，叶卡捷琳娜身边的女同伴被新的人选替换后，其负面影响也日渐凸显出来。在新婚之夜，她发现伊丽莎白女皇已经将克鲁泽夫人任命为她的贴身女侍臣。她说："第二天，我注意到这个女人已经令我的其他几位女侍臣都感到畏惧了，我像往常那样想要同其中一名女侍臣聊天时，那位女侍臣对我说：'看在老天的份上，别再走近我了。我们甚至不得同您轻声交谈。'"

婚姻没能让彼得有所收敛。"我亲爱的丈夫对我毫不在意，他永远都跟他的仆人们躲在自己的房间里玩着过家家的游戏。他们装扮成士兵，他来训练他们，自己每天还要把军装换上二十次。我无聊得哈欠连天，没有一个人能跟我聊聊天。"叶卡捷琳娜说。完婚已经两个星期了，彼得终于有话要同叶卡捷琳娜说了——他喜笑颜开地宣布说自己同伊丽莎白女皇的女侍臣叶卡捷琳娜·卡尔相恋了。把这个消息告诉自己的妻子还不能令彼得感到心满意足，他接着又跑出去将自己的新恋情透露给了自己的侍从德维尔伯爵。彼得告诉伯爵，女大公根本没法同迷人的卡尔小姐相提并论。

伯爵对此提出了异议，彼得立即变得火冒三丈起来。

彼得对卡尔小姐的感情究竟是否属实，或者他仅仅是捏造出这段恋情，好向叶卡捷琳娜（或许也是在向自己）交代清楚自己为何会对妻子缺乏性欲，无论怎样他都很清楚自己令妻子蒙羞受辱了。多年后，在《回忆录》中叶卡捷琳娜写下了自己当时的处境，以及应对的方法。

倘若我的新婚丈夫尚有爱的能力，或者向我示爱的意愿，我都乐意对他心怀爱慕。然而，在完婚后的头几天里，我对他形成了一种可悲的认识。我告诉自己："如果你允许自己爱上那样的男人，那你就会成为全世界最可悲的人。按照你的脾性，你会期待得到对方的回应，可是这个男人对你却几乎视若无睹，他只会聊着他的玩具士兵，更在意其他女人，而不是你。你的自尊心太强了，所以你不会抱怨什么，因此你几乎不会在意或者讨好这位绅士，也几乎对他没有丝毫的爱意。可怜的小丫头，你只能为自己考虑。"那道伤疤永远地留在了我敏感的心上，我的决绝也从未消失过，不过我小心翼翼地守住了自己的秘密，没有告诉任何人我已经打定主意，从此以后再也不会忘情地去爱一个不能对我的爱给以百分之百回报的男人。我生性如此，我的心原本就该毫无保留地属于只爱我一个人的丈夫。

当叶卡捷琳娜上了年纪，智慧也与日俱增的时候，在她回想多年前那个年少的自己所面对的艰难岁月时，这些声音仍旧回荡在她的脑海中。但是，无论她笔下的记述是否忠实地还原出当初的想法，至少她始终比她的母亲更坦诚，也更现实。约翰娜一直无法抛开自己的幻想，不再按照自己的心愿来记述自己的生活。在给丈夫的信中，她对女儿的婚礼做了一番描述，称这场婚礼"或许是全欧洲有史以来最华丽的一场婚礼"。

第十三章
约翰娜返乡

　　婚礼庆典的落幕意味着约翰娜在俄国的不幸也结束了。对于此番俄国之行，她一直期望能施展一番自己的魅力，加上人际关系的便利，从而成为欧洲外交界一个举足轻重的角色。结果，她的政治图谋却令伊丽莎白女皇恼羞成怒，她对待女儿的态度令俄国达官贵人疏远了她。传言中她同伊凡·贝特斯科伊伯爵的婚外情为她的敌人提供了令人兴奋的是非话柄。约翰娜名誉扫地，但是她似乎从来不会吸取教训。直到此刻，出发在即的时候，她却仍旧要向腓特烈二世写信通报情况。不过，她发出的信件不会再被悄悄地拦截下来了，也不会有人在读后偷偷地复制下来，然后将原件重新封口发送出去了。伊丽莎白女皇已经命人直接拆开这些信件，读完后将其单独存档。

　　来到俄国后不久，叶卡捷琳娜就意识到自己的母亲在不停地犯错。她不希望激怒约翰娜，所以从未责备过母亲。但是，经过新婚之夜，再加上彼得"坦白"了他对卡尔小姐的爱，叶卡捷琳娜对母亲的感情又回暖了。现在，她开始希望在母亲这里谋求到亲情和友情。后来，她写道："结婚之后，同她在一起的时光就成了我最大的慰藉。一找到机会我就会窜到她的房间去，特别是想到我自己的房间能给我的欢乐屈指可数。"

　　婚礼后两个星期，伊丽莎白女皇将叶卡捷琳娜、彼得和约翰娜打发到了圣彼得堡郊外的皇村。9月，秋高气爽，天空湛蓝如洗，桦树叶纷纷染上了金黄色，可是叶卡捷琳娜却开心不起来。母亲动身的日子近在眼前，她自己的一腔抱负似乎也开始有所动摇了。同约翰娜一起回忆往昔时光成了一件令人愉快的事情，自打来到俄国之后她终于开始思念起故乡德意志了。后来，叶卡捷琳娜写道："当时我本可以付出很多，只要能随她一道离开这个国家。"

出发前，约翰娜恳请伊丽莎白女皇能在她离去时到场。她的请求得到了恩准。在给丈夫的信中她按照自己的理解记录下了同女皇的这次会面。

告别充满了友爱。对我而言，我几乎无法同女皇陛下告别。这位伟大的君主，站在她的角度来看，她的到场所给予我的荣耀打动人心，在场的廷臣们也都深受感动。道别的话语说了无数次，最终，这位世上最为仁慈的君主热泪盈眶地陪着我走到了楼梯口，一边走一边不停地说着友善而和蔼的话语。

作为见证人，英国大使对这次会面做出了迥然不同的描述。

向女皇作别时，公主匍匐在女皇陛下的脚下，泪如雨下地说倘若对女皇陛下曾有所冒犯，恳请女皇能够宽恕她。女皇答复公主说，到了现在还想得到她的谅解已经太迟了，不过，若是公主早一点能如此明事理的话，现在的情况就不会如此糟糕。

伊丽莎白女皇决意将约翰娜打发走，不过她还是希望能显示出自己的大度，因此这位日耳曼公主离去的马车上还是满载着形形色色的礼物。为了安慰泽布斯特那位长期遭到忽视的亲王，约翰娜还带了一些钻石鞋扣、衣扣和镶嵌着钻石的短剑，她称这些礼物都来自亲王的女婿，即彼得。出发前，约翰娜还得到了六万卢布，以偿还她在俄国期间欠下的债务。在约翰娜离去后，人们才发现这六万卢布连她一半的债务都偿还不了。为了让母亲避免遭到更多的羞辱，叶卡捷琳娜答应赔付余下的欠款。不过她的年俸也只有三万卢布，母亲留下的债务远远超出了她的能力范围，致使她负债十七年之久，直到她自己加冕称帝之后这笔债务才得以消除。

启程的时刻到了。从皇村到附近的红村[1]，叶卡捷琳娜和彼得陪着约翰娜走了不远的一段路。次日，约翰娜在天亮之前就悄无声息地上路了，叶卡捷琳娜觉得母亲这样做是"不想让我更伤心"。起床后，看到母亲的房间已经人去屋空，叶卡捷琳娜心神不安地发起了疯。母亲消失了，从俄国消失了，也从她的生命里消失了。自从叶卡捷琳娜降生以来，约翰娜始终都陪在她的身边，给她以指导和督促，同时也不断地指出她的问题，责骂她。或许作为外交大使她是不称职的，无疑她必定无法成为欧洲舞台上一个无与伦比的人物，但是作为母亲她并没有失败。她的女儿，生而为德意志一个不起眼的小公主，而今却成了女大公，进入皇室，并且正走在成为俄国女皇的路上。

此后，约翰娜继续在人间度过了十五年的岁月，1760年逝世，享年四十七岁。这一年，叶卡捷琳娜年满三十一岁。眼下，约翰娜被迫抛下了十六岁的女儿，此后这个小女孩再也没有见过自己的家人。约翰娜的女儿生活在一位喜怒无常、权倾天下的帝王掌控下，每个夜晚在她身边躺着的都是那个举止越发古怪的年轻人。

约翰娜不慌不忙地走在回家的路上，她花了十二天才赶到俄国西面边境上的里加。就在这里，伊丽莎白女皇姗姗来迟的惩罚终于降临到了她这个忘恩负义两面三刀的来宾身上。在里加，约翰娜接到了女皇发来的信

---

[1] 红村（Krasnoe Selo），位于现今圣彼得堡东南偏南的小镇子。

件，命令她在途经柏林的时候转告普鲁士的腓特烈，让他召回自己的大使马德菲尔德男爵。信中的措辞颇具外交口吻，彬彬有礼，但是非常冷漠，"我认为有必要令你在到达柏林时给普鲁士国王陛下留下深刻的印象，若他能召回自己的全权代表马德菲尔德男爵的话，我将不胜欢欣"。如果将这封信呈递给腓特烈二世，那么无疑是在约翰娜自己和国王的脸上各扇了一记耳光。在发生了特罗伊茨修道院那一幕之后，法国大使拉舍塔迪埃侯爵接到命令，要求他在二十四小时之内离开莫斯科。普鲁士大使马德菲尔德男爵由于在俄国任职二十年，因此得到赦免，被准予在俄国继续生活了一年半。但是到了这个时候，他也将被打发回自己的国家去了。伊丽莎白女皇选择让约翰娜来转达自己的心意，旨在毫不隐讳地表明自己很清楚这位德意志公主在俄期间代表普鲁士国王参与了谋划推翻女皇的总理大臣别斯杜捷夫的阴谋。没有证据表明这项令约翰娜头疼的任务是别斯杜捷夫的主意，不过听起来倒的确像是他的建议。倘若事实果真如此，伊丽莎白女皇必定也对此表示了首肯。

毫无疑问，这封信从内容到转交方式都让腓特烈十分清楚地意识到之前自己对约翰娜着实高估了。他懊悔于自己的错误判断，此后始终都未能饶恕约翰娜。十年后，在丈夫逝世后，约翰娜代儿子主政，腓特烈突然大手一挥，不容分说地将泽布斯特公国并入了普鲁士王国。迫于无奈，约翰娜逃亡巴黎寻求保护。在那里，她始终没能跻身权贵们的社交圈。在她逝世两年后，她的女儿登基称帝，成为俄国的女沙皇。

第二部分

痛苦的婚姻

第十四章
朱可娃事件

在同母亲道别后，叶卡捷琳娜回到了圣彼得堡，随即她便要求同玛丽亚·朱可娃见一面。在完婚前，伊丽莎白女皇已经为叶卡捷琳娜指派了一小群女侍臣，这些年轻的俄国女侍臣可以帮助讲日耳曼语的新娘提高俄语水平。能拥有这样一群伙伴叶卡捷琳娜很开心，她们都那么年轻，最大的也不过才二十岁。叶卡捷琳娜曾经回忆道："从那时起，只要一睁开眼睛，我便只知道在自己的房间里唱歌跳舞，欢呼雀跃，直到入睡为止。"叶卡捷琳娜正是同这群姑娘一起玩着捉迷藏，用键琴盖当作雪橇，将床垫摊在地板上，通宵达旦地讨论着男人的身体。其中最活泼，也是最聪明的就要数十七岁的玛丽亚·朱可娃了，这个女孩最受叶卡捷琳娜的宠爱。

当要求同玛丽亚·朱可娃见面的时候，叶卡捷琳娜才得知她已经离去了，去探望她的母亲。第二天早上，叶卡捷琳娜又提出了这个要求，她得到了同前一天一样的答复。当天中午，她去伊丽莎白女皇的寝宫参见女皇。女皇谈起了约翰娜离去的事情，说自己希望这件事情不会对叶卡捷琳娜造成太大的影响。接下来的谈话令叶卡捷琳娜几乎惊呆了，然而女皇却仿佛是一副无意的样子。后来，叶卡捷琳娜写道："我想我差点就要昏过去了。"当着三十个人的面，女皇高声宣布说鉴于约翰娜在离去时提出的请求，她已经将玛丽亚·朱可娃逐出了宫。女皇告诉叶卡捷琳娜说约翰娜担心她"太过于依赖那个姑娘，两个同龄少女之间保持那么亲密的关系非常有害"。随后，女皇自己又添油加醋地给玛丽亚编造了一堆骂名。

叶卡捷琳娜想知道伊丽莎白女皇的话究竟是否属实，自己的母亲究竟是否真的请求女皇赶走那个女孩。叶卡捷琳娜相信倘若约翰娜对玛丽亚真的怀有如此强烈的敌意，那她一定会在动身之前跟自己谈一谈。约翰娜向来不会保留自己对他人的指摘。她的确一直不把玛丽亚放在眼里，但是叶卡捷琳娜告诉自己这都是因为约翰娜缺乏同这个女孩沟通的能力。"我的母亲不懂俄语，玛丽亚又不会讲外语。"从另外一方面来说，如果约翰娜对此并没有抱怨些什么，这个主意完全是伊丽莎白女皇一个人的想法，那么或许是克鲁泽夫人早就将两个女孩亲密无间的关系报告给了女皇，或许女皇认为这件事情同夜间新婚夫妇在新房里一事无成的状况有关。这大概就能说明以约翰娜的心愿为幌子，伊丽莎白女皇究竟为何这么急于除掉叶卡捷琳娜最亲密的女友。对于这一切猜测，叶卡捷琳娜永远都无法得知真相了。

不管怎样，叶卡捷琳娜清楚玛丽亚·朱可娃是无辜的。沮丧之下她对彼得说自己不想就这样抛弃掉这个朋友。彼得对她的话无动于衷。叶卡捷琳娜又试图寄钱给玛丽亚，可是却被告知这个女孩已经同母亲和姐妹离开圣彼得堡去莫斯科了。叶卡捷琳娜接着又提出请求，希望能把原本打算寄给玛丽亚的那笔钱送给玛丽亚那位在近卫团当中士的兄弟。结果，她又被告知玛丽亚的兄弟同自己的妻子也消失了，那个男孩突然被调遣到驻扎在远方的一个军团去了。叶卡捷琳娜并不甘心，她又试图为玛丽亚寻找一桩婚事。"通过我的仆人和其他人，我为朱可娃小姐寻找着一位相称的夫婿。最终，我的目光落在了一位近卫团的少尉身上，他看上去很适合，有点财产，是一位绅士。这个男人去了莫斯科，只要玛丽亚对他有意他就会向她求婚。她接受了他的求婚。"然而，当这门婚事传到伊丽莎白女皇的耳朵里时，女皇再一次插手干预了——新婚丈夫被委派到了驻扎在阿斯特拉罕[1]的一个军团里。实际上，这与被流放没有什么区别。后来，叶卡捷琳娜写道："对进一步的迫害很难找到解释。后来，我意识到这个女孩唯一的罪过就只能是我对她的友情和人们认为她理应对我也具有的感情。直到现在，我仍旧觉得很难为这一切找到一个说得通的解释。在我看来，似乎就因为别人的反复无常，人们就会无缘无故地遭到灭顶之灾，而且事先毫无征兆。"

这件事情提醒了叶卡捷琳娜，让她看到摆在自己面前的现实。实际上，叶卡捷琳娜很快就意识到对玛丽亚·朱可娃的不公是清清楚楚地向她和彼得以及他们的随从发出的暗示，但凡有人有和叶卡捷琳娜或者彼得过于亲近的嫌疑，那他们必然会以某种理由被调职、遣散，或者受到羞辱，甚至入狱。对这项政策负责的是总理大臣别斯杜捷夫，以及在他之上的伊丽莎白女皇。别斯杜捷夫痛恨普鲁士王国，他对两位德意志年轻人的到来始终持有异议。尽管他十分不情愿，但是现在这两个年轻人已经成婚，他决意不给他们任何机会以破坏他在俄国外交事务上的统治权。这就意味着他需要对这对新婚夫妇实施严密监控，控制一切在他控制范围之外的他们的朋友与熟人，最终试着将这两个人完全隔绝起来。当然，在别斯杜捷夫的身后站着伊丽莎白女皇，她对这个问题的关注与担心自有其个人的目的——她担心自己的人身安全，担心自己的皇位，以及王朝从自己发展出的这一支脉的前途。在她的谋划中，叶卡捷琳娜、彼得与他们未来的孩子才是最重要的因素。出于这种考虑，在接下来的多年时间里，伊丽莎白女皇对这对年轻夫妇的态度一直在爱、关心、失望、耐心、沮丧和恼怒中剧烈地来回摇摆着。

不仅从容貌上，而且从性格上来看，伊丽莎白女皇都完全继承了她父

---

[1] 阿斯特拉罕（Astrakhan），位于俄罗斯南部伏尔加河汇入里海处，是阿斯特拉罕州的首府。这里曾是可萨汗国的首都，名阿提尔，和金帐汗国首都萨莱很近。而且也曾是阿斯特拉罕汗国的首都。

母的特点。她是俄国最伟大的沙皇同农妇出身、但日后竟成为叶卡捷琳娜一世女皇的妻子所生下的孩子。伊丽莎白不仅继承了父亲的身高，而且还得到了父亲的精力、火爆的脾气，以及冲动之下令人猝不及防的举动。同她的母亲一样，她又是一个容易被打动的人，常常对别人心生同情，不自觉地向对方施以慷慨。然而，同性格中的其他方面一样，她对别人的感激从来都没有节制，不过也不会持续太长时间。每当对他人产生怀疑的时候，在自尊与虚荣的驱使下她就会向对方发起攻击；一旦对他人心生嫉妒，她就会变成一个完全不同的人。女皇的情绪难以揣测，因此没有人能够预见她在大庭广众之下会做出怎样的举动。对于这样一个性格极端、时常暴虐无度、内心矛盾的女人，很难有人或者说不可能有人同她和睦相处。

1745年的秋天，约翰娜回到了德意志，叶卡捷琳娜的生活完全被伊丽莎白女皇主宰了。此时，女皇即将年满三十六岁。她依然美丽高挑。无论是走路还是跳舞时她的步伐依然优雅十足，那双硕大的蓝眼睛也依旧光彩夺目，嘴唇也仍旧如同玫瑰花的蓓蕾一般。那一头卷发一如从前，但是不知何故她接连改变了头发和眉毛的颜色，有时候甚至连睫毛都被染色了。她白皙的肌肤依然透着一层粉红色，所以她很少需要化妆。她非常在意自己的穿着，从不会将一件衣服穿两次。据说，在她逝世后人们在她的衣橱里找到了总共一万五千套长袍和裙子。在正式场合中，她总是会佩戴上珠宝首饰。一头秀发因为钻石和珍珠头饰而闪闪发光，脖子和胸口上挂满了蓝宝石、祖母绿和红宝石，这一切令人对她过目不忘。女皇一贯如此。

然而，她毫无节制地放纵着自己的胃口，纵情享用着美食好酒，身体出现了发胖的趋势。她还常常通宵不眠。结果——尽管没有人敢指出这一点——她出了名的美貌开始凋零了。虽然伊丽莎白女皇很有自知之明，可是她还是继续过着随心所欲的生活。每一天，她的作息都不停地变动着，古老的仪式典礼同女皇自己的突发奇想掺杂在一起。只要宫廷礼仪对自己有利，她就会恪守着那些严格的规矩，但是她同她的父亲一样，更多的时候会无视那些规矩礼仪，完全由着自己的性子行事。她不会循规蹈矩地在正午和晚上六点进餐，每日的起床与办公时间都只凭着自己的兴趣。她常常将午饭推迟到下午五六点，然后在凌晨两三点享用晚餐，日出时上床睡觉。在身体还没有变得沉重不堪时，她总是在清晨骑马狩猎，下午驾车出游。每个星期里，她还要抽出几个晚上的时间举办舞会或者歌剧演出，结束后又总是会举办奢华的宴席和焰火表演。每逢这种时候，她总是要不停地更换衣裳，改变原本已经足够精致的发型。皇家宴席通常都会配备五十到六十种菜肴，不过有时候——女皇的法国厨师为此感到十分绝望——女皇自己只尝试一些俄罗斯农家菜品：橄榄汤、燕麦饼、腌肉和洋葱。

为了让自己保持住令人艳羡的统治地位，伊丽莎白女皇必须确保在她面前没有其他女人能同她一样光彩夺目。有时候，为了满足女皇的这种要求，宫中不得不启用一些严苛的高压政策。1747年的冬天，女皇下令要求所有女侍臣必须剃光头发，在新发长出之前都一直戴着黑色的假发。女人们都号啕大哭了起来，但她们还是屈服了。叶卡捷琳娜以为接着就该轮到自己剃去秀发了，可是令她惊讶的是女皇却赦免了她。女皇的解释是，大病过后叶卡捷琳娜的头发才刚刚长起来。没过多久，宫里这场大规模剃发的原因就尽人皆知了——在之前举办的一场庆典结束后，女皇和自己的女仆们都没能将她头发中厚实的香粉梳掉，结果香粉结成了黏糊糊的灰色粉团，唯一的解决办法就是将头发全部剃光。女皇不乐意成为宫中唯一秃头的女人，就这样，宫里一头头的秀发全部被剃掉了。

到了1747年冬天的圣亚历山大日这一天，伊丽莎白女皇妒火中烧的眼睛又盯上了叶卡捷琳娜。叶卡捷琳娜穿着一条镶着西班牙蕾丝的白色长裙现身于宫中。当她回到自己的寝宫后，一名女侍臣赶了过来，告诉她女皇命她脱掉那条裙子。叶卡捷琳娜表示了歉意之后便换上另外一条裙子。不过，新换上的裙子仍旧是白色的，上面缀着银线编织的穗带，还配着一件火红色的短外套，袖口也是火红色的。叶卡捷琳娜对此有着自己的看法，"至于前面那条裙子，女皇很有可能是觉得我的裙子比她自己的裙子更出彩。这就是她命我脱掉那条裙子的真正原因。我那位亲爱的舅母很容易对人生出一点嫉妒之心，这不光是针对我，对其他所有女人都是如此。对于比自己年轻的女人她就更加留意了，她们总是得面对火冒三丈的女皇。她的嫉妒心太重了，有一次她甚至为此召见了狩猎团团长的小姨子，纳雷什金夫人。由于美丽的相貌、傲人的身材、豪华的马车，以及对服饰的品位，纳雷什金夫人成了女皇的眼中钉。当着宫里所有人的面，女皇抄起一把剪刀，将纳雷什金夫人身上那条镶着漂亮花边的裙子从脖子以下齐齐地剪掉了。还有一次，她将两名女侍臣卷曲的刘海剪掉了半截，她的理由是她不喜欢她俩的发型。后来，这两位年轻的女士悄悄地说过或许是因为女皇过于急切，又或许是盛怒之下的女皇决意要让大家看到自己究竟有多么愤怒，女皇陛下在给她们剪掉刘海的同时还将她们的皮肤也剪掉了一些。"

每到就寝时，伊丽莎白女皇总是不太甘心，她一向睡得很晚。每当节庆日或者官方招待宴会结束，大批官员和宾客纷纷退去之后，她总是要同一小群朋友在自己的寝宫里继续坐上一会儿。甚至在这些朋友告辞后，而她自己也已经精疲力竭的时候她最多也只会更衣，但绝不立即就寝。只要天色还黑着——一入冬，圣彼得堡每天晚上8点到次日上午9点之间就总是如此——她就一直跟几个女人聊着天，她们轮流给她的脚掌按摩，或者挠痒痒，好让她保持清醒。同时，在皇家壁龛前挂着的织锦帘幕后面还有一个穿着周全的男人躺在一个薄垫子上。这个男人名叫丘尔科夫，是女皇最信任的保镖，他有着非同寻常的能力，即使不休不眠也能照常工作，至今已经二十年没有在像样的床上睡过觉了。到了最后，当一抹淡淡的曙光透过窗户溜进房间的时候，其他女人都散去了，拉祖莫夫斯基——或者任何一个正在受宠的男人——来到了寝宫，在他的臂弯中伊丽莎白女皇终于睡去了。只要女皇没有醒来，帷幕背后的丘尔科夫就一直站岗值守着，有时候直到下午女皇才能醒来。

对这些以超乎寻常的方式度过的时光有一种解释，即伊丽莎白女皇恐惧夜晚，最重要的是她恐惧在夜里入睡。曾经的摄政王安娜·利奥波多芙娜就是在梦中被推翻的，伊丽莎白担心同样的命运会落在自己头上。她的担心有些多余。人民热爱她，只有为了扶持某个觊觎皇位的篡位者而发动的宫廷政变才能让她失去皇位。实际上，真正能对伊丽莎白女皇构成威胁的只有那个被锁在一座城堡里孤独无助的小孩子，被罢黜的少年沙皇伊凡六世。这个孩子如同幽灵般纠缠着女皇，令她难以入眠。自然，女皇的心病并非完全无药可救，她需要的就是一个孩子，一个新生的小继承人，彼得与叶卡捷琳娜的子嗣。自降临人世起，这个孩子便会被众人簇拥着，受到全面的保护，得到伊丽莎白女皇全心全意的爱，到那时女皇便可以安然入梦了。

第十五章
偷窥

伊丽莎白女皇对新婚夫妇日常生活的干预总是集中在一些微不足道的小事上。一天夜里，叶卡捷琳娜和彼得正在同朋友一起进餐，到了午夜时分克鲁泽夫人突然出现了。她宣称自己"代表女皇"要求他们立即睡觉，君主认为不应该"在重大节庆日前夜迟迟不睡"。宴会散席了，叶卡捷琳娜说："在我们看来这个命令很奇怪，我们都清楚亲爱的舅母作息有多么不规律……在我们看来这更像是她的坏脾气在作祟，而不是什么正当的理由。"从另一方面来看，每当这个比自己年轻的女人深陷窘境的时候，伊丽莎白女皇对叶卡捷琳娜又友善得非同寻常，女皇总是要扮演热心的母亲这一角色。一天上午，彼得发起了高烧，头疼欲裂，以至于无法起床。他躺了一个星期，其间经受了数次放血治疗。伊丽莎白女皇每天都要赶来探访几次，当看到叶卡捷琳娜泪眼婆娑的时候，她便"感到心满意足，十分开心"。之后没过多久，当叶卡捷琳娜正在皇宫礼拜堂里做晚祷的时候，女皇的一位女侍臣进来告诉她，在得知大公的病情令女大公感到不安后女皇便派她来告诉叶卡捷琳娜，让她相信上帝，不要担心，因为无论发生何种状况女皇都不会抛弃她。

同样地，在婚后最初的几个月里，叶卡捷琳娜身边的人纷纷离开皇宫并非总是出于伊丽莎白女皇的压力。她的管家扎克哈尔·切尔尼谢夫伯爵突然消失了。在大婚前去往基辅的旅程中，彼得和叶卡捷琳娜邀请了几位侍从同他俩一道乘坐他们那辆摆满了靠垫的大马车，受邀的人中就有伯爵。不过，扎克哈尔伯爵的离去与女皇无关，他只是身负外交使命罢了。实际上，建议是伯爵的母亲提出的，她恳求女皇将自己的儿子打发走。她说："我担心他会爱上女大公，他根本没法将自己的目光从她的身上挪开。每当我看到这一幕，我就害怕得浑身哆嗦起来，唯恐他会做一些蠢事。"实际上，母亲的直觉没有错。扎克哈尔·切尔尼谢夫为叶卡捷琳娜所倾倒，多年后他对她的感情终于明朗化了。

接下来离去的人是长期折磨彼得的布鲁默，不过没有人对他的离去感到悲伤。在彼得成婚前的那个春天，医生们宣称十七岁的彼得已经成年，而且至少从名义上来说成为在任的荷尔斯泰因大公，对公国的事务已经完全具有决定权了。彼得最想做的决定就是除掉布鲁默。读完自己的委任状之后彼得开始复仇了，他说："我的心愿终于得以实现了。你管我管得已经太久了，我要尽快采取措施把你送回荷尔斯泰因。"布鲁默竭尽全力地试图保持住自己的现状。令叶卡捷琳娜惊讶的是布鲁默竟然求救于她了，请求她多去几次伊丽莎白女皇的更衣室，向女皇吹吹风。"我告诉布鲁默他的建议不管用，因为每次我去那里的时候女皇几乎从未现过身。他哀求我坚持下去。"叶卡捷琳娜的头脑很清醒，"这样做对他倒是很有好处，对我却没有什么好处。"她对布鲁默伯爵说自己不愿意这样做。走投无路的布鲁默继续劝说着她，可是"最终还是没有成功"。1746年的春天，伊丽莎白女皇用每年三万卢布的养老金将布鲁默打发回了德意志。

对叶卡捷琳娜来说，在伊丽莎白女皇眼皮底下的生活十分不易，不过除了先前试图帮助玛丽亚·朱可娃那件事之外——一开始她干劲儿十足，最终还是落败了——这位年轻的女大公已经在努力同自己的处境妥协了。彼得不是一个逆来顺受的人，他没有兴趣讨好自己的姨母。相反，好斗的叛逆性格常常让他做一些蠢事。"偷窥事件"便是最好的证明。

在1746年的复活节前后，彼得在自己的寝宫里排演了一出木偶剧，还执意让自己所有的随从都参加演出。他在房间的一头圈出了一个小剧场，剧场还装了一扇门，因为从这里可以直接通向女皇寝宫里的餐厅。有一天，正在忙着排演木偶剧的彼得突然听到门的另一边传来一阵喧闹声，在好奇心的驱使下他抄起一把木工钻，在门上钻了几个猫眼。他开心地发现自己正目睹女皇同十几位朋友享用午宴。就座于姨母身边的是大病初愈的拉祖莫夫斯基伯爵，他很随意地穿着一件锦缎晨衣。

这样做已经非常有失尊重了，可是彼得却变本加厉地继续了下去。这一发现令他兴奋极了，他把所有人都召过来，一起趴在猫眼上看着隔壁房间。仆人们将扶手椅、脚凳和长椅挪到了凿有猫眼的那扇门前，临时搭建起一个半圆形的剧场，这样大家便能一起欣赏"美景"了。等自己与随从们观看完，彼得又将叶卡捷琳娜和她的侍从们也叫来继续观看眼前的"盛况"。

"他没有告诉我们是什么事情，显然他想给我们一个惊喜。我不太心急，于是他将克鲁泽夫人同其他女人急匆匆地'掳掠'了去。我最后才赶过去，看到她们全都坐在那扇门前。我问她们究竟出了什么事情。听到他的回答时我被他的冒失吓得魂飞魄散，我对他说我不想看，也不想跟他们一起干如此不像话的事情，倘若他的姨母知道了这件事情她一定会大为恼火的。他跟至少二十个人分享了这个秘密，这肯定会让她震怒的。"

当趴在猫眼上偷窥隔壁房间的其他人看到叶卡捷琳娜拒绝了彼得的邀请时，他们也纷纷走开了。彼得也开始有些惶恐，他又摆弄起自己的木偶了。

没过多久伊丽莎白女皇就知道了这件事情，在星期天早上的弥撒结束后，她突然闯进了叶卡捷琳娜的房间，令人将外甥叫来。彼得穿着晨衣就赶了过来，手里还拎着睡帽。他看上去一副无忧无虑的样子，直接冲到姨母的面前，亲吻起姨母的手。女皇没有拒绝彼得的示好，但是她随即便问他怎敢干出这样的事情。女皇说自己发现那扇门上布满了小洞，而且全都正对着她的座位，她只能认为彼得已经完全忘记了她对他的恩情。女皇提醒彼得说自己的父亲——彼得大帝——曾有一个忘恩负义的儿子，结果为了惩罚他，彼得大帝剥夺了他的皇位继承权。女皇还说安娜女皇将任何对她有失恭敬的人都关进了一座古堡里，她说自己的外甥"差不多是一个傲慢无礼的小男孩，需要接受一番调教"。

彼得结结巴巴地争辩了几句，可是伊丽莎白女皇命令他闭嘴。女皇发起了脾气，叶卡捷琳娜说女皇"狠狠地将他臭骂了一顿，她对他的鄙视与对他的愤怒旗鼓相当。但是我们全都惊呆了，一句话也说不出来，我俩都是如此，尽管眼前的这一幕与我无关。我的眼眶里又泛起了泪水"。女皇看到了叶卡捷琳娜的反应，她对叶卡捷琳娜说："我说的不是你。我知道你没有参与他的活动，你既没有趴在那扇门上往里看一眼，也根本没有这个打算。"说完，女皇平静下来，她沉默了，然后便走出房间。小夫妇俩盯着彼此看了一会儿，突然彼得开口了："她就是孚里埃[1]。她不清楚自己都说了些什么话。"腔调中一半是懊悔，一半是讥讽。

后来，等彼得离去后，克鲁泽夫人走进了房间，她对叶卡捷琳娜说："不得不承认，女皇今天的表现就像是一位真正的母亲。"由于不清楚克鲁泽夫人的真正意图，叶卡捷琳娜便没有搭腔。克鲁泽夫人又解释道："母亲会生气，会责骂自己的孩子，然后气就消了。你本应该——应该是你们俩——对她说'妈妈，恳求您原谅我们吧'，那样一来她就不会再生气了。"叶卡捷琳娜回答说刚才自己被女皇的怒气吓坏了，只能一声不吭地待在那里。不过，这件事情让她吸取了一个教训。后来，在《回忆录》

---

[1] 孚里埃（Furies），希腊、罗马神话中复仇三女神的总称。

中她写道："我永远地记住了'妈妈，恳求您原谅我们吧'这句话可以用来打消女皇的怒气。日后，我将这句话用得非常得心应手。"

在叶卡捷琳娜刚刚来到俄国、尚未同彼得完婚的时候，同彼得最亲密的有三位年轻的贵族——两位亲兄弟和他们的堂兄弟切尔尼谢夫。彼得非常喜欢这三个人。两兄弟中的哥哥扎克哈尔因为自己对叶卡捷琳娜无所掩饰的爱而令自己的母亲忧心忡忡，结果在母亲的筹划下，他被逐出皇宫，远离了叶卡捷琳娜。不过，他的亲弟弟和他的堂兄弟安德烈仍旧留在了宫里。安德烈对叶卡捷琳娜也同样心怀爱慕，他向叶卡捷琳娜展示出自己的价值，从而赢得了她的好感。叶卡捷琳娜发现克鲁泽夫人"嗜酒如命，我的随从经常设法将她灌醉，等她入睡后他就可以溜出宫去寻欢作乐，而不用担心受到责罚"。实际上，这里提到的"随从"正是安德烈·切尔尼谢夫，他想让克鲁泽夫人喝多少，克鲁泽夫人就会喝多少。

在叶卡捷琳娜还没有嫁给彼得的时候，安德烈一直在同这位准新娘打情骂俏。对这种亲密而纯真的调情彼得非但没有感到丝毫的不妥，而且还乐在其中，甚至在纵容他们俩。有几个月，他总是跟自己的未婚妻唠叨说切尔尼谢夫有多么英俊和热忱。有时候，在同一天里他会让切尔尼谢夫给叶卡捷琳娜捎几次口信，全都是些鸡毛蒜皮的小事。然而，到最后安德烈自己终于感到了尴尬。有一天，他对彼得说："殿下应当记住一件事情，女大公并不是切尔尼谢夫夫人。"然后他更加直率地说，"她不是我的未婚妻，她是你的。"彼得哈哈大笑了起来，然后将这番话又复述给叶卡捷琳娜。等到彼得与叶卡捷琳娜完婚后，为了结束这种荒唐的事情，安德烈对彼得提出了一个建议，他重新明确了自己同叶卡捷琳娜的关系，他要将叶卡捷琳娜称为"小母亲"，让叶卡捷琳娜称他为"儿子"。可是，叶卡捷琳娜同彼得还是继续对他们的这个"儿子"疼爱备至，总是不停地提起他，以至于有一些仆人都开始隐隐地担忧起来。

有一天，叶卡捷琳娜的贴身男仆提摩西·叶夫雷诺夫将叶卡捷琳娜拉到一边，提醒她说所有的下人都在议论她同安德烈的关系。他还开诚布公地说自己很害怕，因为她正在走向危险的境地。叶卡捷琳娜问叶夫雷诺夫究竟是什么意思，他回答道："现在您嘴上说的、心里想的全都是安德烈·切尔尼谢夫。"叶卡捷琳娜说："这又有什么要紧的呢？他是我的'儿子'，我丈夫比我更喜欢他，他是我们的朋友，对我俩都很忠诚。"叶夫雷诺夫说："没错，大公想干什么就可以干什么，可是您的情况就不一样了。这位年轻人对您忠心耿耿，您说他这是'忠诚'，是'喜爱'，其实您的仆人相信这就是爱情。"听到叶夫雷诺夫的这些话叶卡捷琳娜惊呆了，她说："仿佛是晴天霹雳一般，我甚至从未想象过这种事情。"叶夫雷诺夫告诉她，为了避免更多的是是非非，他已经建议切尔尼谢夫告病出宫。实际上，此时安德烈·切尔尼谢夫已经离去了。彼得对此事还一无所知，朋友的"病情"令他十分担心，跟叶卡捷琳娜提起这件事情的时候也是一副忧心忡忡的样子。

终于，当几个月后安德烈·切尔尼谢夫重新出现在宫里的时候，一时间他的确为叶卡捷琳娜招惹来一些麻烦。在彼得自己充当小提琴手的一场音乐会上，平日厌恶音乐，特别是对丈夫在音乐方面花费的心血格外憎恨的叶卡捷琳娜躲到了自己在夏宫黄金大厅旁的房间里。大厅的天花板正在进行修缮，大厅里满是脚手架和工匠。推开通往大厅的房门时，叶卡捷琳娜惊讶地看到安德烈·切尔尼谢夫站在不远处。她招了招手，示意切尔尼谢夫过去。切尔尼谢夫战战兢兢地走到了她的房门口。她说了些无聊的话，他回答道："我不能像这样跟您谈话。大厅里太吵了，让我进你的房间吧。"叶卡捷琳娜说："不。我不能这样。"然而，她还是站在敞开的门口跟他继续聊了五分钟。突然，在直觉的牵引下她转过了头，结果她看到彼得的侍从德维尔伯爵正站在她的房间里盯着他俩。"夫人，大公在找您。"德维尔说道。叶卡捷琳娜当着切尔尼谢夫的面关上了门，然后便随德维尔一起回去欣赏音乐去了。第二天，切尔尼谢夫家这两个仍然留在皇宫里的兄弟也从皇宫里消失了。叶卡捷琳娜同彼得被告知兄弟俩被委派到驻守远方的兵团去了。后来，他们才得知实际上兄弟俩双双被软禁起来了。

切尔尼谢夫事件对这对新婚夫妇造成了两个直接性的后果。首先，伊丽莎白女皇命令托多尔斯基神父就他们同切尔尼谢夫兄弟之间的关系对夫妇俩分别进行审问。托多尔斯基问叶卡捷琳娜是否亲吻过某位切尔尼谢夫。

"没有，我的神父。"叶卡捷琳娜回答道。

"那么，为何女皇听到的情况却截然不同呢？"托多尔斯基说，"有人告诉女皇你吻过安德烈·切尔尼谢夫一次。"

"纯属造谣，我的神父。这不是真的。"叶卡捷琳娜说。显然，她的真诚说服了托多尔斯基，他自言自语地嘟囔着："这些人太邪恶了！"神父将自己同叶卡捷琳娜之间的对话转告给了伊丽莎白女皇，此后叶卡捷琳娜便再也没有听到有人提及此事了。

然而，尽管缺乏确凿的证据，安德烈·切尔尼谢夫的事情还是烙印在了女皇的心中，并在接下来发生的事情上起到了作用。同前者相比，接下来的这场事件就更为严重，其影响也更为持久了。就在切尔尼谢夫兄弟消失的当天下午，一位女总管出现了，她的资历甚至高于克鲁泽夫人。这位女士是专门被派来管理叶卡捷琳娜及其日常生活的，她的到来标志着叶卡捷琳娜长达七年受到压制与折磨的悲惨生活开始了。

第十六章
看门狗

伊丽莎白女皇仍旧需要一位继承人，到现在还看不到小夫妇俩产下一男半女的希望，这令女皇在感到困惑的同时又怒火中烧。直到1746年5月，彼得与叶卡捷琳娜已经完婚八个月了，可是叶卡捷琳娜仍旧没有出现丝毫怀孕的迹象。伊丽莎白女皇怀疑这都是由于叶卡捷琳娜对她的蔑视、厌恶，甚至是不忠所造成的。她将责任全都归咎在叶卡捷琳娜身上。

在总理大臣别斯杜捷夫看来，问题的症结则完全不同。这不仅仅是一桩没有产下一男半女的失败婚姻，它还关系到俄国外交的前景。这才是别斯杜捷夫考虑的事情，为了尽可能地保持并能调动自己所需要的权力，他一直在煽动伊丽莎白女皇的疑心，刺激她的不满。他本人也同样为这对小夫妇感到担心，彼得的态度和行为都令他感到紧张，约翰娜的女儿也得不到他的信任，他怀疑这个女孩也同样在暗地里参与了普鲁士国王腓特烈的阴谋。彼得丝毫也不掩饰自己对腓特烈的崇拜之情，因此别斯杜捷夫总是对将来登基的是这样一位君主这个事实感到担忧。至于彼得的妻子，女大公，总理大臣对德意志大公同德意志公主的这桩婚姻始终持反对意见。因此，年轻的夫妇同他们新培养起来的下属都不能成为另一个权力中心，一个独立并由可靠的朋友与忠诚的党羽组成的政治团体。在王位继承人具有独立思维能力的王国里，这种事情并不罕见。为了达成自己的目的，别斯杜捷夫采用了两种策略。首先，将这对小夫妇同外界隔绝开；其次，在他们的下属中安插一名能力超群、警惕性高的人来监视他们的一举一动、一言一行。

作为伊丽莎白女皇身边最重要的大臣，别斯杜捷夫当然得解决女皇最关心的问题。女皇需要的是一位继承人。为此，别斯杜捷夫向女皇举荐了一位对他忠心耿耿的女人来充当叶卡捷琳娜的女总管，这位强壮的女人将始终陪伴着年轻的夫人，并充当她的监护人。这个女人的职责还包括监督夫妇间的男女之事，并确保两位殿下对彼此的忠诚。她来监视女大公，以防止女大公同那些招蜂引蝶之徒、跟班，以及自己的仆人们亲近。而且，她还要保证这位受监护人不会同任何人通信，保证她没有同外人单独聊天的机会。伊丽莎白女皇一直在担心这对夫妇对彼此的忠诚，这一套禁令巧妙地将女皇的担忧同别斯杜捷夫提出的政治孤立主张结合在了一起。对于这位总理大臣来说，至关重要的是让叶卡捷琳娜同外国使节的通信与谈话都受到严密的监控。因此，别斯杜捷夫又在叶卡捷琳娜身边安插了一名随从，使他制定的这套规定得到落实。他认为这套规定可以增进小夫妇俩对彼此的爱，此外他还希望以此解除他们在政治上的威胁。

叶卡捷琳娜只清楚这一系列计划的前半部分。这位新婚妻子记得伊丽莎白女皇签署的一项政令中写有下面这段话：

公主殿下已被选定为我亲爱的外甥，皇位继承人，大公殿下至高无上的妻子……（她）之所以被擢升为高贵的"殿下"只基于如下的目的：公主殿下应当通过自己明智的言行举止、自己的智慧与美德来激起大公殿下真挚的爱，并赢得他的心，以此为女皇带来一位帝国期待已久的继承人，让这个辉煌的王朝迎来一个充满生气的春天。

为了监视叶卡捷琳娜，执行上述各项工作，经过一番精心地甄选之后，别斯杜捷夫选定了伊丽莎白女皇的表姐，玛丽亚·西蒙诺娃·乔戈洛科娃。在女皇最为宠爱的臣僚里就有乔戈洛科娃，她的丈夫也是女皇的侍从，夫妇俩都对总理大臣忠心耿耿。此外，乔戈洛科娃夫人还以德行与忠贞而为世人所知。她崇拜自己的丈夫，几乎平均每年产下一子。她在家事方面的表现可以成为叶卡捷琳娜的榜样。

从一开始，叶卡捷琳娜就十分憎恶乔戈洛科娃夫人，在《回忆录》中她将一连串不讨人喜欢的形容词一股脑地砸在了这个统治她数年的女人身上，"头脑简单……没有教养……残酷……恶毒……反复无常……自私自利"。在乔戈洛科娃夫人上任的第二天下午，彼得将叶卡捷琳娜拉到一旁，他告诉她自己得知新来的女教师之所以奉命来监视她是因为她——他的妻子——不爱他。叶卡捷琳娜回答说绝不可能有人会相信这种女人能帮她培养起对他的柔情，她还说作为"看家狗"则又另当别论了，不过对于这种工作他们还是应该选派一个有些头脑的人。

新总管与受其监视的人之间的争斗立即爆发了。乔戈洛科娃夫人首先采取的措施就是通知叶卡捷琳娜说她必须同君主有所疏远，以后倘若女大公有话要对女皇说，那所有的话都将由她——乔戈洛科娃夫人——来转达。听完这番话，叶卡捷琳娜的眼泪便溢出了眼眶。乔戈洛科娃夫人跑去向女皇报告自己受到了"冷遇"，当伊丽莎白女皇赶来的时候叶卡捷琳娜的两只眼睛还没有褪去红色。女皇将叶卡捷琳娜拉到一个单独房间，房间里只有她们两个人。叶卡捷琳娜说："我在俄国的这两年里，这还是头一次她同我单独谈话，旁边没有任何一个外人。"接着，一阵猛烈的抱怨和指责从女皇的嘴里一股脑地倾泻而出，她问叶卡捷琳娜"究竟是不是在母亲的授意下为了普鲁士国王而背叛她。她说她很清楚我的不忠与谎言。总而言之，她无所不知。她说她知道至今没能圆房都是我的错"。叶卡捷琳娜又号啕大哭了起来，女皇接着大声说只有不爱丈夫的年轻女子才总是哭哭啼啼的，而且没有人强迫叶卡捷琳娜嫁给大公，这都是她自己的意愿，她现在没有资格落泪。她说倘若叶卡捷琳娜不爱自己的丈夫，她——伊丽莎白女皇——也不应当受到怪罪，叶卡捷琳娜的母亲向她保证过，说自己的女儿是出于爱才嫁给彼得的。因此，她当然没有违背这个姑娘的意志，强迫她接受这门婚事。叶卡捷琳娜记述道，女皇又继续说，既然现在已经结婚了，她就不应该再哭了。接着她又补充道，当然女皇很清楚她爱着另外一个男人，不过她绝对不会说出那个男人姓甚名谁。最后，她又说：

"我非常清楚没有孩子只应该归咎于你一个人。"

叶卡捷琳娜不知道该说些什么，她相信伊丽莎白女皇随时都能对她动手。她知道盛怒之下的女皇经常给自己的女仆和下属，甚至是男人们来上一计耳光。

我没法脱身，因为我已经抵在了门上，而她又站在我的正前方。这时，我想起了克鲁泽夫人的忠告，于是我对她说："母亲，恳求您原谅我吧。"她的情绪缓和了下来。我走进自己的卧室，一边哭着，一边想着与其这样受迫害，还不如选择死亡好了。我拿起一把长刀，然后躺在沙发上，打算将刀插在自己的胸口上。就在这时，一名女仆走了进来，她朝那把刀扑了过来，拦住了我。实际上，那把刀并不锋利，连我的束身衣都无法刺透。

叶卡捷琳娜根本不清楚在普鲁士的问题上，别斯杜捷夫在伊丽莎白女皇的心中掀起了多大的波澜，她以为女皇的发作只有一个原因。女皇的指责没有一条说得通，叶卡捷琳娜对女皇唯命是从，不会做出轻率的事情，她没有将俄国出卖给普鲁士，她绝不会在门上挖猫眼，她也不会爱上其他的男人。她的失误只在于她未能产下一男半女。

几天后，彼得与叶卡捷琳娜陪同女皇出访列威利（即今天的塔林，爱沙尼亚共和国的首都），乔戈洛科娃夫人也跟他们乘坐同一辆马车。叶卡捷琳娜说乔戈洛科娃夫人的一举一动完全就是对他们的"折磨"。但无论内容多么无知或是琐屑，对于一切最易于理解的谈话，她的回答永远都是"女皇是不会喜欢听到这种话的"，要不就是"女皇是不会同意这种事情的"。对此，叶卡捷琳娜就只能在旅途中合上双眼睡觉了。

乔戈洛科娃夫人任职七年，她不具备任何一种对缺乏经验的少妇有所帮助的能力。她既不聪明，也没有同情心。相反，她的无知与傲慢在皇宫里是数一数二的，她根本无意于赢得叶卡捷琳娜的友情，身为一个大家庭里的妻子与母亲，她也不同叶卡捷琳娜谈一谈家庭中潜在的问题，而她的职责正是要解决这些问题。事实上，在伊丽莎白女皇最关心的问题上她也一事无成，对新婚夫妇的床笫之事她也没有打听到多少消息。尽管如此，她的能力却不容置疑。作为别斯杜捷夫手下的"狱卒"与探子，乔戈洛科娃夫人让叶卡捷琳娜成了皇宫里的一名囚徒。

1746年8月，在彼得与叶卡捷琳娜婚后第一年的夏季，伊丽莎白女皇同意他俩整个夏天都住在位于芬兰湾的庄园奥拉宁巴姆（橘园），女皇已经将这座庄园送给了自己的外甥。在院子和梯形花园里，彼得搭建起一座模拟军营。他同自己的随从、侍官、仆人、猎场看守人甚至园丁一道扛着火枪走来走去，白天进行操练，夜晚轮流站岗。叶卡捷琳娜只能坐在一旁听着乔戈洛科娃夫人的唠叨，她试图通过读书让自己忘记一切。她说："在那段日子里，我只读爱情小说。"那个夏天她最喜欢的读物就是一部小题大做的法国爱情小说，《美人蒂朗》。故事讲的是一名法国游侠来到英格兰，在一系列的比武与战斗中他大获全胜，最终讨得了国王女儿的欢心。叶卡捷琳娜格外喜欢书中对公主的描述："她的肌肤是那么清澈，当她饮下红酒时，你甚至能看到红酒顺着她的喉咙滑了下去。"彼得也读了这部小说，但是他最感兴趣的只是最终劫匪们因为自己犯下的罪行而被执行了绞刑和车裂。提起夏天时，叶卡捷琳娜写道：

没有任何两个人的思维能像我们俩的这样迥然不同，我们的兴趣爱好以及思维方式没有丝毫相似之处。我们俩的意见完全相左，如果不是因为我常常向他让步，以免造成公然冒犯他的局面，我俩就绝对达不成任何共识。我本身就是一个焦躁不安的人，现在我必须面对的可怕生活又在加剧着我的不安。我总是被所有人扔在一边，四面八方充满了对我的怀疑。没有游戏，没有交流，没有人对我表示善意，没有人在意我，好帮我减轻心中的无聊感。我的生活令人无法忍受。

叶卡捷琳娜出现了剧烈的头疼与失眠症状，克鲁泽夫人固执地认为睡前喝上一杯匈牙利葡萄酒就能消除这些症状，叶卡捷琳娜没有接受克鲁泽夫人的建议。因此，每次克鲁泽夫人举杯祝愿叶卡捷琳娜身体健康后将那杯酒一饮而尽的总是夫人自己。

第十七章

"他不是国王！"

1747年3月16日，叶卡捷琳娜的父亲——克里斯蒂安·奥古斯都亲王——在泽布斯特二度中风，最终他没能熬过这一次，享年五十六岁。这一年，叶卡捷琳娜十七岁。亲王没有被允许出席女儿的订婚典礼与婚礼庆典，自从三年前离开家之后女儿也再没有见到过父亲。亲王在世的最后一年里，叶卡捷琳娜几乎同他彻底失去了联系，这种局面是由伊丽莎白女皇、别斯杜捷夫伯爵，以及他们的代理人乔戈洛科娃夫人共同造成的。普鲁士同俄国的关系日益恶化着，别斯杜捷夫执意要求女皇中断俄国与德意志之间的一切私人通信，叶卡捷琳娜也不得亲自写信给自己的双亲，每个月发给父母的信件均由外务部执笔，她只被允许将草稿誊抄一遍，然后在末尾签上自己的名字，文中不得添加任何有关个人的消息，甚至不能出现哪怕一句有关父慈子孝之类的文字。一生中，唯一无私地爱着叶卡捷琳娜的就只有她的父亲，亲王一直默默地用自己含蓄的方式爱着女儿。如今这份爱消失了，消失前亲王连女儿的一句温存话都没能听到。

叶卡捷琳娜沉浸在巨大的悲恸中，她将自己独自锁在房间里，整整哭了一个星期。伊丽莎白女皇吩咐乔戈洛科娃夫人告诉她作为俄国女大公，她最多只准戴孝一个星期，"毕竟你的父亲不是国王"。叶卡捷琳娜回答道："诚然，他的确不曾当过一国之君，可他是我的父亲。"然而，伊丽莎白与乔戈洛科娃夫人还是占了上风，七天后叶卡捷琳娜被迫又出现在了公众面前。作为让步的表示，女皇允许她继续在戴孝期间身着黑绸裙，但只准穿六个星期。

走出自己的房间，叶卡捷琳娜首先碰到了桑蒂伯爵，她同这位出生于意大利的宫廷礼仪教师随意地聊了几句。过了几天，乔戈洛科娃夫人赶来告诉她，女皇已经从别斯杜捷夫伯爵那里获悉，各国外交使节没有因她父亲的逝世而向她致哀，叶卡捷琳娜觉得这种态度很奇怪。这件事情是桑蒂伯爵以书面形式报告给别斯杜捷夫伯爵的。乔戈洛科娃夫人说女皇认为叶卡捷琳娜对桑蒂伯爵说这些话有失妥当，她太自负了，女皇再一次提醒她说她的父亲从来不曾当过国王，出于这个原因她就不应该指望各国使节还能对她表示慰问。

乔戈洛科娃夫人的这番话令叶卡捷琳娜觉得难以置信，她甚至忘记了自己曾经多么畏惧这位女总管。她说倘若桑蒂伯爵通过书面或者口头形式宣称她曾就这个问题跟他说过半个字的话，那他就是一个大骗子，她说自己压根儿就没有考虑过父亲是不是国王的事情，她从未跟他，或者其他任何人提起过这个话题。在自己的《回忆录》中叶卡捷琳娜写道："显然，我的这番话很有说服力，乔戈洛科娃夫人把我的话转述给了女皇，女皇随即便将矛头转向了桑蒂伯爵。"

几天后，桑蒂伯爵派了一名信使来告诉叶卡捷琳娜，他是在别斯杜捷夫伯爵的逼迫下才撒了这个谎的，现在他为自己的举动感到羞愧。叶卡捷琳娜告诉信使说无论出于何种理由，骗子就是骗子，而且为了避免桑蒂伯爵继续将她卷入谎言中，从今往后她再也不会跟他说话了。

如果叶卡捷琳娜认为乔戈洛科娃夫人对她的小小暴政和父亲的逝世是她在俄国的早期生活中最为悲惨的事情，那么她就想错了。1747年的春天，尽管当时她还在为父亲守丧，无论是她的，还是彼得的处境，在乔戈洛科娃夫人的丈夫被擢升为彼得的总管之后都愈加恶化了。

叶卡捷琳娜曾说："这对我们来说是一个沉重的打击。他是一个傲慢残忍的傻瓜，愚蠢、自负、恶毒、自命不凡、鬼鬼祟祟、寡言少语，从来不笑。我对他的鄙夷和恐惧一样强烈。"尽管克鲁泽夫人的姐姐是女皇的贴身女侍臣，也最得女皇的宠爱，可是就连她在听闻女皇做出这种选择时都感到十分恐惧。

其实这是别斯杜捷夫的决定，这位总理大臣不信任任何有机会接触到大公夫妇的人，他需要一位坚定不移的"看门狗"。"在乔戈洛科夫先生刚一接管大公府的短短几天时间里，连续三四名最受大公宠爱的仆佣就被逮捕了。"叶卡捷琳娜说。在乔戈洛科夫先生的逼迫下，彼得辞去了自己的总管德维尔伯爵。没过多久，一位主厨也被打发走了，这位厨师烹制的菜肴深得彼得的喜爱，而且厨师本人还是克鲁泽夫人的好友。

到了1747年的秋天，乔戈洛科夫夫妇给彼得和叶卡捷琳娜设置了更多的限制。彼得的所有侍臣都不准再进入他的房间，彼得只能孤孤单单地一个人待在房间里，身边只有几个无足轻重的仆人陪着他。一旦有人发现他对某个仆人显示出兴趣的时候，这名仆人就会立即被清除掉。接下来，乔戈洛科夫又逼迫彼得将自己的总管打发走了。"他彬彬有礼、通情达理，自大公出生以来他就开始为大公效劳了，对自己的工作一直兢兢业业。"年迈的贴身侍从容伯里是一个粗鲁的瑞典人，对于如何调教新婚妻子他曾经给彼得提供过一些非常不得体的建议，他终于也被赶走了。

大公夫妇受到的限制越来越严厉了。乔戈洛科夫夫妇下令，任何人在没有得到他俩任何一个人许可的情况下，不得擅自进入彼得或者叶卡捷琳娜的房间，违令者将会受到遣散的处罚。这对年轻夫妇的侍臣们只能待在前厅，若要同彼得或者叶卡捷琳娜交谈就必须提高音量，以确保房间内的所有人都能听清他们的谈话内容。叶卡捷琳娜说："这时，在外力的迫使下，大公和我就变得形影不离了。"

对于孤立大公夫妇的决定，伊丽莎白自有她的理由，她相信倘若夫妇俩被迫向彼此寻求陪伴的话，那他俩必定会产下一个小继承人。女皇打的如意算盘并非完全没有道理。

一切被怀疑为同大公过于亲近的人都从大公身边消失了，大公又无法对其他人敞开心扉，出于痛苦他只能求助于我了。他经常来我的房间找我，在他看来只有跟我聊天的时候他说出来的每一句话才不会变成一桩罪行。我意识到他的处境有多么艰难，我为他感到难过，也竭尽全力地给他以慰藉。实际上，他一来就是好几个钟头，到最后总是让我精疲力竭，因为他从来不会安坐下来片刻，我只能一直不停地跟着他在房间里走来走去。他走得那么快，总是大步流星的，我很难在跟上他步伐的同时还能继续跟他聊着那些专业的军事话题。他总是没完没了地说着那些事情。（不过）我清楚这是唯一能让他感到开心的事情。

叶卡捷琳娜根本不可能聊一聊自己感兴趣的话题，彼得一向对此毫不关心。"有时候他也会听我说上一会儿，不过每逢这种时候他就总是一副闷闷不乐的样子。他一直担心有人在密谋结束他的堡垒生活。他的确不缺乏洞察力，可是他没有多少判断力，也无法掩饰自己的真实想法与感情。而且他非常不稳重，在无法直接表达出自己的真实想法后他开始通过肢体、表情和各种举动来向众人暴露自己。我相信正是由于他的轻率，他的仆人们才会那么快地被清除掉。"

第十八章
床笫之间

现在，彼得在大部分时间里都跟妻子待在了一起。有时候他会为她演奏小提琴，侧耳倾听的同时叶卡捷琳娜必须掩饰自己对这种"噪声"的厌恶。他还经常将自己的事情一连讲上几个钟头，有时候在得到允许的情况下他还会举办小规模的聚会，在聚会上他会要求自己和叶卡捷琳娜的仆人都戴上面具，然后听着他的琴声"翩翩起舞"。这种舞蹈纯粹就是拖着脚在地板上挪动而已，同叶卡捷琳娜热爱的宫廷豪华舞会里那种优雅的舞步有着天壤之别。这种粗陋的舞会让叶卡捷琳娜厌倦透了，她总是借口头疼躺在沙发上，脸上蒙着面具，闭着双眼。就寝时，彼得睡在了叶卡捷琳娜的床上，结婚几年来他们俩终于开始了同床共枕的生活，可是彼得会让克鲁泽夫人把他的那些玩具拿来。

这对年轻夫妇及他们的所有下属都对乔戈洛科夫夫妇充满了厌恶与恐惧，大家就这样紧紧地团结在了一起，共同对抗乔戈洛科夫夫妇。克鲁泽夫人的职务为乔戈洛科娃所取代，她的傲慢无礼令原本就鄙视她的克鲁泽夫人难以忍受，就这样克鲁泽夫人开始全心全意地效忠起彼得与叶卡捷琳娜了。克鲁泽夫人非常开心地发现自己能凭借智慧挫败新来的女总管，突破她制定的规矩。克鲁泽夫人之所以这么做基本上都是在为彼得出头，她希望讨好彼得，因为她跟彼得一样都来自荷尔斯泰因公国。克鲁泽夫人的反抗深深地打动了彼得，她总是能设法送来他所渴望的玩具士兵、火炮的微型雕塑和模型城堡。现在，在白天的时候彼得无法摆弄这些东西，因为乔戈洛科夫夫妇会追问这些东西的来路和去向。玩具被藏在床上或者床底下，入夜之后彼得才有机会将它们摆弄一会儿。晚餐过后，等彼得更衣完毕上床就寝，叶卡捷琳娜便会紧随其后准备休息了。他们俩刚一躺下，住在隔壁的克鲁泽夫人就会走进他们的卧室，把房门锁起来，然后拿出很多套着蓝色荷尔斯泰因军装的玩具士兵，摆上满满一床。五十多岁的克鲁泽夫人听候着彼得的指令，把这些玩具挪来挪去。

彼得与克鲁泽夫人这种荒唐的游戏常常会持续到凌晨两点钟，有时候还会把叶卡捷琳娜逗得哈哈大笑，不过更多的时候她都在克制着自己的情绪。她没法上床休息，床上铺满了玩具，有一些还非常笨重，而且她还担心乔戈洛科娃夫人会听到有人大半夜还在玩着游戏。她的担心并不多余。有一次，在将近午夜的时候，乔戈洛科娃夫人突然敲响了大公夫妇卧室的房门。卧室的门是双层的，里面的人没能立即来应门，彼得、叶卡捷琳娜和克鲁泽夫人都在手忙脚乱地将床上的玩具塞到毯子下面。等到克鲁泽夫人终于打开房门，让乔戈洛科娃夫人进来的时候，等在门外的这段时间已经令乔戈洛科娃夫人火冒三丈了。克鲁泽夫人解释说自己必须来这里拿钥匙。乔戈洛科娃夫人问叶卡捷琳娜和彼得为何迟迟不睡，彼得很不客气地回答说自己就是不想睡觉。乔戈洛科娃夫人恶狠狠地说，倘若得知大公夫妇这么晚还未就寝的话，女皇必定会十分恼火的。终于，乔戈洛科娃离去了，一路上还嘟嘟囔囔地抱怨个不停。彼得又玩起了游戏，一直玩到入睡为止。

新婚夫妇的处境非常滑稽，他俩随时保持着警觉，以免被人看到他们在摆弄玩具。在这出闹剧的背后是年轻丈夫的荒唐，他在本应行云雨之欢的地方玩着玩具士兵，让年轻的妻子无事可做，只能干瞪着眼旁观。（在《回忆录》中，叶卡捷琳娜哭笑不得地说："在我看来，真应该有人为我找一个更适合我的位置。"）然而，能让彼得维持这种游戏的大环境与其说是古怪的，不如说是危险的。伊丽莎白是一个固执己见的女人，两个身为大公的孩子无视她的要求，这令她感到十分受挫。她为他俩尽心尽力，将他俩带到俄国，赏赐他们那么多礼物、头衔和自己的爱，为他俩举办了一场奢华壮观的婚礼，这一切无非是希望他俩能尽快满足她得到一位小继承人的心愿而已。

几个月过去了，伊丽莎白发现自己的希望仍旧那么渺茫，她决定查明造成这种局面的罪魁祸首。谁能想象得出已经年满十七岁，充满朝气、富于智慧和魅力的叶卡捷琳娜无法激起十八岁的丈夫对她的欲望？很有可能是因为彼得丑陋的容貌和讨厌的性格令妻子望而却步，在卧室里单独相处的时候她拒绝丈夫接近她，让自己对他的嫌恶表露无遗，难道不是这样的吗？除此以外还会有什么理由呢？

彼得并不是对女人压根提不起兴趣，最有力的证明就是他总是表现出对一个个女侍臣的迷恋。对于自己的新婚之夜彼得曾说："这会让贴身侍从们感到好笑……"这番评论表明尽管他对性爱秉持着嘲弄的态度，将夫妇之间的亲昵变成了粗俗的笑话，但他很清楚亲昵之举在性关系中起着什么样的作用。

或许医生们说得没错，彼得尽管已经年满十八岁了，但他的身体仍然没有成熟。每天早上克鲁泽夫人都要对年轻的妻子盘查一番，在一次次徒劳的检查之后克鲁泽夫人也多少有些认同这种观点了。彼得究竟只是不曾碰过自己的妻子，还是不愿意，或者是没有能力，对于这个问题的答案人们不得而知。在《回忆录》中，叶卡捷琳娜也没有对此做出解释，彼得自己也没有留下任何文字记录。不过，人们还是对此提出了两种存在一定可能性的解释，其一是彼得的心理状况，其二就是他的身体状况。

从幼年起心理上承受的压力，使彼得不愿在行云雨之欢时通过肢体的亲密接触将脆弱的自我暴露出来。在童年和少年时代彼得一直过着可怕的生活，纪律严明的教师们在照管这个孤儿的时候根本不曾给过他爱，他也不得有任何同龄的陪护和玩伴，他只认识两种人，即给他下命令的人和服从他的人，他不知道有什么人能与他分享共同的兴趣爱好，也找不到任何可以成为朋友，并值得他信赖的人。在来到俄国的头一年里叶卡捷琳娜一直陪伴着彼得，可是当他带着一脸天花留下的可怕伤痕出现在灯光昏暗的皇宫里，后者却在无意中辜负了他的信赖。就在那一刻，他新结交的这位朋友对他的自信心造成了沉重的打击。原谅她，重新建立起对她的信赖，并将自己病态的自我认知再次交付给她，这些都是彼得无法做到的事情。对于自己应该同妻子在床上做些什么事情他略知一二，可是聪慧又迷人的叶卡捷琳娜哪怕是展现出最隐秘的女性魅力都无法激发他的积极性。相反，在叶卡捷琳娜这些优势的刺激下，彼得更加清楚地意识到了自己的缺陷、失败和羞耻感。

对于彼得对妻子明显的冷漠还存在另外一种解释。在叶卡捷琳娜辞世一年后，曾出任法国驻俄国大使的德·卡斯泰拉侯爵出版了三卷本传记《叶卡捷琳娜二世的一生》，在这部书中侯爵指出："彼得堡地位最低的拉比和医生都足以纠正他那算不得严重的小毛病。"侯爵在这里提到的"小毛病"是被称为"包茎"的生理现象，这个医学术语指的是男性生殖器的包皮由于过紧而无法轻松舒适地向后退去，从而露出龟头。这个问题在新生儿或婴儿的身上十分常见，有时候未接受过割礼的男孩在四五岁之前很难被发现存在这个问题，因为在男性长到四五岁之前其包皮本身就非常紧。通常，在青春期到来之前这个问题就自然而然地消失了，包皮渐渐变得松弛而富于弹性了。然而，如果包皮没能自然松弛下来，紧绷的状态一直持续到青春期时，那就会对个体造成剧烈的疼痛感。在有些病例中，包皮紧绷的男孩在勃起时总是伴随着剧痛。这种状况当然会让性交变得索然无味。如果彼得的情况就属于此，那么他不愿被唤起性欲，并且不愿将问题解释给对此一无所知的年轻女性就容易理解了。

如果在同叶卡捷琳娜订婚之后彼得也遭受着包茎的折磨，那么这或许就是伊丽莎白的医生们建议女皇推迟婚期的原因之所在。在《回忆录》的另外一段记述中，叶卡捷琳娜提到莱斯托克医生建议女皇最好耐心地等到大公年满二十一岁，能提出这样的建议，或许正是因为莱斯托克医生清楚到了那个时候彼得的问题自然就会消失。不过，倘若莱斯托克医生真的同伊丽莎白女皇提及过这个问题，那女皇也只是把他的话当作了耳旁风。女皇仍旧一心等待着继承人的到来。

对于彼得在婚姻中一直冷淡的两种解释都没有得到证实，不过也都没有被彻底否定。无论出于何种情况，即无论问题出在心理还是生理上，或者说也许两者兼而有之，错都不在彼得自己。然而，不可避免的事情还是出现了，正如叶卡捷琳娜在第一眼看到彼得那张被毁掉的面孔时对他表现出的排斥深深地影响着他一样，彼得在身体上对叶卡捷琳娜的排斥也导致了叶卡捷琳娜的一系列反应。就在大婚将近的时候，叶卡捷琳娜仍然对彼得毫无爱意，但她还是打定主意要接受他，她要满足丈夫和女皇的期望。叶卡捷琳娜对性生活、勃起和包皮知之甚少，对包茎的问题当然更是一无所知，但是她十分清楚在一桩皇室婚姻中，妻子这个角色被寄予着什么样的期望。她无权拒绝这些期望。

然而，彼得让叶卡捷琳娜无法实现自己所承受的期望。在肉体上蔑视着叶卡捷琳娜的同时，彼得同其他女人的风流韵事却不断地上演着，他还怂恿叶卡捷琳娜去跟其他男人调情。随从们目睹着叶卡捷琳娜受尽羞辱，所有的外国使节也都看到她无法激起丈夫的兴趣，所有的仆人都清楚大公正在追求哪个女人。没有人明白彼得究竟为什么要忽视自己年轻的妻子，包括女皇在内的所有人都把错误归咎于叶卡捷琳娜。彼得与叶卡捷琳娜仍旧生活在一起，他俩没有选择。彼此之间无数的误解和各自受到的耻辱令他们两个人日渐疏远了，潜藏在心底的仇恨像一片荒漠一样横亘在他们之间。

第十九章
房屋坍塌

1748年将近5月末的时候，伊丽莎白女皇带着臣僚去了拉祖莫夫斯基在圣彼得堡郊外的乡村别墅，叶卡捷琳娜与彼得被安排到了山坡上一幢三层楼的小木屋里住宿。他俩住在楼上，那层楼一共有三个房间，其中一间供彼得休息，另一间供他更衣，克鲁泽夫人住在最后一个房间里；在他们楼下住的是乔戈洛科夫夫妇和叶卡捷琳娜的女侍臣们。入住的头一天夜里，舞会一直持续到了次日早晨6点，然后所有人才陆续就寝。到了大约8点钟，当所有人都还沉浸在梦乡中的时候，一名在外站岗的护卫队中士听到了一阵"吱吱嘎嘎"的动静，绕着房屋地基查看了一圈之后，他发现支撑着房子的几块大石块在湿滑的土地上已经松动了。石块渐渐地分离了，彻底脱离房屋底部的原木后就顺着山坡滚了下去。中士匆忙将乔戈洛科夫唤醒，告诉他地基已经坍塌，大家必须离开这座房子。乔戈洛科夫冲上了楼，一把推开了大公夫妇的卧室房门，这时叶卡捷琳娜和彼得还正在酣睡中。乔戈洛科夫扯掉了一侧的床帏，冲着大公夫妇俩喊道："起来，赶紧出去！地基就要垮了！"熟睡中的彼得从床上一跃而起，直接冲出了门，瞬间就不见了踪影，叶卡捷琳娜对乔戈洛科夫说自己随后就跟出去。就在更衣时，她突然想起隔壁的克鲁泽夫人还在呼呼大睡，于是她去将克鲁泽夫人叫醒。这时地板已经震颤起来，"就像汹涌的波涛"，叶卡捷琳娜说。接着房屋就出现了大面积的坍塌，随着房屋的下沉与崩裂，叶卡捷琳娜和克鲁泽夫人跌倒在地板上。就在这时，那名中士冲了上来，抱起叶卡捷琳娜，带着她绕到了楼梯背后——实际上楼梯已经不复存在了。在一堆瓦砾中，这名中士将叶卡捷琳娜递到了楼下距离自己最近的战士手中，对方又接着把叶卡捷琳娜送到了下一个人的手中，就这样战士们一个接一个地将叶卡捷琳娜送到了底楼，然后有人将她带到了屋外。逃出来后，叶卡捷琳娜看到彼得和其他人或者自己走出了房子，或者被人背了出来。很快，另外一名赶去解救克鲁泽夫人的士兵也带着夫人出来了。叶卡捷琳娜满身瘀肿，还一度出现了严重的休克，但总算逃过了一劫，可是三名睡在一楼厨房里的仆人却因为壁炉的崩塌而丢掉了性命。十六名在地基旁熟睡的工人也被压在了瓦砾堆下，最终被活活闷死了。

初冬时节，拉祖莫夫斯基在尚未彻底冻结的地面上赶工建造，最终酿成了这起事故。房屋底部的原木就搭在四块充作地基的石灰岩上，入春后随着冰消雪融，四块基石朝着不同的方向朝下滑去，房子就这样变得四分五裂。当天晚些时候，女皇派人将叶卡捷琳娜和彼得叫到了自己面前，叶卡捷琳娜请求伊丽莎白能对救她一命的中士有所表示，女皇默不作声地打量了叶卡捷琳娜片刻。

随即，她问我是否被吓坏了。我说："是的，非常害怕。"这个回答令她更加恼怒了。她同乔戈洛科娃夫人一整天都对我非常生气，我想自己没有察觉到他们是希望把这场意外当作一件无足轻重的小事而已。可是，我受到的刺激太大了，根本做不到。她希望淡化这件事情，大家都拼命装出一副根本就不存在多少危险的样子，有的人甚至还说根本就没有什么危险。我的恐惧令她感到震怒，她几乎不再跟我说话了。与此同时，招待我们的主人拉祖莫夫斯基伯爵也陷入了绝望中。他甚至一度抓起手枪，扬言要崩了自己的脑袋。整整一天，他要么小声地抽噎着，要么号啕大哭着，用餐时还一杯接着一杯地给自己灌着酒。女皇没能掩饰住自己对这位男宠的担忧，她也失声恸哭了起来。她将他拉到自己跟前，打量着他。这个男人平日里是那么温柔，酩酊大醉之后却是如此狂乱。女皇命人看着他，以免他伤了自己。次日，大家便立即返回圣彼得堡去了。

叶卡捷琳娜注意到在这起事故之后，女皇似乎就一直在生她的气。一天，叶卡捷琳娜走进了一个房间，房间里站着女皇的一位随从。乔戈洛科夫夫妇还没有来，那位随从悄声对叶卡捷琳娜说有人在女皇面前说了她的坏话，还说就在几天前一次用餐时伊丽莎白愤愤地说她背的债越来越多，她做的每一件事情都是因为她的愚蠢，最后还说尽管她自以为自己很聪明，其实没有任何一个人跟她有相同的看法，因为她的愚蠢对于所有人来说都是显而易见的事实。

叶卡捷琳娜不甘愿接受这样的评价，她将平日的顺从抛之脑后，怒气冲冲地回应道：

不应该把我的愚蠢归咎于我，所有人都是上帝创造出来的。我的债务问题不值得大惊小怪，虽然有着三万卢布的年俸，可是我还得偿还我母亲留下的六万卢布的债务。这位随从应该回禀派他前来的那个人，就说得知有人当着女皇陛下的面如此毁谤我，我感到万分遗憾，对女皇陛下我从未有过半点不敬或者不顺从的表示，她对我的一言一行审视得越是仔细，她就越会相信这一点。

外界所有人仍旧不得在未经过许可的情况下同大公夫妇进行交流，不过对这项禁令的执行已经松懈了。叶卡捷琳娜在事后记述道："我们发现很多人都愿意，也急于破坏这道禁令，就连乔戈洛科夫夫妇的亲人都在试图突破削弱它的效力，由此证明这道命令是多么的没用。"事实上，就连乔戈洛科娃夫人自己的亲兄弟，同时也是女皇亲表兄的亨德里科夫伯爵都"经常偷偷地给我捎来有用而且十分必要的消息。他是一个友善而心直口快的人，总是在嘲笑姐姐和姐夫的愚蠢与残忍"。

同样，别斯杜捷夫为切断叶卡捷琳娜同外界互通往来而设置的壁垒也出现了缝隙。叶卡捷琳娜不得向外发送私人信件，她的所有信件均交由外务部来代笔。

叶卡捷琳娜曾经给外务部的一位官员捎去了几句自己想说的话，恳求他能在寄给约翰娜并带有她签名的信中加入这几句话，那位官员差点因此获罪。在叶卡捷琳娜得知此事后，这道禁令就再一次得到了强化。然而，还是有人愿意向叶卡捷琳娜伸出援手。1748年的夏天，十字救护团[1]的骑士萨克洛索莫来到了俄国，并受到了皇室热情的接待。在被引介给叶卡捷琳娜时他亲吻着她的手背，趁着这会儿工夫他偷偷地将一张小字条塞到了她的掌心里，一边小声对她说："这是您母亲写给您的。"叶卡捷琳娜被吓坏了，她十分担心有人，特别是站在自己身旁的乔戈洛科夫夫妇会看到骑士的这番举动。她想方设法将纸条塞进了自己的手套。回到房间后，她看到母亲的来信就卷在萨克洛索莫的字条里。约翰娜在信中说叶卡捷琳娜的沉默令她很是担忧，她想知道女儿为何会这样做，以及女儿目前处境如何。叶卡捷琳娜在回信中告诉母亲自己已经被禁止写信给她以及其他任何一个人，不过自己一切安好。

萨克洛索莫在自己写的信中告诉叶卡捷琳娜她可以通过一位意大利乐

---

[1] 十字救护团（Knights of Malta），类似于中世纪天主教军事组织圣殿骑士团，皆属于当时为了筹组十字军而建立的军事修士会。公元1139年罗马教宗英诺森二世颁布教谕，再次确认了圣殿骑士团的特权地位。它只对教宗负责，不受国王和当地主教的指挥。

师将回信转交给他，那位乐师将会出现在彼得接下来将要举办的一场音乐会上。女大公按照同样的方式将回信揉成小团，然后静静地等待着时机。在音乐会上，趁着在乐队中间溜达的工夫，叶卡捷琳娜在大提琴手身后停下了脚步，之前萨克洛索莫已经将乐师的外貌对她做过交代。一看到女大公站在自己座椅背后，大提琴手就立即撑开自己外衣的口袋，装作要从里面掏手绢的样子。叶卡捷琳娜迅速将字条塞进了大提琴手的口袋里，然后就掉头离去了。没有人看到这一幕。在圣彼得堡逗留期间，萨克洛索莫用同样的方式还为叶卡捷琳娜转交过另外三封信及回信。没有人发现这个秘密。

第二十章
盛夏趣事

别斯杜捷夫对乔戈洛科夫夫妇的任命是为了保证自己的愿望得以实现——他要让叶卡捷琳娜和彼得与世隔绝，此外这对夫妇还要为年轻的大公夫妇做出道德上的表率，让他俩看到美满的婚姻与富有成效的生育。对于第一项任务，乔戈洛科夫夫妇多少取得了一些成功，但是第二项任务却彻底失败了。

1748年夏天，在位于芬兰湾的彼得霍夫宫里逗留期间，叶卡捷琳娜和彼得从窗口望出去就可以看到花园，他们看到乔戈洛科夫先生与乔戈洛科娃夫人频繁地来往于位于山坡上的正宫和水边一座小小的荷兰式红砖房——"逍遥津"公馆。这座宫殿原先属于彼得大帝，后来伊丽莎白女皇也在此居住过。很快，大公夫妇发现乔戈洛科夫夫妇一而再再而三地来回于两地之间，这同乔戈洛科夫先生一桩隐秘的风流韵事有关——叶卡捷琳娜的女侍臣玛丽亚·科舍列娃怀上了他的孩子。现在，乔戈洛科夫夫妇俩面临着毁灭性的灾难，这正是趴在高处窗口热情观望的那两个年轻人梦寐以求的大好机会。

别斯杜捷夫要求对大公夫妇实施不间断的监视，作为彼得最主要的监视者乔戈洛科夫先生只能就寝在大公的套房里，怀有身孕的乔戈洛科娃夫人在缺少了丈夫的陪伴之后就转而要求玛丽亚·科舍列娃要么就睡在她的床上，要么就在她旁边的一张小床上就寝。据叶卡捷琳娜的回忆，玛丽亚是一个"魁梧、愚蠢、笨手笨脚的姑娘，不过她长着一头漂亮的金发，皮肤也非常白皙"。早上，乔戈洛科夫先生来叫妻子起床的时候，看到玛丽亚衣冠不整地躺在妻子身旁，一头金发散在枕头上。对丈夫的爱从未产生过怀疑的妻子丝毫没有觉察到丈夫异样的反应。

当叶卡捷琳娜身染麻疹的时候，乔戈洛科夫先生终于找到了机会。他说服妻子相信她自己有责任日日夜夜守在叶卡捷琳娜的病榻前，照顾叶卡捷琳娜，还要确保医生、女侍臣，或者其他任何人不会给女大公捎来违禁的消息。这样一来，他乔戈洛科夫先生就有充足的时间同科舍列娃小姐厮混在一起了。几个月之后，乔戈洛科娃夫人产下了他们的第六个孩子，这时玛丽亚·科舍列娃也越来越清晰地显示出怀有身孕的迹象。一接到消息，伊丽莎白便将仍旧蒙在鼓里的妻子召了回去，向她挑明了事实。如果乔戈洛科娃夫人希望离开丈夫，那么伊丽莎白会为之感到欣慰，她从来没有认可过表姐的这个选择。无论乔戈洛科娃夫人做出怎样的选择，女皇都下了一道命令，严禁乔戈洛科夫先生继续待在彼得和叶卡捷琳娜家中。他被免职了，玛丽亚·科舍列娃则受到了全面的监管。

一开始，仍然爱着丈夫的乔戈洛科娃夫人强烈否认丈夫出现外遇的事实，还声称这种说法不过是卑劣的诽谤而已。就在她自说自话的时候，玛丽亚·科舍列娃受到了盘查，这个年轻的女人对一切供认不讳。得知消息后，乔戈洛科娃夫人找到了丈夫，盛怒之下的她一直抽噎个不停。乔戈洛科夫双膝跪地，祈求妻子的谅解。乔戈洛科娃夫人又回到女皇跟前，跪在地上说自己已经原谅了丈夫，而且出于对孩子们的考虑希望能继续跟丈夫相守在一起。她恳求女皇不要解除丈夫在宫中的职务，因为这样会让她同他一起名誉扫地。悲伤中的乔戈洛科娃夫人看起来一副可怜兮兮的样子，女皇的怒火也就平息了下去，她让乔戈洛科娃夫人将丈夫带到她的面前来。乔戈洛科夫夫妇双双跪在女皇面前，恳求女皇看在妻子和孩子们的份上能够宽恕丈夫的失职。尽管夫妇俩抚平了女皇的怒气，但是自此以后夫妇二人之间的感情却不复存在了，丈夫对妻子的背叛和妻子当众受到的羞辱令妻子对丈夫始终怀着难以克服的厌恶，能够维系他们两个人的就只有出于生存需要的共同利益了。

事情从开始到结束也就只用了五六天的时间，彼得和叶卡捷琳娜及所有随从对其间每个钟头里的详细情况了如指掌。所有人当然都希望看到这对"看门狗"被赶走，然而最终却只有年轻的孕妇玛丽亚·科舍列娃落得个被赶走的下场，乔戈洛科夫夫妇都留了下来，而且仍旧大权在握。尽管如此，叶卡捷琳娜还是写道："此后再也没有人跟我提起任何堪称典范的美满婚姻了。"

这个夏季剩下的时间里大家都相安无事。离开彼得霍夫宫之后，叶卡捷琳娜同彼得又转迁至位于附近海湾的奥拉宁巴姆宫。一路上，尚未从不光彩的外遇事件中恢复过来的乔戈洛科夫夫妇也没有再对此次移驾和大公夫妇同其他人的谈话继续施加平日里那种严格的管制了。叶卡捷琳娜可以随心所欲地生活了。

我获得了难以想象的自由。凌晨3点之前我就会醒来，独自穿衣打扮一番，给自己从头到脚都披挂上男人的衣装。这时，一位老猎人已经端着枪在等我了。我们扛着来复枪，步行穿过橘子园，一直走到了停在海湾里的渔船跟前。他、我、一条短毛猎犬和一位给我们带路的渔夫一道坐上小船，我打着奥拉宁巴姆河道两岸芦苇丛里的鸭子。这条一英里长的河道径直通向海湾，我们经常把船划出河道，有时会在大海上碰到坏天气。大公会在一到两个小时后才加入进来，因为出门之前他总是要吃点早餐。10点钟我回到了房间，更衣后就开始享用午餐，之后会休息一会儿，到了下午要么看着大公举办音乐会，要么我们一起出去骑骑马。

在这个夏季，骑马成了叶卡捷琳娜的"头号爱好"，但是她不得跨坐在马背上，因为伊丽莎白相信这样会致使女性不孕不育，不过叶卡捷琳娜给自己设计了一个侧坐马鞍，这样她就可以随心所欲地坐在上面。这个英式侧鞍上装有一个活动鞍环，在当着乔戈洛科娃夫人的面出发时，女大公规规矩矩地坐在一侧，一旦逃离乔戈洛科娃夫人的视线她就转动鞍环，把一条腿跨过马背，在马夫的引导下像男人一样驰骋起来。当马夫被问及女大公是如何骑行的，他们就会"如实禀告"说按照女皇的旨意"坐在女式马鞍上"。只有在确定完全无人旁观的情况下，叶卡捷琳娜才会把一条腿跨过马背，再加上她从未吹嘘过，甚至都没有向外人提起过自己的发明，因此伊丽莎白女皇对此一无所知。马夫们也都乐于为她保守这个秘密，事实上他们都意识到跨坐降低了英式侧鞍存在的风险，而他们此前也一直担心侧鞍造成意外会连累到他们。叶卡捷琳娜说："坦言说，尽管我一直在骑马狩猎，可是我对打猎并没有多少兴趣，我热爱的是骑马。这项活动越是激烈，我就越是喜欢它，所以倘若哪匹马无意间挣脱了束缚，撒着欢地跑掉时，前去追赶它，把它带回来的那个人肯定是我。"

伊丽莎白女皇在年轻时也曾是一个骑马的高手，直到现在她仍然深爱着这项运动，尽管到了这把年纪她已经胖得无法再骑马了。有一次，她派人捎话给叶卡捷琳娜，让叶卡捷琳娜邀请撒克逊大使的妻子德阿尼姆夫人陪她一道骑骑马。这个女人曾经吹嘘自己非常热衷于骑马，还说自己是一名出色的女骑师，伊丽莎白女皇想要看看这位夫人说的究竟是否属实。叶卡捷琳娜便向德阿尼姆夫人发出了邀请。

她身材高大，有二十五六岁，在我们看来她显得非常笨拙，似乎都不知道该拿自己的帽子和两只手怎么办。我清楚女皇不喜欢我像男人那样跨坐在马背上，所以我选择了英式侧鞍。就在我正要上马的时候，女皇赶来观看我和大使夫人是如何出发的。我身姿矫健，对这项运动又十分熟悉，所以轻轻松松地就跳上了马鞍，任由开了叉的裙摆落在马鞍两侧。看到我如此矫健的身手，女皇惊叫着说不会再有人比我上马上得更娴熟了。她追问我用的是什么类型的马鞍，在听到"女式马鞍"之后她说"别人保准会说这是男式马鞍"。

轮到德阿尼姆夫人上马了，她的技术实在算不得出众。她带来了自己的马，那匹马高大、结实但丑陋而又老迈，我们的仆人说这是给大使夫人拉车的马。借着梯子和别人的帮助，大使夫人手忙脚乱地折腾了一会儿才终于坐到了马背上。夫人刚一上马，那匹老马就立即狂奔了出去，害得夫人在马鞍上颠簸了好一阵子，因为她的屁股在马鞍上都还没有坐稳，而且脚也还没来得及踩住马镫，她只能牢牢地抓着鞍环。有人告诉我女皇笑得前仰后合。

德阿尼姆夫人一上马，叶卡捷琳娜就取得了领先的位置，她甚至还赶上了先于她们出发的彼得，将他们的客人连同那匹老马一起远远地抛在了身后。最后，"在距离宫殿还有一段距离的地方，乘着马车跟在后面的乔戈洛科娃夫人把大使夫人接走了，当时大使夫人已经把自己的帽子给弄丢了，然后又踩空了马镫"，叶卡捷琳娜说。

德阿尼姆夫人的历险并未到此为止。当天早上下过了一场雨，马厩的台阶和门廊上积起了小水坑。下马后叶卡捷琳娜走上台阶，从露天的门廊横穿了过去，德阿尼姆夫人就跟在她的身后。可是，叶卡捷琳娜走得太快了，德阿尼姆夫人不得不一路小跑才撵得上她。结果，在一个小水坑上大使夫人脚下一打滑，然后就平躺在了地上。大家全都捧腹大笑，德阿尼姆夫人面红耳赤地从地上爬起来，说都是因为自己穿了一双全新的靴子，结果害得自己摔了这么一跤。游玩之后聚会又被转移到了马车上。在返回皇宫的路上，德阿尼姆夫人执意给众人介绍自己那匹马非凡的品质。叶卡捷琳娜说："我们都强忍着才没有笑出声。"

第二十一章
罢免风波

克鲁泽夫人对乔戈洛科夫夫妇十分鄙夷，对乔戈洛科娃尤其不屑。在"玛丽亚·科舍列娃事件"掀起轩然大波时，克鲁泽夫人过早地庆祝了她这位竞争对手的覆灭，尽管覆灭原本已经近在眼前了。结果，乔戈洛科夫夫妇都没有下台，他们对克鲁泽夫人的报复是不可避免的。乔戈洛科娃夫人向叶卡捷琳娜宣称克鲁泽夫人希望能告老还乡，女皇也已经为她找好了接班人。此时，叶卡捷琳娜已经开始信赖克鲁泽夫人了，而彼得对夫人就更是依赖了，夫人在夜里送来的玩具对他来说太重要了。然而，克鲁泽夫人还是离去了。次日，年届五旬、身材高大的普拉斯科维娅·维拉迪斯娃夫人就接替了她的位置。叶卡捷琳娜向自己的贴身男仆提摩西·叶夫雷诺夫打听过这位夫人，叶夫雷诺夫告诉她这位新就任的女士头脑聪明、精力充沛、举止端庄，不过据说她同时也是一个诡计多端的女人，叶卡捷琳娜在尚未对其观察充分的时候不应该过于信任她。

维拉迪斯娃夫人开局不错，她竭力地讨好着叶卡捷琳娜。这位夫人善于社交，喜欢聊天，能讲很多机智的小故事，还知道历史上的很多逸闻趣事，其中就包括自彼得大帝以来俄国所有皇室的历史。"那个女人就是一座活档案馆，我通过她了解到的俄国百年大事远比从其他任何渠道了解到的都要多。只要一感到无聊我就让她给我讲一讲过去的事情，她也总是一副很乐意的样子。我发现她常常对乔戈洛科夫夫妇俩的言行都不以为然。从另一方面来说，由于夫人经常出入女皇的寝宫，而且没有人知道背后的理由，所以大家都对她保持着警惕。"

叶卡捷琳娜熟悉的另一位宫中之人阿尔芒·莱斯托克也同克鲁泽夫人一起消失了。自伊丽莎白少年时起莱斯托克就成了她的御用医生，同时也是她最信赖的朋友，这个男人曾经建议她夺取皇权，有人甚至认为他曾经也是她的男宠之一。十四岁时刚刚赶到莫斯科的那天夜里，叶卡捷琳娜第一次见到了莱斯托克医生，在戈洛文宫医生为她和她母亲的到来表示了欢迎。直到1748年的夏末，当他迎娶女皇身边一位低级女侍臣时他仍然深得女皇的宠爱，当时伊丽莎白和所有朝臣都参加了他的婚礼。就在完婚两个月后，这对新婚夫妇的时运便骤然陨落了。

普鲁士的腓特烈一直致力于瓦解别斯杜捷夫拉拢奥地利的政治策略，他不断地上下打点着俄国朝臣和政府官员，莱斯托克医生的失势正是基于这个背景。叶卡捷琳娜是在一天夜里察觉到了问题的苗头，当时朝臣们被召至女皇的寝宫，陪着女皇打扑克，对一切都还毫不知情的叶卡捷琳娜走到医生跟前，想要跟医生说说话。医生压低声音对她说："别靠近我！我已经受到怀疑了。"叶卡捷琳娜还以为医生是在开玩笑，所以问他这句话是什么意思。医生回答道："这不是在跟你开玩笑。我再严肃地跟你说一遍，离我远一点，我现在是被怀疑的对象。"看到医生的脸已经泛起了不寻常的红色，叶卡捷琳娜还以为医生喝多了，于是便掉头走开了。这件事情发生在星期五，到了星期天的早上，提摩西·叶夫雷诺夫对叶卡捷琳娜说："昨晚，莱斯托克伯爵和他的妻子被抓起来了，已经被当作政治犯送到要塞[1]去了！"接下来叶卡捷琳娜又得知别斯杜捷夫和其他一些人已经对莱斯托克进行了审讯，并指控他向普鲁士大使发送过密信，接受了普鲁

---

[1] 此处指的是彼得保罗要塞，见34页[2]。

士国王一万卢布的贿金，而且还毒杀了一名可能对他不利的证人。叶卡捷琳娜还被告知莱斯托克在要塞里试图绝食自尽，可是坚持到第十二天的时候他被迫又开始进食了。他对所有的指控都没有承认，也没有人找到能够证明他有罪的证据。尽管如此，他的全部家产还是被没收了，他自己最后也被流放到了西伯利亚。莱斯托克的蒙羞受辱就是别斯杜捷夫的胜利，对俄国境内任何显露出亲普倾向的人来说也都是一种警告。由于出身于德意志，叶卡捷琳娜自己也被别斯杜捷夫那多疑的眼睛牢牢地盯着。她绝不相信莱斯托克有罪。事后她写道："女皇没有勇气为一个无辜的人谋求正义，她担心这种人会实施报复，所以在她执政期间，无论是有罪还是清白之人，除非遭到发配，否则没有任何一个人能离开那座要塞。"

最令叶卡捷琳娜操心的永远都是彼得。尽管夫妇俩在并肩反抗乔戈洛科夫夫妇，而且彼得还经常来找她，寻求她的帮助，可是她还是觉得彼得令人难以忍受，有时甚至只是一些鸡毛蒜皮的小事。玩牌的时候彼得喜欢赢家永远都是自己，一旦叶卡捷琳娜赢了，彼得就会大发脾气，有时候一连好几天闷闷不乐；要是叶卡捷琳娜输了，彼得就会要求她立即把输掉的钱交出来。常常"为了避免他大动干戈，我就故意输掉牌局"，叶卡捷琳娜说。

有时候，彼得会让自己洋相百出，连累着叶卡捷琳娜也陷入尴尬的境地。女皇偶尔会准许宫里有些身份的人同彼得和叶卡捷琳娜一道在小夫妇俩的寝宫里就餐。这对年轻的夫妇原本很喜欢这种聚会，但是彼得无所忌惮的举止渐渐地破坏了聚会的气氛。一天，布特林将军前来参加宴会，席间他把彼得逗得前仰后合，结果这位皇位继承人操着俄语脱口而出道："这个狗娘养的要把我给乐死了。"叶卡捷琳娜满面通红，她知道这句话是会冒犯到布特林的。将军没有吭声。事后，他将彼得的这番话报告给了伊丽莎白女皇，结果女皇命令自己的朝臣不得再同如此缺乏教养的人混在一起。布特林从未忘记过彼得的这句话。1767年，在叶卡捷琳娜登上皇位后，他对叶卡捷琳娜说："您还记得当年在皇村的时候，大公曾当着众人的面称我为'狗娘养的'吗？"叶卡捷琳娜在事后写道："这就是愚蠢轻率的结果——令人刻骨铭心。"

有时候，彼得的行为会发展到令人发指的地步。1748年夏天，彼得在郊外养了一群狗，并开始亲自对狗进行训练。当年秋天，彼得带着其中的六条进了冬宫，他把狗关在分隔他同叶卡捷琳娜的卧室与寝室尾部门厅的隔板背后。阻隔住狗的隔板只是几块木板而已，卧室里充斥着从临时狗舍冒出来的臭气，他和叶卡捷琳娜只能睡在腐臭的空气中。叶卡捷琳娜对此抱怨了几句，彼得说自己也没有选择的余地，因为狗舍不能让外人发现，唯一安全的地方就是隔板背后了。"为了不破坏他的雅兴，我只好忍受着这一切。"叶卡捷琳娜说。

此后，彼得"就只对两样事情感兴趣，而这两个爱好都从早到晚地折磨着我的耳膜。他不是在吱吱呀呀地拉小提琴，就是在拼命地训练着那几条猎犬"。他粗暴地挥舞着鞭子，还像猎人一样喊着话，让狗在他的那两个房间里跑来跑去，如果哪条狗累得被落在了后面，那它肯定会遭受一顿苛刻的鞭笞，这样一来它就叫得更猛烈了。"从早上7点开始，一直到半夜时分，我要么得听着他那震耳欲聋的提琴声，要么就得忍受着被他用棍棒或者鞭子狠狠抽打的狗发出的惨叫声。"叶卡捷琳娜继续写道。

有时候，彼得对狗施暴似乎只是因为他嗜好虐待而已。

一天，听到一条狗哀号了好久之后我打开了房门，结果我看到大公抓着一条狗的项圈，把那条狗拎了起来。狗双脚离地，悬在了半空中，一个仆人还把那条狗的尾巴高高地揪了起来。可怜的小家伙是一条英国查理王猎犬，大公正用着沉甸甸的皮鞭手柄拼命地敲打着它。我试图为可怜的小东西求情，可是我的介入只是令大公下手更狠了。我泪水涟涟地回了自己的房间。除了那条狗，世间境遇最悲惨的就莫过于我自己了。

第二十二章
莫斯科与田园生活

1748年12月，伊丽莎白女皇与臣僚一同迁至莫斯科，在那里停留了一整年。第二年，在四旬期[1]到来之前女皇突然患上了胃病，病因难以查明，病情又迅速恶化了。同女皇的贴身随从保持着联系的维拉迪斯拉娃夫人悄悄地将这个消息透露给了叶卡捷琳娜，还恳请叶卡捷琳娜不要告诉别人这个消息是从她这里听到的。叶卡捷琳娜将姨母的病情转告给了彼得，不过没有让彼得知道消息的来源。彼得闻听后又欢喜又恐惧，他痛恨自己的姨母，可是一旦她离世了，自己的未来似乎就更可怕了。更糟糕的是他和叶卡捷琳娜都不敢去打听进一步的情况，他俩决定在乔戈洛科夫夫妇对他们公布女皇的病情之前，对任何人都绝口不提此事。可是，乔戈洛科夫夫妇对此事一直保持着沉默。

一天夜里，总理大臣别斯杜捷夫带着自己的助手斯特潘·阿普拉克辛将军来到王宫，在乔戈洛科夫夫妇的房间里谈了好几个钟头。这种情况似乎表明女皇的病情急剧恶化了。叶卡捷琳娜恳求彼得保持冷静，她告诉他尽管他俩不准离开自己的房间，但是倘若伊丽莎白驾崩，她会帮着彼得逃出去的。叶卡捷琳娜指着一楼的窗户告诉彼得，那里的窗户低得足够让他俩跳到街上去，而她信赖的总管扎克哈尔·切尔尼谢夫伯爵带着手下就驻

---

[1] 四旬期，即四旬节，复活节前的准备期，是基督徒纪念耶稣的一个节日，也称预苦期。天主教将之称为四旬期，即大斋节期。

扎在城里，彼得的心这才放下来。几天后，女皇的身体开始恢复了。

在这段气氛紧张的日子里，乔戈洛科夫同他的妻子一直保持着沉默。年轻的大公夫妇也始终没有提及这件事情。如果他俩敢斗胆打听一下女皇的身体是否有所好转的话，那乔戈洛科夫夫妇肯定会立即追问把女皇的病情透露给他俩的究竟是什么人，被提到的人无疑会立即遭到免职。

在伊丽莎白卧床休养期间，她的一名女侍臣结婚了。在婚宴上，叶卡捷琳娜坐在伊丽莎白的密友舒瓦洛夫女伯爵的身旁。女伯爵十分爽快地告诉叶卡捷琳娜女皇的身体仍然很虚弱，所以无法在婚礼上露面，不过她还是坐在床上按照传统为新娘戴上了头冠。舒瓦洛夫女伯爵是头一个公开谈及女皇病情的人，叶卡捷琳娜对她说自己很担心女皇的身体状况。女伯爵说听到叶卡捷琳娜的担忧女皇陛下会感到开心的。两天后的清晨，乔戈洛科娃夫人冲进叶卡捷琳娜的房间，对她说女皇对她和彼得十分生气，因为在女皇患病期间他俩丝毫没有表现出对女皇的关心。

叶卡捷琳娜气愤地对乔戈洛科娃夫人说女总管自己应该很清楚这究竟是怎么一回事儿——压根就没有人跟她和她的丈夫提起过这件事情，大家完全无视他俩的存在，那他俩又怎么可能表示对女皇的关心呢？乔戈洛科娃夫人说：“你怎敢说这种话？舒瓦洛夫女伯爵告诉女皇在就餐时你跟她提起过陛下的病情。”叶卡捷琳娜反驳道：“的确，我是跟她谈过此事，那是因为她告诉我陛下身体仍然十分虚弱，无法在众人面前露面。就是那时我才详细地跟她打听了一下女皇的病情。”后来，叶卡捷琳娜终于鼓起勇气告诉了伊丽莎白女皇，乔戈洛科夫夫妇谁都没有将女皇的病情告知她或者彼得，所以他俩才没有问候女皇。叶卡捷琳娜的这番告白似乎让伊丽莎白很受用，她说：“我清楚是怎么一回事儿。咱们都不要再往下说了。”回顾往事时，叶卡捷琳娜说：“对我来说，乔戈洛科夫夫妇的威望和信用似乎早就所剩无几了。”

春天，女皇同叶卡捷琳娜和彼得在莫斯科的郊外四处巡游。在阿列克谢·拉祖莫夫斯基的佩罗瓦庄园里，叶卡捷琳娜出现了严重的头痛。"这一辈子我的头还从来没有这么疼过……剧痛让我出现了强烈的呕吐感。我不停地吐着，一丝一毫的动静，哪怕是房间里响起的脚步声都会加重疼痛感。这种状况持续了一整天，然后我就睡着了。第二天，症状消失了。"

皇家聚会从佩罗瓦庄园继续转移到了伊丽莎白女皇所拥有的狩猎场。这里距离莫斯科有四十里地，周围没有房舍，所以众人都宿营在帐篷里。到达狩猎场的翌日清晨，走进女皇的大帐时，叶卡捷琳娜看到女皇正冲着负责打理狩猎场的下人咆哮。女皇说自己是来打野兔的，可是这里根本看不到野兔的影子。她指责管理员拿了周围贵族老爷们的好处，允许那些人在她的地盘上狩猎，如果不曾有人来这里打过猎，那猎场里肯定会有很多野兔。管理员一声不吭地站在那里，面色惨白，浑身哆嗦个不停。彼得和叶卡捷琳娜走上前来向女皇致以吻手礼的时候，女皇拥抱了一下他俩，随即又继续训斥管理员。女皇说自己小时候是在乡下度过的，因此她对乡下地产的管理一清二楚，所以能发现管理员在工作中的任何一处破绽。女皇慷慨激昂地训斥了三刻钟后一名仆人走了过来，那人将一顶帽子端到女皇面前，帽子里放着一只小豪猪。女皇凑了过去，打算看一看那只豪猪，结果一看到那个小东西她就尖叫了起来，说那东西看上去就像是一只耗子，然后就逃进了自己的帐篷里。"她极其害怕老鼠。那一天我们再也没有看到过她的身影了。"叶卡捷琳娜说。

对叶卡捷琳娜来说那个夏天最惬意的享受莫过于骑马了。

我一骑就是一整天，没有人能叫得住我，只要乐意我随时可以让自己身临险境。由于春天和夏天的大多数时间我都待在户外，所以我的皮肤被晒得非常黑。看到我的时候女皇都被我那张皲裂通红的脸给吓坏了，她说要给我一些洗脸用的东西，好消除我脸上的晒伤痕迹，让皮肤恢复柔韧。女皇派人给我送来一瓶含有柠檬汁、蛋清和法国白兰地的混合液。过了几天，晒伤的痕迹真的消失了，从那时起我就一直用着这种混合液了。

一天，在女皇的帐篷里，叶卡捷琳娜和彼得同女皇一道进餐。女皇坐在长条桌的主座上，彼得坐在她右手边，叶卡捷琳娜在左手边，舒瓦洛夫女伯爵坐在叶卡捷琳娜的身旁，而彼得的旁边则坐着布特林将军——被叶卡捷琳娜称为"绝不会跟酒过不去"的一个人。在宴会上将军喝得酩酊大醉。

他不知道自己说了些什么、做了些什么，他一直口齿不清地说着浑话，面孔狰狞，还开着荒唐的玩笑。他变成了一道令人厌恶的风景，害得我泪眼婆娑，因为这段日子我一直在竭力地隐藏或者掩饰着我丈夫那些应当受到谴责的言行举止。女皇对我的反应有所觉察，而且心存感激，她站起身，退席了。

与此同时，叶卡捷琳娜没有意识到自己的魅力又给她招惹来了一位爱慕者。西里尔·拉祖莫夫斯基是女皇那位男宠阿列克谢·拉祖莫夫斯基的亲弟弟，他住在莫斯科城的另一头，可是每天他都要登门拜访叶卡捷琳娜和彼得。

他总是一副兴高采烈的样子，我们都十分喜欢他。他是那位男宠的弟弟，所以乔戈洛科夫夫妇俩也乐于接待他。整整一个夏天，他一直不停地来拜访我们，跟我们一待就是一整天，同我们一起用餐、喝茶，直到晚宴结束后他才返回自己的庄园。就这样，每天他都要走上二十到三十里路。二十年后（1769年，叶卡捷琳娜已经登上皇位之后），我无意中问他究竟是什么力量能让他来跟我一起打发无聊的时光，他毫不迟疑地回答道："是爱情。"我说："天哪！你究竟爱上我们家的哪一位了？"他说："哪一位？当然是你喽！"我哈哈大笑了起来，因为我丝毫没有觉察出他对我的爱。他真的是一个好人，令人开心，比他的哥哥聪明多了，不过他的哥哥跟他一样英俊，而且比他更为慷慨和善良。

到了9月中旬，天气渐渐转凉了，叶卡捷琳娜又出现了剧烈的牙痛，接着又发起了高烧，陷入了昏迷，随后她被人从乡下送回了莫斯科。在卧床休息的十天里，每天下午牙痛都会准时发作一次。几个星期后，她病倒在了床上，这一次还出现了喉咙肿痛的症状，而且又发起了高烧。维拉迪斯拉娃夫人想尽办法分散她的注意力。"她坐在床边给我讲故事。有一个故事讲的是多尔戈鲁基公主，这个女人经常在半夜爬起床，然后走到女儿的床边，受她宠爱的女儿正沉浸在睡梦中。公主总是想确定女儿的确是在睡觉而不是死去了。有时候，为了绝对的万无一失，她还会拼命摇醒女儿，看看她是不是真的只是在睡觉而不是死掉了。"

第二十三章
乔戈洛科夫树敌

1749年年初在莫斯科居住期间，叶卡捷琳娜发现乔戈洛科夫先生跟总理大臣别斯杜捷夫似乎来往甚密。他们两个人总是待在一起，她还听到乔戈洛科夫说："谁会想到我才是别斯杜捷夫最亲近的参谋。"这个事实令叶卡捷琳娜感到难以置信，因为"别斯杜捷夫伯爵太聪明了，他绝不会允许像乔戈洛科夫这样自负的傻瓜来指导自己的"。无论先前两个人存在过多么亲密的关系，到了8月这种关系都戛然而止了。

叶卡捷琳娜相信彼得的确说过一些大实话。在玛丽亚·科舍列娃怀孕风波过后，乔戈洛科夫不再像以前那样明目张胆地冒犯年轻的大公夫妇及其随从了，他很清楚女皇对他仍旧心存积怨，而且自己跟妻子的关系也严重恶化了，因此他日渐消沉下去。一天，酒醉的彼得碰到了同样也有些醉意的别斯杜捷夫，彼得对这位总理大臣抱怨说乔戈洛科夫对他很粗鲁。别斯杜捷夫说："乔戈洛科夫就是个脑袋肥肿、自以为是的蠢货。把这件事交给我，我会妥善处理的。"彼得将二人的谈话讲给了叶卡捷琳娜，叶卡捷琳娜提醒彼得说一旦得知别斯杜捷夫说过这种话，乔戈洛科夫肯定不会原谅这位总理大臣的。彼得断定倘若自己把别斯杜捷夫的话向乔戈洛科夫和盘托出，那在同乔戈洛科夫的对抗中他一定就会胜券在握了。很快，彼得的机会就出现了。

没过多久，别斯杜捷夫邀请乔戈洛科夫同自己共进晚餐，乔戈洛科夫一脸严肃地接受了邀请，但是在席间始终一言不发。晚餐结束后，别斯杜捷夫喝得略有醉意，他试图跟自己的客人聊聊天，却发现对方有些不近人情。别斯杜捷夫大发雷霆，两个人激烈地争执了起来。乔戈洛科夫指责别斯杜捷夫在彼得面前对他评头论足，别斯杜捷夫说乔戈洛科夫居然胆敢同玛丽亚·科舍列娃搞出一段风流韵事，还提醒乔戈洛科夫别忘了自己躲过了这桩丑闻带来的劫难正是由于他的支持。最不愿意听到这番指摘的就是乔戈洛科夫本人了，在他看来自己受到的这番侮辱十恶不赦，他立即火冒三丈。别斯杜捷夫的副手斯特潘·阿普拉克辛将军刚好也在场，他试图说服两个人握手言和，可是乔戈洛科夫却变本加厉地发起了火，他觉得自己的作用无人能及，所以无论自己做过什么，别人都应该敬他三分，他还发誓说自己再也不会踏进别斯杜捷夫家半步了。从那天开始，乔戈洛科夫与别斯杜捷夫就成了势不两立的敌人。

看着让自己失去自由的两个"狱吏"大动干戈，彼得原本应该高兴起来。然而，在1749年的秋天，叶卡捷琳娜却发现彼得整日里都是一副忧心忡忡的样子。他不再调教那些猎犬，而且每天都要去找叶卡捷琳娜好几次，每次脸上都是一副三心二意，甚至是惊惧的神色。"他向来不会把烦心事憋在心里太长时间，再加上除了我他就再也找不到值得信赖的人，所以我耐心地等待着他主动把心事讲给我听。终于，他把心事说出来了，我意识到情况远比我想象的要严重得多。"

在莫斯科和郊外度过的这个夏季里，彼得基本上都在打猎。乔戈洛科夫弄到了两批猎犬，一群是俄国本土的犬种，一群是外国血统。俄国犬归乔戈洛科夫管理，彼得当然就负责看管那群外来的猎犬。彼得对那群猎犬照顾得仔细而周全，不是亲自经常去犬舍看看，就是叫猎人来跟他讲一讲猎犬的状况和需要。很快，彼得就跟那些猎人熟悉了起来，跟他们同吃同喝，还一起出去打猎。

此时，布提尔斯基军团驻防在莫斯科，彼得手下的猎人就住在军团驻地附近。军团中有一位名叫雅科夫·巴特瑞恩的中尉，这个人是一个负债累累的赌鬼，为人刚愎自用。一天，一名猎人告诉彼得说自己碰到了一名军官，这名军官表示自己对大公非常仰慕，在表忠心之前他还说军团除了那些高级军官，其他人全都跟彼得站在一起。受宠若惊的彼得希望了解到更为详细的内容，最后巴特瑞恩便让负责捎话的猎人在打猎过程中帮自己找个机会同大公见上一面。一开始彼得有些不情愿，不过最终还是答应了。到了约定的那一天，巴特瑞恩在树林里一处僻静的地方等候着，当彼得骑着马出现在他面前的时候他一下就跪在了地上，指天发誓说自己只承认彼得的领导，只要大公下令他必然会赴汤蹈火。后来，彼得告诉叶卡捷琳娜一听到这番誓言他立即就警觉了起来，他担心巴特瑞恩的这种举动涉及谋反之类的事情，于是他立即快马加鞭地离开了那里，把仍然双膝跪地的巴特瑞恩一个人扔在了树林里。彼得还说猎人们全部没有听到巴特瑞恩的这番话，而且自那之后他跟自己手下的猎人就全都切断了同巴特瑞恩的联系。在得知巴特瑞恩已经被逮捕并受到审讯后，彼得担心手下那名猎人，甚至是他自己都会承受不住压力而妥协。越来越多的猎人遭到了逮捕，彼得的恐惧也日甚一日了。叶卡捷琳娜竭力地安抚着丈夫，她说如果除此以外他再没有参与过其他谈话——否则他跟巴特瑞恩的罪过就一样严重了——那么她相信除了很不谨慎地跟一个陌生人在树林里交谈过，他的所作所为就再也找不到其他任何值得诟病之处了。叶卡捷琳娜无从得知丈夫所言是否属实，但她断定他肯定是将自己同巴特瑞恩的谈话做了一番轻描淡写的处理。过了一段时间，彼得又来告诉叶卡捷琳娜他手下的几名猎人已经被释放了，他们告诉他没有人提起过彼得的名字。猎人的话打消了彼得的顾虑，他也就没有继续跟叶卡捷琳娜提起过这件事情了。在经过一番严刑拷打之后，巴特瑞恩被判为有罪。叶卡捷琳娜事后才听说巴特瑞恩承认自己曾图谋暗杀女皇，想纵火焚毁皇宫，趁乱将大公扶上皇位。巴特瑞恩被流放到了施吕塞尔堡要塞[1]，及至1770年，这时叶卡捷琳娜已经执掌了皇权，他试图越狱，结果又被俘获了，这一次他被送到了太平洋上的堪察加半岛。此后他又一次越狱，最终在"福摩萨"岛[2]上的一场小规模骚乱中身亡了。

当年秋天，叶卡捷琳娜又出现了严重的牙痛，随之而来的还有高烧。她的床与彼得的卧室只有一墙之隔，隔壁传来的琴声和狗吠声让她饱受折磨。叶卡捷琳娜说："就算知道自己的兴趣爱好令我痛苦万分，他也不会做出牺牲的。得到乔戈洛科娃夫人的允许后，我将自己的床挪到了噪声影响不到的地方。新的房间三面开窗，寒风穿堂而过，但至少强过我丈夫弄出来的喧闹声。"

1749年12月15日，在莫斯科的生活结束了，叶卡捷琳娜和彼得乘坐着没有车厢的雪橇又启程前往圣彼得堡。半路上，叶卡捷琳娜的牙痛病再一次复发，彼得无视妻子的剧痛，严禁给马车加上厢板，只是勉强准许妻子拿一条绿色塔夫绸帘子裹在身上，以抵御扑面而来的刺骨寒气。赶到圣彼得堡郊区的皇村时，叶卡捷琳娜已经疼痛难忍了。刚一到达目的地，她便立即派人请来了女皇最贴身的布尔哈夫医生。叶卡捷琳娜恳求医生拔掉那颗已经折磨了她五个月之久的坏牙，医生极其不情愿地答应了这个请求。布尔哈夫找来了法国外科医生盖恩，让他来为叶卡捷琳娜拔牙。叶卡捷琳娜坐在地上，布尔哈夫和乔戈洛科娃夫人分别在她的左右两侧抓着她的手，盖恩从她的身后伸过手，用钳子扳着她的坏牙。盖恩连扳带扯地拔着

---

[1] 施吕塞尔堡要塞（Schlusselburg fortress），俄罗斯列宁格勒州的一个城市，位于涅瓦河自拉多加湖流出之处，东距圣彼得堡四十一千米、基洛夫斯克八千米。

[2] "福摩萨"岛（Formosa island），16世纪葡萄牙对台湾的称呼，从葡萄牙语的"Formosa"音译而来，意为"美丽（之岛）"。

牙，叶卡捷琳娜感到自己的下颌骨都要裂开了，她曾说："我这辈子还没有尝到过如此的剧痛。"布尔哈夫立即冲盖恩吼道："你这头笨手笨脚的蠢猪！"当他从盖恩的手里接过那颗坏牙时他又说："果然不出所料，之前我就不希望你拔掉这颗牙齿。"而盖恩在拔牙的时候则"将我下颌上的一块肉也连带着撕扯掉了，牙齿就连在那块肉上。就在这时，女皇走了进来，看到我遭受如此可怕的折磨她便流出了眼泪。我卧床休息了几个星期，在此期间一直承受着巨大的痛苦，直到1月中旬才终于走出了自己的卧室，但是面颊下部还是青一块紫一块的——盖恩留下的'五指山'"。

第二十四章

节前沐浴与马鞭事件

　　宫廷迁至莫斯科的这一年间，圣彼得堡的社交、文化、政治活动全都停止了。由于城里的马匹所剩不多，而且又没有马车走来走去，大街小巷便都荒草丛生。其实，彼得大帝选定在波罗的海海岸建立新国都主要是出于国家的需要，而非居民们自己的选择。彼得大帝的女儿习惯在莫斯科暂居一年，一旦回到莫斯科，所有的世袭贵族们就都不愿离去了。他们的先祖世代生活在莫斯科，他们自己也十分珍爱自己在旧都里的宫殿和家园。随着北方逐渐成为一片沼泽，重返新都的时候也就到了，许多侍臣们都急匆匆地恳请女皇能允许自己暂时放下公务一年，或者六个月，甚至只需几个星期，其实他们只是为了能落在大队人马的后面。政府官员也做着同样的事情，由于大家都担心自己无法获得恩准，所以这时就会出现一大批告病之人，不是真的一病不起，就是在装腔作势，随后又会冒出一大堆法律和经济上的杂事，而且据称所有的事情都不容耽搁，必须在莫斯科得到解决。重返圣彼得堡的过程非常缓慢，等到整个宫廷拖拖拉拉地完全返归新都时，距离出发已经过去了好几个月的时间。

　　伊丽莎白、彼得和叶卡捷琳娜是第一批返归新都的人。他们看到这座都城几乎成了一座空城，留在这里的人形单影只，百无聊赖。由于新都的沉闷单调，乔戈洛科夫夫妇每天下午都会邀请叶卡捷琳娜和彼得同他们一起打扑克。客人中还有库尔兰的公主，皈依新教的公爵厄内斯特·约翰·拜伦的女儿,拜伦公爵是安娜皇后曾经的男宠兼大臣。当政后,伊丽莎白女皇将在伊凡六世的母亲——安娜皇后——摄政期间被流放至西伯利亚的拜伦公爵召了回来,但是伊丽莎白并不打算让他官复原职,实际上她根本不想再见到他。女皇没有让公爵回到圣彼得堡或者莫斯科,她命令他与家人定居在伏尔加河沿岸的雅罗斯拉夫尔。

二十五岁的库尔兰公主相貌平平,五短身材,还有些驼背,不过根据叶卡捷琳娜的回忆,她"生有一双漂亮的眼睛,一头栗色的秀发,而且智慧过人"。公主受到双亲的冷落,她抱怨说家人总是在虐待她。还在雅罗斯拉夫尔的时候,有一天她逃到了普希金娜夫人的家中,这位夫人的丈夫就是雅罗斯拉夫尔市的市长。小姑娘告诉普希金娜夫人父母不准她继续信奉东正教了,普希金娜夫人便将她带到了莫斯科,还把她引介给了女皇。伊丽莎白对公主鼓励了一番,在她皈依东正教的仪式上还充任了她的教母,然后又安排她跟自己的侍女们住在了一起。乔戈洛科夫先生对公主很是友善,因为在他年轻的时候,当时公主的父亲还在执掌政权,公主的兄长将他选入皇家骑兵卫队,他的职业生涯因此得到了飞跃。

库尔兰公主成功地加入了大公夫妇的随从队伍,每天还要陪大公夫妇玩上几个小时的扑克,在此期间她始终谨言慎行,跟每一个人聊天时都小心翼翼地取悦着对方。叶卡捷琳娜说:"她的智慧让大家忘记了她容貌上的缺陷。"在彼得的眼中,公主还具有另外一项优点——她是一个德意志人而非俄国人。公主更喜欢讲德语,每次同彼得聊天时他俩就只说德语,周围其他人都无法加入他们的谈话。这样一来,她对彼得的吸引力就更强烈了,渐渐地彼得对她也就生出了特别的兴趣。当公主独自进餐时,彼得会命人从自己的餐桌拿一瓶甜酒送给公主;当他又搞到一顶新的掷弹兵的帽子或者军服上的肩带时,他命人把这些东西拿给公主,好让公主也欣赏一番。彼得对自己的举动毫不掩饰,但叶卡捷琳娜曾说过:"库尔兰公主对我的态度无可指摘，她片刻都不曾忘记过自己的身份，她同彼得的交往也就得以维持了。"

1750年的春天，天气异乎寻常的温和。3月17日这天，彼得、叶卡捷琳娜和侍从们——现在这支队伍中多了一位库尔兰公主——一道前往皇村。天气热得让积雪都融化了，一路上马车扬起一团团的烟尘。在充满田园风光的皇村，大公一行人在白天骑马打猎，到晚上就玩着扑克。彼得公开地表露着自己对库尔兰公主的兴趣，形影不离地黏着她。看着这种关系当着自己的面愈演愈烈，叶卡捷琳娜的虚荣心终于受到了刺激。尽管先前她没有生出炉意，这样做不仅有失身份，而且也是徒然的，可是到了这种地步她也承认自己很不喜欢"看到一个身体畸形的小东西比我更能讨得别人的欢心，而我则因此受到了怠慢"。一天晚上，她再也无法克制自己的情绪了，借口头疼离开宴席，回到自己的房间。在寝室里，目睹过彼得所作所为的维拉迪斯娃夫人"告诉我这个小罗锅竟然比我更受宠，对此所有的人都感到震惊和厌恶"。叶卡捷琳娜噙着泪水说："我能怎么办？"维拉迪斯娃夫人对彼得在女人方面低俗的品位，以及他对叶卡捷琳娜的态度批判了一番。尽管这段言辞激烈的指摘都是为了劝慰叶卡捷琳娜，但是在听到夫人的这番话之后，叶卡捷琳娜却失声痛哭了起来。哭了一会儿她就睡去了，就在这时彼得回来了。他叫醒了叶卡捷琳娜，对她赞美了一通自己那位新宠。叶卡捷琳娜一心只想躲开彼得这通含含糊糊的长篇大论，于是她装作自己又睡着了，彼得却吼叫了起来。叶卡捷琳娜不情愿的样子让他握起拳头，狠狠地打了她两拳，然后才在她身边躺了下来，背对着她进入了梦乡。第二天早上，想起自己在前一天夜里的举动彼得感到有些羞愧，所以就没有提起此事。为了避免更大的麻烦，叶卡捷琳娜便也对此闭口不谈。

临近四旬节的时候，彼得与乔戈洛科娃夫人因为沐浴的问题发生了一场冲突。根据俄国传统，在四旬节的头一个星期里，虔诚的信徒为了即将到来的圣餐仪式必须进行沐浴，绝大部分俄国人都接受男女同浴的习俗，也就是说在公共浴室里男人和女人赤身裸体地同处一室。叶卡捷琳娜在乔戈洛科娃夫妇家做好了沐浴的准备。前一天晚上乔戈洛科娃夫人赶来对彼得说，如果他也参加沐浴的话，那么女皇一定会感到欣喜的。彼得厌恶俄国的所有传统习俗，尤其是沐浴这一项，他拒绝了乔戈洛科娃夫人的建议，说自己此前从未和女人一起洗过澡，况且在他看来这只是毫无意义而又可笑的仪式。乔戈洛科娃夫人说彼得这样做就是在抗旨不遵，彼得说自己洗不洗澡跟自己对女皇陛下的敬意毫不相干，他不明白乔戈洛科娃夫人怎么会有胆量对他说出这种话，还说别人不该强求他做自己厌恶，而且有损他健康的事情。乔戈洛科娃夫人回嘴说，对于他的抗命女皇会让他受到惩罚的。听到这句话，彼得的火气就更大了，他说："我倒想看看她要拿我怎么办。我可不再是个毛孩子了。"乔戈洛科娃夫人威胁彼得说，女皇会把他送到要塞去。彼得问女总管这么说究竟是不是只是打着女皇的幌子而已，随即他大步流星地在房间里走来走去，说自己绝不相信一位荷尔斯泰因的公爵，一位储君会蒙受如此的奇耻大辱，如果女皇对他不满意，那她只需放了他，让他回到自己的国家去。乔戈洛科娃夫人也继续嚷嚷着。他们两个人你来我往地辱骂着对方。"两个人都失去了理智。"叶卡捷琳娜说。最后，乔戈洛科娃夫人离去了，走之前还宣称自己这就去将这番对话一五一十地禀告给女皇。

大公夫妇不知道接下来还会出现什么状况，不过当乔戈洛科娃夫人再次出现在他们面前时话题彻底转变了。女总管说由于他俩未能恪守夫妇本分，至今未能产下一男半女，原本已经原谅他们的女皇又对他们心生不满，女皇想知道原因究竟出在谁的身上。为了查明真相，女皇派了一名产婆和一位医生分别来为叶卡捷琳娜和彼得做身体检查。在得知此事之后，维拉迪斯拉娃夫人问叶卡捷琳娜："你还没被破处，怎么可能是你的错呢？陛下应该知道问题出在她的外甥身上。"

1750年四旬节的最后一个星期，一天下午，彼得在自己的房间里"噼里啪啦"地甩弄着一根粗壮的马鞭，下人们在房间里来回逃窜的模样让他开怀不已。突然，他莫名其妙地给自己的脸上狠狠地抽了一鞭子，左脸颊从上到下落下了一道长长的伤口，血汩汩地往外冒了出来。彼得被吓坏了，他担心这张鲜血淋漓的脸会让自己没法在复活节当天亮相于公众面前，而且一旦女皇得知其中的来龙去脉，那他必定会受到惩罚。于是他心急火燎地去找叶卡捷琳娜帮自己渡过这个难关。

看到彼得的脸，叶卡捷琳娜倒抽一口凉气："天哪，出什么事儿了？"彼得把前因后果都讲给了叶卡捷琳娜。思索片刻之后，叶卡捷琳娜说："我会尽量帮你的。首先，回你自己的房间去，尽量不要让别人看到你的脸。一准备好需要的东西我就会立即赶过去。但愿没有人注意到你。"叶卡捷琳娜记得几年前自己曾在彼得霍夫宫的花园里摔倒过，当时也是把脸蹭伤了，她的医生盖恩在伤口上敷了一层铅白做的药膏。那种药膏是专门治疗烧伤的，很管用，当时她始终没有离开公众的视线，从没有人注意到她的伤口。于是叶卡捷琳娜派人找来了这种药膏，将其敷在了丈夫的脸上。她对伤口处理得很精心，站在镜子前彼得根本看不出来自己受过伤。

第二天，在皇家教堂里举行了圣餐仪式，女皇也参加了仪式。突然，一束阳光落在彼得的面颊上，乔戈洛科夫先生注意到彼得的脸有些异常，他对大公说："把您的脸擦一擦。上面粘了些药膏。"叶卡捷琳娜赶紧对彼得说："作为您的妻子，我不准您擦掉它。"听上去就好像只是小夫妇俩之间的玩笑话。彼得扭头看着乔戈洛科夫，说："您瞧，这些女人都是怎么对待咱们的。只要她们不乐意，那咱们都不敢把自己的脸给擦干净喽。"

乔戈洛科夫先生笑呵呵地点了点头，然后就走开了。彼得十分感激叶卡捷琳娜能为他上药，而且还沉着冷静地打发走了乔戈洛科夫先生，将对方蒙在了鼓里。

第二十五章
夜宴牡蛎，戏子失足

1750年，在复活节前的星期六，叶卡捷琳娜下午5点就睡下了，这样她才能及时起床，为参加复活节的礼拜仪式精心梳洗打扮一番，因为按照东正教的规定，复活节的礼拜仪式要放在前一天夜里举行。还未等叶卡捷琳娜入睡，彼得就突然冲进了她的卧室，叫她赶紧起床，去吃点新鲜牡蛎去——全都是刚从荷尔斯泰因运来的。对彼得来说这意味着双重享受：他热爱牡蛎，而这些牡蛎又来自他的国家。叶卡捷琳娜明白若是拒绝起床，那又会惹恼彼得，一场口角势必在所难免，于是她起了床，跟着彼得走出了房间。吞下一打牡蛎之后，彼得终于允许她回房休息了，他自己则留了下来，继续享受着牡蛎。叶卡捷琳娜注意到彼得很开心地看到她并没有吃掉多少牡蛎，大部分还是留给了他。还不到子夜的时候，叶卡捷琳娜起了床，梳洗打扮之后就赶去参加复活节的弥撒了。唱诗班没完没了地唱着赞美诗，就在这时她的胃部出现了剧烈的痉挛，于是她只得回房休息了。在复活节的头两天，她一直饱受着腹泻的折磨，服用了几副大黄之后症状有所缓解。彼得始终安然无恙。

在复活节的弥撒中，女皇也因为胃痛而中途退场了。人们纷纷传言说女皇之所以略感小恙并非因为食物的问题，而是周旋于几个男人之间让她焦虑所致。这几个男人分别是阿列克谢·别斯杜捷夫、伊凡·舒瓦洛夫、唱诗班的歌手凯申涅夫斯基，以及新近得到提拔的候补军官贝科托夫。

女皇带着随从离开圣彼得堡之前，身为议员并兼任军校生指挥官的尤苏波夫王子安排学员们为女皇表演了几场俄国和法国剧作。在演出中学员们的道白错误百出，不过回到圣彼得堡之后女皇又召集了几个年轻人，为朝臣们继续表演戏剧。演员的服装是按照女皇的喜好设计的，上面还装点着她自己收藏的珠宝。人们注意到领衔演出的是一个年仅十九岁的英俊青年，他是全场扮相最为耀眼、披挂的饰物最多的一个演员。演出结束后，人们看到他依然佩戴着那些钻石搭扣、戒指、手表，身上也还挂着精致的蕾丝。这个青年就是贝科托夫。

无论是作为演员，还是作为候补军官，贝科托夫都是一个昙花一现的角色。拉祖莫夫斯基伯爵将贝科托夫提拔为自己的副官，贝科托夫就从候补军官升任为上尉。听到这个消息，女皇的臣僚们都以为拉祖莫夫斯基将贝科托夫置于自己的羽翼之下，此时女皇对伊凡·舒瓦洛夫流露出明显的兴趣，拉祖莫夫斯基的举动无疑是对女皇的反击。对于贝科托夫的升迁，宫里最为不安的就是叶卡捷琳娜的女侍臣加加琳娜公主。这位公主没有天生的丽质，但是她富于智慧，而且拥有巨额财产。不幸的是，她看中的男人却总是被卷入女皇的生活中，而且此前她就已经碰到过一次同样的情况。公主之前的选择就是伊凡·舒瓦洛夫，据说当时她已经做好了出嫁的准备，可是女皇却横刀夺爱了。现在，同样的命运又落在了贝科托夫的身上。

宫里全都等着看个分晓——最终究竟是舒瓦洛夫，还是贝科托夫能赢得女皇的芳心。在风头正劲的时候，贝科托夫一时心血来潮，将女皇御用的唱诗班请到了自己家里。女皇十分欣赏这些男孩子的嗓音，贝科托夫渐渐地也喜欢上了他们。他不断地邀请他们来家里做客，还为他们谱写了几首歌曲。有些臣僚很清楚女皇非常厌恶同性恋，他们认为贝科托夫同唱诗班男孩的交往必然存在性爱。同男孩们漫步在花园里的贝科托夫根本不知道自己已经大难临头。在一次高烧发得神志不清的时候，他胡言乱语地表白着自己对伊丽莎白的爱慕，大家都不知道对他的表白该作何理解。康复之后，贝科托夫发现自己已经颜面尽失，于是离开宫廷，加入了军队。他的军旅生涯非常失败，叶卡捷琳娜曾断言"对于军营中的生活来说他太羸弱了"。

尽管跟彼得之间存在着很多私人问题，叶卡捷琳娜在俄国的地位却还是建立在这段婚姻之上，因此只要彼得身陷窘境，她总是会尽力出手相助。彼得一直很牵挂荷尔斯泰因这个世袭公国，他曾经是那里的统治者。叶卡捷琳娜意识到彼得对自己国家的认识有些夸张，甚至可以说是愚蠢的，但她绝对没有怀疑过彼得对自己国家的感情。在《回忆录》中她写道：

大公对世界上的一个小角落有着超乎寻常的热情，那就是他出生的地方。尽管自十三岁起他就抛下了自己的国家，可是那个地方一直占据着他的心。每当提起那里他就充满了狂想。在他周围没有任何一个人去过他所说的那个神乎其神的乐园，日复一日，他给我们讲述的故事越来越荒谬，让我们听得昏昏欲睡。

1750年的秋天，彼得对自己那个小公国的情感演变成了外交难题，甚至让叶卡捷琳娜也受到了连累。当时，丹麦王国的外交使节利内尔伯爵来到了圣彼得堡，他前来同俄国商谈荷尔斯泰因与奥尔登堡公国的交换事宜。位于北海沿岸的奥尔登堡公国处在丹麦的势力范围之内。别斯杜捷夫伯爵急于促成这笔交易，他正在谋求同丹麦的结盟，一旦交易成功，阻挠结盟的因素就被消除了。对于别斯杜捷夫而言，彼得对他那个小公国的情感无足轻重。

利内尔伯爵刚一公布自己此次到访的目的，别斯杜捷夫便立即召见了荷尔斯泰因公使派西林先生。派西林先生是一个五短身材、头脑精明的人，深得别斯杜捷夫的信任，他得到授权同利内尔进行磋商。为了打消自己名义上的主子——彼得大公——的顾虑，派西林告诉彼得他只是去做做样子而已，不会进行任何实质性的商谈，还说这场谈判令人实难接受，彼得有权随时中断谈话。彼得同意让派西林开始谈判，不过他还是指望能从叶卡捷琳娜那里得到一些建议。

我焦虑不安地听着一场场的商谈，竭尽全力地进行着阻挠。此前有人建议彼得最好将商谈当作绝密要事，尤其要谨防女人获悉此事。这番建言当然针对的是我，可是他们被蒙蔽了，我的丈夫总是急不可耐地把自己知道的一切都转告给我。随着谈判的深入，他们的陈述也越来越令大公感到满意。我常常看到他为摆在自己面前的前途感到欣喜，到最后也只会看到他为自己不得不放弃的一切悔恨万分。一旦发现他有所迟疑，谈判双方便放慢节奏，在找到其他能够取悦于他的措辞之后他们才会继续谈判下去。可是，我的丈夫根本不知道该做些什么。

奥地利驻俄公使德·贝尔尼斯伯爵足智多谋，平易近人，五十岁的伯爵深得叶卡捷琳娜和彼得的尊敬，叶卡捷琳娜曾写道："倘若有他这样的人来为大公效力，大公必然会获益良多。"彼得也认同这一点，他决定让伯爵帮他出谋划策，以应对这场谈判。然而，彼得却不愿亲自前去请教公使先生，他让叶卡捷琳娜替自己出面，叶卡捷琳娜欣然应允。在随后举行的假面舞会上，她走到伯爵跟前，开诚布公地对伯爵说自己年纪尚轻，经验不足，对国事知之甚少，但随即她又说在自己看来荷尔斯泰因面临的处境并不像人们形容的那样危急，至于公国交换这件事情，似乎获益更多的是俄国，而非大公自己。她坦言说作为俄国皇位的继承人，大公肯定也很关心自己在俄国的利益，但当局面发展到一定地步，必须为终止俄国同丹麦之间无休无止的争端而放弃荷尔斯泰因并有损大公个人利益的话，大公也是会同意的。然而，目前的情形充满了阴谋的味道，一旦得逞，大公就会显得过于无能，在人民的心目中再也无法恢复形象了。他热爱荷尔斯泰因，尽管如此，谈判双方却还在坚持劝说他接受这种交换，而他自己却对背后的理由一无所知。

听完这番告白之后，德·贝尔尼斯伯爵回答道："作为外交官，我不会对此事给予任何建议，但是作为德·贝尔尼斯伯爵，我认为您所言极是。"后来，彼得告诉叶卡捷琳娜这位公使曾对他说："我能告诉您的就是我相信您夫人说得没错，您应当仔细听听夫人的意见。"面对谈判彼得终于冷静了下来，最终对两个公国进行交换的提议流产了。在首次涉足外交事务的冒险中，叶卡捷琳娜成功地击败了别斯杜捷夫伯爵。

第二十六章
舞会，爱慕者，不忠的奴仆

彼得的一举一动常常难以捉摸。他曾整整一个冬天沉浸在乡村别墅的设计中，当时他打算仿照嘉布遣会修道院[1]的形制，在奥拉宁巴姆附近修造一座别墅，在那里他和叶卡捷琳娜以及他们的随从将身着嘉布遣会修士的褐色长袍，所有人都有一头专属于自己的毛驴，大家轮流带领着驴队去挑水，给"修道院"输送补给品。构思越是详细，彼得就越是感到兴奋。为了哄他开心，叶卡捷琳娜还用铅笔绘制了一张建筑草图，每天都要进行细节上的修改。跟彼得的谈话让她精疲力竭，彼得的描述"味同嚼蜡，我还从未听过如此无聊的谈话。只要他一离去，曾经最无聊的书在我看来似乎都变得有趣起来"。

书籍是叶卡捷琳娜的避难所。为了掌握俄语，她把找到的俄语书统统读了一遍，不过她最喜欢的还是法语，对法语书她一向来者不拒，女侍臣们碰巧在读什么，她也就读什么。她总是躲在自己的房间里读着书，口袋里还要多带上一本。她还找到了德·塞维涅夫人[2]描述路易十四时期宫廷

---

[1] 嘉布遣会修道院，位于现今的捷克境内。嘉布遣会是方济各会的一支。该修道院最为知名的部分是建于17世纪中期的地下墓穴。

[2] 德·塞维涅夫人（Madame de Sevigne，1626年—1696年），法国书信作家。其作品生动、风趣，展现了路易十四时代法国的社会风貌，被誉为法国文学瑰宝。她育有一子一女，二十六岁丧偶，并未再婚。奉女儿为掌上明珠，现存书信的大部分均致女儿。

生活的信札。不久前，由巴诺神父[1]在法国出版的十卷本《德意志史》刚刚被送抵俄国，叶卡捷琳娜每个星期都会读上一卷。她还找到了法国哲学家皮埃尔·贝尔[2]所著的《历史批判辞典》，贝尔生活在17世纪，是一位自由派思想家，也是孟德斯鸠和伏尔泰的前辈。叶卡捷琳娜把这本书从头读到尾，在好奇心的引导下她慢慢地得到了一种更深入的教育。

随着知识的增长，叶卡捷琳娜的外貌在外人看来也越发吸引人了。"我长着纤细的腰，唯一缺少的就只是一点肉，因为我太瘦了。我喜欢不施粉黛，我的一头褐发不仅秀美，而且还很粗壮。"叶卡捷琳娜有了新的追求者。有一阵子，最执着的追求者要算尼古拉·乔戈洛科夫了。经过了与科舍列娃小姐的冒险之后，乔戈洛科夫也对女大公痴心不已，叶卡捷琳娜注意到他常常冲着她傻笑，或者点头致意。乔戈洛科夫的殷勤令人作呕。"他长着一头金发，身材肥胖，头脑就跟他的身材一样愚钝，而且带着一身的纨绔之气。他很招人憎恶，大家都觉得他是一个难以相处的卑鄙小人。我设法躲避着他的殷勤，同时还不能对他失礼。显然，他的夫人对我很是感激。"

跳舞时叶卡捷琳娜的魅力得到了最充分的展现。她对参加舞会时的穿戴非常挑剔，一条裙子一旦得到众人的赞赏，那她绝对不会再穿第二次了。她认为如果第一次非常引人注目，那么日后就不会产生同样的效果了。在非官方的宫廷舞会上，她的着装会尽可能地俭朴，这可以讨得女皇的欢心，在这些场合女皇不喜欢看到还有比自己衣着更为华丽的女人。当女皇下令要求女人们全都女扮男装参加舞会时，叶卡捷琳娜就会穿上最奢

---

[1] 尼古拉·巴诺神父（Father Nicholas Barre），出生于17世纪初期的法国亚眠，著名的布道者与教育家，在法国创办了第一所女子学校。

[2] 皮埃尔·贝尔（Pierre Bayle，1647年—1706年），法国哲学家和历史评论家，17世纪下半叶最具影响力的怀疑论者。贝尔继R.笛卡尔之后高举理性批判的旗帜，以对宗教神学和17世纪"形而上学"的历史批判，宣告了18世纪"理性时代"的到来，并为法国唯物主义和无神论思想打下了基础。

华的男装，这样似乎也同样能够取悦女皇。

假面舞会成了女人们的较量。在其中一场舞会上，叶卡捷琳娜决定只穿一条粗白布做成的紧身胸衣和一条同样质地的裙子，裙摆下只有一个小裙撑。她将一头长长的卷发用白丝带扎成了马尾辫，在头发上别了一朵玫瑰花，在脖子上套了一圈用白色棉纱做成的飞边，袖口和围裙也是同样的材质。步入舞厅后她径直走到女皇面前，女皇满意地欢呼道："好家伙，多质朴啊！"她欢欣鼓舞地从女皇身边走开，跳了整整一个晚上。事后叶卡捷琳娜写道："一生中我想不起来还有哪一次能像那天晚上一样备受赞誉。说实话，我从不觉得自己是一个美人，可是我很迷人，我懂得如何取悦别人，我想这就是我的长处。"

在1750年至1751年期间的化装舞会和社交舞会上，曾经的侍寝官，现在的上校扎克哈尔·切尔尼谢夫伯爵又回到了圣彼得堡的社交圈，他离开这里已经有五年之久了。在当初离去时，叶卡捷琳娜还只是一个十六岁的小女孩，现在她成了二十一岁的成熟女性。

见到他我很开心，他绝不放过任何一个向我示爱的机会。对于他的殷勤我必须做出正确的理解。他先是跟我说他发现我越发漂亮了，这还是我这辈子头一回听到有人跟我说这样的话，我感到心满意足。我太天真了，竟然相信了他的话。

在每一场舞会上，切尔尼谢夫都会把这种话说上几遍。一天，侍女加加琳娜公主给叶卡捷琳娜送来了一封印制出来的"情书"——一张印着几段煽情诗作的小纸条。"情书"来自切尔尼谢夫。第二天，叶卡捷琳娜又收到了切尔尼谢夫发来的一封信，这一次她看到信封里夹着一张伯爵手写的字条。在接下来的化装舞会上，趁着同叶卡捷琳娜共舞的机会，伯爵说自己的心中藏着千言万语要对叶卡捷琳娜诉说，全都是无法落在纸上的话，他恳求她能在她的卧室里略微听一听他的表白。叶卡捷琳娜对伯爵说这是不可能的，他不能进入她的卧室。伯爵说有必要的话，自己可以乔装成下人的模样，叶卡捷琳娜还是一口回绝了。后来她写道："因此，他最多也就是给我送来几封夹着小纸条的信。"在为期一个月的谢肉节[1]结束之后，切尔尼谢夫就返回驻地去了。

在二十刚出头的那几年里，叶卡捷琳娜在皇宫里过着灰姑娘一样的日子。夏日里，她或者骑马驰骋在草原上，或者在芬兰湾沿岸的沼泽地里打野鸭；冬日的夜晚，她又像小美人一样在宫廷舞会上翩翩起舞，跟迷人的青年男子们互相倾吐秘密，或者从他们那里接过充满柔情蜜意的小纸条。这都是她梦想过的生活，跟她那令人沮丧、受尽冷遇、不断遭到拒绝的日常生活有着天壤之别。

一天，乔戈洛科娃夫人告诉叶卡捷琳娜女皇刚刚将提摩西·叶夫雷诺夫免职了。叶夫雷诺夫是叶卡捷琳娜的总管，同时也是她的好朋友，这个消息对她来说无异于晴天霹雳。叶夫雷诺夫与一个专为叶卡捷琳娜和彼得端茶倒水的仆人曾经发生过一次争执，当时彼得突然走了进来，无意中听到了两个男人对彼此的辱骂。后来，叶夫雷诺夫的对手向乔戈洛科夫先生抱怨说叶夫雷诺夫根本不管大公也在场，就对他劈头盖脸地羞辱了一番。乔戈洛科夫急忙赶去将这件事情报告给了女皇，女皇立即便将对骂的双方都赶出了宫。根据叶卡捷琳娜的记述，"实际上，叶夫雷诺夫和另外那个人对我们都忠心耿耿"。之后，女皇安排了一个名叫什库林的人来接替叶夫雷诺夫。

---

[1] 谢肉节，又称送冬节，烤薄饼周。从多神教时期就流传下来的俄罗斯传统节日。后来由于俄罗斯民众开始信奉东正教，该节日与基督教四旬斋之前的狂欢节发生了联系。现在谢肉节的开始日期为每年东正教复活节前的第八周。

没过多久，叶卡捷琳娜同乔戈洛科娃夫人就发生了一场冲突，什库林在这起纷争中扮演着关键性的角色。叶卡捷琳娜的母亲约翰娜从巴黎给女儿寄来了两件漂亮的衣服，叶卡捷琳娜在自己的更衣室里当着什库林的面对两件衣服大加赞赏，并顺嘴说自己想把它们当作礼物送给女皇。叶卡捷琳娜原本打算等到时机成熟的时候亲口对君主说出这番话，她觉得这两件衣服是私人间的礼物，希望能亲手呈递给女皇。她特别跟什库林强调说不要把这些话透露给任何人。可是，什库林却立即赶去将自己听到的悉数报告给了乔戈洛科娃夫人。几天后，女总管找到叶卡捷琳娜，对她说女皇对她的礼物表示感谢，她自己保留了一件，把另外一件送还给了女大公。叶卡捷琳娜登时就惊呆了，她说："乔戈洛科娃夫人，怎么会这样呢？"乔戈洛科娃夫人回答说，在得知叶卡捷琳娜有意将衣服送给女皇之后，她就亲自把衣服拿去给女皇了。叶卡捷琳娜结结巴巴地几乎说不出话来，不过她还是挣扎着说自己原本打算亲自把衣服送去给女皇。她说乔戈洛科娃夫人不可能知道她的心思，因为自己从来没有跟夫人提过此事，夫人一定是从哪个不忠的下人嘴里听说了此事。乔戈洛科娃夫人回嘴说，叶卡捷琳娜很清楚自己是不准直接面见女皇的，也知道仆人们将亲眼所见、亲耳所闻均报告给她只是奉命行事而已。所以，她的仆人是尽忠职守之人，她亲自将衣服呈递给女皇也同样是在履行自己的职责。简而言之，最后乔戈洛科娃夫人宣称发生的一切都是按照规定执行的。叶卡捷琳娜没能继续做出回应，怒不可遏的她已经说不出话了。

　　乔戈洛科娃夫人离去后，叶卡捷琳娜冲进了小前厅，什库林每天早晨都会待在这里。看到什库林，她使出浑身的劲儿在他的脸上狠狠地扇了一巴掌，说他是一个忘恩负义的叛徒，竟敢把自己不准他说出去的话报告给乔戈洛科娃夫人。她还提醒他说自己以前赏赐给他数不尽的礼物，可是他还是出卖了她。什库林"扑通"一声跪倒在地上，乞求叶卡捷琳娜宽恕他。叶卡捷琳娜被他的忏悔打动了，她说日后自己如何对待他都取决于他的表现。在接下来的几天里，叶卡捷琳娜在所有人面前将乔戈洛科娃夫人痛斥了一番，她是希望自己的抱怨能传到女皇的耳朵里去。显然，她成功了，当伊丽莎白女皇最终见到女大公的时候，她对女大公的礼物表示了感谢。

第三部分

诱惑，母亲，对峙

第二十七章
萨尔蒂科夫

1751年9月，伊丽莎白女皇为彼得大公指派了三名年轻的侍臣。三个青年均出身于贵族家庭，其中一位是列夫·纳雷什金，彼得大帝的母亲娜塔莉娅·基里尔洛夫娜·纳雷什金娜就是他的先祖。列夫平易近人，妙语连珠，他的俏皮话让大家听得都很开心，但谁都不会当真。叶卡捷琳娜说世间没有第二个人能像列夫这样总是逗得她捧腹大笑。

他天生就是一个小丑，如果不是因为出身于贵族家庭，那他肯定会成为一个喜剧演员，凭着自己的本事发家致富。他很机智，而且还听说过很多逸闻趣事。他几乎无所不知，对任何艺术或者科学领域的话题都能用专业术语聊上十几分钟。聊到最后，他和对方都已经聊得不知所云了，大家就只是一个劲儿地哈哈大笑着。

另外两位是萨尔蒂科夫兄弟俩，他们的家族属于俄国最古老、地位最显赫的贵族家庭。兄弟俩的父亲是伊丽莎白女皇的副官，母亲则深得女皇的爱护，因为在1740年女皇攫取皇位的政变中她对女皇忠心耿耿。两兄弟中的哥哥名叫彼得，举止粗鲁，叶卡捷琳娜曾经形容他为"一个不折不扣的傻瓜，我从未见过如此愚蠢的面孔，他长着一对又大又呆的眼睛，一个塌鼻梁，还总是大张着嘴巴——那张嘴巴永远都合不起来。他是一个臭名昭著的是非精，因此他跟乔戈洛科夫夫妇的关系非常不一般"。

弟弟名叫谢尔盖，跟亲哥哥截然不同。谢尔盖英俊而冷酷，将勾引女人当作自己毕生的事业。他肌肤黝黑，眼睛也很黑，个头中等，身体健硕，而且举止优雅。他随时都在寻找着猎物，一旦发现合适的对象他便立即出击，充分利用自己的魅力、诺言或韧性，或者三管齐下。此外，他还是一个愈挫愈勇的人。注意到叶卡捷琳娜的时候萨尔蒂科夫年满二十六岁，跟女皇的女侍臣玛特廖娜·鲍尔克结婚已经两年了。这段婚姻完全是谢尔盖心血来潮的结果，当初在皇村时他看到鲍尔克高高地荡着秋千，清风掀起了她的裙摆，让她的脚踝露了出来，第二天他就向鲍尔克求婚了。现在，鲍尔克已经让他感到腻味了，他要找点新鲜的刺激。萨尔蒂科夫注意到叶卡捷琳娜受到丈夫公然的忽视，而陪在左右的人又显然令她感到厌倦。严密的保护令女大公更加富于吸引力，与大公的婚姻则为这个猎物镀上了一层灿烂的光泽，而她还是一个处女的传言就更加令萨尔蒂科夫无法舍弃这个挑战了。

叶卡捷琳娜注意到这个年轻人很快就跟乔戈洛科夫夫妇熟稔了起来，在她看来萨尔蒂科夫的举动很是匪夷所思——"这两个人既不聪明，也不和善，萨尔蒂科夫却对他俩大献殷勤，这背后一定有着不可告人的打算。当然，凡是有点常识的人都不会整日里听着这两个傲慢自大的傻瓜唠叨个不停，除非他有着隐秘的动机。"玛丽亚·乔戈洛科娃又怀孕了，大部分时间里她都待在自己的房间里，让女大公去探访她。去做客的时候叶卡捷琳娜总是会看到除了尼古拉·乔戈洛科夫之外，谢尔盖·萨尔蒂科夫、列夫·纳雷什金和其他人也在房间里。在午后和夜晚，萨尔蒂科夫琢磨出一个又一个别出心裁的办法吸引着乔戈洛科夫的注意。他发现这个面无表情、毫无想象力的男人在简单的歌词创作上具有一定的天赋。萨尔蒂科夫对乔戈洛科夫的作品大肆吹捧了一番，还说自己希望能听到更多的作品。

因此，每当大家希望摆脱乔戈洛科夫的视线，萨尔蒂科夫就会出一个题目，恳求受宠若惊的蹩脚诗人为之创作一曲。这时，乔戈洛科夫就会急匆匆地走到房间的角落里，守在壁炉前，构思起新的大作。一旦起了头他就会完全沉浸其中，整个晚上都不会离开座椅。他创作的歌词被大家称为是妙不可言、令人陶醉的绝句，他便继续不停地写了下去。列夫·纳雷什金用古钢琴为乔戈洛科夫的歌词谱上曲子，然后跟他一起合唱着这些歌曲。房间里没有人会专心聆听他们的表演，大家都无拘无束地聊着天，不用担心有人会上前打断大家。

聚会各方"同仇敌忾"，一起快乐地用这招诡计蒙蔽着主人乔戈洛科夫，就是在这样的气氛中谢尔盖·萨尔蒂科夫开始采取行动了。一天晚上，他终于附在叶卡捷琳娜的耳边道出了自己的爱慕之情，叶卡捷琳娜警惕而欣喜地听着萨尔蒂科夫的表白。她没有接茬，也没有劝阻他，萨尔蒂科夫便继续向叶卡捷琳娜做着表白。第二次，叶卡捷琳娜试探性地问他究竟想从她这里得到什么，萨尔蒂科夫描绘了一番自己幻想着同叶卡捷琳娜在一起后所能拥有的幸福。叶卡捷琳娜打断了萨尔蒂科夫，"你的妻子呢？两年前你可还深爱着她呢。她又会怎么说呢？"萨尔蒂科夫耸了耸肩，又冲着玛特廖娜狠狠地扬了一下脑袋，说："闪光的东西可不一定都是金子。"还说自己已经为一时的头昏脑热付出了惨重的代价。他信誓旦旦地向叶卡捷琳娜做着保证，宣称自己对她的感情更为深沉、持久，也更加可贵。

后来，叶卡捷琳娜对自己面对萨尔蒂科夫的诱惑时的反应做过一番描述：

他二十六岁，无论是出身，还是其他方面都称得上是一位卓然超群的绅士。他知道如何掩饰自己的不足，其中最恶劣的一点就是对阴谋诡计的兴趣，并且毫无底线。当时，我没能认识到他的这些缺陷。我几乎每天都能见到他，大多数时间里侍从都在场，我没有做出什么逾规的行为，对他和所有的人都一视同仁。

一开始，叶卡捷琳娜的确还有招架之力。她告诉自己她对萨尔蒂科夫只有同情而已。这样一位青年才俊却身陷如此糟糕的婚姻中，而且为了她他甘愿以身犯险，同时他还很清楚自己是得不到她的，因为她自己本身就拥有公爵的爵位，而且丈夫还是皇位继承人。

不幸的是我情不自禁地聆听着他的倾诉。他如晨曦般俊朗，就相貌而言女皇周围无人能出其右，我们身边的人就更不用说了。而且，他博学多才，举止优雅，性格独特，对社交圈，尤其是宫廷来说这些都是优点。

叶卡捷琳娜每天都能见到萨尔蒂科夫，她含蓄地告诉他这只是在浪费时间而已："你怎么知道我不会心有所属了呢？"可是，她的演技太差了，恋爱老手萨尔蒂科夫从来没把叶卡捷琳娜的拒绝当作一回事。到最后，叶卡捷琳娜也只能说："整个春天以及夏天的一段日子里我一直都在做着抵抗。"

1752年的夏天，乔戈洛科夫邀请叶卡捷琳娜、彼得和一干随从去他的一处领地——涅瓦河上的一座小岛——狩猎。刚一登上小岛，大部分人就立即骑上马，跟着追赶野兔的猎犬跑了出去。等到其他人都跑出了自己的视线范围，萨尔蒂科夫便快马加鞭地赶上了叶卡捷琳娜，按照叶卡捷琳娜的说法他"又开始聊起了自己最喜欢的话题"。在这里，萨尔蒂科夫不再需要压低声音了，他绘声绘色地描述着一场不为人知的风流韵事所带来的愉悦，叶卡捷琳娜一声不吭。萨尔蒂科夫恳求叶卡捷琳娜允许自己至少心存一丝希望，叶卡捷琳娜努力地克制着自己，回嘴说萨尔蒂科夫可以随心所欲地幻想任何事情，她又无法控制他的大脑。萨尔蒂科夫将自己同宫廷里其他年轻男子做了一番比较，然后问自己是否属于叶卡捷琳娜偏爱的那种类型，假如他不是，那谁会赢得她的芳心呢。叶卡捷琳娜默不作声地摇了摇头，不过事后她坦言道："我得承认他的确把我哄得心花怒放。"萨尔蒂科夫将这套毫无价值而又陈腐老套的把戏玩了一个半小时后，叶卡捷琳娜让他赶紧走开，两个人单独交谈这么长时间必然会引起其他人的怀疑。萨尔蒂科夫说除非叶卡捷琳娜答应他的请求，否则他是不会离去的。叶卡捷琳娜回复道："好吧，好吧，但是现在你赶紧走吧。"萨尔蒂科夫说："成交！那我也不会食言的。"说完便赶着马走掉了。叶卡捷琳娜在后面冲他喊道："不，不要！""要，要的！"冲叶卡捷琳娜喊完这两句，萨尔蒂科夫便骑着马飞快地跑掉了。

当天晚上，参加狩猎的客人回到了乔戈洛科夫在小岛上的府邸。就在众人享用晚宴的时候，外面突然刮起了一股猛烈的西风，芬兰湾的海水被强风吹到了涅瓦河三角洲，很快地势较低的小岛就积起了深达几英寸的水。宾客们在乔戈洛科夫家被困到了次日凌晨3点钟。利用这段时间，萨尔蒂科夫再次对叶卡捷琳娜发起了攻势，他说就连老天都在帮他，这场风暴给了他更多的时间守在她的身边。日后，叶卡捷琳娜写道："他已经认为自己胜券在握了，我看到的却完全是另外一种情形。我心乱如麻，本以为对他和自己的激情我都主宰得了，可是现在我才意识到要做到这一点实在是太艰难了，或许根本就没有可能。"这种可能性的确不存在。没过多久——在当年的八九月间——谢尔盖·萨尔蒂科夫的目的就达到了。

无人知晓这段风流韵事，但是彼得却猜到了，他曾经对自己当时正在追求的女侍臣说："谢尔盖·萨尔蒂科夫和我妻子在糊弄乔戈洛科夫。他俩让他相信什么，他就相信什么，背过去那两个人就拿他当笑柄。"彼得并不在意自己被戴上了绿帽子，在他看来这只是跟蠢货乔戈洛科夫搞的一场恶作剧罢了。更重要的是，女皇和乔戈洛科娃夫人都对叶卡捷琳娜的这段新恋情一无所知。在彼得霍夫宫和奥拉宁巴姆宫避暑期间叶卡捷琳娜整日都在骑马，这时她已经无暇顾及外在的表现了，所以她不再欺瞒女皇，而是像男人那样跨坐在马背上。一天，瞥见叶卡捷琳娜这副样子，女皇对乔戈洛科娃夫人说就是因为这样骑马女大公才未能受孕。乔戈洛科娃夫人放肆地说骑马跟未能生子毫不相干，毕竟孩子不可能"凭空就冒出来"，尽管大公夫妇已经结婚七年了，可是"他俩还什么都没发生过呢"。听到这番话，此前始终不愿接受这个现实的女皇勃然大怒，她指责乔戈洛科娃夫人没能说服彼得与叶卡捷琳娜尽到夫妻的义务。

受到警告后，乔戈洛科娃夫人便打定主意，决意实现女皇的心愿。女总管先找到大公的侍臣布雷森，对方建议她找一位迷人、性经验丰富的女人陪在彼得身旁，这个女人的地位必须低于彼得。乔戈洛科娃夫人同意布雷森将年轻寡居的格鲁特夫人安插在了彼得身边。格鲁特夫人改嫁给了斯图加特的画师格鲁特，当初伊丽莎白女皇从西方召集了大批的艺术家来到俄国，其中就包括格鲁特先生。布雷森花了一些工夫才让格鲁特夫人明白他们对她寄予的希望，并说服她接受了这项任务。教师刚一接受使命，布雷森便立即将她引荐给她的学生。音乐、红酒、客套话，再加上教师的坚持不懈，就这样彼得终于开窍了。

彼得在格鲁特夫人身上取得的成功，意味着这位寡妇已经成功地帮彼得克服了容貌带给他的顾虑。实际上，即便他以前存在包茎的问题，经过这么长的时间，问题也自然得到了解决。不过，在自己为叶卡捷琳娜撰写的传记中，率先将这个问题公之于众的法国外交官卡斯泰拉对于此事却有着另外一种解释。根据卡斯泰拉的记述，刚一得手，萨尔蒂科夫便对自己跟叶卡捷琳娜的恋情感到了不安。叶卡捷琳娜还是处女之身的秘密早已为外人所知，她的丈夫又是储君，跟这样的女人发生关系无疑存在风险。假如叶卡捷琳娜受孕，他会面临着怎样的境地？萨尔蒂科夫选择了自保。在一次只有男人参加的宴会上，萨尔蒂科夫不停地将话题引向性生活的妙趣，彼得是宴会的座上宾，已经酩酊大醉的他坦言自己从未有过这些美妙的体验。于是——只是据说——萨尔蒂科夫、列夫·纳雷什金和其他几位在场的客人便恳请大公立即接受矫正手术，头晕目眩的彼得结结巴巴地同意了大家的请求。这时，早已等在一旁的外科与内科医生被带了进来，立即对彼得实施了手术。等伤口愈合，格鲁特夫人也完成了私人课程后，大公立即就履行了丈夫的职责。就这样，倘若彼得的妻子怀上身孕，谁还会认为谢尔盖·萨尔蒂科夫应该对此负责呢？

萨尔蒂科夫的担忧纯属多余。在执行女皇命令的过程中，乔戈洛科娃夫人已经将注意力转移到了叶卡捷琳娜的处女之身上，直到这时女管家还以为叶卡捷琳娜尚未破处。彼得成功地接受了格鲁特夫人，但这并不能保证他也同样有能力接受叶卡捷琳娜，况且交媾成功也并不一定就意味着受孕的成功。大家需要得到进一步的保证，或许甚至需要一位更可靠的男人。

乔戈洛科娃夫人很清楚女皇赋予自己的权限。一天，她将叶卡捷琳娜拉到一旁，说："我必须严肃地跟你谈一谈。"接下来的谈话让叶卡捷琳娜听得目瞪口呆。

乔戈洛科娃夫人一如既往地先来了一段冗长的开场白——她对丈夫的爱，她自己端正的德行，为人有多么谨慎，哪些事情能确保夫妇二人相亲相爱，并使得婚姻维持下去，哪些事情又属于不必要的节外生枝。讲到一半的时候，她突然话锋一转，说在有些情况下为了更重要的利益，夫妇就得打破这些规矩，将对国家的忠诚凌驾于对丈夫的职责之上。我任凭她不停地讲下去，根本搞不明白她究竟用意何在，也不确定她是不是在给我铺设陷阱。我沉思着，她则继续唠叨着："我想你心里对男人自有判断，现在我把选择权交给你——谢尔盖·萨尔蒂科夫，还是列夫·纳雷什金，如果我没有猜错的话，应该是后者才对。"听到这里我失声喊叫了起来："不，不，根本不是。""好吧，如果不是纳雷什金，那就只可能是萨尔蒂科夫喽。"

叶卡捷琳娜没有吭声，女管家继续说道："你会明白的，我是不会给你找麻烦的。"乔戈洛科娃夫人没有食言。就这样，她和丈夫站在一旁，看着谢尔盖·萨尔蒂科夫走进了叶卡捷琳娜的卧室。

三位当事人——叶卡捷琳娜、彼得和萨尔蒂科夫——眼前的局面非常复杂。叶卡捷琳娜爱着萨尔蒂科夫，这个男人也指天发誓自己同样爱着她，还把她七年没有破处的婚姻甩到一边，引领着她品尝到了性爱的美妙。叶卡捷琳娜身为人妇，可是自结婚以来丈夫从未碰过她，直到现在对她也没有丝毫的欲望，而且他很清楚妻子有一个情人，尽管叶卡捷琳娜有情人这件事情听起来还只是一个令人心痒难耐的玩笑而已。谢尔盖则认为在这段三角关系中彼得的出现给他提供了必要的掩护。

叶卡捷琳娜原本应该为这个安排感到高兴，可是谢尔盖·萨尔蒂科夫的态度却有所改变了。到了秋天，女皇带着臣僚又迁至冬宫，萨尔蒂科夫看起来有些焦躁不安，他的激情似乎也渐渐地消退了。每当叶卡捷琳娜斥责他时，他就总是再三强调说他们俩需要谨慎一些，还辩解说如果叶卡捷琳娜能静下心来考虑一下的话，就会明白他的选择有多么明智了。

1752年12月，叶卡捷琳娜和彼得从圣彼得堡启程，同女皇与众位臣僚一起前往莫斯科。此时，叶卡捷琳娜已经觉察到自己有孕在身。雪橇车队没日没夜地赶着路，在到达莫斯科前的最后一个补给站，叶卡捷琳娜出现了严重的宫缩和大出血，最终还是流产了。不久，谢尔盖·萨尔蒂科夫也赶到了莫斯科，可是他对叶卡捷琳娜却变得十分冷漠。对于自己的态度，他还是重复着老一套的理由，只说是出于谨慎的考虑，以免惹来不必要的怀疑。叶卡捷琳娜仍然接受了这套说辞，她说："只要一看到他，一跟他说说话，我心头的疑虑就消散得无影无踪了。"

萨尔蒂科夫请求叶卡捷琳娜替他去向总理大臣别斯杜捷夫求求情，在事业上提拔一下他。受到安慰的叶卡捷琳娜为了取悦情人便答应了这个请求，对她来说这实属不易。七年来，她一直将这位总理大臣看作自己在俄国的头号劲敌，他不断地对她进行挑衅，让她蒙羞受辱，在针对她母亲的斗争中幕后主使正是他，将乔戈洛科夫夫妇派来监视她和彼得的人也是他，拟定议案切断她同外界书信往来的人还是他。叶卡捷琳娜从未公开表示过对这位总理大臣的反对，她一直小心翼翼地回避着宫廷里的党派之争，她认为自己地位尚不稳定，因此最好还是与人为善，对政治活动不要流露出丝毫的兴趣。她首先需要做的就是消除德意志出身带给自己的影响，为了实现这个目标她就得怀着满腔的热情接受一切属于俄国的东西。现在，对萨尔蒂科夫的爱情左右着她，这个男人让她怀上了孩子，她害怕这个男人，总是担心失去他，于是她将自己先前的顾虑统统抛之脑后，满足了萨尔蒂科夫的请求。

叶卡捷琳娜首先打算派人给别斯杜捷夫伯爵"捎去几句话，让他相信我不像过去那样对他充满敌意了"。总理大臣的反应令叶卡捷琳娜大吃一惊。他对叶卡捷琳娜的姿态表示非常欢迎，还宣称自己听凭女大公的吩咐，并且请女大公选择一个供双方交流的安全渠道。听闻这个消息后，萨尔蒂科夫便按捺不住了，他立即决定以私人名义前去拜访总理大臣。总理大臣热情地接待了他，还背过众人跟他讲了一些宫廷内部的事情，尤其着重说到了乔戈洛科夫夫妇的愚蠢。"我知道你跟我一样看得透他俩，毕竟你是一个有头脑的年轻人，"然后他话锋一转，又提起了叶卡捷琳娜，"为了向女大公对我的厚爱表示感谢，我要为她略尽绵薄之力，我想她会感谢我的。我要让维拉迪斯拉娃夫人在她面前就像绵羊一样听话，女大公可以随心所欲地做自己喜欢的事情了。她会明白我可不是她想象中的妖魔鬼怪。"

转瞬间，叶卡捷琳娜就改变了这位令她恐惧多年的死对头。这位权倾天下的男人现在主动表示要支持她，连萨尔蒂科夫也顺带着得到了他的帮助。"他向他（萨尔蒂科夫）提供了很多实用明智的建议，就这样我们同他亲近了起来。他的智慧世上无人能及。"叶卡捷琳娜说。

新的联盟让双方都有所获益。尽管别斯杜捷夫伯爵曾经屡次羞辱她和她的家人，但是叶卡捷琳娜看到了这位总理大臣兼具智慧和管理能力，这对她自己和萨尔蒂科夫来说都非常有利。从别斯杜捷夫的角度来看，叶卡捷琳娜的主动讲和正合时宜。当时伊丽莎白的新宠伊凡·舒瓦洛夫已经对总理大臣的地位产生了威胁，这位新男宠完全不像拉祖莫夫斯基那样亲切、散淡，他头脑敏捷，野心勃勃，表现出明显的亲法倾向，而且还积极地帮自己的各位叔父和表亲在政府里谋到了要职。此外，别斯杜捷夫还在担心伊丽莎白的健康状况。女皇三天两头地感到身体不适，每次都需要好长一段时间才能康复。倘若——或者应该说是一旦——女皇驾崩，彼得就会继承皇位。崇拜普鲁士腓特烈的是彼得，痛恨与奥地利建立联盟——这可是别斯杜捷夫外交政策中的基本目标——的也是彼得，这个彼得随时可以为了无足轻重的小荷尔斯泰因公国而牺牲俄国的利益。很久以前，别斯杜捷夫就已经意识到叶卡捷琳娜比她的丈夫更有头脑，她对俄国利益的支持就像彼得对俄国的冷漠与敌意一样强烈。与叶卡捷琳娜结成联盟意味着他的地位可以得到巩固，或许在将来还会带来更多的优势。叶卡捷琳娜率先表露出合作的意向，别斯杜捷夫立即就首肯了。

　　1753年5月，距离上一次流产过去了五个月，叶卡捷琳娜再度怀孕了。她在莫斯科郊外的庄园住了几个星期，在此期间她强迫自己除了散步再无其他活动，乘坐马车时也要求马不能快跑。回到莫斯科之后她变得倦怠起来，每天都要睡到正午才起床，很难有人能在午餐时叫醒她。6月28日这一天，叶卡捷琳娜突然感到腰部泛起一阵剧痛，随即就命人叫来了产婆。产婆摇着头说应该又是一次流产，第二天夜晚产婆的预言就应验了。

　　"那时我应该已经怀有两三个月的身孕了。整整十三天我一直没有脱离危险，据推断是因为上一次的胎衣没有排净。终于，到了第十三天的时候，残存的胎衣毫不费力，也没有痛感地被排光了。"叶卡捷琳娜猜测道。

　　在此期间，彼得基本上都待在自己的房间里，仆人不断地给他送去军队模型和烈酒。大公感觉到所有人都忽视了他的存在，就连自己的仆人都敢公然违抗他的命令，还跟他一样喝得烂醉。盛怒之下，他挥舞着佩剑乱砍一气，随从们都哈哈大笑着在他的剑锋下四处逃窜。等到叶卡捷琳娜康复后，彼得命她把仆人们都好好调教一番。叶卡捷琳娜说："一出现这种情况我就去他的房间，把那些下人责骂一顿，我叫他们记住自己的本分和职责。他们总是立即就恢复了常态。旁观的大公对我说他不明白我怎么会管得住他的下人，就算抽打他们，他还是没能让他们乖乖听他的话，而我只是动了动嘴皮，他们竟然就变乖了。"

　　莫斯科是18世纪俄国最为庞大的城市，城内建筑基本以木结构为主，宫殿和大大小小的房舍窝棚全都是由圆木和板材构成的，有的外墙还被雕绘出石材的效果，窗户、门廊、造型与五颜六色的山墙等部件也一应俱全。可是，这些建筑在施工时大多都很草率，并不是舒适的住所。房屋的大门和窗户常常关不严实，楼梯摇摇晃晃，有的房子甚至整座都在颤动。

　　最可怕的灾祸就是大火。严冬时节宫殿和其他房舍都靠着摆放在房间一角的通天砖炉生火取暖，这种炉子大多都年代久远，上面的砖已经出现了裂缝，使得房间里浓烟滚滚，空气令人难以忍受，里面的住户经常会出现头疼和眼睛红肿的现象。有时候，裂缝处还会往外喷着火星，将炉子背后的木头墙壁给点燃了。在数月之久的冬季里，家家户户都烧着这种粗陋的炉子，在这种情况下小小的火星很容易演化成熊熊烈火。在寒风的帮助下，火苗会从一座失火房屋的屋顶迅速蹿向隔壁房舍，到最后整条街道就化为了灰烬。对于莫斯科的居民来说，看着消防人员手忙脚乱地拆除下风向的房屋以便控制住火势，早已经是司空见惯的景象。"1753年至1754年的莫斯科，火灾频频发生，达到了空前的程度，从寝室窗户望出去，我不止一次地看到全城有两处地方同时燃烧着熊熊大火，甚至三、四、五处。"

1753年11月的一个午后，在莫斯科的皇室住所——戈洛文宫，叶卡捷琳娜和乔戈洛科娃夫人突然听到了一声尖叫——全木结构的宫殿失火了，要想救火已经为时太晚。冲向自己的房间时，叶卡捷琳娜看到大殿一角的楼梯已经燃起了火焰，她的房间里挤满了士兵和仆人，大家都忙着将家具往外搬，叶卡捷琳娜和乔戈洛科娃夫人根本帮不上忙。来到大雨中泥泞的大街上，她俩看到唱诗班指挥的马车就停在面前，指挥赶来参加彼得举办的音乐会。叶卡捷琳娜告诉指挥宫殿已经失火，说完两个女人便手忙脚乱地钻进了马车。她们坐在马车里，看着火势越来越猛，到最后马车不得不离去了。在离去时，叶卡捷琳娜看到了不同寻常的一幕，"各种各样的老鼠排成一条直线从楼梯上冲了下来，看起来一点也不慌张。老鼠的数量多得惊人"。终于，乔戈洛科夫先生也赶来了，他告诉两个女人，女皇下令让大公夫妇搬到他家去。那可真是"一个恐怖的地方。家徒四壁，到处漏着风，窗户和大门朽毁得厉害，地板上裂着口子，害虫随处可见。尽管如此，我们还是比乔戈洛科夫夫妇俩的孩子和仆人要安逸得多。他们原本住在里面，可是我们刚一回来他们就被赶了出去，好把地方腾给我们"。

第二天，叶卡捷琳娜和乔戈洛科娃夫人的衣物及其他物品被人从泥泞地里收拾出来，然后给她俩送了过来。头一天，她俩就坐在那片泥泞地里望着余火未熄的宫殿废墟。叶卡捷琳娜欣喜地看到自己原本就不多的藏书绝大部分都安然无恙，火灾中最令她揪心的莫过于这些藏书了。她刚刚读完贝尔的《历史批判辞典》第四卷，这套书也都完好无损地交到了她的手上。在这场火灾中损失最为惨重的是伊丽莎白女皇，她从数量庞大的衣物中挑选出来，随身带到莫斯科的衣服悉数尽毁。女皇告诉叶卡捷琳娜自己损失了四千套衣服，其中最令她感到遗憾的就是叶卡捷琳娜的母亲从巴黎寄给女儿，然后女儿又当作礼物送给她的那件。

火灾中，彼得不但损失惨重，还十分窘迫。大公的寝室里满满当当地摆放着很多高大的五斗橱，当五斗橱被抬出宫殿后，没有上锁和没有关严实的抽屉滑脱了出来，装在里面的东西撒了一地。结果，抽屉里装的不是甜酒，就是烈酒，这些五斗橱实际上就是彼得的私人酒柜。

叶卡捷琳娜和彼得后来一同搬进了伊丽莎白女皇的另外一处宅邸，乔戈洛科娃夫人找了很多借口，最终让自己跟孩子们留在了家里。事实上，这位在外人看来对丈夫忠贞不贰，拉扯着七个孩子的大众道德典范，当时同列普宁亲王陷入了热恋中。没有人看到过她同亲王在一起，可是她还是觉得有必要将此事透露给一位谨言慎行的知己。叶卡捷琳娜是乔戈洛科娃夫人唯一信赖的人，于是她将情人写给自己的信拿给了女大公。后来，尼古拉·乔戈洛科夫起了疑心，将叶卡捷琳娜盘问了一番，叶卡捷琳娜只是装作一副浑然不知的样子。

1754年2月，叶卡捷琳娜第三次怀孕了。没过多久，就在复活节的这一天，乔戈洛科夫出现了剧烈的胃痛，所有的办法似乎都不见效。那个星期，彼得整日都在骑马游玩，叶卡捷琳娜已经两度流产，这一次她不想再冒险了，于是一个人留在家里。一天，乔戈洛科夫先生派人请她过去看看他。一见到她，乔戈洛科夫先生便从床上探起身子，劈头盖脸地冲着她将自己的妻子抱怨了一番，说妻子跟列普宁亲王通奸了，就在谢肉节期间亲王还乔装成小丑试图溜进他们家。就在他详细地讲着其中的细节时，玛丽亚·乔戈洛科娃突然回来了。当着叶卡捷琳娜的面，乔戈洛科夫先生更加恼怒地指责妻子跟别人有了奸情，把病中的丈夫一个人抛在家里。乔戈洛科娃丝毫没有悔恨之意，她对丈夫说这些年来她深深地爱着他，他的背叛让她吃尽了苦头，现在丈夫和其他人都无权谴责她，最后她还说在这个家里有权抱怨的人不是乔戈洛科夫，而是她。夫妇双方都希望争取到叶卡捷琳娜的支持，可是叶卡捷琳娜始终一声不吭。

乔戈洛科夫的病情恶化了。4月21日，医生宣布他已经没有康复的希望了。女皇担心这位病人会死在皇宫里，这对她来说不是什么好兆头，于是便将其打发回了自己的宅邸。叶卡捷琳娜突然意识到乔戈洛科夫落到这步田地，她居然感到一丝伤感："多年来我们之间的麻烦与痛苦就不曾消失过，但是经过这么多年，我们已经让他变得不那么冷酷恶毒了，现在的他甚至有些温顺了，可就在这时他却要离开我们了。"

4月25日下午乔戈洛科夫去世了。在丈夫卧病不起的最后几天里，玛丽亚·乔戈洛科娃也病倒了，夫妇俩分别住在房子的两头。乔戈洛科夫咽气时，谢尔盖·萨尔蒂科夫与列夫·纳雷什金恰好待在他妻子的房间里，当时房间的窗户敞开着，一只小鸟飞进来，落在了玛丽亚·乔戈洛科娃病床对面的窗户檐口上。看到小鸟，乔戈洛科娃说："我确信我的丈夫已经过世了。请找个人过去看一看吧。"得知丈夫的确已经过世后，她对众人说这只小鸟就是她丈夫的魂魄，大家对她说这只是一只普普通通的小鸟，而且已经飞走了，夫人却深信那就是丈夫的鬼魂，是专门回来寻她的。

第二十八章

继承人出世

　　丈夫刚一入土，玛丽亚·乔戈洛科娃就希望立即官复原职，继续看管叶卡捷琳娜，然而女皇已经让她的表亲接管了这个职位，还告诉她刚刚丧夫的寡妇不适合抛头露面。在女皇的授意下，亚历山大·舒瓦洛夫伯爵接替尼古拉·乔戈洛科夫在彼得大公府的职位。舒瓦洛夫伯爵的侄儿就是女皇的新男宠伊凡·舒瓦洛夫，宫里上上下下都十分畏惧这位伯爵，因为专门负责审理叛国案件的特别法庭目前就在他的监管下。当时有传言称正是由于这个阴森恐怖的工作，伯爵只要感到焦虑或者生气时从眼睛到下颌之间的右侧面颊就会抽搐起来。

　　此外，叶卡捷琳娜听说女皇还打算用鲁缅采娃女伯爵替换乔戈洛科娃。叶卡捷琳娜知道这个女人对谢尔盖·萨尔蒂科夫没有什么好感，于是她找到新的"看家狗"亚历山大·舒瓦洛夫，告诉他自己不希望鲁缅采娃出现在身边，这位女伯爵曾经在女皇面前抨击过她的母亲约翰娜，给母亲造成了伤害，现在她担心女伯爵也会用同样的手段来对付自己。一旦叶卡捷琳娜肚子里的孩子受到伤害，那么伯爵势必是要负责的，为了摆脱潜在的威胁，伯爵答应了她的要求。舒瓦洛夫从女皇那里回来后告诉叶卡捷琳娜，鲁缅采娃女伯爵不会成为女管家了，这个职位留给了舒瓦洛夫伯爵的妻子舒瓦洛夫女伯爵。

　　舒瓦洛夫夫妇也同样不受大公夫妇及其随从的欢迎，叶卡捷琳娜形容他们是"两个无知的卑鄙小人"。尽管这对夫妇非常富有，但是"品位非常低下"，女伯爵瘦小呆板，被叶卡捷琳娜称为"盐柱[1]"。在1753年11月的大火之后叶卡捷琳娜发现了女伯爵的一些秘密，这使得她每次看到女伯爵的时候就会立即闪到一旁。当时，女伯爵有一部分从大火中抢救出来的物品被误送到了叶卡捷琳娜那里，经过查看，她发现"舒瓦洛夫女伯爵的衬裙全都缝着皮衬里，因为她有失禁的毛病。作为成年人，她的尿液把所有的内衣都熏臭了。我立即把她的衣服送了回去"。

到了5月，女皇率领着朝臣们又要离开莫斯科前往圣彼得堡了。为了保证孕妇叶卡捷琳娜的安全，队伍走得非常缓慢。为叶卡捷琳娜拉车的马一路步行，每天只能从一个补给站走到下一个补给站。就这样，大队人马在路上走了二十九天。跟叶卡捷琳娜同乘一驾马车的有舒瓦洛夫女伯爵、维拉迪斯拉娃夫人和一位随时待命的产婆。四个星期后，队伍终于到达了圣彼得堡，叶卡捷琳娜陷入了"无法控制的沮丧中，随时随地都有可能失声痛哭起来。心中思绪万千，最糟糕的是我不停地想着所有的事情都会导致谢尔盖·萨尔蒂科夫的离去"。叶卡捷琳娜来到彼得霍夫宫，常常花很长时间散步，"可是麻烦却接踵而至"。8月，重返圣彼得堡后她惊愕地听说她在夏宫里已经准备妥当的两间产房就在女皇的套间里。舒瓦洛夫伯爵带着叶卡捷琳娜去参观了一下产房，这时她才意识到房间距离伊丽莎白的寝室太近了，萨尔蒂科夫不可能再来探访她了。叶卡捷琳娜就要开始一段"与世隔绝，无人陪伴"的生活了。

按照计划，叶卡捷琳娜将于星期三进入产房，可是星期二夜里两点钟她就在分娩的阵痛中醒过来了。产婆确定她就要临产了，于是她被人抬到传统的产床上——一个摊在地上的硬床垫。大公也被唤醒了，接到消息后

---

[1] 盐柱，《圣经》中记载罗得带领妻女逃离即将毁灭的所多玛城时，其妻因回头探望，即刻变成了一根盐柱。

亚历山大·舒瓦洛夫也立即将此事禀告给了伊丽莎白女皇。女皇冲进了叶卡捷琳娜的寝室，在一旁等待着。叶卡捷琳娜出现了难产，分娩一直持续到了次日中午。1754年9月20日这一天，叶卡捷琳娜终于产下一子。

对这一刻期待已久的伊丽莎白女皇欣喜若狂，婴儿刚被洗干净包入襁褓中，她便立即召见了告解神父。神父给孩子取名为保罗，女皇的母亲叶卡捷琳娜一世同彼得大帝的头生子就叫这个名字。然后女皇就离去了，离去时她吩咐产婆抱着婴儿跟在自己身后。彼得也旋即走了出去，叶卡捷琳娜躺在地上，只有维拉迪斯拉娃夫人陪在身边。大汗淋漓的叶卡捷琳娜恳求维拉迪斯拉娃夫人给自己换一条床单，然后将她挪回到自己那张舒适的床上。那张床距离她仅有两步之遥，可是她"根本没有力气爬过去"。维拉迪斯拉娃夫人说没有产婆的允许她不敢随便挪动叶卡捷琳娜，叶卡捷琳娜想要点水喝，结果还是得到了同样的回答。维拉迪斯拉娃夫人几次派人去请产婆过来，好批准叶卡捷琳娜的这些请求，可是那个女人始终没有露面。三个小时后，舒瓦洛夫女伯爵来了。看到叶卡捷琳娜仍旧躺在产床上，女伯爵说这样的疏忽会要了新产妇的命，说完便立即去找产婆了。半个小时后产婆来了，她解释说女皇被新生儿给迷住了，不准她离开半步，所以她没法过来照顾叶卡捷琳娜。终于，叶卡捷琳娜被抬到了自己的床上。

将近一个星期，叶卡捷琳娜始终没有见到自己的孩子，她只能让别人偷偷地给自己讲一讲孩子的情况，打听这些消息会被认为是在对女皇照顾孩子的能力进行质疑。婴儿被安置在女皇的寝室里，只要孩子一哭闹，伊丽莎白就立即冲过去。叶卡捷琳娜听说——日后她也目睹了——"由于过分的照料，孩子差点就要窒息了。房间烧得非常热，摇篮里还铺着黑狐皮，孩子被裹在法兰绒的毯子里，身上盖着缎面的棉被，棉被上还压着一床黑狐皮衬里的玫红色天鹅绒被子。后来，我经常看到他躺在这样的床上，小脸和全身都大汗淋漓。结果，等他长大后，稍微有点凉风吹来他就会生一场病。"

出生后第六天，保罗接受了洗礼。举行仪式的清晨，伊丽莎白女皇带着一只金盘子来到叶卡捷琳娜的卧室，盘子上摆着一道圣旨，根据女皇的命令，国库将划拨十万卢布给新为人母的女大公，女皇以个人名义送给了女大公一个小小的首饰匣子。等女皇离去后女大公才将盒子打开，赏金令叶卡捷琳娜感到满意："当时我不仅身无分文，而且还负债累累。不过，打开那个盒子时我倒是没有多少喜悦，里面只放着一条寒酸的项链、一副耳坠、两枚粗陋的戒指，即便是赏赐女仆这种货色都让人拿不出手。盒子里没有一件首饰价值超过一百卢布。"叶卡捷琳娜什么都没有说，但是如此微薄的礼物应该令亚历山大·舒瓦洛夫感到了不安，到最后他终于忍不住问叶卡捷琳娜她是否喜欢这些首饰。叶卡捷琳娜回答道："来自女皇的任何礼物都是无价之宝。"后来，当发现叶卡捷琳娜从未佩戴过其中任何一样首饰时，舒瓦洛夫又提醒她最好还是戴一戴，叶卡捷琳娜却说："参加女皇的舞会时我习惯佩戴最漂亮的首饰，这条项链和这副耳坠不在此列。"

收到女皇赏赐的四天后，内阁秘书找到叶卡捷琳娜，恳求她将赏金归还国库，因为女皇另有一笔支出，但是目前国库无力支付。叶卡捷琳娜把赏金退了回去，过了一个月赏金又被还了回来。叶卡捷琳娜这才得知在听说女皇封赏给妻子后彼得勃然大怒，喋喋不休地抱怨说自己一个子儿都没有捞到。亚历山大·舒瓦洛夫将彼得的情况报告给了女皇，女皇便立即下旨给大公也拨发同样数目的一笔赏金。就这样，叶卡捷琳娜得到的赏金就被借用了。

全城灯火通明，礼炮、焰火、舞会不断，人们全都在庆贺这个孩子的诞生，可是孩子的母亲，叶卡捷琳娜却卧床不起。产后第十七天她才得知女皇已经为谢尔盖·萨尔蒂科夫安排了一项特殊的外交使命——将叶卡捷琳娜产子的消息正式通报给瑞典王室。叶卡捷琳娜记述道："这就意味着我马上就要跟最令我牵挂的人分开了。我躲在被子里，悲伤不已。为了能一直卧床不起，我假装腿一直疼痛难忍，没法下地，其实是因为沉浸在悲伤中的我根本无法也不愿见到任何人。"

等到叶卡捷琳娜分娩四十天后，伊丽莎白女皇来到她的卧室，在这里举行了一场仪式，结束了她的禁足生活。叶卡捷琳娜顺从地从床上爬起来迎接女皇的到来，看到她如此羸弱疲惫，女皇便让她坐在床上接受众人的祷告。襁褓中的保罗也被带来了，但是叶卡捷琳娜只能从远处瞥一眼儿子。"我觉得他很漂亮，看到他我的情绪也略微平静了一些，可是祷告刚一结束女皇便命人将他送走了，随后女皇也离去了。"叶卡捷琳娜说。11月1日，叶卡捷琳娜受到朝臣及各国外交使节的正式恭贺。为了这场庆贺活动，宫里连夜布置出一间奢华的会客室，贵为人母的叶卡捷琳娜坐在银线绣花的玫红色天鹅绒躺椅上，伸出手臂供前来道贺的宾客致以吻手礼。仪式结束后，华丽的家具便立即被挪走了，叶卡捷琳娜又将自己独自关在了寝室里。

自保罗出生的那一刻起，伊丽莎白女皇的所作所为显得好像她才是孩子的母亲一样，而叶卡捷琳娜只是这个孩子来到人世的一个通道罢了。对于这种观点女皇有着各种各样的理由，是她将这对少男少女带到了俄国，好让他俩生出一男半女，十年来她拿着国库的钱养着他俩。因此，这个原本就是出于帝国的需要，并在她的授意下才来到人世的孩子实际上就属于帝国——即女皇——所有。

除了对政治和王朝血脉的考虑，女皇给予保罗无尽的爱和照顾还存在着其他几方面的原因。促使女皇搂抱着这个婴儿的并非出于国家需要，而是情绪化、多愁善感的女皇发自内心的爱，是她深藏在心底的母爱以及对家庭的渴望。已经四十五岁、身体日渐虚弱的伊丽莎白希望成为母亲，哪怕只是虚构的母子关系也好。为了尽量让母亲的角色逼真一些，她首先采取的措施就是将叶卡捷琳娜排除在孩子的生活之外。女皇对保罗的占有欲远远不只是出于长期受挫的母性自然而然的需要，这种占有欲还来自女皇的嫉妒心。实际上，女皇彻底绑架了这个孩子。

伊丽莎白夺走了保罗，叶卡捷琳娜彻底失去了儿子。女皇不准许她照顾儿子，实际上就连探望儿子的权利都几乎被剥夺了。保罗的第一抹笑容，他成长的每一天都让她牵肠挂肚。18世纪中叶，在贵族和上层阶级的家庭里女性很少需要履行照顾孩子的职责，这些工作基本上都交给了乳母和仆人们，但是大多数母亲依然会怀抱着自己的孩子，给予孩子母亲的爱抚。叶卡捷琳娜从未忘掉自己第一次生产时遭受到的不幸——情人和儿子，两个跟她最为亲近的人全都不见了。她极度渴望见到他们，可是这两个人却都不曾想念过她，其中一个对她的存在一无所知，另外一个则毫不在意。在最初的几个星期里她被迫接受了这种现实，将这个孩子带到人世，她生产皇位继承人的工作就结束了。她的儿子，也就是未来的沙皇，现在完全属于伊丽莎白女皇与俄国。几个月的母子分离与痛苦扭曲了叶卡捷琳娜对保罗的情感，在接下来母子俩共同度过的四十二年里，叶卡捷琳娜始终没能体会到，也无法表示出对保罗的母爱。

"在坚强到足以克服自己的抑郁之前"叶卡捷琳娜一直拒绝起床，也不离开自己的房间半步。1754年至1755年的整整一个冬季，她一直将自己锁在这个逼仄的房间里。从冰封的涅瓦河吹来的寒风渗进了不太严实的窗户，为了抵御寒冷，也是为了让日子好过一点，她又翻开了书本。在这个冬天她读完了塔西佗[1]的《编年史》、孟德斯鸠的《论法的精神》以及伏尔泰的《风俗论》。

《编年史》记述了自公元14年罗马皇帝奥古斯都逝世，历经提比略、卡利古拉、克劳迪乌斯，直至公元96年尼禄被谋杀以来的罗马历史，这本书是一部古代史书的杰作。塔西佗着重论述了独裁暴政对自由的压制，例如，在皇帝图密善十五年的统治下，"恐怖统治在罗马尤甚。官爵、财富、职位，无论舍与得均可成为被指控的罪名，美德致人丢失性命。奴人得贿，便做证指控主人；获赎身者，做证指控自己的保护人；从未树敌者皆被友人构陷"。塔西佗坚信决定历史的是强大人格，即善与恶的对立，而非其他深层原因，他对一个个历史人物的描绘简练而生动，例如对尼禄之妻波佩亚的描述："波佩亚优点无数，但良善除外。其实，世间最可爱的女子莫过于其母。波佩亚自母亲处获得出众的性格及美貌，所获资财又与其出身相匹配。她天资聪颖，擅交谈，乍看之下不乏可敬之处。然而，其终究逃不脱堕落的命运……"

塔西佗对罗马帝国早期的人物、权力、阴谋诡计和腐败堕落的描写令叶卡捷琳娜感到震惊，在一千六百年之后自己经历的是是非非上她瞥见了历史的影子。她曾说塔西佗的著作"让我的思维产生了重大的转变。对于这场转变，那段时期心中积聚的愁绪或许也起到了推波助澜的作用。我对事物的认识蒙上了一层悲观的色彩，我开始探寻发生在自己身上诸多事情背后的深层也是更为基本的原因"。

孟德斯鸠为叶卡捷琳娜展示出启蒙运动的早期政治哲学思想，对专制暴政正负两面的功能进行了剖析。叶卡捷琳娜仔细地研读着孟德斯鸠的著

---

[1] 普布利乌斯·科尔奈利乌斯·塔西佗（Publius Cornelius Tacitus，56年—117年），罗马帝国执政官、雄辩家、元老院元老，也是著名的历史学家和文体家。主要著作有《历史》和《编年史》等，从公元14年奥古斯都去世、提比略继位，一直写到公元96年图密善逝世。

作，书中指出在人们对专制暴政的全面谴责与具体某一位专制君主的施政和言行之间存在着相互矛盾的地方。因此，在很长一段时间里，叶卡捷琳娜始终将自己归为孟德斯鸠所推崇的"具有共和思想的人"。即便在攫取皇位后——无论怎样理解，独裁者始终都是专制者——她还是竭力避免个人拥有过多的权力，并试图建立一个在智者的领导下，施政高效的政府，简而言之就是实行"开明专制"。后来她曾说过"每一位具有常识的君主都应当捧着《法的精神》做祈祷"。

伏尔泰的论述条理明晰，机智风趣，简明扼要。他为了《风俗论》耗费了二十年的心血（全本标题为《论各民族之风俗与精神》），书中不仅记述了世界各民族的风俗习惯与道德准则，而且还涵盖了各种传统、观念、信仰和律法。伏尔泰一心希望自己能够完成一部世界文明史，在他的认识中历史就是人类缓慢的进步过程，即人类从蒙昧无知的状态逐步积累起知识的过程，在这个过程中他没有看到上帝的身影。对他所界定的历史来说，其首要的敌人就包括各种宗教组织，他认为宗教组织基本上都是压迫人性的反启蒙主义者，惯于挑起战争。总体而言，伏尔泰强调了基督教在历史上造成的过错，他在书中写到文明的出现早于亚当和创世纪数千年，从古至今基本的人性始终如一，但是会受到各种习俗的影响，气候、政府和宗教决定着影响力的性质；在历史的形成过程中杰出的个体的确起到了一些作用，但是主导因素还是各种外力的影响和意外事件的综合作用；构成文明的习俗、道德规范、经济、法律、科学和艺术的发展也都如此。伏尔泰认为应该由理性来统治世界，但是必须有具体的个体来充当理性在世间的代言人。这种认识将伏尔泰又引向了专制主义，他总结说专制政府的确有可能成为最好的政府——只要它是符合理性的。然而，为了实现理性化，它就必须接受启蒙思想；经过启蒙，它或许就可以实现有效开明的统治了。

对于圣彼得堡这个刚在产后康复过来的脆弱的年轻女子而言，要想理解伏尔泰的哲学思想是需要花费一番工夫的，但是伏尔泰让这个过程变得轻松简单，他的讲述逗得这名女子不停地哈哈大笑。跟同时代的很多人一样，叶卡捷琳娜被伏尔泰给迷住了。她崇尚他彰显着人道主义的观点，在这种观点的指导下他一直在倡导宗教宽容主义；此外她还十分欣赏他对无处不在的愚蠢与浮华进行的批驳，他的陈述充满讽刺，甚至对宗教也表现出大不敬的态度。伏尔泰这位哲学家让叶卡捷琳娜学会了生存和欢笑，也教会了她如何治理国家。

叶卡捷琳娜打起精神，参加了圣诞节清晨的弥撒。在教堂里她又打起了寒战，浑身疼痛难忍，第二天就发起了高烧，随后又魂不守舍地发起了狂。她回到了自己那个小小的临时住所，寒流在房间里穿堂而过。她躲在这个角落里，不愿回到自己的住所，不愿回到正规的寝室去，那些房间距离彼得的套间都太近了，那里"成天到晚地响彻着喧闹声，听起来就跟军队岗亭似的"。而且，彼得与他的随从"不停地抽着烟，房间里乌烟瘴气，充满了烟草的臭气"。

谢肉期将尽的时候，谢尔盖·萨尔蒂科夫在消失五个月之后终于从瑞典回来了。在他还未回到俄国的时候叶卡捷琳娜就已经得知，一回来他就会立即再次被派遣出去，这一次他将作为公使常驻汉堡，这意味着两个人此后便将永远分离了。显然，萨尔蒂科夫认为这段风流韵事已经结束，而且很庆幸自己能安然无恙地脱身。他嗜好的只是宫廷里的露水情缘，而不是跟欲火焚身而且占有欲强烈得令人厌恶的女大公维持越来越危险的私通关系。

萨尔蒂科夫的激情已经找到了新的方向。在出使斯德哥尔摩时他肩负的使命有点令人啼笑皆非——各国王室都知道他同叶卡捷琳娜的情史，而他此行又是来宣布保罗出生的消息，就连他自己都情不自禁地觉得这个差事非常荒唐。可是，一到瑞典的首都他就释然了。他发现自己成了欧洲的名人，所有人都知道他是叶卡捷琳娜的情人，人们还猜测他应该才是未来俄国皇位继承人的父亲。萨尔蒂科夫发现男人们对他充满了好奇，女人们则对他想入非非，没过多久他便开始了新的男欢女爱。称他"对遇到的每一个女人都那么轻浮随便"的谣言传到了叶卡捷琳娜的耳朵里，她"一开始还不愿意相信这个事实"，可是从俄国驻瑞典大使尼基塔·帕宁那里已经接到消息的别斯杜捷夫建议她最好还是相信这些谣传。尽管如此，当萨尔蒂科夫重返俄国的时候，叶卡捷琳娜还是渴望同他见上一面。

列夫·纳雷什金安排了一场会面。在萨尔蒂科夫应该露面的那天晚上，叶卡捷琳娜等到了凌晨3点，萨尔蒂科夫失约了，叶卡捷琳娜"一直痛苦地猜测着究竟是什么牵绊住了他"。次日，她得知萨尔蒂科夫应邀出席了共济会的会议，他声称自己当时无法脱身。叶卡捷琳娜直截了当地将列夫·纳雷什金质问了一番。

我看得一清二楚，他没来是因为他根本不急于见到我。尽管是自己的朋友，可是列夫·纳雷什金也没法帮他开脱。我给他写了一封信，在信中将他狠狠地斥责了一番。他来跟我见了一面，没费吹灰之力就平息了我的怒火，因为我原本就做好了接受道歉的准备。

叶卡捷琳娜或许感到了安慰，但是她绝对没有受到蒙蔽。

萨尔蒂科夫去了汉堡，这一去他便彻底离开了叶卡捷琳娜的生活。这段关系维持了三年，叶卡捷琳娜因此承受了巨大的痛苦，不过事后她至多也只对这个男人做过这样的评价："他知道如何掩饰自己的不足，其中最恶劣的一点就是对阴谋诡计的兴趣，并且毫无底线。当时，我没能认识到他的这些缺陷。"成为女皇后，叶卡捷琳娜将萨尔蒂科夫任命为驻巴黎大使,他在巴黎继续过着招蜂引蝶的日子。几年后,一位外交官提议将他调职到德累斯顿[1],叶卡捷琳娜答复这位外交官说:"他还没把蠢事做尽吗?你愿意为他做担保,让他去德累斯顿,可是他纯粹就是骈拇枝指而已。"

---

[1] 德累斯顿(Dresden),现今德国撒克逊自由州的首府,德国东部重要的文化、政治和经济中心。

第二十九章

反击

生下保罗后的第一个冬天，叶卡捷琳娜过着孤独的日子，她决心要改变自己的态度。现在，她已经履行了前来俄国的任务，给了这个国家一位继承人，可是她得到的报偿竟是被遗弃在一间斗室里，孩子也不在身边。她决定要开始维护自己的利益了。叶卡捷琳娜从一个全新的视角将自己的处境通盘考虑了一番，她的确失去了与儿子亲身接触的权利，但是儿子的诞生却巩固了她在这个国家的地位。意识到这一点，她更加打定主意，"要让那些陷我于痛苦中的人明白我是不可侵犯的，错待我的人绝不会有好下场"。

2月10日，在彼得的生日舞会上，叶卡捷琳娜又出现在众人面前了。"我穿着专为这次庆祝会缝制的裙子，裙子华丽无比，蓝色天鹅绒的裙底上绣着金线。"这天晚上，舒瓦洛夫一家成了她的靶子。凭借着伊凡·舒瓦洛夫同女皇的恋情，这家人在宫里的地位稳如泰山，他们大权在握，引人注目，令人畏惧，对他们进行攻击必定会造成轰动。叶卡捷琳娜没有放过任何一个表露情绪的机会。

面对他们时我怀着强烈的鄙夷，我指出了他们的愚蠢和恶毒，还随时随地地调侃着他们，不时地说一通嘲讽他们的刻薄话，这些话日后很快就会传遍全城。痛恨他们的人一点都不少，我找到了很多同盟。

由于不清楚叶卡捷琳娜的转变会对自己未来的命运产生怎样的影响，舒瓦洛夫一家便开始寻求彼得的支持。这时，荷尔斯泰因一位名叫布洛克多夫的官僚来到了俄国，他是荷尔斯泰因公爵彼得的总管。听到舒瓦洛夫对大公抱怨叶卡捷琳娜，布洛克多夫便敦促彼得要好好管教管教妻子。彼得前去管教妻子的时候，叶卡捷琳娜早已做好了准备。

　　一天，殿下来到我的房间，对我说我已经自负到了令人发指的地步，他知道如何才能帮我找回理智。我问他我的自负表现在哪些地方，他回答说我太高看自己了。我问他为了取悦他我是不是只能像个奴隶一样匍匐在地上。他火冒三丈，不停地说自己知道如何能帮我找回理智。我问他怎么才能做到呢，他立即靠在墙上，把剑从剑鞘里抽出了半截，连同剑鞘一起举到我的面前。我问他这么做是什么意思，是不是在向我下战书，跟他决斗，我是不是也应该拿起一柄剑来。他便又把拔出了一半的剑插回到了剑鞘，然后说我太歹毒了。我问他："怎么歹毒呢？"他结结巴巴地说："嗯……你对舒瓦洛夫夫妇俩太歹毒了。"听到这句话，我立即说我只是把那对夫妇给我的统统还给了他们，我还叫彼得不要插手这些事情，他对其中的来龙去脉一无所知，就算知道了也理解不了。他说："不相信自己真正的朋友会落得诸事不顺的下场。要是你信任我，把所有的事情都告诉我，那就不会出任何问题了。""我应该告诉你什么事情呢？"我问道。他接下来说了一大通没头没脑的话，我没有打断他，也不打算跟他继续纠缠下去了。最后，我劝他还是回去休息一下，显然在找我之前他已经喝醉了。彼得听从了我的劝告，我也松了一口气，他不仅思维混乱，而且嘴里不断地喷着酒酸气和烟草味，靠近他都令人难以忍受。

这一次的交锋让彼得感到糊涂，同时也警觉了起来。妻子此前还从未如此凶悍地同他对峙过，她总是在迁就他，倾听着他的计划和抱怨，努力地维持着同他的友情。这个全新的女人沉着冷静，不屈不挠，目空一切，完全就是一个陌生人。此后，彼得试图挫败叶卡捷琳娜的努力逐渐变得不那么坚决也不那么频繁了。他继续保持着同其他女人的关系，甚至还一如既往地把这些风流韵事讲给叶卡捷琳娜。叶卡捷琳娜对彼得还有利用价值，能帮他完成那些对他来说过于复杂繁重的工作。作为皇位继承人，彼得也仍旧是叶卡捷琳娜称后的机会，一旦他成为沙皇，她就会成为皇后。但是，叶卡捷琳娜逐渐意识到自己的命运不再仅仅取决于丈夫一个人了。现如今，她可是未来沙皇的母亲。

结束同彼得的对峙后，当晚叶卡捷琳娜在客厅里玩起了扑克，突然亚历山大·舒瓦洛夫走到了她的身旁。舒瓦洛夫提醒叶卡捷琳娜说她现在挂在裙子上的饰带和蕾丝都是女皇禁止宫中女人佩戴的。叶卡捷琳娜让伯爵"省省力气吧，不用费心来提醒我，我绝对不会佩戴任何能给女皇陛下添堵的东西。我告诉他德行无关乎美貌、华服，或者是珠宝首饰，对于这些东西来说，一旦有一样褪色了，其他几样也就变得可笑起来，但是人的品格却是天长地久的东西。听着我的这番评论，他的脸抽搐了起来，然后就离去了"。

几天后，原本盛气凌人的暴徒彼得变成了摇尾乞怜的可怜虫。他告诉叶卡捷琳娜，布洛克多夫建议他向女皇要一笔钱，以支付他在荷尔斯泰因的开销。叶卡捷琳娜问彼得是否还有其他的补救方法，彼得说自己会让她看一看文件。叶卡捷琳娜一边审阅文件一边对彼得说，在她看来彼得不需要向姨母要钱就能渡过这个难关，而且女皇很有可能会拒绝彼得的请求，因为六个月前她已经给过他十万卢布。彼得对叶卡捷琳娜的建议置若罔闻，最终还是向姨母开了口。根据叶卡捷琳娜的记述，彼得当然是"一个子儿都没有得到"。

尽管已经被告知必须削减在荷尔斯泰因的赤字，彼得还是决定将荷尔斯泰因军队中的一支小分队召到俄国来。急于向主子献媚的布洛克多夫立即对这个决定表示支持。彼得没有向憎恨荷尔斯泰因的伊丽莎白女皇透露这支代表团的规模，他只告诉她这都是些不值一提的细枝末节，而且如果受到亚历山大·舒瓦洛夫监管的话，那么该计划就完全不成问题了。在布洛克多夫的参谋下，彼得还设法向自己的妻子封锁了荷尔斯泰因军人即将到达俄国的消息。得知此事后，叶卡捷琳娜"一想到此事将会对俄国舆论和女皇造成的灾难性影响就感到不寒而栗"。当大批战士从基辅赶到俄国时，叶卡捷琳娜同亚历山大·舒瓦洛夫一道站在奥拉宁巴姆宫，看着身着蓝色军装的荷尔斯泰因步兵从身前走了过去。舒瓦洛夫的脸抽搐了起来。

很快，问题就出现了。守卫奥拉宁巴姆宫的是俄裔芬兰军团和阿斯特拉罕军团，有人告诉叶卡捷琳娜，当看到荷尔斯泰因的士兵时这些人说："该死的德意志人不过是普鲁士国王的木偶罢了。"在圣彼得堡，有人将荷尔斯泰因人的存在看作奇耻大辱，另有些人觉得非常滑稽。叶卡捷琳娜觉得整件事就是"一个古里古怪的恶作剧，但是这个恶作剧很危险"。在乔戈洛科夫担任管家的时候，彼得还只是在背过人的时候才会躲在自己的房间里穿起荷尔斯泰因的军装，现在每次出现在伊丽莎白女皇面前时他都会穿着这身军装。荷尔斯泰因战士的到来让他欢欣鼓舞，他跟他们一起住在营房里，成天忙着操练他们。除此之外，他还必须养活他们。一开始，俄国元帅拒绝对彼得的"军队"负责，最后他还是妥协了，命令宫里的仆役和芬兰军团将御膳房里的饭食送去给荷尔斯泰因士兵。可是，他们的驻地距离皇宫尚有一段距离，对于这项额外的差事俄国士兵得不到补偿，渐渐地，他们就有了意见："我们都开始给该死的德意志人当牛做马了"。被分拨来的皇宫仆役也说："就是让我们来伺候一群小丑。"叶卡捷琳娜决意让自己尽量远离这场荒诞的游戏，绝不允许手下的侍从和侍女跟与大公寸步不离的荷尔斯泰因营房扯上关系。"我常常同宫里的人一起散步，每次一走就是很长时间，但是我们从来不会朝荷尔斯泰因营房的方向走去。"

第三十章
英国大使

1755年6月末，在白夜节[1]达到高潮的这一天，天空中始终泛着乳白色的日光，直到晚上11点太阳都还未彻底沉下去，叶卡捷琳娜在奥拉宁巴姆宫的花园里举办了一场晚宴和舞会，前来参加宴会的人络绎不绝，马车排起了长队。在陆续走下马车的来宾中，有一位刚得到任命的外交官——英国驻俄国大使查尔斯·汉伯里-威廉爵士。席间，这位英国人发现自己就坐在叶卡捷琳娜的身边，夜色越来越浓，他们俩都被对方给深深地吸引住了。叶卡捷琳娜说："跟查尔斯爵士聊天很轻松，他机智过人，博学多才，游历过大部分欧洲的都城。"后来，叶卡捷琳娜听说查尔斯爵士在那个夜晚也同样过得很愉快。

在晚宴开始之前，汉伯里-威廉将一位年轻的波兰贵族伯爵引介给了叶卡捷琳娜，这位年轻人名叫斯坦尼斯瓦夫·波尼亚托夫斯基，身份是爵士的秘书。在晚宴上，叶卡捷琳娜同查尔斯爵士说着话，目光却不时地飘到那位伯爵的身上，优雅的举止和舞步让他在所有的人中脱颖而出，在《回忆录》中叶卡捷琳娜写道："英国大使为这位伯爵说了不少好话，爵士告诉我伯爵的母亲来自查尔托日斯克家族，这个家族是波兰亲俄势力的中坚力量。"查尔托日斯克家族将伯爵送到俄国，并托付给英国大使就是

---

[1] 白夜节（White Nights），最早起源于圣彼得堡的节日，每年夏至前后举行，常常持续数周。

为了让他更全面地了解这个庞大的东方邻居。对于外国人在俄国如何扎根的话题，叶卡捷琳娜拥有发言权，她滔滔不绝地表达了一番自己的见解。她说从整体来看，俄国"就是外国人的绊脚石，也是一根衡量个人能力的准绳，一个人只要在这里能扎下根，那他在欧洲任何一个地方都有望站稳脚跟"。她说这条原则屡试不爽，然后又接着说："只有在俄国人们才会如此迅速地在一个外国人身上找到弱点，看到他的荒唐之处，或者缺陷。外国人尽可以相信俄国人是不会对他视而不见的，因为从根本上说俄国人都不喜欢外国佬。"

叶卡捷琳娜看着波尼亚托夫斯基，这个年轻的男人也同样在仔细地打量着她。入夜之后，从奥拉宁巴姆返回驻地的路上，波尼亚托夫斯基轻轻松松地打开了大使的话匣子，两个人围绕着女大公兴奋地聊了好一阵子。这两个男人，一个四十七岁，一个二十三岁，一路上你一句我一句不停地说着对女大公的溢美之词。

自这个夏夜起，他们三个人便结下紧密的私人及政治关系，波尼亚托夫斯基日后成了叶卡捷琳娜的情人，汉伯里–威廉则成了她的密友。在接下来的两年半里，这位英国外交官在财政上对她提供了支持，还试图在全球性的七年战争[1]初期借用她的影响力来化解严重的外交危机。

查尔斯·汉伯里–威廉爵士出生于蒙茅斯郡[2]一个富有的人家，他的青年时代是在典型的18世纪英国式的环境里度过的，豪华的别墅，规整的

---

[1] 七年战争（Seven Years War），1756年—1763年，由欧洲主要两大国家集团在欧洲、北美洲、印度等广大地域和海域进行的争夺殖民地和领土的战争。1756年5月15日，英国向法国宣战，自此七年战争爆发，战场遍及欧洲大陆、地中海、北美、古巴、印度和菲律宾等地，并对18世纪后半期国际战略格局的形成和军事学术的发展产生了深远影响。由于参战国家众多，英国首相丘吉尔认为这才是真正的第一次世界大战，因此作者在此将其称为"全球性"战争。

[2] 蒙茅斯郡（Monmouthshire），威尔士东南部的一个郡，源于历史上的蒙茅斯郡，最大的城镇为阿勃盖文尼，其他主要的城镇有卡尔地括特、切普斯托及郡治所在地蒙茅斯。

园林，修剪平整的草地，再加上庚斯博罗[1]的肖像画，一切应有尽有。从伊顿公学毕业后他便结了婚，婚后育有两个女儿，然后就以辉格党[2]党员的身份进入了罗伯特·沃尔波爵士[3]领导的议会。他是伦敦各个时尚沙龙的常客，一位优雅机智的聊天高手，还是一位小小的讽刺诗诗人。年近四十岁的时候他抛下妻子和国内政坛，开始了外交生涯。在最初的两个派驻地，柏林与德累斯顿，他风趣、迷人、优雅的英国做派让他难以应付局面。智慧过人的腓特烈并不赏识他，在德累斯顿他的风趣和讽刺能力就更成了鸡肋。在故乡的那些政要们发现，在被派驻到圣彼得堡之后汉伯里-威廉爵士受到了热情的欢迎，因为有传言称为了敲开俄国政坛的大门，结交朋友，他随身带去了大量的金子。然而，这位优雅的英国人发现，在伊丽莎白女皇的宫廷里仍旧没有多少可以让他施展才华的空间，但是一位年轻女子的存在让他看到了希望。这位来自文明世界的外交官机智过人，风度翩翩，他的到来对这个年轻女子产生了深远的影响。

汉伯里-威廉爵士身负重要使命来到了圣彼得堡。1742年英国与俄国曾签订了一项金币换支持的协定，英国用金币换得俄国的承诺，俄方保证在有英国参战的所有欧洲大陆战争中对英国提供支持，现在这项协定就要到期了。与此同时，由于普鲁士腓特烈是著名的好战分子，对自己那个北德意志选帝侯国汉诺威的担心令国王乔治二世深感不安，这个小小的选帝

---

[1] 托马斯·庚斯博罗（Thomas Gainsborough，1727年—1788年），英国画家，作品强调光和奔放的笔触，加之精致的色彩，使他成为当时皇家宠爱的画家。

[2] 辉格党（Whig），有英国辉格党与美国辉格党之分，此处指的是前者，是英国历史上的一个政党。"辉格"原意指"强盗"。该党标榜实行"自由的、开明的原则"，反对君主制，拥护议会制度，实际上与封建贵族、金融巨头勾结，垄断了英国政治。辉格党人在宗教观点上多属各种教派的新教徒。19世纪中叶，辉格党与其他资产阶级政党合并，改称自由党。

[3] 罗伯特·沃波尔（Robert Walpole，1676年—1745年，在1742年之前被称为"罗伯特·沃波尔爵士"），第一代奥福德伯爵，英国辉格党政治家。后人普遍认为他是英国历史上第一位首相，尽管"首相"一衔在当时并没有得到法律的官方认可，也没有在官方场合被使用，但鉴于他在内阁所施加的影响力，他是事实上的内阁的掌权者。

侯国在战争面前几乎毫无招架之力。汉伯里–威廉爵士的使命就是重修一份补充协定，以确保一旦普鲁士入侵汉诺威，俄国必然出兵干涉。英国政府尤其希望俄国能根据协定的规定，向里加派驻五万五千兵力，倘若普鲁士军队向汉诺威方向进发，里加的驻防军队就可以向西挺进腓特烈治下的东普鲁士。上一任英国驻俄大使曾试图重新拟定协定，可是在伊丽莎白的宫廷里他却总是不知该何去何从，在这里外交事务常常都是在社交舞会或者化装舞会上三言两语间就得到了解决。鉴于他自己的要求，英国政府将这位手足无措的外交官撤了回去，然后重新甄选了一位外交官，这个人被认为更有能力应付俄国微妙的外交环境。查尔斯·汉伯里–威廉爵士从不会主动错过任何一场社交舞会和化装舞会，英国政府认为他正是这项任务的不二人选。汉伯里–威廉爵士饱经世故，尽管已经不再年轻，但是在异性的眼中他仍旧魅力十足，他的成熟又保证他能够忠实履行自己的职责。不过，很快爵士就意识到在圣彼得堡自己比前任出色不了多少。在发回国的第一份急件中他写道："女皇的身体状况很糟糕，经常咳嗽，呼吸也存在困难，而且膝部出现积水和浮肿症状，不过她还是跟我跳了一小会儿。"他继续努力着，可是他对自己的"猎物"判断有误。无论伊丽莎白女皇被这个世故的英国人逗得有多么开心，可每当他试图同她进行严肃谈话时她都只是微微一笑，然后就抽身离去了。作为女人，伊丽莎白对每一句恭维都做出了积极的响应，但是作为女皇，她对任何一句话都充耳不闻。自来到俄国之后，汉伯里–威廉爵士的工作就一直毫无进展。

汉伯里–威廉爵士将目光投向了别的地方。求助于帝国未来的统治者彼得时，他再一次遭到了断然拒绝，在第一次谈话中他就意识到皇位继承人对普鲁士国王怀着不能自拔的崇拜之情。无事可做的爵士发现自己同彼得交往就如同之前在女皇那里一样只是在浪费时间而已，在那个夏夜前去奥拉宁巴姆宫赴宴时，他相信自己出使俄国的任务已经失败了。可是，就是在这场晚宴上爵士坐在了女大公的身旁，他终于找到了一个最自然不过的同盟，这个教养良好的欧洲人喜欢富有智慧的交流，热爱阅读，而且对普鲁士国王深怀厌恶之情。

一看到叶卡捷琳娜，汉伯里-威廉爵士就立即被她的容貌和学识给吸引住了。叶卡捷琳娜同谢尔盖·萨尔蒂科夫的风流韵事尽人皆知，人们因此将她看作一个难以把持自己的女人，而爵士自己在年轻时也是一个情场高手，所以爵士或许有过同叶卡捷琳娜风流一场的打算，但爵士也很快就放弃了这个念头，接受了现实。他明白作为一个中年丧偶、身体又大不如从前的人，艳遇已经不属于他的生活了，他曾对怂恿他追求叶卡捷琳娜的一位英国公使说："到了我这把年纪，再想做情人可就不容易了。唉！我的魔杖不管用了。"于是，他将自己塑造成一位慈爱的甚至是满怀父爱的长辈，让叶卡捷琳娜心甘情愿地向他讨教私人或者政治方面的意见，同时他将另外一条路让给了自己年轻的秘书斯坦尼斯瓦夫·波尼亚托夫斯基。

叶卡捷琳娜发现汉伯里-威廉爵士很能给人启发，而且老于世故，在得知他出使俄国是为了重新商谈英俄联盟，以联手对付普鲁士之后，她对他的仰慕之情就更为强烈了。爵士很清楚叶卡捷琳娜与别斯杜捷夫交情甚好，她很有可能会成为一个颇有价值的同盟。友谊渐渐地成熟了。在一场舞会上，汉伯里-威廉爵士对叶卡捷琳娜的裙子大加赞美了一番，叶卡捷琳娜便为爵士的女儿埃塞克斯夫人仿制了一条。她还开始了同爵士的书信来往，在信中向爵士讲述着自己的生活。叶卡捷琳娜尊敬这位聪明世故的长者，同他的交往就如同她在少女时代同亨宁·于伦伯里伯爵的交往一样，当年她曾为伯爵写了自传《十五岁的哲学家》。叶卡捷琳娜与汉伯里-威廉爵士你来我往地交换着信件，可是她忘记了一个事实——俄国女大公与外国大使保持私人间的通信往来有失谨慎。

两个人的书信往来不仅仅是让汉伯里-威廉爵士对叶卡捷琳娜施加着

精神上的影响。在交往中爵士发现，叶卡捷琳娜深陷于财务危机中，母亲留下的旧债尚未消除，她又不停地给自己添加着一笔笔的新债。她花钱无度——衣服、娱乐，还有朋友们全都需要钱，她知道金钱的说服力和收买人心的力量，对于这种赤裸裸收买人心的举动她丝毫也不感到羞愧，相反，由于渴望取悦他人，渴望自己被一张张笑脸簇拥着，她对外人一向出手大方。汉伯里–威廉爵士提出要动用英国国库的资金对她提供财政支持，叶卡捷琳娜欣然应允了。没有人知道她究竟从汉伯里–威廉爵士手里借了或者说直接收受了多少钱，但可以想见数目一定非常可观。汉伯里–威廉爵士从英国政府那里得到了全权委任状，然后同英国驻圣彼得堡的领事、银行家沃尔夫男爵一起，为叶卡捷琳娜开了一个可供透支的账户。有两张签有叶卡捷琳娜大名的收据显示，这两次叶卡捷琳娜总共拿到了五万卢布，签署日期分别为当年的7月21日和1756年11月11日。前一笔借贷已经不是叶卡捷琳娜第一次向英方借债了，因为在写给沃尔夫的借款声明中她写着："犹豫再三我才再次来麻烦您。"

叶卡捷琳娜知道向英国大使举债并非万全之策，但她也清楚俄国宫廷里人人都在玩着这套把戏。如果是为了讨好他人而让自己接受贿赂的话，那她也只不过是普遍存在的腐败中的一个小角色而已，放眼望去欧洲的政坛与政府遍地都滋生着这样的腐败。金钱可以买到友谊、忠诚，还有协定。圣彼得堡的每一个人，包括女皇自己都在干着腐败的勾当。与此同时，汉伯里–威廉爵士也使出浑身解数力劝女皇接受新的《盎格鲁–俄国协定》，他之前已经告知伦敦方面伊丽莎白女皇正在兴建两座新的宫殿，但是由于国库紧张，工程无法完成。在新协定中英国向俄国保证每年支付给对方十万英镑。汉伯里–威廉爵士认为还应该再为女皇个人提供一笔资金，以进一步巩固女皇同英国的关系，他说："总而言之，截至目前我方付出的一切都旨在收买俄国的军队，接下来的付出是为了收买女皇本人。"伦敦方面批准了这笔额外的开支，汉伯里–威廉爵士终于可以向自己的政府报告说新一轮的谈判进展顺利。他相信这种策略也会同样有效地增强这位迷人的女大公对英国的青睐，同时也进一步强化她对普鲁士的反感。

第三十一章
外交地震

汉伯里–威廉爵士于1755年出使俄国，是出于英国保卫选帝侯国汉诺威的政治需要。18世纪中叶，英国的外交及军事策略存在着两个恒定的决定因素：其一就是同法国长期以来的敌对关系，即两个国家究竟处在交战状态，还是短暂的和平时期；其二便是防御北德意志选帝侯国的需要。后者的存在是由于英国国王同时兼具汉诺威选帝侯的身份。1714年，五十四岁的老选帝侯乔治·路易在国会的游说下接受了英国王位，由此新教在不列颠这个岛国确立了霸权地位。乔治遂成为大英帝国的国王乔治一世，同时还保留着原先德意志选帝侯的头衔和对选区的管辖权。英国这个岛国与位于欧洲内陆的选帝侯国通过同一位君主建立了连接，但是当维多利亚女皇在1837年加冕之后，这种关系又被悄悄地抛在了一边。

这种联合对乔治王来说并不容易。乔治一世与儿子乔治二世更倾向于自己那个小小的选帝侯国，七十五万臣民全都笑容可掬，毕恭毕敬，也不存在直言不讳、好管闲事的议会。此外，乔治一世始终没能学会英语，他和儿子经常重返故土汉诺威，在那里一待就是好长一段时间。

在欧洲大陆上的各个邻国眼中，选帝侯国一直都是唾手可得的猎物，英国很难防御住汉诺威周围那些跃跃欲试的国家对汉诺威的觊觎。英国拥有强大的海上力量，但它缺少大规模的陆军。大部分英国人都深信汉诺威就是套在英国脖子上的一个重担，为了这个选帝侯国的利益，英国不断地牺牲着更大的利益。然而，英国却无法摆脱这个负担，它必须承担起保护汉诺威的职责。由于必须凭借大陆盟友的陆军力量才可以实现这个目标，英国因此就同奥地利及俄国缔结了盟约。几十年来，三国之间的联盟一直维持着效力。

1755年，普鲁士穷兵黩武的倾向日趋严重，乔治二世深感不安，他担心自己的外甥，即普鲁士的腓特烈二世（腓特烈一世的妻子索菲娅是乔治二世的亲妹妹）会在他人的怂恿下入侵汉诺威，毕竟在此之前他已经入侵了欧洲中部的西里西亚。为了阻止普鲁士来犯，英国遂提议同俄国拟定新的协定，就这样查尔斯·汉伯里-威廉爵士前来圣彼得堡进行谈判。1755年9月，别斯杜捷夫伯爵终于在英俄协定上签署了自己的名字，汉伯里-威廉爵士欣喜若狂。

可是，汉伯里-威廉爵士的自鸣得意为时过早。英国同俄国将要签署新协定的消息让普鲁士国王警觉了起来，据说这位君主对俄国的担心甚于对上帝的畏惧。一想到俄国将有五万五千人从北向南大军压境，普鲁士腓特烈二世便感到胆战心惊，一旦他认为已经失效的协定重新生效，他所担心的前景就会成为现实。在同俄国进行磋商之前，为了保全汉诺威，英国曾经试图直接同普鲁士媾和。腓特烈拒绝了英方的提议，然而现在他却又急匆匆地将此事提上议程，并最终接受了提议。1756年1月16日，英国与普鲁士相互做出了承诺，保证互不侵犯对方的领土，也不做出任何有损于对方领土的举动。而且，一旦有任何人侵扰到"德意志平静的现状"——"德意志"这个术语内涵十分模糊，完全可以同时囊括汉诺威与普鲁士——两国便将联手共同对付入侵者。有可能对普鲁士构成入侵的便是法国和俄国。

该协定在外交界引发了一场地震。同普鲁士的结盟让英国失去了奥地利这个盟国，同时导致它同俄国新签署的协定也失效了。1756年2月间，

《盎格鲁-普鲁士协定》成功签订的消息传到凡尔赛，法国便立即宣布结束同普鲁士的结盟关系，这就为法国扫清了同宿敌奥地利重归于好的道路。5月1日，奥地利与法国外交人员签订了《凡尔赛条约》，法国承诺在奥地利受到攻击时对奥地利提供援助。

放在六个月之前，这种逆转完全是不可想象的，现在却成为现实。腓特烈颠覆了自己的联盟阵线，使其他两大强国也不得不重新制定结盟策略。新的联盟一经建立，整个欧洲的外交版图就彻底改头换面了，腓特烈也更加蠢蠢欲动了。同年的8月30日，腓特烈手下训练有素、装备精良的普鲁士军队长驱直入撒克逊，将这位邻居打了个措手不及，随之撒克逊的军队完全被整编进普鲁士的军队中。撒克逊一直追随着奥地利，法奥协定墨迹未干普鲁士就做出如此的举动，路易十五毫不迟疑地向玛丽亚·特蕾西亚伸出了援手。随着俄国的长期盟友奥地利被卷入战争，伊丽莎白女皇也加入同奥地利和法国联合对抗普鲁士的阵线中。然而，这番举动没能进一步保证汉诺威的安全，在逃脱了普鲁士的控制之后这个选帝侯国又开始面临着法国和奥地利的威胁了。

别斯杜捷夫伯爵向英国大使馆发出照会，告知汉伯里-威廉爵士俄方将同新建立的反普鲁士联盟，即法奥联盟保持统一阵线。闻听此消息后，英国大使顿时目瞪口呆，由别斯杜捷夫伯爵为代表同他商定，并最终签订的英俄协议虽然绝对不会被正式宣布作废，但实际上已经形同虚设了。汉伯里-威廉爵士发现自己身陷在一团乱麻中，伦敦方面希望他能扩大英国新盟友——普鲁士的腓特烈——的利益，而最初被派遣至俄国的时候他的使命恰好与此相反。欧洲各大强国在联盟结构上的大变动在汉伯里-威廉爵士的身上得到了体现，现在无论是出于个人的需要，还是在圣彼得堡的工作需要，他都不得不彻底改变自己的工作方向了。

这位英国人尽其所能地做了一番努力，自己也变成了一个翻云覆雨的政客。腓特烈在圣彼得堡不曾派驻过使节，汉伯里-威廉爵士暗地里向腓特烈举荐了自己。借用授权给同僚——英国驻柏林大使——的外交邮袋[1]，他源源不断地将俄国首都的一举一动都报告给了普鲁士国王。通过自己在圣彼得堡的社会关系，他还能够确保俄方在即将爆发的大战中不会采取实质性的军事动作。对他来说，原本最重要的联系人别斯杜捷夫现在已经没有利用价值了，取而代之的是叶卡捷琳娜。爵士与女大公保持着亲密的书信往来，还进行过很多次激动人心的谈话，此外他还给过她成千上万的英镑。他对普鲁士人吹嘘说现在叶卡捷琳娜已经是他"亲爱的朋友"了，并向腓特烈暗示自己可以利用叶卡捷琳娜来延缓俄方进军的脚步。

英国大使出卖了自己的红颜知己。叶卡捷琳娜知道《盎格鲁-俄国协定》已经濒临破产，可是她并不清楚自己的朋友在偷偷地向俄国的敌人提供帮助，而且在这场阴谋中还将她当作潜在的盟友。汉伯里-威廉爵士蒙蔽了所有人，其中也包括他自己。1757年1月，叶卡捷琳娜在发给别斯杜捷夫的信中表达了自己的心愿："我高兴地得知我们的敌人不日便将……（进军）。我恳请您能敦促我们的朋友（阿普拉克辛将军）在打败普鲁士国王的时候，能让他滚回到先前的边界去，如此一来我们便不必整日防备对方的来犯了。"

事实上，在出征之前，阿普拉克辛将军就已经频频拜访过女大公了，他仔仔细细地向女大公解释了一番以俄军目前的条件来看，在冬季同普鲁士作战完全是失策之举，最好能推迟此次部署。将军同女大公的谈话不存在任何卖国的嫌疑，之前他同伊丽莎白女皇、别斯杜捷夫以及数位驻俄大使也同样讨论过这个问题，但是叶卡捷琳娜同其他人唯一的不同之处在于

---

[1] 外交邮袋，装置一国外交部门同驻外使领馆往来的外交文件的邮袋。一般用官印加封，由外交信使携带或委托船舶、飞机等交通工具，负责人凭证明文件代为传递，或根据国家间的协议，交由普通邮政传递。一般具有明显的标记。根据国际惯例，海关一般对外交邮袋实施免验待遇。

女皇此前就下过令，严禁叶卡捷琳娜插手朝政及外交事务。女大公或许的确犯了违抗皇命的错误，同汉伯里–威廉爵士谈论过此事，但她并不知道同她谈话的这位英国密友，或者其他任何人，会将她的话转告给普鲁士国王。

第三十二章
波尼亚托夫斯基

在叶卡捷琳娜结识查尔斯·汉伯里–威廉爵士的那个夜晚，年轻的波兰贵族斯坦尼斯瓦夫·波尼亚托夫斯基也同时被引介给了叶卡捷琳娜，他的存在给欧洲上层社会增色不少。波尼亚托夫斯基的母亲出身于波兰最为显赫的查尔托日斯克家族。后来嫁给了波尼亚托夫斯基，斯坦尼斯瓦夫是二人的幼子。这个年轻人颇受母亲的宠爱，几位兄长和两位叔伯也都十分照顾他。他的两位叔伯都是波兰举足轻重的人物。在政治上，这个家族希望凭借俄国的支持结束奥古斯都三世对波兰的统治。奥古斯都三世这位被推选出来的国王是撒克逊人，查尔托日斯克家族希望在其退位之后能建立起一个真正的波兰王朝。

年满十八岁的时候，波尼亚托夫斯基在一大批随员的陪伴下开始游历欧洲各国首府，随身还带着可观的举荐函。在巴黎，他被引介给了路易十五及其情人蓬巴杜夫人；在伦敦，他见到了乔治二世。在同英国国王会面之前，波尼亚托夫斯基已经结识了查尔斯·汉伯里–威廉爵士，在被任命为英国驻俄大使后，这位外交官便邀请他出任自己的秘书。这个消息令年轻人的母亲与叔父都感到欣慰，这无疑可以使查尔托日斯克家族在圣彼得堡的外交地位得到巩固，同时波尼亚托夫斯基自己也得到了抛头露面的机会。刚一赶到圣彼得堡，汉伯里–威廉爵士就对年轻的秘书表示出充分的信任。"他让我看了绝密的快信，还将处理密信的工作也交给了我。"波尼亚托夫斯基说。汉伯里–威廉爵士租下了一幢位于涅瓦河畔的宅邸，权做大使馆，就这样一老一少在圣彼得堡安顿了下来，两个人一道欣赏着河对岸的彼得保罗要塞与要塞里四百英尺高的教堂上金光灿灿的尖顶，汉伯里–威廉爵士将其称为"全欧洲最美的景色"。

比叶卡捷琳娜小三岁的斯坦尼斯瓦夫·波尼亚托夫斯基在容貌上无法与谢尔盖·萨尔蒂科夫相匹敌，他身材矮小，长了一张女性化的瓜子脸，淡褐色的眼睛略微有些近视。他的眉毛十分粗重，下巴却很尖削。不过，他能讲六国语言，凭借着自身的魅力和能言善辩的口才无论走到哪里都十分受欢迎，年仅二十三岁就成了欧洲贵族阶层中的青年楷模，以处世老到著称。叶卡捷琳娜从未遇到过像波尼亚托夫斯基这样的青年，他的出现为她生动地呈现出在德·塞维涅夫人和伏尔泰的帮助下她才渐渐学会欣赏的那个世界。他说的字字句句都富有启蒙精神，他总是轻松自如地畅谈着抽象的问题，时而浪漫到无以复加的地步，时而又带着一身的孩子气。叶卡捷琳娜的好奇心被挑逗起来了。但是，波尼亚托夫斯基还是有两个不尽如人意的缺陷，叶卡捷琳娜渐渐地认识到这个波兰青年很少有自己独到的见解，而且举止轻浮，不过她还是接受了一切。实际上，对这两个缺点认识最清楚的莫过于波尼亚托夫斯基自己，在自己的回忆录中他坦言道：

良好的教育使我有能力掩藏起自己在智力上的不足，很多人对我的期望远远超过了我的实际能力。我的头脑允许我应付各种各样的谈话，但又不足以对任何特定的话题持久并深入讨论下去。我天生就热爱艺术，可是由于怠惰我没能按照自己的心愿在艺术和科学领域发展下去。我要么过度工作，要么彻底撒手不干。我具有良好的判断能力，看到某项方案或提议时我可以立即判断出其中的缺陷，可是在实施计划方面我却非常需要他人的指点。

然而，在很多方面这样一个精明老练的人却仍然非常天真。他向母亲保证绝不饮酒——包括红酒和烈酒，绝不赌博，并且在三十岁之前绝不结婚。此外，据他自己说他还具有另外一项独到之处，对于刚刚在巴黎和欧洲其他国家大放异彩的年轻人来说，这一点过人之处着实有些另类。

严格的教育让我远离一切下流粗俗的男欢女爱。游历欧洲期间，在上流社会站稳脚跟的抱负支持着我，无数次我差点就涉足于不轨的恋情中，然而我的抱负与侥幸逃脱的风流韵事，似乎都是特意将我留给左右我一生命运的那个女人。

简言之，在遇到叶卡捷琳娜的时候波尼亚托夫斯基还是一个处男。

对于一个自负而且曾经遭到拒绝和抛弃的女人来说，波尼亚托夫斯基还具有另外两项令人心动的品质。波尼亚托夫斯基对叶卡捷琳娜的忠诚证明她并不是一个只会激起男人性欲的女人，他向她表白着自己的爱慕之情，在他看来叶卡捷琳娜不只是一个显贵的女大公和富有魅力的女人，他还看到了她的心灵与品性，他们两个人都承认在这两方面她都领先于他。他满怀柔情，体贴而谨慎，并且忠贞不贰，叶卡捷琳娜终于懂得爱情除了让人感到激情，还应带给人满足感和安全感。波尼亚托夫斯基成了叶卡捷琳娜疗伤止痛的药剂。

这段恋情刚露出苗头的时候，叶卡捷琳娜的身边有三位盟友，汉伯里-威廉爵士、别斯杜捷夫与列夫·纳雷什金。总理大臣清楚地表示自己愿意代表叶卡捷琳接受波尼亚托夫斯基的友情，纳雷什金随即也成为这位新欢的朋友，为他出谋划策、指点迷津，一如当年他在叶卡捷琳娜同萨尔蒂科夫那段风流韵事中扮演的角色。在发着高烧、卧床不起的时候，列夫给叶卡捷琳娜发去了数封长信，其中提到的无不是一些琐事——希望得到一些水果和蜜饯，但是文风独特，很快叶卡捷琳娜就由此判断出写信之人并非列夫。后来，列夫承认那些信都是自己新结交的朋友，波尼亚托夫斯基伯爵所撰写的。叶卡捷琳娜意识到，尽管波尼亚托夫斯基有着丰富的游历经验，处世也非常老到，但本质上他还是一个腼腆而多愁善感的年轻人。不过，这个波兰人生性浪漫多情，而眼前这个年轻的女子孤独无依，受着不幸婚姻的束缚。她的状况足以俘获他的心扉。

叶卡捷琳娜就这样出现在了他的视野中。

她年方二十五岁，这个年龄的女人尤为迷人。她长着一头乌黑的秀发，面色白皙动人，一双又圆又大的蓝眼睛非常富有表现力。她还长着纤长乌黑的睫毛，希腊式的鼻子，那张小嘴似乎随时等待着亲吻。她的双肩、双臂和双手都那么完美。她身材高挑，举止优雅，身姿灵巧而又极其端庄，声音柔和动听，笑声就像她的性格一样甜美。这一刻她还纵情于最无拘无束、最孩子气的游戏中，下一刻她又会安坐在书桌前，着手处理着极其复杂的财政与政治事务。

经过几个月的交往，这对生涩的恋人终于鼓起勇气，让两个人的关系出现了本质性的改变。不过，倘若没有新朋友列夫的坚持，波尼亚托夫斯基这个被动的爱人或许还是更倾向于默默地爱慕着对方。终于，蓄谋已久的列夫还是制造出一个令波尼亚托夫斯基难以抽身的情境，他若抽身离去，女大公势必会陷于尴尬的境地。在不知情的情况下，这个波兰青年被带到了叶卡捷琳娜的寝室门口，门虚掩着，叶卡捷琳娜就等在里面。多年后波尼亚托夫斯基回忆道："一想起那天她穿的衣服我就喜不自禁——一条短短的白色缎面裙子，裙边上缀着蕾丝，裙摆上匝着粉红色的缎带，此外就别无其他装饰了。"从那一刻起，波尼亚托夫斯基的"人生就完全属于她了"。

结果叶卡捷琳娜发现自己的新爱人是一个不喜欢笑又缺乏自信的人，而当初萨尔蒂科夫正是凭着这两个特点才最终征服了叶卡捷琳娜。现在，叶卡捷琳娜面对的是一个少年，他风度翩翩，阅历丰富，谈吐优雅，可他终究还是一个孩子。叶卡捷琳娜很清楚自己该做些什么，一旦这个英俊纯真的波兰少年不再犹豫，她便会立即引导着他成长为一个真正的男人。

第三十三章

获刑的老鼠，离去的情人，危险的提议

外交格局惊人的变动发生在欧洲大陆，然而一系列的外交变动与各国间的敌对状态却在此后十年里给叶卡捷琳娜与彼得封闭而渺小的婚姻生活留下了烙印。叶卡捷琳娜找到了新的情人，衷心拥护她的斯坦尼斯瓦夫·波尼亚托夫斯基；彼得则继续穿梭于叶卡捷琳娜的女侍臣中，朝三暮四地更换着新的猎物。大公夫妇无论是品位还是兴趣都截然不同：彼得喜欢士兵、猎狗和酒精；叶卡捷琳娜倾向于阅读、交谈、舞会和骑马。

1755年的冬天，彼得的荷尔斯泰因战士基本被遣送回国了，叶卡捷琳娜与他又从奥拉宁巴姆宫迁回到圣彼得堡，两个人继续保持着分居的状态。整座城市都覆盖着厚厚的积雪，冰封的涅瓦河也被冻得结结实实，令彼得痴迷的军事操练便转移到了室内，现在他的手下就只剩一些木头、锡、纸浆和蜡做的模型士兵了。他将模型排列在一张张长条桌上，桌子多得都不容他在其间随意地走来走去。桌子上还钉着一溜溜的铜片，铜片上拴着绳子，只要他一拉动绳子，铜片就震动起来，彼得告诉叶卡捷琳娜那吵闹声听上去就像是火枪在轮番开火一样。在这个房间里，彼得每天都要在白天主持一场"卫兵交接"仪式，被指派上岗的一队士兵将站岗的士兵替换掉，然后退岗的士兵被彼得从桌子上撤走了。每逢举行仪式彼得就要穿上全套的荷尔斯泰因军装，高筒靴、马刺、僵挺的领子和围巾一样不缺，参加仪式的仆人们也都必须身着荷尔斯泰因军装。

一天，走进彼得的房间后，叶卡捷琳娜突然看到模型绞架上吊着一只硕大的死老鼠。惊恐万分的叶卡捷琳娜问彼得为什么老鼠会出现在这里，彼得解释说那只老鼠被判了罪，根据军事法应该被处以极刑，因此他对它执行了绞刑。那只老鼠的罪行是爬到了桌子上那个纸板城堡的城墙上，还吃了正在放哨的纸浆哨兵。彼得养的一条狗逮住了老鼠，"犯人"接受了军事法庭的审判，然后就立即被处决了。彼得宣布现在必须将其示众三天，以儆效尤。听罢这番话，叶卡捷琳娜捧腹大笑，随即又向彼得道了歉，恳请他原谅自己对军事法的无知。然而，她嬉皮笑脸的样子却刺痛了彼得，后者立即拉下了脸。对于这场军事裁决和行刑，叶卡捷琳娜最后说，如果从老鼠的立场出发，那么执行前老鼠都没有得到辩解的机会。

1755年至1756年的冬天，叶卡捷琳娜与列夫·纳雷什金的嫂子安娜·纳雷什金非常亲近。列夫也经常加入这两个女人的聚会，叶卡捷琳娜曾写道："我俩在一起的时候他也总是在场，没完没了地胡闹着。"列夫已经习惯往来于彼得和叶卡捷琳娜的住所，为了进入叶卡捷琳娜的房间他还必须趴在门上学猫叫。12月的一天晚上，在大约六七点的时候，叶卡捷琳娜又听到猫叫声了。随即列夫就走了进来，告诉叶卡捷琳娜他的嫂子生病了，还说"你应该去看看她"。

"什么时候？"叶卡捷琳娜问道。

"就今晚。"

"你知道没有得到允许的话我是没法出去的，他们绝对不可能放我出去，更不会让我去她家。"

"我带你去。"他说。

"你疯了吗？你会被送到要塞去，天知道我又会摊上什么事儿！"叶卡捷琳娜说。

"没人会知道的。差不多一个钟头后我来接你。到时候大公还在吃晚饭，基本上整晚他都会守在餐桌旁，不把自己灌醉是不会离开餐桌去睡觉的。安全起见，你扮作男人的样子。"列夫说。

叶卡捷琳娜早就厌倦了独守空房的日子，她同意了列夫的安排。等列夫离去后她便谎称头疼，早早地爬上了床。一等到维拉迪斯拉娃夫人回房休息，她便立即爬了起来，将自己打扮成男人的模样，尽量把头发也藏了起来。一到约定的时间，门外就传来了列夫的猫叫声，接着两个人就悄无声息地离开了王宫，一钻进列夫的马车他们就为这场恶作剧开心地笑了起来。来到列夫与兄嫂合住的府邸后，叶卡捷琳娜看到跟自己预想的一样，波尼亚托夫斯基也在列夫家。后来她写道："这天晚上我们过得开心极了。我在列夫家待了一个半小时，然后就回宫了，路上没有碰到任何人。第二天，在早上上朝时和夜晚的舞会上我们几个只要相互看上一眼，保准就会为头天晚上的荒唐之举哈哈大笑起来。"

几天后，列夫又安排了一次对叶卡捷琳娜的回访，他轻车熟路地陪着自己的几位朋友来到叶卡捷琳娜的房间，一路上没有引起丝毫的怀疑。秘密聚会令几个年轻人开怀不已，在1755年至1756年的这个冬天，他们每周都要见上两三次面，每次各家轮流坐庄。"有时候在剧院里，哪怕没有坐在同一个包厢或者同一排贵宾席，我们几个人也都心照不宣地知道应该去哪里，只需一个只有我们几个人才知道的手势就行了。谁都没有出过差错。不过，其中有两次我被害得只能走回王宫。"快乐的夜生活和波尼亚托夫斯基的爱，再加上别斯杜捷夫在政治上的支持，这一切无不是在培养着叶卡捷琳娜的自信。

彼得有时会将妻子的地位和优点公然抨击一通，叶卡捷琳娜发现在他这副态度的怂恿下，她的女侍臣偶尔也敢顶撞她了。彼得被公认为是保罗的父亲，他也欣然接受了这个身份，从传宗接代的重任下解脱了出来。戏子和舞女这些被社交圈认为是"随随便便的女人"开始出现在彼得举办的私人晚宴上了，其中最吸引他的女人是叶卡捷琳娜的女侍臣伊丽莎白·沃伦佐娃。伊丽莎白是别斯杜捷夫的死对头、副总理大臣米哈伊尔·沃伦佐夫伯爵的女儿。自十一岁起伊丽莎白便成了叶卡捷琳娜的随从，她没有多少头脑，也算不得漂亮，甚至还略微有些驼背，由于天花落了一脸的疤痕。这个烈性子的女人随时随地能立即放声大笑、畅饮、唱歌，或者叫喊起来，尽管出身于俄国历史最为悠久的一个家族，但据说她说话时总是唾沫横飞，举手投足"就像是一个名声卑劣的人家里的粗使丫头"。彼得对她的感情或许正来自于他的自卑，也许大公认为这个女人爱的是他本人，而不是其他外在的东西。起初，伊丽莎白·沃伦佐娃并不怎么突出，同时还有不少女人也得到了彼得的宠爱，偶尔她还会跟彼得吵起来，不过到最后彼得总是会回到她的身边。

1756年的夏天，在奥拉宁巴姆宫，叶卡捷琳娜与一位女侍臣的关系引发了一场激烈的争执。叶卡捷琳娜感觉到身边这些年轻女子已经开始公然冒犯她了，于是她来到她们的寝室，声称除非她们改变态度，否则她就要把她们的行为禀告给伊丽莎白女皇。其中几个女孩子吓得哭了起来，其他人则恼羞成怒，叶卡捷琳娜刚一离去她们便心急火燎地去找大公。听罢她们的哭诉，彼得勃然大怒，他立即冲到了叶卡捷琳娜的房间，说自己对她忍无可忍，她已经变得越来越令人发指了，还指责她对待这些有地位的年轻姑娘就像对待女仆一样，倘若她去向女皇抱怨，那他也会去告诉自己的姨母她是多么的自负、傲慢，而且还常常发火。

听罢彼得的指责，叶卡捷琳娜说丈夫尽可以去跟他的姨母抱怨，说什么都无所谓，但是女皇很有可能会认为，解决争端的首选方案还是将导致外甥夫妇发生龃龉的那个姑娘从叶卡捷琳娜的身边赶走，无论那个姑娘是谁。她还说自己相信为了让他们两个人重归于好，也是为了避免再听到类似的争端，女皇势必会采取这种解决办法的。彼得大吃一惊，他意识到叶卡捷琳娜比自己更了解伊丽莎白女皇对这些女侍臣的态度，女皇的确会因为此事而赶走她们，于是他压低声调说："跟我说说你究竟知道些什么。有人跟她说过她们的事情吗？"叶卡捷琳娜断言一旦此事传到了女皇的耳朵里，女皇陛下必定会一如既往地果断解决掉这件事情。彼得在房间里来来回回地踱着步子。当天晚上，为了警告这些姑娘，以免她们继续向大公哭诉委屈，叶卡捷琳娜便将自己与大公发生的冲突，以及接下来有可能出现的结果都绘声绘色地向比较理智的几位女侍臣描述了一遍。

　　叶卡捷琳娜喜欢斯坦尼斯瓦夫·波尼亚托夫斯基，可是直到他不得不暂时告别时她才意识到自己究竟有多么喜欢他。这次的分别完全是波尼亚托夫斯基自己招惹来的。他一向憎恶波兰那位有名无实的国王，即来自撒克逊的奥古斯都，当时普鲁士国王腓特烈已经大举入侵了奥古斯都的选帝侯国。波尼亚托夫斯基不断地发表着对奥古斯都的鄙薄之辞，有些人将他对奥古斯都的人身攻击当作出于对腓特烈的同情，彼得就在此列。然而，误认为波尼亚托夫斯基支持普鲁士的不止彼得一个人，撒克逊-波兰朝廷对他也持有同样的看法，他们恳求伊丽莎白女皇将这个年轻人送回波兰去。波尼亚托夫斯基没有选择的余地。1756年7月，他不得不踏上回国的旅程了。叶卡捷琳娜没有阻挡他的脚步，但是她打定主意终有一天要让他再回到她的身边。

　　动身的两天前，在瑞典的霍恩伯爵陪同下，波尼亚托夫斯基来到奥拉宁巴姆宫，他是来跟叶卡捷琳娜道别的。他们在奥拉宁巴姆宫相守了两天，第一天的时候彼得还摆出一副彬彬有礼的样子，到了第二天，他原本就打算在那一天趁着手下的猎人举办婚礼之机美美地喝上一场，所以他直接离开了王宫，将叶卡捷琳娜一个人留在宫里招待客人们。晚宴结束后，叶卡捷琳娜带着霍恩伯爵参观宫殿。当他们走到叶卡捷琳娜的寝室时，她那只意大利灵提冲着霍恩伯爵狂吠不已，等看到波尼亚托夫斯基时，小狗却冲对方拼命地摇起了尾巴。霍恩伯爵注意到了小狗的反应，他将波尼亚托夫斯基拉到僻静的角落，说："我的朋友，什么都比不过小哈巴狗更能出卖人了。每次恋爱时我首先要做的就是送给对方一条这样的小狗，这样一来，我就能发现有没有别的什么人比我更受她的垂青。这个法子屡试不爽。你刚才也亲眼看到了，这条狗想来咬我，因为我是个陌生人，可是一看到你它就乐疯了。"两天后，波尼亚托夫斯基离开了俄国。

在1756年7月动身返回波兰的时候，斯坦尼斯瓦夫·波尼亚托夫斯基以为几个星期之后就能重返俄国，然而他没能按照预期的时间回来，叶卡捷琳娜便采取了行动，她要让波尼亚托夫斯基回到俄国来。就是这次的努力让别斯杜捷夫见识到了未来女皇的意志。1756年整整一个秋天，别斯杜捷夫一直竭尽全力地按照叶卡捷琳娜的请求忙碌着，不断地劝说波兰内阁将波尼亚托夫斯基重新派回圣彼得堡。在给波兰外交大臣布吕赫尔伯爵的信中他写道："目前诸多事务发展到了关键而微妙的阶段，我愈加认为波兰王国应当立即向俄国派驻一位杰出的使节，他的出现必将拉近两国王室的关系。我发现对我国来说没有谁能比波尼亚托夫斯基伯爵的到来更令人感到愉快，因此我建议您最好将他派来。"最后，布吕赫尔伯爵接受了对方的建议。

波尼亚托夫斯基重返俄国的障碍已经扫清了，可是出乎叶卡捷琳娜意料的是他还是留在了波兰。什么事情在阻挠着他？在给叶卡捷琳娜的一封信中，波尼亚托夫斯基解释说障碍就在于他的母亲。

我强烈要求她同意我重返俄国，可是她眼泪汪汪地对我说，我跟您的关系势必会让她失去我对她的爱，她将自己这一生的全部希望都寄托在我对她的爱之上。她还说虽然很难拒绝俄国提出的邀请，但这一次她是坚决不会答应的。我顿时就慌了神，一头扑倒在她的脚下，哀求她改变主意。她又哭着说："我意已决。"说完她捏了捏我的手，然后就走掉了，留下我独自面对着两难处境，这辈子我还从来没有碰到过如此棘手的事情。

在两位颇有影响力的叔父的帮助下，波尼亚托夫斯基最终还是在1756年12月逃离了母亲的束缚，以波兰王国官方代表及使节的身份回到了俄国。一赶到圣彼得堡，他便立即跟叶卡捷琳娜恢复了关系，此后他在俄国继续生活了一年半，其间叶卡捷琳娜产下了次子。

伊丽莎白女皇常常疾病缠身，所有人都不知道真正的致病原因，有些人将其归结为月经期并发症，还有一些人在背后议论说女皇之所以身体不适是由中风或癫痫造成的。1756年的夏天，女皇的病情陷入了危急状态，医生们甚至担心她随时会出现生命危险。

这种状况持续到了当年的秋天，心急如焚的舒瓦洛夫夫妇严密地留意着大公的动向，别斯杜捷夫则另辟蹊径。跟圣彼得堡的其他人一样，别斯杜捷夫也同样为俄国的未来感到担忧，不过他考虑最多的还是自己的出路。别斯杜捷夫很清楚皇位继承人彼得对俄国抱有偏见，执政能力有限，对身为总理大臣的他也怀有敌意，而且这种敌意始终汹涌澎湃地激荡在彼得的心中。由于英国与俄国不再结盟，他也无法继续公开对汉伯里–威廉爵士示好。此外，他还有一些世人皆有的担忧，多年来的操劳，再加上现在又年事渐高，即便伊丽莎白女皇病体康复，她也不是一位容易应付的君主。女皇日渐衰微的身体，大公对他的敌意，各种因素都决定了在整个俄国宫廷里他只能向一个人求助。他同叶卡捷琳娜的关系已经很牢固了，迫在眉睫的战争更加促使他俩达成了和解。1756年的这个秋天，叶卡捷琳娜和别斯杜捷夫都对伊丽莎白女皇辞世后有可能出现的政权更替感到忧心忡忡。

别斯杜捷夫做起了打算。此前他已经将自己的朋友斯特潘·阿普拉克辛将军引介给了叶卡捷琳娜，随后阿普拉克辛将军又被任命为对普作战的最高指挥官。接着，他给叶卡捷琳娜送去了一份草拟的密旨，一旦女皇驾崩这道密旨便将被公之于众。密旨对俄国政府部门的重组做出了详细的交代，并提议尽快宣布彼得为帝，同时宣布叶卡捷琳娜被正式任命为联合执政者。实际上，别斯杜捷夫希望真正把持国政的将是叶卡捷琳娜，就如同当年在荷尔斯泰因问题上代表丈夫处理政务一样。别斯杜捷夫自然不会遗漏掉对自己的安排，事实上他希望叶卡捷琳娜会在他的建议与指导下对沙皇实施监管，这样俄国的大权就完全落在了他的手心里。他既有的职务不做变动，同时还要兼任其他官职，一边继续当着总理大臣，一边还要统摄政府中三个最核心的部门——外务部、战争部和海军部，此外他还将被任命为统一领导四个皇家近卫团的上校。这份密旨极其危险，甚至会断送掉参与者的前程。别斯杜捷夫在干涉皇位继承之事，是在僭越一国之君的权力。一旦伊丽莎白女皇读到这份文件，别斯杜捷夫势必会人头落地。

对这份草拟的密旨，叶卡捷琳娜表现得十分谨慎。她没有立即对别斯杜捷夫提出异议，也没有给他以鼓励，但还是让对方知道了自己对此事有所保留。日后，即便宣称自己当初发现其中的主张有出格之嫌，而且不合时宜，到那时她已是黄袍加身，众人只会对她说上一通阿谀奉承之辞。叶卡捷琳娜对别斯杜捷夫的良苦用心表示了感谢，但同时也告诉他自己认为提出这个方案还为时过早。别斯杜捷夫一遍遍地修订着草案，对其中的内容不断地做着补充和改动。

叶卡捷琳娜很清楚别斯杜捷夫是在以身犯险。一方面，别斯杜捷夫为她指出了一条通往皇位的道路；另一方面，她明白一旦有人发现这份可作为谋反证据的文件，那她和总理大臣都会惹上杀身之祸。一旦读到这份文件，伊丽莎白的怒气将会令人难以想象。

第三十四章

挑战布洛克多夫，举办仲夏晚宴

1757年的春天，叶卡捷琳娜目睹着布洛克多夫对丈夫的影响日甚一日，有一件事情清楚地显示出这种趋势。一天，彼得告诉叶卡捷琳娜他必须向荷尔斯泰因方面下令逮捕公国内一名声名显赫的臣民——凭借着自己的学识与能力出人头地的伊兰德谢姆。叶卡捷琳娜问彼得为何此人必须被逮捕。"他们告诉我他涉嫌盗用公款。"彼得回答道。叶卡捷琳娜问彼得是谁对此人提出了这项指控，彼得解释说："哦，谁都没有指控他，因为所有人都害怕他，也尊敬他，所以我才必须将他逮捕。我相信一旦将其逮捕，自然会有很多人站出来控告他。"

叶卡捷琳娜耸了耸肩，说："要是有人干出这种事情的话，那世上就剩不下一个无辜的人了。任何一个心怀嫉妒的人都可以散布谣言，凭着谣言受其迫害的人就会遭到逮捕。如此恶劣的主意究竟是谁给你出的？"

"你总是想比别人知道得多。"彼得抱怨道。叶卡捷琳娜说自己之所以打听这些事情，只是因为她不相信大公自己会如此冤枉好人。彼得在房间里来来回回地踱了一会儿步子，突然就走掉了。没过多久他又回来了，对叶卡捷琳娜说："去我的房间，布洛克多夫会把伊兰德谢姆的事情原原本本地讲给你。你会相信对他的逮捕也是不得已而为之的。"

布洛克多夫已经等在了彼得的房间里。"跟女大公讲一讲。"彼得说。布洛克多夫鞠了一躬，说："奉大公殿下之命，我将对女大公殿下如实禀明。"说完他便转向了叶卡捷琳娜，"此事的处理须得秘密且谨慎。目前，在荷尔斯泰因流言四起，人们都说伊兰德谢姆挪用及侵吞公款，但是没有人对他提出指控，因为所有人都害怕他。不过，一旦被捕，指控他的人自然会层出不穷地涌现出来。"叶卡捷琳娜要求布洛克多夫对伊兰德谢姆的罪行做出详细说明，结果身为司法部部长的伊兰德谢姆被指控犯有敲诈罪，因为每次审判结束后败诉的一方总在抱怨说对方之所以能打赢官司都是由于他们贿赂了法官。叶卡捷琳娜说布洛克多夫是在逼着她的丈夫明目张胆地干出不义之事，按照布洛克多夫的逻辑大公也可以将他关押起来，并宣布稍后自然会对他提出指控；至于诉讼之事，败诉方总是宣称自己败诉是因为法官接受了贿赂，这都是自然而然的事情，不存在什么难以理解的地方。

两个男人全都一声不吭，叶卡捷琳娜掉头离去了。布洛克多夫对大公说，叶卡捷琳娜说的字字句句全都出于她的支配欲望，对于别人提出的事情她永远只会持反对意见，她对政治上的事情一窍不通，女人就是喜欢插手所有的事情，而且一插手就坏事，她们没法理解任何严肃的问题。最后，布洛克多夫设法驳倒了叶卡捷琳娜给彼得的建议，彼得最终还是向荷尔斯泰因下达了逮捕伊兰德谢姆的命令。

布洛克多夫令叶卡捷琳娜既感到厌恶又遭受了挫败。叶卡捷琳娜找来列夫·纳雷什金和其他几个人帮她一起对付布洛克多夫，当布洛克多夫从他们面前走过去的时候他们就一起高声喊："鹬鸨！鹬鸨！"在他们眼中，布洛克多夫就跟这种鸟一样丑陋不堪。在《回忆录》中叶卡捷琳娜写道："他四处搜刮钱财，还劝说手头永远不够宽裕的大公通过在荷尔斯泰因卖官鬻爵来敛财。"

尽管花费了不少心血，叶卡捷琳娜仍旧无法削弱布洛克多夫对彼得的影响力。于是她告诉亚历山大·舒瓦洛夫，自己认为对于年轻的亲王、帝国的继承人来说，布洛克多夫是一个危险的伙伴，并建议伯爵最好能提醒一下女皇。舒瓦洛夫问叶卡捷琳娜将此事禀告给女皇的时候是否可以提及她的名字，叶卡捷琳娜给了对方肯定的答复，还说如果女皇希望听她亲口讲明此事的话，那她很愿意对女皇直言。舒瓦洛夫答应了叶卡捷琳娜的请求。等了一段时间之后，舒瓦洛夫伯爵告诉她女皇答应找个机会跟她谈一谈。

叶卡捷琳娜一边等待着女皇的召见，一边又积极地插手彼得的生活。一天上午，彼得走进叶卡捷琳娜的房间，他的秘书蔡茨手里捧着一份文件，紧紧地跟在他的身后。彼得说："瞧瞧这个混蛋！我昨天喝多了，今天头还是晕得厉害，可是他却给我带来这么多公文让我处理。他甚至还跟到了你这里！"蔡茨向叶卡捷琳娜解释说："我来这里只是希望等到简单明确的答复——'同意'或者'不同意'。连一刻钟都用不了。"

"让我瞧瞧。"叶卡捷琳娜说，"没准用不了那么长时间咱们就能处理完这些公文。"

蔡茨大声地读了起来，叶卡捷琳娜不时地说着"同意"或者"不同意"。这种做法令彼得很满意。蔡茨对彼得说："阁下，您瞧，如果您能准许每星期这样批阅两次公文，那您就不会拖延公务了。这些都只是些无足轻重的小事，但还是需要有人打理，女大公方才只说了六次'同意'或'不同意'就把所有的事情都处理完了。"从这一天开始，一旦有事需要彼得表态，他便将蔡茨打发到叶卡捷琳娜那里去。后来，叶卡捷琳娜要求彼得给她签发一项授权书，将她有权独立做主的事情都一一列出来。彼得对妻子的态度非常感激。

叶卡捷琳娜还提醒彼得，倘若处理荷尔斯泰因的事务都令他感到头疼，那他应该想一下，对于将来需要应对的俄国朝政来说，这些事务不过是九牛一毛而已。彼得一再重申自己不是生给俄国的，他不喜欢俄国人，也没法讨得俄国人的欢心。叶卡捷琳娜建议他恳请女皇对他指点一下朝政之事，还特别敦促他恳请女皇允许他参加内阁会议。彼得将这些建议转述给亚历山大·舒瓦洛夫，后者遂向女皇提议准许彼得参加女皇亲临的大小会议。伊丽莎白女皇答应了这个请求，可是到头来一切都毫无意义，最终女皇只带着彼得出席过一场会议。此后，他们两个人谁都没能再出席内阁会议了。

回首当年，叶卡捷琳娜写道："最大的问题就在于我试图尽可能地忠于真相，而他却将真相甩得越来越远。"在彼得编造出来的谎言中，最古怪的一些总是涉及他自己的生活琐事，叶卡捷琳娜曾说这些事情无不是为了打动某个年轻女子的芳心。仗着对方的天真，彼得会说自己小时候跟父亲生活在荷尔斯泰因，那时他经常被任命为小分队的指挥官，率领一批人前去围剿在基辅周边打家劫舍的吉卜赛土匪。彼得永远都在强调自己的能力与勇猛，总是绘声绘色地讲述一番自己在追踪、保卫、作战，并最终俘获这些敌手时采用的那些超凡的战术。一开始，他的听众只是对他的经历一无所知的人，渐渐地，他越来越无所忌惮地将这些故事也讲给了对他有所了解的人，不过他选择的对象都是些谨小慎微，绝不会对他提出异议的人。他甚至还会当着叶卡捷琳娜的面胡扯一通，叶卡捷琳娜便问他这些事情发生在他父亲逝世前的什么时候。根据叶卡捷琳娜的回忆，彼得回答说应该是"三四年的时候"，她便说："好吧，就是说你从很小的时候就开始领兵作战了，毕竟你父亲逝世前三四年你才只有六七岁大。你父亲逝世时你刚满十一岁，然后我的舅父、现在的瑞典亲王就成了你的监护人。另外还让我吃惊的一个事实就是，你的父亲只有你这么一个儿子，而且当年你身体非常羸弱，他居然会将自己年仅六七岁的继承人派去追捕匪徒。"最后，叶卡捷琳娜总结说并非自己在怀疑彼得，而是实际的日历与彼得口中的历史有所抵触。

尽管如此，彼得还是一如既往地来求助于叶卡捷琳娜，由于两个人的命运息息相关，叶卡捷琳娜还是竭尽全力地帮着丈夫。她对待彼得的态度更像是对待自己的小弟弟而不是丈夫，给他提建议，责骂他，倾听他的风流韵事，同时还继续帮他处理荷尔斯泰因的事务。"一感到迷茫他就立即跑来找我，让我为他出主意；一得到我的建议他就立即跑掉了，跑得能有多快就多快。"叶卡捷琳娜说。

终于，叶卡捷琳娜意识到伊丽莎白女皇并不认可她对彼得的帮助。一天夜里，伊丽莎白单独召见了叶卡捷琳娜，早在八个月前叶卡捷琳娜就开始等待这次会面了。两个女人首先谈到了布洛克多夫的问题。叶卡捷琳娜将伊兰德谢姆事件详详细细地向女皇做了解释，让女皇明白她现在很担心布洛克多夫会对丈夫产生恶劣的影响。伊丽莎白对此不置可否，转而开始打听起大公的私人生活。叶卡捷琳娜将自己知道的所有事情都讲给了女皇，当她再一次提到荷尔斯泰因时伊丽莎白突然打断了她，冷冰冰地说："看起来你对那个国家知之甚多。"叶卡捷琳娜明白此番谈话给女皇留下了糟糕的印象，她急忙辩解说自己之所以如此了解内情是因为丈夫命她辅佐他管理这个小国。伊丽莎白蹙着眉头沉默了一会儿，随即便突然命叶卡捷琳娜告退。女大公不知道接下来会发生什么事情。结果，什么也没有发生。

1757年的仲夏，叶卡捷琳娜采取新的策略来讨好丈夫，她专门为彼得举办了一场舞会。意大利建筑师安东尼·瑞纳尔蒂为叶卡捷琳娜在奥拉宁巴姆的花园设计建造了一顶庞大的木车，里面能同时容纳六十位乐师与歌手。叶卡捷琳娜还亲自写了几段韵词，然后命人为其谱上乐曲。花园大道张灯结彩，一道巨大的帷幕将大道与餐桌分隔开。

暮色中，彼得与数十位宾客走进花园，纷纷入了席。上过头盘之后，帷幕缓缓升起，灯火通明的花园大道出现在众人面前，装载着乐队的大木车在二十头公牛的牵引下从远处缓缓走来，公牛的头上戴着花环。大车两侧男女舞者翩翩起舞，随着大车一起走了过来。"这一天天气宜人，牛车停下时月亮恰好悬在车上，为当夜增色不少，所有的宾客都看得目瞪口呆。"叶卡捷琳娜写道。用餐的人纷纷从椅子上蹦了起来，好看个仔细。帘幕又落了下来，宾客也回到了餐桌旁，开始享用起第二道菜肴。一阵喧天的锣鼓之后就开始了精心安排的抽奖活动，所有人都可以参加。在帘幕的两头各升起一条小帘子，露出亮闪闪的靴子、瓷器、鲜花、缎带、扇子、梳子、皮包、手套、剑穗和其他精美的物件，全都是用来抽奖的奖品。当所有的物品都花落各家之后仆人们又端上了甜品，随后宾客们一起尽兴地玩到了次日清晨6点。

晚宴大获成功。彼得与随从以及荷尔斯泰因的来宾对叶卡捷琳娜的能力都赞叹不已。甚至在撰写《回忆录》时，叶卡捷琳娜仍旧陶醉在自己的胜利中，她记录下了当时受到的赞美："女大公就是友善的化身，她为每个人都准备了礼物；她是那么迷人；她笑意盈盈，我们跳舞、进餐、享受着，这一切令她感到心满意足。"叶卡捷琳娜自己则心满意足地总结道："人们看到此前他们从未在我身上看到过的美德，就这样我成功地消除了敌人对我的怒气。我的目的达到了。"

1757年，新被任命的法国驻俄大使德·洛必达侯爵来到了圣彼得堡。在侯爵上任之前，凡尔赛就已经对伊丽莎白女皇的病情以及叶卡捷琳娜日益扩大的影响力了解得一清二楚，侯爵得到的建议是"取悦女皇，同时讨得大公夫妇及随从的欢心"。德·洛必达侯爵对夏宫初次进行礼仪性拜访时出面接待他的人便是叶卡捷琳娜，伊丽莎白女皇迟迟才露面。女皇没有出席晚宴和随后的舞会，当时恰逢白夜节，宴会厅被人为地制造出黑夜的景象，以便让数百支蜡烛能够尽情营造气氛。在微弱的烛光下，伊丽莎白女皇终于现身了。她的面容仍旧那么美丽，但是浮肿的双腿已经让她无法翩然起舞了，与侯爵寒暄了几句之后，她便退回到旁边的座椅上，悲伤地望着绚丽迷人的舞池。

德·洛必达侯爵立即着手巩固法国与俄国的关系，这正是他此番赴俄的使命，他首先要做的就是促使英国与波兰分别召回汉伯里-威廉爵士与波尼亚托夫斯基。侯爵受到舒瓦洛夫夫妇的热情接待，但是大公夫妇却对他关上了大门。彼得对普鲁士的敌人没有任何好感，叶卡捷琳娜又与别斯杜捷夫、汉伯里-威廉爵士和波尼亚托夫斯基都有交情。由于无法抗衡这位得势之人，德·洛必达侯爵便向法国政府发回报告，称自己对大公夫妇的努力未果："大公是一个地地道道的普鲁士人，女大公又是一个无可救药的英国人。"

然而，这位法国大使还是想方设法地达成了主要目标，成功地铲除了自己在外交界里的劲敌英国大使汉伯里-威廉爵士。侯爵与自己的政府向伊丽莎白女皇施压，逼迫伊丽莎白敦促现在与法俄两国共同的敌人——普鲁士的腓特烈——交好的英国国王撤回自己的驻俄使节。伊丽莎白女皇接受了法国人的逻辑，英国国王乔治二世于1757年夏天被告知圣彼得堡方面不希望他的大使继续留在俄国了。汉伯里-威廉爵士欣然接受了这个安排，此时他的肝脏已经出现了衰竭的迹象。不过，在临近启程时他又有些迟疑。这一年的10月，汉伯里-威廉爵士最后一次登门拜访了叶卡捷琳娜，叶卡捷琳娜对他说："我对您的爱就像对我父亲的一样。您的爱就是我的幸福之所在。"汉伯里-威廉爵士的身体持续恶化了下去，沿着波罗的海海岸走过一段风雪交加的旅途之后，他拖着羸弱的身体来到了汉堡，医生催促他尽快返回英国。在英国，这位优雅机智的大使日渐衰弱，到最后只能痛苦地躺在床上。一年后，他选择了自杀。汉伯里-威廉爵士生前一直致力于促成英俄结盟，或许乔治二世认为是自己断送了爵士的心血，无论出于何种考虑，最终他都下令将汉伯里-威廉爵士安葬在了威斯敏斯特教堂。

第三十五章
阿普拉克辛大撤军

由于同奥地利结盟，自1756年9月腓特烈入侵撒克逊以来，俄国在名义上也就同普鲁士进入了战争状态，但是截至1757年春末俄国都未派出一兵一卒。这是伊丽莎白继位以来俄国第一次被卷入战争，此时距离女皇的父亲彼得大帝在战场上取得大捷已经有四十年了，往昔的荣光在俄国民众的心中正在日渐消退。在这些年里，俄国国内不存在军费开支，军队没有经过多少训练，装备也破破烂烂。伊丽莎白女皇已做出承诺，将要把这样一支军队派出去同当时全欧洲数一数二的将领腓特烈作战，女皇自己的身体又日渐衰退，这就意味着俄国的皇冠不日便将落在年轻大公的头上，而大公却是腓特烈的忠实崇拜者。面对这种局面，俄国全军士气低迷。

在开战前的几个月里，别斯杜捷夫为自己的老朋友斯特潘·阿普拉克辛将军与叶卡捷琳娜牵线搭桥，促使这二人结下了友情。阿普拉克辛将军的先祖是彼得大帝麾下功勋最为卓著的海军将领，根据汉伯里-威廉爵士的记述，阿普拉克辛本人是"一位富态慵懒的老好人"，他之所以能被任命为指挥官，率军挺进东普鲁士，主要是由于他同总理大臣私交甚笃，而非他本人的军事能力。刚一得到任命，阿普拉克辛便拒绝在冬季出兵，对于这种谨慎他自有政治与军事方面的双重考虑。伊丽莎白女皇前景未卜，考虑到大公对普鲁士的倾向，一旦大公继位，俄国势必会尽快停战。在这种情况下，就算好战的将领拒绝犯险进军也都情有可原了。阿普拉克辛将军的态度或许还可以被理解为出于对叶卡捷琳娜的担心，因为叶卡捷琳娜出身于德意志家庭，腓特烈曾插手为她安排了这门亲事，她的母亲曾经被普遍怀疑为普鲁士的间谍。对于这种猜测，阿普拉克辛将军完全是多虑了。现如今，叶卡捷琳娜已经被卷入俄国的政治活动中，她一心希望俄国取得胜利，通过这场胜利，别斯杜捷夫可以恢复当年的声望，避免他们共同的敌人舒瓦洛夫一家取得最终的胜利。在阿普拉克辛将军领兵奔赴东普鲁士之前，叶卡捷琳娜曾试图将自己的观点告知对方。趁着将军夫人登门拜访自己的机会，叶卡捷琳娜将自己对女皇的担心透露给了将军夫人，她还说对于将军的离去自己感到非常遗憾，因为她觉得眼下舒瓦洛夫夫妇根本不值得信赖。将军夫人将叶卡捷琳娜的话原封不动地转述给了丈夫，阿普拉克辛将军甚为高兴，随即便将这番话又转达给了别斯杜捷夫。

1757年5月中旬，身材滚圆、面色红润的老战士由于身体原因无法再跨上战马了，他便钻进马车，率领着身后的八万大军朝着东普鲁士进发了。到了6月末，俄国军队攻克了位于波罗的海海岸边的梅梅尔要塞；8月17日，阿普拉克辛又在东普鲁士格罗斯的贾格道夫[1]一役中挫败了对方的一股力量。不过，这一役算不得是大捷，当时腓特烈没有亲临战场，而且俄军人数三倍于普鲁士军。尽管如此，俄国人的国家自豪感和期望值都为之大振。可是，接下来却出现了一件奇怪的事情。阿普拉克辛将军并没有乘胜追击，继续向东普鲁士腹地推进，攻占当地首府柯尼斯堡；相反，他在原地按兵不动长达两周，随后便掉转方向，急行撤退，动作仓促得使撤军蒙上了溃败的色彩。他还点燃了车辆与弹药，丢掉了一切辎重与大炮，将返程沿途的村庄悉数烧毁，以免给对方的追兵留下宿营的地方。直至赶

---

[1] 格罗斯的贾格道夫（Jagendorf, Gross），古地名，在东普鲁士的古谢夫（Gumbinnen）西面三十英里处。1945年，根据波茨坦会议上做出的决定，古谢夫被分割给波兰与苏联。目前，古谢夫位于加里宁格勒州东部，离立陶宛边境不远。

到安全的梅梅尔要塞，阿普拉克辛将军才稍事停留。

在圣彼得堡，喜悦变成了震惊。人们无法理解前线究竟出现了何种状况，阿普拉克辛将军的朋友们也无法为他的这番举动做出解释。对于叶卡捷琳娜来说，将军此番慌不择路的撤退也难以理解，不过据她推测，将军应该是收到了女皇病危的消息。如果这种猜测没有错，那么过不了多久伊丽莎白女皇便将驾鹤西去，她的逝世将意味着战争很快就会结束。这样一来，国家更需要阿普拉克辛将军率军回国，而不是继续挺进普鲁士，他的任务只在于撤回到俄国边境。

阿普拉克辛将军的大撤退激起了奥地利和法国驻俄大使激烈的抱怨，别斯杜捷夫也因此大为惊慌。阿普拉克辛将军是他的朋友，对将军的任命也是他一手安排的，这位总理大臣很清楚自己将会同将军一起受到羞辱。俄国必须重新发动一次进攻，以重修俄国在各位盟友中间的声望，同时也借此挽救他自己在伊丽莎白女皇心中的威望。出于形势的需要，别斯杜捷夫恳求叶卡捷琳娜致信给阿普拉克辛将军。叶卡捷琳娜在信中提醒将军，目前在圣彼得堡谣言四起，这些谣言对将军本人没有什么好处，将军的故交对将军此次撤退也都百口莫辩。她恳求将军能掉转方向，继续按照俄国政府的命令挺进普鲁士。叶卡捷琳娜给阿普拉克辛将军先后发去三封信，信中的内容都无伤大雅，但是日后这些信还是被当作了女大公插手分外之事的证据。别斯杜捷夫将信发给了阿普拉克辛将军，但始终没有收到回复。

与此同时，圣彼得堡乱成了一锅粥，局势异常危险。在舒瓦洛夫一家与法国大使的压力下，伊丽莎白女皇免除了阿普拉克辛将军的指挥权，并将他扣押在自己的一处府邸中，听候调查。弗莫尔将军执掌了军权，尽管天气恶劣，他还是率军向前继续推进，于1758年1月18日攻克了柯尼斯堡。弗莫尔将军竭力地为自己的前任做着辩解，他指出俄军官兵至今没有领过薪俸，武器、弹药和御寒衣物都极度匮乏，将士们食不果腹，这一切都并非是阿普拉克辛将军的过错，尽管如此，俄军还是凭借着顽强英勇的精神在格罗斯的贾格道夫打败了普鲁士军队。然而此一役已经超过俄军的承受能力，阿普拉克辛将军无法率军继续盘桓在敌国势力范围内，撤退实属无奈之举。

弗莫尔将军只道出了部分实情。实际上，撤军的决定并非来自阿普拉克辛将军。在格罗斯的贾格道夫打了胜仗之后，阿普拉克辛将军便将自己与俄军面临的问题通报给了远在圣彼得堡的军事会议。军事会议分别于1757年8月27日、9月13日和9月28日召集了三次会议，会后向阿普拉克辛将军下达了撤军的命令。俄国没有向维也纳、巴黎和圣彼得堡的民众透露这些内幕，伊丽莎白女皇对撤军的命令表示首肯，但她也从未公开承认过自己的态度。就连叶卡捷琳娜都被蒙在了鼓里。

9月8日这一天，在皇村疗养的伊丽莎白女皇步行出宫，来到了宫门附近的郊区教堂参加弥撒。仪式刚刚开始女皇就感到身体不适，走出教堂后她跟跟跄跄地快步走下台阶，随即便晕倒在了台阶下的草坪上。跟着女皇一起出来的随从看到女皇已经陷入了昏迷，从附近村庄赶来参加弥撒的村民们在她的四周围得水泄不通。一开始，大家都不清楚女皇究竟出了什么问题，便只是给她盖了一块白布，大臣派人去请医生。先赶来的是一位逃难到俄国的法国外科医生，他给不省人事的女皇放了一会儿血，在此期间女皇一直躺在大庭广众之下，始终不曾醒来。过了很长时间之后，内科医生也赶到了教堂。来自希腊的内科医生腿脚不便，只能坐在轮椅里被人送过来，几扇屏风和一张贵妃沙发也一道送了过来。伊丽莎白女皇被安放到了屏风背后的沙发上，她轻微地挪动了一下身体，眼睛也睁开了，可是她认不出眼前的任何一个人，还说着满口的胡话。两个小时之后，她被人用沙发抬回了宫里。女皇当众跌倒令原本已经忧心忡忡的朝臣们更加感到恐惧，在此之前俄国宫廷对女皇的病情守口如瓶，而现在这个秘密却闹得尽人皆知了。

次日清晨，在奥拉宁巴姆宫的叶卡捷琳娜接到波尼亚托夫斯基发来的便条，她立即将此事告知彼得，然后打发信使回去打探进一步的消息，再次回来时信使告诉叶卡捷琳娜女皇说话已经有些吃力了。所有人都意识到女皇的状况不只是昏厥这么简单，现在我们或许可以意识到实际上伊丽莎白女皇当时是出现了中风症状。

发生这场意外之后，圣彼得堡上上下下都将伊丽莎白女皇的健康状况、阿普拉克辛将军的撤军与皇位继承问题联系在了一起。在11月1日发往凡尔赛的信中，德·洛必达侯爵写道："一旦女皇大薨，我们势必会看到一场突如其来的宫廷革命，因为俄国是不会答应大公当政的。"有人认为伊丽莎白女皇会剥夺外甥的继承权，转而支持三岁大的保罗。有传言暗示，保罗继位后把持朝政的将会是舒瓦洛夫一家，而他的双亲则会双双被遣返回荷尔斯泰因。

1758年1月中旬，亚历山大·舒瓦洛夫伯爵对阿普拉克辛将军进行了审讯。在口供中，将军郑重其事地声明自己始终没有从叶卡捷琳娜处收到过任何有关政治或军事行动的指示，不过他承认自己的确收到过女大公的来信，并将自己的私人文件全部交给了舒瓦洛夫，其中就包括叶卡捷琳娜写给他的那三封信。后来，叶卡捷琳娜的确又看到了这几封信。

遭到罢免一年后，阿普拉克辛将军被带到了法官面前，面对着最终的判决，"现对其已无其他处理办法，只能……"一想到接下来听到的将会是"严刑拷打""死刑"之类的事情，还没听完法官的判决，体重超常又患有脑卒中后遗症的阿普拉克辛将军便一头栽倒在地上，再也没有爬起来。其实，法官最后要说的是"……将其释放"。

第三十六章
叶卡捷琳娜之女

　　1757年的春天，叶卡捷琳娜发现自己怀上了波尼亚托夫斯基的孩子，到了9月末，她不再参加抛头露面的活动了。叶卡捷琳娜的缺席让彼得感到恼怒，妻子一向乐于出现在各种仪式节庆活动中，这样他就可以在自己的房间里独享清静了。仍未康复的伊丽莎白女皇也不再参加公开活动，又无法求助于叶卡捷琳娜，代表皇室出席各种场合的重担就落在了彼得的身上。一气之下彼得当着众人的面对列夫·纳雷什金说："天知道我妻子是被谁把肚子给搞大了。我都不知道这个孩子是不是我的，我是不是该为他负责。"

　　列夫一如既往地将彼得的这番话转告给了叶卡捷琳娜。叶卡捷琳娜惶恐地将火气撒在了列夫身上："你这个蠢货！去让大公对天发誓他从没睡过自己的妻子。跟他说一旦他愿意起这个誓，你就会立即禀告给亚历山大·舒瓦洛夫，好让他酌情处理。"

　　列夫赶紧找到彼得，要他立下誓言。由于生怕姨母会做出声明，彼得便不肯起誓，他只是冲列夫吼道："见鬼去吧！休要跟我再提起这件事！"

　　1757年12月9日，叶卡捷琳娜开始出现宫缩，维拉迪斯拉娃夫人让彼得和亚历山大·舒瓦洛夫立即将此事报告给伊丽莎白女皇。彼得穿着荷尔斯泰因的军服来到了叶卡捷琳娜的房间，脚上的高筒靴还挂着马刺，腰上扎着绶带，身体一侧挂着一柄巨大的佩剑。看到彼得这身打扮，叶卡捷琳娜大吃一惊，她问彼得为何要穿成这副模样，彼得说之所以这样是因为他要作为荷尔斯泰因的军官，而非俄国的大公来履行自己的职责，保护大公全家，而不是俄罗斯帝国。乍听之下，叶卡捷琳娜还以为彼得是在开玩笑，随即她便意识到大公又喝醉了。她叫彼得赶紧离开这里，倘若看到他这副晕晕乎乎的模样他的姨母必然会勃然大怒，而他从头到脚穿着她最痛恨的德意志式样的荷尔斯泰因军服就更是火上浇油了。产婆帮着叶卡捷琳娜劝说彼得，听到距离生产还有一些时间彼得就离去了。

伊丽莎白女皇也来了。她问众人自己外甥怎么没有来，周围的人都告诉她彼得刚刚离开，很快还会回来。这时，叶卡捷琳娜的阵痛有所缓和了，接生婆说缓和期可能会持续几个钟头，于是女皇便回去了。女皇走后叶卡捷琳娜也躺下了，一直睡到了天亮。在一阵宫缩的疼痛中她醒来了，不过这一天没有再出现频繁的阵痛。到了晚上，她感到有些饿，便命人送来晚餐。吃完晚饭后她从餐桌旁站起身，就在这时她突然感到了一阵剧痛。大公与女皇都回来了，两个人走进房间的时候，叶卡捷琳娜产下了一个女儿。叶卡捷琳娜恳请女皇允许她为这个孩子取名为"伊丽莎白"，女皇宣布说这个孩子应该跟随她的亲姐姐，即彼得的母亲安娜·彼得罗芙娜而取名为"安娜"。小安娜立即被带到女皇住处的育婴室里，她三岁大的哥哥保罗已经等在了那里。六天后，女皇以教母的身份将小安娜抱到了洗礼池上，同时赏赐给叶卡捷琳娜六万卢布。这一次，女皇旋即也给自己的外甥送去了同样丰厚的一笔赏金。

"据说公开的庆祝活动非常壮观，可是我连一场都没有看到。我独自一个人待在房间里，陪在身边的就只有维拉迪斯娃夫人。不曾有人亲自来探望一下我，也没有人派随从来打探一下我的情况。"叶卡捷琳娜说的并不是实话，实际上这种情况只持续了一天。诚然，新生的女儿就像保罗一样被抢走了，但这正好遂了叶卡捷琳娜的心愿，这样她就能少受点罪，否则她也不会有所准备了。在生下保罗后，她尝尽了与世隔绝、无人问津的痛苦，这一次她早早就安排好了一切。生下安娜后，叶卡捷琳娜就从产床上爬了起来，回到了自己的卧室，在这里她不必像在产房里那样忍受着从破窗户里钻进来的冷风。她清楚朋友们只敢偷偷地来探望她，于是她在床边摆了一架巨大的屏风，在卧室里划分出一个小隔间，里面摆着餐桌、扶手椅和舒适的长沙发。只要放下床边的帐子，外人就看不到小隔间里的动静了。拉开帐子，将屏风收到一旁后，叶卡捷琳娜跟笑逐颜开的朋友们就出现在小隔间里了。这时一旦有人进入房间，并问起屏风背后是什么的话，得到的回答就是"马桶"。由于叶卡捷琳娜的远见与狡猾，这座小小的城堡始终没有被人发现。

1758年元旦这一天，皇宫里的庆祝活动最终将在一场焰火表演中落下帷幕。当天下午，时任炮兵元帅的彼得·舒瓦洛夫伯爵赶来向叶卡捷琳娜说明接下来的安排，维拉迪斯拉娃夫人对舒瓦洛夫说自己认为女大公应该正在睡觉，不过她还是会进去看看女大公是否能够接见元帅。实际上，叶卡捷琳娜根本就没有睡觉。她坐在床上，隔间里藏着她的一伙朋友，波尼亚托夫斯基也在其中，他一直在抵制对自己的召回命令，每天都要去看望叶卡捷琳娜。

维拉迪斯拉娃夫人敲了敲叶卡捷琳娜的房门，叶卡捷琳娜将床边屏风的帐子合了起来，然后才让维拉迪斯拉娃夫人和前来探访的伯爵进了房间。她的朋友们都躲在屏风背后，由于帐子的阻隔他们的笑声也变得模糊了。彼得·舒瓦洛夫走了进来，由于让对方等了这么久叶卡捷琳娜先向元帅表示了一番歉意，解释说"自己刚醒过来"，为了增强说服力她还揉了揉眼睛。两个人谈了好长时间，最后伯爵终于说自己得先行告退了，以免耽误焰火表演，让女皇空等在那里。

舒瓦洛夫刚一走，叶卡捷琳娜就把帐子扯到一边，将屏风也推了回去。她看到朋友们又饿又渴，全都筋疲力尽了。"可别让我陪着你们一起饿死渴死。"说完她又合起帐子，摇了摇铃铛。维拉迪斯拉娃夫人走了进来，叶卡捷琳娜叫对方立即传膳，还特意强调说至少要上六道大菜。晚餐送来了，等仆人全都退出房间后，她的朋友们从屏风后钻了出来，一头扑在了饭桌上。"那是我这辈子最快乐的夜晚之一。我猜一头雾水的仆人们在回来收拾餐具的时候一定被我的胃口吓了一跳。"叶卡捷琳娜说。她的朋友们都乘兴归去了，波尼亚托夫斯基摘下金色的假发套，脱掉披风。每次深夜入宫的时候，他都要如此打扮一番，一旦有哨兵冲他喝道"谁？"他便回答说"大公的乐师"。这个法子屡试不爽。

叶卡捷琳娜生下安娜六个星期后，皇宫教堂为新生儿举行了安产感谢礼[1]。当初宫中也为受人期待已久的保罗举行过同样的仪式，只不过跟当初相比，安娜的这场仪式非常寒酸，叶卡捷琳娜替女儿辩解说教堂的规模足够了，毕竟"只有亚历山大·舒瓦洛夫一个人参加仪式"。彼得和波尼亚托夫斯基都没有出席这场感恩仪式，事实上自从这个小姑娘来到人世的那一刻，大家似乎就对她没有多少兴趣。这个生下来就十分羸弱的女孩只活了十五个月，逝世后被安葬在亚历山大·涅夫斯基修道院[2]，叶卡捷琳娜和伊丽莎白女皇参加了葬礼，彼得和波尼亚托夫斯基又都没有到场。在葬礼上，两个女人按照东正教的仪轨俯身趴在敞开的灵柩上，亲吻着小姑娘苍白的额头。很快，安娜就被遗忘了，在《回忆录》中叶卡捷琳娜对女儿的过世只字未提。

---

[1] 安产感谢礼，妇女分娩后的感恩礼拜。按照基督教的传统，在"安产感谢礼"上，产后得到康复的母亲会得到赐福。仪式包括对平安生产的感恩礼拜式，即便是产下死胎或者婴儿在接受洗礼前就夭折的母亲也同样会接受这样的赐福。

[2] 亚历山大·涅夫斯基修道院（Alexander Nevsky Monastary），彼得大帝在建造圣彼得堡时建起的修道院，建好后便将诺夫哥罗德大公的遗骸移到此处。

第三十七章
别斯杜捷夫的陨落

总理大臣别斯杜捷夫的势力日渐衰微。在法国大使德·洛必达侯爵的煽动下，舒瓦洛夫一家和副总理大臣哈伊尔·沃伦佐夫对他的敌意日甚一日，法国大使将他的朋友斯特潘·阿普拉克辛将军的大撤军也归咎于他。一天，沃伦佐夫接待了来访的法国大使。席间，法国大使一边挥舞着手里的文件，一边说："伯爵，我刚刚收到法国政府发来的消息，他们告诉我倘若在十五天之内不能除掉总理大臣别斯杜捷夫，由您来接替他的职务，那从今往后我就只能跟他打交道了。"沃伦佐夫慌里慌张地找到了伊凡·舒瓦洛夫，然后两个人一同去见伊丽莎白女皇。他们提醒女皇别斯杜捷夫伯爵的影响力已经冲淡了女皇在欧洲的声望。就这样，别斯杜捷夫在政坛上的危机发展到了决定性的阶段。

伊丽莎白女皇对这位总理大臣向来没有特别的好感，但他是深受女皇崇拜的父亲彼得大帝留给女皇的辅政大臣，多年来女皇对他的依赖与日俱增，放手让他处理绝大多数的朝政公务。舒瓦洛夫一家从未说动女皇改变过这种现状，可如今女皇却动摇了。她听说多年来别斯杜捷夫从英国收取了巨额年金，这在维也纳和凡尔赛已经是众所周知的"秘密"了，她还听说叶卡捷琳娜写信给阿普拉克辛将军也是这位总理大臣一手经办的。此外，俄国的盟友们都感到自己被俄国文官武将的腐败堕落和大公夫妇耍的花招给出卖了。既然能发现几封无关痛痒的信件，谁能保证没有人写过更危险的信件，然后又把这些信件销毁或者藏匿了起来呢？叶卡捷琳娜为何会插手皇权之事？大公夫妇及其随从已经一意孤行了多年，他们一直无视女皇的心意。波尼亚托夫斯基继续留在圣彼得堡只是出于叶卡捷琳娜的意愿，而别斯杜捷夫更乐意遵从女大公而非一国之君的命令？所有人都争先恐后地去献媚于大公夫妇，讨好未来的君主？伊丽莎白女皇确信自己必须逮捕别斯杜捷夫，查阅他手头的所有文件，以便找到总理大臣与女大公串通一气的证据，以证明他俩几乎是在密谋通敌卖国。

1758年2月14日，伊丽莎白女皇下令召集军事会议，总理大臣受到传唤。别斯杜捷夫派人传过话来，称自己身体不适。他的借口遭到了拒绝，女皇命他立即赶到会场。别斯杜捷夫没有违抗圣命，刚一踏进会场他就被逮捕了。他的职务、爵位和勋位统统被免除了，被打发回家后他就沦为了阶下囚，所有人都懒得向他解释一下他究竟所犯何罪。为了确保没有人胆敢对帝国头号政客的垮台提出异议，皇家近卫军还派出一队人马，沿着莫耶加运河河岸行进时，卫兵欢呼雀跃地嚷嚷着："谢天谢地，咱们这是要去逮捕该死的舒瓦洛夫一家去了！"亚历山大和彼得两位舒瓦洛夫伯爵的府邸就坐落在这条河的河岸边。当卫兵们意识到即将遭到逮捕的并非舒瓦洛夫一家人而是别斯杜捷夫时，他们又嘟嘟嚷嚷地抱怨道："不会是这位先生，应该是那些践踏别人的人。"

次日清晨，通过波尼亚托夫斯基送来的便条，叶卡捷琳娜才得知总理大臣被捕了，波尼亚托夫斯基还提到另有三人也同时遭到了逮捕：威尼斯的珠宝商贝尔纳迪、叶卡捷琳娜先前的俄语教师阿达杜洛夫及拉祖莫夫斯基的前任副官埃莱金，后者与波尼亚托夫斯基交情不浅。读罢这封信，叶卡捷琳娜意识到自己应该也受到了牵连，她和别斯杜捷夫既是朋友，也是同盟。贝尔纳迪凭借着生意上的便利自由出入于圣彼得堡一个个有权有势的家族，所有人都信赖他，叶卡捷琳娜就曾托他在自己与别斯杜捷夫和波尼亚托夫斯基之间传递信件；而她的老师阿达杜洛夫一直对她忠心耿耿，她还将他举荐给了别斯杜捷夫；按照她的描述，埃莱金是"一个忠诚耿直的男人，一旦赢得他的友情，便永远拥有了他的心。他对我永远那么热情而虔诚"。

波尼亚托夫斯基的来信令叶卡捷琳娜惶恐不安，不过她还是竭力地控制着自己，绝不向外界示弱。她曾说："当时我的心口上可谓是插着一把尖刀，但我还是精心打扮了一番，去参加了当天的弥撒。在我看来到场的人中绝大多数都跟我一样拉着脸，面对着我所有人都默不作声。"她也照常出席了当晚的舞会，在舞会上她大步流星地走到了尼基塔·特鲁别茨科伊亲王跟前。这位亲王刚被任命为调查委员会的委员，协助亚历山大·舒瓦洛夫对被捕人员进行审讯。

叶卡捷琳娜附在特鲁别茨科伊耳边说："这些绝妙的好事儿都意味着什么？你找到的罪状更多一些还是罪人更多一些呢？"

"我们只是奉命行事。至于罪状嘛，我们正在搜寻中。到目前为止我们还没有什么发现。"特鲁别茨科伊冷漠地回答道。这个答案给了叶卡捷琳娜一丝希望，她还注意到下令逮捕别斯杜捷夫这位老臣的伊丽莎白女皇没有出席当晚的舞会。

翌日，荷尔斯泰因的行政官、曾与别斯杜捷夫来往甚密的戈特利布·冯·斯坦姆克给叶卡捷琳娜捎来了好消息。他说自己刚刚收到别斯杜捷夫发来的密信，别斯杜捷夫请他转告女大公无须担心，他已经将自己手头所有的文件都焚毁了，其中最为关键的就是他亲手草拟的那道密旨，根据密旨，在伊丽莎白女皇过世后女大公将同彼得联合执政。前总理大臣还说，在受审期间他会将具体情况以及受到盘问的内容一一告知斯坦姆克。叶卡捷琳娜问斯坦姆克通过什么渠道收到了别斯杜捷夫的密信，斯坦姆克说转交这封信的人是别斯杜捷夫的号手，以后来往的密信都将塞在别斯杜捷夫家附近的一堆砖块里。

几天后，斯坦姆克又来到了叶卡捷琳娜的住处，这一次他看上去面色惨白，惊恐万分。斯坦姆克说他自己的信件，还有别斯杜捷夫伯爵与波尼亚托夫斯基伯爵之间的往来信件全都被拦截下来了，那名号手已经遭到了逮捕，他自己即便不被逮捕，也应该随时会被免职，此次他就是来向叶卡捷琳娜告别的。叶卡捷琳娜坚信自己没有做过出格的事情，她清楚除了米哈伊尔·沃伦佐夫、伊凡·舒瓦洛夫和法国大使，圣彼得堡的每一个人都相信别斯杜捷夫伯爵是无罪的。

负责起诉前总理大臣的调查委员会在想方设法为别斯杜捷夫编造罪名。外界已经得到消息，就在别斯杜捷夫被捕的第二天，在伊凡·舒瓦洛夫家有人秘密起草了一份公告，该公告意图告知人民女皇之所以逮捕别斯杜捷夫这位老臣的理由。由于找不到能够强加给别斯杜捷夫的罪状，对他进行指控的几个人便决定采用"亵渎君主"这个罪名，即"妄图在女皇陛下与两位大公殿下之间制造不和"，从而对女皇构成了大不敬。1758年2月27日，调查委员会向民众发布了公告，宣布逮捕别斯杜捷夫，并对其进行起诉，罢免其官职及所有荣誉，随后还将有一个专门的委员会对他开展调查。这份蹩脚的文件说服不了圣彼得堡的任何一个人，人们都看清了它荒唐的本质——它威胁要对前总理大臣处以流放、没收他的财产以及其他惩罚措施，可是对犯罪证据、审理过程以及最后的判决却闭口不谈。

调查委员会采取的第一步行动也同样的荒诞不经。他们命令俄国驻各国大使、外交使节以及各国朝臣将别斯杜捷夫伯爵在执掌俄国外交事务的这二十年里发给他们的快信誊抄一份，然后将抄件发回俄国。委员会断言前总理大臣写信时总是随心所欲，他必定常常写一些违背女皇意愿的事情。然而，伊丽莎白女皇从未亲笔写过或者签署过任何信件及文件，所以根本无法证明总理大臣存在违抗皇命的行为。至于口谕，女皇对总理大臣下过的口头命令统共也数不出来几次，因为总理大臣常常一连等上好几个月都无法面见女皇一次。委员会的如意算盘落空了。翻寻这么多年的陈年档案只是为了给一位他们曾经都忠诚服从其指挥的人搜罗罪证，各使馆都懒得做这种事情，况且如果这样做了，天知道会不会让自己也受到连累呢？而且，一旦这些文件送抵圣彼得堡，又得花上好些年的工夫才能找到有点价值的情报，而这些情报是否符合需要又另当别论。因此，无人理会委员会的这道命令。调查又持续了一年，委员会最终也没能找到证据，但是前总理大臣还是被放逐到了自己名下的一处庄园。别斯杜捷夫在庄园里待了三年，直到叶卡捷琳娜登上皇位为止。

斯坦姆克回到了荷尔斯泰因，叶卡捷琳娜帮助彼得处理公务的生活也宣告结束了。伊丽莎白女皇对外甥说她很不赞成大公夫人插手世袭公国的事务。先前彼得热情洋溢地怂恿叶卡捷琳娜参与荷尔斯泰因的朝政，而今他却宣称自己认同姨母的意见。女皇接着又要求波兰国王将波尼亚托夫斯基伯爵召回国。

斯坦姆克遭到了解职的处理，波尼亚托夫斯基也被送回了波兰，听到这些消息叶卡捷琳娜迅速做出了反应。她命令贴身男仆什库林将她所有的文件和账簿统统送到她的房间，把什库林打发走之后她就将所有的文件、账簿、字条和信件付之一炬了，她在1744年特意为于伦伯里伯爵写的手稿《十五岁的哲学家》也就这样消失了。等一切化为灰烬后，她又叫来了什库林："你可以证明我将自己的文件和账簿全部烧掉了。倘若日后有人向你打听这些东西去了哪里，你可以郑重声明自己亲眼看到我将它们全部烧掉了。"什库林十分感激叶卡捷琳娜帮他撇清了与这件事情的瓜葛。

第三十八章

博弈

1758年，谢肉节到了最后一天，次日便进入四旬期（大斋节）了。叶卡捷琳娜已经受够了这种谨小慎微、心惊胆战的日子。自分娩以来，她在公众的视野里已经消失了好几个星期。现在，她决定要借着当天在皇宫剧院里上演一出俄国戏剧的机会重新亮相于公众面前。叶卡捷琳娜知道彼得不喜欢俄国戏剧，就连在他面前提起这些东西都会令他大为恼火。这一次，彼得又多了一个反对叶卡捷琳娜出席当晚活动的个人原因——他不希望失去伊丽莎白·沃伦佐娃的陪伴。如果叶卡捷琳娜去看演出，包括伊丽莎白·沃伦佐娃在内的女侍臣们便不得不一同前往。叶卡捷琳娜很清楚这一点，她派人捎话给亚历山大·舒瓦洛夫，命他备好马车。舒瓦洛夫立即赶来回禀叶卡捷琳娜说大公反对她去剧院，叶卡捷琳娜回答说既然自己已经被排斥在丈夫的生活之外，那她究竟是孤苦伶仃地闷在自己的房间里，还是待在剧院的包厢里就都是无伤大雅的问题了。舒瓦洛夫弯着腰告退了。

随后彼得"气势汹汹地冲进房间，大喊大叫地指责我把自己的欢乐建立在他的愤怒之上，还说我之所以去看戏就是因为我知道他不喜欢这种戏"。他大吼大叫地不准下人为叶卡捷琳娜备车，叶卡捷琳娜说如果这样的话那自己就走着去剧院。彼得恶狠狠地走出了房间。距离开演只剩下一个钟头的时候，叶卡捷琳娜派人去向舒瓦洛夫伯爵打听马车是否已经准备妥当，伯爵来到她的房间，将大公禁止为她备车的命令又复述了一遍。叶卡捷琳娜说自己可以步行去剧院，如果侍从也都不准陪她一起去的话，那她就独自前往剧院，并说自己会将此事以书面形式禀告给伊丽莎白女皇。

"您要对她说些什么呢？"舒瓦洛夫问道。

"就跟她说为了给我的丈夫和我的侍女腾出幽会的地方，你怂恿他阻挠我去剧院，因为我可以在剧院里开心地见到女皇陛下。而且，我还要恳请女皇送我回家。被迫在这里扮演的角色，独守空房，无人理睬的生活，还有丈夫对我的憎恨及女皇对我的排斥都令我感到疲惫，我厌恶这样的生活。我不想再拖累任何人，也不希望再殃及亲近我的人了，尤其是我那些可怜的仆人们，我对他们的眷顾反而给其中很多人招来了被流放的命运。我这就给女皇陛下写信。我倒要看看你能不能不把这封信呈递给女皇。"这番话可谓是将人玩弄于股掌之间的范本。

舒瓦洛夫告退后，叶卡捷琳娜便提笔开始写起了信。她首先向伊丽莎白致以谢意，感谢女皇自她来到俄国后给予她的关照。接着她话锋一转，说不幸的是无数事实证明自己不配得到这些恩惠，因为她不仅招来大公对她的仇恨，同时也惹得女皇陛下对她心存不满。考虑到这些过错，她恳请女皇尽快将她送回到荷尔斯泰因的家人身边，以结束她在俄国的悲惨生活，至于遣返她的方式，只要女皇认可，无论怎样都行；至于孩子的问题，她说尽管孩子近在咫尺，但双方从未相见过，因此自己的住所距离孩子们是远是近都已经无所谓了，并说她知道女皇对孩子们的照顾远在她的能力之上，恳请女皇能继续照顾这双儿女，而且她坚信女皇必定会这样做的，而她此生将一直为女皇、大公和自己的孩子祈祷，同时还要为所有对她产生过影响的人祈祷，无论对方是行善还是作恶于她。现在，她被伤透了，只能专心于苟延残喘地活下去。出于这个理由，她恳求伊丽莎白女皇能恩准她返乡的请求，首先允许她找个地方疗养一段时间，待体力恢复后便返回她在德意志的故土。

落笔之后，叶卡捷琳娜便立即派人去请舒瓦洛夫伯爵前来。舒瓦洛夫来到叶卡捷琳娜的房间，告诉她说马车业已备好。叶卡捷琳娜将信递给舒瓦洛夫，并请他转告不愿陪她一道前往剧院的女侍臣她已经宽恕她们了。退出叶卡捷琳娜的房间后，舒瓦洛夫便找到了彼得，告诉他叶卡捷琳娜让大公自己决定哪些女侍臣可以陪她去看戏，哪些陪他留在家里。经过前厅时叶卡捷琳娜看到彼得同伊丽莎白·沃伦佐娃正坐在里面打扑克。见到妻子彼得立即站了起来——他还从未有过如此的举动，沃伦佐娃女伯爵随即也站起了身。叶卡捷琳娜向对方行了一个屈膝礼，然后就朝着马车走去了。当天晚上，伊丽莎白女皇并没有在剧院露面，不过当叶卡捷琳娜回到住所后，舒瓦洛夫伯爵立即赶来通知她女皇同意再次召见她。

叶卡捷琳娜摆出的姿态和她写给女皇的信只是她下的赌注，实际上她从未考虑过离开俄国。她在这里已经生活了十六年，来到人世后的大部分岁月，整个青春岁月全都耗费在了这个国家，所有的付出都是为了实现自己成为皇后的梦想。她知道自己下了几招险棋，但她相信这几步绝对不是废棋。她深信舒瓦洛夫一家但凡有过将她遣送回家或者用驱逐的处罚来威吓她的念头，那她主动请求返乡就会最有效地破坏他们的计划。叶卡捷琳娜知道，对于伊丽莎白女皇来说皇位的继承问题才是头等大事，年轻的废帝伊凡六世仍然在世，女皇绝对不希望再次看到皇位的继承出现闪失。叶卡捷琳娜明白女皇对她最大的意见就在于她失败的婚姻生活，她也清楚女皇对彼得的看法同她的如出一辙。每次在私下里谈到或者在信中提起外甥的时候，伊丽莎白要么泪水涟涟地抱怨说自己竟然找了这么一个继承人，要么就对彼得大加鄙薄一番。伊丽莎白女皇逝世后，叶卡捷琳娜在她保留的文件中读到了写给伊凡·舒瓦洛夫和阿列克谢·拉祖莫夫斯基的两封信，在给前者的信中女皇写道"今天，我那个该死的外甥让我恼恨极了"，在后一封信中她又说"我的外甥就是一个傻瓜。见他的鬼去吧"。

在阐述自己所面临的紧张而错综复杂的处境时，作为一个成熟的女人，叶卡捷琳娜在包括个人生活与性格等问题上花费了一番笔墨。她说无论发生过什么，"我始终认为自己拥有足够的勇气来面对大起大落的命运，不会因为不当的自负而失去控制，也不会因此而一蹶不振"。叶卡捷琳娜告诉自己，她做人做事向来坦坦荡荡，尽管从一开始她就知道爱一个并无可爱之处，并且也不打算让自己变得可爱起来的丈夫是一项艰巨甚至是无法完成的任务，但是她相信自己为丈夫及其利益已经做出了全心全意的付出，她一直在竭尽全力地帮他做着参谋。如果在她刚来到俄国的时候彼得对她表示出爱意的话，那她也定然会对他以诚相待。然而，到头来她却发现在所有人里她是最不受彼得重视的一个。她拒绝接受这样的命运。

天性中的骄傲让我一想到这悲哀的境遇便感到难以容忍。我常常告诉自己幸福与悲哀都取决于我们自己的态度。当感到不幸时，你要克服它，对它做出反击，这样你的幸福才会摆脱一切外在环境的干扰。我生性如此，还长了一张至少还算是有趣的面孔，无须修饰或造作就能取悦陌生人。我是一个天生的和事佬，即便是相识已久的故交，用不了一刻钟我也能让他们平静下来，对我敞开心扉。在与他人的交往中赢得对方的信任对我来说易如反掌，因为所有人都能感受到我的坦诚与好意。请您原谅我的直言不讳，但我的确是一个正人君子，我的思维更接近男性而非女性。此外，除了缺少一些阳刚之气，我完全具备男性的头脑与性格，同时也拥有可爱女子的魅力。请宽恕我没有用虚假的谦卑来遮掩我对自己的真实想法，而是开诚布公地向您和盘托出。

这番自我评价在赞美的同时也为自己做出了辩护，随后叶卡捷琳娜渐渐将话题引申到了人类日常生活中存在的情感与道德之间的矛盾上。针对这个问题的慷慨陈词几乎就是她的个人告白，这番话为她赢得了她很少能得到的同情与理解：

如前所述，我是一个具有吸引力的女子，人生这条诱惑丛生的路我已经走完了半程。在这样的路途上，只有人才不会半途而废。当自己对他人产生诱惑时，自己也随时受着外界的诱惑，尽管在道德方面有着那么多的金科玉律，可一旦涉及感情之事，人便不自觉地深陷了进去。至今，我尚不懂得如何让自己心如止水。逃避，这或许是唯一的出路，可在有些情况下这条路却又是不存在的。缠身于宫廷生活，谁能一走了之，或者说对诸事不闻不问？这种策略本身就会招惹来流言蜚语。在我看来，面对让自己沉迷不已的事物时，直面它不见得就比逃避更为艰难。与此相悖的观点只会令人觉得是与人性本能极其不协调的大惊小怪罢了。人无法牢牢地把持自己的心，也做不到张弛自如。

第二天，叶卡捷琳娜便开始了漫长的等待，她在等待伊丽莎白女皇的答复。几个星期后的一天早上，舒瓦洛夫伯爵突然向她宣布女皇刚刚将维拉迪斯拉娃夫人解职了，痛苦了一阵后叶卡捷琳娜又振作起精神。在舒瓦洛夫伯爵看来，女皇陛下当然可以随心所欲地决定人事的任免，但叶卡捷琳娜却悲哀地看到女皇身边越来越多的人都难逃此劫，最终不免沦为女皇的眼中钉。叶卡捷琳娜请舒瓦洛夫伯爵恳求女皇也能尽快地对她做出裁决，以免她再为他人带来不幸，她只希望女皇能立即将她送回到家人身边去。

叶卡捷琳娜绝食了一整天，晚上正独自待在房间里时，一名地位较低的年轻侍臣走了进来。这个女孩含着眼泪说："我们都担心您会在这样的痛苦中越来越消沉下去。让我去找找我的叔父吧——您和女皇的告解牧师都是他。我会跟他谈一谈的，把您心里的话全都讲给他，我保证他肯定会转达给女皇，而且保证不会让您为难的。"叶卡捷琳娜相信了这个女孩，将自己写给女皇的信对女孩讲了一遍。同自己的叔父西奥多·杜比扬斯基神父谈过之后，这个女孩又回来了，她告诉叶卡捷琳娜，神父建议她在半夜三更的时候宣称自己染有恶疾，希望能做一次告解，然后派人将他——告解神父——叫来，这样一来他就可以把自己从叶卡捷琳娜这里亲耳听到的话转述给女皇。叶卡捷琳娜接受了这个方案。到了夜里两三点，她摇响了铃铛。一名女仆闻声走了进来，叶卡捷琳娜说自己病情危急，希望能做一次忏悔。然而，匆匆赶来的并不是她的告解神父，而是亚历山大·舒瓦洛夫。叶卡捷琳娜又重申了一遍希望见到告解神父的要求，可是舒瓦洛夫却派人去请医生。等医生赶来后，叶卡捷琳娜对他们说自己需要的是灵魂而不是身体上的帮助。把过脉后，医生说叶卡捷琳娜脉象濡弱，叶卡捷琳娜轻声说自己的灵魂已经垂危，身体不再需要医生的诊治了。

终于，西奥多·杜比扬斯基神父被请来了，所有人都退出了房间，留下他单独陪着叶卡捷琳娜。身披黑色斗篷的神父留着一把雪白的长髯，他坐在叶卡捷琳娜的床边，同她聊了一个半钟头。女大公将自己前前后后的处境、大公对她的态度、舒瓦洛夫一家对他的敌意、这家人是如何一步步催生着女皇对她的反感之情，以及她的臣属，尤其是那些忠诚于她的人不断遭到罢免之类的事情向神父细数了一遍，她说正是由于这些事情自己才给女皇写了那封信，请求女皇将她送回老家。叶卡捷琳娜恳求杜比扬斯基神父帮帮她，神父说自己会尽力的。他建议叶卡捷琳娜不妨继续恳求女皇送她回家，女皇是绝对不会将她送回家的，因为他们对民众无法解释清楚其中的来龙去脉。神父对叶卡捷琳娜的身世也不无同情，在她年幼无知的时候女皇将她选中，可是又将她丢给了她的敌人。神父也认为女皇的确应该将伊丽莎白·沃伦佐娃和舒瓦洛夫一家赶走，舒瓦洛夫一家对别斯杜捷夫伯爵做出的不义之事令所有人都感到痛心疾首，大家都坚信伯爵是无辜的。最后，神父对叶卡捷琳娜说自己这就前往女皇的寝宫，他要一直坐等着女皇陛下醒来，好跟她谈一谈，敦促她兑现她的承诺，尽快安排时间召见叶卡捷琳娜。神父还要告诉女皇除非能找到"解药"，否则叶卡捷琳娜目前所承受的痛苦与悲伤可能会对她的身体造成严重伤害，他建议在自己去面见女皇期间叶卡捷琳娜最好卧床休息，以佐证神父的这套说辞。

神父兑现了自己的诺言，绘声绘色地将叶卡捷琳娜的情况禀告给了伊丽莎白女皇。听罢神父的讲述，女皇立即叫来亚历山大·舒瓦洛夫，命他去问一问女大公，看她能否在次日深夜前往女皇的寝宫，亲自同女皇谈一谈。叶卡捷琳娜对舒瓦洛夫伯爵说她会为此振作起全部的精神。

第三十九章
对峙

1758年4月13日，距离叶卡捷琳娜的二十九岁生日还有一个星期。就在头一天晚上，亚历山大·舒瓦洛夫告诉叶卡捷琳娜当夜他将陪同她一道前往女皇的寝宫。夜里一点半，舒瓦洛夫来到叶卡捷琳娜的住处，说女皇已经准备好接见她了。叶卡捷琳娜跟着舒瓦洛夫穿过一道又一道看上去空无一人的走廊。突然，她瞥见了彼得的身影，走在他们前面的彼得似乎也是在赶往姨母的寝宫。自从独自前往剧院的那个夜晚以来，叶卡捷琳娜就再也没有见到过彼得。

走进伊丽莎白女皇的卧室时，叶卡捷琳娜看到丈夫已经先行赶到了那里。叶卡捷琳娜走到女皇跟前，跪在地上恳求女皇将她送回德意志。女皇想要将叶卡捷琳娜从地上拉起来，可是叶卡捷琳娜执意跪在地上。女皇看上去甚至比叶卡捷琳娜更要悲伤与恼怒，她说："为什么要我送你回家？记住，你还有孩子在这里。"对于女皇的问题，叶卡捷琳娜早就想好了应对之策："我的孩子现在在您的手里，绝对没有比在您这里更妥善的地方了。我希望您不要抛弃他们。"伊丽莎白说："对于这种变动我又该向臣民做何解释？"叶卡捷琳娜对这个问题也同样早有准备："陛下您可以向臣民公布我之所以惹您不悦，并招致大公忌恨的每一条罪状，这完全听凭您的决定。"女皇又问："可是，你打算怎么在娘家过下去？""一如有幸被您选中，并将我从家中带走之前那样生活。"叶卡捷琳娜回答道。

伊丽莎白女皇再一次要求叶卡捷琳娜站起身，这一次叶卡捷琳娜顺从了。女皇在房间里来来回回地踱起了步子。狭长的卧室有三扇窗户，窗户之间的两个空档处摆着两张梳妆台，桌子上放着女皇的纯金洗漱用品；窗户前摆着几座屏风，走进这个房间之后叶卡捷琳娜就一直疑心伊凡·舒瓦洛夫，或许还有其他人就躲在屏风背后——后来她得知伊凡·舒瓦洛夫的确就在那里。叶卡捷琳娜还注意到梳妆台上的一个盥洗池里放着一叠信件。女皇走到叶卡捷琳娜的跟前，说："上帝做证，你刚来到俄国就陷入了病危之中，当时我哭得是多么伤心啊。要是我不爱你的话，我怎会把你留在这里。"叶卡捷琳娜对女皇的善心表示了感谢，她说自己绝对不会忘记这些事情，而且惹得女皇陛下如此不悦永远都是她这一生最大的不幸。

伊丽莎白突然脸色大变，似乎是为了接下来的谈话又恢复了自己先前愤愤不平的心境。"你太傲慢了，你以为所有人都不如你聪明。"对于女皇的斥责，叶卡捷琳娜依然是有备而来："夫人，但凡我有过如此的妄想，以我目前的处境，再加上此次与您的谈话，我的自负也应该被毁得荡然无存了。"

正在跟女皇说话的时候，叶卡捷琳娜突然注意到彼得也在悄悄地跟亚历山大·舒瓦洛夫说着话。看到这两个男人在交头接耳，女皇便朝他们走了过去。一开始叶卡捷琳娜根本听不到他们三个人在说些什么，但是彼得突然提高了嗓门，嚷嚷道："她太恶毒了，太顽固了。"叶卡捷琳娜这才意识到他们正在议论她，于是便对彼得说："如果您指的是我，那我很乐意当着女皇陛下的面告诉您，对于那些劝您冤枉无辜的人我的确心存恶意，而我之所以变得如此冥顽不化也是因为我发现自己一次次的忍让换来的只是您对我的敌意。"闻听此话，彼得立即转身向女皇求救："就凭她的这番话，陛下总该看出她有多么恶毒吧？"可是叶卡捷琳娜的表白在女皇听来完全是另外一种意思。叶卡捷琳娜发现尽管之前已经有人给女皇出过主意，甚至女皇也打算对她冷脸相待，但是随着谈话的深入女皇的态度已经动摇了。

伊丽莎白女皇继续抨击了一会儿叶卡捷琳娜："你插手干涉了很多与自己无关的事情。比方说，你怎能擅自向阿普拉克辛将军下达命令？"叶卡捷琳娜答道："您指的是我吗？夫人。下达命令？我压根就没有动过这种念头。"

"你怎敢抵赖？你写的信就在盥洗池里。"女皇指了指水池里的信，"你知道自己是不准写信的。"

叶卡捷琳娜知道自己必须对这个问题有所交代。"在这件事情上我的确越权了，我恳求陛下能宽恕我。但是，我写的信就在这里，这三封信都可以向陛下证明我从未向将军下达过任何命令。在其中一封信中我告诉他人们对他都是怎么议论的。"

伊丽莎白打断了叶卡捷琳娜："那么，你为什么要告诉他这些事情？"

叶卡捷琳娜回答说："我对将军感到好奇，原本我就对他非常有好感。我恳求他能听从您的命令。在另外两封信里我也只是祝贺他喜得贵子以及新年问候而已。"

"别斯杜捷夫说你另外还写过不少封信。"伊丽莎白说。

"如果别斯杜捷夫真的说过这种话，那他就是在撒谎。"叶卡捷琳娜回答道。

"唔，既然他在你的问题上说过谎，那我就命人对他进行严刑拷问。"女皇说道。叶卡捷琳娜说作为一国之君女皇完全有权凭着自己的喜好办事，但是她的确只给阿普拉克辛将军写过这三封信。

伊丽莎白在房间里来来回回地走着，时而沉默，时而冲着叶卡捷琳娜讲上一大通，偶尔还跟自己的外甥和舒瓦洛夫伯爵说上几句。在《回忆录》中叶卡捷琳娜写道："大公对我一副愤愤不平的样子，一直试图挑起女皇对我的怒火。可是，他的做法太愚蠢了，只是一味地宣泄着自己的怒火，很少说几句公道话，所以他未能得逞。女皇不自觉地认同了我对彼得的看法，彼得的举动变得愈加令人无法容忍了，到最后女皇走到我跟前，压低声音对我说：'我本想跟你说点其他事情，可是我不想让你俩的关系再雪上加霜了。'"叶卡捷琳娜看出了女皇的好意，也同样悄声对女皇说："我有一肚子的话想跟您说，可我也发现现在的情形容不得跟您细细道来。"伊丽莎白女皇点了点头，示意众人退下，她说天色已经太迟了。此时，时间已是凌晨3点。

彼得第一个走出了房间，随后叶卡捷琳娜和舒瓦洛夫伯爵也陆续向女皇告退了。伯爵刚走到门口时女皇又将他叫了回去。叶卡捷琳娜回到自己的寝室后便开始更衣，突然有人敲响了她的房门。来人正是亚历山大·舒瓦洛夫。"他告诉我女皇又同他谈了一会儿，并吩咐他来转告我无须多虑，过不了几天她还会单独再跟我谈一次。"叶卡捷琳娜向舒瓦洛夫伯爵行了一个屈膝礼，请他代自己向女皇陛下致谢，并尽管安排下一次的谈话。伯爵让叶卡捷琳娜不要将此事透露给任何人，尤其是大公。

叶卡捷琳娜心里的石头终于落了地，她不会被遣返回乡了。在女皇兑现承诺，召她再次谈话之前，叶卡捷琳娜基本上过着闭门不出的日子，其间只是不时提醒一下舒瓦洛夫伯爵自己正惶惶不可终日地等待着最终的命运。1758年4月21日，在她二十九岁生日这一天，叶卡捷琳娜正独自在房间里用餐，突然女皇派人传话过来，举杯祝愿叶卡捷琳娜身体健康，叶卡捷琳娜也派人向女皇表达了自己的谢意。听说女皇已经向叶卡捷琳娜表示了祝贺，彼得便也向妻子发去了同样的问候。波尼亚托夫斯基告诉叶卡捷琳娜，法国驻俄大使德·洛必达侯爵对她果敢的性格大加赞美，称闭门不出的策略会让她受益匪浅。在叶卡捷琳娜听来，德·洛必达的溢美之词只是敌人给她灌的迷魂汤而已，她遂决定反其道而行之。星期天，梳洗打扮了一番后叶卡捷琳娜走出自己的寝室，当她出其不意地出现在会客厅时，她看到自己和彼得的所有随从都目瞪口呆地看着她。随后赶到的彼得也同样大吃了一惊，他立即走上前来，同妻子稍稍聊了几句。

1758年5月23日，距离叶卡捷琳娜同伊丽莎白女皇上一次谈话几乎已经过去了六个星期，亚历山大·舒瓦洛夫建议由他代叶卡捷琳娜去找女皇求求情，请女皇恩准她在当天下午同自己的孩子见上一面，然后她就有机会实现这场女皇已经承诺已久的谈话了。叶卡捷琳娜听从了舒瓦洛夫的建议，舒瓦洛夫说她可以在下午3点去探望孩子们。下午，叶卡捷琳娜准时赶到了孩子们的住处，跟孩子们玩了一会儿之后舒瓦洛夫出现了，他说女皇已经做好了召见她的准备。叶卡捷琳娜看到这一次伊丽莎白女皇身边别无他人，房间里也没有摆放屏风。她先向伊丽莎白表示了感激，伊丽莎白说："我希望对我的每一个问题你都能实话实说。"叶卡捷琳娜说女皇听到的字字句句保证全都是实话，她最想做的就是能与女皇开诚布公地谈一谈。伊丽莎白遂问她是否确实只给阿普拉克辛将军写过三封信。叶卡捷琳娜发誓说的确只有那三封，"然后她又仔仔细细地向我打听起了大公的日常生活"。

这部《回忆录》在行至高潮时，叶卡捷琳娜却令人费解地放下了手中的笔，旁人只能通过她的私人信函、政务公文、官方文件，以及朋友、敌人和大量旁观者的回忆来了解她接下来三十九年的生活。在所有的文献中没有任何一段记录能与波尼亚托夫斯基对他们俩在1758年夏天的经历所做的记述相媲美了。

第四十章
四角关系

斯坦尼斯瓦夫·波尼亚托夫斯基没有离开俄国，也没有离开叶卡捷琳娜。他谎称生病，有时候一整天都卧床不起，就这样一直拖延着回国的日期。1758年夏天，大公夫妇带着随从迁至奥拉宁巴姆宫，波尼亚托夫斯基跟着伊丽莎白女皇的随从搬到了几里地之外的彼得霍夫宫。到了夜里，波尼亚托夫斯基戴上金色的假发套，前去奥拉宁巴姆探望叶卡捷琳娜，后者会在自己专用的独立凉亭里同他相会。

当时，彼得对伊丽莎白·沃伦佐娃迷恋得不能自拔，所以也从不干涉妻子同波尼亚托夫斯基的风流韵事。虽然彼得随时都有可能介入，但即便他真的介入了，那也纯属无心，波尼亚托夫斯基在自己的回忆录中就提到过一次这样的意外。1758年7月，舒瓦洛夫一家和法国大使敦促女皇将波尼亚托夫斯基送回国，波兰政府也坚定支持这项决定。波尼亚托夫斯基知道自己坚持不了几日就得妥协了。

我知道自己的离去已成定局，在此之前我常常夜访奥拉宁巴姆宫，现如今就更是频繁了。由于以前一直运气不错，所以我已经意识不到这样的探访存在着很大的风险。7月6日，我乘坐了一辆轻便而封闭的马车，车夫不认识我。就在这天夜里，我们不幸地在王宫附近的林间小路上碰到了大公和他的随从，他们全都已经喝得有些晕乎了。我的车夫被对方拦了下来，他们问他车里坐的是什么人。车夫答道："一个裁缝。"然后他们就放我们走了。可是陪在彼得身旁的伊丽莎白·沃伦佐娃却含沙射影地将所谓的"裁缝"议论了一通，惹得大公失去了兴致。同女大公相守了几个钟头之后我就告辞了，在回去的路上我遭到了三名男子的袭击，他们的手里都握着出了鞘的军刀。他们就像对待贼人一样揪住我的领子，将我拖到了大公面前。大公认出了我，他吩咐将我押送过来的那几个人带着我跟在他的身后。他们拽着我走在一条通往海边的小路上，我以为自己要大难临头了，结果我们却拐进了一座凉亭里，大公毫不客气地问我是不是跟他的妻子睡过觉了。我说："没有。"

"跟我说实话，"彼得对波尼亚托夫斯基说，"如果你对我实话实说，那一切都好说；不老实交代的话，那你可要有苦果子吃了。"

波尼亚托夫斯基狡辩着："我没做过的事情你让我说什么？"

彼得去了另外一个房间，让布洛克多夫给自己出出主意。回到凉亭后他说："既然你死不承认，那你就待在这里听候吩咐吧。"说完他便离去了，留下一名士兵把守大门。两个小时后亚历山大·舒瓦洛夫出现了。舒瓦洛夫的脸又抽搐了起来，他要求波尼亚托夫斯基给他做出解释。波尼亚托夫斯基没有正面回答伯爵的质问，他选择了另外一种策略："伯爵，我相信您会意识到这件事情对你我二人的名誉都同等重要，所以此事应当尽快了结，您应当立即让我离开这里。"

意识到这桩丑闻一旦传出去，其造成的影响不可收拾，舒瓦洛夫便答应了波尼亚托夫斯基的请求，说自己会妥善处理一切。一个小时后舒瓦洛夫回来了，他告诉波尼亚托夫斯基马车已经备好，这就送他回彼得霍夫宫。清晨6点，一辆破破烂烂的马车将波尼亚托夫斯基送到了彼得霍夫宫附近，波尼亚托夫斯基下了车，走回了王宫，一路上他始终披着斗篷，拉下帽檐，将眼睛和耳朵都藏在帽檐下。同刚才乘坐的那辆不体面的马车相比，波尼亚托夫斯基觉得这样一来自己就可以躲开不必要的怀疑。来到王宫跟前，他决定不走正门，那样很有可能会碰到别人。他的房间就在一楼，夏天的夜晚窗户又总是敞开着，于是他从窗户翻了进去。波尼亚托夫斯基以为自己找对了房间，可实际上他爬进了自己隔壁的房间，房间里住的是罗尼柯尔将军，恰好将军正在刮胡子。两个人大眼瞪小眼地望着彼此，随即就哈哈大笑了起来。波尼亚托夫斯基对将军说："别问我这是打哪儿回来，也别问我为什么放着大门不走，却来爬窗户。你是我的好同胞，向我保证你不会跟别人提起这档子事。"罗尼柯尔答应了。

接下来的两天对叶卡捷琳娜的这位情人来说有些难熬。短短一天的时间里，他的这段奇遇就在皇宫上下不胫而走，所有人都断定女皇会要求他尽快离开俄国。想要延缓情人的离去，叶卡捷琳娜觉得唯一的希望就在于让自己的丈夫得到安抚。她放下内心的骄傲，找到了伊丽莎白·沃伦佐娃，后者心满意足地看着平素不可一世的女大公苦苦哀求着自己。很快，叶卡捷琳娜就想方设法给波尼亚托夫斯基送去了一张便条，告诉他自己已经成功地与丈夫的情妇达成和解，接下来对方就会去安抚大公。叶卡捷琳娜的成果让波尼亚托夫斯基看到自己在俄国继续逗留下去的希望。在彼得霍夫宫举行的一场宫廷舞会上，在同沃伦佐娃共舞的片刻间波尼亚托夫斯基附在对方的耳边说："您知道自己有能力同时让几个人都得到极大的幸福。"意识到如此一来自己便可以进一步施恩于女大公，沃伦佐娃便笑呵呵地说："半夜一点过后你来一趟逍遥津吧。"

波尼亚托夫斯基如约赶到了地方，在彼得霍夫宫的这座小公馆里见到了新结交的女恩人，对方将他请进了门。事后波尼亚托夫斯基写道："在公馆里，大公友好而随意地接待了我，他看上去非常开心。他说：'干吗不从一开始就对我掏心掏肺呢，你是不是个大傻瓜啊？要是你对我坦诚一些，哪还会出这些乱子呢？'"

对彼得的指责，波尼亚托夫斯基没有否认，但他随即转移了话题，盛赞大公手下保卫王宫的荷尔斯泰因卫兵训练有素。他的吹捧讨得了彼得的欢心，一刻钟后彼得说："嗯，咱们已经成了好友，我想这儿应该有人很想念你吧。"说完他就去了妻子的卧室，将她从床上拽了起来，等她在睡衣上套了一条宽松的袍子，赤脚穿上拖鞋后就不容分说地拉着她走出了卧室。彼得指着波尼亚托夫斯基说："好啦，把他交给你了！但愿我让大家都开心了。"叶卡捷琳娜面不改色地对丈夫说："唯一遗漏掉的就是你应该致信给副总理大臣沃伦佐夫伯爵，叫他安排一下，让咱们的这位朋友即刻回到俄国来。"彼得对自己以及自己在这场事件中的表现非常得意，他立即坐下来开始写起了信。写完后，他将信交给了沃伦佐娃，让她也在信上签下自己的名字。

"后来，我们就围着房间里的小喷泉坐了下来，聊天嬉闹着，席间充满了欢声笑语，仿佛所有人都无忧无虑。直到凌晨4点我们才相互告别。听起来或许很疯狂，但我发誓我说的全都是实话。第二天，所有人对我的态度都大为改观。伊凡·舒瓦洛夫还客客气气地跟我聊了一会儿，副总理大臣沃伦佐夫也不例外。"波尼亚托夫斯基写道。

这种和睦的关系不仅维持了下去，而且彼得还主动巩固着几个人的关系。波尼亚托夫斯基说："在大公的逼迫下，我后来又四度造访了奥拉宁巴姆宫。我趁着夜色赶到了那里，沿着一段以前从未走过的楼梯来到了女大公的房间，结果女大公、大公，还有大公的情妇全都等在里面。我们四个人共进了晚餐，然后大公就带着情妇告辞了，临走前他还对我们说：'好啦，我的孩子们，我想你俩不再需要我了。'我想待到什么时候就待到什么时候。"

对这种状态最为满意的莫过于彼得本人，这一次他终于战胜了叶卡捷琳娜。多年来，在妻子面前他一直觉得自己低人一等，无论是在公开场合还是在私下里他都在竭力地找机会羞辱妻子。他无视她的存在，大声呵斥她，嘲弄她，在感情上背叛她，经常盛气凌人地指责她同其他男人做出苟且之事，这些指责还多是些不实之词。现在，他终于跟叶卡捷琳娜平起平坐，终于可以挽着情妇的手，冲着坐在对面的叶卡捷琳娜及其情人露出笑容了。被人戴上绿帽子不会让他感到难为情，相反，平生头一回他感到主动权掌握在了自己的手中。他对妻子及其情人的客气是发自内心的，没有什么事情需要遮遮掩掩。他将这桩丑闻公之于众，甚至还欣欣然地进一步扩散着消息。波尼亚托夫斯基再也无须顶着假发出行了，也不用再担心彼得的卫兵了。何苦呢？何必担心这些事情呢？所有人都已经知道了真相。

然而，对于这种局面叶卡捷琳娜完全是另外一种心情。之前她一直喜欢参与那些恶作剧，包括深夜女扮男装溜出宫去，而今她却只能同嗜好闲话的丈夫还有他那位粗鄙恶毒的情妇一道共进晚餐，席间还要一直听着他们轻浮的谈话，再加上伊丽莎白·沃伦佐娃扬扬得意的做派，这一切都令叶卡捷琳娜痛苦万分。叶卡捷琳娜不是一个玩世不恭的人，她相信真爱。堕落的爱情令彼得感到心满意足，叶卡捷琳娜对此却十分恼火。在彼得的眼中，波尼亚托夫斯基同沃伦佐娃没有任何差别。叶卡捷琳娜无法容忍彼得的这种态度，她将波尼亚托夫斯基当作是一位有身份的人，沃伦佐娃不过只是一个妓女罢了。不过，很快叶卡捷琳娜就嗅到了危险的气息。四个人的午夜"情谊"建立在双方默认的通奸基础上，叶卡捷琳娜意识到同舒瓦洛夫一家对她的敌意相比，这种事情给自己的前途造成的危害会更为严重。伊丽莎白女皇对臣属向来很宽容，即便如此叶卡捷琳娜与丈夫之间达成的这种共谋还是会成为她实现抱负的绊脚石。叶卡捷琳娜担心的事情最终还是发生了，随着外界对他们四个人的关系渐渐有所了解，这种四角关系终于引发了一场政治丑闻。当法国大使德·洛必达侯爵再一次提出将波尼亚托夫斯基解职的要求时，他在公文中提及了这段四角关系。伊丽莎白女皇明白这种状况对自己的外甥，即皇位继承人的名誉构成了危害，波尼亚托夫斯基清楚地意识到自己的离去已是大势所趋。

道别时叶卡捷琳娜落了泪。波尼亚托夫斯基让她体会到一个温文尔雅的欧洲人对她的爱恋，希望重逢的话语在二人此后的往来信件中无处不在。多年后，已经黄袍加身的叶卡捷琳娜在写给格里高利·波将金——关于曾经的生活叶卡捷琳娜对这个男人知无不言——的信中写道："1755年至1758年间我与波尼亚托夫斯基一直处在热恋中，倘若不是因为他厌倦于这段不轨的恋情，那我们俩的关系将会永远保持下去。他启程的那天我感受到的酸楚难以言表。我想自己这辈子从未流过那么多眼泪。"叶卡捷琳娜对波尼亚托夫斯基的指责有失公允，实际上并非波尼亚托夫斯基厌倦了这段感情，而是他们双方都意识到现实已经不允许两个人再继续维持这段感情了。

多年后，被曾经的情人、俄国的叶卡捷琳娜二世女皇扶上王位的波兰国王波尼亚托夫斯基在自己的回忆录中用寥寥数语对彼得做过一番生动的描述。这段描述充满了对彼得的贬斥，但字里行间却也不乏对他的理解，甚至是同情。

天性使然，他成了一个懦夫、一个酒鬼，从各个方面来看都显得那么滑稽。他曾对我倾诉道："瞧瞧我有多么悲哀。如果当初我只当了普鲁士国王的一名下属，那我定当为他效犬马之劳。到这时，我确信自己应该已经拥有了一支军团，官拜少将，甚至是中将。可现实远非如此。相反，他们把我弄到了这里，让我在这个该死的国家做了大公。"然后他又用一贯的方式对俄罗斯这个民族挖苦了一番。有时候，彼得的戏谑听起来其实并不招人厌烦，因为他从不缺乏斗志。他并不愚蠢，只是有些疯狂，对酒精的热爱让他原本就不太聪明的脑袋变得更加混乱了。

第四部分

"是时候了！"

第四十一章
帕宁、奥洛夫、达什科娃，伊丽莎白之死

伊丽莎白女皇的身体持续恶化下去，叶卡捷琳娜开始为自己在政坛上的出路做起了打算。根据形势判断，女皇是不会变更继承人了，待姨母百年之后彼得便将继承皇位，叶卡捷琳娜自己则将变成孤家寡人。她的朋友和政治盟友已经被清理干净了，总理大臣别斯杜捷夫名誉扫地，并遭到流放的处罚；同样受到羞辱的将军阿普拉克辛也已经过世了；英国驻俄大使汉伯里–威廉爵士回了国，而今也已经离开了人世；她的情人斯坦尼斯瓦夫·波尼亚托夫斯基已经动身前往波兰，而且绝无可能再被召回她的身边。彼得的无能已经成了有目共睹的事实，叶卡捷琳娜不禁开始权衡起自己在新王朝的政治活动中应该扮演的角色。她或许可以继续当彼得的妻子及谋士，一如之前面对荷尔斯泰因的国事时起到的作用一样；万一彼得决意迎娶伊丽莎白·沃伦佐娃，那么朝廷里便再无叶卡捷琳娜的容身之处了；如果有人设法在继承人的名单上取消彼得的名字，由保罗取而代之继承皇位，在保罗成年之前叶卡捷琳娜至少还可以一直充任摄政王。此外，还有一种不太现实的可能性，但叶卡捷琳娜偶尔也在憧憬着这种可能性，即由她亲自执掌朝政。前景尚不明了，但是有一件事情是肯定的——无论如何她都需要一些新的盟友。

盟友不请自来。首先，伊凡·舒瓦洛夫出人意料地开始接近叶卡捷琳娜了。伊丽莎白女皇日渐衰弱，她的男宠开始向女大公大献殷勤，人们甚

至怀疑他打算在未来皇后的生活中继续扮演着自己在当朝女皇身边的角色。叶卡捷琳娜还吸引到了其他几位追随者，他们不像舒瓦洛夫那样精于算计，表现得也没有如此赤裸裸。最终，在叶卡捷琳娜的周围形成了一个引人注目的小集团——三个性格迥异的"火枪手"：一位老于世故、一丝不苟的外交官，一位年轻有为的战争英雄，还有一位狂热冲动的年轻姑娘。这几个人出身不同，才能也大相径庭，但他们拥有一个共同之处——全都是俄国人，这对一名野心勃勃却又毫无俄国血统的德意志女人来说是非常有利的条件。

三人中最为年长的是四十二岁的尼基塔·帕宁伯爵。帕宁曾经是别斯杜捷夫的门徒，当别斯杜捷夫失势时他刚好不在国内，因此躲过了那场浩劫。帕宁的父亲是彼得大帝麾下的一员大将。1718年帕宁出生于但泽[1]，后被家人送至海外求学，回国后参加了近卫军，在二十九岁时以公使的身份被别斯杜捷夫派往丹麦，数年后又被转派至瑞典，出任俄国驻瑞典大使十二年。在斯德哥尔摩，帕宁被公认为是俄国人中的稀有品种，有修养、历练，而且头脑开明。帕宁曾经十分信奉别斯杜捷夫的亲奥、英反普鲁士的外交原则，在总理大臣倒台后，舒瓦洛夫一家和沃伦佐夫同法国结成联盟，他们要求帕宁支持这个新联盟阵营，仍旧逗留在斯德哥尔摩的帕宁拒绝了他们的要求。他很不识时务地辞去了公职，于1760年夏天回到圣彼得堡。但伊丽莎白女皇对他颇为赏识，在女皇的庇护下他没有受到舒瓦洛夫-沃伦佐夫派系的倾轧，而且还被女皇任命为自己的总管，为女皇挚爱的保罗担任首席教师一职。这个职位无异于是政治旋涡中的一个避风港，为帕宁在群臣中树立了威信，同时也逐渐培养起他对继承问题的热情。不出所料，彼得对女皇的决定感到不满，他牢骚满腹地说："暂且让儿子被

---

[1] 但泽自由市（Danzig），相当于现今波兰城市格但斯克的大部分区域。

帕宁管教上一段时日吧，过不了多久我就要开始对儿子进行适当的军事训练了。"帕宁知道彼得对自己的厌恶，此外他的秉性与教育素养也决定了他自然而然会与叶卡捷琳娜保持统一阵线，只是他们两个人——女大公和教师——对于未来各有各的规划。帕宁坚定地认为彼得不具备治国的能力，其继承权应该被设法废除掉，他希望还是幼童的保罗能被扶上皇位，由叶卡捷琳娜来统摄朝政。叶卡捷琳娜假意附和帕宁，她告诉对方："我更愿意做沙皇的母亲，而不是妻子。"实际上，她根本不愿臣服于自己的儿子，她的野心在于亲自坐在皇位上。帕宁主动与叶卡捷琳娜结盟是因为后者曾经与他的恩师关系密切，还因为她在前总理大臣蒙冤受辱时自始至终没有做出背信弃义的事情，同时也是因为与彼得登上皇位相比他更愿意看到叶卡捷琳娜参与朝政。此外，他与叶卡捷琳娜持有同样的启蒙政治观念，同样渴望建立孟德斯鸠所倡导的政府，即由具有启蒙思想的君主领导的政府。帕宁知道叶卡捷琳娜为人谨慎，跟她商讨自己的构想不存在任何风险。叶卡捷琳娜与帕宁并未商定具有实质性的行动计划，因为其间还存着很多未知的因素，不过两个人在基本问题上达成了共识，并建立起紧密的联系。

叶卡捷琳娜的第二位新盟友是在俄普战争中崭露头角的战争英雄，格里高利·奥洛夫。截至1758年，普鲁士国王腓特烈一直在想方设法抵御三大结盟帝国——奥地利、法国与俄国——对普鲁士的侵犯。当年8月，四万四千人的俄国大军在弗莫尔将军的指挥下越过普鲁士疆界，于25日同腓特烈率领的三万七千名普鲁士将士在曹恩道夫[1]附近展开激战。持续了九个小时的战斗成为18世纪最惨烈的战役之一，双方各损兵折将一万余人，腓特烈承认普鲁士军队损失了超过三分之一的兵力。在残酷的战斗

---

[1] 曹恩道夫（Zorndorf），七年战争中普鲁士与俄国在此进行过著名的"曹恩道夫战役"，战斗以普军险胜作结。曹恩道夫位于今天波兰境内的同名地方。

中俄国人也赢得了腓特烈及其属下的敬意，一名普鲁士军官在战后写道："敌军在我方官兵心中引发的恐惧难以名状。"杀戮过后双方都宣称自己赢得了胜利，两边的营地里也都在歌唱着感恩的赞美诗。然而，在接下来的整整两天里，两支遭受重挫血迹斑斑的队伍都无法采取进一步的动作，虽然双方依旧隔着战场互相开炮，骑兵部队也仍旧继续着小规模的冲突战，但是腓特烈与弗莫尔都已经被对方打得寸步难行了。

在曹恩道夫一役中被俘虏的普鲁士官兵中就有腓特烈的贴身副官、身为元帅的库尔特·冯·施维林伯爵，元帅的叔父为普鲁士军队的大元帅。1760年3月，这位元帅被押送至圣彼得堡，根据传统的礼节俄方为其指派了一名护卫军官，在路途中这名军官既是保镖又是元帅的副官。接受这项任命的是格里高利·奥洛夫中尉，曹恩道夫一役中他三次负伤，但始终坚守岗位，鼓舞着战友们的士气。他的领导才能与勇气让他成为军中的英雄，此次护送施维林伯爵的任务便是对他的英勇所做的奖励。施维林伯爵来到了圣彼得堡，看到心目中的大英雄腓特烈国王的亲随受到如此的羞辱，大公彼得陷入了深深的悲痛中，他命人按照接待同盟国贵宾到访的规格对施维林伯爵以礼相待，他还信誓旦旦地对伯爵说："倘若我是皇帝，那我定然不会将你当作战争俘虏。"俄军俘获的这位贵宾住在一幢单独的宅第中，彼得经常同他一道共进晚餐，还允许他在城内自由行动。伯爵甚至可以随心所欲地在圣彼得堡四处走动，他的护卫官奥洛夫中尉常常陪在左右。

二十四岁的格里高利·奥洛夫比叶卡捷琳娜年少五岁，他出身于戎马世家，骁勇善战是其家族传统。他的祖父曾以普通战士的身份在伊凡雷帝组建的射击军[1]中效力，这支由大胡子的长枪兵和火枪手组成的部队在少年彼得大帝实施军事革新时举行了暴动，作为惩罚，彼得大帝下令处死了不少近卫军官兵，老奥洛夫就在其中。在红场上，当轮到自己接受行刑时，老奥洛夫毫不犹豫地走过鲜血淋漓的断头台。他一脚踢开战友刚被斩下的头颅，大声吆喝道："我得给自己腾出一块地方。"老奥洛夫慷慨赴死的精神打动了彼得，后者立即赦免了他，并将他编入为即将到来的俄瑞大战而组建的新军团。老奥洛夫成了一名军官，过了一段时间他的儿子也被授衔为陆军中校。这位中校后来又养育出五个英勇无敌的儿子：伊凡、格里高利、阿列克谢、西奥多和弗拉基米尔，这五兄弟均被收入皇家近卫军，也全都受到官兵的欢迎与爱戴。这是一个牢不可破的家族集团，忠诚的情谊洋溢在五兄弟之间，他们都具有非凡的身体素质与勇气，誓死效忠于自己的军队和国家，而且他们全都嗜酒如命，爱好赌博与猎艳，在战场杀敌和酒馆斗殴时同样胆大妄为，也同祖父一样视死如归。五兄弟中最有头脑的就是老三阿列克谢，人高马大的阿列克谢在左脸上有一道军刀留下的伤疤，伤疤又深又长，因此得到了"刀疤脸"这个绰号。日后，正是凭借着阿列克谢的一次"壮举"，叶卡捷琳娜才得以坐稳皇椅，对于阿列克谢的帮助，叶卡捷琳娜一直心存感激，尽管她从未在口头上有所表示。

　　但是，真正的主角却是老二格里高利。格里高利是五兄弟中公认的美男子，拥有"天使的面容，运动员的体魄"，而且无所畏惧。曹恩道夫战役结束后他在养伤期间又想方设法俘获了一个新猎物海伦·库拉吉娜公主，当时公主还是炮兵元帅彼得·舒瓦洛夫伯爵的情妇。舒瓦洛夫家族大权在握，格里高利涉足他们的势力范围必然会给自己招惹来麻烦。不过，

---

[1] 射击军（Streltsy），是俄罗斯在16世纪至18世纪早期的卫戍部队，由伊凡大帝创建而成。这一部队装备火枪用以在战场上支援那些贵族骑兵部队。射击军内部细分为"首都军"（Electives）和"市民军"（Municipal），前者负责莫斯科的防务，后者一般是负责各个市镇的防御工作。

由于彼得·舒瓦洛夫突如其来的自然死亡，这位奥洛夫便侥幸逃过了一劫。这段风流史为他在军队中的盛名锦上添花，他在圣彼得堡变得引人注目了起来。随后，格里高利又被举荐给了伊丽莎白女皇，最终他又引起了叶卡捷琳娜的关注。

叶卡捷琳娜同格里高利的首度会面没有留下任何书面记录，但是根据世人津津乐道的一则传闻，当天孤独的女大公正望着窗外，突然她瞥见一位高大英俊的军官正站在王宫的院子里，对方身着近卫军军装。军官无意间也抬起了头，两个人四目相对，立即被对方吸引住了。但是，两个人之间什么也没有发生，这种情况也曾先后发生在萨尔蒂科夫和波尼亚托夫斯基的身上。尽管在军中声名赫赫，但是在叶卡捷琳娜面前格里高利只是一个卑微的小军官，在朝廷里连一官半职都没有捞到。然而，格里高利没有胆怯，也没有迟疑，成功征服库拉吉娜公主的战绩让他甚至有胆量觊觎女大公这种地位的女性，况且女大公的激情与孤独也是众所周知的事实。门不当户不对的结合并非没有先例——彼得大帝就迎娶了利沃尼亚[1]的农妇，后将其封为叶卡捷琳娜女皇；彼得大帝的女儿伊丽莎白女皇多年来同农民出身、性情敦厚的乌克兰唱诗班歌手阿列克谢·拉祖莫夫斯基同进同出，两个人甚至已经举行过结婚仪式了。

1761年夏天，叶卡捷琳娜与格里高利·奥洛夫成了情侣。两个人一直保持着秘密的交往，伊丽莎白女皇、彼得以及叶卡捷琳娜的朋友们对此均一无所知。两个人在涅瓦河上的瓦西里岛[2]找了一座小房子，以供幽会之用。1761年8月，叶卡捷琳娜又怀孕了。

---

[1] 利沃尼亚（Livonia），又译为利夫兰（Livland），是欧洲北部的一个历史地区，指现今爱沙尼亚及拉脱维亚的大部分领土。

[2] 瓦西里岛（Vasilevsky Island），是圣彼得堡市的一个岛屿，南北两面分别是大涅瓦河和小涅瓦河，西面是芬兰湾。

叶卡捷琳娜从未碰到过像奥洛夫这种类型的男人，他既不像波尼亚托夫斯基那个欧洲大陆的男人一样多愁善感、老于世故，也不同于谢尔盖·萨尔蒂科夫那种闺房里的猎艳高手。叶卡捷琳娜与奥洛夫相互爱慕，中间不乏单纯的情欲。在结婚最初的九年里，叶卡捷琳娜一直保持着处子之身，而今她成熟了，已经先后与两个男人发生过婚外情，并同他们分别产下一儿一女。现在，第三位男性走进了她的生活，并且也给她带来了一个孩子。

奥洛夫的想法很简单。叶卡捷琳娜有权有势，令人倾慕，可是却受到丈夫公然、羞耻的忽视和压迫，而热爱普鲁士的大公则受到俄国全军将士的痛恨。叶卡捷琳娜对这段恋情过于谨慎，可是格里高利却对自己的四位兄弟口无遮拦，他们都认为此事将成为家族的荣耀。有关这段恋情的传言在近卫军军团不胫而走，大多数人都为之感动和自豪。

叶卡捷琳娜已经得到了尼基塔·帕宁的支持，在奥洛夫五兄弟的帮助下又赢得了近卫军的认同，接下来她又为自己的事业争取到了第三位与众不同的帮手，叶卡捷琳娜·达什科娃公主。这位公主的身份有些特殊，她是彼得情妇伊丽莎白·沃伦佐娃的妹妹，婚后成为达什科娃公主。叶卡捷琳娜·沃伦佐娃出生于1744年，父亲罗曼·沃伦佐夫伯爵是现任总理大臣米哈伊尔·沃伦佐夫的亲弟弟，伯爵育有三个女儿，叶卡捷琳娜是最小的一个。小女孩诞生于伊丽莎白女皇继位后不久，由于沃伦佐夫家族属于俄国最古老的贵族家庭之一，因此女皇亲自主持了小女孩的受洗仪式，当时女皇的外甥彼得也刚刚被女皇从荷尔斯泰因召至俄国，他成了小女孩的教父。在叶卡捷琳娜·沃伦佐娃两岁那一年她的母亲便过世了，用女儿们的话说当时风华正茂的罗曼伯爵成了一个"只知道寻欢作乐的男人，对自己的孩子疏于照顾"。小女孩被送到了伯父米哈伊尔家，在伯父的安排下她接受了最精良的教育，在自己的回忆录中她曾写道："我们能讲一口流利的法语，还学了一点意大利语，上过几节俄语课。"叶卡捷琳娜·沃伦佐娃早早就显示出超乎年龄的智慧，有时候她会熬夜阅读贝尔、蒙田、孟德斯鸠和伏尔泰的大作。1758年，叶卡捷琳娜碰到了这个与众不同的年轻人，当时小女孩年仅十五岁，能找到这么一个只愿意讲法语并且维护启蒙思想家的俄国女孩令女大公大喜过望，她对这个女孩格外宽厚，而女孩也将叶卡捷琳娜当作自己的偶像。

1760年2月，十六岁的叶卡捷琳娜·沃伦佐娃嫁给了米哈伊尔·达什科夫，后者是普列奥布拉任斯基军团里的一名年轻军官，身材挺拔，性格讨人喜欢，家境富裕。当丈夫被派驻莫斯科的时候，沃伦佐娃也来到了这里，在十一个月的时间里产下了两个孩子。但是，她从未忘记过远在圣彼得堡的女大公。1761年夏天，她随家人一同回到了首都，她自己也同叶卡捷琳娜恢复了往来。

在首都，达什科娃的姐姐伊丽莎白与其情人大公彼得试图将她拉入自己的小集团，然而姐妹俩的性格几乎背道而驰。彼得已经将伊丽莎白安置在自己的住处，看起来更像是将她当作自己的未婚妻，而不只是情妇那么简单。伊丽莎白的穿着变得越发土气过时，言谈举止也更加粗俗下流了，打定主意要嫁给彼得的她耐心而坚定地等待着梦想实现的那一天。与彼得的其他玩物相比，彼得对伊丽莎白的感情是最持久的，而且伊丽莎白还曾想方设法维持住了他们与叶卡捷琳娜及波尼亚托夫斯基之间的四角关系。经年累月，彼得渐渐地意识到伊丽莎白与自己几乎就是天作之合，他对她已经难以割舍了。

在女皇的臣僚面前，达什科娃表现得也与姐姐截然相反。她对锦衣华服丝毫提不起兴趣，也不施粉黛，一谈起话来总是可以滔滔不绝地说上很久，众人都知道她是一个头脑敏捷、直言不讳的人，并且非常自负。怀揣政治理想的她为人拘谨，她为姐姐的举动感到非常难为情。无论伊丽莎白能否被封后，在叶卡捷琳娜·达什科娃看来她始终都会保持着公开而不雅的情妇身份。对达什科娃而言，更为糟糕的是姐姐甚至企图取代她心目中的偶像女大公叶卡捷琳娜。

1761年，达什科娃公主在父亲位于芬兰湾的乡间别墅里度过了整个夏天，这座府邸恰好坐落在女皇避暑的彼得霍夫宫与彼得同叶卡捷琳娜的夏日行宫奥拉宁巴姆之间。保罗同女皇住在一起，不过女皇允许叶卡捷琳娜在周日去彼得霍夫宫，同儿子在王宫花园里玩上一整天。在返回行宫的路上，叶卡捷琳娜常常在沃伦佐夫家的别墅前停下车，邀请公主随她去奥拉宁巴姆宫待上半天。回到行宫后，两个女人会在花园或者叶卡捷琳娜的房间里畅谈一番各自读过的书籍与政治构想。达什科娃认为自己聪明绝顶，在回忆录中她写道："我可以斗胆断言，放眼整个俄国，除了女大公和我便再也找不出任何两个女人能这样痴迷于如此严肃的著作。"在一次次漫长的谈话中，公主越来越相信只有叶卡捷琳娜才是"民族的救世主"，由她——而非彼得——继承皇位至关重要。叶卡捷琳娜没有怂恿达什科娃进一步表达自己的观点，在她的心中达什科娃就是一个迷人而聪颖的孩子，她的崇拜之情令叶卡捷琳娜受宠若惊，她的陪伴又常能给叶卡捷琳娜以启发，但是叶卡捷琳娜还是非常务实地认为对于自己来说攫取权力的最佳途径还是当好彼得的妻子，前提是她能斗败伊丽莎白·沃伦佐娃，保全自己的地位。达什科娃对女大公几乎怀着顶礼膜拜的感情："她征服了我的心与头脑，并以她那热情洋溢的奉献精神激励着我。我对她是如此真挚，只有对丈夫和孩子的爱才能与我对她的情感相媲美。"

大公彼得与伊丽莎白·沃伦佐娃仍旧试图劝诱达什科娃公主加入他们的小集团。在发现公主对自己的妻子充满敬仰之后，彼得对公主发出了警告："我的孩子，你迟早会记住跟我和你姐姐这样的榆木疙瘩打交道远比跟那些了不起的聪明人要安全得多，那可都是些藏弓烹狗的人。"

达什科娃毫不畏惧同彼得的斗争。在一次彼得与叶卡捷琳娜双双出席的晚宴上，当时到场的宾客总共有八十位之多，在饮下大量的葡萄酒后，大公口齿不清地宣称一位涉嫌同皇室成员有出轨行为的年轻军官应该为自己的无礼而被斩首，达什科娃立即对大公发起挑战，说这种惩罚措施显得过于暴虐："就算有嫌疑的罪行得到了证实，对于这种罪行而言斩首的处罚也都太过分了。"

"你还只是个毛孩子，不然，你应该会明白不处以极刑就等于是在鼓励犯上作乱的行为和各种骚乱事件的出现。"

"但是，先生，"达什科娃反击道，"对于几乎所有有幸能同您共进晚餐的宾客来说，这种惩罚在他们生活的时代都是闻所未闻的。"

"正是由于这种情况，目前才急需整饬纪律。你给我把这些话都记下来，你还只是个毛孩子，对这些事情什么都不懂。"大公振振有词地说。

荷尔斯泰因的来宾全都陷入了沉默，达什科娃却还继续反驳着彼得："先生，我很乐意承认自己无法理解您的逻辑，但是有一件事情我很明白，那就是您威严的姨母还在世，而且还没退位。"所有人的目光都立即转了过来，先是落在了这位年轻女子的身上，随即又转到了储君那里。彼得没有吭声，最后他冲着自己的对手吐了吐舌头。

这件事情为达什科娃赢得了不少赞誉，为之感到喜悦的女大公叶卡捷琳娜向她表示了祝贺。消息不胫而走，达什科娃曾说这件事情让她"变得声名赫赫"。这类事情无不是在进一步地强化着公主对储君的鄙视，"大公表现出最有失人格的愚昧，自认为是普鲁士国王的手下令他满怀骄傲，他甚至将其称为'我的主公'，这种庸俗的自豪感左右着他的行为，他就沉沦在这种情绪中。我知道人民对大公几乎不抱什么希望"。

达什科娃公主很认同彼得的自我评价——榆木疙瘩，她相信面对着光彩夺目的女大公，只有榆木疙瘩才会选择她姐姐。彼得承诺将废掉叶卡捷琳娜，迎娶达什科娃的姐姐，愤慨的小公主决意要保卫心中的偶像，至少她可以向女大公通报所有有可能影响到女大公前途的消息和传言。叶卡捷琳娜并没有鼓励达什科娃这么做，不过有这样一位拥护者能随时打听到大公与沃伦佐娃的谈话对她的确是一个非常有利的条件。不过，对于自己在这位年轻崇拜者面前的一言一行，叶卡捷琳娜都非常注意分寸。达什科娃可以向自己提供很多信息，反过来自己也有可能对公主泄露很多秘密。出于这种考虑，叶卡捷琳娜还尽量避免几位支持者的相互接触。起初，这三位主要人物对彼此都知之甚少，在每个人面前叶卡捷琳娜都展现出不一样的姿态。帕宁认识的是一位头脑冷静、处世老到的政治家；奥洛夫则看到了一位洋溢着青春热血的女人；达什科娃的面前则是一位启蒙思想家和倡导者。终于，达什科娃公主渐渐地了解到帕宁正是她所欣赏的那种具有西欧化倾向的俄国人，但她对奥洛夫在叶卡捷琳娜心中的位置却毫不知情。自己的偶像委身于一个粗鲁无知的大兵的怀抱，一旦得知此消息达什科娃公主势必会大为震惊。

伊丽莎白女皇的身体持续恶化着，人们对彼得称帝的担忧也越来越强烈。随着战争的继续，彼得越发肆无忌惮地宣扬着自己对俄国的仇恨与鄙夷，以及对普鲁士的支持。他那位日渐衰弱的姨母已经无力打起精神剥夺他的继承权了，他开始在大庭广众之下谈论起继位后自己将推行的改革。首先他要结束对普鲁士的战争，待两国达成和解后他还要转而联合腓特烈，共同对付俄国当前的盟国奥地利和法国，最终，还将代表荷尔斯泰因动用俄国的军力，对丹麦发动战争，夺回后者于1721年从公国抢占到的领土。对于休妻并迎娶伊丽莎白·沃伦佐娃的打算彼得也毫不掩饰。

彼得竭尽所能地支持着腓特烈。为了让腓特烈了解到伊丽莎白女皇主持的秘密作战会议，他将自己打听到的俄方统帅部的作战计划悉数透露给了腓特烈。消息首先被交到新上任的英国驻圣彼得堡大使罗伯特·基斯爵士的手中，基斯爵士再将消息附在呈递给伦敦方面的外交报告中，他会吩咐信使取道柏林，在柏林的同僚，即英国驻普鲁士大使会在邮包被发往白厅[1]之前将彼得的信函抄送一份给腓特烈。通过这种方法，普鲁士国王经常赶在俄军前线指挥官之前获悉俄方统帅部的作战计划。

彼得几乎毫不掩饰自己出卖俄国女皇、军队、国家及其盟国的行为。法国和奥地利大使都对俄国总理大臣抱怨连连，可是米哈伊尔·沃伦佐夫却毫不动容，他同首都的所有人一样都清楚以目前起伏不定的健康状况来看，女皇的身体距离彻底崩溃已经不远了，大公彼得继位后首先会结束这场战争，召回前线的大军，并同腓特烈签署和平协定。在此期间，为了保全自己的前途，沃伦佐夫不打算将彼得出卖国家的行为禀告给他的姨母。然而，俄国军方对储君的鄙夷与憎恨与日俱增，就连罗伯特·基斯爵士都不得不承认彼得"之所以有如此举动一定是疯了"。

如果说这些认识普遍存在于皇家近卫军与其他部队中，那么对于这个通敌卖国的男人，奥洛夫五兄弟的仇恨就更加强烈了，格里高利·奥洛夫心中的怒火尤其炽烈。倘若彼得被迫退位，女大公将面临怎样的命运？同彼得一样，叶卡捷琳娜也出身于德意志家庭，可是她在俄国已经生活了十八个年头，而且已经皈依了俄国东正教，还为俄国生下了小继承人，她本人对俄国别无二心。奥洛夫五兄弟随时随地都在扩散着这些情况。他们在战友中深得人心，痛恨彼得，同时又心甘情愿为叶卡捷琳娜付出，这一切都成了叶卡捷琳娜夺取皇权的保证。

伊丽莎白女皇决意挫败普鲁士与腓特烈。当初出于对俄奥协定的尊重她决定参战，现在她一心想要看到战争结束。战争眼看就要结束了，腓特

---

[1]　白厅（Whitehall），英国首都伦敦西敏内的一条街道，位于国会大厦和特拉法加广场之间。除了是热门旅游景点，也是英国政府中枢的所在地，因此白厅也是英国政府的代名词。白厅得名于1698年焚毁的白厅宫，这座庞大的宫殿当时的位置就在今天的白厅一带，而这条道路当时是通往白厅宫门前的一条大道。

烈麾下的人马已经不再是欧洲最骁勇善战的一支军队，奥地利人和俄国人获得了充足的战地经验。腓特烈的兵力日渐缩减，胜利的希望对他来说也越来越渺茫了。1759年8月25日的库勒斯道夫战役表明战争的结束指日可待。在柏林以东五十里地打响的这场战役中，将近五万普鲁士大军在三百门大炮的辅助下对据守有利地势的七万九千名俄国官兵发动了攻击，腓特烈的步兵义无反顾地冲向阵脚稳固、防御有力的俄军，直到夜幕降临时战斗才宣告结束。结果，库勒斯道夫一役让腓特烈遭受了七年战争中最为惨重的损失，普鲁士大军只剩下丢盔弃甲、抱头鼠窜的力气了。尽管俄军也损兵折将一万六千人，但他们给普鲁士造成了一万八千人的伤亡，普鲁士国王本人也失去了两匹坐骑，口袋里装的纯金鼻烟壶还弹飞了一颗子弹。当夜，腓特烈在给柏林一位密友的信中写道："原本四万八千人的大军现在所剩只有不到三千人马，其他所有人都四散逃命去了，我已无法管束部下。柏林须得自己做好防范。此役不啻一场灾难，我将在劫难逃。我手头没有后备兵力，坦白说，我相信我们已经全军覆没了。"翌日清晨，一万八千名将士拖拖拉拉地回到了国王身边，然而四十七岁的君主还是陷入了深深的绝望中。他带着伤痛给自己的亲弟弟亨利亲王写了一封信："我的麻烦在于双脚、一只膝盖和左手都犯起了风湿病，而且几乎一直高烧不退，已经八天了。"

俄军取得大捷的喜讯令远在圣彼得堡的伊丽莎白女皇龙颜大悦，同时她也接收到了俄军遭到重创的悲惨消息。1760年1月1日，就在库勒斯道夫战役结束四个月后，女皇对奥地利大使说："我有意让战争继续下去，始终忠诚于我的盟友们，哪怕要我变卖一半的珠宝和裙子都可以。"在德意志前线指挥作战的彼得·萨尔蒂科夫将军没有辜负女皇的期望。1760年，俄军跨过了奥得河，哥萨克骑兵长驱直入柏林，在腓特烈的都城里盘踞了三天三夜。

怀孕的迹象日益明显起来，叶卡捷琳娜过起了隐居生活。她宣称丈夫在大庭广众之下几乎按照皇家规格给情妇以礼遇，这令她感到羞愤不已。凭着这套托词叶卡捷琳娜保守住了怀孕的秘密。大公告诉外人自己没有履行丈夫的职责，叶卡捷琳娜便再也不可能宣称新生儿是彼得的孩子了。为了不给彼得抛弃她的口实，叶卡捷琳娜必须隐瞒怀孕的消息。她一直穿着宽大的裙子，裙摆下还支着裙撑，从早到晚缩在自己的扶手椅中，闭门不出，也拒绝会客。

伊丽莎白女皇的秘密却没能保守得如此严密。尽管女皇已经下令不得将自己的健康状况透露给大公夫妇，她自己也在竭力地掩饰着疾病对容貌造成的损害——惨白的面色，超重的身体，浮肿的双腿，这些全都隐藏在胭脂和银色的袍子下面。彼得急于听到姨母逝世的消息，对于这一点女皇已经有所觉察，但是她已经精疲力竭了，再也无力打破自己的承诺，将皇位继承权转交给保罗。体力与精力最多只允许她从床上爬起来，拖着衰朽的身体走到沙发或者扶手椅跟前。最后，讨得女皇恩宠的伊凡·舒瓦洛夫也无法继续抚慰女皇的心灵了，似乎只有前任男宠——很有可能也是她的丈夫——阿列克谢·拉祖莫夫斯基陪在病榻前，用温柔的乌克兰摇篮曲安抚她的时候她才能平静下来。时间一天天过去了，伊丽莎白女皇对俄国的未来失去了兴趣，对自己周围的人情事理也越来越漠然了。她很清楚自己大限将至。

伊丽莎白女皇的痛苦让欧洲的局势陷入了僵持阶段。所有的目光都落在这间病室里，战争的去向悬于一个女人与死神所做的抗争之上。1761年年末，对于盟国来说最大的希望就是医生们能将俄国女皇的寿命延长六个月，如有可能，甚至十二个月，直至腓特烈彻底失去元气为止。私下里，腓特烈的确承认自己气数已尽，普鲁士为之苦苦奋斗了五年的事业眼看就要大功告成了，然而一旦俄国大公彼得的登基被拖延上几个月，那他对普鲁士国王及其全盘计划的支持就都失去了意义。不能出现这种情况。

1761年12月中旬，所有人都知道伊丽莎白女皇命不久矣。彼得肆无忌惮地向达什科娃公主宣布说她的姐姐伊丽莎白·沃伦佐娃将成为新王妃，达什科娃遂决定采取行动，以阻止这种事情的发生。12月20日的夜晚，高烧中的她浑身哆嗦个不停，但她还是爬起床，裹上皮衣，朝着王宫走去。从一扇小小的后门进入王宫后，她让女大公的一名仆人带自己去面见女大公。此时，叶卡捷琳娜已经躺下了。还未等公主开口，叶卡捷琳娜就说："说话之前先上床来暖和暖和你自己吧。"达什科娃在回忆录中记下了这一晚的谈话。她告诉叶卡捷琳娜女皇只剩几天甚至几个钟头的生命，她再也无法忍受叶卡捷琳娜前途未卜的局面了。"对于自己的安全你有什么打算吗？或者采取过什么措施吗？"公主问道。叶卡捷琳娜深受感动，同时也感到了警觉。她将手摁在了达什科娃的胸口上，说："我对你感激不尽，但是我要告诉你我没有任何打算，也不想做什么打算。无论出现何种状况我都得勇于面对。"

对达什科娃来说，女大公的被动情绪是不可接受的，她对女大公说："夫人，如果您无可作为，那您的朋友们将为您而战！我有足够的勇气和热情去唤起他们。下令吧！给我指示吧！"

在叶卡捷琳娜看来这样的忠心过于出格，在时机尚不成熟的时候这种举动只会招惹来麻烦。此时，奥洛夫的确可以集合起部分近卫军，但是在毫无准备的情况下他的人手根本不足以成事。或许还没等他们做好准备这个情绪激动、不太可靠的少女就已经把他们暴露给外人，让他们身处险境了。"天啊！公主，可别把自己置于险地。倘若你为了我遭受不幸，那我会后悔一辈子的。"叶卡捷琳娜正在安慰这个冲动的来访者时，对方突然打断了她。达什科娃亲了亲叶卡捷琳娜的手，说自己不能继续谈下去了，以免惹来危险。两个人拥抱了一下，然后达什科娃便站起身，如同来时那样风风火火地离去了。由于兴奋，她甚至没有注意到叶卡捷琳娜已经怀孕半年了。

两天后，即12月23日这一天，伊丽莎白女皇出现了重度中风，围在病床前的医生们一致认为这一次不会再出现康复的希望了。彼得和叶卡捷琳娜被召至女皇的病室，他们发现伊凡·舒瓦洛夫和拉祖莫夫斯基家的两兄弟也站在病床前，直勾勾地盯着枕头上那张苍白的面孔。终于，女皇恢复了神智，但她没有显示出更改皇位继承人的意向。她要求彼得向她保证照顾好保罗，彼得非常清楚姨母一句话可以立他为帝，自然也可以一句话就废了他，于是他应承下了姨母的要求。女皇还嘱咐他要保护好阿列克谢·拉祖莫夫斯基和伊凡·舒瓦洛夫，对于守在床前的叶卡捷琳娜她没有留下任何交代。寝室外的前厅和走廊里人满为患。这时，女皇的告解神父西奥多·杜比扬斯基也赶来了，在弥散着薰香和药剂的空气中，他开始准备举行临终前的仪式了。几个小时后，女皇派人去请现任总理大臣米哈伊尔·沃伦佐夫，这位总理大臣称病没有到场。其实，阻止沃伦佐夫前来向女皇告别的并非因为生病，他担心自己的露面会冒犯到储君，从而促使储君疏远他。

在圣诞节的清晨，伊丽莎白女皇要求杜比扬斯基神父为自己朗读东正教的临终祷告词。神父读毕，女皇要求他继续读了一遍。接着，她对房间里的所有人都表示了一番祝福，然后依照东正教的惯例请求在场的所有人宽恕她。圣诞节这一天，即12月25日，在将近下午4点的时候伊丽莎白女皇辞世了。几分钟后，议会议长尼基塔·特鲁别茨科伊拉开了寝室的两重大门，向一直等在外面的众人宣布道："伊丽莎白·彼得罗芙娜女皇陛下已长眠于主的怀抱。愿上帝保佑我们仁慈的君主，彼得三世皇帝。"

第四十二章
彼得三世的短命王朝

诺夫哥罗德的大主教在彼得的加冕典礼上为彼得做了祝祷，议会和政府各个部门均宣誓效忠于彼得，圣彼得保罗要塞礼炮齐鸣，宣告着新君主的登基。彼得纵马于皇宫广场上，接受着各军团的效忠宣誓：普列奥布拉任斯基、伊兹迈洛夫斯基和谢缅诺夫斯基三个近卫步兵团，近卫骑兵团，战列军团[1]和学员团。新沙皇身着普列奥布拉任斯基兵团深绿色的军服，在火把的照耀下出现在众人面前，各军团纷纷对他扬旗致礼。大喜过望的彼得回到王宫，对奥地利大使梅西伯爵说："没想到我居然受到如此的爱戴。"当晚，彼得举办了一场有一百五十名宾客参加的晚宴，他一改治丧期间所有人都必须身着黑色服装的传统规定，要求宾客穿上色彩艳丽的服装，以庆祝他成功继位。入席后，叶卡捷琳娜与沙皇相对而坐，伊丽莎白女皇的男宠伊凡·舒瓦洛夫先前还在女皇的病榻前泪水涟涟，转眼就站在彼得的背后，不停地调笑着。第二天晚上，彼得又举办了一场宴会，女士们均被要求"着盛装"出席。对于宴会达什科娃公主始终称病，拒绝参加。这天晚上夜色渐浓的时候，她收到了姐姐派人送来的便条。她的姐姐告诉她新皇帝对她的缺席感到恼怒，也不相信她的借口，如果她还不露面的话，最终为难的将会是她的丈夫达什科夫亲王。公主从命了。她一出现

---

[1] 战列军团（Line Regiment），17世纪中期至19世纪中期欧洲各国常备军主力构成，同近卫团、掷弹营、毛瑟枪营等专门化的部队不同，战列军团没有特殊职能。

在宴会大厅彼得便走上前来，压低声音对她说："我的小朋友，听一听我的建议吧，你最好还是对我俩高看一眼。早晚有一天你会懊悔曾经对自己的姐姐如此疏忽。相信我，我这都是为了你好。有了她的保护你才会成为一个大人物。"

距离葬礼还有十天的时候，伊丽莎白女皇的遗体被转移至喀山圣母大教堂，裹着银线绣花长袍的女皇被安放在一副敞开的棺材里，棺材周围环绕着蜡烛。前来哀悼的人在昏暗的厅堂里络绎不绝地从棺椁旁走过，大家都情不自禁地打量着跪在棺椁旁的那个身影———一身黑衣、黑纱遮面、没有头冠也没有佩戴珠宝，完全沉浸在哀痛中不能自拔的一个女人。所有人都知道她就是刚刚加冕的皇后，叶卡捷琳娜。叶卡捷琳娜之所以出现在这里部分是出于对女皇的尊敬，此外她很清楚如此展现自己的谦卑和对女皇的虔诚可以有效地吸引到臣民对她的关注。叶卡捷琳娜的演技堪称出色，法国大使在发往巴黎的报告中称"在俄国她越来越得人心"。

面对伊丽莎白的遗体，彼得的反应则大相径庭，在连续数周的公开悼念中这位新皇帝尽情地宣泄着心头的喜悦，在经历了十八年政治与文化上的双重束缚后，他终于获得了解放。彼得沉醉在刚刚得到的自由中，拒绝遵守东正教教会的丧葬传统。他既不守灵也不跪拜棺椁，几次在教堂里亮相时都漫不经心地四处溜达着，一边还大声喧哗，开着玩笑，不时地哈哈大笑几声，甚至朝四下里指指点点，冲着神父们吐着舌头。大多数的时间里，他都待在自己的住处，不是在大呼小叫，就是在兴奋地畅饮着，看起来整个人完全失控了。

当伊丽莎白的遗体从喀山圣母大教堂迁出，越过涅瓦河大桥，送往圣彼得保罗要塞陵园时，彼得对女皇的蔑视发展到了极致。他披着一件黑色丧服，一个人招摇地紧跟在棺椁后，几位年长的贵族托着丧服的衣摆，这位新皇帝竟然开起了玩笑。他放慢脚步，最后彻底站定了，直到前方的棺椁走出三十英尺的距离，他突然大步流星地追了上去，身后的几位老人无法跟上他的脚步，眼睁睁地看着他的衣摆从手中挣脱了出去，在风中上下翻飞着。他们的窘迫让彼得看得开心极了，他一遍又一遍地重复着这套把戏。一个年近三十四岁的男人在亲手将他扶上皇位的这个女人的葬礼上自编自导自演了这么一出荒诞的滑稽剧，送葬队伍中的贵族、位列道路两侧的将士们以及所有围观的平民百姓，在场的所有人都被他的举动震惊了。

尽管出现了这么夸张且不得体的举动，在执政的头几个星期里彼得还是遵循了一条温和的政治路线。在别斯杜捷夫失势后，米哈伊尔·沃伦佐夫便坐上了总理大臣的位置，伊丽莎白女皇在世的最后几年里，沃伦佐夫一直同持反普亲法政策的舒瓦洛夫一家保持着统一阵线，但他并未遭到彼得的罢免。此外，彼得立即召回了几位遭到流放的大员：安娜女皇的德意志顾问大臣及情妇，即库尔兰公主的父亲欧内斯特·约翰·比龙，已经退休安居在雅罗斯拉夫尔的他被允许迁回到圣彼得堡一座舒适安逸的豪宅里；伊丽莎白的法国医生及参谋阿尔芒·莱斯托克和另外一位德意志人——年迈的慕尼赫元帅——得到赦免，结束了流亡生活。但是，彼得没有采取任何措施减轻一贯支持奥地利、反对普鲁士的前总理大臣别斯杜捷夫受到的羞辱。大赦中对别斯杜捷夫的遗漏令很多俄国人感到痛苦，在大家看来似乎只有那些有着外国名字的政治犯才可以重返圣彼得堡，而别斯杜捷夫这位长期致力于维护俄国在欧洲的安全地位，具有俄国血统的政治家却仍旧受着凌辱。

大赦之后，彼得对朝臣又做了一系列的调整，这些人事的变更得到了广泛的认同。没有人说得清这些努力究竟是彼得为了赢得民心而有意为之，还是由于他一贯的突发奇想。1月17日，他削减了盐税，这一举措得到了所有民众的支持；18日，他发布公告，免除了贵族阶层对国家的强制性兵役，此举令贵族们大喜过望。这项兵役制度传承自彼得大帝统治时期，他宣布身为沙皇的自己是"国家的头号臣仆"，随即便颁布法令，规定一切土地所有者及贵族都肩负着同样的职责。这一法令的颁布为俄国的官僚体制增添了永久性的陆军、海军以及行政官僚集团。而现在，贵族家庭的子子孙孙均被免除了兵役和公民义务，他们无须再耗费多年的生命为国家效力，此外他们还得到在和平时期随时出国旅行的权利，在国外居留的时间也不受限制。2月21日，彼得又撤销了机务部[1]，这个令人闻风丧胆的调查机构专门负责处理以叛国或煽动叛乱等罪名受到起诉的疑犯。与此同时，俄国国内最坚定的一批持不同政见的人——为躲避俄国东正教教会的迫害而逃亡国外的旧信徒[2]获得恩准，从国外回到了俄国，并得到了充分的宗教自由。

3月，彼得探访了阴森恐怖的施吕塞尔堡要塞，被伊丽莎白女皇罢黜的前任沙皇伊凡六世在这里已经被关押了十八年，相信自己已经稳坐泰山的彼得打算改善这位囚徒的生活条件，甚至将其释放，并在军队中给他一官半职。然而，伊凡六世的处境让彼得的构想化为了泡影。年满二十二岁的伊凡又瘦又高，留着一头及腰的长发，衣衫褴褛，而且目不识丁，一张口也只能结结巴巴地说一些不连贯的句子，对自己的身份也不太清楚。伊凡的"床"就只是一块局促的草垫子，牢房里的空气很沉闷，只有墙头上那扇小小的铁栅栏窗户里能透下来一点阳光。彼得主动提出帮助伊凡，伊凡便问他能否让房间里多一点新鲜空气。彼得给了他一条真丝睡袍，对方却立即将睡袍藏在了枕头下面。离开要塞之前彼得命人在院子里建造一所大房子，好让这位囚徒享受到更多的空气和散步的空间。

---

[1] 机务部（Secret Chancellery），俄国中央政府机构，对涉及政治的罪行进行调查与管理的司法机构，创建于彼得大帝时期。

[2] 旧信徒（Raskolniki，旧礼仪派），俄国东正教徒分裂成两派，一派是改革派，另外一派因反对礼仪改革而与正统教会分裂，被称为旧信徒，又被称为分裂者。

每天7点，彼得便起了床，更衣时他的副官便开始为他阅读奏章，听候他的命令；8点至11点咨询各位大臣，并在政府部门巡视一圈，结果他发现这些机构往往只有下级职员值守岗位；11点，他会出现在练兵场，精力充沛地检阅一番军容和装备，然后在荷尔斯泰因军官的协助下操练一会儿士兵；正午1点是用膳时间，他总是无视官阶高低，邀请能让他敞开心扉的人共进午餐；午后他常常要小憩一会儿，然后就是一场音乐会，其间他会演奏小提琴。接下来就到了晚宴时间，常常直到深夜才会散席。晚宴上，彼得和宾客基本上都是在拼命地抽烟喝酒，狂欢作乐，他自己拿着一根烟斗，跟在他身后的仆人抱着满满一筐荷兰陶土烟斗和各种各样的烟丝。房间里很快就弥漫起了滚滚浓烟，沙皇在迷雾中趾高气扬地踱着步子，大声地说笑着，他的客人都坐在长条桌旁，所有的桌子上都堆满了酒瓶，这些人都清楚彼得憎恶礼数与客套，他希望自己受到战友般的对待，也不喜欢约束客人。宴会开始后不久在场的人就会站起身，摇摇晃晃地走到院子里，像小孩子一样玩起"跳房子"，用一条腿蹦蹦跳跳地互相撞来撞去，或者从别人背后进行偷袭。一位参加过这种宴会的人说过："想想看，看着帝国的头号人物浑身挂满绶带和奖章，却做出这样的事情，我们会作何感受。"一旦有一位同胞跌倒在地，其他荷尔斯泰因军官就会哈哈大笑起来，一边还拍着巴掌，直到仆人赶来将躺在地上的人拖走为止。无论宴会进行到多晚，彼得总是能在次日7点准时爬起床。

彼得精力旺盛，可是缺乏组织性与目的性。梅西伯爵在给维也纳发去的报告中写道："皇帝表现出的节制与宽容飘忽不定。他有头脑，但是在处理朝政方面缺乏训练，对事情缺乏周密的计划，而且始终抱有偏见。他生性鲁莽、粗暴，缺乏理性。"几天后，梅西伯爵在另一份报告中又补充道："在这里我看不到任何一个人能有足够的热情与勇气积极对抗这位暴烈顽固的君主。为了自己的利益所有人都在恭维他的倔脾气。"

彼得试图强行对俄国一些根深蒂固的传统进行改革，这些举措引发了激烈的冲突。彼得对东正教会没有示好，自十八年前来到俄国起他就一直痛恨着基督教的这个变种，他认为俄国东正教的教义教规纯属迷信，仪式荒诞不经，神父尽是些卑鄙小人，教会积累起来的财富更是令人发指。离开荷尔斯泰因的时候彼得信仰的是路德教，而今他身为一国之君，同时也成为俄国东正教教会的牧首，在他看来，俄国人日常生活与俄国文化中这根历史悠久的支柱应该被改造成普鲁士人所信奉的新教。思想开明的腓特烈二世就对神职人员和宗教信仰嗤之以鼻，自己为何不能这样呢？2月16日，一道新出台的法令将教会名下的所有产业转移至一个新组建的政府部门监管下，教会里的显贵变成了领取薪俸的公职人员。高级神职人员对此纷纷表示愤慨与不安，彼得则毫不客气地宣布偶像崇拜这种原始落后的传统应该被剔除，除耶稣基督之外，表现各位圣徒的所有画像与雕塑都将从教堂里拆除。这里提到的"圣徒"已经与俄国历史密不可分。接下来，彼得又惊人地将矛头直接指向俄国神职人员，他要求所有神父必须剃掉胡须，不再穿及地的锦缎长袍，而是得像新教的牧师那样身着黑色法衣。主教们对此答复说倘若教士们遵守了这些命令，那他们势必会遭到信众们的谋杀。在这一年的复活节上，惯常的露天宗教游行被取消了，这一禁令助长了民间流言的扩散，人们都说这位新皇帝是一个异教徒，甚至有可能是比异教更为恶劣的新教徒。实际上，彼得对诺夫哥罗德大主教说过，自己打算在新的冬宫里建造一座新教教堂。大主教对此表示抗议，彼得立即暴跳如雷地说自己面前的这位高级教士就是一个老蠢货，还说对普鲁士国王有利的宗教应该对俄国也大有裨益。

改变东正教的信仰与传统的确需要持续不断地努力，但同时教会人员与成千上万虔诚的信众要想形成有效的反对力量也并非易事。作为国家与专制统治的另一根支柱，军队给彼得又制造了另外一个麻烦。彼得将自己视作一名战士，他也非常清楚拥有一支忠诚得力的部队有多么重要。然而，自继位以来他一直在竭尽所能地冒犯着这股力量，虽然他最需要赢得的就是这股力量的支持。他一心想要按照普鲁士的模式对俄国军队进行重组，所有的东西都要受到改造，甚至是被替换掉：制服、纪律、操练方式、战术，甚至是指挥官，一切都将沿袭普鲁士的风格。彼得喜欢整洁利落的外观，他希望自己的部下都能穿上合身的德意志军装。他命令俄国士兵们脱下又长又肥适合在北方冬季御寒的外套，然后给他们套上颜色明快、质地轻盈的德意志紧身军装。没过多久，人们就很难认出这些身着新制服、扑着香粉的人竟然是俄国皇家近卫军。军官们也被要求身着挂着绶带和穗结的新制服，彼得自己也穿上了普鲁士校级军官的蓝色制服。在继位之初他还喜欢用宽大的蓝色绶带把俄国最高荣誉的骑士勋章安德鲁勋章挂在脖子里，现在他给自己换上了普鲁士最高级别的黑鹰勋章。他还常常拿着一枚嵌有腓特烈小幅肖像的戒指示以众人，并宣称这枚戒指是他最宝贵的财富。

彼得根本没有见识过真正的战场，但他是一位优秀的教头，在练兵场上他逼迫俄国士兵接受普鲁士的训练方法，一练就是好几个钟头，为了命令能够得到执行他还挥舞着一根小手杖。人到中年、身材臃肿的将军们也都不得不站在军团正前方，拖着患有痛风的僵硬四肢参加训练。所有的军官都想方设法地找借口躲避这些训练。

老将军们笨拙而吃力地完成普鲁士风格的训练，那副滑稽样让彼得开心极了。然而，让俄国将士打扮成德意志人的模样领教普鲁士的练兵法都只是个开头，彼得随后又对俄国君主贴身护卫的人选做出了更改。按照传统，沙皇的护卫一向是从彼得大帝创建的普列奥布拉任斯基近卫团中进行选拔，彼得三世本人也被授予该军团名誉上校的头衔。现在，护卫人选改为由荷尔斯泰因胸甲骑兵团选派，彼得也将该兵团更名为皇家护卫团。此举进一步加剧了各近卫团及军队对彼得的抵触情绪。然而，彼得又变本加厉地宣布将解散并取消俄国的近卫团，并将团属官兵分派至各个常规战列兵团。随后他又将毫无军事经验的叔叔荷尔斯泰因亲王乔治·路易斯任命为俄军统帅。至此，彼得对俄国军队的羞辱终于发展到了极致。

就在1761年12月彼得登基之际，普鲁士的腓特烈却陷入了四面楚歌的境地。将近三分之一的版图落到了敌人的手中，俄国人占领了东普鲁士与波美拉尼亚的部分区域；奥地利人夺回了西里西亚的大部分土地；普鲁士的首府柏林惨遭劫掠，半城都沦为废墟。国王的大军现在基本上都是些毛头小子，国王自己则像是一具"精神错乱的稻草人"。为了摆脱俄国这个敌人，腓特烈决定与其签署和平条约，永久性地将东普鲁士割让给俄国。就在这时，伊丽莎白女皇逝世的消息传来，彼得随即也登上皇位。刚一听说俄国新皇帝已经下令结束与普鲁士的敌对关系，腓特烈便立即命人释放所有的俄国战俘，并派遣二十六岁的伯恩哈德·冯·戈尔茨男爵赶赴圣彼得堡，同俄国商谈和解事宜。在这一时期，普鲁士的利益又受到了英国大使罗伯特·基斯爵士的保护，基斯爵士延续着查尔斯·汉伯里-威廉爵士的做法，继续向柏林的腓特烈传递军事情报。而今，彼得已经继位，基斯爵士的地位也达到了巅峰，奥地利驻俄大使梅西伯爵称其为"普鲁士方面的头号利器"，并说"新沙皇每天不是同基斯先生当面会晤，就是派人给他送去水果，或者以其他形式向其表示问候"。基斯在发回英国的快信中也指出自己与新沙皇的关系非同一般。彼得继位三天后基斯便告知伦敦："在晚宴上，素来对我恩宠有加的皇帝陛下走到我面前，笑呵呵地附在我耳边说他希望自己带来的消息能令我开心。就在前一天夜里他已经派信使赶赴各个兵团，令他们都不得在普鲁士境内继续推进，并停止一切敌对行为。"三个星期后，在伊丽莎白·沃伦佐娃的住处，基斯同沙皇共进晚餐，席间彼得告诉基斯自己希望尽快同普鲁士国王解决争端，并"决意摆脱对维也纳的所有义务"。

2月25日，梅西伯爵出席了总理大臣沃伦佐夫为新沙皇和各国驻俄大使举办的晚宴，到场宾客有三百人之多。梅西发现彼得显得有些焦躁。9点，众人纷纷落座，宴会持续了四个小时。在灌下一杯杯的葡萄酒之后，彼得变得兴奋难耐，扯着嗓子提议大家举杯向普鲁士国王致敬。凌晨两点，宾客们陆续起身离席，仆人们立即呈上陶土烟斗和烟丝，男人们开始吞云吐雾了起来。彼得攥着烟斗，在房间里走来走去。其间他曾直视着法国大使德·布勒特伊男爵，说："咱们必须达成和解。我先做出表态。"

"陛下，我们也会宣布我们的决定，"法国大使回答道，随即，他又补充了一句，"我们将体面地与我们的盟友保持一致意见。"

彼得沉下脸，说："随您的便。反正我已经宣布了我的决定。您想怎么做都行。我是一名战士，言出必行。"

"陛下，"德·布勒特伊说，"我将向我的国王通报陛下对我欣然宣布的这一决定。"

彼得掉头离去了。次日，俄国盟友奥地利及法国的驻俄大使都接到了一份官方文件，该文件宣称已经持续了六年的战争致使各方受损，急于结束这场浩劫的俄国新皇帝已经决定向俄国的各个盟国宣布，为了恢复俄国及欧洲的和平，他将让出俄国凭借武力夺取的一切土地，他相信结盟各国同样也愿意恢复往日的安宁，必将认可他的观点。读完通告后，梅西伯爵告诉俄国总理大臣沃伦佐夫，他认为这份通告语焉不详、无关要旨，在给维也纳的回复中他又称该通告图谋不轨，彼得是企图推卸协定中规定的神圣职责，同时也为挽救气数已尽的普鲁士国王找托词。

对于梅西与奥地利，更糟糕的情况还不止于此。其实，彼得宣布同普鲁士停战只是俄普正式结盟的序幕。3月3日，新被任命的普鲁士公使，年轻的冯·戈尔茨男爵来到圣彼得堡，他受到了彼得的热情欢迎。戈尔茨男爵几乎找不到机会向刚继位的沙皇表示祝贺，因为情绪激动的彼得一直向他倾诉着自己对普鲁士国王的仰慕之情。彼得小声告诉戈尔茨男爵自己还有很多话要同他单独谈一谈，随即便挽着新朋友的手臂走向了宴会厅，一路上不停地聊着普鲁士的军队。彼得对这方面的了解令戈尔茨大吃一惊，他甚至说得出普鲁士各军团绝大多数高级军官的名字。戈尔茨被安顿在一座单独的豪宅里，每天彼得都要登门拜访两次。不到一个星期，戈尔茨就令他的英国同僚基斯爵士黯然失色了。从此时开始，直到彼得倒台之前，普鲁士方面的影响力一直在俄国宫廷里占据着主导地位。

戈尔茨的使命在于加快战争结束的进程，促使俄国疏远先前的盟国。为了完成任务，他告诉彼得腓特烈乐于将东普鲁士永久割让给俄国。实际上，彼得从未提出过这样的要求，相反，为了取悦腓特烈他愿意牺牲一切。彼得请腓特烈亲自拟定协定的具体条款。普鲁士国王派人将草拟的俄普两国永久性和平协定送至圣彼得堡后，这份草稿没有经过正常的审批程序，总理大臣没有拿到，甚至都没能瞧上一眼该草案，戈尔茨趁着没有旁人在场的时候为彼得读了一遍草案，4月24日彼得便默不作声地在草案上签下了自己的名字，然后才派人将其转呈给了沃伦佐夫，让其进一步确认协定的有效性。单凭自己在秘密协定上的寥寥数笔，俄国的新皇帝便将俄军在过去五年间夺得的普鲁士领土又拱手交还给了普鲁士，并同普鲁士缔结了"永久性"的盟约。

六天后，沙皇举行了一场宴会，以庆祝该协定的签署，到场嘉宾均按照官阶高低排定座次，这还是他自即位以来第一次遵照传统行事。彼得和总理大臣沃伦佐夫双双佩戴着普鲁士的黑鹰勋章。宴会持续了四个小时，其间彼得四次举杯祝酒：为表达与普鲁士重修旧好的喜悦；他个人分别对腓特烈二世及两国永远和平共处的祝贺；最后一次是为了"向英勇的普鲁士将士们致以敬意"。随着每一次祝酒，彼得保罗要塞都会传来三声鸣枪，皇宫广场上的五十门大炮也齐齐鸣响。自始至终彼得都没有提及俄国军队取得的成果、俄军将士们的骁勇以及俄方遭受的损失。梅西伯爵说"关于老盟友奥地利，他倒是事无巨细地将所有的事情细数了一遍，言谈间充斥着不雅唐突的言辞"。

这场外交与军务方面轰动性的突然转向令欧洲各方一片哗然。在得知俄国皇帝打算"为了和平"让出所有占领地区后，玛丽亚·特蕾西亚统率的奥地利政府做出了谨慎的反应，表示首先希望对促成此事的内幕有所了解。俄方于4月做出了自命不凡的解释，宣称为了和平，交战中的某一方必须率先表示出拥护和平并愿意促成和解的意向，"出于对苦难者的同情，以及与普鲁士国王的私交"，俄国主动承担起了这项责任，"并请求奥地利也能效仿之"。对于维也纳而言，这种回答无疑是对他们的恐吓，彼得同腓特烈签署的结盟协定将口头上的恐吓变成了现实。彼得解释说由于斡旋未果，他遗憾地发现自己只能采取极端措施为普鲁士国王及军队提供帮助，只有这样才能最迅速地恢复人间的和平景象。十四年前曾经对叶卡捷琳娜一往情深的扎克哈尔·切尔尼谢夫伯爵这时已经升任将军，指挥着一支从属于奥地利驻西里西亚大军的俄国军团，彼得命令他率领麾下的一万六千名步兵和一千名哥萨克骑兵加入普鲁士军队，与其协同对抗奥军。这是俄国对奥地利的背叛，也致使多年来梅西伯爵在俄国取得的外交成果全部付诸东流，伯爵遂请求维也纳政府将自己召回，并建议委派一名常驻公使来替换他即可。

俄国背叛并抛弃了之前的盟友，法国和奥地利出于无奈也只能同普鲁士谈和。法国对此义愤填膺，路易十五的外务大臣舒瓦瑟尔公爵对俄国大使说："阁下，维护神圣的盟约应该是我们首要考虑的事情。"路易十五也公开表示尽管愿意听到有人提议建设持久而光荣的和平局面，但他自己必须同盟国保持完全一致的步调，如若参加秘密和谈他便会将自己视作叛徒，抛弃盟友的行为则会玷污法兰西的声誉。最终，俄法两国断绝了外交关系，并分别召回各自派驻巴黎和圣彼得堡的大使。

彼得惹恼并羞辱了东正教教会，激怒并疏远了军队，现在又出卖了盟友，尽管如此，若想结成一股有效团结、共同对抗彼得的力量还需要一个明确的事由。结果，彼得主动提供了这样的由头——他企图让国力已经趋于枯竭的俄国卷入一场毫无意义的战争，即对丹麦的战争。

作为荷尔斯泰因大公，彼得继承了公国对丹麦皇室的不满。小小的石勒苏益格在成为荷尔斯泰因公国世代占有的属地之后又被英国、法国、奥地利和瑞典夺走，1721年又被转交给了丹麦君主国，刚一继位彼得便着手争取"他的权利"。早在3月1日，在俄国同普鲁士的和平协定尚未谈妥时，彼得就已经开始向丹麦施压，逼迫对方在他对石勒苏益格问题上的要求做出表态，威胁说倘若丹麦不答应，那他只能采取极端措施。丹麦人提议双方举行磋商，英国大使也建议两国进行谈判——强大的俄国沙皇何必为了几个小村子就对丹麦大动干戈？然而，很快所有人便发现凡是涉及荷尔斯泰因的问题彼得就只会一意孤行，就连新盟友普鲁士国王腓特烈都无法阻止住他的冲动。在此之前，彼得对普鲁士一直表现得毕恭毕敬，可现在就连那些以固执出名的德意志人都见识到了他的执拗。终于，在6月3日这一天彼得答应了和谈的请求，会议将在柏林举行，由腓特烈从中调停，不过彼得明确表示会谈各方必须重视俄国对丹麦的最后通牒，拒绝他的要求就意味着开战。

除了要求丹麦对在荷尔斯泰因犯下的过错进行赔偿之外，彼得还有另外一个理由挑起战争。他一直将普鲁士国王美化成一位勇士，他也曾吹嘘过自己年幼时在基尔挫败"侏儒"，在王宫里操纵着士兵面人"横扫"桌面，并命令真正的战士在练兵场上进行操练，现在他渴望在真正的战场上建功立业。彼得对盟友和全欧洲宣称自己热爱和平，此刻他却蠢蠢欲动地想要出击丹麦。俄军从普鲁士人手里辛辛苦苦争取到的胜利果实被剥夺了，不仅如此，沙皇还要求他们在另一场无关俄国利益的战争中抛洒热血。

看到新沙皇在即位后这么短的时间里便要发动一场新的战争，就连腓特烈也试图劝阻他。由于阻拦未果，腓特烈便立即敦促自己的这位崇拜者在开拔之前采取一些防范措施。他对彼得说："坦率地讲，我不太信得过你手下那些俄国佬。倘若趁你不在时有人纠集起试图罢黜陛下您的小集团，那可如何是好？"他建议彼得在动身前最好去莫斯科举行加冕典礼及祝圣仪式，把所有不可靠的人都收押起来，最后再调派忠诚于他的荷尔斯泰因军队驻守圣彼得堡。彼得认为腓特烈完全多虑了，在给腓特烈的信中他写道："如果俄国人想要伤害我，那他们早就动手了，他们都看到过我毫无防备无拘无束地走在大街上。陛下尽可相信一旦学会了跟俄国人打交道，那就可以对他们完全放心了。"

由四万名经验丰富的老兵组成的俄国军队已经集结在了普鲁士境内被占领的波美拉尼亚，彼得甚至等不及亲自赶到前线便命令驻扎在当地的部队向前推进。丹麦人率先采取了行动，在梅克伦堡与俄军相遇了。然而，出乎丹麦指挥官意料的是，面前的俄国人竟然开始撤退。

几天后谜团解开了——在圣彼得堡发生了政变。彼得三世被赶下台，接着便宣布退位，现在已经成了阶下囚。彼得的妻子改称"叶卡捷琳娜二世"，俄国宣布由这个女人继承帝位。

第四十三章

"蠢货！"

没有人清楚罢黜彼得的计划究竟是何时在叶卡捷琳娜的心中成形的。作为彼得的配偶，她已经成为俄国的皇后，但是在政坛上这个头衔毫无意义，自丈夫登基以来她一直受到孤立和羞辱。在发往伦敦的报告中，驻俄大使基斯写道："看起来皇帝很少就国事问题咨询皇后。"基斯与其他外交官均"认为不太可能通过官方渠道与皇后陛下面谈或者进行特殊的对话"。法国大使布勒特伊写道："皇后沉浸在悲痛与不祥的预感中，认识她的人都说几乎已经认不出她的模样了。"

叶卡捷琳娜的处境自她怀孕后就变得更加微妙了。她的活动范围受到了极度的束缚，对于领导推翻丈夫的政变她无能为力，甚至连鼓动别人都做不到。对自己的处境审视得越是仔细，她就越是能发现自己面临的危险，对她来说最明智的选择还是从朝政中抽身出来，无所作为，静观丈夫的动向。叶卡捷琳娜从未放弃过自己的抱负，她只是任凭耐心指引着自己的方向。

不出叶卡捷琳娜所料，彼得的失误，再加上他对她的屡次羞辱反而帮她赢得了民心。2月20日，在彼得生日这一天，叶卡捷琳娜被迫给伊丽莎白·沃伦佐娃的礼服别上了圣叶卡捷琳娜勋章，这项荣誉历来只被授予皇后和女大公。所有人都明白彼得故意要当众侮辱叶卡捷琳娜，结果反而唤起了民众对叶卡捷琳娜的同情。布勒特伊曾记述道："皇后忍受着皇帝的行为和沃伦佐娃夫人的傲慢。"一个月后，他又在报告中称叶卡捷琳娜"面对困难表现出一脸的刚毅，人民有多么爱戴和尊敬她，对皇帝也就有多么憎恶和鄙视"。叶卡捷琳娜还有另外一个有利的条件，朝臣和外国使节都认为彼得对情妇——现在又很有可能成为皇后——的选择非常荒唐。布勒特伊称伊丽莎白·沃伦佐娃"无论是从长相还是言行举止上看都像是小酒馆里的女招待"，另一位亲眼见过沃伦佐娃的人说她"面部宽阔肿胀，还长着一脸的麻子，身材矮壮，毫无线条可言"，还有人说她"丑陋、平庸又愚蠢"。所有人都无法理解她究竟有何等魅力，竟然能抓住皇帝的心。

4月11日，在与世隔绝的居所中，叶卡捷琳娜的第三个孩子，即格里高利·奥洛夫的儿子悄悄地来到了这个人世。这个孩子名叫阿列克谢·格里高利维奇（意为"格里高利之子"），后被封为波布林斯基伯爵。婴儿被包裹在柔软的河狸皮做成的襁褓中，然后被人送出宫，交由瓦西里·什库林的妻子照顾。叶卡捷琳娜的贴身男仆瓦西里对她可谓忠心耿耿，为了确保无人知晓这个孩子的出世，他主动提出由自己的妻子来照顾孩子。什库林知道皇帝喜欢看到火灾，等到叶卡捷琳娜的宫缩越来越剧烈，他便放火点着了自己在城里的家，他相信彼得和宫中的很多人都会蜂拥赶去欣赏熊熊的火焰。什库林猜得没错，随着火势向周围的房舍蔓延去，没有人再有心情打扰叶卡捷琳娜，她在一位接生婆的陪伴下等待着分娩。产后，叶卡捷琳娜康复得很快，只用了十天的时间她就彻底恢复了体力，开始接待为她三十三岁生日前来道贺的达官贵人们。由于怀孕，叶卡捷琳娜一度失去了很多公开发言及露面的机会，现在她终于摆脱了束缚。她告诉奥地利大使梅西伯爵自己非常憎恶丈夫同他们共同仇恨的敌人——普鲁士——新近签署的协定。

5月，圣彼得堡的气氛日益紧张起来。俄国继续为彼得对丹麦的战争做着准备，一些战列兵团已经向纳尔瓦[1]方向开拔了，这是通往主战场的第一站。朝着这场多余的战争每前进一步，对抗的情绪就加重一分。普鲁士对俄国近卫军官兵的日常生活影响日甚一日，官兵们已经饱受折磨，现在要对更遥远的丹麦展开一场毫无意义的战争，这个决定彻底激怒了各个近卫团。然而，彼得对他们的反对意见视若无睹。

到了4月底，彼得与叶卡捷琳娜之间恶化的关系清晰地暴露在了众人面前。为同普鲁士结盟，彼得举办了一场国宴，到场宾客多达四百人。皇帝坐在餐桌的头部位置，他身着蓝色的普鲁士军装，脖子上用橙色缎带挂着普鲁士的黑鹰勋章。普鲁士大使坐在他的右侧，叶卡捷琳娜坐在远处。宴会刚开始，彼得一连举了三次杯，他首先祝愿皇室成员身体康泰，宾客们纷纷将身下的椅子朝后推去，站起身，饮下了第一杯酒。叶卡捷琳娜没有起身，当她放下酒杯时，彼得已经被气得面红耳赤了。他打发副官去质问叶卡捷琳娜为何没有起立，叶卡捷琳娜让那名副官转告彼得皇室成员仅指她的丈夫、儿子以及她自己，所以她认为丈夫应该觉得自己是否站起身并不重要，也不存在是否得体的问题。副官再一次传话给叶卡捷琳娜说皇帝说她是傻瓜，还说她应该知道皇帝的两位叔父也都属于皇室，他们俩都是荷尔斯泰因的亲王，而且都在场。由于担心送信的副官会削弱自己这番话的力度，彼得站起身，大吼一声——"蠢货！"他的声音回荡在大厅里，叶卡捷琳娜失声痛哭了起来。她冲坐在自己身边的斯特罗加诺夫伯爵转过身，请求对方给自己讲点好笑的事情。

彼得让所有人都看到了他对妻子不仅蔑视，而且几乎已经不将她视作自己的妻子了。当晚，酒醉之后，他又口齿不清地命人将叶卡捷琳娜逮捕，并押送至施吕塞尔堡要塞。在叶卡捷琳娜的舅父、担任着俄国军队最

---

[1] 纳尔瓦（Narva），位于现今爱沙尼亚，与俄罗斯的伊万哥罗德隔河相望。

高指挥官的荷尔斯泰因乔治亲王的苦苦哀求下，彼得才终于撤销了这项命令。登基后彼得将叔父召至俄国，委任他为对丹麦战争的指挥官。身为俄军最高指挥官的乔治向彼得指出逮捕皇后必然会燃起军方的怒火，彼得做出了让步，撤销了命令，但是这件事情让叶卡捷琳娜变得警觉起来，在后来发给波尼亚托夫斯基的信中她写道："直到这时我才终于开始听取（废黜彼得的）提议，虽然自女皇逝世以来人们就不断地跟我提起这件事情。"

"蠢货事件"将所有的目光都吸引到了叶卡捷琳娜的身上。表面上，她自尊而顺从地忍受着公开的羞辱，但这只不过是在人前的表现而已，她从不甘心遭受如此的对待。她很清楚，出于对她的痛恨彼得已经打定主意结束这段婚姻，并将她从公众的视野中彻底清除掉。但是，占据优势地位的是叶卡捷琳娜。她是皇位继承人的母亲，臣民都看到了她的头脑、才干、勇气以及对俄国的热爱，在彼得一而再再而三地犯错时，她的名望却在节节攀升。时机眼看就要成熟了。

6月12日，彼得离开圣彼得堡，去了奥拉宁巴姆宫，他要在一千四百名荷尔斯泰因士兵奔赴战场之前将他们好好操练一番。首都不断传来令人不安的消息，但他所做的预防措施就只是命令叶卡捷琳娜离开圣彼得堡。但是，彼得不准叶卡捷琳娜入住奥拉宁巴姆宫。叶卡捷琳娜曾在这座夏宫里度过十六个夏天，而今这座王宫的主人成了未来皇后沃伦佐娃，彼得吩咐她移至六英里外的彼得霍夫宫。17日，叶卡捷琳娜来到了彼得霍夫宫。为了以防万一，她将保罗留在了圣彼得堡，托付给帕宁照管。与此同时，奥洛夫兄弟周旋于各个近卫军军团，在一座座兵营里挥霍着金钱和美酒，所有的恩惠都被冠以皇后叶卡捷琳娜之名。

帕宁、奥洛夫兄弟和达什科娃明白危机将至。帕宁对叶卡捷琳娜的支持非常坚定。彼得与帕宁，一位是轻浮多嘴的君主，总把自己假想成战士，操着一口军营里的粗话，另一位是受过良好教育的政治家，风度翩翩，作风严谨，一丝不苟，为国家大事忙碌了半辈子，平日里总戴着扑了香粉的假发，身着精致的缎面衣服，这二者能维持怎样一种"友好关系"呢？而且，两个人的差异不仅限于为人处世这些方面，彼得曾经公开表示要将帕宁打发回瑞典，作为俄国大使他的工作任务是为腓特烈和普鲁士牟利，这种安排完全违背了帕宁自己的政治主张。为人谨慎的外交官从未流露过领导一场革命的意愿，但时至今日他不仅成了叶卡捷琳娜之子的监护人，而且在她的人生关键时期成了她的参谋，对于这些角色他非常胜任。

这时，又一位强权人物加入了皇后的阵营，他就是曾在十二年前日日往返四十英里拜访叶卡捷琳娜的基里洛·拉祖莫夫斯基伯爵。伯爵受过良好的教育，为人和蔼可亲，备受朝臣们的爱戴，彼得三世的统治令他感到十分恼火。体形日渐丰满的拉祖莫夫斯基很清楚自己穿上紧凑的普鲁士军装显得多么滑稽，而且自己在练兵场上的笨拙令皇帝既生气又开心。彼得向伯爵吹嘘说腓特烈国王已经任命他为普鲁士上校，伯爵刻薄地回答道："若想报复他的话，陛下可以将对方任命为俄军的大元帅。"拉祖莫夫斯基将自己的未来寄托在了叶卡捷琳娜的身上，而他在很多方面都可以起到作用。他身兼哥萨克军队司令官、伊兹迈洛夫斯基近卫军上校以及俄罗斯科学院[1]院长等职务。在这个危急时刻他命令科学院印刷部主任秘密印制了由帕宁起草并得到叶卡捷琳娜批准的公告，该公告宣布彼得三世放弃皇位，由叶卡捷琳娜继位。惊恐的印刷部主任不同意这样做，他认为此举太过于草率和危险。拉祖莫夫斯基死死地盯着对方，说："你知道的已经太多了。现在，你的命，我的命，全都危在旦夕。就照我说的办！"

---

[1] 俄罗斯科学院（Russian Academy of Sciences），俄罗斯的国家学术机构，是世界重要研究机构之一。1724年由彼得一世建立，称彼得堡科学院，十月革命后改名苏联科学院。总部位于莫斯科。苏联解体后改为现名并沿用至今。

但是，没有近卫军的配合叶卡捷琳娜等人终将一事无成。格里高利·奥洛夫刚好被任命为近卫军炮队的军需官，可接触到大量资金的他乘职务之便，动用军饷购置甜酒，将酒分发给战友们。截至6月末，奥洛夫五兄弟已经争取到了五十位军官的支持，他们相信成千上万的将士都会支持他们。军官中最狂热的一位是普列奥布拉任斯基近卫团的帕塞克上尉。

当彼得在奥拉宁巴姆宫准备迎战丹麦的时候，几位反叛者也在谋划着一场政变。正如二十一年前伊丽莎白女皇趁伊凡六世与母亲熟睡之际一举将其拿获，反叛者最初计划在王宫里活捉彼得，然后立即昭告天下彼得治国无能。然而，彼得离开圣彼得堡，搬去了奥拉宁巴姆宫，数百名忠诚的荷尔斯泰因士兵守卫着他，最初的反叛计划便流产了。反叛者随即接受了帕宁的提议，打算等彼得返回首都，目送近卫军奔赴战场之际将其俘获。仍旧驻扎在圣彼得堡的各近卫团都得到了奥洛夫兄弟的指示，届时他们将废除彼得，宣誓效忠于叶卡捷琳娜。

6月7日，皇帝的一批随员接到了十日内动身的通知，普列奥布拉任斯基近卫团得到命令，将于7月7日开赴德意志，各国使馆被告知，在自己奔赴前线指挥作战时俄国皇帝希望所有驻俄大使都能为他送行。不过，奥地利的梅西已经返回了维也纳，法国的布勒特伊也将立即动身，赶回巴黎去。留在圣彼得堡的几位主要使节中，只有英国的基斯才着手整理行囊。驻防在喀琅施塔德海军基地的海军中队也同时收到了起航的命令，不幸的是，海军上将报告说很多战士都病倒了。为此彼得专门发布了一项法令，敕令水兵"即刻恢复健康"。

奥拉宁巴姆宫里一片祥和，彼得几乎不愿离去。在6月19日的戏剧演出中，他在皇家乐队的伴奏下还亲自拉起了小提琴，受到邀请的叶卡捷琳娜也从彼得霍夫宫赶来出席了演出。在此次演出结束后这对夫妇便终生没有相见过了。

6月27日的夜里，近卫军中参与谋反的帕塞克上尉碰到了一名士兵，对方问他皇后遭到逮捕、反叛的阴谋已经败露的传言究竟是否属实，帕塞克否认了这种说法。那个士兵又找到了另外一位军官，后者对谋反一事毫不知情，士兵重复了一遍自己的问题和帕塞克的反应。军官立即逮捕了这个士兵，并将此事报告给了自己的上级。上级军官遂逮捕了帕塞克，并将此事禀告给了在奥拉宁巴姆宫的皇帝。彼得没有引以为戒，他认为各位重臣携家眷住在奥拉宁巴姆宫就足以保证首都的安宁，对于叶卡捷琳娜比他更得民心的说法他也不予理会。随后奥拉宁巴姆宫又接到了一份报告，报告称圣彼得堡的局势变得愈加动荡。被打断了演奏的彼得恼羞成怒，不耐烦地命人将报告放在自己身旁的小茶几上。结果，演奏结束后他将刚收到的报告忘得一干二净。

在首都，帕塞克被捕的消息让几位谋反的骨干都警觉了起来。格里高利·奥洛夫急匆匆地找到帕宁，希望能得到下一步行动的意见，等赶到时他看到老人正同达什科娃公主待在一起。根据帕宁的判断，帕塞克很有可能会遭到严刑拷打，对于其他的谋反者来说拥有人身自由的时间应该只剩下几个钟头了，他们必须立即采取行动。叶卡捷琳娜应当被召回圣彼得堡，赶在被逮捕之前宣布称帝并罢黜彼得。为此，帕宁、达什科娃和格里高利一致认为格里高利的弟弟阿列克谢应尽快赶到彼得霍夫宫，护送叶卡捷琳娜返城，奥洛夫家的其余几位兄弟将在近卫军中散布消息，提醒将士们皇后性命攸关，让各军团做好准备，以支持皇后。格里高利自己则赶往基里洛·拉祖莫夫斯基伯爵指挥的伊兹迈洛夫斯基军团，该军团就驻扎在圣彼得堡西郊通往彼得霍夫宫与奥拉宁巴姆宫的必经之路上，在被护送回城的途中，叶卡捷琳娜将首先与该军团碰面。阿列克谢·奥洛夫也赶来参加了碰头会，在得知事情的进展后他立即出宫雇来一辆民用马车，然后便在皎洁的月光下驾着这辆破破烂烂的马车赶往二十里外的彼得霍夫宫。

翌日，即6月28日，星期五，叶卡捷琳娜沉睡在彼得霍夫宫的逍遥津里。这座小小的水岸别墅是彼得大帝依照荷兰风格设计修造的，体积不大的房舍坐落在一片逼仄的坡地上，坡下几英尺外就是碧波荡漾的芬兰湾。5点钟，皇后被一名女仆唤醒了，随即从圣彼得堡赶来的阿列克谢·奥洛夫就悄无声息地走进了寝室，对皇后耳语说："小母亲，醒醒！是时候了！你得起床，跟我走了！现在已经万事俱备了！"

惊诧中叶卡捷琳娜在床上坐起身，问道："什么意思？"

"帕塞克被捕了。"奥洛夫解释说。皇后一声不吭地站了起来，披上了一条朴素的黑裙子，没有梳头也没有搽粉就跟着奥洛夫走出了大门，穿过花园，来到了小路上，阿列克谢雇来的马车就停在那里。叶卡捷琳娜上了车，一名女仆和什库林陪在她的左右，奥洛夫同车夫一起坐在前面，就这样，一行人踏上了返城的道路。可是，拉车的两匹马在前一天夜里赶了二十里路，现在已经精疲力竭了，所幸的是半道上他们碰到了一辆同样也套着两匹马的货车。连哄带劝，再加上金钱的诱惑，马车的主人终于同意将自己那两匹体力充沛的马匹换给了叶卡捷琳娜一行人。未来的女皇就以这种充满乡土气的方式走向了自己的目的地。后来他们又碰到了叶卡捷琳娜的梳头师，对方正要赶往彼得霍夫宫，去给叶卡捷琳娜做头发。叶卡捷琳娜让梳头师掉转方向，说自己不需要他的服务了。眼看就要进城的时候他们又迎面碰到了一辆马车，车里坐的是前来迎接他们的格里高利·奥洛夫和巴利亚廷斯基亲王。格里高利让叶卡捷琳娜与阿列克谢上了自己的马车，然后便驱车直接奔向伊兹迈洛夫斯基军团。

上午9点，叶卡捷琳娜一行人来到了军营大院。格里高利·奥洛夫跳下马车，跑去向战友们通报叶卡捷琳娜的到来。一名少年鼓手跌跌撞撞地跑了出来，身后跟着十几名战友，有的人打着赤膊，另一些人忙着往身上挂剑带。战士们将叶卡捷琳娜团团围住，亲吻着她的双手、双脚和裙摆。在越来越多的士兵赶来后，叶卡捷琳娜说自己与儿子的性命受到了皇帝的威胁，为了她深爱的国家与大家心中神圣的东正教信仰而非她的个人利益，她被迫来谋求近卫军的保护。她的这番话得到了狂热的响应。备受兵士与叶卡捷琳娜的支持者爱戴的基里洛·拉祖莫夫斯基上校也来到皇后面前，他双膝跪地，对皇后致以吻手礼。随团神父立即举起十字架，主持了一场对"俄国叶卡捷琳娜二世"效忠的宣誓仪式。叛乱的序幕终于拉开了。

拉祖莫夫斯基手持出鞘的军刀，率领伊兹迈洛夫斯基军团将叶卡捷琳娜又护送至驻扎在附近的谢缅诺夫斯基近卫团。军团官兵冲到叶卡捷琳娜跟前，宣誓要效忠于她。叶卡捷琳娜决定立即进城，军团神父与其他几位神父走在队伍的最前方，欢呼雀跃的近卫军战士跟在后面，队伍朝着坐落在涅瓦大道的喀山圣母大教堂进发了。在奥洛夫兄弟与拉祖莫夫斯基的护卫下，叶卡捷琳娜站在了圣障[1]前，诺夫哥罗德大主教庄严地宣布叶卡捷琳娜继承帝位，成为叶卡捷琳娜二世，她的儿子保罗·彼得罗维奇成为储君。

教堂的钟声响彻全城，在民众的欢呼声和簇拥下女皇沿着涅瓦大道走向了冬宫。就在这时，队伍碰到了障碍——高级近卫军普列奥布拉任斯基团动摇了，军团里的绝大多数士兵都倾向于叶卡捷琳娜，但是一些先前已经宣誓效忠于皇帝彼得的军官却有些犹豫。争执一番后战士们抢走了军官的刀剑、火枪，扯掉他们身上拘谨的普鲁士军装，把能找到的深绿色夹克制服全部穿上了。该兵团看起来完全不像是一支军队，而像是一群乌合之众一样急匆匆地冲向了冬宫。等赶到时，他们看到冬宫已经被伊兹迈洛夫基团与谢缅诺夫斯基团包围住了。普列奥布拉任斯基军团的官兵们冲着叶

---

[1] 圣障，又称圣壁，为14世纪俄罗斯东正教教堂中绘有圣像的祭坛屏饰隔板，主要用来区分中堂与圣所，但也可摆放在教堂内的任何位置。

卡捷琳娜高声喊道："小母亲，原谅我们来迟一步。我们的军官拖住了我们，为了向您表明我们对您的一片忠心，我们已经将四名军官逮捕了。其他军团兄弟们的心愿就是我们的心愿。"女皇冲着战士们笑盈盈地点了点头，然后吩咐诺夫哥罗德大主教为迟来的普列奥布拉任斯基军团举行了效忠宣誓仪式。

女皇进入了冬宫，随即一位仍旧身着睡衣的老者与一位少年——帕宁抱着保罗——也赶到了。在皇宫的阳台上叶卡捷琳娜抱着八岁的儿子，让民众参见储君。就在这一刻，帕宁终于打消了之前的念头，不再强求让保罗继位、叶卡捷琳娜摄政。现在，叶卡捷琳娜已经被施以涂油礼，成为一国之君。这时，另一位姗姗来迟的人物也加入了欢庆的人群中。当天上午达什科娃一直待在家中，在得知叶卡捷琳娜已经"班师回朝"后她便立即加入了女英雄的队伍。可是，涅瓦大道已经被围得水泄不通，达什科娃不得不丢下自己的马车，在人群中左冲右突一阵后才来到皇宫广场。在皇宫里，她丈夫所属近卫团的官兵们认出了达什科娃，他们将瘦小的她高高举过头顶，一个接一个地把她送到了拉斯特雷利[1]修造的富丽堂皇的大理石楼梯，约旦大阶梯[2]。被放在叶卡捷琳娜的脚下后，她高喊道："感谢上苍！"

议会议员和圣议会[3]的各位主教已经等在皇宫里，要向刚刚继位的女皇表示祝贺，并聆听她以一国之君的身份首次发表的声明。声明宣布在国家与东正教信仰岌岌可危之时，忠诚的臣民们已清楚地表达出了自己的意

---

[1] 拉斯特雷利（Rastelli），18世纪的意大利建筑师，出生于法国，主要成就集中在俄国，是冬宫和皇村叶卡捷琳娜宫的首席建筑师，设计风格以华丽著称。

[2] 约旦大阶梯（Jordan Sraircase），也被称为约旦主楼梯，在俄国圣彼得堡的冬宫里，按照传统在主显节这一天沙皇要走下楼梯，参加受洗仪式，因为类似以色列人到约旦河受洗礼，人们便将其称为"约旦大阶梯"。

[3] 圣议会（Holy Synod），东正教的最高立法机关，由各教会主教组成，又被译为神圣会议与主教公会等。

愿，现在在天意的护佑下，由于一心想要让俄国摆脱对外国势力可耻的依赖，叶卡捷琳娜不得不向臣民们做出让步，登上皇位。

到了傍晚的时候，叶卡捷琳娜已经掌握了对首都的控制权，她确信近卫军、议会、圣议会与大街小巷里的民众尽在自己的掌握之中。城里的气氛非常平静，没有发生任何流血冲突，但是她很清楚彼得尚未得知她已经成了圣彼得堡的女主人，受到近卫军、政治及教会领袖们的拥戴。彼得仍旧认为自己还坐在皇位上，被派驻德意志的军队和喀琅施塔德的舰队有可能仍旧效忠于彼得，奥拉宁巴姆宫里的荷尔斯泰因士兵必定也会支持自己的主子。为了万无一失，叶卡捷琳娜命令立即找到彼得，说服他主动退位，解除荷尔斯泰因士兵的武装，劝说舰队和首都附近的驻防官兵向她倒戈。成功的关键在于彼得，目前他仍旧保持着自由之身，既没有主动退位，也没有被罢黜。一旦他投奔在德意志境内的俄军，并请求普鲁士国王对他施以援手，那么俄国势必要面临一场内战。因此，叶卡捷琳娜必须找到他，将其擒获，迫使他接受既定事实。

经过一天的动荡与喧闹后，叶卡捷琳娜已经筋疲力尽了，但是出于兴奋与勃勃的野心，她决定对局势做最终的了断。誓死保卫她的近卫军必须赶去奥拉宁巴姆宫，逮捕彼得三世。与此同时，身处冬宫的叶卡捷琳娜又做了一个惊人的决定，自己亲自率领队伍前去逮捕彼得。她首先任命自己为普列奥布拉任斯基近卫团上校，按照俄国的传统这个职位始终属于君主本人，接着她又从各位年轻热情的军官那里凑够了全套的深绿色军装。穿上军装，戴上顶部饰有橡叶的黑色三角军帽，再差一样物件就齐全了。这时，一位二十二岁的骑兵团中尉从队伍中走了出来，将自己佩剑上的穗子递给了女皇，这正是女皇缺少的东西。看到下属的鲁莽不少上级军官都蹙起眉头，但是这位军官的骄傲自信却令女皇感到欣喜，她微笑着接过了对方的礼物，还问对方叫什么名字。这位军官名叫格里高利·波将金。女皇是不会忘记这张面孔、这个名字以及这番举动的。

此时已是夜里10点。叶卡捷琳娜跨上一匹白色骏马，率领着三支近卫团、骑兵团及两支战列步兵团，总共一万四千名将士从圣彼得堡出发，向奥拉宁巴姆宫进发。这支队伍非常引人注目，身材纤细、骑术超群的叶卡捷琳娜走在队伍最前方，跟在她身后的大队人马再看不到第二个女人的身影。谢缅诺夫斯基近卫团上校基里洛·拉祖莫夫斯基和达什科娃骑着马走在叶卡捷琳娜的两侧，达什科娃也同样身着从一名年轻中尉那里借来的普列奥布拉任斯基近卫团制服。能够陪伴在自己深爱的女皇左右，达什科娃公主感到荣耀之至，她形容自己当时"就像是十五岁的少年一般"。这一夜，在她心中自己俨然就是这场大冒险的中流砥柱，日后也正是这种自以为是的想法让她失去了自己曾经极其珍视的友谊，不过在这个夜晚她与叶卡捷琳娜的感情没有受到任何影响。尽管开拔时队伍中的每一个人都热情洋溢，但是女皇、公主、军官与所有的战士全都已经疲惫不堪了。在走向彼得霍夫宫的半路上，队伍看到了一座小木屋，叶卡捷琳娜命令大军停下来歇息一会儿。饮完马后战士们就在原地露宿下来，叶卡捷琳娜与达什科娃双双和衣睡在木屋里。两个女人肩并肩地躺在一张狭窄的小床上，但是激动之下谁都没有睡着。

在从圣彼得堡出发之前，叶卡捷琳娜先向各个方面发出了消息。喀琅施塔德岛上要塞与随时待命的舰艇首先收到消息，得知女皇即将到来。她还特派信使向驻守在波美拉尼亚的俄军颁下诏谕，宣布尼基塔·帕宁的弟弟彼得·帕宁接管军队。另一位信使赶到了在西里西亚的扎克哈尔·切尔尼谢夫将军那里，女皇命将军即刻率军返回俄国，倘若普鲁士国王试图半路拦截，他便可"联手神圣罗马帝国玛丽亚·特蕾西亚皇后陛下驻扎于附近的军队"进行反击。在动身前叶卡捷琳娜还致信议会："我此次率军前去是为捍卫皇权，各位均为朝中重臣，我对你们满怀信心，愿将国家、臣民以及我的儿子一并交付于你们。"

尽管叶卡捷琳娜已经在圣彼得堡的喀山圣母大教堂宣告登上帝位，但是在6月28日的清晨，彼得三世仍旧穿着蓝色的普鲁士军装，在奥拉宁巴姆宫的王宫广场上操练着手下的荷尔斯泰因士兵，训练结束后他命人备好六辆宽敞的马车，将他和随从送往彼得霍夫宫。他已经提前通知过叶卡捷琳娜，这一天他将为自己的命名日——圣彼得保罗纪念日——举行一场庆祝会。在彼得浩浩荡荡的队伍中有伊丽莎白·沃伦佐娃和她的叔父总理大臣米哈伊尔·沃伦佐夫、普鲁士驻俄大使冯·戈尔茨男爵、亚历山大·舒瓦洛夫伯爵、年迈的大元帅慕尼赫元帅伯爵、资深议员特鲁别茨科伊亲王，其中大部分人的夫人也都随丈夫一同前往。此外，还有十六名年轻的女侍臣伺候着已经被视作下一任皇后的沃伦佐娃。启程时车队没有按照惯例安排轻骑兵护驾，彼得压根儿就没有想起来这档子事情。

兴致勃勃的皇帝一行人在午后两点赶到了彼得霍夫宫，马车在逍遥津门前一字排开。如果不出所料，叶卡捷琳娜应该恭候在这里，准备向丈夫的命名日表示祝贺。然而，逍遥津门窗紧锁，没有人出来迎接彼得一行，里面除了一个瑟瑟发抖的仆人之外就再也找不到其他人了。这名仆人告诉彼得叶卡捷琳娜当天一早就走掉了，他也不清楚皇后去了哪里。虽然是亲眼所见、亲耳所闻，可是彼得仍旧不相信眼前的事实，他冲进空无一人的逍遥津，将房间逐个搜寻了一遍，在床下也看了看，还把床垫一一掀起，然而除了头天晚上就摊在那里，以备叶卡捷琳娜在命名日当天穿着的礼服外他一无所获。叶卡捷琳娜就这样毁了他的好日子，毁了对他来说十分重要的一天，盛怒之下他冲沃伦佐娃吼道："我不是总跟你说无论多么出格的事情她都干得出来吗！"在彼得激动悲伤了一个钟头后，总理大臣米哈伊尔·沃伦佐夫自告奋勇地提出让自己回圣彼得堡一趟，他认为叶卡捷琳娜应该就在那里，他要去打探一下情况，并"同皇后严肃地谈一谈"。亚历山大·舒瓦洛夫和特鲁别茨科伊亲王提出陪总理大臣一道回去。6点，总理大臣一行三人来到了圣彼得堡，叶卡捷琳娜尚在城中，沃伦佐夫竭力劝说她不应该武装对抗自己的丈夫，对抗皇帝。叶卡捷琳娜领着沃伦佐夫来到阳台上，指着下面欢呼的臣民，说："先生，把您要转达的意思讲给他们听吧。做主的人是他们。我仅是奉命行事而已。"沃伦佐夫被人带回了自己家，当夜他便给叶卡捷琳娜写了一封信，在信中他称叶卡捷琳娜为"最仁慈的君主，不可思议的天意将其推上皇位"。他恳请女皇免去他的所有职务与工作，恩准他在退隐中了此余生。入夜前，亚历山大·舒瓦洛夫也对叶卡捷琳娜做了效忠宣誓。

下午3点，就在三位使者离开彼得霍夫宫后，彼得第一次得到了有关叛乱的概略通报。一艘驳船穿过圣彼得堡的港湾，送来了命名日庆祝会当晚要用的焰火。这艘船由一名擅长焰火表演的中尉指挥，他告诉彼得当天早上9点，当他从圣彼得堡出发的时候兵营里和大街上非常喧闹，因为人们传言说叶卡捷琳娜回到了城里，部分军队已经接受了这位女皇。这名中尉知道的也只有这么多，由于奉命运送焰火到彼得霍夫宫，所以当时他只得离开圣彼得堡了。

这天下午，彼得霍夫宫温暖明媚，在万里无云的夏日晴空下，只有少数几位宾客继续待在坡地上，任由身旁的喷泉水花四溅，要不就在花园里溜达着。彼得和几位重臣待在主河道附近，彼得来来回回地踱着步，听大臣们为他出谋划策。他们派了一位军官回到奥拉宁巴姆宫，让荷尔斯泰因军团赶往彼得霍夫宫，彼得宣称将誓死捍卫自己的地位。来到彼得霍夫宫后，荷尔斯泰因士兵就被安排守备在通往首都的必经之路上，然而出发时他们不清楚接下来有可能会参加战斗，所以随身只带着操练用的木头枪。一位军官被派往海湾五英里之外的喀琅施塔德海军基地，号令驻守在岛上堡垒的三千名军人乘船赶到彼得霍夫宫。有人找来了一套普列奥布拉任斯基近卫军的制服，好让彼得换下身上的普鲁士军装。老战士慕尼赫花了一番力气在彼得的衣服里塞了一些铁片，并催他赶紧换上近卫军的制服，然后直接返回首都，在臣民和近卫军面前亮亮相，让他们记得自己曾经对他发过效忠的誓言。戈尔茨提出了另外一套方案，他建议彼得先赶到往西七十里外的纳尔瓦，派往丹麦的部分军队都集结在那里，彼得可以率领着那股力量前往圣彼得堡，以夺回皇位。最了解主子脾气的荷尔斯泰因士兵直言不讳地建议彼得索性逃回公国，到了那里就安全了。彼得却没有采取任何行动。

与此同时，被派往喀琅施塔德海军基地的那名军官已经赶到了岛上，他发现驻防指挥官对圣彼得堡发生的动乱和彼得霍夫宫的骚动毫不知情。很快，彼得派出来的另一位信使也赶到了这里，取消了之前彼得所下的命令，三千名军人无须前往彼得霍夫宫。传令兵告诉指挥官他只需要代表皇帝把守住岛上的堡垒即可，随后传令兵赶回彼得霍夫宫，向皇帝报告说驻防部队为他守住了堡垒。没过多久，当天上午已经向叶卡捷琳娜宣誓效忠的俄国海军最高指挥官、海军上将伊凡·塔莱辛也从圣彼得堡来到了喀琅施塔德，并以刚刚登基的女皇之名接管了堡垒。岛上的守备部队与港口泊船上的海军遂纷纷表示效忠于叶卡捷琳娜。

当晚10点，彼得最后派出的信使从喀琅施塔德回来了。传令兵自以为给皇帝带来了好消息，即守备部队为皇帝把守住了岛上堡垒，然而到了这个时候他带来的喜讯其实已经化为泡影。就在这位传令兵离开的六个小时里，彼得霍夫宫里的局势彻底恶化了。彼得的随从们漫无目标地在宫里四处晃荡着，要不就直挺挺地躺在花园里的长椅上，荷尔斯泰因士兵精力旺盛，可是却手无寸铁，尽管如此他们还是接到命令，必须"击退来犯者"。在得知喀琅施塔德仍旧安然无恙时，彼得决定立即移驾岛上。一艘抛锚在岸边的单层甲板大帆船开到了码头，彼得带着不少军官上了船。他不愿意抛下伊丽莎白·沃伦佐娃，而且还执意带上她那十六名慌乱的女侍臣。

白夜节期间的海湾里银光粼粼，能见度不亚于白天。风遂人愿，大约凌晨1点，拥挤不堪的帆船驶到了喀琅施塔德港。入口处被一扇水栅给封锁住了，彼得乘坐的船只好在护城墙外抛锚，然后彼得换乘上一艘小船，去堡垒命人打开水栅。守在城墙上的年轻军官喝令城下的小船赶紧离开这里，否则就要开枪。彼得站起身，一把扯去身上的斗篷，亮出自己的军装和圣安德鲁勋章宽大的绶带。"认不得我吗？"他嚷嚷道，"我是你们的皇帝！"

"我们已经没有皇帝了！女皇叶卡捷琳娜二世万岁！现在她是我们的女皇，我们接到命令，不得放任何人进入堡垒。再往前一步，我们便立即开火！"对方回答道。惊恐万分的彼得急匆匆地回到大船跟前，手忙脚乱地爬上甲板后便冲进艉舱，一头扑倒在伊丽莎白·沃伦佐娃的怀抱里。慕尼赫接管了大船，下令立即掉头驶回大陆。凌晨4点，船回到了奥拉宁巴姆宫，慕尼赫以为与彼得霍夫宫相比这里尚算得是安全之地。

下船后，彼得便得知女皇已经率领着大股部队向这里赶来，他立即彻底放弃了抗争的念头。将所有人打发走后，他泪水涟涟地让戈尔茨男爵也返回圣彼得堡，他再也无力保护男爵了。他还让马车尽量把女士们也都送走，但是伊丽莎白·沃伦佐娃执意留下来陪伴他。彼得躺在沙发椅上，不愿向任何人开口。稍后，他又坐起身，派人拿来笔墨，用法文给叶卡捷琳娜写了一封信。在信中他为自己曾经的行为向叶卡捷琳娜致以歉意，承诺日后会改善自己对妻子的态度，并主动提议让妻子与自己共同执政。彼得委托副总理大臣亚历山大·戈利岑亲王把信转交给自己的妻子。

清晨5点，距离阿列克谢·奥洛夫在逍遥津叫醒叶卡捷琳娜，随后二人返回首都，时间已经过去了整整一天。在赶往彼得霍夫宫的路上，戈利岑亲王与叶卡捷琳娜相遇了，他将彼得的信交给了女皇。看到自己取得的胜利已经远远超出了彼得在信中做出的让步，叶卡捷琳娜说依照目前的形势来看，为了国家的福祉应该采取其他一些措施，她对彼得的请求不予回应。听完叶卡捷琳娜的这番话，戈利岑立即宣誓效忠于女皇。

空等一场之后，彼得再次提笔写了一封信。在第二封信中，他提出只要叶卡捷琳娜能答应他携伊丽莎白·沃伦佐娃一起返回荷尔斯泰因，那他就放弃皇位。叶卡捷琳娜对彼得第二次派来的信使伊兹迈洛夫将军说："我接受提议，但我必须得到退位的书面声明。"伊兹迈洛夫将叶卡捷琳娜的要求回禀了彼得。看到绝望的皇帝坐在那里，双手托着自己的脑袋，将军便说："您瞧，女皇对您很友好，如果您能屈尊放弃皇位，那您或许还可以毫发无伤地回到荷尔斯泰因。"彼得在退位声明上写下自己的名字，接受了声明上一切卑微的条件。他宣布对于统治期间国家出现的衰退自己负有全责，自己毫无治理国家的能力。"我，彼得，完全出于自愿，不仅向俄罗斯帝国，而且向全世界庄严宣布在有生之年永远放弃俄国皇位。在任何时候，无论何人提供支持，我都永不谋求复位。上帝作证，即日我立下如此誓言。"

彼得三世为期六个月的统治结束了。多年后，腓特烈大帝曾提及此事："他就像一个被打发去睡觉的孩子一样接受了被罢黜的命运。"

第四十四章
"我们根本不清楚自己都干了些什么"

就在叶卡捷琳娜率大军赶往彼得霍夫宫的时候，阿列克谢·奥洛夫带着一队骑兵先行策马闯进了彼得霍夫宫的花园，打算先将孤立无援的荷尔斯泰因士兵解除武装。在得知彼得已经离开彼得霍夫宫，先去了喀琅施塔德，随后又转至奥拉宁巴姆宫，阿列克谢便立即匆匆奔向六里地之外的另外一处行宫，他要活捉已经被罢黜的皇帝。在奥拉宁巴姆宫后，阿列克谢看到彼得正同伊丽莎白·沃伦佐娃待在一起。随后，一辆经年未用、落满灰尘的小马车被带了过来。近卫军骑兵在阿列克谢的带领下将马车团团围住，在近卫军的陪同下载着彼得与伊丽莎白的小马车朝彼得霍夫宫走去。

与此同时，叶卡捷琳娜率领的部队也朝彼得霍夫宫赶去。11点，身着普列奥布拉任斯基近卫团军装、骑坐在白色骏马上的女皇来到了这座行宫，在呼声鼎沸的人群中她下了马。不到1点的时候，载着彼得的马车也驶进了王宫广场。广场上一片死寂，彼得事先已经得到了警告，当马车在近卫团中穿行而过的时候他不得让车外的士兵看到自己，也不得同任何人讲话。刚一走下马车，彼得便恳求同叶卡捷琳娜面谈，他的请求遭到了拒绝。虽然不清楚何时才能再见到沃伦佐娃，但彼得相信这次的分别只是暂时的，他回过头，向沃伦佐娃道了别。然而，此后他们二人再也没能重逢过。退位的皇帝被带领着走上楼梯，来到王宫里一间逼仄的房间，在这里他交出了自己的佩剑和挂着蓝色绶带的圣安德鲁勋章，然后又脱下了高筒军靴和深绿色的普列奥布拉任斯基近卫团军装，只剩下衬衣和长裤还挂在身上。彼得可怜兮兮地站在房间里，不停地哆嗦着，后来有人给他拿来了一条旧睡袍和一双拖鞋。

下午，尼基塔·帕宁也从圣彼得堡赶来了，叶卡捷琳娜遂派他前去看看她的丈夫。看到前任皇帝的这副样子帕宁竟然甚为伤感，多年后他曾说："那一天我不得不在如此的情形下去看望彼得三世，那是我一生中最悲哀的一次经历。"帕宁告诉女皇前任皇帝现在已经成了政治犯，应该在施吕塞尔堡要塞里为他提供一套"体面便利的住房"。就在三个月前，彼得还刚去过这个要塞，当时他是去探望伊凡六世。帕宁希望彼得终有一天会得到恩准，返回他自己的公国荷尔斯泰因。女皇允许彼得在囚室尚未准备妥当之前可以任意选择一处临时性的拘押处。彼得选择了十四里外孤零零但是景色宜人的避暑庄园罗普莎。

叶卡捷琳娜无意继续羞辱自己的丈夫，她甚至没有信心同丈夫见上一面，她不知道自己见到的会是十八年前她刚刚来到俄国时对她友好相待的那个小男孩，还是在拥挤的房间里隔着人群冲她高声嚷嚷着"蠢货！"，并威胁要将她打入大牢的那个酒鬼恶霸。叶卡捷琳娜关心的是经过多年的等待，自己不能再让现在得到的胜利付诸东流了，她必须消除彼得有可能给她造成的一切威胁。虽然彼得仍旧保留着荷尔斯泰因大公的头衔，但是将他送回故乡基本是不可能的。在荷尔斯泰因，他随时都有可能招惹来企图假借他的旗号联手对付她的力量。普鲁士国王腓特烈近在咫尺，他怎会甘心让有机会卷土重来并且重新称王的彼得赋闲在家，而不对其加以利用？叶卡捷琳娜认为就像伊凡六世一样，彼得必须被关押在俄国。

哪怕是远在郊外的罗普莎，彼得对叶卡捷琳娜来说仍旧是一个隐患。为了确保彼得受到充分的管制，叶卡捷琳娜委派坚定而粗暴的战士、为政变的胜利立下汗马功劳的阿列克谢·奥洛夫负责看守彼得。除了阿列克谢，另外还有三名军官与一百人组成的小分队也接到了命令，他们必须保证彼得的生活"尽可能舒坦，并满足他的一切要求"。当晚6点，彼得乘坐着马车离开彼得霍夫宫，前往罗普莎。车的六匹马全都被蒙上了眼罩，周围有重兵把守，陪坐在车厢内的有阿列克谢·奥洛夫、中尉巴利亚廷斯基亲王、帕塞克上尉和另外一名军官。

尼基塔·帕宁、阿列克谢和格里高利两兄弟及基里洛·拉祖莫夫斯基，在这场将叶卡捷琳娜扶上皇位的政变中都起到了至关重要的作用。从某种角度来说，达什科娃的存在则有些多余。在赶去彼得霍夫宫的路上她一直骑马走在女皇的身旁，在途中休息的那一夜她与女皇躺在一张床上，可是对于关键性的决定或者行动她没有任何功绩。她知道奥洛夫兄弟的存在，但是对于格里高利的特殊作用和地位一无所知。不过，这种局面很快就改变了。在彼得被遣送至罗普莎后，达什科娃无意中走进了女皇在彼得霍夫宫里的房间，她惊讶地看到奥洛夫中尉舒展地躺在沙发椅上，好让自己那条受了伤的腿得到休息——在同彼得的荷尔斯泰因部下搏斗时他的腿受了伤，而且他竟然还在细细阅览着摊在面前的密封文件。达什科娃对于女皇同格里高利的关系浑然不知，她一直觉得无论是出身还是智商奥洛夫与女皇和她都差之甚远。现在，看到这个大兵如此自在，竟然还在阅览政府文件，她变得怒不可遏。她向奥洛夫问道："你怎么有权阅览这些与你毫不相干的公文？除了女皇以及女皇专门指定的人选外，其他人都无权阅览这些公文。"

"说得没错，"奥洛夫笑呵呵地回答道，"是女皇叫我拆开这些文件的。"

"我对此表示怀疑。这些公文完全可以等着女皇陛下指派有资格的人来阅览。对于这项工作你我二人都经验不足。"说完，达什科娃就走掉了。

再次回来后，达什科娃看到奥洛夫仍旧斜倚在沙发椅上，而且女皇开心地坐在他的身边。沙发椅的跟前放着一张小茶几，上面摆着供三个人享用的饭菜。叶卡捷琳娜对达什科娃的到来表示欢迎，还邀请她共进晚餐。吃饭的时候，公主注意到无论年轻的军官说什么，女皇都一边大笑一边点着头，毫不掩饰自己对他的喜爱。后来，达什科娃写道，就是在这个时候她"才怀着难以言表的痛苦与屈辱明白了这二人之间的恋情"。

漫长的一天仍未结束。叶卡捷琳娜已经精疲力竭，可是近卫军官兵仍旧希望赶回圣彼得堡，去庆祝这场胜利，她不想辜负他们。于是，得胜的女皇当晚就从彼得霍夫宫动身，向首都赶去。半路上，她停下打了会儿盹，几个钟头之后便又上路了。6月30日，星期日的清晨，仍旧身着军装、骑着白马的叶卡捷琳娜得意扬扬地进了城。大街小巷挤满了兴奋的老百姓，教堂的钟声和鼓声响彻全城。参加完弥撒，聆听过庄严的赞美诗后，叶卡捷琳娜终于可以休息了，她一直睡到了半夜。就在她尚在睡梦中的时候，伊兹迈洛夫斯基近卫团里的战士们听说普鲁士军队就要打来了。在畅饮之后很多战士已经有些醉意了，由于担心女皇会被普鲁士人掳掠走，甚至遭到暗杀，他们纷纷冲出营房，来到皇宫，要求面见女皇。叶卡捷琳娜从床上爬了起来，穿上军装，走出皇宫。她告诉战士们一切都安然无恙——她自己平安无事，战士们也平安无事，俄罗斯帝国同样平安无事。战士们终于离去了，叶卡捷琳娜又回房继续睡了八个小时。

当晚8点，彼得来到了罗普莎。这座彼得大帝时期建造起来的石头房子坐落在一片花园中，花园里还有一池湖水，伊丽莎白女皇曾经很喜欢在这里钓鱼。后来，伊丽莎白将这片庄园赠送给了自己的外甥彼得。负责看守囚犯的阿列克谢·奥洛夫安排彼得住进了一楼的一个小房间里，房间里只摆着一张床。百叶窗关得严严实实，以免把守在房子周围的士兵看到彼得。哪怕是在正午时分，房间里的光线也十分暗淡，别墅门口还有荷枪实弹的哨兵站岗。彼得被封锁在房间里，不得去花园里散步，也不得在外面的坡地上呼吸几口新鲜空气。不过，他给叶卡捷琳娜写信的自由尚未被剥夺，在接下来的几天里他写了三封信。第一封信：

我恳请陛下信赖我，开恩撤走隔壁房间的近卫军。目前我居住的这间房子已经过于逼仄，就连走几步都很困难。如陛下所知，我总是习惯在房间里走来走去，否则我的双腿就会浮肿。我还恳请您能下令在我出恭的时候军官们不要留在房间里，当着他们的面我无法完成此事。最后，我恳请陛下不要像对待罪犯一样对待我，因为我从未冒犯过陛下您。我希望陛下能对我宽宏大量，恳请陛下能让我同某人（伊丽莎白·沃伦佐娃）在德意志境内团聚。上帝会报偿陛下的恩泽。

您卑微、虔诚的仆人，

彼得

陛下尽可以放心，无论是对于您本人，还是您的统治我都绝无二心，也不会采取任何反抗行动。

第二封信：

陛下：

倘若您不愿毁灭一个已经极度悲惨的男人，那么就请您可怜可怜我，将唯一能抚慰我的人——伊丽莎白·罗曼诺芙娜（沃伦佐娃）——送到我的身边来。这将成为您在执政期间最为仁慈的决定。此外，如果陛下能恩准我同您见上一面，无须占用您太长时间，那我最大的心愿便可得以满足。

您卑微的仆人，

彼得

第三封信：

陛下：

您所有的愿望我都遵照了，现在我再一次恳请您准许我以及我已经代为恳请过陛下的那个人离开这里，回到德意志。我希望您的慷慨仁慈不会让我的心愿落空。

您卑微的仆人，

彼得

叶卡捷琳娜没有对任何一封信做出回复。

6月30日，星期天，从这一天开始彼得受到了全面的拘禁。第二天，他抱怨说头天晚上自己过得很糟糕，除非能睡回到自己在奥拉宁巴姆宫里的那张床，否则他永远都没法得到很好的休息。叶卡捷琳娜立即派人用马车将床给彼得送了过去，床上还铺着一条白色缎面床罩。接着，彼得又要求派人送来自己的小提琴、贵宾犬、来自德意志的医生和黑奴。这一系列请求女皇都准许了，但实际上最后只有医生出现在了彼得面前。每当这位囚犯申请去外面呼吸新鲜空气的时候，阿列克谢就打开门，指一指挡在门外的持枪哨兵，然后耸一耸肩膀就了事了。

叶卡捷琳娜与谋臣们在处置前任皇帝的问题上仍旧举棋不定。众人原本打算将彼得囚禁在施吕塞尔堡，现在看来这个方案不够明智。施吕塞尔堡距离首都只有四十英里，一旦将彼得关押在此，那么堡垒中就关押着两位废帝。将他遣返回荷尔斯泰因的可能性也被排除了。但是，如果不在施吕塞尔堡与荷尔斯泰因这二者中做出选择，那么他还能去哪里呢？

没有证据表明叶卡捷琳娜曾为了自己的政治需要，甚至仅仅是出于自己的生存需要而认为彼得必须被处死，不过她同意参谋们的意见，即消除彼得可能导致的一切威胁是必需的，但是她不希望因此而招致一丝一毫的风险，她的朋友们很清楚她的想法。从某种程度上而言，叶卡捷琳娜处事过于谨慎，以至于无法让众人清楚地知道她究竟是否愿意看到彼得意外身亡。不过，很有可能奥洛夫兄弟已经摸透了她的心思，而且说服自己相信只要他们不将自己的计划透露给他们的女主人，那他们或许可以稳妥地为她清除掉这个危险。对于结束彼得的性命，奥洛夫兄弟无疑有着强烈的个人动机。格里高利·奥洛夫一心希望能与女皇结婚，而彼得则是这段婚姻的绊脚石，尽管遭到罢黜，被关押了起来，彼得在上帝的面前仍旧是叶卡捷琳娜的合法配偶，只有死亡才能结束他们二人之间受到教会祝福的婚姻关系。从另外一个角度来看，一旦前任皇帝逝世，阻挠叶卡捷琳娜与格里高利结合的宗教障碍就不复存在了。伊丽莎白女皇曾经嫁给乌克兰农夫阿列克谢·拉祖莫夫斯基，无论是出身还是地位，他格里高利，堂堂的近卫军军官都远胜于那个农夫。

在罗普莎，错乱的精神，再加上对未知命运的恐惧让彼得的身体日益恶化了下去，他时而萎靡地平趴在床上，时而站起身，在狭小的房间里踱着步子。星期二，即被俘的第三天，他出现了严重的腹泻，到了星期三的晚上，剧烈的头疼又发作了，荷尔斯泰因的吕德斯医生被人送到圣彼得堡彼得的住处。星期四的早上，这位前任皇帝的身体似乎仍旧不见好转，于是又一位医生被叫来了。当天晚些时候，两位医生宣布病人康复了，由于都不愿同这位病人一起过着被拘押的生活，他们俩当夜都返回了首都。星期五，一整天风平浪静。然而，到了星期六，即来到罗普莎的第七天，一大早彼得还在睡梦中，他的法国侍官布雷森突然被抓获了。此前，布雷森得到允许，可以在花园里散步，被捕时他正在散步。布雷森被人塞住嘴巴，扔进一辆密不透光的马车，然后马车就离去了。没有人将这件事情告诉彼得，彼得对此也一无所知。当天下午两点，彼得受邀同阿列克谢·奥洛夫、巴利亚廷斯基中尉及其他几位看守他的军官共进午餐。

只有一位目击者见证了接下来发生的事情，这位目击者亲自向皇后坦白交代了一切。星期六晚上6点，一个人快马加鞭地从罗普莎赶到了圣彼得堡，将阿列克谢·奥洛夫亲笔写的一张便条交给了叶卡捷琳娜，所谓的便条就是在一张脏兮兮的灰色纸片上用俄文写的寥寥几句，字迹歪歪扭扭，让人几乎辨认不出来，语言也极其不连贯，看起来就像是一个喝醉酒或者惶恐不安的人哆嗦着手写下的，或者两种因素兼而有之。

小母亲，世间最悲悯的女君主，我该如何向您解释或者描述发生的事情啊。您定然不会相信您忠实的仆人。可是，小母亲，在上帝面前我讲的都是实话。我已做好了赴死的准备，可是我自己都不清楚这一切的来龙去脉。我们感到很迷茫，除非您能对我们开恩。小母亲啊，他不在了。可是，没有人愿意看到这种情形。谁敢与女君主您对抗？可是，女君主啊，事情已经发生了。就在吃饭的时候，他突然跟一同坐在餐桌旁的巴利亚廷斯基亲王争执扭打了起来。还没等我们将他们二人拉开时他就已经死了。我们压根不清楚自己都干了些什么。尽管如此，我们还是有罪，都理应受死。求您可怜可怜我们吧，哪怕只是看在我哥哥（格里高利）的份上。我已经将我的罪行统统说出。宽恕我们吧，否则就尽快给我们一个了断。太阳不再照耀着我，我的生命已经不值得继续下去。由于触怒女皇，从此我们便坠入万劫不复之地。

究竟出了什么事情？当时的具体情况、彼得的死亡原因、参与者的意图和参与程度永远不得而知了，不过人们不妨将想象与已知的情况结合起来。

7月6日，星期六，阿列克谢·奥洛夫、西奥多·巴利亚廷斯基亲王，以及其他几位军官邀请他们的囚犯与他们一道共进午餐。有可能在之前的整整一个星期里，他们都在琢磨自己还要跟幸运的战友们分开多久，那些人都在圣彼得堡欢庆胜利，而他们几个人则被派来看守这个可怜又卑鄙的男人。在午餐时，所有人都喝得酩酊大醉。就在这时，或许事先经过一番谋划，或许只是因为争执，到最后事态失控了，大家纷纷扑倒在彼得身上，将他压在了床垫下，试图捂死他，但是彼得还是设法挣脱了，结果大家又七手八脚地扭住了他的手臂，用一条围巾缠在了他的脖子上，就这样将他勒死了。

彼得的死亡究竟只是午餐后一群醉鬼在争吵时失去了控制所造成的意外，还是一场蓄谋已久、有意为之的谋杀？答案无从得知。奥洛夫潦草写就的这封信行文支离破碎，透着一股狂乱的气息，从中似乎能看出他对女皇有可能给他的答复非常恐惧，字里行间充满了慌张与懊悔之意，这表明事态发展到这个地步完全出乎他的意料。当天晚上，奥洛夫就赶到了首都，他头发凌乱，大汗淋漓，身上裹满了尘土，碰巧撞见他的人说"他脸上的神情让人根本不敢多看一眼"。奥洛夫恳求叶卡捷琳娜能对他网开一面——"我们压根不清楚自己都干了些什么"，"宽恕我们吧，否则就尽快给我们一个了断"，这两句告白表明他承认当彼得死去时自己的确在场，但这并非出于他的本意。

无论属于何种情况，即无论彼得的死亡纯属意外，还是一场军官们预谋的事件，叶卡捷琳娜本人似乎都与此无关。然而，她并非毫无过错。将丈夫交给阿列克谢·奥洛夫时她很清楚阿列克谢是一个在死亡面前毫不动容的战士，而且他痛恨彼得。可是，奥洛夫的信让叶卡捷琳娜感到震惊，慌乱的语言和绝望的哀求都让人无法相信叶卡捷琳娜事先知道他们的企图，并对计划表示了默许。奥洛夫写不出老到奸诈的文字，他没有能力编造出如此疯狂而卑微的事情。在达什科娃公主看来，奥洛夫的信足以使叶卡捷琳娜摆脱共谋的嫌疑。次日，在登门拜访自己这位好朋友时，一进门达什科娃便听到叶卡捷琳娜对她说："对于这起死亡事件我的恐惧难以言表。这个打击太大了！"仍然认为自己在整场事件中的作用可与女皇相提并论的公主情不自禁地说："夫人，死亡来得太突然了，这都是因为您与我的荣耀所致。"

无论发生过什么，叶卡捷琳娜都需要处理好善后事宜。她的丈夫，前俄国沙皇，而今在她的朋友与拥护者的监管下死去了。她应该逮捕阿列克谢·奥洛夫和其他几位被派驻罗普莎的军官吗？一旦逮捕他们，她那三个月大的孩子的生父格里高利会作何反应？近卫军会作何反应？圣彼得堡的议院、俄国的百姓又会作何反应？或许是在帕宁的建议下，叶卡捷琳娜最终决定——将彼得的死亡当作一场医疗事故。众所周知，看守她丈夫的军官们都非常痛恨这名囚犯，为了应付这个事实，叶卡捷琳娜命人对彼得进行尸体检查。她安排了几位确定能洗脱奥洛夫罪名的医生对尸体进行了解剖，在剖开尸体后事先已经得到口谕的医生们只查找了一下中毒的迹象，然后便报告说尸体上没有找到中毒症状，因此彼得为自然死亡，有可能是由于急性痔病，即"疝气"发作，导致脑部受损，从而引发中风。随后，叶卡捷琳娜发布公告，其中还收入了帕宁的佐证。

执政第七天我们悲痛万分地得知根据上帝的旨意，前任皇帝彼得三世被一场严重的疝气夺走了性命。我们已经命人将他的遗体送至亚历山大·涅夫斯基修道院。我们恳请每一位忠诚的臣民都能心无怨恨地送别他留在尘世的肉体，并祈祷他的灵魂得到救赎。

帕宁还建议叶卡捷琳娜尽可能采取一种低调的方式，不露痕迹地将彼得的遗体示众，他相信如若不然，民间会出现彼得尚在人世，只是藏了起来，或许有一天还会重新出现在众人面前的传言。与其冒险任由这样的传言肆虐起来，不如采取更明智的做法，让人民看到彼得的遗体。已成先帝的彼得躺在圣彼得堡的亚历山大·涅夫斯基修道院，遗体被塞进他生前最喜欢的蓝色荷尔斯泰因骑兵团军装，之所以这么做是希望俄国人民能注意到他的外国血统与倾向。他的胸口上没有佩戴奖章，也没有用绶带挂着勋章，额头上倒是扣了一顶特大号的三角军帽，不过部分脸面还是暴露在外面，看起来又黑又肿。他的脖子直到下颌处都被一条宽大的领巾给裹住了，如果他真是被勒死的，那么围巾下的喉咙必定还带着瘀青。按照东正教的传统逝者应该裸露双手，紧握一枚十字架，然而彼得的两只手却都戴着厚实的骑士手套。

彼得的遗体被放在一座棺架上，棺架首尾两端摆满了蜡烛。在卫兵的催促下前来参观的民众快速地从遗体旁走过，人们没有看到叶卡捷琳娜跪在棺椁旁为丈夫祷告，一点也不像她当年送别伊丽莎白女皇时的模样。对她缺席的官方解释是，议员恳请女皇不要参加告别仪式，"以免损害健康，有碍她对俄罗斯帝国做出更多的奉献"。彼得的安葬地点也不同寻常。尽管他是彼得大帝的外孙，然而入葬时他已经被罢免了，所以他不能同其他被视为圣徒的沙皇与女皇们一样被安葬在彼得保罗要塞教堂中。7月23日，彼得的遗体被安放在了亚历山大·涅夫斯基修道院，在他的遗体旁是曾经摄政的安娜·利奥波多芙娜皇后，即被囚禁的废帝伊凡六世的母亲。在妻子长达三十四年的执政时期，彼得的遗体一直停放在这里。

叶卡捷琳娜在丈夫逝世两个星期后写给斯坦尼斯瓦夫·波尼亚托夫斯基的一封信中，对这一系列事件做出了解释。

彼得三世失去了曾经拥有的智慧。他希望改变信仰，拆散近卫军，迎娶伊丽莎白·沃伦佐娃，并封住我的嘴。在庆祝与普鲁士达成和解的那一天，他在宴席上公开羞辱了我，当晚又命人逮捕我。虽然命令最终被撤销了，可是自从那天起我就开始关注（由我取代彼得，继承帝位的）一些提议，其实自伊丽莎白女皇驾崩后人们就开始跟我提起这件事情了。我们可以仰仗近卫军里的不少上尉，这个秘密一直掌握在奥洛夫兄弟的手中，他们全家人的意志都非常坚定，他们自己也深受战士们的爱戴。他们是我的恩人。

我将这位被罢黜的皇帝送到了一个遥远宜人的地方——罗普莎，由阿列克谢·奥洛夫带领其他四名军官和一支小分队负责看守，分队成员均性格淳厚，且经过精挑细选。与此同时，我们在施吕塞尔堡为他准备了一个体面方便的住处。然而，上帝却另有安排。恐惧致使他连续腹泻三天，第四天症状终于消失了，但是他又纵酒过度……出现了疝气，大脑也受到损伤，胡言乱语了两天后他耗尽了体力。尽管医生竭尽所能，但他终究还是没能等到路德教牧师赶来便辞世了。由于担心有可能是看守军官给他下了毒，于是我命人对他进行了解剖，但是医生在他的尸体上没有找到丝毫中毒的迹象。他的胃部非常健康，但是肠末端出现重度发炎症状，最后还是一场中风要了他的性命。他的心脏非常小，而且呈现出严重衰退迹象。

最终，一切都是上帝的旨意。整件事情与其说是预先安排好的，不如说是一场奇迹，如果上帝不曾插手这件事，那么这么多正合人意的巧合就绝不会出现。整件事情中的首要因素还是俄国人的仇外情绪，而彼得三世又被人看作一个外国人。

欧洲各国基本上都认为叶卡捷琳娜应该对彼得的死亡负责，全欧洲的报纸杂志都宣称俄国又回到了伊凡雷帝时代。对于俄国发布的官方解释——前任皇帝死于"疝气"，欧洲很多报道都大加嘲讽了一番。普鲁士国王腓特烈含沙射影地说："所有人都知道'疝气'是怎么一回事儿。"伏尔泰也一本正经地打趣道："酩酊大醉的人死于一场疝气，这让我们明白了做人一定要时刻保持清醒。"不过，腓特烈还是相信叶卡捷琳娜在这件事情上是清白的，在自己的回忆录中他写道：

对于这桩罪行女皇非常无辜，得知此事时她感到愤慨和绝望，她的那种反应并非故意做出来的。她清醒地预见到全世界将对她做出怎样的判断。作为一个少不更事的年轻女子，在离群索居、面临着离婚的时候她将自己的未来托付给了奥洛夫家的兄弟们。尽管如此，她还是对谋杀皇帝的意图毫不知情。如果由她来做决定的话，那么她会给彼得留条活路，一半是由于她认为一旦成功加冕，一切问题便都迎刃而解了，同她丈夫一样怯懦的敌人根本不足为惧。与她相比，奥洛夫兄弟则要胆大精明得多，他们预见到前任皇帝或许会成为一股敌对结盟力量的枢纽人物，这几个强硬分子铲除了前任皇帝这个绊脚石。他们的罪行让她从中获益，为了确保他们能继续支持她，她不得不赦免了罪人，而且还将这桩罪行的制造者全都留在了自己身边。

叶卡捷琳娜摆出一副无视各国评论与传言的姿态，然而无论做出怎样的姿态，欧洲各国对彼得之死的反应都令她惴惴不安。多年后，在同前来圣彼得堡做客的法国启蒙思想领袖、《百科全书》的编纂者德尼·狄德罗聊天时她问对方："巴黎人民对于我丈夫的死亡作何评价？"狄德罗尴尬得不知该如何作答。为了化解他的窘迫，叶卡捷琳娜随即改变了话题。

另外一位当事人多年后在读完阿列克谢·奥洛夫写给叶卡捷琳娜的便条后也最终断定女皇与彼得三世的死亡无关。当初，在读完阿列克谢发来的便条后，叶卡捷琳娜便将便条锁在了抽屉里，此后那张纸片一直都被藏在抽屉里。在她过世后，她的儿子、已经登基的保罗得知这封信被找出来了，经鉴定确系阿列克谢·奥洛夫所书。阅后，保罗终于相信自己的母亲是清白的。

这件事情的当事人都没有受到惩罚。尽管通过对他们提出指控叶卡捷琳娜可以洗刷自己的罪名，至少也可以有效地证明自己与此事无关，但是对她来说要想惩办他们实属不易。正是由于阿列克谢·奥洛夫和他的兄弟们她才得到了皇位，是阿列克谢在拂晓时分赶来逍遥津将她唤醒，带着她回到圣彼得堡，他和他的兄弟们为她赴汤蹈火，肝脑涂地，作为回报她必须保护他们。因此，她宣布彼得的死属于自然死亡。在俄国国内，有的人相信她的解释，有的人不相信，但是更多的人对此毫不在意。

彼得之死并非出于叶卡捷琳娜的预谋，但对她来说却正中下怀，不过在摆脱丈夫的同时她却背上了一个包袱，在她的余生里始终有一层阴影笼罩着她与俄国。喜忧参半的命运降临在一国之君的身上，对于这种事情叶卡捷琳娜并非空前绝后。英国国王亨利二世曾任命老朋友及门徒托马斯·贝克特[1]为坎特伯雷大主教，后来贝克特在有关教会的很多问题上都与国王针锋相对，最后国王认为自己被对方出卖了，在沮丧中他脱口而出："有人愿意帮我除掉这个多管闲事的牧师吗？"结果，他豢养的四名骑士冲到坎特伯雷，在教堂圣坛前击毙了主教。尽管这桩罪行并非出于自己的本意，但亨利还是执意要赎罪，他在尘土飞扬的小路上赤足走了几里地，一直走到了教堂，然后跪在圣坛前，恳求主能宽恕他。尚未坐稳皇位的叶卡捷琳娜不可能冒险做出同样的姿态。

---

[1] 托马斯·贝克特（Thomas à Becket，约1118年—1170年），英格兰国王亨利二世的大法官兼上议院议长，他是一个诺曼人且原本跟亨利二世有密切的关系，后来在成为坎特伯雷大主教之后与亨利二世反目。贝克特于1162年至1170年任职坎特伯雷大主教。他与亨利二世因教会在宪法中享有的权限发生冲突，后被四位亨利二世的骑士刺杀而殉道。

斯德丁的那个小女孩曾经憧憬着成为皇后，野心勃勃的女大公深知自己比丈夫更有治国才能，小女孩与女大公的愿望都实现了。这一年，叶卡捷琳娜三十三岁，她还有半生的路没有走完。

第五部分

俄国女皇

第四十五章
加冕典礼

　　叶卡捷琳娜坐在了彼得大帝曾经坐过的宝座上，统治着世上最庞大的帝国，她的签名一旦落在法令文书上便成了法律，两千万臣民的生死完全听凭她的决定。她头脑聪慧，博览群书，善于识人，在政变期间她表现得坚毅果敢，一登上皇位她又展现出开明、宽宏大量的一面，面对政治她充满理性，同时又不乏实用性，在她的幽默感和那张巧嘴的帮助下皇室的威仪变得柔和起来。实际上，与同时代的各位君主相比，叶卡捷琳娜对幽默的态度非常宽容，但是在她的世界中依然存在着不可逾越的界限，哪怕是对她至亲的朋友来说也是如此。

　　叶卡捷琳娜在夺取皇位的斗争中得到了军队、教会、大部分贵族，以及圣彼得堡居民的支持，这些人之所以帮助她是因为她的人品和性格与她丈夫跋扈无能的形象形成了鲜明的对比。政变为叶卡捷琳娜制造了几个死对头，在开始执政的第一个星期里她没有遇到任何挑战，然而一系列的麻烦正等在前方。叶卡捷琳娜的继位不符合俄国的传统，在俄罗斯建国初期皇室子孙都按照继承权登基成为沙皇，并被臣民们奉为上帝在人间的代言人，但是在最后一位沿用这种人神合一的方式统治帝国的沙皇，即彼得大帝的父亲阿列克谢·米哈伊洛维奇于1676年逝世后，作为老沙皇对俄国进行西方化的部分产物——彼得——改变了沙皇这种充满神性的传统形象，转而创造出世俗化的新君主形象，他自己也成为"国家的头号仆人"。彼得同时还对继承权的问题做出了更改，他颁布法令，取消了男性为唯一且固定的皇位继承人的规定，改为在位君主有权自主任命自己的继承人。然而，即便有了这些新确立的制度，叶卡捷琳娜仍旧不符合条件。无论是将她召至俄国的伊丽莎白女皇，还是在伊丽莎白之后继承帝位的彼得三世都没有指定她为下一位继承人。如果遵循古老的继承传统，那么彼得的继承人就应该是叶卡捷琳娜八岁大的儿子，保罗。或者，如同国内受到压抑却屡禁不绝的传言一样，真正的沙皇应该是被囚禁的伊凡六世。还是一个婴儿的时候伊凡就被赶下皇位、打入大牢，几乎一辈子都在监牢里度过。按照规定叶卡捷琳娜没有继承权，历史上也不存在类似的情况支持她的登基，坦白说她就是一个篡位者。在上台后的最初十年里，她的头上始终笼罩着这团阴霾，她随时都有可能面临着挑战、阴谋，甚至叛乱。登基后的第一年夏天，动乱之类的事情似乎还远在天边，但是叶卡捷琳娜很清楚无论有多么遥远，这种局面迟早还是会出现。自她统治俄国以来，一切传统和规矩都被颠覆了。早期的君主只会对自己喜欢的臣民大行封赏，叶卡捷琳娜却只能反其道而行之，她苦苦地讨好着自己的臣民们。在给斯坦尼斯瓦夫·波尼亚托夫斯基的信中她揶揄道："看到我时就连最底层的小兵都会自言自语道'她这个女皇可是我亲手造就的'。无奈之下我干了很多匪夷所思的事情。我屈服于他们，他们就会爱我；若非如此，我就不知道会出现什么样的情况。"

一开始，叶卡捷琳娜就在不断地寻求着外人的支持与青睐。得知彼得在罗普莎身亡之前她就已经开始对将她扶上皇位的有功之臣大肆封赏，除了提拔、授勋以外，还赏赐给他们大量的钱财与田产。格里高利·奥洛夫得到了五万卢布，阿列克谢·奥洛夫得到了二万四千卢布，奥洛夫家的其他三位弟兄分别得到了一万二千卢布；叶卡捷琳娜·达什科娃得到一万二千卢布年金的赏赐，此外女皇还额外拨给她二万四千卢布，用来帮她的丈夫偿还债务；尼基塔·帕宁和基里洛·拉祖莫夫斯基都被赏以五千卢布年金，终身有效。在叶卡捷琳娜生产阿列克谢·波布林斯基伯爵的时候，为了转移彼得的注意力，对叶卡捷琳娜忠心耿耿的总管瓦西里·什库林放火烧了自己家的房屋，然后又将新生儿交给自己的家人照看，他因此被授予贵族头衔。在叶卡捷琳娜率军赶往彼得霍夫宫之前，越级将自己的剑穗呈献给叶卡捷琳娜的近卫骑兵团年轻军官格里高利·波将金也得到了提拔。驻防在圣彼得堡的所有战士都领到半年的薪俸，这笔赏金共计二十二万六千卢布。

叶卡捷琳娜同样没有忘记早年的老朋友与盟友。在一定程度上，由于当初这些人同叶卡捷琳娜来往过于密切，伊丽莎白女皇在临终前的几年里陆续将他们罢免并流放。登基第二天，女皇便派信使去了前总理大臣阿列克谢·别斯杜捷夫的住处。第一个预见到叶卡捷琳娜成为女皇的正是别斯杜捷夫，在遭受审讯期间以及被流放的四年里，凡是涉及叶卡捷琳娜的问题他自始至终保持着沉默。当他受召返回圣彼得堡时，格里高利·奥洛夫在城外二十里恭候着他，然后他乘坐着皇家马车去了夏宫。在夏宫，叶卡捷琳娜向他致以拥抱，并宣布将他官复原职，恢复一切头衔，还在夏宫里为他安排了一套奢华的套房，居住期间一切膳食均由女皇御用的厨师提供。后来，他又得到了一辆富丽堂皇的马车和一座带有豪华酒窖的宅邸。8月1日，叶卡捷琳娜又专门发表声明，宣布别斯杜捷夫在1758年被指控的罪名均不成立，并将最先入选她有意组建的内阁，他的年俸为两万卢布。

叶卡捷琳娜对之前的敌对势力也颇为大度，于公于私她都始终没有对先夫的支持者和其他异己者进行打击报复。彼得三世的情妇伊丽莎白·沃伦佐娃曾主张将叶卡捷琳娜打发到修道院去，这样她自己就能成为彼得的妻子、未来的皇后。叶卡捷琳只是将沃伦佐娃送到了莫斯科，并且在那里为她购置了一所住宅。后来，沃伦佐娃嫁给了一个莫斯科的贵族青年，婚后很快便产下一子，叶卡捷琳娜成为这个孩子的教母。彼得那些荷尔斯泰因的亲戚，包括叶卡捷琳娜的舅父，即曾经追求过她的乔治亲王等人却都立即被遣送回了德意志，彼得手下那些荷尔斯泰因的士兵也都一同返回了故乡。

　　叶卡捷琳娜知道她需要所有兼具管理才能和经验的臣子及人才来辅佐她治理国家，因此她将一大群曾经辅佐过她丈夫的人召至自己麾下。在叛乱发展到高潮的时候，彼得手下很多高级军官就已经臣服于她了，而今总理大臣米哈伊尔·沃伦佐夫没有遭到罢免，亚历山大·戈利岑亲王也仍旧坐在副总理大臣的位置上，尼基塔·特鲁别茨科伊亲王继续担任军事学院院长一职。在叛乱尚未形成规模的时候，八十岁高龄的大元帅慕尼赫元帅曾敦促彼得三世率领军队，直捣圣彼得堡，活捉叶卡捷琳娜，一举夺回皇位，对此女皇叶卡捷琳娜说："您只是尽忠职守罢了。"

　　叶卡捷琳娜赢得了敌人对她的忠心，他们乐于为她效劳，然而取悦某些朋友却并没有如此简单。叶卡捷琳娜刚一取得胜利，那些自认为是有功之臣的男男女女就立即生出了妒意，他们认为与其他人得到的赏赐相比，自己得到的褒奖与赏赐远远不够，其中情绪最大的就是叶卡捷琳娜·达什科娃公主。公主一直想当然地认为自己会成为女皇身边最重要的谋臣，乘坐皇家马车，终生可以在皇宫就餐。实际上，公主的怨气有失公允。叶卡捷琳娜对她异乎寻常地慷慨，继位后便赏赐给她不少金钱和一笔丰厚的年金，随即还将她的丈夫擢升为上校，并任命为俄军的精锐骑兵部队近卫骑兵团的指挥官。这对年纪轻轻的夫妇搬进了冬宫，几乎每天都有机会同女皇一道进餐。尽管如此，女皇的恩宠还是无法满足这个年轻女子的胃口，在她心目中自己完全就是俄国这一段历史的核心人物。

　　叶卡捷琳娜试图让达什科娃明白她们之间的关系已经今非昔比了，公主不应肆意向她索取。十九岁的公主仍旧不断地提着要求，向女皇举荐自己。她常常在起居室里高声讲述着自己构想的新政策与改革方案；在各国大使面前她不停地吹嘘着自己对女皇和帕宁伯爵的影响力，还宣称自己是这二人最亲密的朋友，是他们的知己，常常给他们以启迪。

叶卡捷琳娜·达什科娃的野心膨胀到了难以想象的地步，狂暴的她已经失去了恭顺、礼貌和起码的常识。当女皇为她颁发圣叶卡捷琳娜勋章时，她没有双膝跪地接受勋章，而是将绶带退还给女皇，并傲慢地说："我恳请陛下不要授予我这枚勋章。我丝毫不以这个饰物为荣，作为奖励，（它）对我毫无价值。无论别人作何判断，谁都不曾，也无法收买我，让我为其效劳。"叶卡捷琳娜忍气吞声地听完了这番无礼之言，拥抱了一下达什科娃后，她又将绶带套在了公主的肩头，说："我们的友谊至少还享有一些特权吧。难道我都不能开开心心地给我可爱的小朋友一点纪念品，以表达我的感激之情吗？"达什科娃这才跪了下来。

没过多久二人之间的友情便成了负担。达什科娃的传奇故事被伊凡·舒瓦洛夫扩散到了巴黎，在写给伏尔泰的一封信中他对公主做出了高度评价。叶卡捷琳娜写信恳求波尼亚托夫斯基能更正这个错误，转告伏尔泰"在一系列事件中达什科娃公主起到的作用微乎其微。由于她的出身我们无法信赖她，几位领导政变的重要人物既不喜欢她，也不信任她，他们尽可能地将她蒙在鼓里。诚然，她本人非常有头脑，但是任性和自负毁了她的性格"。几个月后，在发给波尼亚托夫斯基的另一封信中，叶卡捷琳娜又指出自己无法理解伊凡·舒瓦洛夫为何要对伏尔泰说"这个十九岁的女孩改变了俄国政府"，她还说奥洛夫兄弟"根本不会听凭一个小糊涂虫的摆布。相反，直到最后她对这起事件的真正内幕都毫不知情"。

另外一位急于吹嘘自己的支持者就没有这么棘手了。年迈的伊凡·贝特斯科伊伯爵曾经是叶卡捷琳娜的总管，跟她的母亲约翰娜也有过一段交情，在政变中他的作用仅限于用金钱收买近卫军官兵，实际上奥洛夫兄弟早已争取到了近卫军的支持。贝特斯科伊得到了三千卢布的赏金，并被授予圣安德鲁勋章。在授勋仪式上他双膝下跪，要求女皇当着众人的面宣布皇位的夺取完全应当归功于他。

叶卡捷琳娜惊讶地回答道："这应当归功于上帝，还有人民的意愿。"

"那么我就没有资格得到这样的荣誉。"说完，贝特斯科伊便将女皇之前已经挂在他肩头上的圣亚历山大勋章也摘了下来。

叶卡捷琳娜问他为何要做出如此的举动。

"我是这世上最不幸的人，"贝特斯科伊解释道，"我配不上这枚勋章，因为陛下不认为自己的胜利完全是由于我的作为。难道不是我在养活近卫军，给他们大把大把地撒钱吗？"

一开始叶卡捷琳娜以为贝特斯科伊只是在说笑而已，意识到对方说的是真心话时她便调动起自己的幽默感，笑呵呵地安慰对方道："贝特斯科伊，我承认我能得到皇冠你功不可没，所以我才希望我的皇冠只来自你的双手。我将此项任务托付给你，相信你会给我一顶最漂亮的皇冠。好了，现在我命你负责督造我的皇冠，全国所有的珠宝都任由你处置。"贝特斯科伊被女皇的这番话征服了，他喜气洋洋地从地上站起身，向女皇鞠了一躬，然后便去完成他的使命了。

登基后的第一个夏天，在叶卡捷琳娜心中挥之不去的事情中最重要的莫过于加冕问题。在短暂的执政期内彼得犯过很多错误，其中最愚蠢最缺乏远见的就是他拒绝在莫斯科的克里姆林宫里接受加冕，甚至从未商定举行加冕仪式的具体日期。叶卡捷琳娜不希望重蹈覆辙，她明白在莫斯科举行的这项祝圣仪式具有宗教和政治的双重意义。莫斯科这座城市是俄罗斯民族文化遗产的宝库，每一位沙皇和女皇都是在这座圣城里戴上了皇冠，在绝大多数臣民心中它才是真正的一国之都，有了它的存在，彼得大帝仿照西欧风格强行建造的那座都城就毫无可取之处。叶卡捷琳娜明白除非自己在克里姆林宫里得以加冕，女皇的身份得到莫斯科人民的承认，否则她永远无法安坐在皇位上。而且，借加冕典礼之机她又可以大肆封赏一番，从而进一步收买人心。

7月7日，在公布彼得三世逝世的同一天，叶卡捷琳娜宣布自己将于9月在莫斯科接受加冕。她指派尼基塔·特鲁别茨科伊亲王负责筹备加冕仪式，并预支五万卢布作为初步的费用。随着日期的临近，价值六十万卢布的银币被划拨给女皇个人之用，银币被装入一百二十个橡木桶子，然后被运送到了莫斯科，在典礼上这些银币都将作为赏钱撒向群众。

8月27日，叶卡捷琳娜把八岁大的儿子托付给了他的教师尼基塔·帕宁，一老一少就这样赶往了莫斯科。五天后，叶卡捷琳娜也出发了，在半道上的一座驿站里终于赶上了保罗一行人。她看到儿子正发着烧，躺在床上哆嗦个不停。第二天，保罗有些退烧了，但是帕宁还是力劝女皇最好等到他完全康复后再继续赶路。叶卡捷琳娜难以做出抉择，她希望陪在保罗身边，可是又不愿打乱精心准备的莫斯科加冕仪式的进程。最终，考虑到通过这个仪式自己的地位就能得到确认，她便决定万不得已的话自己便不再耽搁时间，一个人先期准时赶到莫斯科。她嘱咐帕宁一旦保罗的身体状况允许，他便要立即带着保罗赶上她，听到这个决定帕宁便说小家伙已经恢复得差不多了，可以继续赶路。

莫斯科民众在路两旁插满了青葱的杉树枝，在自家的大门上悬挂着冬青花环，在阳台和窗户上悬垂下丝带和波斯地毯。从城门到克里姆林宫之间有一条四英里的大道，在这条路上竖立起了四座象征凯旋的拱门。各十字路口和市广场也搭建起观礼台，好让莫斯科居民以及从附近地区赶来的大量百姓一睹女皇从自己面前走过时的风采。整座城市都为之沸腾了，除了盛典与宴席，加冕典礼本身还意味着整整三天的假期、大肆的封赏、罚金与赋税的减少，以及对轻罪罪犯进行赦免。

9月13日，叶卡捷琳娜举行了一场象征性的进城仪式。这一天，灿烂的阳光照耀在莫斯科一座座洋葱形的教堂圆顶上。走在队列最前方的是骑兵近卫团，他们的头盔在太阳下闪闪发光；接下来是大贵族组成的马队，他们的身上全都挂着金色的穗结和绛红色的肩带；叶卡捷琳娜的镏金马车在八匹白马的牵引下跟在大贵族方队的后面。没有皇冠的女皇不停地鞠着躬，笑呵呵地向欢呼的人群表示着感谢。当人们看到保罗就坐在叶卡捷琳娜的身边时，欢呼声就愈加响亮了。

加冕典礼定于9月22日举行。这一天，清晨5点震耳欲聋的礼炮声就响了起来，克里姆林宫外的红台阶上也铺好了一条绛红色的地毯，历来俄国重大的庆典活动都在这里举行。9点，身着一条貂皮镶边银色锦缎礼服的叶卡捷琳娜出现在台阶上，在缓缓走下台阶后她向克里姆林宫教堂广场上的人群鞠了一躬，接着一位神父给她的额头点上了圣水，等她做完祷告后，一排神父轮流亲吻了她的双手。随后，她穿过列队两侧的近卫军，来到了圣母升天大教堂[1]的门口。

这是一座建造于15世纪的教堂，五个大圆顶金光闪闪，礼堂内灯光通明，四根巨大的梁柱、墙壁和天顶上满是光芒四射的壁画，神坛前矗立着一扇高大的圣像屏[2]，金色的屏风上满是镶嵌着珠宝的圣像，穹顶正下方悬挂着一吨多重的枝形大吊灯。在叶卡捷琳娜与圣像屏之间站着一群位高权重的神职人员，包括莫斯科大主教季莫菲与其他教区的大主教、主教、修道院院长及众神父，他们的法冠上镶嵌的钻石、红宝石、蓝宝石和珍珠熠熠生辉。从五个穹顶洒下来的阳光与教堂里成千上万支蜡烛的烛光落在

---

[1] 圣母升天大教堂（Assumption Cathedral），东正教教堂，位于俄罗斯克里姆林宫内大教堂广场的北侧，一条窄巷将其与北面的牧首宫及十二使徒教堂分隔开。西南面是伊凡大帝钟楼。在教堂的西南，也有一条狭窄的通道，隔开了多棱宫。大教堂被视为莫斯科大公国的母堂。

[2] 又称为"圣障"，是教堂中殿与圣台之间的隔墙（通常装饰有雕刻品等），很多东正教教堂的精髓就集中在圣像屏上。

珠宝和金色的圣像上，一切都显得愈发耀眼了。

教堂正中央的讲台上覆盖着红丝绒，叶卡捷琳娜走向讲台，登上六级台阶，最终落座在沙皇阿列克谢的钻石宝座上。刚刚走马上任，恰好目睹这一幕的英国驻俄大使白金汉郡伯爵曾说自己看到"一位中等个头的女人，她那一头富有光泽的栗色秀发上扣着一顶镶满珠宝的皇冠……她非常漂亮，皇冠下方的那双蓝眼睛格外明亮，头颅下纤长的脖子令她看上去高傲、能干而又坚定"。

仪式持续了四个小时。叶卡捷琳娜听到诺夫哥罗德大主教将6月28日的叛乱称为"上帝的杰作"，并对她说"主将这顶皇冠放在你的头上"。接下来，叶卡捷琳娜亲手将象征皇权的物品逐一加在了自己的身上。她脱下貂皮斗篷，然后在肩头披上了御用的紫色长袍。按照俄国传统，君主要亲手为自己戴上皇冠。叶卡捷琳娜举起由伊凡·贝特斯科伊监工，专门为她打造的九磅重的大皇冠，然后将这个最能代表皇权的象征物压在了自己的头顶上。这顶皇冠形似主教的法冠，上面镶着一柄钻石十字架，十字架上面嵌着一枚三百八十九克拉重的巨型红宝石，支撑十字架的拱形结构与头箍上镶嵌着四十四颗一英寸宽的钻石，每颗大钻石周围还簇拥着一堆碎钻，三十八颗玫瑰色的珍珠环绕在中央拱形结构的两端。在这件璀璨夺目的珍品就位后，叶卡捷琳娜又伸出左手拿起了王权宝球[1]，用右手举起了权杖，然后镇定地望着聚集在教堂里的臣民。

仪式的最后一项要求叶卡捷琳娜承认加冕代表着上帝与她结成了契约，上帝为主，她为仆从，她一个人将对俄国及全俄国人民负责。在前额、胸口与双手分别被涂上了圣油后她逐一穿过一道道圣像屏，走进了深处的圣所。在圣所中，她双膝跪地，用双手拿起盘子里的圣餐面包，然后

---

[1] 王权宝球（Globus Cruciger），君主在重要仪式上携带的顶部饰有十字架的装饰球。

将面包喂进了自己的口中。

典礼结束了，刚得到加冕与祝圣的女皇走出了圣母升天大教堂，穿过克里姆林宫广场，来到了两座古老的小教堂：天使长米迦勒教堂和圣母领报教堂。在这两座教堂前，她对先帝的陵寝与圣骨做了一番跪拜。随后，她走上红楼梯，转过身，朝下面的臣民三鞠躬，在此期间礼炮声响彻全城。全城各个角落的塔楼和教堂大大小小的挂钟与礼炮齐鸣，喧闹声让所有人都无法听清身边的人在说什么。

在多棱宫里，叶卡捷琳娜接受了俄国显贵和外国大使的祝贺，又大肆封赏了一番，格里高利·奥洛夫与四个兄弟都被封为伯爵，达什科娃成为女侍臣。当夜，焰火表演再加上专为庆典安排的照明设备让莫斯科全城灯火通明。午夜，叶卡捷琳娜以为到了这时再不会有人看到自己，便独自走上红楼梯，眺望着克里姆林宫和莫斯科。看到女皇后，在教堂广场上尚未散尽的群众又欢呼了起来。这种景象反复持续了三天，叶卡捷琳娜致信给俄国驻华沙大使："我无法出门，甚至都不能出现在窗口，否则外面又要不停地响起欢呼声了。"

加冕典礼过后，叶卡捷琳娜在莫斯科继续逗留了八个半月，表面上看这大半年成了一场绵延不尽的狂欢节，朝臣与贵族们竞相攀比着举办一场又一场的社交舞会和化装舞会，可是对于叶卡捷琳娜而言这段日子并不好过。老问题仍旧存在，奉命负责筹备宴会的格里高利·奥洛夫根据官阶的高低安排与会宾客的座次，这令达什科娃抱怨不休。丈夫只是一个小小的上校，达什科娃因此被安排在低级别的座席上，同坐在一张桌子旁的宾客在她的眼中都只是她的下属。叶卡捷琳娜遂将她的丈夫达什科夫亲王提拔为将军，希望能改变这种局面，然而达什科娃却还在不停地嘟囔着。

保罗又发起了高烧。一年里他已经是第三次身染重病，医生找不到病因，也想不出治疗的方法。10月初，保罗的病情加剧了。储君生病的消息不胫而走，叶卡捷琳娜一直守在病床边，她担心的不只是保罗的安危，儿子的病情对自己前途的影响也令她忧心忡忡。叶卡捷琳娜从未忘记过保罗具有优先继承权的事实，她也知道帕宁和其他人更希望她能摄政而不是称帝，而且当母子俩共同乘坐马车穿城而过的时候她又目睹了莫斯科人民对保罗有多么热情。眼下，丈夫刚刚过世三个月，一旦儿子也突然身亡，对于自己将会受到的非难叶卡捷琳娜心里很清楚。10月13日，保罗起床了，如释重负的叶卡捷琳娜终于可以离开莫斯科，遵循先皇们在加冕之后的惯例，前往特罗伊茨修道院。这座修道院对于全俄国人来说都是独一无二的圣地，在白色高墙围筑的堡垒中，叶卡捷琳娜受到了只有君主才有资格享有的祝福。

叶卡捷琳娜在莫斯科逗留期间，一团阴霾笼罩着加冕典礼。10月初，女皇得知在伊兹迈洛夫斯基近卫团中有一些军官信口说要让被囚禁的伊凡六世复辟，忧心忡忡的她吩咐军团上校基里洛·拉祖莫夫斯基伯爵对此事展开调查，她特别强调不要动用酷刑。总共有十五名军官遭到逮捕和讯问，最后调查集中在了其中三个人的身上，而且这三个人全都参加了推翻彼得三世的政变。在加冕典礼过后的节庆期间有人听到他们几个人抱怨说自己得到的奖赏远远赶不上奥洛夫一家得到的，因此他们觉得真正的沙皇伊凡六世应该被重新扶上皇位。此外，为了母亲的利益需要，保罗大公被人丢在一旁，而且他的母亲还是一个外国人，对此几位军官也提出了质疑。拉祖莫夫斯基很了解军官们在酩酊大醉时会有多么荒诞，因此他建议女皇对这几个有罪之人仅处以降级并调配至边远要塞。然而，在成功加冕之时这样的言论令叶卡捷琳娜勃然大怒，她希望知道究竟还有多少人对奥洛夫一家说三道四，又有多少人在议论被囚禁的"法定皇帝"。她认为拉祖莫夫斯基的提议太仁慈了，为了取悦女皇，调查人员只好将伊凡·古利耶夫和彼得·赫鲁晓夫判处死刑。判决结果被呈交给议会进行审核，但是就在事态尚未进一步扩大之时叶卡捷琳娜又进行了干预。这一次，她减轻了判罚，对原先被处以极刑的罪犯免除死罪，改为将其开除军籍，发配边境。叶卡捷琳娜希望此举能够让世人看到自己不会永远那么宽容，但还是会根据罪行的轻重对犯人量刑。她认为这一次只是酒醉之人发泄一下个人的不满，这种行为罪不至死。没过多久，对奥洛夫兄弟的妒火和复辟伊凡六世的企图再一次对叶卡捷琳娜构成了威胁，这一次的冒犯将远比酒后胡言对她的刺激更为强烈。

第四十六章
政府与教会

封赏了将自己扶上皇位的有功之臣之后，叶卡捷琳娜接下来就得求助于两个强大的机构——军队与教会，它们是立国的基础，在政变中给予了叶卡捷琳娜必要的支持，此刻它们都希望能立即恢复被彼得三世颠覆的传统。对于军队的这一愿望实现起来并不费力。将士们被七年战争拖得疲惫不堪，随后俄普两国的媾和又令他们饱受屈辱，为了一举消除俄军的痛苦，叶卡捷琳娜取消了同腓特烈二世的结盟，但她向普鲁士人保证自己无意再同他们或者其他任何人开战。同时她还立即结束了同丹麦才刚刚打响的战斗，在普鲁士与中欧前线的俄军指挥官接到一句简单的命令——"回家！"。相比之下，对教会进行安抚就远没有这么简单了。叶卡捷琳娜首先暂时中止了彼得草率颁布的没收教会田产及其他财产的法令，教会遂将她称颂为教会的大救星。

初步采取的措施无法解决帝国遗留下来的其他一些悬而未决的重大隐患。七年战争致使国库空虚，在普鲁士的俄军战士已经连续八个月没有领到薪俸，俄国也无力再向别国举债；国内农作物价格飞涨，各级政府部门大行索贿勒索之道，用叶卡捷琳娜自己的话来说，"国库中尚有一千七百万卢布的公债没有偿付，各个商业部门基本上都被私人垄断了，当年伊丽莎白女皇试图向荷兰借款二百万，结果只是徒劳一场，我们在各国眼中毫无信誉可言"。

那些指望着一旦推翻彼得的统治并废止亲普鲁士的外交政策就能够让奥地利与俄国重修旧好的人也对现实大失所望。在上台初期，为了鼓励这部分臣民的积极性，叶卡捷琳娜发布公告，在公告中她称俄国同普鲁士这个"宿敌"达成了"耻辱的和解"。当叶卡捷琳娜首次接见各国驻俄大使的时候，彼得三世的故交普鲁士大使伯恩哈德·冯·戈尔茨男爵借口"没有合适的服装"，请求俄国女皇允许自己缺席招待会。不过，叶卡捷琳娜无意同普鲁士维持敌对状态。在登基后的第一个星期里她便派出信使，向欧洲各国发去和解声明。在写给俄国驻柏林大使的信中她写道："考虑到最近同普鲁士国王陛下已达成和解，我们要求您向陛下郑重转达我们的态度，只要陛下不贻人口实，我们则愿意同陛下永远保持目前的关系。"叶卡捷琳娜提出的一个条件是俄国派驻前线的部队立即撤回，且不得受到任何阻挠，不协助，也不对普鲁士作战，对奥地利的态度也是如此——俄军只是返回国家而已。在缺席招待会的四天后，戈尔茨又出现在俄国皇宫里，同叶卡捷琳娜打起了扑克。

面对这么多棘手庞大的问题，相形之下有时候叶卡捷琳娜看上去甚至有些渺小。法国大使曾听到她说"我的帝国如此广阔，如此无边无际"，从她的语气中听到的并非是骄傲，而是惆怅。登基时她毫无治国或者管理大型官僚机构的经验，不过她求知若渴，而且有自学能力。有人向她提议继续沿用伊丽莎白女皇与彼得三世在位时的做法，自己不必亲自阅读堆积如山的外交快信和奏章，大臣们向君主提交节选摘要即可。叶卡捷琳娜没有接受这个提议，她希望对俄国面临的所有问题和影响自己做出决定的每一个因素都有所了解，她宣布："每日清晨须向我呈交所有报告。"

在面对议会时她也同样强硬。自彼得大帝统治时期以来，俄国的司法权都掌控在议会手中，议会同时还要负责监督君主颁布的法令是否得以执行。但是，议会不拥有立法权，该机构只是根据现行法律法规对国家政务进行管理，无论这些法律有多么无效或者陈旧。在政变期间叶卡捷琳娜同议会联系紧密，通过议会她向俄国驻国外部队下达了第一道命令，当她率领近卫军前往彼得霍夫宫的时候，她将儿子保罗也托付给了议会。刚一登基，为了方便她的出席，议会改为在夏宫举行会议。登基第四天，她出席了一场会议，会议首先提出了国库亏空、粮食价格翻倍的问题，她的回答是拿出自己的体己钱——占国家收入十三分之一的欠款，供政府调用。

"女皇属于国家。"叶卡捷琳娜说，在她看来自己拥有的一切都属于国家。她还宣布从今往后国家利益与她个人的利益不再存在分别。针对粮食短缺的问题，她颁布了一道谷物出口的禁令，结果不满两个月俄国的粮食价格就回落了。她还取消了包括舒瓦洛夫等大贵族的私人垄断权，俄国的盐业和烟草业及利润曾经完全被控制在这些家族手中。

通过这些会议，叶卡捷琳娜很快便意识到议会在很多问题上都非常无知。一天上午，当议员们就俄国一处边远地区展开讨论时，她清楚地看到这些人竟然对该地区的方位一无所知。她建议众人先看看地图，可是会场内找不到地图，她又果断地叫来传令官，然后从自己的手袋里掏出五个卢布，命传令官去科学院一趟，因为那里出版过一份俄国地图册。传令官带着地图册回来了，议员们终于知道了讨论了半天的那片区域究竟在哪里。之后女皇将地图册送给了议会。为了让议会的工作得到改进，她于1763年6月6日致信全体议员："不能说你们对我的福祉以及所有臣民的福祉缺乏诚挚的关心，但是我不得不遗憾地说很多事情都没能达到预期目标。"她指出之所以出现这样的状况是由于现存的"内部争端与敌意，因此各方都互相倾轧，完全有失通情达理、品行端正、渴望尽职尽责的好名声"。

女皇在议会的代表是总检察长，当初彼得大帝为了让君主与议会之间实现更为有效的沟通而设置了这个职位，并对其授予了监督议院的权力。被称为"君主之眼"的总检察长尤其需要为议会设置议题并监督议题的审理，向君主汇报议院的工作，接受并传达君主的命令。叶卡捷琳娜新任命的总检察长维亚泽姆斯基收到女皇对议院所做的分析：

您将看到议会存在着两个派别……这两个派别目前都会争取拉拢你。您会发现其中一个派别的成员即便智商有限，但为人忠厚本分；而另外一个派别，我想他们有不少长远打算……议会的建立是为了确保下达给他们的指令能够得到执行，可是长久以来议会总是擅自颁布法令法规、封官授衔、赏赐钱财和田产，总而言之……几近无所不为。一旦出现越界的行为，议院便会难以适应对他们束手束脚的新规定。

叶卡捷琳娜的忠告对维亚泽姆斯基来说固然很要紧，但更为重要的则是叶卡捷琳娜借此向这位检察长表示了自己同对方保持私人交往的意愿：

您必须明白自己得同什么人打交道……您会发现我只关心国家至高无上的福祉与荣耀，我对臣民唯一的希望就是他们能够过上幸福的生活……我本人非常喜欢听到真话，您尽可以放心地对我实话实说，只要是为了有利的结果您尽可以同我争论。我听说您是一位公认的耿正之人……我希望您能亲身证明这样的人在朝廷里会大有前途。请允许我再补充一点，我并不指望得到您的奉承，我需要的只是您能够尽忠职守，处理问题时雷厉风行。

维亚泽姆斯基始终没有辜负叶卡捷琳娜的期望，一直忠诚地履行着"君主之眼"的职责，截至1792年退休时他为叶卡捷琳娜的王朝效力长达二十八年。

继位几天之内叶卡捷琳娜就召见了尼基塔·帕宁和阿列克谢·别斯杜

捷夫，在叶卡捷琳娜一生中最危急的时刻这两位俄国资格最老的政治家给她提供了支持，但是他们二人从来没合作过。别斯杜捷夫结束了流放，被女皇召回首都，并恢复了头衔与田产，他希望同时自己还能官复原职，继续领导国家大事。这时的别斯杜捷夫已经年过七旬，羞辱与孤独的生活让他疲惫不堪，虽然女皇曾宣布过将他官复原职，但叶卡捷琳娜无意重新将他擢升为总理大臣。

尼基塔·帕宁成为新政府里的头号人物，他既是叶卡捷琳娜儿子的教师，又是叶卡捷琳娜本人的参谋，政变从计划到执行都得到了他的指导。敏锐的头脑，再加上在欧洲的广泛阅历使得他立即成为叶卡捷琳娜的首席顾问大臣。1762年，帕宁四十二岁，身材矮胖但举止优雅的他依然保持着单身，每天迟迟才起，整个上午都用来批阅公文，在享用完丰盛的午餐后总要睡上一小会儿，或者打打牌。叶卡捷琳娜十分赏识他的智慧与坦诚，但是登基之初对他还仍然有所保留。她知道十二年被派驻瑞典的生活让帕宁仰慕君主立宪制度，而她自己则认为这种制度并不适用于俄国的现实。此外，她看到帕宁一直希望她能安心于摄政王的地位，让保罗继位。摄政的建议当然不可能让叶卡捷琳娜感到满足，她从未亲口说过，甚至做过任何暗示，表明自己甘愿充当保罗的临时代理人。

叶卡捷琳娜还很清楚帕宁不赞成她给予奥洛夫兄弟的殊荣。帕宁担心叶卡捷琳娜与他们的关系会对有效有序的政府造成损害，正如伊丽莎白女皇那些英俊的男宠对当时的政府所产生的影响一样。然而，帕宁是一个现实主义者。他承认叶卡捷琳娜之所以能掌控大权主要是由于奥洛夫兄弟在近卫军中的影响力，他明白除了同格里高利·奥洛夫的私交，女皇对这五位兄弟的感激之情有力地保障了他们的地位。为了适应现实问题，帕宁改变了自己的策略，在帮助叶卡捷琳娜推翻彼得三世之前他曾同她单独讨论过建立更为自由的政府，这种理想型的政府根植于他早年在瑞典推崇的政治体系。继位后，叶卡捷琳娜希望朝廷的工作更为有效，能根据俄国的实际需要做出反应，帕宁便开始游说她接受对皇权的限制。这一步棋必须走得小心翼翼，由于无法公开建议对君主的绝对权力进行限制，所以他提出不妨建立一个永久性的执行机构——枢密院，其职权仅限于"辅佐"君主。根据新的政府结构，帕宁提出的议会将以集体决议的形式对君主的权力进行限制。

大权在握的叶卡捷琳娜无意与人分享手中的权力，也不答应这份权力受到限制。刚一登基她便要求帕宁将自己的想法以书面形式报告给她，帕宁立即完成了女皇交代的事情，1762年7月末就将自己建立永久性枢密院的方案摆在了她的面前。按照帕宁的构想，君主仍旧保有对国家的最高统治权，但是为了促进政令的有效执行，君主应当与八名议员组成的枢密院共享权力。在方案中，帕宁没有解释这几位议员的遴选方式，以及选拔权的归属等问题，不过至少其中四名已经确定为军事学院、海军、外务部和内务部的国务秘书。为了让提议更容易得到叶卡捷琳娜的首肯，帕宁将格里高利·奥洛夫列入了另外四个席位的候选人之中。枢密院将负责国家议会的立法权无法涉及的所有事务，"如女皇亲政一般"，但如果没有君主的签名枢密院颁布的任何法令法规都将被视为无效。

帕宁很清楚自己的提议并没有坚实的根基，这套方案完全是在僭越君权。皇家议员的任命终身有效，君主无权罢免任何一位议员，渎职的议员可以被解职，但是对其解职的议案要经过国家议会全体议员的同意。叶卡捷琳娜一眼便看出这种提议其实旨在限制她的权力，对她在政府重要职位上的人事任免权构成了侵犯。在叶卡捷琳娜看到第一眼的时候，帕宁的这份提案就流产了，为了皇位苦苦等待了这么多年，她渴望得到的绝不是有限的权力。

叶卡捷琳娜的一生始终坚信，绝对君权远比几个终身性的政府官员组成的政府更适合俄国的政治现实。对枢密院这种构想持反对意见的并非只有叶卡捷琳娜一个人，实际上大多数贵族都不赞成这个提议，他们认为这种性质的议会将会导致朝廷永远被一小群地位坚如磐石的官僚而非君主本人把持住，他们对这样的局面并不陌生。贵族们的反对增强了叶卡捷琳娜的信心，1763年2月初局势明朗起来，女皇表示对枢密院不予考虑。为了不冒犯帕宁，叶卡捷琳娜小心翼翼地采取了迂回的手段来表明自己的态度。她对帕宁的提案先是摆出一副感兴趣的姿态，然后便将其搁置一旁，从此再也没有过问过此事。

叶卡捷琳娜决意葬送建立枢密院的构想对帕宁来说不啻为一次重创，不过在当年8月叶卡捷琳娜又对他做出了补偿，将他任命为外交学院的元老。由于体力衰退，再加上又遭到弃置，别斯杜捷夫选择了退休，从这一年直到1781年的十八年里尼基塔·帕宁一直担任着俄国外务大臣一职。

解决经济危机、安抚军队、重新制定外交政策、提高政府工作效率，除了这些工作，叶卡捷琳娜还需要妥善处理教会的问题。她皈依了东正教，信守教义，遵循教规，与丈夫彼得形成了鲜明的对比。在短命王朝的第二个月里，彼得颁布了一道法令，没收教会名下的全部产业，用作世俗之用，并宣布俄国东正教必须仿照北德意志地区普遍信奉的新教进行改革。教会高层相信叶卡捷琳娜反对丈夫的决定，一旦得到机会便会将其撤销，所以他们热烈拥护叶卡捷琳娜夺取政权。政变成功后，教会统治集团立即心急火燎地要求政府归还教会的产业。坐上皇位后，叶卡捷琳娜立即废除了彼得颁布的命令，这笔政治债务按说已经一笔勾销了。然而，私下里她对这个决定始终举棋不定。尽管在公开场合她始终对传统信仰尊敬有加，但同时她也认为教会拥有如此庞大的财富令人愤慨，在她看来这笔国家财富就这样被挥霍掉简直令人发指。如同彼得大帝一样，叶卡捷琳娜认为这笔财富应当被用于国家的建设，而且教会被置于国家的领导下，能在社会进步与教育方面起到积极的作用。国家积贫积弱，面临着很多亟待解决的问题，与此同时教会拥有如此规模的土地和农奴，这两种现实之间的鸿沟始终没能得到有效的解决。

叶卡捷琳娜登基时俄国的人口中有一千万是农奴，其中绝大多数都是农民出身，他们占据了俄国这个农业大国的绝大部分农业劳动力。自登基以来，叶卡捷琳娜就希望能从本质上解决农奴制存在的问题，然而这种制度与俄国的经济与社会生活都息息相关，根深蒂固，对于登基仅几个月的她来说这些问题远远超出了她的能力范围。但是，即便无法一劳永逸地全面解决这个问题，教会占有的广阔土地和被捆绑在这些土地上的一百万男性农奴及其家人所造成的社会问题却亟待解决。叶卡捷琳娜废除了彼得三世将教会财产改作俗用的法令，教会暂时恢复了对田产和农奴的所有权，但这并不是叶卡捷琳娜希望看到的局面。她的目标实际上与此背道而驰。

在应对教会的财富与权力所带来的问题以及教会与国家之间的关系时，叶卡捷琳娜步先辈后尘，采取了一系列重大措施。早在半个世纪之前彼得大帝就将目光投向了臣民的现实幸福，而非精神上的救赎，他无视教会对来世的担忧，反而一心希望教会能发挥一定的社会价值，即为国家培养大量诚实可靠的臣民。为了实现这个目标，他废黜了俄国东正教最高领导——牧首———一职，从而削弱了教会统治集团的权力，而在此之前在权力的宝座上牧首几乎与沙皇平起平坐。作为牧首的替代品，彼得创立了由十一至十二位成员组成的圣议会，对教会的俗世事务与财务进行管理，而且成员不必非得从神职人员中选拔。1722年，彼得为圣议会委派了一位市民出身的最高长官，负责监督教会的日常事务，并拥有对神职人员的管辖权。通过这一系列措施，沙皇彼得终于让教会向国家低头了。叶卡捷琳娜也意图效仿这一套做法。可是，在彼得大帝过世后，他的女儿伊丽莎白在一定程度上又颠覆了教会与国家之间的这种格局。伊丽莎白女皇性格极度乐观，对信仰非常虔诚，为了让自己肆意无度的生活得到宽恕，她对教会出手大方，赏赐给他们大量的财富和特权。伊丽莎白在位期间，教会统治集团又重新获得了对名下土地和农奴的管理权，在她过世后彼得三世继位，教会与国家之间摇摆不定的关系又恢复到了彼得大帝时代的状态，等到叶卡捷琳娜登基后她又颠覆了之前的局面，立即废除了过世丈夫颁布的法令，重新赐予教会大量财富，恢复教会对土地和农奴的管理权。但是，就在几个月后她再一次改变了政策。

在经过一番犹豫之后，叶卡捷琳娜对教会的对抗态度日益清晰了，最终这场政治与宗教冲突演变成了大规模的对抗。1762年7月，叶卡捷琳娜命令议会对东正教教会拥有的巨额财富进行调查与统计，并向政府建议一项新政策。议会立即提出了一套折中方案，即田产仍旧归还于教会，但是提高向教会征收的人头税。这项提案导致教会统治集团出现了分裂，由诺夫哥罗德大主教迪米特里领导的多数派在总体上愿意交出繁重的田产管理权，转变为同军队和政府具有一样基础的国家公务人员。为了判断并深入了解既存的问题，迪米特里提议宗教与世俗力量联合建立一个委员会。叶卡捷琳娜同意了这项提议，于1762年8月12日签署公告，宣布暂时废除彼得三世曾经颁布的法令，将原先教会拥有的土地仍旧归还教会，并根据迪米特里的提议组建了一个由三名神职人员代表与五名平民信徒代表组成的委员会，对教会问题进行审查。

面对教会的统治集团，叶卡捷琳娜必须十分谨慎，在宗教教义与政策等问题的处理上她始终非常理性灵活。在严格的路德教环境下长大的她自幼便对宗教表现出强烈的质疑精神，她那位传统到骨子里的父亲对此一直忧心忡忡。在十四岁那年来到俄国后，她又按照伊丽莎白女皇的要求改变宗教信仰，皈依了东正教。在公开场合，她始终一丝不苟地从各个方面信守着东正教信仰，参加礼拜、庆祝宗教节日、朝圣等一样不落。在位期间她从未低估过宗教的意义，她知道君主与皇权都是日常祷告中的一部分，教会人员对宗教的认识和民众对信仰的虔诚都是她必须留心的一股力量。无论个人对宗教怀有怎样的认识，君主都必须想方设法对其加以利用。当被问及在否定上帝的同时如何还能参加圣餐礼时，伏尔泰回答说自己是在"根据国家的传统分享圣餐"。公开贬低并抛弃东正教教会已经给彼得三世带来了灾难性的后果，叶卡捷琳娜决定效仿伏尔泰的态度。

叶卡捷琳娜最重要的几位谋臣在如何处理教会的问题上各执己见。别斯杜捷夫一直倾向于将教会事务全权交给教会统治集团处理；更具有启蒙思想的帕宁主张由国家对教会本身及其名下的产业进行管理。最终在1762年8月发布的公告中叶卡捷琳娜流露出免除教会俗务的打算，这份公告为教会的前途蒙上了一层阴影。在调查委员会着手调查之后，产业收归俗有的可能性令教会人员忧心忡忡，但是其中大多数人都束手无策，少数一些人甚至做好了战斗的准备。

罗斯托夫[1]大主教亚瑟尼斯·麦茨耶维奇与顺从的众人形成了鲜明的对比。他强烈反对政府插手干预教会事务，尤其不赞成教会产业被收归俗有。六十五岁的大主教出身于乌克兰贵族家庭，是圣议会的成员，他治下拥有教会最富庶的教区，该教区名下拥有一万六千三百四十名农奴，他坚信教会被授予的财富是用于精神救赎而非世俗目的。无所畏惧，充满激情，在神学方面博古通今的大主教打算对女皇进行一番口诛笔伐，并希望能同女皇当面对话，借机说服女皇放弃自己的意见，转而接受他的观点。

1763年初，叶卡捷琳娜即将从莫斯科出发，前往罗斯托夫为圣迪米特里·罗拔诺甫的遗骨举行祝圣仪式。最近领受圣徒封号的迪米特里·罗拔

---

[1] 罗斯托夫（Rostov），又称大罗斯托夫，位于现今俄罗斯西部雅罗斯拉夫尔州，距离莫斯科约二百零二公里。

诺甫被称为"奇迹创造者圣迪米特里",是亚瑟尼斯的前任,他的遗骨将当着女皇的面被放入银壁龛中,亚瑟尼斯就打算在仪式结束后同女皇当面谈一谈。日子一天天临近了,叶卡捷琳娜却突然推迟了动身的时间。

消息一经宣布亚瑟尼斯便采取了行动。1763年3月6日,他针对教会产业世俗化向圣议会提交了一封言辞激烈的谴责信,声称世俗化将同时毁灭教会与国家,并提醒圣议会,女皇在继位之初曾信誓旦旦地许诺过要保护东正教。他对教会有责任对民众进行哲学、神学、数学和天文学教育的提议也大加斥责,称教会的职责仅在于传达上帝之道,主教们没有义务建立学校,这都属于国家的职责范围,如果教会被世俗化,那么主教与神父都将不再是子民的领头人,而变成了"对一粥一饭都要负责的雇工"。针对圣议会中的同僚在这场危机中的作为,他严厉地谴责他们"就像一群哑巴狗一样只知道乖乖地坐着,一声不吭"。

亚瑟尼斯站在罗斯托夫众神父面前对所有质疑教会有权拥有土地和农奴的人进行了一番猛烈的谴责,声称这些人都是"教会的敌人……(他们)将手伸向了敬献给上帝的礼物,意图占用上帝的子民与虔敬的君主们给予教会的财富"。

亚瑟尼斯对形势估计有误,他低估了叶卡捷琳娜的勇气,也没有意识到国内存在着各种同他意见相左的势力。大贵族阶层历来属于世俗力量;地方土地拥有者渴望进一步得到教会名下的田产和劳动力;同国家财政现状做着艰苦斗争的政府官员也赞成叶卡捷琳娜的意见,即将教会的财富与收入用作俗事之用。

叶卡捷琳娜意识到在写给圣议会的请愿书中这位大主教将矛头直接指向她,她称大主教的论调纯属"无理取闹,蛊惑人心,歪曲事实",执意要对"这个骗子、伪君子"给以惩处,以儆效尤。她签署法令,命令圣议会立即采取行动,对亚瑟尼斯进行审判。3月17日,冒犯君主的大主教被逮捕了，然后从罗斯托夫一路被押送至莫斯科的一所修道院，等候调查。圣议会的议员们连续数夜对曾经的同僚进行了审讯，叶卡捷琳娜也出席了这些会议。她听到亚瑟尼斯对她登基的权力以及彼得的死亡提出了一连串的质疑："当今的君主不是俄国人，也没有坚定的信仰，她不应当占据原本属于伊凡·安东诺维奇（伊凡六世）的皇位。"听到这里叶卡捷琳娜终于捂住了自己的耳朵，大声吼道："叫他闭嘴！"

圣议会的裁决不存在丝毫的悬念。4月7日，亚瑟尼斯被判有罪，剥夺神职，逐出教区，流放到远在白海的一所修道院去，此后他不得再撰写任何文章，一周做三天苦工：背水、劈柴、打扫修道院里的房间。此外，女皇还特意在克里姆林宫举行了一场公开的降级仪式。亚瑟尼斯身着飘逸的长袍出现在众人面前，通过仪式受尽了羞辱——身上象征着神职的长袍被逐一剥去。尽管如此，他还是不甘心保持沉默，在仪式过程中大声谩骂着教会中的同僚，诅咒所有人都不得好死。多年后，被关押在北方边远地区的他仍然不停地谴责着叶卡捷琳娜，称她为异教徒和教会的掠夺者，并且继续对她继承帝位的事实进行着质疑。最终，女皇剥夺了他所有的宗教头衔，然后将他转移到波罗的海沿岸的列威利要塞，关押在单人牢房中。亚瑟尼斯的恶骂声终于偃旗息鼓了，直至1772年逝世时看守他的卫兵都不知道他的真名，不会讲俄语的士兵都把他叫作"大骗子安德鲁"。

叶卡捷琳娜终于确立了国家高于教会的格局，就在对亚瑟尼斯宣判一个月后，她又出现在圣议会面前，向圣议会阐明了自己的理由：

你们都是十二使徒的传人。当年上帝命他的使徒教人类唾弃财富，而且他们自己本就身无分文。他们的国度不在这个世界上。我常常从你们的嘴里听到这些话。你们岂敢占有这么多财富，这么多地产？倘若你们真心遵奉你们自己制定的法规，倘若你们希望成为我最忠实的臣民，那你们就会毫不犹豫地将自己占有的不义之财归还给国家。

此后，再也没有"亚瑟尼斯"挺身而出，对叶卡捷琳娜发起挑战了。

1764年2月26日发布的诏书，宣布教会手中的土地和财产均收归国家，教会成为隶属于国家的机构，教会名下的所有农奴地位有所提高，变成了官属佃农[1]。结果，一百万男性农奴——如果将他们的妻儿算在内的话将多达二百多万——从此被纳入政府的管理体系中，向国家缴纳赋税。神职人员的自治权及其他权利被剥夺了，大大小小的牧师都变成了国家的公务人员。除了自治权，教会同时还失去了自己的经济基础，数百座教堂因此而陆续关闭，原先的五百七十二座修道院最后仅剩下一百六十一座还在继续维持。对于这场席卷俄国宗教、社会、文化和经济生活的变革，在俄国国内听不到丝毫反对的声音。

---

[1] 官属佃农，俄国实行农奴制度时期出现过的佃农分类，与地主和皇室（后转为贵族封地）拥有的佃农不同，这一类佃农生活在国有土地上，依靠国家划拨给他们的小块土地为生，由政府统一管理，在人身方面不依附于任何人或者机构。

第四十七章

农奴制

叶卡捷琳娜对君主制政府的结构做了进一步的巩固，对教会的要求也做出了回应，但是俄国社会与经济生活存在着一个长期处于不稳定状态的根源，即农奴制，在登基后的头几个月里她同时还面临着农奴制造成的危机。乌拉尔地区的矿场和铸造厂里的农奴掀起了一场暴动，这场动乱让孟德斯鸠与伏尔泰的好学生看到，要想改变社会中长期存在的不公正仅靠一些思想理论是不够的，无论这些学说落在纸上时看起来有多么优美，多么打动人心。

1762年，大约两千万的俄国人口中存在着严格的等级结构——君主、贵族、教会、商人、市民，位于这个阶梯底层的是多达一千万人口的农民。有的农民在一定程度上拥有自由权，有的则完全不隶属于任何人或机构，但是绝大多数农民则毫无自由可言，农奴要么永远被捆绑在皇室、政府、教会，以及绝大多数出身于贵族的私人土地所有者所持有的土地上，要么隶属于各种工矿行业。根据1762至1764年间的人口普查，皇室名下有五十万农奴，这些人在君主及其家人拥有的土地上劳作着；有二百八十万农奴被划分为官属佃农，这部分人归国家所有，生活在国家所有的土地及村庄里，但是他们可以依据国家颁布的法律法规以交钱或者劳动的方式向国家偿还债务；教会先前拥有一百万农奴，现如今这一部分劳动力被叶卡捷琳娜完全剥夺，转为官属佃农；而占据最大比重的农奴则都属于大大小小的贵族，这部分农奴多达五百五十万人，占农奴总人口的百分之五十六。在俄国，根据法律，贵族有权拥有农奴，少数一些极其富有的贵族往往几个人名下就有数千名农奴，但是绝大多数都只是一些小地主，其名下仅有不足百人的农奴为他们耕种田地，有的人甚至只有十数名农奴。此外，还存在着第四种没有人身自由的劳动力类型，即产业农奴，这部分人都在乌拉尔地区的矿场或铸造厂里务工。最后这部分农奴不归厂矿业主或管理者所有，他们完全隶属于矿场或铸造厂本身。

在俄国，农奴制最早出现于16世纪，它的诞生是为了在辽阔的土地上保持充足的农耕劳动力。伊凡雷帝在位五十一年（1533年—1584年），在他之后俄国进入了"混乱时期"，当时的沙皇是伊凡雷帝在世时的副官，鲍里斯·戈东诺夫[1]。在三年饥荒中，农民纷纷逃离颗粒无收的土地，进城谋生。为了束缚住农民，鲍里斯颁布了一道法令，规定农民永久性地与土地捆绑在一起，被当作土地的附属物赠予土地所有者。在随后的岁月中，这种雇工与土地之间的捆绑制度始终是约束居无定所的俄国农民的必要手段，在此之前很多人都可以随心所欲地远走他乡。

经年累月，农奴的地位日益恶化下去。在最初被捆绑在土地上的时候，雇工还拥有一些基本的权利，当时的制度也建立在工酬关系之上。随着时间的推移，土地所有者的权利日渐提高，农奴的权利则越来越被削弱。直到18世纪中期，俄国大部分农奴都变成了私人财产，即所谓的"动产"，实际上就是奴隶。起初，按照预想农民只是被束缚在土地上，而今他们却被土地所有者当作私人财产，可以与土地分离，被单独买卖。一个个家庭被弄得妻离子散，全家人都分别被带到市场等待出售。富有才华的

---

[1] 鲍里斯·戈东诺夫（Boris Godunov, 1552年—1605年），是1598年至1605年在位的俄国沙皇。他出身于鞑靼贵族，曾经侍奉过伊凡雷帝。在位期间他推进俄国农奴化进程，规定如果一个自由人为他人工作满六个月以上，就沦为这个人的奴仆。还公布逃亡农奴的追捕期限为五年。在位末期俄国不断发生农奴起义。

农奴会在城市被出售掉，届时《莫斯科新闻》或者《圣彼得堡报》上会刊登广告，对他们的技能"盛赞"一番：

待售：理发师一名，连同四根床柱及其他数件家具。

待售：宴会餐布两块，及训练有素的年轻女佣两名、农妇一名。

待售：十六岁少女一名，为人规矩，及典礼用马车一辆，几乎全新。

待售：二十六岁少女一名，学过蕾丝的制作，可缝制被褥，熨烫衣服，给衣服上浆，并服侍女主人更衣。此外，该女子相貌端庄，身材苗条。

欲购买一家人，或者单独购买一名青壮年男子或少女者，请垂询喀山教堂对面的银器擦洗店。该男子名叫伊凡，现年二十一岁，身体健壮，擅长为女士卷发；该女子名叫玛法，现年十五岁，体形匀称，身体健康，可做缝补和绣花等工作。所有待出售商品均接受验货，价格合理即可成交。

待售：多名家佣和技工，均品行端正。裁缝两名、鞋匠一名、钟表匠一名、厨师一名、沙发工一名、轮匠一名、雕工一名、金匠一名、车夫两名，均可亲赴所有人家中查验，价钱待定。另外，幼龄赛马三匹、雄马驹一匹、骟马两匹、猎犬一群，总价五十卢布。十六岁女佣一名待售，会织蕾丝、缝被褥、熨烫及浆洗衣服，为女主人更衣。此外，该名女佣生就可人的面容和身材。

哪怕是技艺超群，作为农奴其价格常常还比不过一条得过奖的猎犬。总之，男性农奴的售价通常在二百至二百五十卢布，少女或成年女子的价格则根据年龄、能力和相貌等因素浮动在五十至二百卢布之间。有时候，对农奴的交易甚至不涉及金钱，只需一匹马或者一条狗即可换得一名农奴，一个晚上的牌局就能让一家农奴易主。

农奴人口的主体为农业劳动力，但是对叶卡捷琳娜首先构成挑战的却是矿场、铸造厂及其他工厂里劳作的产业农奴们的处境与不满情绪。一开始，乌拉尔地区的很多工人都是官属佃农，为了促进俄国的工业化进程，1721年彼得大帝允许非贵族出身的企业主向国家购买这部分劳动力，这些人便离开了土地，转变成了产业农奴，永久性地依附于各个工业企业。这些农奴并没有成为厂矿业主的私人财产，他们实际上属于厂矿本身，不可单独出售，就像机器一样。产业农奴的生活条件非常恶劣，工作时间没有限制，维持生计的收入却微不足道，而且管理者有权对他们进行体罚。这部分劳动力的死亡率高居不下，很少有人能活到中年，不少人都死在工作中。自然，产业农奴中间充满了不安定的因素，在伊丽莎白女皇执政期间就曾经出现过几次暴动，后来军队进行了镇压。面对压迫，俄国农民最主要的抵抗手段就是逃跑，产业农奴也试图逃往人口稀疏的地区或者伏尔加河下游地区之外的荒漠。没有人能活着逃离乌拉尔地区，可是逃亡者的队伍还是日渐壮大起来。

登基后的第一个夏天叶卡捷琳娜就受到了挑战。对此，她于1762年8月8日专门颁布了一项法令，宣布从今以后厂矿业主都不得单独购买农奴充作产业工人之用，若要购买必须连同农奴所属的土地一并购买。法令还规定雇主必须按照雇佣双方商定好的价格向通过这种方式刚刚转变为工人的农奴支付报酬。

这项法令在整个工矿集中的地区掀起轩然大波。获悉法令中提到"双方商定的报酬"，乌拉尔地区和伏尔加河沿岸的农奴们立即放下劳动工具，开始罢工，国家的矿业和铸造业的生产陷入停滞状态。叶卡捷琳娜意识到自己颁布这样的法令尚为时过早，为了逼迫工人复工她又采取了伊丽莎白女皇的老办法，派出了军队。即将出任总检察长的维亚泽姆斯基将军被派往乌拉尔地区镇压工人，曾经被鞭子制服的地方如今又开来了大炮。

但是，在赶赴乌拉尔地区之前，叶卡捷琳娜对维亚泽姆斯基将军还做过其他指示。在镇压罢工工人的同时他需要仔细调查矿场工人的生存环境，查明导致工人们如此愤慨的原因，找到安抚他们的措施。将军还有权免除农奴管理者的职务，如有必要还可对其进行责罚。

总而言之，您可自行选择一切适宜的手段对农民进行安抚，但同时必须采取得当的预防措施，以免农民会妄想管理者会忌惮他们。一旦发现管理者犯有极其不人道的罪行，您尽可以公开对其进行惩处，但如果某人只是增加劳工强度，那您只需私下进行处罚即可，以免给其他人以玩忽职守的借口。

维亚泽姆斯基在乌拉尔地区和伏尔加河下游地区走访了一圈，处置了一批造反头目，鞭笞之后又对他们罚以苦工。同时他对自己肩负的另一项任务也尽职尽责，调查导致农奴不满的主要原因，对穷凶极恶和极端失当的管理者进行了处罚。

据说在批阅维亚泽姆斯基的调查报告时，叶卡捷琳娜满怀怜悯之情，但是动用武力平息罢工让她陷入了两难境地。认为自己拥有了一定权利的产业农奴对女皇试图安抚他们的任何提议都将信将疑，与此同时矿场所有者和地方政府都指出改革的条件尚不成熟，现在甚至都没有条件对这群野蛮原始的人施以仁慈，因为只有皮鞭才能制服他们。因此，法令中只有涉及如何得到农奴劳工的条款被落实了，产业农奴的境况还是维持现状。问题没能得到解决，暴力事件层出不穷，几年后终于爆发了席卷整个乌拉尔地区和伏尔加河下游地区的普加乔夫起义。这次的改革让叶卡捷琳娜意识到要想打破农奴所有者与农奴之间形成的传统、偏见和无知，只有智慧和善意是不够的。

但是，叶卡捷琳娜没有就此止步。1765年7月，她又组建了一个特别委员会，命其"设法改善铸造厂的条件，将减轻劳工负担、安抚他们的心灵与国家的繁荣同时牢牢记在心间"。1767年，她又提出有必要采取措施将农奴从"令人发指的枷锁"中解放出来，以免全国爆发大规模的起义，"倘若我们不主动减少暴行的发生，改善令人难以容忍的生存条件，那他们会主动争取的"。

叶卡捷琳娜深知启蒙思想强调人的权利，从理智上来说她并不赞成农奴制，还未成为女皇的时候她就曾建议对这种制度进行改革，直至将其废除，哪怕花费上百年的时间。这项提议的核心在于所有土地在进行交易时，附属于土地的农奴应当获得自由，一旦政策得到落实，在长达一个世纪的时间里俄国将有大量土地易主，终有一天叶卡捷琳娜可以说："好啦！人们都自由了！"

如果叶卡捷琳娜认为农奴制是罪恶的，那么在登基后她为何又要给自己的支持者赏赐数以千计的农奴？在执政第一个月里她就将不少于一万八千名原本享有一定自由的皇室农奴和官属佃农当作礼物送了出去。按照最积极的方式来理解的话，她或许认为违背自己的信仰只是权宜之计，她必须先处理迫在眉睫的问题。拥有地产的贵族连同军队与教会将她扶上了皇位，现在她希望能回报他们。在1762年的俄国，财富是以农奴的数量为计量单位的而非土地的面积。除了拜官封爵、赏赐珠宝之外，叶卡捷琳娜还要给他们大量的财富。财富就意味着农奴。

女皇这个新角色让叶卡捷琳娜不得不做出一系列的让步，因此她只能对俄国的农奴制与尊重人权的启蒙思想进行调和。可是，在这个问题上放眼欧洲找不到一个先例可供参考，编纂《百科全书》的学者们对农奴制进行了泛泛的谴责，但他们在现实中却无须直视这个问题。在叶卡捷琳娜时代的欧洲，农奴制这种封建制度的残留物仅存于一些零散的孤立地区。在乔治三世统治时期，英国同其他国家一样经营着非洲奴隶贸易，每年有两万名男女劳力被装上船，运送到西印度群岛，与此同时英国的国王、议会和人民还将目光投向了另一条道路。这就是他们在美洲开辟的殖民地，这里很快就变成了美利坚合众国，其领导人往往张口便是启蒙思想，然而这里却充分证明了英国从上到下的伪善。弗吉尼亚那些致力于美国独立事业的绅士老爷和大地主基本上都是奴隶主，直到1799年逝世时乔治·华盛顿仍然在弗农山庄[1]蓄养着奴隶；托马斯·杰斐逊在《独立宣言》中写下"人人生而平等"，所有人都拥有"生存权、自由权和追求幸福的权利"，但他始终不曾放弃拥有奴隶的"权利"，并同自己的女奴莎丽·海明斯一起生活了三十八年，育有七个孩子。在美国的总统中，华盛顿和杰弗逊绝非孤立的个案，在历史上前后共有十二位总统蓄有家奴，其中八位甚至在当政期间都没有释放自己的奴隶。

俄国农奴的生存处境在很多方面都非常类似于美洲黑奴的状况，他们被主人视为低等生物，农奴与主人之间的鸿沟被认为是得到了上帝的认可，主人可以像对待牲口一样买卖农奴，肆意处置他们，而且手段常常极其残忍。俄国农奴并非来自异国的外乡人，没有人强行将他们从自己的故土上掳掠到大洋的另一端，并剥夺他们的语言、宗教信仰；俄国农奴只是一代代缺乏教育的穷人，与自己的主人属于同一种族，流淌着同样的血液，说着同一种语言。但是，如同美洲的奴隶主一样，俄国的农奴主对这些人类财产也具有完全的控制权，未经主人的允许农奴不能私自结婚，法律中不存在对农奴主体罚农奴的限制，任何不顺从、懒惰、醉酒、偷窃、斗殴以及反抗的行为都有可能招惹来一顿鞭子或者棍棒。贵族唯一不能做的就是将农奴处死，不过他们可以对农奴处以严厉的惩罚，这些惩罚往往

---

[1] 弗农山庄，乔治·华盛顿故居，位于美国弗吉尼亚州北部的费尔法克斯县，离亚历山德里亚市很近。乔治·华盛顿从二十二岁直到逝世都居住在弗农山庄，共长达四十五年。

能导致农奴身亡。一位游历过俄国的法国人曾写道："我看到头发花白留着一把美髯的男子趴在地上，裤子褪了下来，像孩子一样挨着鞭刑，那一幕真令我感到恶心。还有更为恐怖的景象，我甚至都难以启齿——有人有时候还要逼迫儿子用这样的方法责罚他们的父亲。"

俄国的绝大部分农奴都属于农业人口，在开林造田的土地上耕作一辈子，随着季节的变化和主人的一时之念他们有可能还要充作伐木工、园丁、木匠、蜡匠、油漆匠或皮匠，此外他们还要饲养牲畜，在种马场喂养供拉车和骑乘的马匹。女性农奴一生都得从事单调乏味的苦差事，频频怀孕的她们不是同丈夫一起在田间地头劳作着，就是煮饭、洗衣，或者生养儿女，制造更多的小农奴，为主人增加更多的财富。稍有闲暇的时候这些女人往往还要被派去森林里采摘蘑菇和浆果，但是她们无权私自保留，甚至哪怕只是吃上一点。

这是一个恐怖的父权社会。大部分农奴家庭都遵循着古老而通行于各种文化及社会的法则，即受到虐待奴役的男人继续奴役着在他管辖范围之内的人，后者通常指的就是他们的妻儿。农奴家庭的男性家长对全家人基本上具有绝对权威，这往往意味着父亲有权将儿媳妇当作自己的性工具。

不同的农奴其生活状况大相径庭，这主要取决于主人拥有的农奴数量。俄国富有的贵族农奴主有可能拥有数万名农奴，跟欧洲各国同等爵位的贵族相比他们拥有的贴身及粗使仆役是前者的六倍，大贵族的家仆有可能多达数百名，略为逊色一些的领主也有将近二十名左右。农奴主往往从自己名下的农奴家庭里挑选出机灵、漂亮或者有可塑性的孩子，按照自己的需要培养这些孩子的技能。大贵族拥有自己的鞋匠、金匠、裁缝和缝纫女工。在贵族的宅邸中，穿着金线绣花天鹅绒制服的男仆和女仆们在大厅里一字排开，每一扇门的门口都能看到他们站在那里，听候主人及其客人的吩咐；有的农奴仅仅负责某一扇门的开关，有的农奴只需要随时为主人拿来烟斗或者红酒，而书籍和干净手绢则另有专人负责。

俄国人凡事都喜欢夸张，所以最富有的贵族常常会建立自己的剧院、剧团、百位乐师规模的乐队，以及有数十名舞者的芭蕾舞团。为了演出的需要，大贵族还会豢养专用的作曲家、指挥、歌手、演员、画家和布景师等一切与演出相关的工作人员。贵族要将自己的农奴乐师、画家、雕塑工送到国外，跟随法国或者意大利的大师们进行深造，农奴甚至还有可能会成为工程师、数学家、天文学家或建筑师。富有天赋的农奴比他们在农田里做工的同伴要轻松一些，而他们自己很有可能就来自于那样的家庭。有时候，主人会对某些农奴越来越偏爱，但是无论农奴多么聪明或者才华横溢，主人绝对不允许农奴忘记自己的身份，农奴就是主人的私有财产。农奴或许会得宠一时，但是他们的家庭随时都有可能被活活拆散，他们不得擅自结婚，总是面临着强行婚配的命运；他们要做饭、打扫房间、在餐桌旁服侍主人进餐、跳舞或演奏乐器，随时还面临着虐待与羞辱，往往会成为掠夺成性的主人放纵兽欲的牺牲品。面对这一切，他们毫无怨言。这些家用的农奴最终往往还是会被送回到田间地头，或者被转卖掉。

在俄国农奴的历史中充满了惨无人道的暴行。例如，在《狄多与埃涅阿斯》[1]的演出中，贵族老爷突然揪住扮演狄多的女演员，将其扇了几巴掌后老爷斩钉截铁地说演出一结束女演员就得在马厩里好好地吃上一顿鞭子，被打得满脸通红的女演员还得继续演出。在一位亲王的剧院后台里，一位客人看到一个男人戴着沉重的金属项圈，项圈上还镶着一圈尖刺，哪怕只是轻轻转动一下脖子都会疼得要命。亲王对客人解释说："我这是在教训他，让他在下一次扮演俄狄浦斯王的时候别这么差劲。我要让他就这么站上几个钟头，这样一来他的演技肯定就能有所改善了。"还是在这个

---

[1] 《狄多与埃涅阿斯》，四幕歌剧，泰特编剧，普赛尔谱曲，1689年首次公演。据古希腊和古罗马史料记载，狄多曾是迦太基女王，迦太基城的建立者。

剧院里，另外一位参观后台的客人看到一个男人的脖子上套着锁链，被固定在一个地方。主人又对这位客人解释说："这是我的小提琴手。他拉跑调了，我只能给他点颜色看看。"这位农奴主将演员们无伤大雅的失误一一记下，每逢幕间休息的时候他就去后台将演员们鞭笞一顿。

对年轻男子、女人和儿童的所有权让农奴主肆无忌惮地尝试着各种疯狂的性幻想。曾经有女演员在主人的逼迫下先是在晚餐时扮演了女仆，然后在舞台上进行正常演出，随后又被送入男客人的寝室。有人做客时，主人总会为每一位客人都指派一名妙龄女仆，在客人做客期间始终服侍左右。尼古拉·尤苏波夫亲王甚至在演出中就跟宾客们开始了荒淫的享受，只要他击打一下手杖，所有的舞者就必须立即脱掉戏服，赤身裸体地继续舞蹈下去。

在一桩桩盘剥和暴行衬托下，一个浪漫的童话脱颖而出。但是，它终究还是不可避免地在羞辱、悲哀和死亡中落下了帷幕。

舍列梅捷夫家族祖祖辈辈都是俄国最显赫的贵族，他们的先祖曾侍奉过莫斯科的各位皇亲国戚，即沙皇的先祖。家族中曾有一位嫁给了伊凡雷帝的儿子，即被父亲杖毙的那位伊凡。彼得大帝在位时的陆军元帅鲍里斯也出身于这个家族，他曾在1709年对瑞典的战争中取得过历史性的波尔塔瓦大捷。截至18世纪中叶，这个家族一直是俄国最富有的贵族，在全国各地拥有总共两百多万亩的地产，其中一些甚至包括数十个村落，每个村落都达到了一百多户家庭的规模。舍列梅捷夫家族用着英国进口的马鞍、桌球台和猎犬，吃着从德意志威斯特伐利亚地区生产的火腿，还从巴黎购置衣服、香脂、烟草和剃刀。叶卡捷琳娜在位期间该家族基本上是在尼古拉·舍列梅捷夫伯爵的统治下，伯爵总共拥有二十一万名农奴，这个数字甚至超过了圣彼得堡的总人口数。

舍列梅捷夫家族最富丽堂皇的别墅莫过于莫斯科克里姆林宫以东五英

里外的库斯科沃庄园。在这座意大利风格的宫殿里，走廊和典礼室的墙壁上都挂着伦勃朗和凡·戴克的画作；在书房里，伏尔泰和本杰明·富兰克林的胸像面对着两万册藏书的书架，书架中有伏尔泰、孟德斯鸠、狄德罗、卢梭、高乃依、莫里哀和塞万提斯的著作，以及密尔顿、蒲柏与菲尔丁等人的法语译本。宫殿外，由农奴修造的人工湖里游荡着一艘满帆的战舰和一艘舢板。

陆军元帅鲍里斯的孙子，也是其全部财产的继承人尼古拉·舍列梅捷夫自幼便享有很多特权，过着穷奢极欲的生活。他学过俄语、法语和日耳曼语，还学过小提琴、古钢琴、绘画、雕塑、建筑、剑术和马术，幼年时即被叶卡捷琳娜女皇选为储君保罗大公的伴童。

在尼古拉十九岁那年，舍列梅捷夫家的领地内诞生了一个女农奴，普拉斯科维娅。她的父亲是一个嗜酒如命、目不识丁的铁匠，总是当着孩子们的面对妻子拳脚相加。年满八岁的时候，普拉斯科维娅被送进了舍列梅捷夫家的宅邸中，对于这个决定她和自己的双亲都无能为力，农奴随时都得交出自己的孩子，无论主人要对他们的孩子做出怎样的安排。普拉斯科维娅学会了读书写字，在九岁那年遇到了尼古拉，后者当时已经年满二十六岁。尚未婚配的尼古拉喜欢女人，在他看来最迷人或者只是更为容易得手、更容易驾驭的就是自己的农奴。1780年代中期三十五岁的他与十七岁的普拉斯科维娅相恋了，除了尼古拉是普拉斯科维娅的主人这个因素外，能让他俩日益亲密起来的还有两个人对音乐同样的热爱。普拉斯科维娅在唱歌方面表现出罕见的才华，尼古拉憧憬着创建全俄国最杰出的歌剧团。在舍列梅捷夫家的新剧院里，尚未成年的普拉斯科维娅第一次登上了舞台，随即便声名鹊起。她生有一双黝黑生动的眼睛，一头红褐色的秀发，肤色白皙，身材苗条，甚至显得十分娇弱。普拉斯科维娅的艺名是"珍珠"，她的传记作家称她那副高亢的嗓子是"绚烂美丽的奇迹，音域惊人的宽广，感情饱满，打动人心，音准精确，声音清澈"。

在1784年至1788年间，尼古拉排演了包括大歌剧[1]、喜歌剧[2]、喜剧和芭蕾舞剧等四十多部戏剧，俄国贵族成群结队地赶来一睹普拉斯科维娅的风采。1787年叶卡捷琳娜女皇结束在克里米亚[3]的巡游后来到库斯科沃庄园，对音乐毫无鉴赏能力的她也被普拉斯科维娅的歌喉深深地打动了，她说这是自己有生以来见过的"最杰出的表演"。演出结束后，叶卡捷琳娜召见了普拉斯科维娅，后者被带到她的面前，她跟这位歌手聊了几句，后来又派人送来了一枚价值三百五十卢布的钻石戒指——君主赏赐农奴这还是史无前例的事情。

到了1796年，普拉斯科维娅因饱受头疼、晕厥、咳嗽和胸闷等疾病的折磨，她只能告别舞台了，当年4月25日她举行了告别演出，这一年她年仅二十八岁。尼古拉关闭了自己的剧院，并于1798年结束了普拉斯科维娅的农奴身份。尼古拉曾解释说：

我对她满怀柔情蜜意，然而每当审视内心时我便自问我究竟是被情欲冲昏了头脑，还是看到了她在美貌之外的其他品质？我明白我所渴望的不只是爱与友情，不只是简单的情欲上的满足，很长时间以来我都很清楚自己渴望的究竟是怎样的性格与品质，而我发现她拥有一颗善良而坦诚的心灵，她真诚地热爱着人性，为人忠诚而坚韧，对上帝的信仰坚定不移。这些品质对我的吸引力远远超过她的美貌，因为它们比任何外

---

[1] 大歌剧，19世纪流行的剧种，多为四或五幕构成，角色多，伴奏乐队阵容庞大，舞台布景和效果华丽，最初的作品多以历史事件为题材。现今多指没有对白，只有唱段的歌剧形式。

[2] 喜歌剧，法国歌剧样式之一，剧中有咏叹调，也有对白，但并非所有的喜歌剧都是喜剧情节，像《卡门》这样的悲剧也同样被归入喜歌剧这一种类中。

[3] 克里米亚（Crimea），黑海北部海岸上的一个半岛，现今为乌克兰的一个自治共和国，首都是辛菲罗波尔。克里米亚又译作克里木半岛。

在的魅力都更为强大而罕见。

尼古拉甚至有意迎娶普拉斯科维娅。他的想法对世俗传统提出了挑战，像他这种地位的贵族从来不会同农奴出身的女子结婚。俄国最富有的贵族同农奴，哪怕是已经获得自由之身的农奴结婚将造成怎样的影响？尼古拉对此毫不在乎，于1801年11月4日同普拉斯科维娅举行了婚礼。1803年2月3日，三十四岁的普拉斯科维娅产下一子，迪米特里。这个孩子成了普拉斯科维娅留下的唯一后人，在其诞生三个星期后，即2月23日普拉斯科维娅便离开了人世。在圣彼得堡，仍旧对这桩婚事愤愤不平的权贵们拒绝参加普拉斯科维娅的葬礼，尼古拉本人也没有到场。伤心欲绝的他在卧床六年后也撒手人寰了，享年五十七岁，最后被安葬在圣彼得堡的亚历山大·涅夫斯基修道院，身旁就是普拉斯科维娅。尼古拉唯一的婚生子迪米特里继承了舍列梅捷夫家族的全部产业。

尼古拉与普拉斯科维娅的爱情故事成了传奇。据说在1855年，叶卡捷琳娜的曾孙沙皇亚历山大二世同迪米特里漫步于库斯科沃庄园中，在听完普拉斯科维娅的故事后沙皇立即签署了一道法令，正是以这道法令为基础，1861年俄国的农奴得到了解放。两年后，即1863年，亚伯拉罕·林肯才通过《解放奴隶宣言》让美国的黑奴得到了自由。

第四十八章
"奥洛夫夫人绝对成不了俄国女皇"

在叶卡捷琳娜执政最初的几年里，格里高利·奥洛夫始终与她形影不离。奥洛夫总是身着猩红色制服，胸前永远挂着女皇最心爱的东西——钻石镶框里的女皇肖像。奥洛夫在叶卡捷琳娜心中既是一个男子汉，也是一个大英雄，他同自己的亲兄弟一起将她扶上了皇位。而且，在同她有过性关系的四个男人中奥洛夫给她带来的肉体欢愉最为强烈。出行时，奥洛夫同君主一起乘坐着皇家马车，而那些大贵族们却骑着马，在他们身后护驾。谋求仕途之人纷纷求助于他。

然而，并非所有人都如此倾心于格里高利。达什科娃公主之类的人始终看不惯他平凡的出身，突然的飞黄腾达，接近粗鲁的举止。叶卡捷琳娜很清楚不少贵族对奥洛夫一家都避之唯恐不及，她竭力地纠正着格里高利身上的毛病，希望能将他成功地改造为贵族。为此，叶卡捷琳娜专门给格里高利指派了一名法语教师——俄国有教养的人都流行讲这种语言——可是收效甚微。在给波尼亚托夫斯基的信中叶卡捷琳娜对自己的处境做过一番描述："我身边的这些男人缺乏教育，可是他们有恩于我，正是因为他们的存在才有了今天的我。他们勇敢，诚实，而且我深知他们对我绝无二心。"

叶卡捷琳娜的地位和她与格里高利的感情紧密地交织在一起，她无度地对格里高利及其兄弟们封官加赏，可是格里高利的目标不止于此。叶卡捷琳娜是一个寡居的女人，他希望得到自己理应得到的奖赏——让叶卡捷琳娜成为自己的妻子，这个愿望并非只是出于政治上的抱负。格里高利·奥洛夫是一个无所畏惧的战士，在库勒斯道夫战役中，这个男人在身中三枪的情况下依然站在大炮旁边，后来又犯险同将军的情妇私奔。当叶卡捷琳娜还是女大公的时候，奥洛夫对她的追求不乏虚荣的成分，不过他对女大公同时也充满了激情。这些事情不需要勇气，做叶卡捷琳娜的情人不会令他身临险境。在俄国的朝廷上，这些风流韵事是完全可以被接受的，只要当事人行事谨慎，有时候甚至都不需要十分小心。安娜皇后身边有约翰·比龙，伊丽莎白女皇有阿列克谢·拉祖莫夫斯基，叶卡捷琳娜的丈夫彼得三世有伊丽莎白·沃伦佐娃，而叶卡捷琳娜自己也先后同谢尔盖·萨尔蒂科夫和斯坦尼斯瓦夫·波尼亚托夫斯基发生过恋情。通奸在西欧就更是稀松平常的事情，英国的查理二世、乔治一世、乔治二世，法国的路易十四、路易十五都公开供养着情妇。因此，同叶卡捷琳娜的恋情原本也不会为格里高利招惹来麻烦，然而最终他和他的兄弟们冒着死罪的风险参与了叶卡捷琳娜的谋反活动，从某种角度来看，在计划逐渐成形的几个月中，他与叶卡捷琳娜承担着同样的危险。格里高利为叶卡捷琳娜奋不顾身的奉献抵消了两个人在地位上的差别，实际上他可以为她做的事情远远多于后者对他的恩惠。

这种状况深深地吸引着格里高利，在男人看来需要帮助的女人总是很迷人。格里高利错误地将叶卡捷琳娜也看作是困苦无助的女人，然而她绝对不是一个弱女子。相反，她勇敢，骄傲，而且充满自信，还是女大公的时候，无论是在政治还是情感问题上她或许显得十分脆弱，甚至她自己也这样认为，但是她将自己的想法隐藏得严严实实。她是格里高利的情妇，还同他生有一子，为了她，格里高利可以赴汤蹈火，她能坐上皇位也少不了他的帮助。格里高利很清楚这些因素足以抵消自己与叶卡捷琳娜地位上的不平等，他根本不愿屈居人下。他希望除了深夜里躲在丝绸窗帷背后的那几个钟头，在光天化日之下叶卡捷琳娜也同样属于他。

对于叶卡捷琳娜而言，格里高利的心愿毫无实现的可能性。现在，她已经不再是女大公了，她的角色不只是一个可爱的情妇那么简单。她成了俄罗斯帝国的女皇，这不是一个简单轻松的工作，每天早上五六点她就起了床，每天在国事上要花费十五个小时，通常都是到了夜深人静的时候才能忙完，而且这时她也已经精疲力竭了，能陪着格里高利玩乐的时间也就只有就寝前的一个小时。她没有时间调情，更没有时间同情人一起憧憬共同的未来。她深知自己害得对方失去了一切梦想，可是她很清楚自己没有选择，强烈的负疚感折磨着她，封官加爵、赏赐珠宝和地产无非都是为了减轻自己的愧疚。所有的赏赐都是对格里高利的补偿，因为她不打算与他结婚。

这些都不是格里高利·奥洛夫渴望得到的赏赐，他想同叶卡捷琳娜结婚，这倒不是因为他渴望成为君主的配偶，他看中的是18世纪俄国一位丈夫在婚姻中的主导地位。他痛恨工作夺走了叶卡捷琳娜的时间，他渴望有足够的时间向叶卡捷琳娜表达自己的爱意，也让自己得到满足，令他愤怒的是每天叶卡捷琳娜却要同尼基塔·帕宁、基里洛·拉祖莫夫斯基之类的男人相处好几个钟头，现在这些人的学识似乎比他的爱与勇气更有优势，他们为她出谋划策，可他对这些国事却一无所知。格里高利感到叶卡捷琳娜对自己日渐疏远，为了提醒叶卡捷琳娜自己与兄弟们曾有恩于她，恼羞成怒的格里高利干了不少蠢事。有时候，他会当众发火，故意对叶卡捷琳娜做一些无礼的举动。就在动身赶往莫斯科接受加冕的前一天夜里，叶卡捷琳娜同一群密友在冬宫举行了晚宴。席间，话题逐渐转向了几个月前的那场政变，格里高利对自己在近卫军中的影响力吹嘘了一番，然后他又转头看着叶卡捷琳娜，说自己当初轻而易举地就将她扶上了皇位，只要他乐意，不到一个月的时间他也可以同样不费吹灰之力地将她拉下马。听闻此话在座的宾客全都大吃一惊，也只有奥洛夫敢对叶卡捷琳娜说这种话。基里洛·拉祖莫夫斯基冷笑道："我的朋友，或许你说得没错，但是还不等那个月结束我们早就把你送上绞架了。"这番话令格里高利大受刺激，让他再一次意识到本质上自己只不过是叶卡捷琳娜的情人，一个相貌堂堂、肌肉发达的小卒子而已。

叶卡捷琳娜希望能调整并继续维持自己与格里高利的关系。登基时她以为自己从此便会同格里高利共度幸福的一生，他们已经保持了三年的情人关系，还有了一个孩子，阿列克谢·波布林斯基，而且格里高利及其兄弟曾为她肝脑涂地。在野心的驱使下她登上了权力的最高峰，而今她又感到了高处不胜寒，她需要有人陪在自己身边，她对关心的需要如同爱一样强烈。出于这个理由，她的确考虑过与格里高利结婚。

格里高利步步紧逼。他宣称自己更希望重新做一名中尉，而不是像现在这样当一个"蓬巴杜先生"[1]。叶卡捷琳娜清楚地意识到自己没有胆量直截了当地拒绝格里高利，但是对他的毛病她一清二楚。她只是在外人面前夸大了格里高利的优点，但在内心她很清楚他有几斤几两，她知道这个男人没有头脑，也缺乏教养，根本没有能力商讨国家大事。

格里高利不明白叶卡捷琳娜究竟为什么如此犹豫，他也不愿意接受现实。叶卡捷琳娜自儿时起便生出了野心，为权力如饥似渴地等待了这么多年，而同时她又一直深信自己在智力和知识量、接受过的教育以及意志力等方面都高人一等，而这么多年来她能做的就只有等待，可是格里高利根本不明白这么多年的等待意味着什么。现在，她终于不用继续等待了。让格里高利成为自己的丈夫，还是让自己皇权在握？倘若一定要在这二者中

---

[1] 蓬巴杜夫人是路易十五的情妇。

做出选择的话，那她的选择一定不会是格里高利。

但是，婚姻的问题仍旧困扰着叶卡捷琳娜，她常常认为鱼与熊掌可以兼而得之，甚至一度差点答应格里高利的请求。到最后，真正的问题就变成了如何拒绝格里高利，因此而疏远奥洛夫五兄弟的后果令她难以承受，但是她估计自己与格里高利的结合会引发其他各方势力的不满与失望，尤其是管理政府的重臣尼基塔·帕宁。在俄国人民，特别是帕宁的眼中，叶卡捷琳娜与格里高利的婚姻会危害到保罗的继承权，因为叶卡捷琳娜与格里高利生下的幼子有可能会得到更强硬的支持。实际上，有权同叶卡捷琳娜直言不讳的帕宁已经很冷淡地对这桩婚事发表过自己的看法了，"奥洛夫夫人绝对成不了俄国女皇"。

为了给自己与格里高利的结合找到先例，叶卡捷琳娜甚至还打算查明传言中伊丽莎白女皇嫁给农民出身的情人阿列克谢·拉祖莫夫斯基这件事。她打发总理大臣米哈伊尔·沃伦佐夫去拜访拉祖莫夫斯基，告诉他倘若能提供自己与伊丽莎白完婚的证明，他便能够以鳏居亲王的身份享受到皇室成员才能享受到的礼遇，并得到一个年金丰厚的职位。总理大臣登门拜访的时候看到拉祖莫夫斯基守在火炉边翻看着《圣经》，一言不发地听完了客人的陈述后老人摇了摇头，已经跻身为俄国巨富的他对头衔和金钱毫无兴趣。他站起身，走到一个上了锁的象牙橱柜跟前，打开橱柜后从里面拿出一卷绑着粉红缎带的羊皮纸。在胸口画了十字之后，他拿着纸卷碰了碰自己的嘴唇，然后解开上面的缎带，将纸卷一把扔进了火中。"告诉女皇陛下，我只是伊丽莎白·彼得罗芙娜女皇晚年时的一个下人罢了。"老人说道。

格里高利不愿接受如此的重挫，拉祖莫夫斯基只是一个歌喉动人、相貌英俊的农民而已，而他格里高利可是同自己的兄弟将他的情人一手扶上了皇位。他执意要同叶卡捷琳娜完婚。1763年的冬天，同格里高利一家联手对抗帕宁的阿列克谢·别斯杜捷夫开始在大贵族阶层、议会成员、神职人员中散发一份请愿书，以求得这些人支持他恳请女皇考虑再嫁的问题。请愿书指出考虑到大公保罗身体羸弱、时常染疾的事实，国家必须有第二位继承人人选。此番请愿究竟是别斯杜捷夫一手策划，还是奥洛夫五兄弟或者叶卡捷琳娜亲自在背后指使，这已经无从得知了，不过毫无疑问的是此举引发了强烈的反对，看到请愿书后帕宁立即将请愿书呈递给了叶卡捷琳娜，后者随即下令禁止别斯杜捷夫继续扩散请愿书。

叶卡捷琳娜登基后不久，格里高利·奥洛夫同新女皇的关系就在军队中引起了妒意。格里高利坚信自己永远会受到官兵们的爱戴，可是就在备受女皇宠爱的同时他们五兄弟却逐渐失去了军队，甚至是近卫军老战友们对他们的支持。格里高利得势过于迅速，成功让他感到自豪，自豪又发展成了傲慢，傲慢最终又滋养出嫉妒。当年10月，即在莫斯科的加冕典礼结束一个月后，叶卡捷琳娜同格里高利的关系令一批曾经参加了政变的年轻军官感到不满，妒火中烧的军官们甚至提到要罢黜叶卡捷琳娜，转而支持废帝伊凡六世。这场小规模的谋反立即就被平息下去了，但是军队中对奥洛夫兄弟的敌对情绪却没有消失。倘若决意嫁给这位身材挺拔、相貌堂堂的大兵，叶卡捷琳娜将面临怎样的局面？六个月后，她便见到了分晓。

1763年5月，叶卡捷琳娜从莫斯科启程，前往坐落在伏尔加河上游罗斯托夫的耶稣复活修道院，以完成因与亚瑟尼斯·麦茨耶维奇大主教的激战而被耽搁已久的朝圣之旅。对格里高利来说不幸的是，就在女皇出游期间，阿列克谢·别斯杜捷夫开始四处散发呼吁叶卡捷琳娜再婚的请愿书，结果有传言称女皇此次赶往修道院是为了同格里高利秘密完婚。谣言在莫斯科不胫而走，人们先是不相信，随后便开始担忧了起来，在谣言的刺激下，近卫军军官菲多·基特洛夫上尉最终做出了过激的举动。

尚在罗斯托夫逗留期间，女皇便得知基特洛夫正在密谋除掉奥洛夫五兄弟，好让他们彻底从女皇的生活中消失。基特洛夫遭到了逮捕。由于此前有传言称类似尼基塔·帕宁与达什科娃公主之类的人物也参与其中，女皇遂下令查明此次密谋的主导者与参与者，瓦西里·苏沃洛夫将军奉命负责调查。

在政变结束后叶卡捷琳娜曾对近卫军中立下汗马功劳的四十名军官进行了表彰，基特洛夫就位列其中，这个事实令叶卡捷琳娜大吃一惊。在审讯中，年轻的军官宣称自己当初之所以参加政变，是因为他相信叶卡捷琳娜会成为摄政王辅佐儿子，而非亲自执政的女皇。不管是出于何种理由，他与自己的战友，即为叶卡捷琳娜付出的同奥洛夫一家没有什么差别，他们全都冒死推翻了彼得三世的统治。由于女皇的感激，四十名军官都被赐以勋章和数千卢布的奖金。可是，独有格里高利·奥洛夫被封为贵族，得到了十五万卢布的年俸，并受到女皇的宠爱，他那副趾高气扬的做派就好像他已经成为女皇的丈夫，得到了亲王这一头衔似的。基特洛夫断定叶卡捷琳娜赶往罗斯托夫就是为了同这个情人结婚，他认为此举将会给国家造成灾难性的影响，必须有人阻止这件事情的发生。

在审讯中，基特洛夫对调查官说自己只是出于对国家的一片赤子之心才做出如此举动，所有的行动都出于他个人的意愿，没有任何同伙的参与。此外，他还宣称自己并不反对，反而是衷心拥护女皇再婚的决定，但是女皇应该选择一位与皇位相配的人才对。随着调查的深入，调查人员发现基特洛夫并不是一个离经叛道的疯子，他的供认其实是近卫军与其他部队中普遍存在的情绪。接受质询时他的态度与回答打动了调查人员，赢得了他们的支持。调查人员认为自己面前的这位年轻军官是一个诚实坚定的爱国者，他关心的只是如何让俄国避免一场灾难。

显然，调查人员转而成为基特洛夫的支持者，基特洛夫不用面临任何指控了，他不再是一个行动未遂的暗杀者，反而被视为试图拯救一国之君的英雄。尽管对他的调查是由秘密委员会负责，但是莫斯科人民对整个调查过程却了如指掌，所有人都将矛头指向了奥洛夫一家，主张免除基特洛夫的罪责。舆论势不可当地倒向了基特洛夫这一边，就连奥洛夫五兄弟都不敢再坚持继续审判下去。就这样，调查终止了，更谈不上随后的审判。叶卡捷琳娜本人也意识到基特洛夫并不是她的敌人，而是一位可敬的军官，他表达了朝廷、近卫军、军队和全莫斯科人民的心声，在内心她对这名军官不乏感激之情。在看到几乎所有人对这桩婚事都持反对意见时，就连格里高利本人也都不得不承认这桩婚事毫无可能性，叶卡捷琳娜也无须痛苦地亲口拒绝格里高利了。

　　这场风波愈演愈烈，原本应该是秘密进行的调查却引发公众广泛的议论，事态的发展超出了叶卡捷琳娜的承受范围。为了结束民间的闲言碎语，她于1763年6月4日专门颁布了一道被称为"禁言令"的法令。在全国各地，人民被鼓声召集到广场，传令官向大家宣读着女皇的声明："众人皆应管好自己的事情，切莫热衷于对政府无用而且具有谣言性质的闲话与指摘。"禁令产生了预期的效果，"基特洛夫事件"渐渐地被平息下去了。由于基特洛夫本人出生于一个殷实的家庭，他受到的责罚也仅限于被剥夺军衔并开除出军队，驱逐至他自己在莫斯科南部奥廖尔的领地，十一年后他在那里逝世了。

　　然而，在彻底平息之前，"基特洛夫事件"就已经造成了一系列的负面影响。在调查初期，达什科娃公主的名字曾被当作基特洛夫的同谋提及过，基特洛夫后来的证词表明公主与此事无关，但是奥洛夫兄弟向来都很清楚公主对他们的鄙视，他们遂要求女皇对公主也展开调查。叶卡捷琳娜制止了传言，然而涉及达什科娃的所有传言却闹得满城风雨。达什科娃宣称自己对这起阴谋毫不知情，但随后又说即便知情自己也不会将消息透露给任何人，接着她又一如既往地宣布："倘若女皇想要将我的项上人头放在断头台上，以此来表彰我助她夺得皇位，那我必定慷慨赴死。"公主这番夸张招摇的宣言令叶卡捷琳娜忍无可忍。宣言被传播得尽人皆知，火冒三丈的女皇致信给达什科夫，命他对自己的妻子严加管教："我真诚地希望自己不要因为达什科娃公主的忘恩负义而被迫忘记她曾对我的帮助。亲王，当她主动——在我看来的确如此——在言谈间肆意冒犯我的时候，请您务必提醒她记住我说的话。"

"基特洛夫事件"的结束解决了一个大麻烦，此后再也听不到有关女皇同格里高利结婚的传言了。人们对奥洛夫五兄弟的忌恨让叶卡捷琳娜动摇了，她无意再挑起舆论的怒火。此后没有人再提及这桩婚事，不过叶卡捷琳娜还是同格里高利·奥洛夫继续同床共枕了九年的时间，其间她一直容忍着他喜怒无常的情绪、嫉妒心，还有一次次的越轨。后来，叶卡捷琳娜曾对波将金说："如若不是他厌倦了这段感情，我绝对不会再找别的男人了。"叶卡捷琳娜与格里高利·奥洛夫的关系中存在着一种奇怪的心理互补机制：作为君主，并且由于在智力与教养方面优胜于他，她始终控制着他；反过来，他知道她对他的爱，而且他有恩于她，再加上不能同他完婚致使她永远负疚于他，因此他对她又可以摆出一副高高在上的样子。在将近十年的时间里，全俄国只有格里高利·奥洛夫一个人可以安然无恙地折磨女皇，不过叶卡捷琳娜根本没有时间感到痛苦，甚至很少有闲暇满足情欲，她太忙碌了。作为补偿，她将格里高利封为亲王，赐给他分别位于圣彼得堡和加特契纳[1]的两座王宫，两座王宫都坐落在广阔的大花园中。格里高利在俄国及利沃尼亚拥有大片地产，独享着佩戴女皇钻石胸像的特权。他的公开身份是女皇的顾问大臣，为了取悦女皇他想方设法结交了一

---

[1]　加特契纳（Gatchina），现今俄罗斯列宁格勒州的一座城市，实际距离圣彼得堡四十五公里左右，该城曾作为俄罗斯皇室夏宫之一的加特契纳宫而为人所知。

批女皇推崇的学者和知识分子，还为科学家米哈伊尔·罗蒙诺索夫[1]提供了赞助，出于对天文学的浓厚兴趣，他在夏宫的屋顶上建造了一座观象台。此外，他还主动向启蒙思想家让–雅克·卢梭提供了资助，并亲自致信给卢梭，劝说他来俄国居住。

您应该不会惊讶于我这样贸然致信给您，如您所知，每个人都有自己的特殊癖好，您和我也不例外。这是自然而然的事情，之所以致信给您也因如此。我发现您很长时期都生活在国外，居无定所……我相信此刻您应该在英国，同里士满的公爵待在一起，毫无疑问对方让您过得非常惬意。不过，我想跟您说的是我在距离圣彼得堡……（四十英里）……（的加特契纳）拥有一处住所，那里空气清新，河水清冽，周围的山冈湖泊让那里成为一个适宜思考的绝妙之地。那里的居民同时使用英语和法语，还能讲一点希腊语或者拉丁语。神父无法与民众争辩，也无法布道，因为那里的信众均认为在胸口画十字就意味着履行了对上帝的职责。如果您认为这样的地方适合您，那么我欢迎您迁居到那里。一切日用品都会为您置备齐全，而且您可以尽情地在那里钓鱼打猎。

卢梭拒绝了奥洛夫的邀请。对于卢梭的决定，叶卡捷琳娜或许会感到欣慰。更令她欣赏的启蒙思想家是信奉开明专制主义的孟德斯鸠、伏尔泰、狄德罗，而非卢梭，后者倡导政府应受到全体人民"公意"的控制。

---

[1] 米哈伊尔·罗蒙诺索夫（Mikhail Lomonosov，1711年11月—1765年4月），俄国化学家、哲学家、诗人，俄国自然科学的奠基者。

第四十九章
伊凡六世之死

在登基后两年的时间里，一个神秘莫测的身影一直困扰着叶卡捷琳娜，他比其他任何危险都更有可能威胁到叶卡捷琳娜的地位。这个人就是婴儿时即遭到罢黜的废帝，多年来悄无声息地被关押在囚笼中的伊凡六世。他的存在曾经令伊丽莎白女皇头疼不已，如今这种折磨又落在了叶卡捷琳娜的身上。自登基后，每当有人谴责她没有让自己的亲生儿子保罗继承帝位，自己退居摄政一职时，就总是会有人谨慎地提出将伊凡六世从他几乎住了一辈子的监牢里释放出来。在"基特洛夫事件"后叶卡捷琳娜签署了"禁言令"，但是有关被囚禁的废帝的议论和谣言却始终无法平息。

在位二十年里，这个伊凡在伊丽莎白女皇的脑海中始终挥之不去，正是因为这个人，女皇夜夜难眠。在伊丽莎白逝世后，彼得三世顺理成章地继承了皇位，他是罗曼诺夫家族的后裔，是彼得大帝的亲外孙，根据祖父确立的方法他又是指定的皇位继承人，为他取名的是俄国的一国之君，他的姨母伊丽莎白女皇。叶卡捷琳娜缺少同样的条件，她是一个外国人，通过一场政变攫取了政权，有人认为她丈夫的身亡也同这场政变密不可分。出于这些理由，叶卡捷琳娜密切注意着每一份有关反对意见、谋反和叛乱的报告。在应对"基特洛夫事件"时她冷静沉着，有效地化解了危机，可是包括它在内的所有事件都无法同接下来这场涉及瓦西里·米罗维奇与囚犯伊凡六世的风波同日而语。

1764年6月，叶卡捷琳娜从圣彼得堡出发，去沿波罗的海诸省巡视。7月9日在里加时她听闻有人试图营救前沙皇，结果却致使这名年纪轻轻的囚犯身亡。

在1740年被伊丽莎白女皇赶下皇位时伊凡只有十五个月大，年满四岁时即被人从双亲身边带走了，儿时从未接受过正规教育，只有一位神父教他学会了俄文字母。现在，他已经年满二十四岁，在施吕塞尔堡要塞的单人囚室里度过了十八年与世隔绝的生活，该要塞位于涅瓦河边，距离圣彼得堡有五十里地。在这里，他被命名为"1号犯人"，除了专门看押他的狱卒之外任何人都不得同他会面。有人向女皇报告称犯人清楚自己的真实身份，有一次被狱卒激怒时他嚷嚷道："当心点！我可是这个国家的亲王，我是你们的君主！"对于伊凡这次爆发的报告，伊丽莎白女皇的机密大臣亚历山大·舒瓦洛夫做出了严厉的回应，指示狱卒说："倘若犯人不服从管教，或者发表不适当的言论，你们便可给他套上枷锁，直到他学乖为止。若是他一味反抗，那你们尽可让他吃上一顿鞭子。"最终，狱卒发来报告称："囚犯比以前安静了一些，他再也不谎称自己拥有其他身份了。"伊丽莎白的忧虑并未消失，按照她的命令舒瓦洛夫对狱卒做出了进一步的指示——一旦解救"1号犯人"的企图有望得逞，监押犯人的狱卒尽可将犯人击毙。

在继位后的骚乱期间，为了亲眼看一看伊凡六世的状况，叶卡捷琳娜前去要塞探访过一次。出现在她面前的这个青年身材高挑，长着一头淡金色的头发和一把红胡子，多年不见天日的囚禁生活让他的肌肤缺少血色。他的表情看上去很无辜，经年累月独自一人的生活让他的头脑变得有些迟钝。叶卡捷琳娜曾写道："他说话很吃力，结结巴巴，基本上没有几句能让人听得明白，而且他已经丧失了逻辑思维和人类正常的理解能力。"

尽管如此，就像彼得三世一样，这位伊凡也是罗曼诺夫王朝的嫡系传人，是彼得大帝的哥哥及联合执政沙皇——伊凡五世——的后代，从血统上来看他对皇位的继承权无可指摘。如果亲自断定他是白痴或者疯子，那么叶卡捷琳娜就没有什么可担心的了。伊凡显然不具有统治国家的能力，将这些显而易见的表现告知众人的话，她就可以宣称他不具有执政能力，为了显示自己的仁慈遂将他释放，并让他过上安静舒适的生活。可是，伊凡毕竟还没有傻或者疯到如此地步，在一定程度上他的身体与精神状况存在着康复的可能。况且，即便所有人都知道他不具备统治能力，作为皇室的象征他仍旧对叶卡捷琳娜构成了威胁。为了自保，叶卡捷琳娜下令仍旧按照以前的方式对伊凡六世实施严格的监管，并指派尼基塔·帕宁负责此项工作。

叶卡捷琳娜一度希望这位年轻人能被说服接受与世隔绝的修道院生活，这样他就不再具备复辟的资格，如果接受剃度受戒，那就意味着他将永远退隐。看守伊凡六世的狱卒曾奉命劝说他接受这种选择。对于这个隐患还有另外一种解决方案，即在关押期间他能自然死亡。为了提高后一种情况的概率，帕宁吩咐狱卒在伊凡六世患病期间不得为其提供医疗服务，如果病情加重，可为其派去一名神父，但决不能送去医生。同时，帕宁还专门下达了一项指令，对伊丽莎白时代狱卒接到的命令做了进一步的强化：没有女皇亲笔签名的书面命令，狱卒不得将伊凡移交给任何试图将其带走的人，一旦营救他的企图有望得逞，狱卒便可立即对囚犯进行处决。这项命令又重申了一遍舒瓦洛夫此前做过的指示："不得让该囚犯成功获救。"

达尼罗·弗拉塞弗上尉和柳卡·切克金中尉专门被派去监押伊凡，只有这两位军官和要塞指挥官才有权同囚犯接触。两位负责看押伊凡的军官不得离开施吕塞尔堡半步，实际上他们也连同匿名的囚犯一道被囚禁在了要塞里。这样一来，伊凡就处在了这两位军官的完全监控下，在一定的状况下这两位军官有权将他处死，而这两个人非常渴望能摆脱这个包袱，恢复先前的正常生活。

两位军官每两个月便向帕宁汇报一次。日复一日，两个人在报告中透出的无聊、沮丧、恢复自由的渴望越来越强烈，请求也都越来越明确。1763年8月，帕宁在回复中建议两位军官耐心一些，并保证他们的任务不日便将结束。到了11月，情绪愈发绝望的军官再一次向帕宁阐明了自己的迫切愿望："撤免我们吧，我们的精力已经耗尽了。"作为回答，帕宁于12月23日给两位军官分别送去一千卢布——对他们的地位来说这是一笔相当丰厚的补偿——并信誓旦旦地说他们不需要再等很长时间了："最迟不超过初夏，你们的要求便可得到满足。"

1764年的隆冬时节，一名年轻的军官，斯摩棱斯克军团的瓦西里·米罗维奇中尉被派驻施吕塞尔堡要塞。这位傲慢孤独、怒气冲冲的年轻人负债累累，纵酒无度，嗜好赌博，痛恨人世间的不公正与迫害。米罗维奇年方二十四岁，出身于乌克兰的贵族家庭。1709年，他祖上的地产被彼得大帝没收了，因为在前一年瑞典入侵俄国的战争期间他的祖父支持了与沙皇为敌的乌克兰哥萨克指挥官伊凡·马泽帕。失去了家产的米罗维奇自幼便一贫如洗，没有钱他就把希望寄托在牌桌上，可是他总是不太走运，债主不停地上门催债，三个住在莫斯科的姐姐过着食不果腹的日子，他也爱莫能助。他不停地向上帝做着祷告，可是没有收到任何回应。为了恢复家族产业，他来到了圣彼得堡，向议会递交了两封陈情书，请求国家归还他家的产业，可是议会驳回了他的请求；他又两度请求叶卡捷琳娜的帮助，女皇也同样拒绝了他。后来，他找到被叶卡捷琳娜任命为乌克兰指挥官的基里洛·拉祖莫夫斯基，后者说他的请求毫无希望，对他只提出了一个建议："年轻人，去开创自己的事业吧。跟其他人一样抓住时机。"米罗维奇将这番忠告牢牢地记在了心间。

没有钱，也不认识任何权贵的米罗维奇愤愤不平地从军了，然后被派往施吕塞尔堡要塞。在其他军官的眼中他是一个喜怒无常、难以相处的人。他奉命把守着城堡外围。根据上级的命令铁窗内的情况均不得透露给在外围站岗的哨兵。米罗维奇对无名无姓的"1号犯人"产生了兴趣，这个犯人被藏在城堡内迷宫般的牢区深处，两名永远得不到轮换的专职狱卒看守着他。终于，米罗维奇还是打听到这名犯人正是婴儿时接受过涂油礼、登上皇位的前沙皇。他想起了拉祖莫夫斯基的忠告——"抓住时机"，随即他又联想到跟自己同样年轻的军官格里高利·奥洛夫近两年来的经历，通过辅佐叶卡捷琳娜推翻彼得三世，由此大权在握，并得到了可观的财富，他瓦西里·米罗维奇为何不能以伊凡六世的名义如法炮制呢？难道他就不能像奥洛夫一家那样通过帮助真正的沙皇复位而誉满天下，并收获大笔财富？

自萌生了野心之后，米罗维奇的视野便打开了。最初他想到就只是帮助伊凡复辟，从而让自己成为第二个格里高利·奥洛夫，摆脱目前悲惨贫困的窘境，没过多久他就有了更为宏大的目标。除了流连于赌桌和酒馆，米罗维奇还按时去教堂做礼拜，他相信上帝授予了他神圣的使命。上帝必然会为他推翻一个阴谋篡权的女人感到欣喜并祝福他，重新将涂过油膏的沙皇扶上皇位。在这种新认识的鼓舞下，米罗维奇在施吕塞尔堡找到了一个同盟，阿珀龙·乌沙科夫，两个人一起绘制出城堡的布局图，并谋算好要么口头说服，要么武力制服城堡内的警卫。1764年5月初，米罗维奇草拟了一份不无虚假事实和个人抱怨的声明，一旦解救行动成功，他便会让伊凡六世签署这份声明：

继位后不久彼得三世便遭到妻子的暗算，并直接从妻子手中接过毒药，一饮而尽。通过这些手段及武力镇压，虚荣自负、挥金如土的叶卡捷琳娜攫取了本应由我继承的皇位。截至我继位时她已经将国库中多达两千五百万的金币和银币挥霍殆尽……此外，天性中的弱点让她将自己的下属格里高利·奥洛夫认作丈夫……在末日审判中她将无法为自己开脱。

按照计划，乌沙科夫要在施吕塞尔堡谎称自己是叶卡捷琳娜派来的传令官，前来传达女皇释放伊凡六世的命令；米罗维奇则会向把守在城堡内的卫兵宣读这份手谕，随后便逮捕要塞指挥官，释放囚犯，并取道涅瓦河，将其送至圣彼得堡；最终，在俄国的首都伊凡六世将宣布接管军队。为了确保对方与自己攻守同盟，密谋这一方案的米罗维奇与乌沙科夫还去了教堂，宣誓忠诚于彼此。女皇已经宣布将巡游波罗的海诸省，一旦女皇启程，他们便可以采取行动了。可是，他们不知道任何解救这位囚犯的企图都反而会让其送掉性命，只有叶卡捷琳娜、帕宁和两位守卫军官弗拉塞弗和切克金知道内情。

就在叶卡捷琳娜动身前往波罗的海诸省之际，乌沙科夫不见了，他奉军事学院之命将一笔军饷送给驻守在斯摩棱斯克当地的军团指挥官。米罗维奇还一心指望着自己的"同志"能及时赶回来，可是对方却一去不返。人们在河岸上找到了他的帽子和匕首，一位住在附近的农民报告称自己发现有一名军官被淹死了，尸体被冲到了岸上，村里的人已经将其埋葬了。乌沙科夫究竟是如何身亡的则无从得知。

米罗维奇虽然感到惊愕气馁，但他还是冲动地认为自己必须单独完成计划，或许他也是为了兑现自己同乌沙科夫立下的誓言。他纠集起一伙士兵，将自己的计划透露给了他们，邀请这些人同自己共举"大事"。每一个士兵都心神不安地对他说："如果别人答应入伙，那我也没什么意见。"7月4日深夜一点半，米罗维奇将新招募的战友集合起来。被一阵吵闹声惊醒后，要塞指挥官穿着睡衣就跑了出来，结果被米罗维奇用枪托给打昏了过去，随即堡垒内外双方互相开了一百多枪，但是无人死伤。米罗维奇失去了耐心，不愿继续同躲在堡垒铁窗内的守军继续消耗下去，于是他搬来一门大炮，堡垒的窗户里随即便探出了一面白旗。米罗维奇跨过护城河，进入堡垒。他举着火把，径直来到伊凡六世的囚室。两名狱卒守在门口，米罗维奇抓住切克金，逼问他："皇帝在哪里？"对方答道："我们没有什么皇帝。我们只有女皇。"米罗维奇一把推开切克金，走进了囚室，可是伊凡的尸体已经横在了一摊血泊中，两位军官按照帕宁的命令履行了自己的职责，刚一听到枪声他们就将囚犯从床上拉了起来，用剑将他连刺八下。伊凡六世就这样在半梦半醒中死去了，因为一个从未与他谋过面的人一心想要将他重新扶上皇位。

等缓过神后，米罗维奇便跪倒在地，抱起尸体，亲吻着鲜血淋漓的手。看到政变宣告失败，他便缴械投降了，在伊凡的尸体被送出城堡时他呼喊道："瞧啊，我的弟兄们，这就是咱们的皇帝，伊凡·安东诺维奇。你们无罪，你们不知道我意欲何为。一切责任及后果都将由我来承担。"

这时，恢复了意识的施吕塞尔堡要塞指挥官立即将这起事件报告给了尼基塔·帕宁，后者同保罗大公住在皇村。帕宁命身手最为敏捷的传令官将消息发送给了远在里加的叶卡捷琳娜。刚一接到消息女皇被吓了一跳，随即便感到如释重负，在写给帕宁的信中她毫不掩饰自己的喜悦："上帝之道妙不可言，高深莫测。通过这桩可耻之事的了结，天意清楚地显示出上帝对我的眷顾。"陪同叶卡捷琳娜一起出游的普鲁士大使向国王腓特烈发去报告："离开（里加）时她浑身洋溢着从未有过的安详，她的面容从未像此刻这般镇定过。"

叶卡捷琳娜很难相信这次短暂的起义完全是个人所为，如此危险的赌博必定有其他人的参与，于是她立即命人展开调查。施吕塞尔堡要塞的五十名军官及其他人员遭到逮捕，在接受特别委员会的审讯时，米罗维奇一五一十地交代了自己的罪行，但是他坚决不承认此事还有第二个人的参与。叶卡捷琳娜没有理会米罗维奇的坦白，在后者草拟的声明中，她看到自己被称为毒杀亲夫的篡权者，还改嫁给了格里高利·奥洛夫，她便将宽宏大量的念头抛到了九霄云外。8月17日，她下了一道命令，宣布通过调查发现伊凡六世已经疯了，而米罗维奇将受到特别法庭的审判，该法庭由议会议员，圣议会成员，军事、海军和外交学院院长以及大贵族组成。在将米罗维奇移交给特别法庭的时候，叶卡捷琳娜做了一番声明："凡涉及对我个人的中伤，本人均予以谅解，但是请忠诚的委员会对被告就国家的和平昌盛所做的一切攻击做出裁判。"

杀死伊凡六世的两名军官没有受到审判，特别法庭的任务仅在于裁定米罗维奇的罪行，有关伊凡身亡的问题原本应该由杀死他的人来作答，现在却全都落在了试图解救他的这个人身上。米罗维奇被三次带上法庭，尽管审判员不断地诱导他交代出同谋者，他却始终咬定此次事件完全为个人行为。在此期间，叶卡捷琳娜只干预了一次审判，当时一位审判员要求对米罗维奇动刑，好让其供出同伙，她吩咐众人不得刑讯逼供。颇有讽刺意味的是，这一决定令她毁誉参半，有些人猜测之所以不愿动刑是唯恐犯人在疼痛难忍的情况下供认的事实将使女皇受到牵连。实际上，叶卡捷琳娜的确试图堵住犯人的嘴，以免他供出帕宁对看押伊凡的狱卒所下的密令，即一旦有人企图营救伊凡，便可立即将伊凡处死。知道这道密令的人为数不多，这些人均被告知该密令只是沿用了伊丽莎白女皇在世时的指令。

米罗维奇的结局没有出乎人们的意料。当年9月9日，他被判处死刑，执行斩首。在审判中，米罗维奇自始至终都非常镇定，他的姿态令叶卡捷琳娜感到震撼，人们说只有知道自己终将逃脱惩罚的有罪之人才能表现得如此平静而自尊。叶卡捷琳娜深知这一点，为了打消人们的这种观念，在法庭宣布对罪犯处以死刑时她立即在判决书上签下了自己的名字，这是自继位以来她签署的第一份死刑判决书，米罗维奇因此成为伊丽莎白女皇执掌朝政以来二十二年间首个被处以极刑的因犯。当年伊丽莎白曾发誓决不签署死刑判决书。

行刑当天，即将赴死的米罗维奇面容安详，无数旁观的民众因此还以为他终将得到赦免，大难临头的米罗维奇在举手投足间也表现出同样的态度。他一脸镇定地站在断头台旁，围观群众都等待着女皇的传令官赶来宣布对犯人减刑。可是，传令官没有出现，米罗维奇最终还是将脑袋枕在了行刑台上。刽子手举起斧头，斧头在空中停留了片刻，可是传令官依旧没有出现。斧头终于落了下来。米罗维奇的尸首被示众到了傍晚，然后就被焚烧了。

米罗维奇阴谋反叛的详细情况从未被公之于众，曾经看押伊凡六世的弗拉塞弗上尉和切克金中尉由于"尽忠职守"而得到了提拔和七千卢布的赏金，他们手下守卫施吕塞尔城堡的十六名士兵均得到一百卢布的赏赐。作为交换，他们十八个人都发誓对自己的所见所闻绝不走漏半点风声。

对于叶卡捷琳娜在伊凡六世身亡事件中起到的作用，俄国国内出现了很多质疑的声音，叶卡捷琳娜本人对此无能为力。政府、法庭、贵族、军队和民众都在猜测女皇本人是否应该承担一定的责任，而女皇则尽己所能采取了必要的措施。可是，一心想要在欧洲各国面前展现出自己深受启蒙思想影响的她，却无法同样轻松地应对欧洲各国对她的质疑。有些国家对叶卡捷琳娜的所作所为表示支持，有些国家则提出反对，还有一些国家摇摆不定。乔芙兰夫人[1]的文化艺术沙龙在巴黎具有举足轻重的地位，在给

---

[1] 乔芙兰夫人（Madame Geoffrin，1699年—1777年），18世纪知名的文化沙龙主人。曾邀请许多当时重要的哲学家参加她所举办的沙龙，对于启蒙运动有重要的影响。

波兰的斯坦尼斯瓦夫·波尼亚托夫斯基的信中，这位沙龙女主人对叶卡捷琳娜参与审判进行了苛责："关于伊凡之死她（叶卡捷琳娜）所发表的声明太荒唐了，她根本就没有必要解释什么，对米罗维奇的审判本身就足够说明问题了。"乔芙兰夫人同样也与叶卡捷琳娜保持着书信往来，在给后者的信中她写道："依我之见，如果我坐在那个位置上的话，我只会通过实际行动说明一切，根本不会做出书面声明。"

远道而来的评论令叶卡捷琳娜感到恼怒，她回击道：

我不得不说您对这份声明的见解同盲人摸象没有区别。该声明的对象并非其他国家，而是俄国民众，因此必须交代清楚伊凡六世的死亡过程。如若不然，审判中对我怀有妒意或存心不良的大臣所散布的恶毒传言必将得到确证……在贵国，民众的确会对该声明大加斥责，但是在贵国人民也同样对仁慈的主有所挑剔，而在我们这里人们也总会对法兰西有所诟病。尽管如此，在我国该声明和罪犯的首级已经平息了所有的责难之声。因此，该声明没有过错。

伊凡六世逝世后，俄国皇位再无成年的合法继承人，继承权危机的核心问题终于得到了化解。九年后，即1772年保罗才年满十八岁，在此之前叶卡捷琳娜尽可以安坐于皇位之上。

第五十章
叶卡捷琳娜与启蒙运动

　　直到18世纪中叶，大部分欧洲人都仍然认为俄罗斯是一个属于亚洲、文化落后的民族，叶卡捷琳娜决心改变这种局面。在这一百年里，对知识和艺术的发展具有统治地位的是法国。当年在斯德丁时在女家庭教师的影响下法语成了叶卡捷琳娜的第二语言，在十六年与世隔绝、四面楚歌的大公生活中她又阅读了大量欧洲启蒙思想家的著作，其中对她影响最为深远的就是自称为伏尔泰的弗朗索瓦—玛利·阿鲁埃。1763年，在登基十五个月的时候叶卡捷琳娜首次致信伏尔泰，自称为对方热情的信徒："我的行为方式与思辨能力均为研读伏尔泰著作的结果。"

　　1755年伏尔泰就已年逾六旬，正打算安居下来。这一生，他曾两度被囚禁于巴士底狱中，接着又自愿背井离乡，前往英国，后来在普鲁士腓特烈国王的王宫里度过了一段愉快的时光；但由于误解，他同腓特烈日渐疏远，最终两个人痛苦地决裂了，随后他又与路易十五及蓬巴杜夫人维持了一段时冷时热的关系。经过这一切之后，他决定从此潜心于研究工作，而且相信自己会在独立的共和王国日内瓦找到宁静的避风港。当时，在日内瓦掌权的是贵族出身的加尔文教徒组成的议会。凭着著书立说伏尔泰早已成了有钱人，他在日内瓦湖边购置了一套风景优美的别墅，号称"乐园"。但是，很快他就惹上了麻烦。在狄德罗主编的《百科全书》中有一篇论述日内瓦的文章，根据文中的描述，日内瓦的加尔文教神父似乎抛弃了基督教的神性本质，这种观点遭到了一部分日内瓦人的排斥。这篇文章的作者为法国数学家及物理学家让·勒朗·达朗贝尔[1]，可是人们普遍认为他是受到了伏尔泰的启发，伏尔泰因此饱受日内瓦议会的攻击。1785年，他迁居至费尔梅[2]。

相比于日内瓦，费尔梅似乎是一个风平浪静的港湾。费尔梅城堡位于法国境内，但是距离日内瓦仅有三英里，距离巴黎与凡尔赛则有三百里之遥，一旦法国当局打算再度对他进行骚扰，那只需一个小时的路程伏尔泰就可以越过日内瓦边境，那里仍旧还有不少他的拥趸。此外，《憨第德》[3]业已付梓，这部作品的出版商也住在日内瓦。

伏尔泰搬进费尔梅城堡并非为了逍遥自在地安度晚年，他将费尔梅视为一处地理位置得天独厚的指挥部，进一步推进原本就很激烈的知识界大论战。在启蒙运动中，各方人士都真诚地投入一场场哲学的辩论中，路易十五明令禁止伏尔泰重返巴黎，这位擅长书信体写作的思想家急于对异己意见做出回击，费尔梅因此成了他向哲学、政治、社会及知识界轮番开炮的发射点。伏尔泰撰写的书籍、宣传手册、历史书籍、传记、戏剧、小说、专著、诗歌及五万多封书信被收录结集为九十八卷本的个人全集。七年战争结束时，法国控制的加拿大与印度落入了英国的手中，伏尔泰称这场战争"纯属幻觉"，对法国来说这个评价无异于往其伤口上撒了一把

---

[1] 让·勒朗·达朗贝尔（Jean d'Alembert，1717年11月—1783年10月），法国物理学家、数学家和天文学家，在数学、力学、天文学、哲学、音乐和社会活动方面都有很多建树，著有八卷巨著《数学手册》、力学专著《动力学》、二十三卷的《文集》，并为《百科全书》作了序言。

[2] 费尔梅（Ferney），位于现今的法国东部市镇费尔梅－伏尔泰，该镇坐落在侏罗山脉与瑞士边境之间，为日内瓦大区的一部分。

[3] 《憨第德》（Candide），现常用中文译名《老实人》，伏尔泰所著的一部法国讽刺小说。出版于1759年。这部中篇小说讲述了名叫憨第德的青年在伊甸园乐土受尽庇护的生活，并被他的老师邦葛罗斯灌输莱布尼茨式乐观主义，但是最终安逸的日子戛然而止，随着理想缓慢而痛苦地幻灭，憨第德见证并体验到了世间的艰难。

盐。他还说："对占领地的掠夺绝不会使得胜方获益，后者必将对一切付出代价。无论胜负，国家都承受了同样的苦难。无论谁赢谁输，人性都丧失殆尽。"伏尔泰还对基督教、《圣经》和天主教会发起了责难，他曾经认为耶稣只是一个受到愚弄的怪物，一个"疯子"。八十岁那年，在5月的一个清晨他早早地起了床，同一位朋友爬山去看日出。站在山顶上，被淹没在辉煌的赤金色光芒下，他一下子跪倒在地，口中念念有词："噢，伟大的上帝，我相信您了。"随即，他站起身，对朋友说："至于他的儿子与母亲，那可就另当别论了。"

费尔梅还具有另外一个优势，这个小镇刚好坐落在贯通瑞士、连接北欧与南欧的大路上，欧洲知识分子和艺术家在这条路上来来往往。按照地理位置来看，偏居于城堡中的伏尔泰实际上身处于欧洲的心脏地带，形形色色的访客纷至沓来，有德意志亲王、法国公爵、英国的领主、意大利的风流才子和哥萨克指挥官。当占有多数的英国客人登门时伏尔泰会用对方的母语交谈，这些客人包括国会议员查尔斯·詹姆士·福克斯、历史学家爱德华·吉本和传记作家詹姆士·包斯威尔。若有人不期而至，伏尔泰便总是吩咐仆人："把他们打发走。就跟他们说我得了重病。"包斯威尔曾恳求伏尔泰的仆人允许自己在城堡里过夜，好在次日清晨同城堡的主人见上一面，还说自己可以睡在"最高处，也是最冷的阁楼里"，结果主人安排他住进了一间惬意的卧室。

伏尔泰的兴趣并不仅限于知识界的话题。从1762年开始的几年里，他成了"卡拉迷"。"卡拉事件"发生于大肆迫害新教徒的法国。在法国，新教徒不得担任公职，未接受过天主教牧师祝福的夫妇被认为生活在罪恶中，他们的孩子不具有合法身份。在法国南部及西南部诸省，法律严格到了令人发指的地步。

1762年3月，伏尔泰得知在图卢兹经营家用织品的六十四岁新教胡格诺派教徒让·卡拉遭到酷刑的折磨。事情的起因是卡拉常年抑郁的长子在自己家中自杀，法律规定凡自杀者，其尸体将被游街示众，路人可对其投掷泥巴和石头，然后尸体再被悬挂起来，因此父亲说服家人将儿子伪装成自然死亡。警察看到了死者脖子上的勒痕，他们以谋害亲子的罪名对卡拉提起了诉讼，称卡拉是为了阻止儿子皈依天主教。为了逼供，高等法院下令对卡拉动用大刑。在刑架上卡拉的四肢被扯掉了，痛苦难耐之下他终于说出儿子系自杀的实情。可是，这并非当局希望得到的口供，他们进一步逼供卡拉，要求他承认是自己杀害了儿子。在被灌下了十五品脱的水之后卡拉仍旧坚称自己是无辜的，随后他又被灌了十五品脱水，所有人都以为他应该被活活呛死了，可是他仍然高呼自己是清白的。最终，在图卢兹大教堂门口的广场上卡拉被摊开四肢，绑在了十字架上。行刑人拎着一根沉甸甸的大铁棒将他的四肢分别砸为三段，直到最后一刻卡拉依然宣称自己无罪。卡拉最终还是被绞死了。

卡拉育有六子，幼子多纳特·卡拉来到费尔梅，恳求伏尔泰为自己的亡父还以清白。老人遭受的酷刑令伏尔泰感到震惊与愤慨，他立即采取手段，要为死者恢复名誉。1762年至1765年的整整三年里，他聘请了多名律师，并动员起欧洲舆论声援这场官司。1763年的夏天，伏尔泰写下了《论宽容》，提出当今基督教对各分支教派的迫害已经超过了基督教发展初期罗马当局对基督教徒的迫害，其他教派的信徒"由于对上帝的爱而被绞死、溺死、车裂和烧死"，并向国王主持的最高议会发出呼吁。已经遇害身亡的让·卡拉最终得以沉冤昭雪。

伏尔泰还在另外一起事件中大获全胜。新教徒皮埃尔-保罗·西尔旺生活在图卢兹附近，他的女儿伊丽莎白一心想要皈依天主教，后被一位天主教主教带到了修道院。在修道院里伊丽莎白脱掉衣服，要求主教鞭打她，出于谨慎主教将她送回了家。几个月后，伊丽莎白失踪了，最终被人发现淹死在了一口水井里。当地四十五位目击者都证实女孩死于自杀，可是检察官却下令逮捕女孩的父亲，并以谋杀女儿以阻止其皈依天主教为名对他进行起诉。1764年3月19日，西尔旺与妻子双双被判以绞刑，两个免予刑罚的女儿被强制旁观对双亲的处决，其中一个女儿还怀有身孕。西尔旺一家人逃往日内瓦，然后赶到费尔梅，恳求伏尔泰帮助他们。这位哲学家立即拿起笔，号召普鲁士的腓特烈、俄国的叶卡捷琳娜、波兰的波尼亚托夫斯基与其他几位君主同他一道声援西尔旺一家。经过九年无休无止的论战，西尔旺终于被宣告无罪，伏尔泰愤愤不平地指出："判处这名男子死刑只用了两个小时，证明他的清白却花费了九年的时间。"

伏尔泰埋头于无休无止的论战，守寡的外甥女丹尼斯夫人成了城堡的女主人及伏尔泰卧房中的伴侣。对于这种有违常规的性关系伏尔泰却视若平常，按照他的定义，"凡对人类有益之事"即为道德。无论怎样，两个人这种不正常的关系都维持了多年，伏尔泰对此毫不隐讳，丹尼斯夫人成了他的情妇，他将对方称为"我的爱人"，直到去世前两个人始终维持着这种关系。1748年，在刚开始同居的时候，伏尔泰致信丹尼斯夫人："我去巴黎只是为了你……同时，在你圆润的双乳、销魂的臀部、你的整个身心留下我千百次热吻。你的一切让我一次次勃起，让我纵情于喜悦的激流中。"

费尔梅城堡的男主人总是直到午餐时才会露面，一开始阅读和写作便会持续到夜深人静之时，每天只睡五六个小时，平日里嗜咖啡如命，饱受头疼的折磨。为了帮助村子里的老百姓，他开办了一座钟表厂，劝说自己在欧洲各国的朋友们购买该厂的产品，远在圣彼得堡的叶卡捷琳娜就曾订购过价值三万九千英镑的钟表。截至1777年，原先只有四十九位住户的贫困村变成了一座拥有一千二百位居民的繁华小镇。每逢星期日伏尔泰都会在城堡里举办舞会。这一年的10月4日，在这位费尔梅守护神的城堡院子里，小镇居民举行了一场庆祝会，彻夜唱歌跳舞，燃放焰火，以感谢守护神对他们的恩德。这场庆祝会成了费尔梅城堡的绝唱，1778年2月5日伏尔泰动身前往巴黎，离去前他答应村民六个星期后便重返费尔梅。巴黎人民与伏尔泰已经阔别了二十年之久，所到之处伏尔泰无不受到市民的热烈欢迎。玛丽·安托瓦内特要求同伏尔泰会面，并对他致以拥抱，伏尔泰无法满足王后的愿望，因为直到这时王后的丈夫路易十六仍然没有取消禁止伏尔泰上朝的命令。结果，伏尔泰见到了美国驻法国大使本杰明·富兰克林，后者热情地拥抱了他。伏尔泰没能再回到自己的城堡，他于1778年5月30日在巴黎逝世了。

当伏尔泰在世时，普鲁士的腓特烈曾对他说："在你死后无人能取代你。"在哲学家辞世后这位国王又说："生在伏尔泰的时代令我甚感欣慰。"后来歌德也说："整个文明世界尽在他的掌握中。"叶卡捷琳娜的悲痛更为具体，她所惋惜的并非伏尔泰的智慧，而是他开朗的性格。在给德国作家弗雷德里希·梅尔基奥·格林男爵的信中她写道："在我看来，自伏尔泰之后世上再无幽默之人，他就是欢乐之神。设法帮我找到他的一部分著作，如有可能最好是一套全集，好让我的内心得到重生，更加坚定我对欢笑与生俱来的热爱。"

伏尔泰逝世后，叶卡捷琳娜告诉格林自己打算在皇村的花园里仿造一座费尔梅城堡。这座"新费尔梅"将专门用来收藏伏尔泰的著作，藏书均为叶卡捷琳娜从丹尼斯夫人手中购得，总价值达十三万五千英镑。书被运抵俄国后"新费尔梅"却停工了，由伏尔泰在书页空白处亲笔作注的六千多卷巨著被放置在圣彼得堡的一座博物馆中。在博物馆最显要的位置，即大厅中央摆放着伏尔泰的塑像，这件作品精确地复制了雕塑家乌敦[1]的原作。

---

[1] 让-安东尼·乌敦（Jean-Antoine Houdon，1741年3月—1828年7月），法国新古典主义的雕塑家。

至今，伏尔泰的塑像仍在这座博物馆中。

伏尔泰对俄国一直不乏热情。1757年，他说服伊丽莎白女皇委派自己就俄国在其父亲彼得大帝统治时期的历史撰写一部专著。这部著作的第一卷于1760年得以出版，就在他忙于第二卷的时候伊丽莎白逝世了，叶卡捷琳娜推翻了彼得三世的统治。有关"罗普莎事件"的传言在整个欧洲掀起一阵波澜，叶卡捷琳娜打算请伏尔泰来帮助自己恢复名誉。当时叶卡捷琳娜恰好有一位出生于日内瓦的秘书官，弗朗索瓦-皮埃尔·皮克泰特，他是伏尔泰的门徒，曾参加过伏尔泰在日内瓦的"乐园"业余剧团。在叶卡捷琳娜的请求下，皮克泰特给伏尔泰发去一封长信，在信中对"罗普莎事件"做了一番详细的陈述，指出在政变后叶卡捷琳娜发现自己陷入了不堪的境地，而且对于彼得的遇害她并无过错。伏尔泰对叶卡捷琳娜的处境表示理解，对于她的请求则毫不理会："我清楚……为了涉及亲夫的一些琐事（叶卡捷琳娜）备受苛责，可是这毕竟属于家庭纠纷，对此我无能为力。"

最初，伏尔泰对俄国这位刚刚登基的女皇相当矜持。欧洲舆论普遍认为叶卡捷琳娜在位不会太久，伏尔泰本来就不愿意急匆匆地与她通信。在伊凡六世身亡后他就更加反对这个提议，在给法国物理学家及数学家达朗贝尔的信中，他写道："我相信咱们必须克制一下对北方的热情。"然而，这位德意志的公主在皇位上越坐越稳，伏尔泰渐渐地改变了态度，将对方视为一位具有启蒙精神的君主，有望将他所倡导的正义与宽容等法则贯彻在执政实践中。就这样，两个人开始了频繁的书信往来，信中不乏对彼此的吹捧，这种交往一直维持到伏尔泰逝世。叶卡捷琳娜与伏尔泰的政治理念很相似，都认同君主制是唯一理性的政治体制，只要君主本人具有启蒙思想。伏尔泰提出过一个问题："为什么世界上绝大多数国家都实行着君主制？开诚布公地说就是因为很少有人配得上自治……几乎所有的丰功伟绩都是个体靠着自己的天赋与意志单枪匹马地同大多数人的偏见所做的斗争……我不喜欢由乌合之众组成的政府。"

一个野心勃勃、重权在握的女人与当时声誉最为卓著的作家成为一对互惠互利的好朋友，两个人都很清楚周围有一大群有权有势的观众在关注他们的表演。叶卡捷琳娜意识到自己写给伏尔泰的信会被转交到他的朋友手中，因此她可以通过这些信向欧洲知识阶层吹风；对伏尔泰而言，还有什么能比又一个在位的君主成为自己忠实的门徒更令他感到欢欣的呢？他将叶卡捷琳娜称为"北方的塞米勒米斯[1]""圣叶卡捷琳娜"和"圣彼得堡的圣母"，叶卡捷琳娜则不断地赠送给伏尔泰紫貂皮大衣、珠宝鼻烟盒，还给丹尼斯夫人送去了不少钻石首饰。然而，两个人自始至终都只是遥遥相望，尽管信件来往密切，但终未谋面。临终前，伏尔泰曾在不经意间提起过要亲自前往圣彼得堡向"圣叶卡捷琳娜"表达自己的敬意，然而这却是叶卡捷琳娜最不希望看到的局面。或许是紧张于自己的国家或自己将要暴露在伏尔泰那双敏锐善断的眼睛下，她急切地致信给格林："看在老天的分上，努力说服这位耄耋老人就待在自己家里吧。他来这儿能做什么呢？告诉他城堡还是远观为宜。"

叶卡捷琳娜与伏尔泰于1763年开始书信往来，在此之前她首先接触到了启蒙运动的另一位领军人物德尼·狄德罗。1713年，狄德罗出生于法国第戎附近的一座小镇，与愤世嫉俗、处世圆滑的伏尔泰相比，狄德罗是出了名的古道热肠，浑身弥漫着一股乡野之气，自始至终保持着孩童的纯真与少年的热忱，叶卡捷琳娜曾说他"在很多方面……都尽善尽美，在另外一些事情上却连十分之一都做不到"。幼时的狄德罗想成为神父，他先是

---

[1] 塞米勒米斯（Semiramis），传说中的亚述女王，以美貌、智慧和淫荡著称，在丈夫尼弩斯王（Ninus）死后她独自统治国家，据说巴比伦城即为她主持修建的。伏尔泰曾写过一出以她为主题的悲剧。

在一所耶稣会士学校里学习了七年（他的哥哥后来的确成了神父），接着又在巴黎大学继续深造了一段时间，此后便将大量的法文著作翻译成了英文。渐渐地，他对所有领域的知识都产生了浓厚的兴趣：数学、生物学、化学、物理学、解剖学、拉丁文、希腊文、历史、文学、艺术、政治学和哲学。但是年纪轻轻的他否定了《圣经》中记载的上帝，在他看来上帝是一个残忍的怪物，天主教则是无知的源头，他认为大自然是唯一永恒不灭的现实，其本身并不存在善与恶之分。狄德罗被逮捕入狱，获释后他开始负责编纂"启蒙者的《圣经》"，即全新的《百科全书》。在达朗贝尔的协助下，狄德罗于1751年出版了第一卷，随后他们又陆续出版了另外十卷。《百科全书》的哲学基础散发着人性的光辉，它将人放在自然背景下进行考察，赋予人以理性，允许人做出自己的选择，书中还强调了科学知识的重要性和人类力量的尊贵性。由于公然指摘"天主教的谎言"，狄德罗的出版许可证被吊销了，但是这起负面事件却激发了广大民众的热情，每出版一卷人们便争相购买和阅读。

一开始伏尔泰就对这项工程推崇备至，并给予了鼓励，在给达朗贝尔的信中他写道："您与狄德罗先生目前正在完成的著作将会成为法兰西的光荣，对迫害你们的人来说则是他们的耻辱。在我眼中，只有您与他才称得上是雄辩的哲学家。"六年后，编纂工作再次陷入困境，伏尔泰敦促两位主编说："加油，勇敢的狄德罗，无畏的达朗贝尔，向流氓们发起攻击吧，摧毁他们空洞的论调、可悲的诡辩、针对历史撒下的弥天大谎以及不计其数的自相矛盾、荒诞不经的鬼话。"

密切关注这些发展的观众中间就有俄国的新女皇。继位后不久，深知狄德罗和达朗贝尔影响力的叶卡捷琳娜就采取措施，努力争取着他们的支持。1762年8月，在叶卡捷琳娜登基仅两个月的时候《百科全书》的出版碰到了麻烦，对她来说这无异于天赐良机。她提出后续各卷都可以在位于帝国最西端的里加印刷出版，可是就在她提出这个方案的前不久彼得三世刚刚在罗普莎逝世，《百科全书》的两位主编不放心将自己的心血托付给地位尚未稳固的君主。在得知叶卡捷琳娜的表态后法国政府终于做出了让步，《百科全书》获准继续在法国境内出版。

1765年，叶卡捷琳娜慷慨地向狄德罗伸出了援手，当时在欧洲狄德罗已经成了街谈巷议的焦点。狄德罗与妻子生育三个孩子，但是全部过世了。在四十三岁那年狄德罗夫人又生下了第四个孩子，狄德罗将这个名叫玛丽·安吉莉卡的女儿视若掌上明珠，呵护备至。他知道必须为女儿置备一份嫁妆，可是自己却身无分文，家里的每一分钱都用在了《百科全书》的出版上。于是他决定变卖掉自己仅有的珍宝——所有的藏书。通过狄德罗的朋友，俄国驻法国及荷兰大使迪米特里·戈利岑亲王，叶卡捷琳娜得知狄德罗要将所有的藏书折价一万五千英镑出售，她主动多加了一千英镑，同时还提出了一项附加条件，即狄德罗在世时这些书仍归其所有，因为"将学者与他的藏书分开太残忍了"。就这样，在人与书均不离开巴黎的情况下狄德罗成为叶卡捷琳娜的图书馆馆长。对于这项职务，叶卡捷琳娜为狄德罗支付了每年一千英镑的薪俸。到了第二年，女皇忘记了及时付款，出于尴尬她给狄德罗送去五万英镑，声称自己一次性支付随后五十年的报酬。

叶卡捷琳娜收购狄德罗的藏书一事令充满文化气息的欧洲想入非非。对女皇的义举深感震惊的狄德罗致信自己的恩人："伟大的公主，我匍匐在您的脚下。我向您伸出双手，我想告诉您实情，可是我的灵魂在颤抖，我的心阴云密布……哦，叶卡捷琳娜，我相信您对巴黎的统治未必逊于您对圣彼得堡的统治。"

伏尔泰也附和道："狄德罗、达朗贝尔与我，我们三人将合力为您建造一座座圣坛……五十年前人们不会相信终有一天在巴黎斯基台人（俄国人）对巴黎人自己视而不见的美德、科学与哲学给予了如此丰厚的回报。"格林也在信中写道："三十年的辛劳未能给狄德罗带来一丝一毫的补偿，俄国女皇却欣欣然地替法国偿还了这笔债务。"对于欧洲的反应叶卡捷琳娜回答道："我未曾料到收购狄德罗的藏书竟会让我备受赞誉。"

毫无疑问，慷慨的背后隐藏着更为长远的打算。果真如此的话，叶卡捷琳娜对狄德罗的馈赠显然实现了送礼人的心愿，欧洲人终于看到东方不仅只有白雪和野狼。狄德罗一心扑在为叶卡捷琳娜招募艺术和建筑人才的工作中，他的府邸变成了为叶卡捷琳娜招贤纳士的办公室，作家、画家、科学家、建筑师和工程师纷至沓来，恳求能在圣彼得堡谋到一官半职。

1773年，出于对叶卡捷琳娜的感激，一向排斥旅行、从未离开过法国的狄德罗鼓足勇气，踏上了前往俄国的旅程。六十岁的狄德罗常常出现胃部痉挛，而且易感风寒，对俄国的饮食也心存畏惧。穿越欧洲，前往以暴力和严寒而著称的国家，这种旅程本身就令人气馁，然而狄德罗认为当面对恩人表示感谢是自己的职责。5月，狄德罗上路了。刚一抵达荷兰的海牙，老人就同迪米特里·戈利岑亲王在当地休息了三个月。

将近入秋时，这位哲学家又上路了。在驿马车里瑟缩成一团的他不停地咳嗽，一心希望能趁严寒时节到来之前赶到目的地。不幸的是，10月8日到达圣彼得堡时这里下起了雪，老人一头栽倒在了床上。第二天，他被钟声和礼炮声吵醒了，俄国首都在庆祝十九岁的皇位继承人保罗大公与黑森-达姆施塔特公国的威廉明娜公主完婚。对婚礼漠不关心，加之随身只带了几件纯黑色的衣服，而且唯一一顶假发也落在了路上，他便躲开了所有的宴请。

叶卡捷琳娜对著名的《百科全书》主编表示了热烈的欢迎，她看到自己面前的这位先生"光秃秃的前额上长着一副高眉骨，一双耳朵硕大而质朴，大鼻子弯曲着，嘴巴显得十分坚毅……那对褐色的眼睛看上去沉重而忧伤，仿佛他随时都在回忆那些不可挽救的错误，要不就是惦记着无法熄灭的迷信观念，或者是想到了轻信的人往往具有强大的生殖力"。叶卡捷琳娜让这位贵客加入了皇家科学院，并在自己的书房里同他进行了一系列的谈话。在初次会谈中，她说："狄德罗先生，您看到自己走进来的那扇门了吗？每天下午3到5点那扇门都会为您开着。"在一次次亲密而漫长的谈话中，叶卡捷琳娜言简意赅，不拘小节，狄德罗完全被她吸引住了。两个人会面时，叶卡捷琳娜总是坐在沙发上，有时候手里还做着女红，客人则坐在对面一把舒适的扶手椅上。轻松惬意的狄德罗滔滔不绝地发表着自己的观点，不时反驳着叶卡捷琳娜，一边喊叫，一边张牙舞爪地做着手势，他将女主人称作"我的夫人"。狄德罗的热情与亲切让女皇喜笑颜开，为了阐明自己的见解，他会抓起叶卡捷琳娜的双手，摇晃着她的胳膊，或拍打她的大腿。在给乔芙兰夫人的信中叶卡捷琳娜写道："你们这位狄德罗先生太不同寻常了，每次跟他谈完后我的大腿总是青一块、紫一块的。我不得不在我俩之间摆上一张茶几，以免我和我的四肢受到'伤害'。"

宾主之间的谈话漫无边际。针对一些有可能涉及的问题狄德罗还准备了一些小纸条，在会面时念给女皇，然后两个人便信马由缰地聊了起来。在女皇面前狄德罗陈述了自己对于宗教宽容、法律程序、商业竞争的作用，以及对赌博和离婚等问题的观点。他赞成智力不相匹配的夫妇应解除婚约，并敦促叶卡捷琳娜在女子学校中设置解剖课程，好让少女们成长为更合格的妻子与母亲，帮助她们挫败花花公子设下的骗局。

友好融洽的关系给了狄德罗信心，他一心指望叶卡捷琳娜能够将启蒙精神的基本原则应用到执政方针上。他相信在俄国改革不会遇到像在法国那样的阻力，因为俄国似乎还是一张没有历史遗留的白纸。狄德罗将自己的观点讲给了保罗大公，希望这个年轻人在各种行政学院完成见习之后能够在经济、地理和法理等领域专家学者的陪同下周游俄国，对未来自己将要统治的国家进行深入全面地了解，等王妃怀孕，确保皇位将来有继承人之后他还应该走访德意志、英国、意大利和法国等地。

如果狄德罗能将建议局限在具体的议题上，那么他对俄国女皇及储君的影响力可能会更为明确一些。然而，试图收纳人类全部知识的《百科全书》的编纂工作让狄德罗坚信自己在所有问题上都具有发言权，因此对人类生活、文化和政府等方面都是一位称职的参谋，而且他认为引导叶卡捷琳娜更合理有效地治理国家是他的天职。他借用古希腊和古罗马的先例督促叶卡捷琳娜趁着尚有条件的时候对俄国政治机构进行改革，仿照英国的样式建立国会。他还向叶卡捷琳娜提交了一份含有八十八个问题的调查表，其中包括各省供应的沥青的质量、葡萄的养殖、兽医学校的建设、全俄国修士及修女的总量、境内犹太人的人口数量及生存状况，以及农奴主与农奴的关系等问题。

如果说狄德罗难以压制的热情令叶卡捷琳娜开怀不已，那他这些尖锐的问题则让后者感到芒刺在背。这位博学而唠叨的客人说得越多，叶卡捷琳娜就越发意识到他对俄国现实的无知。终于，她告诉对方："狄德罗先生，我兴致盎然地聆听着您非凡的智慧给予我的启发。我非常了解您所有这些无与伦比的理念，它们在书本中看起来妙不可言，可是一旦放之实践则不堪一击。对于您提出的改革方案，您忘记了我们俩处境有所不同，您的工作对象是平滑而富有弹性、能接受一切的白纸，您的想象力或者您手中的笔不会遇到任何障碍，可是我这个可怜的女皇却要在活生生的人身上书写历史，这种'纸'可要敏感而棘手得多。"

狄德罗终于明白了俄国女皇根本无意将他宣讲了数星期的提议投之于实践中，他们第一轮的谈话顿时黯然失色了。自己的身体日益衰弱，在外国朝廷上又形单影只，由于同女皇的亲近，心怀嫉妒的朝臣对他充满了敌意，在各种因素的作用下狄德罗越来越渴望返回故国了。他与叶卡捷琳娜频繁会面，可是对俄国却几乎一无所知。当他提出要离开俄国时，叶卡捷琳娜并没有强行挽留他。狄德罗在俄国已经逗留了五个月，其中有六十个午后叶卡捷琳娜都在同他促膝交谈，在众多启蒙思想家中只有他见到了叶卡捷琳娜。

1774年3月4日，狄德罗离开了俄国。启程前他一直对旅程心存畏惧，为了安抚他，叶卡捷琳娜特意准备了一驾备有卧铺的马车。告别时叶卡捷琳娜递给狄德罗一枚戒指、一件皮大衣和三只各装有一千卢布的钱袋。旅途的艰难超乎狄德罗的想象，波罗的海冰封的海岸已经开始消融，德维纳河上的冰在马车下吱吱嘎嘎地开裂着，马车逐渐向泥泞中陷了下去。最后，年迈的狄德罗被拖了出来，拉车的马匹全都没入了河中，超过七成的行李也不见了。狄德罗发起了高烧，重返海牙后在戈利岑亲王的照料下他才逐渐恢复了体力。

在叶卡捷琳娜看来，狄德罗此番到访并不成功。狄德罗的见解无法为俄国构建出切实可行的方案，高贵的理想主义哲学家并不是一个务实的政治家或执政者。不过，刚刚康复的狄德罗却认为此番行程大获成功，回到巴黎后他致信叶卡捷琳娜："您已经同恺撒，以及您的朋友（奥地利的约瑟夫二世）比肩而坐，比之您危险的敌人，（普鲁士的）腓特烈则略高一筹。"

狄德罗对自己这段漫长的客居生活大肆渲染了一番，恼羞成怒的伏尔泰饱受嫉妒的折磨。数月来他一直没有收到圣彼得堡方面的来信，显然叶卡捷琳娜为了另一位同行而对他有所排斥。1774年8月9日，在狄德罗离开俄国四个月后，忍无可忍的伏尔泰终于提起了笔：

夫人：

在您的朝臣看来我一定颜面尽失。陛下为了狄德罗而抛弃了我，要不就是为了格林，或者其他受您宠爱的人。您对年事已高的我毫不在意。倘若您是法国水性杨花的女子也就罢了，力挫群雄、制订法律的女皇怎会如此反复无常……我试图纠察自己，以期证明您对我的冷漠并不过分，可最终我却明白了所有的激情都不过是昙花一现。即使我不是风烛残年之人，这种念头也会令我懊恼得丢了性命。

被您捐弃之人，

您的崇拜者，及您在费尔梅的臣民

叶卡捷琳娜语调轻快地回复道："先生，好好享受生活吧。让咱俩握手言和吧，无论如何咱俩都没有必要发生争执……您可是俄国的优秀公民，决不会与叶卡捷琳娜为敌。"受到抚慰的伏尔泰宣布自己战败，"戴着枷锁回心转意了"。

在思想上，伏尔泰对叶卡捷琳娜的影响最大。狄德罗只是与她会过面的思想家之一，而与她终生交好的则是德国作家弗雷德里希·梅尔基奥·格林男爵。1723年出生于雷根斯堡[1]一个路德教家庭的格林在莱比锡接受了教育，然后在巴黎开始了职业生涯。在文学沙龙里格林找到了出路，成为狄德罗的密友。1754年，他接过了《通信集》[2]的编辑出版工作，这份半月刊以巴黎为阵地，对图书、诗歌、戏剧、绘画和雕塑等领域的活动进行报道，大约十五位订阅者均为各国君主或神圣罗马帝国的各位

---

[1] 雷根斯堡（Regensburg），位于现今德国巴伐利亚州，是上普法尔茨行政区和雷根斯堡县的首府，天主教雷根斯堡教区主教的驻地。

[2] 全名为《格林和狄德罗1753年至1790年文学、哲学和评论通信集》。

亲王。杂志由各国驻巴黎大使馆转交给各位订阅者，这样就避免了审查，格林便可以畅所欲言了。刚一登基叶卡捷琳娜就开始订阅格林的杂志，但是直到1773年9月，在格林先于狄德罗一个月赶到圣彼得堡，参加保罗大公与威廉明娜公主的婚礼时叶卡捷琳娜同他才开始了私人交往。在婚礼上，格林担任了新娘的护卫者。

在此之前叶卡捷琳娜对格林的声望及其编辑的通讯早有耳闻，比她年长六岁的男爵与她有不少相似之处，两个人均来自德意志，受过法国式的教育，充满抱负，都具有全球性的眼光，热爱文学，对是非闲话也充满兴趣。除此之外，格林还具有良好的判断力，机智而谨慎，毫不张扬却充满魅力，女皇对这些品质都颇为欣赏。1773年9月至次年4月，在女皇面前格林常常受到跟狄德罗一样的私人礼遇。女皇劝说他留在圣彼得堡为她效劳，他拒绝了女皇的好意，称自己已经年迈，不懂俄语，与俄国朝臣也不相往来。不过，在4月返回意大利后他同叶卡捷琳娜开始书信往来，直到1796年，在他逝世一个月前还收到了叶卡捷琳娜写给他的最后一封信。1776年9月格林重返圣彼得堡，在俄国逗留了将近一年，其间叶卡捷琳娜请求他出任公立学校事务委员会主席一职，他再次拒绝了女皇，不过后来他答应担任女皇驻巴黎的官方文化代表，代为处理女皇在艺术和知识领域的事务，并同各界人士进行接触。

在叶卡捷琳娜的一生中，格林成了她最重要的朋友之一，她的知己、听众及参谋，甚至是她的减压阀。她对他毫无保留，在信中总是畅所欲言，对自己的私生活毫不隐讳，包括对情人的看法。除了儿子保罗和后来的孙子之外她别无其他亲人，格林就像一位慈祥的伯父或者兄长可以让她将自己的感受和盘托出。

第五十一章

《训令》

1766年，在给伏尔泰的信中叶卡捷琳娜提到自己将着手一项特殊的事业——颁布"圣谕"，即《训令》，作为全面改写俄国律法的指导方针。叶卡捷琳娜相信如果进展顺利，俄国的政府管理、司法工作和宗教宽容程度都会因此而跃升到新的水平。她还希望这部《训令》能让全欧洲看到，在启蒙思想基本原则的指导下，俄国将率先进入一个新时代。

在叶卡捷琳娜登基时，俄国实行的仍然是彼得大帝的父亲、沙皇阿列克谢于1649年制定的律法，对于俄国的现实，杂乱无章的老律法早就过时了，自其颁布以来最初的版本中陆续补充了数千条新的规定，这些新条目大多都没有参考先前对同一问题的规定，而且俄国根本找不到一部完整的法典。阿列克谢之后的继任者所颁布的法令与既有的规定相互矛盾，大臣和官员制定的法规有违早先的条目，可是却没有宣布后者作废。结果，政府各个部门四分五裂，行政管理工作低效而腐败，地方官员责权不明致使土地所有者通过牺牲农奴换取了更多的权利。

在彼得大帝漫长的执政期内（1689年—1725年），这种混乱的局面又进一步加剧了。彼得是一个重视实际行动的改革者，他颁布的很多法令都没有被记录在案，在继任者中对这位伟大的改革家最为尊重的莫过于叶卡捷琳娜。在彼得的带领下俄国成为欧洲的霸权国家。他创立了位于西部、毗邻欧洲的首都，建立了海军，率领着一支常胜军；他还提倡妇女参与到社会生活中；要求教会采取宽容的态度，促进国家工业和商业的发展。可是，年仅五十二岁时彼得就驾崩了，在他死后的四十年里懒惰无能的统治者让俄国的法律更加混乱了。叶卡捷琳娜将明确并完善彼得大帝留下的法律法规当作自己的天职，她着迷于18世纪自由主义政治理论，深知这种理论强调有效的法律可以推动社会变革，因此在她看来新的法典可以对俄国既存问题做出纠正。来自欧洲的叶卡捷琳娜怀着启蒙思想登上皇位，她决心按照启蒙思想的基本原则制定一部新的法典。

叶卡捷琳娜主张召开全国代表大会，参会代表将从全国各自由阶层和民族中选出，在会上她将倾听代表们的意见，邀请他们针对既存的社会问题构建新的法律体系。但是叶卡捷琳娜认为必须提前给代表们制定一套基本原则，她希望新法律的制定能够依据这套原则。这一决定得到落实后就形成了《训令》，其全名为《叶卡捷琳娜二世女皇陛下对新法典起草预备委员会所做的训令》，叶卡捷琳娜将其视为自己这一生最为卓越的智慧产物，同时也是她对俄国最为重大的贡献。

《训令》的起草开始于1765年1月，在随后的两年里叶卡捷琳娜每天都要在这项工作上花费两三个小时的时间。1767年7月30日这道圣谕问世了。专门研究叶卡捷琳娜统治时期的俄国历史学家伊莎贝尔·德·马达里亚加说："在在位君主编纂并出版的论著中这部作品堪称典范。"全文五百二十六个条目被划分为二十章，叶卡捷琳娜阐明了自己对俄国本质上的认识及有效的治理方法。在开篇叶卡捷琳娜援引英国哲学家约翰·洛克的理念，指出在一个良序社会中法律和自由相辅相成，没有后者，前者也将不复存在。她还大段大段地引述了孟德斯鸠出版于1748年的《论法的精神》，这部著作对社会结构以及个体在面对国家时所拥有的政治权利做出了分析，《训令》中有二百九十四项条目都是直接摘自或者改编自孟德斯鸠的原文。此外，有一百零八条来自意大利的法理学家及法律学者西萨尔·贝卡里亚，他刚于1764年发表了论文《论犯罪与刑罚》，针对当时欧洲绝大多数国家中犯罪与刑罚之间既存的关系进行了强烈地谴责，并提出法律、司法和惩罚性的监禁应当将目标放在对罪犯进行改造而非惩罚上，最令他厌恶的就是几乎无处不在的酷刑。深受这篇论文的影响，叶卡捷琳娜立即邀请文章的作者前来俄国，但是后者还是执意留在了米兰。

《训令》论及的政治、司法、社会和经济问题五花八门，对当时俄国的本质及理想状况，合理的社会结构、政府施政与司法管理的方式方法都做出了分析。叶卡捷琳娜的语气更像是一位教师而非专制君主，这份为新法典拟就的绪言向与会代表和其他读者指出基督教教导信徒尽可能行善于他人，叶卡捷琳娜还表示自己相信世人都希望看到自己的国家富足、荣耀、祥和、安全，也都希望生活中存在保护而非压迫人的法律。对于这些观点她进一步陈述了自己对俄国的理解："俄国属于欧洲。"这一提法消除了长久以来俄国在地理和文化上与欧洲各国的疏离感，认为俄国只是遥远、落后、闭塞之地的欧洲人对俄国的蔑视也随之消除了。接着，她又进一步阐明了在俄国坚持专制制度的必要性，宣称君主具有无上的权力，"因为只有集中于一个人手中的时候权力才能充满活力，其作为也会与疆土的广阔相匹配"，而其他形式的政府则存在着缺陷。

对于叶卡捷琳娜鼓吹的专制主义，孟德斯鸠提出过一些限定条件，叶卡捷琳娜接受了这些限定，具体表现就是她承认俄国君主至高无上的权力应该受到一定的"基本大法"的约束。按照定义，这些"大法"指的就是历史上和社会生活中根深蒂固的传统习俗和惯例，无论专制到怎样的程度，没有任何一位君主敢于违背这些传统观念和定例，其中包括要尊重国教永恒存在的现实，尊重皇位继承法，对占有统治地位的社会阶层，例如贵族阶级的既有权利和特权也要表示尊重。孟德斯鸠将由这种统治者统治的国家描述为"适度专制"，根据他的定义叶卡捷琳娜将俄国也归入并描述为适度专制的国家。

接着，叶卡捷琳娜针对法律在日常生活与人际关系中扮演的角色做了一番论述："法律体系的构建应当尽可能地保证每一位公民的安全……肆意妄为的政治自由是不存在的，'自由'指的是在法律允许的前提下人有权随心所欲做自己想做的事情……公民享有的平等权在于所有人均须遵照同样的法律。"对于更为宏大的犯罪与惩罚的问题，她全面接受了孟德斯鸠和贝卡里亚的观点，认为"对于犯罪，预防比惩罚更行之有效"。她坚决认为只有在处理涉及暗杀、煽动叛乱、叛国或内战的罪行时才应该动用极刑："历史经验表明频繁使用极刑并未让人民有所收敛。与处死囚犯相比，对遏制犯罪更为有效的是剥夺罪犯的终身权利，让其弥补自己对公众所做的伤害。"《训令》对"煽动罪"和"叛国罪"的定义非常精确，对"渎圣罪"与"冒犯君主罪"也做出了区分。君主可以说是依据上帝赋予的权力对国家进行统治，但他自己并非上帝，因此"渎圣"和"叛国"这两种罪行对君主都不构成无形的冒犯。仅有口头表示，却无实际行动的冒犯行为也都不构成犯罪。对君主制度，甚至对君主本人进行讽刺的口诛笔伐按照轻罪而非重罪处理，在这个问题上叶卡捷琳娜或许想起了伏尔泰在法国所做过的斗争。而且，对此类问题的甄别也应当慎之又慎，因为审查制度"只会制造无知、束缚天才日渐旺盛的创作能力，并摧毁创作的欲望"。

对于为了逼供、得到证据和定罪而一贯采用的酷刑，叶卡捷琳娜也持反对态度："酷刑的使用有悖于正确的审判和常识。人性大声疾呼着反对它，要求彻底废除它。"以禁止了刑讯的大不列颠为例，她指出酷刑的废止"并未带来丝毫明显的不便"。对于严刑逼供她尤其感到愤怒：

在尚未断明公民是否有罪的时候，其他人有什么权力对其动用大刑？根据法律，所有人在罪行得到证明之前都是清白的……受到控诉的人被放在刑架上，在酷刑的折磨下他根本无力说出真相……痛苦会强烈到令其失去忠于自己意志的自由，在那一刻他只会选择让自己得到解脱。在这种极端的情况下，只要能结束酷刑对自己的折磨，无辜者就会喊出'我有罪！'……执法者根本无法确定自己面前的这个人究竟是无辜者还是罪人。刑架无疑可以让身体柔弱的无辜之人获罪，而体壮如牛的罪犯则可以无罪获释。

叶卡捷琳娜还在人道主义的高度上对酷刑进行了鞭笞："一切对人身造成严重伤害的刑罚都属于野蛮行为。"

叶卡捷琳娜希望实现根据罪行的轻重来量刑这一原则。《训令》对不同类别的罪行及相应的刑罚做了条分缕析的阐述。她说争夺财产的罪犯应当被剥夺财产，不过她也明白窃贼往往都是一无所有的人。她坚决支持合理合法的执法与审判过程，要求对审判官的作用、裁决依据的证据的真实性及证物的有效性多加注意。

在有些案件的审理中法官应当与被告人来自同一阶层，即与被告人保持平等地位，这样被告人就不会认为主宰自己命运的人会先入为主地站在他的对立面上。法官不应当具有司法解释权，只有制定法律的君主才有权对法律条文做出解释。法官在审判中应当遵守法律条文的字面意义，只有这样才可以确保同样的犯罪在任何地方、任何时候都能得到相同的审判。如果遵守了法律，结果却导致了不公正的审判，君主，即立法者就应当颁布新的法律。

《训令》在农奴制的问题上收效最低。在第十一章一开篇叶卡捷琳娜便提出了农奴制的问题："文明社会要求稳定的秩序，一部分人势必成为统治阶级，另一部分人则需要服从统治。"根据上下文来看她认为即使是最底层的人也都享有人的权利，但是她的这番表述与俄国人普遍将农奴当作私有财产的观点相抵触。哪怕是略微提及解放农奴都会招致抗议，甚至平日里以信奉自由主义为荣的人都会提出反对。达什科娃公主就坚信贵族有权拥有农奴，她甚至曾试图说服德尼·狄德罗承认农奴制对俄国的必要性。即便对政治现实无能为力，但从道义上叶卡捷琳娜还是断然拒绝接受这种观点。在圣彼得堡逗留期间，狄德罗曾对俄国农民凄惨污秽的生活环境提出过批评，身为女皇的叶卡捷琳娜尖刻地反驳道："灵魂都不属于自己，那他们何苦清理自己的身体呢？"

《训令》是用法文撰写的，之后叶卡捷琳娜的秘书再将其翻译成俄语及其他语种。叶卡捷琳娜始终独自忙碌着，直到1766年9月才先后将草案交给了格里高利·奥洛夫和帕宁。不出叶卡捷琳娜所料，格里高利对这份草案大加溢美之词。帕宁则要谨慎得多，他认为《训令》将对俄国的政治、经济和社会秩序构成全面性的威胁，并提醒叶卡捷琳娜说："这些观念会让一切土崩瓦解。"帕宁担心来自孟德斯鸠和贝卡里亚的观点将对立法委员会中缺乏教育的委员产生负面影响。之所以对这个问题格外关注，是由于向农民课税和征兵的工作都建立在农奴制的基础之上，他担心一旦这两项前提条件不复存在，那国家的经济和军事力量都将出现萎缩。此外，他也担心得到解放的农奴将以何为生，毕竟他们没有土地；他同时提出由于剥夺了土地所有者的农奴，以及供农奴为生的土地，国家对土地所有者必须进行补偿，可是补偿经费的来源也存在问题。

叶卡捷琳娜没有对帕宁的意见置之不理。帕宁不是大地主，《训令》不会给原本就没有多少农奴的他造成太大的损失，而且他在瑞典生活过十二年，总体上倾向于改革。叶卡捷琳娜还发现与帕宁持有相同观点的人并非少数。1767年初，为了进一步完善《训令》，叶卡捷琳娜将自己拟就的草案提交给了议会。后来她曾说过："每一部分都引起了分歧，我允许他们随意删除其中的条目，结果我写的草案中超过半数的内容都被他们勾画掉了。"接着，她又将草案转交给了一些受过良好教育的贵族，议会保留下的内容又被这些人取消了一半。经过几番删减之后《训令》终于得以发布，叶卡捷琳娜花费了两年时间完成的草案仅剩下了四分之一的内容。这就是对专制君主制度的约束，即便是独裁的君主都不能凌驾于政权支持者的意见之上。

叶卡捷琳娜对农奴制问题的失望在最终得以付梓的《训令》中表露无遗，她的笔调间充满了几乎带有道歉性质的试探，随即又出尔反尔地取消了自己之前的陈述，将原本试图传达的信息又化于无形了。她试图提出农奴制只是阶段性的制度，统治者应当避免陷人民于奴役中的可能，民法应当保护受奴役者免于被虐待，可是这些努力落在纸上却显得杂乱无章：

自然法则要求我们必须最大限度地为所有人谋求福祉，因此我们必须考虑到在合情合理的情况下一部分人总是比较容易受到奴役……因此，我们应当尽量避免使人民遭受奴役的状况，除非在刻不容缓的情况下我们不得已而为之；在这种情况下，对人的奴役也不能以个人私利为出发点，其目的必须是为公众谋利。诚然，这种情况并不会频繁出现，但也绝非永无可能。无论出现何种形式的奴役，民法都应当预防虐待行为的发生，避免由此带来的各种危险状况。

在定稿中叶卡捷琳娜引自孟德斯鸠的两条条目也被删除了，其中一条宣称农奴应被允许积蓄一定的财产，以备赎身之用，另外一条提出对个体的奴役不得超过六年。叶卡捷琳娜自己提出的一条规定，即一旦获得自由，农奴就不应当再次受到奴役，也同时被取消了。立法委员会和俄国民众自始至终都没有听说过，或者是阅读并讨论过这几条意见，也更不会执行这些方案。

叶卡捷琳娜没有大肆宣扬自己草拟《训令》的功绩。在将副本送交普鲁士国王腓特烈阅览时她在信中开诚布公地写道："您会发现正如寓言中的那只乌鸦一样，我借用了孔雀的羽毛来装扮自己。对于这项工作我只是对现成的材料进行了重新组合，仅有偶尔几处只言片语是我自己的发明创造。"对达朗贝尔她也坦言道："为了我的国家我掠夺了孟德斯鸠的心血，可是却没有提及他的大名。倘若来世他能看到我的作品，我谨希望为了两千万人民的利益他会原谅我的这种剽窃行为。具有博爱精神的他是不会见怪的。他的著作就是我的'祈祷书'。"

在撰写《训令》时叶卡捷琳娜希望修订后的法典可以创造一个政治进步、文化繁荣、经济生产力大为提高的新俄国。这个梦想落空了，但是除了她试图召集的立法委员会之外，国内外不少受过教育的人也成了《训令》的读者。尽管她撰写的草案中有大量内容遭到了删除，行文又极其不连贯，而且明目张胆地借用了很多他人的论述，但是当多语种版本在国外问世后，《训令》仍旧震惊了世人，她也因此备受赞誉。首先面世的是日耳曼语、英语和拉丁语的译本。1768年12月叶卡捷琳娜向费尔梅发去一册副本，伏尔泰装聋作哑地将其当作一部翔实的法典，称无论是来库古[1]还是梭伦[2]"都没能完成这项伟业"。伏尔泰对《训令》的盛赞甚至发展到了荒唐的地步，在给叶卡捷琳娜的信中他说《训令》是"这个时代最杰出的丰碑，必将为您带来十场凯旋都难以企及的荣耀，因为这完全是您个人才华的结晶，而且还是您那只纤弱的小手亲笔写就的"。

---

[1] 来库古（Lycurgus，公元前700年？—公元前630年），古希腊的一位政治人物，传说中斯巴达政治改革、斯巴达教育制度以及军事培训的创始人。

[2] 梭伦（Solon，公元前638年—公元前559年），古希腊政治家、立法者、诗人，古希腊七贤之一，公元前594年出任雅典城邦的第一任执政官，制定法律，进行改革，史称"梭伦改革"。他在完成改革后，与雅典人约定十年内不准改变他的改革。

法国政府对此却持有不同的看法。皇室成员视其为隐患，国王严禁《训令》在法国境内出版，从圣彼得堡送往巴黎的两千册在运抵边境时就被截获了。伏尔泰调侃说法国审查人员对《训令》的查禁其实是一种恭维，他让叶卡捷琳娜尽可放心，这样一来这部作品反而会大行其道。狄德罗也写下了如此的评价："正义和人道主义指引着叶卡捷琳娜二世的笔锋，让她做出了全面的改良。"普鲁士的腓特烈国王认为《训令》是"一项充满阳刚之气、强健有力的成就，堪称伟人之作"，并将叶卡捷琳娜编入柏林普鲁士皇家科学院。

《训令》并非如伏尔泰所热情称颂的法典，实际上叶卡捷琳娜只是阐明了自己认为建立好政府和良序社会所应遵循的基本原则。在给腓特烈的信中叶卡捷琳娜表示自己很清楚俄国的现实与自己所憧憬的国家之间存在着差别："我必须提醒陛下，您会在这份文献中读到一些匪夷所思的观点。恳请您切记我时常需要迁就当前的现实，但我并未放弃追求更为值得称赞的未来。"

第五十二章
"一切自由阶层"

《训令》是为召集新法典起草委员会所做的前期准备工作。尽管《训令》的草案遭到了大幅度的删减，但当它于1766年12月刚一发布叶卡捷琳娜便立即着手进行第二阶段的工作，发布诏书，号召"一切自由阶层"——即全俄国除农奴之外的各个阶层——推选代表，组建立法委员会。1767年春，具有不同宗教、等级、职业和社会阶级背景的全国代表被选举出来了，其中包括政府官员、贵族、市民、商人、自由农民和偏远地区的居民，后者既不信奉基督教，也不属于俄罗斯民族。代表们的任务在于将各自群体的不满、需要和心愿转达给女皇，以便她在编写新法典的时候用作参考。

选拔代表的依据是地理区划和所属阶层：中央政府官员中选派二十九名代表；每个地区由当地的贵族推选一名代表，由此产生了一百四十二名贵族代表，其中奥洛夫家就占据三个席位，包括格里高利和阿列克谢；无论城镇规模，每个镇子由城镇有产者推选一名代表，总共产生了二百零九名城镇代表，在整个代表大会中占据了多数席位；每个省份的官属佃农中推选一名代表，这些农民在国有土地上劳动，但是根据法律规定拥有自由身份，这样就产生了五十七名佃农代表；顿河、伏尔加河和亚伊克河（1775年改称为乌拉尔河）流域，以及西伯利亚地区的哥萨克可由部落首领决定代表人数，结果全国各地的哥萨克部落派来了四十四名代表；此外还有五十四名代表分别来自非俄罗斯裔、基督教徒、穆斯林；甚至还有佛教徒部落，每个部落各推选一名代表。构成俄国人口主体的农奴被视为私有财产，无须推选自己的代表，他们及他们的利益均由农奴主来代表。选举结束后，五百六十四名代表便立即组建起立法委员会。

不言而喻，代表大会的职责仅限于向女皇汇报具体情况，提供参考意见，做决定的仍旧是女皇自己。叶卡捷琳娜无意让立法委员会来讨论俄国的治国方针，也根本无意创造一个限制君权的机构，在《训令》中她就明确表示过唯一适用于俄国的政治体制就是君主专制。叶卡捷琳娜也不允许立法委员会产生成为永久性政治机构的希冀。代表们可以对其他政治问题畅所欲言，尽可以表达区域性或全国性的不满，但委员会只能对女皇提供咨询意见。真正进入会议阶段后立法委员们都没有表现出越权的倾向，君主拥有至高无上的地位和权力是公认的事实。

对于女皇的期望绝大多数代表都感到迷惑不解。开会之前女皇要求代表们参政议政，贵族代表对此都半信半疑，之前他们就极不情愿地被召至首都履行对国家的义务。叶卡捷琳娜试图改变这种态度，她通过附加的奖励和特权提高了这份差事的吸引力，工作期间的一切花销均由国库支付。贵族代表、市民代表和官属佃农代表分别可以得到四百、一百二十二和三十七卢布的年俸。所有代表都享有终身免于死刑、酷刑和体罚的特权，其财产永不被没收。此外，代表还要佩戴专门的职务徽章，该徽章在逝世后归还国家，贵族可以将徽章的图样添加在家族盾形纹章上，以便子孙后代记得祖上有人参与过这项具有历史意义的事业。叶卡捷琳娜在诏书的末尾写道："通过这种制度我们向人民表达了我们的诚意、我们对他们的充分信任以及我们真挚的慈爱之情。"

叶卡捷琳娜宣布刚组建的立法委员会将在莫斯科召开会议，届时她将亲自宣布会议的召开。她希望通过将全国代表召至首都能向人口众多且民风保守的莫斯科证明她本人及她颁布的《训令》，以及新法典都将如过去的旧法典一样适用于"老俄国"。在代表集合之前叶卡捷琳娜再一次强调了自己的态度，宣布将取道水路前往伏尔加河下游，其间会穿越"老俄国"的心脏地带。除了对自己治下的这个帝国取得进一步的了解，叶卡捷琳娜还要通过此行向臣民展示自己的风采，让国内外的目击者永远铭记她的光辉形象。前景美好的旅程令叶卡捷琳娜十分激动，在1767年3月26日给伏尔泰的信中她写道："或许在最意想不到的时候您会收到发自亚洲某个角落的来信。"

这趟出行声势浩大。1767年4月28日，上千名随行人员同女皇一起在伏尔加河上游的特维尔乘坐上一队大船。船队先后在雅罗斯拉夫尔和科斯特罗马稍事停留，早在1613年就曾有一支代表"俄国所有阶层及市镇"的代表团来到科斯特罗马，恳请罗曼诺夫王朝的世祖、十六岁的米哈伊尔接受俄国皇位。离开这座古城之后叶卡捷琳娜一行顺流而下，来到了下诺夫哥罗德、喀山和辛比尔斯克。欣喜不已的叶卡捷琳娜在给尼基塔·帕宁的信中写道："最愉快的事情莫过于精力充沛地徜徉在完完整整的家园里。"

叶卡捷琳娜在喀山逗留了一个星期，她发现这个地方难以驾驭。这个地区到处都是民族聚居地，充满了多种多样的文化，这令她想到了自己写在《训令》中的原则对俄国现实的适用性的问题。5月29日在给伏尔泰的信中她写道：

这些律法被我们无数次地谈及，可……至今仍未得到落实。它如此无效，究竟谁应当对此负责？下论断的是我们的后世子孙而非我们自己。如果愿意的话您不妨试想一下，这些法律必须对亚洲和欧洲同样适用，可是气候、民族、习俗甚至是观念都存在何等的差别啊！……仅这一个城市里就有二十个截然不同的民族，可是我们还是得创造一件让所有人都感到合身的衣服。人们对基本原则给予了充分的认同，可是详细的规定呢？

两天后，在另一封发往费尔梅的信中她又提到了这个问题：

需要考虑的问题太多了，要想在这里充分采集民意的话你可能得花费十年的工夫。这个国家过于庞大了，只有在这种地方你才会明白我们的法律工作是一项多么繁重浩大的工程，你也才会意识到就总体而言现有的法律与帝国的现实又是怎样的不匹配。

顺着大河一路南下，沿途的富饶景象令叶卡捷琳娜感到惊讶。在给尼基塔·帕宁的信中她写道：

伏尔加河沿岸的居民生活富足，吃得很好；所有的谷物都长势良好，到处都是橡树和椴树；这里的黑土地独一无二。总而言之，这里的人民被上帝宠坏了。平生我还从未吃到过如此美味的鱼，一切都超乎想象的丰富，我不知道这里的人民还需要什么，在这里一切都应有尽有。

叶卡捷琳娜一行人在辛比尔斯克下了船，返回莫斯科。一百五十年后，在1917年新组建的俄国临时政府中担任总理的亚历山大·克伦斯基曾对自己的出生地辛比尔斯克做过这样的描述：

这座小城依山而建，俯瞰着伏尔加河与富饶芬芳、向东绵延不尽的牧场。葱茏的苹果园和樱桃园从山顶一直延伸到了河岸边，每年春天山坡上便覆盖着白色的繁花，散发出馥郁的香气，寂静夜晚就只听得到夜莺的歌声。

回到莫斯科后叶卡捷琳娜便开始准备组织立法委员会开会。全国各地的代表陆续赶到了莫斯科,她打算通过阐明这项任务的意义来打动代表们的心。7月30日,星期六的清晨,叶卡捷琳娜一个人乘坐着镏金马车穿过大街小巷,来到克里姆林宫。结束了在圣母升天大教堂的宗教仪式之后,她走进了多棱宫,与会代表被逐一介绍给坐在高台上的女皇。在她的右侧摆放着一张盖着红丝绒的桌子,上面码放着红色皮面的《训令》;在她的左侧站着保罗大公、各位大臣、其他臣僚和各国使节。听到主持人热情洋溢的开场白将自己与查士丁尼大帝[1]相提并论,叶卡捷琳娜说与会代表也同样拥有难得一遇的机会,"为自己与国家增添荣耀,为自己赢得后世子孙的敬意与感激"。她给每一位代表发放了一份《训令》和一块挂着链子的金质勋章,勋章上烙印着女皇的肖像,并刻有"为了所有人的福祉"的字样。勋章大受欢迎,其中很多随即就被变卖了。

次日清晨,委员会投入了工作。在接下来的几天里,副总理大臣亚历山大·戈利岑亲王大声宣读了一遍《训令》,接下来亲王还将继续宣读不少文件,这项工作必不可少,因为很多代表都目不识丁。《训令》对受教育程度一般的贵族、城镇商人以及最多只是在省内流动——如果生活范围不仅限于村庄的话——的农民造成的影响不得而知,伏尔加河流域之外的游牧民族就更不用说了。至于顿河流域的哥萨克或者大草原上信仰佛教的卡尔梅克人对这些大量援引自孟德斯鸠,后经过德意志公主重新整理的基本原则作何理解,这才是最难掌握的情况。"自由是做法律所允许的一

---

[1] 查士丁尼大帝(Justinian,约482年—565年),即东罗马帝国皇帝查士丁尼一世,他收复了许多失地,重建圣索菲亚大教堂,并编纂《查士丁尼法典》,功不可没,因此也被称为查士丁尼大帝。查士丁尼一世是古罗马时代末期最重要的一位统治者,他的统治期一般被看作是历史上从古典时期转化为希腊化时代的东罗马帝国的重要过渡期。

切事情的权力"之类的箴言在绝大多数俄国人听来十分陌生,甚至有些匪夷所思。

在会议大厅里代表们根据各自所属区域分坐在长凳上,贵族坐在前面,后面依次坐着城镇居民、哥萨克与农民代表。叶卡捷琳娜选择了一名战士——亚历山大·比比科夫将军——担任委员会主席这一要职,负责主持会议的召开,并对委员会的工作进行引导。出于对女皇召集此次会议的感激,代表们在开始正式工作之前先花了一段时间研究献给女皇的称号,多数人都认可"大帝"和"英明的国母"这两种称法。几轮商讨之后叶卡捷琳娜失去了耐心,她对比比科夫说:"我召集他们是要让他们研究法律问题,可他们现在却忙着对我的德行评头论足。"最后,叶卡捷琳娜拒绝了所有的称号,她告诉代表们自己配不上任何头衔,只有后世子孙才能够公正地对她的成就做出评判,只有上帝才配得上"英明"二字。不过,"叶卡捷琳娜大帝"这一称号得到多数人赞成的事实还是令她感到喜不自禁。此时叶卡捷琳娜登基仅五年,彼得大帝在当了四十年的沙皇后议会才授予了他这个称号。而今,一切自由阶层代表均愿意授予她这个称号,此举无疑会进一步巩固她的合法地位,日后也不会再有人提出她应当在保罗成年后恢复摄政身份,让保罗继位的问题了。

立法委员会按照规定的程序和任务分成了多个小组委员会,代表们在全体大会上可以对所有问题展开辩论,而分析、协调和起草新法律的具体工作则被分配给十九个小组委员会。大会针对代表们带来的报告展开工作,叶卡捷琳娜认为立法委员会最重要的职能就包括对这些意见和提议进行讨论,并阐明各地区和各阶级的需要,她希望通过委员会的工作她可以对俄国社会状况进行一次全面有效的了解。所有的代表都认为自己带来的意见最应该受到大会的关注,数百份陈情表和请愿书被递交到大会上,来自阿尔汉格尔斯克地区的六位官署佃农甚至带来了七十三份请愿书。在这些请愿书中，有一些比较简单而孤立甚至相互抵触，但另有一些对改革提出了合理的建议。在整个大会上，代表们向立法委员会总共提交了一千多份来自农民的请愿书。不像贵族和城镇居民，农民阶层无法清晰地表述出自己的不满，而且他们的着眼点也基本上都是当地发生的纠纷，例如篱笆被撞倒、农作物被散漫的牛羊践踏，以及木材的匮乏、盐的价格、执法延迟和政府官员的傲慢等问题。农民很容易受到当地贵族和政府官员的压迫，所以他们难以在请愿书中清楚明确地阐明问题。为了能听取完所有代表的陈情，大会又组建了许多小组委员会，这些下级委员会大多都不了了之了。叶卡捷琳娜终于意识到找到适用于俄国所有阶层及人群的法律超出了这些代表的能力范围，不过代表大会还是产生了一个非凡的结果——俄国有史以来第一次将一大批人民代表召集到一起，让他们畅所欲言，无须担心自己以及自己代表的人民会因此而受到严惩。

叶卡捷琳娜频频旁听会议，不过她基本上都躲在帷幕背后的高台上。通过这些会议她的确对帝国有了一些新的了解，但是委员会磕磕绊绊的节奏令她火冒三丈，有一次她甚至站起身，从帷幕背后走了出去。全体代表大会辜负了叶卡捷琳娜的期望，一些小组委员会也让她感到恼怒。有一次，在得知讨论城镇问题的小组委员会之所以休会是因为在等着拿到更多的《训令》时，她怒不可遏地说："他们当真把领到的《训令》弄丢了吗？"到了12月，此时代表大会已经进行了五个月的讨论，叶卡捷琳娜终于忍无可忍，她希望换个地方开会能让代表们恢复活力，于是终止了在莫斯科举行的大会，命令代表们于两个月后在圣彼得堡重新开会。1月中旬，叶卡捷琳娜乘坐着雪橇马车，越过冰封的大地，赶往圣彼得堡。在她的身后跟着长长的马队，车上坐满了代表委员。

2月18日，立法委员们在圣彼得堡重聚了。大会首先讨论了贵族、城镇居民、商人、自由农民的状况。贵族代表要求进一步扩大赋予贵族的特权，在地区与当地政府中得到更大的权力，并得到涉足城镇工商业的权力。此外，贵族代表内部在对不同阶层的地位与权力的界定上也出现了分歧。世袭贵族要求将贵族严格地划分为两个群体，即天生的贵族和后天凭借功勋被赐予头衔的贵族，奥洛夫兄弟即属于后一种情况。

贵族出身的土地所有者与城镇商人也产生了激烈的争执。贵族代表宣称自己无论是在经济方面还是管理方面，都对农奴劳动力拥有绝对权力，可随意处置农奴；商人代表已经听到《训令》宣布在法律面前人人平等，他们要求拥有同贵族一样的权利，其中就包括蓄养农奴的权利。大地主竭力抵制这种情况的出现，商人也拼命地抗争着，以防前者插手工业和商业。最终，两项动议都流产了。

就在贵族与商人代表就蓄奴权的问题进行激辩的过程中，农奴制这个更为宏大也迫在眉睫的问题浮出了水面。代表大会分成了两大阵营，支持农奴制的一派宣称这种制度永恒不灭，对于比蓄奴者的社会地位和特权更为深层的经济问题而言，这种制度就是唯一的解决方案，也就是说，对于俄国这个庞大且以农业为主的国家，农奴制对劳动力的提供和控制起到了至关重要的作用。反对农奴制的人则指出这种近似于奴隶制的人身束缚制度所带来的罪恶和人间惨剧。一方宣扬着经济与传统利益，另一方呼吁开明思想与怜悯，两者之间似乎找不到沟通的桥梁。

同其他人一样，叶卡捷琳娜也找不到解决的办法。按照她最初的构想，《训令》甚至主张允许农奴在得到主人的许可后为自己赎身，从而逐步在俄国废除农奴制。俄国的贵族阶层一边倒地反对这类提议，在《训令》最后付梓之前这些构想就已经遭到了重挫。

是否应该允许农奴拥有土地之外的私产也在大会上被提了出来，大会就土地所有者与农奴之间的关系、土地所有者对农奴拥有怎样的管理权和处罚权等问题展开了激烈的讨论。面对农民都是些嗜酒如命的懒鬼的指责，一位信奉自由主义的代表反驳道："农民也有自己的意识。他们知道自己拥有的一切都属于他的地主。他们被剥夺了一切保证品行端正的条件，那他们还如何能坚持端正的品行呢？他们之所以酗酒并非因为懒惰，而是出于沮丧。干活最卖命的工人对自己一直受到的压迫、自己一无所有的现实漠不关心。"

对于地主对农奴的权力问题，一些受到启蒙思想影响的土地所有者也表示倾向于用法律进行限制。大会主席比比科夫敦促大会判定那些虐待农奴的贵族精神失常，这样一来国家就可以依法没收他们的产业。可是，一旦提到改善农奴生存条件和最终废除农奴制度的问题时，之前慷慨陈词的代表却都闭上了嘴巴。贵族代表中的自由主义者受到了诬蔑，占据大多数席位的保守派中一些极端分子甚至对他们发出了死亡威胁。

叶卡捷琳娜原本指望亚历山大·斯特罗加诺夫伯爵能够支持自己，当初彼得三世在宴会大厅里当着众人的面怒斥叶卡捷琳娜为"蠢货！"时，帮她解围的正是这位曾在日内瓦和巴黎接受过教育的伯爵。然而，在大会上起立发言时斯特罗加诺夫却对农奴制进行了一番慷慨激昂的辩护。米哈伊尔·谢尔巴托夫亲王认为世袭贵族的地位是上帝的决定，他提出由于俄国偏居北方，气候寒冷，不施加压力农民是不会主动干活的，可是由于俄国国土面积过于庞大，国家无法给农民施加压力，只有贵族可以做到，但他们必须动用传统方法，国家不得进行干预。

诗人及剧作家亚历山大·苏马罗科夫反对提前授予立法委员会中的农民代表以终生免于包括体罚在内的惩戒的特权。苏马罗科夫还反对在投票时实行"多数同意原则"，他说："大多数投票并不能证实事实，它仅仅表明了大多数人的意愿。只有深刻的理性思维和公正的态度才能够对事实做出确证。"接着他又进一步表达了自己的不满："一旦农奴得到了解放，贫苦的贵族就没了厨子、车夫和听差的仆人，有经验的厨子和理发师会纷纷另谋高就，到时候骚乱不断，国家只能出动军队进行镇压。而现在，土地所有者都在各自的领地内过着平静的生活。"只是不时有人的喉咙被割断了。"叶卡捷琳娜评论道。最后，苏马罗科夫总结说，领主与自己的农奴相亲相爱是众所周知的事实，无论如何普通人是无法体会到贵族们的感觉的。"就目前的情况来看的确无法体会。"叶卡捷琳娜又注解道。终于，女皇对苏马罗科夫的反对意见做出了反驳："苏马罗科夫先生是一位优秀的诗人……作为立法者却思路不清。"

尽管叶卡捷琳娜深受启蒙思想的影响，对农奴制也满怀疑虑，但是与会的贵族代表做出的反应还是令她不敢轻举妄动。但是，她很明白如此庞大的人口受到永久性奴役的现实存在着与生俱来的危险，在给检察长维亚泽姆斯基的信中她指出：

这并不会将所有农奴从不堪忍受的残酷枷锁中解放出来……（然而）倘若我们不能同意减轻暴行，改善人们令人发指的生活境况，他们自己迟早也会争取到全面的解放，这将与我们的意愿背道而驰。

在代表大会上，叶卡捷琳娜信奉的启蒙原则受到了猛烈的抨击，她清楚自己治理国家主要还得借助贵族的支持，因此决定不再强求贵族也接受她的观点。后来她写道：

在立法委员会研究这个问题时，怎样荒谬残忍的舆论我不曾听到过？那帮贵族……甚至疑心这些讨论会导致农民地位的提高……我相信只有不到二十个代表在思考这个问题时心怀人道主义。

结果，代表大会在圣彼得堡比在莫斯科时的效率更低，其间也出现了更多的争端。立法委员会的工作仍旧不顺畅，审议程序、阶级矛盾以及此次立法工作本身难以实现的目标都进一步加重了委员们的工作。二十九位农民代表在讨论过程中显得无足轻重，只有阿尔汉格尔斯克地区选派的一位代表坚持不懈地在大会上十五次发言。很多农民代表都将自己有限的发言权转交给了来自同一地区的贵族代表。几位发了言的自由农民代表都极其在意亲口向女皇陈情的机会。他们将受到的虐待、背负的重担以及对未来的忧虑混为一谈，听着他们的诉说，叶卡捷琳娜意识到这些代表连同她自己都与孟德斯鸠的精神相去甚远。直到1768年的秋天，立法委员会仍旧没有取得任何实质性的进展，叶卡捷琳娜终于厌倦了。大会已经拖拖拉拉地持续了十八个月，其间召开过两百多场会议，可是却没有产生哪怕一部新法典。

在这一年的夏天和秋天，女皇与各位大臣的目光又投向了另外一个地方。俄国插手干涉近邻波兰的内政，与此同时俄国与土耳其的战争也迫在眉睫，这些事情笼罩着立法委员会的会议。叶卡捷琳娜对新法典的制定逐渐冷淡，当土耳其于当年10月宣战时，她的心思和精力全都转到了新的挑战上。一大批被选为全国代表的贵族离开莫斯科加入了军队。当年12月18日，比比科夫伯爵宣布根据女皇的命令立法委员会进入无限期休会中，只保留一个小组委员会继续进行讨论。1769年1月13日举行了最后一次全体代表大会，散会后代表们便陆续返乡，在家等待日后召开的大会，保留下来的小组委员会一直维持到了次年9月。在1772年至1773年间，检察长被告知女皇有意在结束俄土战争后再一次召集全体代表大会，然而召集令始终没有下达，立法委员会此后再也没有召开过会议。

俄国没有诞生新的法典，启蒙思想家对理想型君主国家的描述和农业大国俄国与日常生活息息相关的问题之间存在着一道鸿沟。叶卡捷琳娜寄希望于孟德斯鸠，可是俄国的贵族们只想让自己的地位和特权得到进一步的巩固与扩大，农民考虑的则是破损的篱笆、被踩踏的庄稼和被非法砍伐的树林能得到修复或补偿。然而，十八个月的时间和二百零三场讨论会并非徒劳一场。在全体大会上提交并经过讨论的文件，以及各小组委员会提供的翔实而宝贵的资料，在详细审阅这些浩繁的报告，即数百份控诉和与其相抵触的声明时，叶卡捷琳娜愈加坚信俄国的安定取决于继续维持君主专制制度。

除了专制主义在叶卡捷琳娜的心中得到了进一步的强化之外，代表大会提交的报告还产生了其他一些结果。在《训令》的刺激与保护下，全体代表大会和各种小组委员会所进行的讨论让与会代表们接受了在俄国从未被公开讨论过的一些观点。有时候，代表会照搬一段叶卡捷琳娜编写的《训令》，凭借女皇的权威来阐明并支持自己的观点。尽管立法委员会没能制定出新的法典，但它为俄国的历史做出了一定的贡献。全国代表的选举、代表集合、二百零三场代表大会，这一切都为人民参政议政开了先河，在俄罗斯这个古老的帝国人民第一次被赋予了表达政治观点的权利。

有观点认为立法委员会一事无成，从一开始，《训令》和立法委员会就只是装模作样地表演而已，至多只是为了感动叶卡捷琳娜在外国的启蒙思想家朋友们所进行的一场政治宣传。这种理解过于肤浅。诚然，叶卡捷琳娜欣欣然地接受了伏尔泰对《训令》的盛赞，但她编写《训令》并非只是为了博得伏尔泰的关注和赞美。专门研究叶卡捷琳娜生平的学者伊莎贝尔·德·马达里亚加认为：

对于波及范围如此广泛又如此耗时的工程来说，认为其首要目标……仅在于蒙蔽西方知识分子的这种观点实在令人难以认可。对叶卡捷琳娜而言，通过与伏尔泰通信、收购狄德罗的藏书并将书的所有权仍旧留给狄德罗、邀请达朗贝尔和贝卡里亚访问俄国（尽管均遭到了拒绝）、任命格林为自己在巴黎的私人代表等举动，就足以赢得这些人对她的高度评价。这些已经足够证明启蒙思想家对她的态度……她根本无须再启动如立法委员会这样浩大而耗时的工程。

需要指出的是，在叶卡捷琳娜编写《训令》并召集立法委员会九年之后，托马斯·杰弗逊才撰写出美国的《独立宣言》，并经由大陆会议投票得到批准通过；在二十二年之后法国国王路易十六才召集了三级会议。叶卡捷琳娜的继任者中无人再有魄力召集类似的代表大会。直到1905年，由于革命形势所迫尼古拉二世签署了一份文件，宣布俄国从君主专制国家转变为半君主立宪制国家，俄国这才于1906年召集了第一届通过民选产生的议会，即国家杜马。

第五十三章
"我们制造出的新国王"

对叶卡捷琳娜而言，适用于俄国现实的新法典固然很重要，但是外交政策的调整才是当务之急。自登基以来，叶卡捷琳娜沿用彼得大帝的做法，采取了积极推进式的策略，刚一成为女皇她便掌握了对外交事务的控制权，确定自己大权在握后她立即要求将送达外交学院的外交快信一律转呈给她。

需要处理的事情千头万绪。彼得大帝于1694年独立执政时，俄国还是一个内陆大国，缺少终年畅通的海港。瑞典占据着波罗的海北部，黑海又在奥斯曼土耳其人的手中。后来，在大获全胜的北方战争中彼得打破了瑞典的控制，将俄国的领土沿波罗的海向南推进，把大型港口城市里加纳入了俄国版图，并在位于芬兰湾的圣彼得堡建立了新都城。在南方同土耳其人的战争中，他又试图将领土扩张至黑海。一开始，在位于亚速海的顿河河口战役中他取得了胜利，但随即便在普鲁特河战役中失去了之前取得的战利品。1725年在他逝世时俄国仍旧没有南部出海口。在西部，俄国与面积广大、政局混乱的波兰毗邻，在历史上后者曾掠夺了俄国和乌克兰的大片领土。因此，对于渴望在扩张领土和创造通往世界的新通道等方面效仿彼得大帝的叶卡捷琳娜而言，需要关注的地区正是南部和西部。俄国的南面是土耳其，西面则是波兰。

一位国王身患不治之症的事实让叶卡捷琳娜决定首先从波兰下手。波兰王国与立陶宛公国合并成为波兰-立陶宛联邦，其面积相当于法国，王国的东西两侧分别流淌着第聂伯河和奥得河，北部毗邻波罗的海，南端与喀尔巴阡山脉诸国和土耳其在巴尔干半岛上的多瑙河流域各省接壤，从北向南波兰又与俄国共享着九百英里蜿蜒曲折的边境线。早先的数百年间在本国国王的统治下波兰成为欧洲列强之一，1611年一支波兰军队甚至占领了克里姆林宫。晚近时代，俄国的一代代沙皇陆续收复了包括斯摩棱斯克、基辅和西乌克兰等失地，但是由信仰东正教的斯拉夫人占据的俄国西部广阔的疆域仍旧处在波兰的控制之下。

截至18世纪中期，波兰的国力出现严重的衰退，所谓的"国会"只是一个软弱无力、近似于议会的机构，议员均由波兰和立陶宛贵族按照千分之一的比率推选而出。"波兰国王"这个职位不具有世袭性，而是国会全票通过的结果，它甚至比国会更加无能。全票通过就意味着国会的每一位议员都有恩于国王，而且由于波兰贵族无法在本国出身的国王统治下达成共识、团结一心，无奈之下国会只得将外国人扶上国王的宝座。自1736年以来，波兰的王冠一直戴在撒克逊的选帝侯同时也是波兰国王的奥古斯都三世的头上。奥古斯都已经奄奄一息，此时波兰-立陶宛联邦急需找到一位继任者。

统治国家的是经选举产生的国王，除了这项弱点之外，独特而不利的政治格局也对波兰构成了威胁。按照规定，国会中的任何一位议员都可以凭借"自由否决"权中断或终止会议，这项程序让议员有权否决议会达成的各种决议，哪怕该决议已经得到其他所有议员的批准。仅仅一张否决票就可以推翻并取消之前国会达成的所有决议，而议员手中的票又常常可以用金钱换得，因此自由否决权让改革变得毫无希望。波兰政府步履维艰地在一个又一个的危机中挣扎着，与此同时统治国家的实际上都是些有权有势、富甲天下的大地主。

不过，另一项议事程序又可以取消议员手中的"自由否决"权，即为了达成目标一群贵族可以组建临时性的"联合会"。一旦召集"联合会"，议会就可以采用多数制而非全票制实现目标、解散议会，并让波兰政局退回到一贯的混乱状态中。

不出所料，波兰政府反复再三的内讧与无能为外国势力的介入敞开了大门，历史上还从未出现过任何一个政府能像此时的波兰这样方便于强权邻国插手内政。1762年，在波兰国王临终之际，外部势力对波兰的干涉达到了顶点。舆论普遍认为奥古斯都三世的儿子将同时继承撒克逊选帝侯的爵位和波兰国王的王位，他受到了奥地利、法国和不少波兰人的拥戴。

然而，叶卡捷琳娜并不认可这个人选，在奥古斯都尚未咽气时她就做出了自己的决定。在真正的波兰人中最强势的莫过于总理大臣，亚当·卡齐米日·恰尔托雷斯基亲王，这位意志坚定、有钱有势的亲王是波兰亲俄派的领军人物。但是，能力、经验和财富并非是叶卡捷琳娜挑选新国王的标准，她想要的是一个羸弱、顺从、经济窘迫的人，而且波兰国内正好有这样一位完全符合要求的人选。这个人就是亚当·卡齐米日·恰尔托雷斯基的外甥、叶卡捷琳娜昔日的情人，斯坦尼斯瓦夫·波尼亚托夫斯基。早在1762年8月2日，即登基一个月的时候，叶卡捷琳娜就在给波尼亚托夫斯基的信中写道："我将立即委任凯泽林伯爵为驻波兰大使，以辅佐你在奥古斯都三世驾崩后登上王位。"在此之前叶卡捷琳娜就已经授权赫尔曼·凯泽林在必要的时候对波兰政府进行贿赂，可供伯爵动用的经费高达十万卢布。为了确保万无一失，她还向俄国与波兰边境派驻了三万俄军。

叶卡捷琳娜并不希望世人将波尼亚托夫斯基的当选仅仅视作俄国动用金钱和武力的结果，于是她开始为自己的选择寻找另一位君主的支持。她知道奥地利和法国都倾向于撒克逊人，普鲁士的腓特烈则决然不想再看到另一个撒克逊人坐在波兰的王座上。实际上，只要是奥地利的玛丽亚·特蕾西亚所赞成的，腓特烈必定会坚决反对。叶卡捷琳娜断定腓特烈会支持一位具有波兰血统的波兰国王，她也明白一旦普鲁士与俄国联手，波兰必定认为东西两侧都受到威胁，原本就已经步履蹒跚的波兰政府势必会发现自己落入了外交与军事的夹板中。

腓特烈对叶卡捷琳娜的提议十分谨慎。普鲁士的外交状况已经如履薄冰，尽管在七年战争中侥幸逃脱全面战败的命运，但是战争让普鲁士国力亏空、民不聊生，在外交上也陷入了孤立的境地。腓特烈需要同盟，对他来说俄国似乎是最合适不过，或许也是唯一的选择。不过，在谈判桌上老练的腓特烈并没有心急火燎地直入主题，同俄国商议波兰王位的归属问题。同叶卡捷琳娜一样，腓特烈也倾向于由波兰本国人而非撒克逊人担任波兰国王一职，但是他同时意识到叶卡捷琳娜比他更希望看到波兰继续维持目前这种"幸运的无政府状态"，于是他精明地宣布自己将与叶卡捷琳娜合作，但是前提条件是对方满足他最大的心愿——建立普俄联盟。一开始，腓特烈的讨价还价令叶卡捷琳娜大为不满，她清楚同普鲁士重新建立联盟将会让自己的臣民联想到彼得三世同腓特烈之间短命而令人深恶痛绝的联盟，当时彼得甚至将腓特烈称为"我的主公"。

叶卡捷琳娜没有立即答复腓特烈，她试图用奇珍异宝安抚并拉拢对方。腓特烈没有得到一纸协议，而是收到了阿斯特拉罕的西瓜、乌克兰的葡萄、中亚的单峰骆驼、鱼子酱、鲟鱼、狐狸皮和貂皮。腓特烈对叶卡捷琳娜的礼物表示了感谢，但他还是揶揄道："阿斯特拉罕的西瓜与波兰的议会存在着天壤之别，不过每样东西都来自于您的努力。赠送水果的那只手也同样可以分发皇冠和欧洲和平的保证书，一旦达成此事我与所有关心波兰事务的人都将对您感激不尽。"

共同的利益占了上风。腓特烈主动对叶卡捷琳娜的选择表明了态度，为波尼亚托夫斯基颁发了普鲁士最高级别的军功章——黑鹰勋章。叶卡捷琳娜刻意忽略了就在不久前腓特烈也给她的丈夫彼得三世颁发过这种勋章的事实，后者的从军经验跟波尼亚托夫斯基的相差无几。不过，最终腓特烈还是如愿以偿地与俄国签订了互惠互利、八年有效的防卫协定。两国都做出承诺，一旦其中一方受到攻击，另一方将提供每年四十万卢布的经济支援；如果一方同时受到两个敌对国的攻击，根据承诺另一方则会派出一万名步兵和两千名骑兵组成的大军，进行武力支持。此外，不言而喻的是，俄国与普鲁士将在涉及波兰政治困境的所有问题上达成合作。就眼前的情况而言，最后一点意味着在波兰国王的人选问题上普鲁士要支持波尼亚托夫斯基。腓特烈爽快地做出了表态。经过这场不为外人所知的斡旋，两位君主宣布双方坚决保证波兰会举行"一场自由公正的选举"，"如有必要，即一旦有人试图阻挠波兰的自由选举或利用现有的宪法从中干涉，两国将不惜诉诸武力"。倘若波兰人反对这位"合法当选的国王"，宣布成立反对国王的联合会，联盟双方则都同意动用"严厉的军事措施以征服这些人及其名下的土地，决不心慈手软"。

1763年9月，奥古斯都三世辞世，俄国与普鲁士之间的协议仍未签订，不过从政局来看老国王逝世的时间无关紧要，叶卡捷琳娜同腓特烈已经达成了一致意见，两国也已经联手选定了王位的继承人。老国王逝世的消息传来，叶卡捷琳娜不无刻薄地给帕宁写信道："获悉波兰国王的死讯我从椅子上跳了起来，不过不必笑话我，听到这个消息普鲁士国王可是从写字台旁蹦了起来。"

距离斯坦尼斯瓦夫·波尼亚托夫斯基被伊丽莎白女皇于1758年打发回国已经过去了两年，在此期间叶卡捷琳娜始终没有打消对这位波兰贵族的依恋之情，而是将他称为小安娜的父亲，与他书信往来频繁，甚至还曾努力恢复他驻圣彼得堡大使的身份。然而，叶卡捷琳娜遇到了格里高利·奥洛夫，这个男人不像波尼亚托夫斯基那样文雅，但是非常自信、无所畏惧、充满热情。叶卡捷琳娜与波尼亚托夫斯基仍旧保持着书信往来，信中充满了对彼此的爱，言辞间流露出来的温情让波尼亚托夫斯基认为自己对叶卡捷琳娜的爱永远不会消失。可是，女大公没有向波尼亚托夫斯基吐露实情，在信中她竭力回避谈及自己与格里高利·奥洛夫之间的风流韵事，包括与奥洛夫育有一子的事情。即便通过其他渠道了解到格里高利的事情，波尼亚托夫斯基也只会说服自己相信叶卡捷琳娜对这个粗鲁、没有受过多少教育的大兵只是出于一时的迷恋。叶卡捷琳娜刚一夺取皇位，再加上丈夫很快又离开了人世，波尼亚托夫斯基便将奥洛夫的事情彻底抛之脑后，一心计算着叶卡捷琳娜召回自己的日子。

叶卡捷琳娜知道，或者说感觉得到波尼亚托夫斯基的想法，她试图软语温存地让他打消这个念头。在1762年7月2日的信中她写道：

我十分急切地恳求你不要来，在当前的形势下你的到来对你十分危险，同时也会给我造成伤害。这场有利于我的革命完全是一场奇迹，俄国万众一心，令人难以置信。我忙于公务，无法陪伴你。这一生我将永远尊敬并效力于你的家族，但是当前我们应当避免引起外界对我们的责难。我已经三天三夜没有合眼了，四天里只吃了两顿饭。再会。保重。

叶卡捷琳娜

这封简短的信中充满柔情，但语调中明白无误地透露出叶卡捷琳娜想要结束这段感情的意图。在一个月后发去的信中，她讲述了彼得三世的身亡，并宣布自己要将凯泽林伯爵派驻波兰，以协助波尼亚托夫斯基登上王位。此时对叶卡捷琳娜而言，当务之急就是让波尼亚托夫斯基打消与她重聚，有朝一日同她完婚的念头。

我恳求你不要来……来信收到。定期通信总是受到诸多不便条件的限制。我必须保持十二万分的小心，而且我也没有时间打理这些对你我不利的小情书……我得随时注意自己的行为是否得体，而且还承担着管理国家的重任。再会，这世上总是充满了千奇百怪的状况。

叶卡捷琳娜还是没有向对方挑明自己同格里高利·奥洛夫的恋情，不过在信中对他和他的四位兄弟还是盛赞了一番：

（政变）掌握在奥洛夫一家的手中……（他们）善于领兵作战、有勇有谋、心思缜密，而且在军队中颇有威信……充满爱国热情、为人坦荡，对我和我的朋友忠心耿耿……他们五兄弟……长兄（实际上，格里高利排行老二）……总是在我身后寸步不离，干了不少荒唐的蠢事……他毫不隐讳对我的迷恋，正因如此他才做出了这些事情……我对他们感激不尽。

这封信让波尼亚托夫斯基哑口无言。他并不渴望戴上波兰王国的王冠，他对王位没有渴望，他甚至不愿意留在波兰。波尼亚托夫斯基一直认为自己在欧洲人里都属于见多识广，他意识到自己与粗鲁、难以驾驭的波兰贵族没有多少共同语言，后者只接受自己选定的国王，一旦发现当选的国王对他们的特权构成威胁他们便会立即反对国王。如果注定要坐在最高权力的宝座上，他希望的也只是拥有女皇的丈夫这个身份，辅佐女皇治理朝政，而不是成为一国之君，况且这个国家对他来说与异乡无异。因此，叶卡捷琳娜将他孤零零地安放在波兰王位上的构想丝毫打动不了他。

然而，两个理由决定了叶卡捷琳娜必须同波尼亚托夫斯基结束私人交往，并让他成为国王。首先，叶卡捷琳娜希望确保波尼亚托夫斯基从她的私生活中消失，一旦实现这个目标，她便希望对对方做出补偿；其次，也是更为重要的一点就是她希望通过对方来实现自己对波兰的控制。叶卡捷琳娜给曾经的爱人发去的信越来越冷淡，到最后她也不再隐瞒自己同奥洛夫的关系。直到此时波尼亚托夫斯基仍旧相信只要回到叶卡捷琳娜的身边，自己就能重新点燃她的热情。他哀求叶卡捷琳娜准许他重返俄国，哪怕只有短短几个月甚至几个星期。叶卡捷琳娜拒绝了他的请求。

波尼亚托夫斯基不愿接受，甚至不愿相信叶卡捷琳娜的回答。在他的想象中叶卡捷琳娜仍旧是一个无依无靠的女人，独自应对一个庞大帝国的她极其需要他的帮助。倘若波尼亚托夫斯基更理智些的话，他就会意识到叶卡捷琳娜是在告诉他自己已经找到了新的情人，这个新情人在她生命中的地位以及对她攫取皇位所做的贡献让他远远凌驾于波尼亚托夫斯基之上。渐渐地，波尼亚托夫斯基终于接受了痛苦的现实，波兰的王位成了他的安慰剂。最后，他绝望地哭诉道：

我恳求你听一听我的倾诉。放眼天下的女子，只有你我以为是永远不会变心的。你尽可以让我为你效劳，只是不要让我当这个国王。召我回到你的身边吧。作为一介平民我可以为你做更多的事情。我相信其他女子都会变心，但是你，绝不会！我还有什么呢？没有你我的生命就只剩下一副躯壳，只剩下一颗空虚而极度疲惫的心。我恳请你听一听我的倾诉。索菲娅，索菲娅，你让我悲痛欲绝！作为大使，远比在这里当国王更可以靠近你。

波尼亚托夫斯基的哀求只是徒劳的努力。叶卡捷琳娜心意已决，波兰的王位上坐着一个对她一往情深的男人对她来说非常有利，如果这个男人手头拮据，而波兰国王这一职务薪俸微薄的话对她来说就更为方便了，这就能确保他永远面临着经济问题，永远依附于她。尽管当上了国王，波尼亚托夫斯基却成为波兰这个棋盘上的一个小卒子。棋盘上最强权的人物是王后，对于眼下的情形而言这个人物就是俄国女皇。考虑到老情人性格温顺，对皇室你死我活的斗争又漠不关心，叶卡捷琳娜断定波兰迟早会完全落在自己的股掌之间。

俄国与普鲁士决定支持波尼亚托夫斯基的消息传到了欧洲各国，舆论普遍认为俄国女皇之所以想要将过去的情人扶植为波兰国王是为了日后与其顺利完婚，从而将波兰王国并入俄国势力范围。此消息一经宣布便加深了奥地利和法国对俄国的敌意。与普鲁士不同，这两个国家都没有遭受战争的重创，但是他们都不打算在波兰王位继承人的问题上大动干戈，不过这并不代表他们都赞同叶卡捷琳娜的构想。法国通过自己的盟国，即与波兰南部毗邻的土耳其提出了抗议，法国驻君士坦丁堡大使立即向苏丹及大宰相指明了让这个未婚青年成为波兰国王所存在的危险。这个男人曾经是俄国女皇的情人，日后也有望成为她的丈夫，只要这门婚事能将她的版图扩张至第聂伯河西岸。经过法国大使精心地灌输，土耳其方面的忧虑日甚一日。1764年6月，土耳其大宰相给圣彼得堡发去照会，宣布土耳其认可俄国与普鲁士结盟的事实，也赞成由波兰本国人出任国王的意见，但是反对波尼亚托夫斯基作为国王候选人。土耳其提出的理由是波尼亚托夫斯基太年轻，缺乏经验，尤其是他尚未娶妻。

在波兰国内，波尼亚托夫斯基的家族——恰尔托雷斯基家族——对土耳其的反对表示理解，但是他们提出了自己的解决方案，要求未来的国王立即完婚，对方最好是信奉天主教的波兰女性。波尼亚托夫斯基已经年满三十二岁，绝大多数到了适婚年龄的贵族都早已不再是单身了，家人竭力劝说波尼亚托夫斯基在国会举行选举前完婚。叶卡捷琳娜、波尼亚托夫斯基的家人、土耳其，以及躲在背后的法国有了共同的目标，逼迫波尼亚托夫斯基接受经由国会批准的婚姻，并选择信奉天主教的波兰女子为妻。波尼亚托夫斯基拒绝了各方的共同要求，公开宣布如果存在这些附加条件的话，任何人都无法迫使他担任国王，他宁愿放弃王位。

终于，叶卡捷琳娜强行为波尼亚托夫斯基做出了决定。波尼亚托夫斯基收到一封俄国外交部发自圣彼得堡的官方信函，告知他在国会举行选举前他必须完婚，或者至少选定新娘的人选。波尼亚托夫斯基明白这封信一定是得到了叶卡捷琳娜的批准，他终于意识到自己已经失去了对方的爱。就这样，波尼亚托夫斯基妥协了，签署声明，宣布自己只娶信奉罗马天主教的女子为妻，并且只接受经由波兰国会批准的婚姻。不过，波尼亚托夫斯基是一个务实的人，他随即致信叶卡捷琳娜，称要想让他担任国王，对方就必须支付与王位相称的薪俸。叶卡捷琳娜满足了波尼亚托夫斯基的要求。波尼亚托夫斯基的承诺消除了土耳其人心中的忧虑，选举得以顺利进行。

波尼亚托夫斯基刚一答应结婚的要求，叶卡捷琳娜便立即派出军队，以协助他兑现诺言。为了"保卫和平局势"，并"保证选举在自由平静的气氛中举行"，一万四千名俄国士兵包围了华沙。波兰国内出现了武装抵抗俄军并请求外国势力支援的声音，但是绝大多数国会议员都欣喜地认为具有波兰血统的国王将有望抗衡俄国对波兰内政的干涉。

1764年8月26日，在华沙郊外，国会以口头表决的方式举行了一场"自由选举"，站在露天草坪上的国会议员们可以清楚地看到大量的俄军就驻扎在附近。波尼亚托夫斯基成功当选为波兰国王，后来他曾写道："选举中意见统一，气氛平静。"波尼亚托夫斯基成为奥古斯都·斯坦尼斯瓦夫二世，波兰的末代国王。叶卡捷琳娜往昔的情人，曾经梦想着娶她为妻的男人变成了她的公爵。为了庆祝胜利，如释重负的俄国女皇从圣彼得堡致信帕宁："对于我们制造出的新国王我谨向您表示衷心的祝贺。"

第五十四章

对波兰的第一次瓜分与第一次俄土战争

叶卡捷琳娜龙颜大悦，斯坦尼斯瓦夫·波尼亚托夫斯基当选为波兰国王是她的胜利，即便对波兰或波尼亚托夫斯基本人而言并非如此。但是，这场胜利令她高估了自己对波兰内政外交的影响力。就在两年后，由于逼迫波兰国会修改对"持不同政见者"的政策，她终于打开了通往灾祸与战争的大门。

在波兰，罗马天主教占据着统治地位，信奉其他宗教的少数人口与罗马天主教教徒之间冲突不断，所谓"持不同政见者"问题即波兰描述国内宗教冲突时所使用的官方术语。少数人口中包括占据波兰东部三分之一面积的俄国东正教教徒与居住在北方的数十万路德教教徒，他们的宗教活动频繁遭到干扰，政治权利也被剥夺得所剩无几。他们丧失了参选国会议员的权利，也不得在行政部门或军队中担任要职。多年来，这些人一直在谋求国外势力的帮助，东正教教徒指望着俄国，路德教教徒把希望寄托在普鲁士的身上。他们无法摆脱的困境和反复再三的求救让俄国与普鲁士在波兰问题上又达成了另外一项共识，也为日后两国插手波兰内政提供了借口。

在波兰，东正教教徒不得建造新教堂，甚至常常不得进入现有的教堂。自登基之初叶卡捷琳娜就对此有所耳闻，她有理由对这种局面做出回应。在将俄国教会拥有的土地和农奴收归国有之后，她希望能重新得到教会的支持；此外，按照她的理解，任何约束天主教教会权力的决策都符合启蒙思想对宗教宽容政策所提出的基本原则。

在波兰，恰尔托雷斯基家族及其他权贵不断要求政府进行改革，废除"自由否决"权、改王位选举制为世袭制，并进行扩军。就在当选国王三个月后，波尼亚托夫斯基便从俄国驻波兰大使尼古拉·列普宁亲王那里获悉俄国女皇绝不允许波兰出现这样的改革，除非他们能做出让步，允许信仰其他宗教的少数人口，即东正教教徒和路德教教徒在自己的教堂举行宗教活动、参与公共事务和社会管理工作。波尼亚托夫斯基答应在随后召开的国会上提出"持不同政见者"的问题。随即，在激烈的天主教神职人员的煽动下，波兰迅速掀起了对"持不同政见者"的反对浪潮，双方都寸步不让。狂热的天主教教徒宁愿同对方拼个你死我活，也不愿接受对信仰的丝毫改变，或者对特权做出些许的让步。为了给少数分子争取政治权利，叶卡捷琳娜向这部分冥顽不化的天主教教徒发难了。宗教信仰凌驾于国家大局之上，对天主教信仰的威胁让每一个波兰人都意识到自己对国家的忠诚。1766年，波兰国会强硬地回绝了"持不同政见者"的抱怨，叶卡捷琳娜随之再次重申了自己的立场——除非"持不同政见者"得到应得的权利，否则波兰休想进行改革。

波尼亚托夫斯基左右为难，由于深知自己的同胞对天主教的虔诚，他恳求俄国女皇不要插手宗教纷争。在给驻彼得堡大使的信中这位国王写道："（这个要求）对国家和我个人而言实属晴天霹雳。若仍有可能的话，请尽量让女皇明白她为我加封的这顶王冠将成为涅索斯的罩衫[1]，最终我必将惨死于烈火中。"

对于波尼亚托夫斯基的哀求叶卡捷琳娜毫不动容，她知道从道义上讲自己的态度无懈可击，她是在为受天主教会迫害的少数分子谋求应得的权利。除此以外，她为波尼亚托夫斯基提供的金钱足以买到他的支持。因此，她授意驻波兰大使进一步推进她的政策。

普鲁士国王腓特烈很乐意与叶卡捷琳娜保持统一阵线，共同对付波兰国王和波兰国会，并努力在路德教教徒聚居的波兰北部地区培养不满情绪。腓特烈的态度强化了波兰天主教教徒对一切外国势力的抵抗，为叶卡捷琳娜的努力制造了更多的障碍。国会议员冥顽不化、行动迟缓，天主教的主教们怒斥"持不同政见者"为恶魔，贵族中有人出钱武装追随者，鉴于这些情况，叶卡捷琳娜只能向波兰派出军队。在1767年波兰召开国会会议时，华沙已经被俄国军队占领了，列普宁亲王率军包围了国会大楼，并派士兵把守住议事厅，以免出现违背其指示的投票。一开始，波兰国会毫不示弱，主教们仍旧拒绝赋予"持不同政见者"以应有的权利，议员们大吼大叫地表示支持。列普宁遂逮捕了两名领头闹事的主教，其中包括年事已高的克拉科夫[2]主教，并将其赶出波兰，发配到了俄国境内。波兰议员希望自己的国王能对此提出抗议，可是波尼亚托夫斯基却接受了列普宁提出的多项主张，议员们谴责国王将国家出卖给了俄国佬。在当年11月7日

---

[1] 涅索斯的罩衫，"涅索斯"是希腊神话中的人头马腿怪物，被赫拉克勒斯用毒箭射死。为了复仇，涅索斯在临死时要赫拉克勒斯的妻子得伊阿尼拉收集自己的血液，欺骗她说这些血如果涂在男人的衣服上可以让变心的男人回心转意。在认为赫拉克勒斯爱上了伊俄勒后，得伊阿尼拉将涅索斯的血涂在了一件罩衫上，由仆人利卡斯将其交给了赫拉克勒斯。穿上罩衫后，复仇的血液开始吞噬赫拉克勒斯的皮肤，紧紧地黏在他的骨头上。最后，赫拉克勒斯自愿选择死去，他让人为他准备了一个柴堆，让熊熊的烈火为他除去痛苦。人们用"涅索斯的罩衫"比喻无可避免的厄运、毁灭性的力量等。

[2] 克拉科夫（Kracόw），全称克拉科夫皇家首都，是克拉科夫省首府，距波兰首都华沙市约二百五十公里，是中欧最古老的城市之一。1320年至1609年该城为波兰首都。

举行的国会会议上多名议员缺席，俄军寒光四射的刺刀无处不在，国会身后毫无可以团结的力量，在这种情况下国会只能勉强屈服，同意赋予"持不同政见者"以相等的权利。然而，叶卡捷琳娜与列普宁并未就此罢休，在他们的逼迫下，波兰方面终于在1768年2月同俄国签署了联盟协定，以书面形式确保"持不同政见"的少数分子得到信仰自由，并迫使国王做出承诺，在没有得到俄国允许的情况下决不对波兰宪法做任何改动。

就在波兰国会在华沙解散两天后，一群信奉天主教的保守贵族聚集在波兰南部与土耳其接壤的边境小镇巴尔[1]，宣布成立"巴尔联盟"，其目标旨在维护波兰的独立，保护天主教信仰不受侵犯。波兰的爱国分子发动了一场起义，可是准备不足，参加者各执己见，在侵入波兰南部后俄军便轻轻松松地驱散了这一联盟组织。但是在波兰其他地区又相继出现了一些反俄联盟组织，叶卡捷琳娜不得不向波兰继续增派军队。波兰反俄联盟请求以天主教为国教的奥地利和法国给予支援，这两个国家均向波兰联盟提供了经济上的资助，并派去参谋。鉴于这种情况，叶卡捷琳娜调动大量兵力，使俄军全面涌入波兰。然而，叶卡捷琳娜意识到自己严重低估了波兰的天主教势力和波兰人的民族自尊心，她惊讶地发现自己陷入了一场严峻的战役，在给伏尔泰的信中她解释说波兰之所以内讧不断，只在于"以免占四分之一人口的波兰人享受到公民权利"。

叶卡捷琳娜成功地将波兰变为自己的附庸，并扶植起一位傀儡国王，同时也成功地激起了波兰人民的仇恨、土耳其的警觉、奥地利的不安。就

---

[1] 巴尔（Bar），位于现今乌克兰西部，曾属于波兰，在1686年至1699年间多次在土耳其与波兰之间易主，在巴尔第二次被瓜分之后该小镇落入俄国手中。1768年2月29日，波兰保守派贵族在施拉赤塔的号召下组建了"巴尔联盟"，以保卫波兰—立陶宛联邦的内政外交独立，反对俄罗斯帝国的侵略、国王斯坦尼斯瓦夫·波尼亚托夫斯基，以及尝试限制联邦权贵的改革者。巴尔联盟的创始人包括权贵卡缅涅茨主教亚当·克拉辛斯基、卡齐米日·普瓦斯基和米哈乌·克拉辛斯基。一些历史学家认为巴尔联盟代表第一次波兰起义。

连普鲁士都感到了担忧，腓特烈同俄国签署协议并非为了让波兰全面落入俄国的掌控之中。

波兰国内爆发的一系列事件掀起了全欧洲的恐慌情绪，来自安哈尔特-泽布斯特的小公主坐上了俄国的皇位已经令各国君主和政要震惊过一次，现在他们又看到这位公主将自己的情人扶上王位，而且新国王任由俄国摆布。俄国方面派驻波兰的军队数量与日俱增，与波兰和俄国均接壤的土耳其为此惶惶不安，此前它一直将波兰视作永久性的军事缓冲带，尽管这个缓冲带并不坚实。俄军现在占据了有利地形，可以沿第聂伯河、布格河和德涅斯特河向南推进，从而对土耳其在巴尔干半岛的瓦拉几亚和摩尔达维亚（摩尔多瓦的旧称）两省构成威胁。一旦跨过多瑙河，俄军就将直接威胁到君士坦丁堡的安危。土耳其的老盟友法国也急于削弱俄国在波兰日渐增强的势力。因此，法国驻君士坦丁堡大使不费吹灰之力就说服苏丹和大宰相接受了法国的观点，即俄国的扩张必须得到阻止，最明智的选择就是趁俄国尚未做好准备之际主动宣战。加上金钱的收买，法国最终说服了君士坦丁堡，对土耳其来说万事俱备，只欠东风，他们需要一个挑起战事的导火索。

1768年10月，一个理想的借口出现了。在波兰东南部同波兰人作战的俄军试图越过边境，进犯土耳其领土。奥斯曼帝国遂向俄国大使发出最后通牒，要求俄国不仅从土耳其而且还要从波兰全面撤军。俄国大使甚至拒绝将土耳其的要求转达给圣彼得堡方面，土耳其人遂将俄国大使关押进耶迪库勒城堡[1]。按照土耳其的传统，此举就等于宣战。远在柏林的腓特烈二世看到这一连串事件后拍着脑袋，痛苦地抱怨说："天哪！得遭多大的罪才能给波兰造出一个国王啊！"

---

[1] 耶迪库勒城堡（Yedikule Castle），"七城堡"之意，位于土耳其的伊斯坦布尔，初建于1458年，并只修造了三座塔楼，后经过逐渐扩建，形成七座塔楼的规模。

土耳其的宣战并未令叶卡捷琳娜感到沮丧，实际上，她相信自己刚好可以借机实现俄国的其他几个重要目标，不过她并不打算孤军奋战。根据俄国与普鲁士之间达成的协议，如果俄国只同一个国家作战，普鲁士的腓特烈就不需要出动一兵一卒，他只需根据协议规定的金额每年向俄国如数提供资金支持即可。私下里，腓特烈对这场战争嗤之以鼻，在他看来这只是"独眼龙和瞎子"之间的争斗而已。但是，到了1769年至1770年间他不再散布这种言论了，叶卡捷琳娜的将军们取得的一连串大捷证明了他的错误。

1769年春天，俄国军队占领了亚速和塔甘罗格湾，并筑起了防御工事。彼得大帝曾经征服过这片地区，但是在1711年又被迫将占领地区交还给土耳其人。占领该地区的港口并建立军事堡垒意味着俄国对顿河河口地区，即顿河流入亚速海的入海口具有了决定权。俄军接着又夺取了亚速海与黑海交汇的刻赤地区，从而拥有了通往黑海的出口。与此同时，一支八千人的俄国军队以波兰为基地，继续向南推进到土耳其的瓦拉几亚和摩尔达维亚两省。彼得·鲁缅采夫将军率军占领了摩尔达维亚全省和瓦拉几亚至多瑙河的大部分地区，次年又率领四万大军跨过德涅斯特河，在己少敌多的情况下让土耳其军队接连两次遭受了毁灭性的失败。在1770年7月7日的拉尔加战役中鲁缅采夫将军击败七万土耳其大军，在当月21日的卡古尔战役中又打垮了十五万敌军，随后他被擢升为大元帅。在圣彼得堡遥望战事的叶卡捷琳娜大喜过望，她对伏尔泰夸口说："我只能向您通报胜利的喜讯，尽管这样做只是在旧话重提，也有可能会让您对我感到厌烦。"这位女皇几乎每天都要参加军事会议，并不断地向前线的将领发去冗长的慰问信，鼓舞前线官兵的士气，并在冬宫设宴款待休假的军官，在首都举行的军队游行中她也总是穿着自己那身近卫军荣誉上校的制服。

自开战的几个月以来，叶卡捷琳娜一直试图打击土耳其的海上力量。

俄国在黑海没有常驻舰队，因为它在这片水域中始终不曾拥有一个落脚点。彼得大帝建立了波罗的海舰队，但是他的继任者任凭这支舰队败落了下去。在登基之初叶卡捷琳娜便试图重组这支舰队，修缮原先的舰船之余再继续补充新的船只，她还请求英国政府允许她雇用一批经验丰富的英国皇家海军军官。很多英国船长被招募进俄国海军，其中就包括塞缪尔·格利戈和约翰·埃尔芬斯通两位船长，他们二人均被授予海军少将军衔，薪酬为其他军官的两倍。

叶卡捷琳娜希望这支舰队和这批军官都能发挥作用。在一次军事会议上格里高利·奥洛夫自言自语地大声说，不知道这个利器是否可以在地中海上从后方对土耳其军队发起攻击，这个大胆的构想引起了叶卡捷琳娜的注意。要想实现这个构想就必须调动大量海军兵力，在海上绕行过欧洲大陆。俄国舰队将从波罗的海一路南下，跨过北海，穿过英吉利海峡，经过法国、西班牙和葡萄牙的海岸线，在通过直布罗陀海峡后进入地中海东部水域，最终让俄国女皇的旗帜飘扬在爱琴海上。然而，为了让这一战略部署得到落实，叶卡捷琳娜需要争取到与俄国交好的一个欧洲强国的支持。叶卡捷琳娜再一次向英国发出了求援的信号，白厅也再一次答应了她的请求。英国政府认为一旦俄土两国军队开战，俄国军队势必也会同土耳其的老盟友法国交手，法国是英国的宿敌，任何能够对法国构成伤害的决定都会得到伦敦方面的支持，因此英国向俄国舰队提供了补给站，并在国内军港赫尔与朴次茅斯及地中海上的直布罗陀海峡与梅诺卡岛对俄方受损船只进行维修。

1769年8月6日，叶卡捷琳娜目送首支俄国舰队从喀琅施塔德海军基地出发，开始了漫长的航程。在赫尔港俄国海军得到了补给，随后又在英国位于地中海西部的梅诺卡岛军事基地度过了寒冬。第二支舰队在海军少将约翰·埃尔芬斯通的率领下于当年10月出发，跨过北海后在怀特岛附近的斯皮特黑德[1]过冬休整。次年4月这支舰队又出发了，当舰队到达意大利的来亨后托斯卡纳大公为俄军提供了补给。5月，先后出发的两支舰队在马塔潘角相遇了，该海岬位于爱琴海的西大门，伯罗奔尼撒半岛的顶端。此时，舰队的指挥权已经被移交给格里高利·奥洛夫的弟弟、在来亨加入舰队的阿列克谢的手中。这个身材高大的"刀疤脸"曾经在叶卡捷琳娜发动的政变，以及彼得三世的身亡事件中都起到了重要作用，他知道自己缺乏海上作战的经验，因此任命塞缪尔·格利戈为自己的战术顾问。阿列克谢集合起舰队，开始在湛蓝的爱琴海上搜寻敌军。6月末，他终于看到了土耳其海军的身影。

6月25日，在土耳其安纳托利亚附近的希俄斯岛及周围水域，一位指挥着十六艘舰船的土耳其海军上将突然看到十四艘飘扬着白底蓝十字的圣安德鲁米字旗——俄国海军的军旗——的大型舰船正以战列队形向土耳其海军方向逼近。很快，守候在切什梅海湾北端附近的奥洛夫也加入了舰队。俄军的一艘舰船猛地撞向土耳其海军旗舰，俄土两方的水兵在甲板上展开了肉搏战。在互相炮轰了一阵之后两艘船双双被炸毁了。其余的土耳其舰船匆忙逃往切什梅海湾，他们的海军上将认为狭窄的浅水区不失为安全之所，俄军舰船在这里找不到足够的回旋余地。翌日清晨，奥洛夫再度发起攻击，塞缪尔·格利戈也率领三艘军舰开进了海湾，对土耳其一艘九十六炮位的战舰展开了一阵猛攻。在他们身后出现了三艘巨大的老式希腊平底船，船上装满了易燃物，借着烟雾和海湾战斗的掩护，这几艘充当火攻船的船只冲向抛锚在海湾里的土耳其舰队。土耳其水兵首先看到一堵高耸入云、熊熊燃烧的火墙向自己扑了过来，在逼仄的空间里风助火势，大火迅速在土耳其舰船上蔓延开来，舰船一艘接一艘地被火焰吞

---

[1] 斯皮特黑德（Spithead），位于英国怀特岛和汉普郡大陆之间水道的西部。

没，旋即便爆炸了。土耳其海军遭到了灭顶之灾，十五艘战舰被摧毁，仅一艘侥幸逃脱，九千名土耳其水兵丧命，与此同时俄方只损失了三十名水手。

对于一支默默无闻的舰队和一个海军力量并不卓著的国家而言，在切什梅海湾一役中取得的胜利令世人瞠目结舌。由于这场大捷，奥洛夫将自己视为信奉东正教的希腊人的大救星，他随心所欲地在爱琴海上调动自己的舰船，并试图说服希腊人反抗统治他们的领主国土耳其。但是，缺乏盟国在陆地上的积极支持，奥洛夫的计划最终还是化为了泡影，不过他还是一度成功地封锁住了达达尼尔海峡。截至当年秋天，俄国海军将士一直饱受着痢疾的折磨，舰队遂回撤到位于来亨的冬季基地。次年开春后，奥洛夫命令舰队返回俄国，被视作英雄的他在俄国受到了热烈欢迎。他跪在叶卡捷琳娜面前，接受了圣乔治勋章。

军队推进到黑海海域和多瑙河、舰队出现在地中海、在切什梅战役中对土耳其舰队造成绝对的毁灭性打击——俄国在1770年取得的这一连串胜利令人咋舌，欧洲各国在受到震惊的同时也立即警觉了起来。俄军势力范围的迅速扩张令它的敌人与朋友都感到了担忧，其中就包括叶卡捷琳娜的盟友普鲁士的腓特烈，叶卡捷琳娜对波兰全境的永久性控制令他颇为不满。普鲁士和奥地利同样都不希望看到俄国将手伸向巴尔干半岛腹地，或者攫取君士坦丁堡，然而无论是腓特烈，还是玛丽亚·特蕾西亚，谁都不知道该如何阻挡住俄国的脚步。尽管腓特烈向叶卡捷琳娜表示了祝贺——"每一次俄军取得胜利时我都情不自禁地想要给您写信，不过我还是要等到六场大捷之后"，然而他最不希望看到的就是战争进一步升级，从而使法国和奥地利都面临着被卷入对俄战争的境地，这样一来作为叶卡捷琳娜的盟友，普鲁士就必须参战。在1764年达成的协议中普鲁士庄严承诺一旦俄国遭到攻击它便会向叶卡捷琳娜提供援助。就目前的战争而言，土耳其无疑扮演着挑衅者的角色，因此普鲁士已经向俄国提供了资金上的帮助。但是，俄军在巴尔干半岛的渗透令奥地利感到惊恐，它声称将同土耳其结成盟友。倘若奥地利此举导致战争的爆发，俄国势必会要求普鲁士进一步履行协议所规定的义务，这样一来腓特烈就不得不再次同奥地利开战，但同玛丽亚·特蕾西亚两度交手的他已经厌倦了战争。五十五岁的腓特烈在前两次对奥地利的战争中将西里西亚纳入了自己的版图，至此他已经无意继续为此而战了。相比于战争，他更倾向于通过外交手段解决争端。波兰在谋求独立的道路上步履维艰，俄国大使已经成为这个国家真正的统治者，波兰被叶卡捷琳娜全面吞并只是时间问题而已。为了防止这种局面的出现并和平解决问题，慌乱中腓特烈找到了一个或许能令波兰三个强大的邻国都感到满意的解决方案。假如能在这个已经四分五裂的国家中各攫取一块地区，那么普鲁士、奥地利和俄国就应该都会感到安慰；如果叶卡捷琳娜能答应只占据居民以东正教教徒为主的东部地区，腓特烈只拿走他一直觊觎的路德教教徒聚居的西北部，那么奥地利或许也会满足于天主教教徒为主的辽阔的南部地区。腓特烈断定倘若三个强国都能接受这个方案，那么其他国家——无论是土耳其，还是法国，更不用说波兰——就都不会对这样的合并提出异议。

腓特烈邀请波兰的另外两个邻国同它一起联合扩张，这个唯利是图的方案其核心动机在于腓特烈渴望为自己争取到波兰的一部分领土。东普鲁士始终同霍亨索伦王室[1]辖下的其他地区相分离，多年来腓特烈一心想要修补领土问题上的这个缺陷，而解决的办法就在于夺取横亘在普鲁士领土中间的波罗的海沿岸地区，而这块区域正是波兰的领土。1770年秋天，腓特烈的外交图谋得到了他的弟弟亨利亲王的支持，后者代表普鲁士对圣彼

---

[1] 霍亨索伦王室（Hohenzollern），即德国普鲁士王室（1701年—1918年）。

得堡进行了官方访问。亨利亲王身材矮小，举止内敛，在哥哥腓特烈的要求下他才勉强答应出访圣彼得堡，以促进瓜分波兰计划的实现。同哥哥一样亨利对奢华的欢迎仪式漠不关心，也具有同样敏锐的目光和洞察力。叶卡捷琳娜为亨利亲王安排了一场又一场的宴会、音乐会和舞会，但是奢华的俄国宫廷生活却只令他感到不自在。在任何场合中他从不迟到，对自己的言行举止始终小心谨慎，但是他一点也不开心，而他那副无动于衷的神情和敷衍了事的普鲁士式躬身礼也同样令俄国不少臣僚感到恼火。但是，亨利和同样身为德意志人的叶卡捷琳娜却相处甚欢。

到了12月，普鲁士亲王同俄国女皇终于开始就腓特烈瓜分波兰的提议展开严肃的商讨。叶卡捷琳娜是否会降低自己的要求，不再要求战败的土耳其割让领土，转而永久性地占据波兰的一部分？叶卡捷琳娜思忖着腓特烈的提议，考虑到自己的陆军和海军创造的辉煌战绩她丝毫也不愿做出让步，毕竟在对土耳其的战争中只有俄国投入了战斗，是她单枪匹马地面对并打败了土耳其人，而且她已经在波兰的事务上耗费了大量的心血和金钱，她更愿意通过操纵斯坦尼斯瓦夫使波兰变成俄国永久性的附属国，但是考虑到眼前的处境她还是屈服了。她意识到无论是自己的盟友普鲁士，还是对俄国的敌意日益增强的奥地利都不太可能允许她以牺牲土耳其的利益为前提，全面攫取巴尔干半岛。同时她还隐隐地担心奥地利和法国会作为土耳其的盟友参战，而且这两个国家已经连续数月向波兰的各个联盟团体提供资金支持和军事顾问。她也意识到在波兰国内东正教教徒与天主教教徒之间根深蒂固始终存在的敌对状态有可能会让波兰陷入没完没了的战争，并不断地消耗其国力。此外，她明白包括东正教教会领袖与信众在内的很多俄国人都强烈主张将波兰的东正教人口纳入俄国的羽翼之下，此举足以安抚那些胃口更大的人。

1771年1月，亨利亲王小心翼翼地按照俄国人的方式度过了圣诞节和新年，与此同时奥地利的军队突然穿过喀尔巴阡山脉，占领了波兰南部。消息传来时俄国女皇与普鲁士亲王正在冬宫参加一场音乐会，听到消息后亨利亲王摇着头，说："看来波兰人只能逆来顺受，自力更生了。"叶卡捷琳娜接过话茬："咱们两国凭什么就不能也分一杯羹呢？"亲王将这番对话转述给了腓特烈，并随信附上了自己的理解："尽管这番话只是出于无意的客套话，但它绝非无心之言，我毫不怀疑此事极有可能让你从中获益。"

3月，就在弟弟返回柏林不久后腓特烈便致信叶卡捷琳娜，指出鉴于奥地利率先入侵波兰，普鲁士同俄国紧随其后并按照各自的打算占领波兰的一部分应该不存在不妥之处。5月中旬，普鲁士公使从圣彼得堡向柏林发回报告，称俄国女皇已经同意瓜分波兰的计划。

针对瓜分波兰的问题在同奥地利接触之前俄国与普鲁士先行磋商了一年，在这一年里两国的外交着眼点落在了玛丽亚·特蕾西亚的身上。俄国在巴尔干地区取得的一连串胜利早已引起了这位奥地利皇后的警觉，对于驻守在多瑙河沿岸的土耳其军队应当由俄国人取而代之的任何提议她始终置若罔闻，但是在1771年的7月间她与土耳其秘密地达成了一项协议，根据协议她将向这个哈布斯堡王朝的穆斯林宿敌提供援助。秘密很快就被公之于众，在获悉奥土两国联手后腓特烈与叶卡捷琳娜便抛开奥地利，于1772年2月17日签署了瓜分波兰的协议。与此同时，玛丽亚·特蕾西亚的儿子，即同她联合执掌朝政的皇帝约瑟夫二世竭尽全力地劝说母亲相信同腓特烈与叶卡捷琳娜保持统一阵线才更符合奥地利的利益。此时的境况对奥地利皇后的精神造成了巨大的折磨，她痛恨并鄙视另外两位君主，腓特烈这个路德教教徒从她的手中偷走了西里西亚，而叶卡捷琳娜则是一个纵欲无度的篡位者，而且作为虔诚的天主教徒，伙同其他国家劫掠天主教邻国的计划令她不寒而栗。

让玛丽亚·特蕾西亚打消这些顾虑并非易事，儿子竭力劝说她抛开私人感情，着眼于更为宏大的目标。她的面前摆着两条出路，或者继续维持刚刚与土耳其签订的协议，从而只能在得不到其他欧洲强国支持的情况下同俄国交战，要么放弃土耳其，加入普鲁士与俄国的阵营中，在波兰得到更大的一片领土。最终，玛丽亚·特蕾西亚抛弃了土耳其，奥地利皇帝约瑟夫二世于1772年8月5日代表母亲在瓜分波兰的协议上签下了自己的名字。

瓜分波兰的三个国家分别向刚刚获得的领土派驻了军队，随后又要求波兰召开国会，批准他们对波兰的入侵。1773年夏天斯坦尼斯瓦夫顺从地答应了这个要求。波兰国内很多贵族与天主教教士都拒绝参加会议，一部分与会议员遭到逮捕，还有一些人接受了贿赂，在会上缄口不言。残缺不全的国会变身为联合会性质的机构，不再坚持多数决定制。就这样，同年9月30波兰签署了瓜分协议，正式割让出已经失去的领土。

通过这次史称"对波兰的第一次瓜分"的协议，波兰这个已经土崩瓦解的国家失去了将近三分之一的领土与超过三分之一的人口。在领土方面俄国收获最大，占据了波兰三万六千平方英里的土地，直至第聂伯河的整个波兰东部地区和向北流入波罗的海的德维纳河均被纳入了俄国的势力范围。这片被称为"白俄罗斯"（即现今独立国家白俄罗斯的一部分）的地区拥有一百八十万人口，其中以俄罗斯人居多，这些人具有俄罗斯人的特点，奉行俄罗斯民族的传统习俗与宗教信仰。普鲁士分得的区域面积最小，人口最少，仅一万三千平方英里，以及以日耳曼人和路德教教徒为主的六十万人口，不过至少在眼下这种安排令腓特烈感到心满意足。西普鲁士位于波罗的海沿岸的领土和波兰占据的波美拉尼亚地区曾被其他国家所包围，现在腓特烈得到了这些土地，从地理角度而言他终于完成了普鲁士王国的统一，东普鲁士曾经分离的省份与勃兰登堡、西里西亚和普鲁士在德意志地区的领土连接成了一个整体。奥地利得到了广阔的波兰南部地区，即包括加利西亚大部分地区在内的二万七千平方英里的土地，新增臣民也是三个国家中最多的，以天主教教徒为主的二百七十万波兰人。一部分波兰人对此次侵略行径持抵抗态度，但是面对三个强权国家他们无能为力。英国、法国、西班牙、瑞典等国和罗马教皇都对瓜分波兰的举动进行了谴责，但是没有哪个欧洲国家愿意为波兰挺身而出。

叶卡捷琳娜成功地干涉了波兰内政，将俄国的边境线推进到了第聂伯河这条商贸运输的主干道，二百万东正教教徒从此摆脱了天主教的束缚。尽管如此，对叶卡捷琳娜而言仍然存在着一些重要因素要求俄国同土耳其开战。尽管西边境线延伸到了第聂伯河，但是俄国并没有因此打开通往黑海的水上通道，第聂伯河流入大海的河口地区仍旧处在土耳其的控制下。叶卡捷琳娜企图消除土耳其对河口地区的控制，俄国同土耳其的战争仍然没有结束。

1771年俄军在战场上的表现非常不尽如人意。在多瑙河河畔，俄国将领没能像前一年那样取得一场场大捷，尽管瓦西里·多尔戈鲁基将军率大军对克里米亚半岛发动了猛烈的攻势，俄军浩浩荡荡地横扫了整个半岛，然而土耳其苏丹还是拒绝同俄国议和。随后三年，俄国与土耳其僵持不下，俄军的士气日益陷入了低迷，直到1773年年底形势才有所好转。这一年的12月，土耳其苏丹穆斯塔法三世辞世，他的弟弟阿卜杜勒·哈米德一世继位。新继位的苏丹意识到同俄国的战争不仅对土耳其毫无益处，而且会让土耳其陷入险境，于是决定结束战争。叶卡捷琳娜试图通过在多瑙河地区继续发动一场攻击激怒苏丹。1774年6月间，彼得·鲁缅采夫将军率领着五万五千名俄国将士跨过多瑙河，在6月9日这一天推进到了多瑙河南岸五十五英里处，当夜八千名俄国战士与四万土耳其大军展开了一场肉搏战，一举突破土耳其的防线，在克兹鲁德芝给土耳其造成了毁灭性的打击。由于担心无力阻挡俄军进犯君士坦丁堡的脚步，土耳其大宰相提议两国言和。鲁缅采夫将军直接在战场上同大宰相展开了谈判，并商定了一系列条款。7月10日，在一个隐蔽的保加利亚小村庄里，俄土两国签署了《库楚克-凯纳尔吉条约》[1]，鲁缅采夫将军随即派儿子返回圣彼得堡报告此消息。当月23日正在参加音乐会的叶卡捷琳娜急匆匆地走出音乐大厅，听取了有关前线战事的报告。

同土耳其达成的和约让俄国获益匪浅，甚至超过了叶卡捷琳娜的想象。她用俄军在多瑙河地区得到的战利品换得了在黑海海岸线上的土地，后者对她来说更有意义。俄国将巴尔干半岛上的摩尔达维亚和瓦拉几亚两省交还给土耳其，从而得到了亚速、塔甘罗格湾和刻赤，俄国从此拥有了通往黑海畅行无阻的通道。在更偏西的地方，叶卡捷琳娜还得到了第聂伯河的南部三角洲与河口地区，由此俄国拥有了第二条通往黑海的至关重要的道路。土耳其在第聂伯河西岸宽阔的河口地区仍旧保留着庞大的奥恰科夫堡垒，但是俄国在东岸的金布恩也建造起了同样的堡垒和港口，而且东岸的入海口足够宽阔，俄国的商船和战舰都可畅行无阻。根据俄土两国商定的条款，土耳其苏丹将不再对克里米亚半岛拥有政治主权，数百年来鞑靼人在这个半岛上建立的可汗国始终处在土耳其人的保护之下，现在他们终于摆脱了土耳其的控制，宣布独立。然而，显而易见的是克里米亚半岛的独立状态不会维持太久。就在九年后，叶卡捷琳娜便吞并了整个半岛。

俄国的收获不仅限于土地。俄土两国签订的和约允许俄国商船可自由游弋在黑海海域，从而为俄国打开了黑海上的商路。和约同时还赋予俄国商船以取道博斯普鲁斯海峡和达达尼尔海峡前往地中海的权利。此外，土耳其还要向俄国支付总计达四百五十万卢布的战争赔款，并且停止在摩尔

---

[1] 又译作《小凯纳尔贾和约》。

达维亚和瓦拉几亚两地对基督教徒的迫害，在君士坦丁堡的天主教教徒从此能够在自己的教堂进行宗教活动。从宏观角度来看，这场俄土战争让俄国在该地区具有了绝对优势，欧洲各国都意识到对黑海的控制权已经落在了俄国手中。当年彼得大帝在遥远的波罗的海首次打开了俄国通往世界的通道，在叶卡捷琳娜看来如今她取得的这一系列胜利已经足以同她的先辈彼得大帝所创造的辉煌相媲美。

第五十五章

医生、天花和瘟疫

俄国人将国家视为一个大家庭，俄国皇帝，即沙皇是家中的"小父亲"，沙皇的妻子，或者叶卡捷琳娜一世、安娜、伊丽莎白和叶卡捷琳娜二世这些女皇则被称为"小母亲"。叶卡捷琳娜欣赏这种观念，十分重视对子民应当履行的母亲般的责任，即便不能赋予人民一部新的法典，至少她还有能力解决人民的健康问题。她曾说："去小村子看看，找农夫问问他们养了几个孩子，他会说十二个，有的人甚至还会说二十个。要是你问其中有几个活了下来，他们会说一个、两个、三个，但是很少有人能说'四个'。我们应当同这么高的死亡率做斗争。"

1763年，登基第二年，叶卡捷琳娜便开办了首所俄国医学院，以培养俄国自己的内、外科医生和药剂师。在俄国本土医生队伍能够满足病患之前叶卡捷琳娜还试着以高薪招募西欧各国的医生。就在同一年，为了阻止未婚及贫困女性扼杀自己的婴儿，叶卡捷琳娜还动用个人储备金在莫斯科建起了一所育婴堂及附属产院，篮子、滑轮和铃铛等设备保证了有意抛弃婴儿的母亲们的隐私安全。当街上响起铃铛声时一只篮子便从楼上的窗口降了下来，等弃婴被放进篮子后篮子又升了上去。无论是婚生子还是私生子，无论出身于哪个阶层，在这里所有的孩子都不会遭到拒绝，他们会得到同样的照顾和教育，而且无论是在这里生活期间，还是离开后他们都具有自由的身份。医院是一座五楼的建筑，能容纳两百个床位，房间宽敞，通风良好。孩子们拥有独立的床铺、干净的睡衣和寝具，床边还摆着一个小小的床头柜，柜子上摆着一壶清水、一只玻璃杯和一个召唤护工的摇铃。曾经有一位英国人在参观完这所产院后说出了自己的心愿："真希望英国的医院也都能如此重视清洁卫生问题。"该医院为圣彼得堡及俄国其他地区建立类似的医疗机构提供了参考样板。叶卡捷琳娜针对另外一个问题也采取了行动，开办了一所性病专科医院，男性与女性均可在这里接受治疗。1775年，她又下令要求全国各省首府均须开办一所综合医院，各县都要配备一名内科医生、一名外科医生、两名外科助理、两名见习医生和一名药剂师。对于拥有多达两三万人口的县来说，这个数量的医护人员远远无法满足需要，但是与过去一穷二白的情况相比，现在这些地区至少已经初步具备了医疗条件。

叶卡捷琳娜本人对医生的工作毫无兴趣。她一直饱受疾病的困扰，还是女大公的时候她的身体就常常令伊丽莎白女皇感到担忧，登基后她的健康状况对政治局势具有了举足轻重的影响力。至高无上的皇权令她感到不堪重负，每天都得不停地审阅报告，咨询谋臣，制定决策。她试图通过充足的睡眠、有节制的饮食、新鲜的空气和散步来保持健康，可是私下里她还是常常说头疼和背痛折磨着自己。在1768年给尼基塔·帕宁的信中她写道："我身染重病，自打出生以来后背还从未出现过这样的剧痛。昨夜，疼痛中我发起了高烧，我不知道究竟是怎么一回事，（医生）这些人让我吃什么我就吃什么，让我干什么我就干什么。"后来她又告诉帕宁："四年来我的头痛一直没有发作过，可是昨天一整天我颗粒未进。"

尽管叶卡捷琳娜相信正是由于无视医生们的意见自己才变得越来越健康，但她还是接受了众人的建议，允许一名医生留在宫中，专门负责她的健康状况，为此她选择了毕业于爱丁堡大学的苏格兰人约翰·罗杰森医生作为自己的御用医生。尽管如此，她还是深信自己并不需要这位医生，在她的口中罗杰森医生成了现代医学的笑料，她常常对其他人说这位医生只是莫里哀戏剧作品中的江湖郎中，还曾对罗杰森说："就连跳蚤叮的包你都治不好。"罗杰森对她的嘲弄一笑了之，只是一个劲儿催促她服下他开的药剂。只要叶卡捷琳娜服从了命令，罗杰森便会开心地轻轻拍一拍她的后背，说："做得好，夫人！做得好！"

不过，叶卡捷琳娜对当时困扰全世界的一种顽疾则非常严肃。这种疾病就是天花，在它的面前皇室与赤贫的农民一样毫无防御能力。少年彼得二世在年仅十五岁的时候便死于这种疾病，伊丽莎白女皇在荷尔斯泰因的未婚夫，即叶卡捷琳娜的舅舅也在完婚前夕被这种疾病夺走了性命。叶卡捷琳娜同样无法忘记自己的丈夫，在成为"彼得三世"之前也曾饱受天花的折磨，而且面部因此遭受严重的损伤。叶卡捷琳娜认为自己是一个幸运儿，直到成年都没有感染过天花，但是她明白在这种疾病面前自己躲得了一时，但绝对躲不了一世。

天花曾给哈布斯堡王朝造成过毁灭性的打击，叶卡捷琳娜仍旧对此心有余悸。1767年5月，玛丽亚·特蕾西亚与自己的儿媳玛丽亚·约瑟夫双双感染上了天花，患病五天后玛丽亚·约瑟夫便离世了，玛丽亚·特蕾西亚最终痊愈了，但是身上落满了伤疤。玛丽亚·约瑟夫是皇位继承人约瑟夫二世的妻子，丧妻的皇帝拒绝再娶，身边也没有任何健在的子嗣。次年10月，玛丽亚·特蕾西亚的女儿，与嫂子同名的玛丽亚·约瑟夫也死于天花。此外，哈布斯堡王朝的另外两位公主也先后感染过天花，不过都侥幸活了下来，但身上也留下了伤疤。在接二连三的打击下，玛丽亚·特蕾西亚终于同意让三个年幼的孩子接受免疫接种。

天花对玛丽亚·特蕾西亚及哈布斯堡王朝所造成的悲剧令叶卡捷琳娜十分担心这种疾病也会给自己和保罗带来厄运，她很清楚保罗大公前途未卜的继承权问题始终是朝廷上下的话柄，因为直到现在大公都还未经历过天花的考验。小保罗患病的可能性始终是叶卡捷琳娜和帕宁的心头大患，他们不准保罗同平民或者有过病史的人以及高危人群接触，这种限制激怒了保罗。在十二岁那一年，当有人问他是否打算参加一场化装舞会时保罗回答道：

你知道我还是个孩子，对于是否参加舞会我无权做主，不过我敢保证我是不会参加的。帕宁先生会对我说有一个名叫'天花'的妖怪将在舞厅里走来走去，这个妖怪能准确无误地预见到我的去向，因为人们总是能在我极有可能出现的地方看到它的身影。

1768年的春天，叶卡捷琳娜和保罗与病魔擦肩而过。当时尼基塔·帕宁的未婚妻安娜·舍列梅捷娃女伯爵染上了天花，一位英国外交官曾说女伯爵"具有不同寻常的美德和美貌，并且富甲天下"。在皇村的叶卡捷琳娜惴惴不安地等待着女伯爵的消息。5月5日在听说帕宁也将被隔离两个星期后，她悄悄地命人将保罗送到她的身边，她说："我非常难过，根本想不起来开心的事情，在这个危急时刻一切都那么糟糕。"第二天保罗来到了皇村，母子俩守在一起，等待着事态进一步的发展。14日这一天叶卡捷琳娜也出现了病症，不过次日便安然无恙了，她立即向帕宁通告了自己一夜康复的好消息，同时还向他转达了医生的承诺："您的未婚妻会熬过去的。"两天后，叶卡捷琳娜接到了舍列梅捷娃女伯爵去世的消息，17日她致信帕宁："安娜·彼得罗芙娜女伯爵逝世的消息一传来，我便忍不住想告诉你我有多么难过，我深知你的不幸在我心头激起的伤感难以言表。请多保重。"叶卡捷琳娜继续在皇村逗留了七个星期，余下的夏日时光她和保罗一直辗转于乡下的各处别墅，以免同外人产生不必要的接触。

对自己和儿子以及国家的担忧促使叶卡捷琳娜对一种全新的免疫接种

法展开了研究，这项新技术颇具争议，但是据说可以一劳永逸地解决问题。新技术要求从已经康复的天花轻度患者的感染组织中提取注射物。这项技术已经在英国及英国的北美殖民地都得到了应用，托马斯·杰斐逊就于1766年接受了全新的接种，但是欧洲大陆仍旧对新技术讳莫如深，普遍认为这种技术存在着很高的风险。

苏格兰医生汤姆斯·迪姆斯戴尔是一名贵格会教徒，其祖父曾于1684年陪同威廉·佩恩[1]一同前往美洲。现年五十六岁，在爱丁堡大学拿到医学学位的迪姆斯戴尔刚刚出版了《天花接种的新方法》，在书中他详细阐明了自己在天花接种方面取得的成就，并宣称这种新方法降低了接种风险。在英国出版后该书接连再版三次。听说这部作品的情况后，叶卡捷琳娜邀请其作者前来圣彼得堡。1768年8月底迪姆斯戴尔携儿子和助手纳撒尼尔来到了俄国，叶卡捷琳娜随即便安排了一场私人晚宴，为医生一行接风洗尘。

在迪姆斯戴尔眼中叶卡捷琳娜魅力十足，是他"所见过的最迷人的女性"，"她超乎寻常的洞察力，以及了解有关接种工作和成就的问题时所表现出的礼貌"令医生赞叹不已。女皇也同样很欣赏医生的判断力，不过她认为医生过于谨小慎微，当医生结结巴巴地讲着英语时她只是笑呵呵地看着他，努力理解他用英语表述的内容。她还告诉医生自己这一辈子始终对天花心怀恐惧，现在她希望自己首先接受防疫接种，从而打消其他人对疾病和接种的顾虑，并且希望医生能尽快为她实施接种。迪姆斯戴尔要求在给女皇接种前先咨询一下医生们的意见，但是叶卡捷琳娜认为这种做法毫无必要；迪姆斯戴尔又建议女皇允许他在同龄妇女的身上首先进行接种试

---

[1] 威廉·佩恩（William Penn，1644年10月—1718年7月），英国房地产企业家、哲学家、宾夕法尼亚英属殖民地的创始人。1682年，约克公爵詹姆斯、未来的詹姆斯二世将属于他的大片土地交给威廉·佩恩。这片土地包括现今的宾夕法尼亚州和特拉华州。

验，女皇再一次否决了他的建议。出于责任心，迪姆斯戴尔恳求女皇再等待几个星期，好让他在一些俄国年轻人身上进行测试，叶卡捷琳娜勉强答应了这个请求，但是要求医生不得声张前期准备工作。在俄国官方记录中，根本找不到迪姆斯戴尔到访的信息，英国大使在8月29日的报告中称女皇的心思"完全是尽人皆知的秘密，但是看起来并没有在俄国引起过多的猜测"。终于，经过协商女皇和医生决定在10月12日为女皇实施接种。

在距离接种还有十天时，叶卡捷琳娜开始断肉戒酒，并开始服用汞、蟹足粉和牙石催吐剂。接种当天的晚上9点，迪姆斯戴尔在叶卡捷琳娜的两只手臂上分别注射了从农村少年亚历山大·马尔科夫身上提取的天花脓液，后来这名少年被加封赐爵。接种次日，叶卡捷琳娜乘坐马车移驾至皇村，躲开众人，过起了静心休养的日子。她自我感觉良好，"只是略有不适"，每天在户外活动两三个钟头，尽管身上出现了一些脓包，但在一个星期内脓包就结痂了。迪姆斯戴尔宣布接种成功，三个星期后叶卡捷琳娜恢复了正常的生活。11月1日，她回到了圣彼得堡，次日医生成功地为保罗实施了接种。参议院和立法委员会对女皇和大公表示了祝贺，女皇回复说："我之所以能够以身作则是为了让我的无数臣民免于死亡的厄运，他们对这项新技术的意义一无所知，心存畏惧，始终遭受着天花的威胁。"

有了叶卡捷琳娜的示范，圣彼得堡的一百四十名贵族也紧随其后接受了接种，其中包括格里高利·奥洛夫、基里洛·拉祖莫夫斯基和一位大主教。迪姆斯戴尔接着又在莫斯科为五十个人进行了接种。他阐述这项新技术的专著在圣彼得堡出版了俄文译本，圣彼得堡、莫斯科、喀山、伊尔库茨克和其他一些城市还开办了专门实施接种的诊所。截至1780年，在俄国共计两万人接受了接种，到了1800年这个数字达到了二百万。作为对其工作的奖励，叶卡捷琳娜将迪姆斯戴尔封为男爵，并授予其十万英镑的奖金及终身有效的五百英镑年金。1781年，迪姆斯戴尔再次访问俄国，为叶卡捷琳娜的长孙亚历山大实施了接种。

　　叶卡捷琳娜自愿接受接种的态度受到西欧各国的称赞，伏尔泰将她对迪姆斯戴尔医生的态度同"我们的医学院里那些牙尖嘴利的庸医们"所持有的荒谬观念，以及奉行的传统做法做了一番比较。在当时，人们在天花面前普遍怀着听天由命的心态，认为任何一个人迟早都会感染上天花，一些人会幸存下来，另外一些人则会丧命。大多数人都拒绝接受接种，普鲁士的腓特烈就曾致信叶卡捷琳娜，力劝她不要冒险。叶卡捷琳娜在回信中指出天花一直令她感到惶恐不安，她最渴望的事情就是摆脱这种恐惧。1774年5月，在叶卡捷琳娜接受接种将近六年之后，由于同一名身染天花的少女同床共寝，法国国王路易十五很快便命丧黄泉，结束了长达五十九年的统治。随后继位的路易十六年仅十九岁，他立即接受了接种。

　　在叶卡捷琳娜挺身而出对抗天花的三年后，俄国又开始了另外一场危急的斗争，这一次的对手更加恐怖，是腺鼠疫。被称为"黑死病"的腺鼠疫长期蔓延在俄国与土耳其欧洲部分接壤的地区。人们认为只有在温暖的气候条件下这种疫病才会暴发，至于跳蚤和老鼠与这种疾病的关系却不为当时的人们所了解。传统的预防措施就是隔离，轻则将疑似病患隔离，重则由军队封锁整个地区。

　　1770年3月，驻守土耳其位于巴尔干半岛的瓦拉几亚省的俄国军队中出现了腺鼠疫感染病例，9月疫情就扩散到了乌克兰的基辅。入秋后天气转凉，疫情传播的速度得以减慢，但是大批难民开始逃往北方。次年1月中旬民间的恐慌情绪似乎平息了，然而入春后冰雪刚一开始消融时莫斯科居民的身上便又出现了典型的黑色斑块和肿胀的腺体，仅一个星期内在一家纺织厂里便有一百六十名工人毙命。3月17日，叶卡捷琳娜颁布法令，宣布在莫斯科实施紧急戒严，剧院演出、舞会和大型集会都被禁止了。3月底一股寒流突袭了莫斯科，死亡率随之骤然下降，叶卡捷琳娜与市政官员便解除了禁令。然而6月底疫情再度暴发，到了8月疾病席卷了莫斯科全城，在街头巷尾清理尸体的战士纷纷染病身亡，莫斯科的首席医官也告假一个月，以接受治疗。9月5日，叶卡捷琳娜得知莫斯科人口的日均死亡数已经攀升到了三四百。尸体被丢得满街都是，遍及全城的检查站陷入了瘫痪，全城百姓面临着饥荒的威胁，因为不再有人向城内输送补给品。所有患者无论性别与年龄，都必须被送入隔离中心。

强制性的预防措施引发了暴动，原本就惊恐不安的莫斯科市民开始认为正是医生和那些药剂给莫斯科带来了疫病，人们开始拒绝服从不得在市场和教堂等聚集，以及不得亲吻据说能够带来平安的神像之类的禁令。相反，大家聚集在神像周围，以求得安慰或得救。坐落在瓦瓦斯基城门口的童贞玛丽亚塑像之前就十分出名，现在则彻底变成了一块磁石。日复一日，越来越多的患者匍匐在这尊塑像的脚下，使这里变成了莫斯科真正的疫情扩散中心。

医生们都十分清楚这种状况，但是没有人有胆量插手干预。莫斯科的大主教安布罗斯神父受过启蒙思想的熏陶，在看到医生们对眼前的局面束手无策后，为了不让人们继续聚集在一起，从而减少感染的概率，安布罗斯神父仰仗着自己作为神父的权威，在夜色的掩护下悄悄地转移了瓦瓦斯基城门口的圣母像。他相信一旦得知此事为神父所为大家必然会各回各家，疫情中心自然也就消失了。结果，神父的一片苦心却招惹来一场骚乱。人群并没有散去，民众被激怒了。神父逃进了一所修道院，躲藏在一个地窖里，暴民尾随而至，将神父从地窖里拽了出来，将其碎尸万段。在军队的镇压下暴动终于结束了，其间一百人毙命，三百人遭到逮捕。

叶卡捷琳娜意识到莫斯科及全城居民已经失去了控制。贵族纷纷弃城而去，逃往乡下的别墅。工厂和店铺陆续关闭，工人、农奴和城镇农民跟一窝窝的老鼠住在拥挤的木屋里，老鼠的身上寄生着大量携带病菌的跳蚤，现在这些人只能自力更生了。9月末，女皇收到莫斯科总督发来的报告，七十二岁的彼得·萨尔蒂科夫将军在报告中称日均死亡人数已经超过了八百，他也无能为力了，局势完全失控了。将军请求女皇恩准他暂时离开莫斯科，入冬后再返回城里。节节攀升的死亡人数、安布罗斯神父的惨死和萨尔蒂科夫将军的请求令叶卡捷琳娜大为震惊，她该怎样应对眼前的局面？又该求助于谁？

这时，格里高利·奥洛夫挺身而出了，主动请求女皇准许他前往莫斯科，制止疫情的扩散，恢复正常的秩序。这正是奥洛夫谋求的挑战，经过多年的赋闲生活后他需要恢复对自己的认可，以及叶卡捷琳娜对他的认识。女皇接受了奥洛夫"善意而热心"的请求，并告诉伏尔泰自己"丝毫也不担心他有可能碰到的危险"。叶卡捷琳娜了解奥洛夫，知道他是一个躁动不安的人，总是渴望能有所作为，看着自己的弟弟阿列克谢和其他军官在地面战和海战中不断取得胜利，备受赞誉，困顿于圣彼得堡的他备感沮丧。叶卡捷琳娜下令让奥洛夫全权负责莫斯科的事务，奥洛夫遂召集起一批医生、军官和行政官员，于9月21日率队连夜赶往莫斯科。

奥洛夫立即接管了灾区的工作。面对着每日六七百人的死亡，他不断地征求着医生们的意见，同时动用武力对市民进行镇压。不仅强制措施取得了成效，而且在行动过程中奥洛夫也不乏仁慈的举动，他陪同医生一起来到病人的床前，亲自监督药品的发放工作。在他的指导下民宅里和大街上腐烂的尸体被清除了。他还向农奴承诺凡主动在医院帮忙就可获得自由民的身份，同时还开办了孤儿院，开仓放粮，发放救济金。在两个半月的时间里他花费十万卢布为幸存者购置食物和衣物，修建收容所，焚毁死者的衣物和三千多所年代久远的木屋，并恢复了曾引发过多起骚乱事件的强制性隔离措施。奥洛夫几乎不眠不休，他的敬业精神、大无畏的态度和付出的心血激励着其他人。9月累计死亡人数曾高达两万一千人，到了10

月这个数字降到了一万七千五百六十一，11月为五千五百五十五，12月为八百零五，死亡人数的逐步减少在一定程度上有赖于奥洛夫采取的措施得力，同时寒冬的到来也起到了一定的作用。

格里高利·奥洛夫的工作，再加上即将到来的冬季带给人的希望让叶卡捷琳娜勉强熬过了这段日子，此前她一度担心疫情将会向西北方向的圣彼得堡继续扩散。在普斯科夫和诺夫哥罗德就已经爆发了疑似为腺鼠疫的疫情。坐落在涅瓦河畔的新都也采取了各种预防措施，进城的各条道路都设置了检查站，处理邮件时工作人员也格外谨慎，对死者进行尸检也成为强制性规定。叶卡捷琳娜唯恐国内外的报道和小道消息会对俄国造成不良影响，一开始她还试图压制对大规模死亡、民众的恐慌情绪和暴力事件的报道，当疫情发展到高峰期时，为了对付类似政府将活埋病患之类更具有煽动性的传言，她准许政府发布了一份有关莫斯科暴乱事件的官方报告，各国报纸纷纷转载了这份报告。灾情令叶卡捷琳娜感到沮丧，在给伏尔泰的信中她提到了安布罗斯神父的身亡："著名的18世纪可有得吹嘘了。瞧瞧咱们都发展到了何种地步？"在给前立法委员会主席亚历山大·比比科夫将军的信中她又写道："我们已经在这种境况中煎熬了一个月，三十年前彼得大帝也曾经历过这一切。当年他披荆斩棘，走出困境，而今我们也要光荣地战胜困难。"

1772年11月中旬，疫情缓和了，叶卡捷琳娜准许人民举行集体感恩祷告。奥洛夫于12月4日返回圣彼得堡，一时间荣誉加身，风光无限。叶卡捷琳娜专门打制了一枚纯金奖章，奖章的一面铸有罗马神话中的一位英雄，另一面则是奥洛夫的肖像和"俄国英雄也辈出"的铭文。她还命人在皇村的花园里打造起一座象征凯旋的拱门，门框上的装饰铭文写着"献给救莫斯科于瘟疫的大救星"。

"救星"这个词有些言过其实，实际上只能说是如果没有格里高利·奥洛夫，莫斯科的损失将会更为惨重。当时有人做过估算，这场瘟疫夺去了莫斯科五万五千人的生命，占全城总人口的五分之一。还有人估计仅莫斯科一地的死亡人数就高达十万人，全国范围内则达到了十二万人。为了防止疫情的再次暴发，在接下来的两年里俄国南部边境一带都坚持实施隔离措施，直到1774年同土耳其爆发战争后隔离措施才被取消。

第五十六章
"彼得三世"归来

在1773年至1774年俄国同土耳其的战争发展到最后一年，战争进入白热化阶段的时候，俄国国内出现了另外一场比海外战争更具有威胁性的危机，这就是以其领导人命名的一场内乱，"普加乔夫起义"，领导这场起义的是来自顿河中下游地区的哥萨克人叶梅利扬·普加乔夫。在一年的时间里，普加乔夫团结起各地的哥萨克部落、逃亡的农奴、农民、巴什基尔人[1]、卡尔梅克人[2]以及其他一些不满于现状的部落居民和零散人口，掀起了一场横扫俄国大草原并一度对莫斯科构成威胁的起义。这场内乱及社会暴动最终演变成了一场大混乱。在突如其来的动乱面前叶卡捷琳娜对自己曾经崇奉的不少启蒙思想都产生了质疑，在余生中她始终无法忘记这场动乱。她见识过宫廷变乱，然而这一次的动乱却出现在与圣彼得堡和莫斯科相距甚远、辽阔空旷的顿河和伏尔加河流域以及乌拉尔地区。动乱让她看到了广大农村地区一触即发的不满情绪，她意识到作为女皇自己的首要职责应该是巩固皇权，为了这个目标她调动了军队而不是哲学家。

当时，绝大多数俄国人仍旧受着全面压迫，对现状充满了不满。此前俄国就已经出现过多次暴动，矿工袭击监工、村民抵抗缴税和征兵工作。

---

[1] 巴什基尔（Bashkir），土耳其人的一支，是巴什科尔托斯坦及乌拉尔山地区的原住民。

[2] 卡尔梅克（kalmyk/kalmuck），系卫拉特人的后裔，信仰佛教，最早主要分布在俄国境内的里海西北部。

然而普加乔夫领导的这场起义其规模达到了空前的程度，可以算得上是一场阶级战争。叶卡捷琳娜颁布的《训令》和立法委员会的一轮轮磋商始终没能给俄国的现状带来显著的变化，劳作在田间地头或者矿场里的农奴和农民仍旧生活在强制劳动的体制下。女皇曾试图改变这种状况，但最终还是意识到自己对此根本无能为力，朝廷这个庞大的官僚机构、她本人对贵族的依赖以及俄国辽阔的疆域都给改革带来了阻力，无奈之下她最终只能选择维持现状。在俄土战争进入第五个年头的时候俄国国内积压的问题终于爆发了。

1773年10月5日，叶卡捷琳娜一如既往地在圣彼得堡出席了军事会议，主持会议的是扎克哈尔·切尔尼谢夫伯爵，二十二年前叶卡捷琳娜曾同这位英俊的军官有过一段打情骂俏的风流往事，后来凭借着自己的军事才华伯爵成为军事学院的院长。叶卡捷琳娜一丝不苟地听着切尔尼谢夫宣读一份份发自奥伦堡的报告，报告称在这座距离喀山东南方三百英里的要塞出现了一伙企图造反的哥萨克。哥萨克闹事在俄国的历史上算不上是新闻，但此次叛乱却达到了空前的规模。叛乱领导人自称沙皇彼得三世，即叶卡捷琳娜的丈夫，并宣称自己奇迹般地逃脱了被暗杀的命运。现在，这位"彼得三世"已经穿过俄国东南部边境地带，一路上不断散布蛊惑人心的宣言，向平民许诺说但凡助他夺回皇位者都可获得自由。

哥萨克民族素来喜欢犯险，朝廷颁布的法令让他们失去了越来越多的自由，对此他们早就心怀不满。为了摆脱束缚他们逃到了边疆，一度还建立起自己的定居点，推选出自己的领导人，并制定了自己的法律，遵守自己的习俗。其中一部分哥萨克属于旧礼仪派[1]，他们逃离了古老的东正教教会的势力范围，现在都只在自己的教堂里参加仪式。这个民族能骑善

---

[1] 旧礼仪派（Old Believers），指17世纪抵制莫斯科牧首、脱离俄罗斯正教会的教徒，反国教派别，亦称旧信徒派。该派反对尼康和彼得一世的改革，成员多为下层贫民群众和低级教士。

射，被迫从戎者常常都被编入非正规的骑兵队伍，他们的大名令敌军闻风丧胆。俄国同波兰和土耳其的战争给哥萨克人送来了越来越多的收税官和征兵官，到了1773年8月哥萨克人的情绪已经发展到了一触即发的地步，他们唯一缺少的就是一个挺身而出率领起义的领袖。在这种情况下，自称是沙皇的普加乔夫自然就成了最合适不过的领袖人选。

对于俄国人而言，鱼目混珠的骗子并不罕见，俄国动荡不安的历史常常与冒牌"沙皇"交织在一起，蒙昧无知、轻信人言的平民十分乐意接受这些假皇帝。1605年，一个成年男子宣称自己是"伊凡雷帝"的儿子迪米特里——实际上迪米特里尚未活到成年时便夭折了，但是这名男子仍旧成功地从沙皇鲍里斯·戈东诺夫的手里攫取了皇位。哥萨克人斯坦卡·拉辛[1]一度同彼得大帝的父亲沙皇阿列克谢对峙过长达两年的时间，在被捕并行刑后他成为口耳相传的传奇人物。在同瑞典进行北方战争的同时，彼得大帝还在对付指挥官伊凡·马泽帕率领的乌克兰哥萨克人。1725年彼得辞世，由于罗曼诺夫王朝的王位继承人人选始终摇摆不定，俄国国内便不断冒出谎称自己为"彼得二世"或"伊凡六世"的冒牌货。在叶卡捷琳娜执政的前十年里也出现过一些这样的骗子，不过在还未造成重大影响时就都被逮捕了。叶卡捷琳娜对这些人唯一担心的就是外国势力对他们的支持，但是先前这一类骗子都只在局部地区活动，目标明确，响应者为数不多，而且只是与地方官吏为敌，而非贵族阶层，更不会是沙皇，然而普加乔夫领导的这场叛乱史无前例地将矛头指向了女皇。

这场叛乱发生于顿河与乌拉尔河同伏尔加河交汇处。受到三条大河灌溉的黑土地水草丰美、林木繁茂、物产丰饶、土地肥沃，但从来都不是一

---

[1] 斯坦卡·拉辛（Stenka Razin，1630年—1671年），俄国哥萨克农民起义领袖。生于顿河哥萨克一个小康家庭。1667年至1669年间率一群穷苦哥萨克人沿伏尔加河和里海突袭俄罗斯的居民点，从海上进攻和摧毁波斯在里海沿岸的穆斯林居民点。1670年发动反对沙皇的起义。起义曾扩展到整个伏尔加河流域。失败后被捕，并被处以死刑。

片祥和之地。流域西部分布着顿河哥萨克，原本散漫的游牧民渐渐地过起了更为组织化的定居生活，尽管不断有人从军，但部落始终没有放弃耕种和商贸，而且一直保持着欣欣向荣的景象。伏尔加河流域的东部混居着俄罗斯民族和信仰其他宗教的民族部落，与顿河哥萨克相比这一带社会结构松散，游牧生活的痕迹更为明显。在1770年代，这里分布着不少贸易点，同时也活跃着居无定所的冒险家和流浪汉。在更偏东的地区，雅茨克河（后更名为伏尔加河）从乌拉尔山脉向西流去，成为奥伦堡天然的边界。奥伦堡人烟稀少，境内渔产丰富，盐矿遍布，森林又可提供大量的木材和毛皮，其同名首府坐落在奥廖尔与雅茨克两条河流交汇处，兼具军事要塞和贸易中心的职能。

1773年9月，普加乔夫出现在奥伦堡的雅茨克村，他向众人宣称自己就是沙皇彼得三世，成功地躲过了反叛的妻子对他实施的暗杀，现在要夺回皇位，严惩敌人，拯救俄国，解放人民。据普加乔夫说之前正是由于他打算解放农奴，所以叶卡捷琳娜在贵族的协助下将其废黜，并试图加害于他。有些人接受了这番说辞，当年在下令免除贵族对国家的义务之后彼得三世的确产生过解放农奴的意图，但是他的计划受到了皇后的阻挠。有些人甚至说彼得三世已经草拟了解放农奴的法令，但是他的妻子在阴谋篡权时将这份文件扣押了下来。在短暂的执政期内彼得三世非常不得民心，然而现如今对普加乔夫这番话深信不疑的人却将他视为受到暴虐的妻子叶卡捷琳娜压制的大英雄。

彼得三世身材高挑，两肩瘦削，总是讲着一口日耳曼语，从未上过战场的他常常将自己打扮成一名参加操练的战士。普加乔夫与彼得三世截然不同，这位新"彼得"五短身材，肌肉发达，长着一头黑黝黝的乱发，前额还留着密实的刘海，一把蓬乱的大胡子又黑又短，嘴里还少了几颗牙齿。体貌上的差异并没有削弱他的号召力，实际上真正的彼得三世在位时间短暂，大部分俄国人都没能一睹他的真容。现在，新"彼得"率领着由哥萨克人同各个部落民族组建的大军游荡在乡村郊野，胡须浓密的军官们走在队伍的外围，一路上挥舞着起义的大旗。这个人魅力超群，作战经验丰富，开口便是解放全国人民的大好前景，轻而易举地就俘获了大量的追随者。在东南诸省从未见过任何一位沙皇的人看来，这位留着一把大胡子、身着深红色长衫、头戴皮帽、矮壮而迷人的男子完全符合他们对沙皇的想象。

实际上，叶梅利扬·普加乔夫出身于顿河下游的哥萨克部落，生于1742年左右，他本人拥有一小片农场，妻子也是当地人，夫妇俩育有三个孩子。他曾被选拔入伍，服役于驻守波兰的一支哥萨克骑兵队，在1769年与1770年对土耳其的战争中又被编入鲁缅采夫将军的军队。1771年他当了逃兵，在被追捕并受到鞭笞后再一次成功地逃走了。此后他一路向东，一直逃亡到了大草原，但是没有返回在顿河的家园，而是转道投向伏尔加河下游地区，在一个个旧信徒聚居区内辗转迁移。1772年11月，他来到了亚伊克河（三年后更名为"乌拉尔河"），指望着能在这里的哥萨克部落中找到栖身之所。

在四处流浪期间普加乔夫了解到了伏尔加河下游人民的真实想法，他们跟他一样对当权者怀着强烈的抵触情绪。共同的仇恨，再加上自己的从军经历，普加乔夫将亚伊克河的哥萨克团结在了自己的周围。当他号召心存不满的哥萨克人跟随他揭竿起义、反抗当地的官吏和其他压迫者时，哥萨克人接受了他的提议。但是，普加乔夫的身份暴露了，被捕后他被送到喀山接受审讯，起义的计划也暂时搁浅了。六个月后他成功越狱，于1773年5月回到雅茨克地区。当年9月，地方执政官获悉普加乔夫就在自己辖区内，遂前去实施逮捕，普加乔夫与持不同政见的哥萨克人立即宣布起义，就在这种情况下他开始打起了"沙皇彼得三世"的旗号。

普加乔夫信誓旦旦地宣称将带领人民摆脱政府的骚扰，恢复往日宁静的生活，并承诺将结束哥萨克旧礼仪派受到的困扰，"大赦天下"，"自源头至河口的所有河流全部开放，沿岸土地、草场、树木和飞禽走兽均属于公有"，还向哥萨克人许诺将为他们无偿供应盐、武器、子弹、火药、食物以及每人十二卢布的年金。在1773年9月17日公布的"诏书"中普加乔夫宣布："我将赐予你们以及你们的子子孙孙以自由，永世不变。你们将不再受到苛捐杂税和劳役的束缚。基督遭受的苦难、长久以来你们做过的祈祷和你们的长发长髯都将得到回报。"同时，他明确地指出了起义的目标："如果上帝允许我进入圣彼得堡，那么我便要将我那位邪恶的发妻叶卡捷琳娜打发到修道院去，然后我要解放所有的农民，将贵族斩尽杀绝。"

这番宣言在亚伊克河的哥萨克人中广为流传，巴什基尔人也宣布支持普加乔夫，卡尔梅克人、柯尔克孜人[1]同伏尔加河下游其他半游牧部落紧随其后，很快从事农业的农奴和自由农民也纷纷加入了队伍。一些人肩扛长矛和刀剑骑马而来，不过大多数人只带来了镰刀、斧头和杈子之类的农具。入冬前，乌拉尔地区的矿场和铸造厂里的工业农奴也陆续加入了起义大军。

普加乔夫首先对雅茨克一个坐落在河岸坡地、俯瞰亚伊克河的小堡垒发动了袭击。此次进攻他只带了三百名随从，堡垒指挥官却有一千名手下，但其中不少人都是哥萨克士兵。哥萨克士兵很快便弃城而去，指挥官龟缩在城堡内，将城堡外的地盘拱手让给了起义军。普加乔夫没有进一步对指挥官发动进攻，转而沿河北上。10月5日，他来到了一个大城市，即奥伦堡的政府所在地。这时他的队伍已经发展到了三千人的规模，除了武

---

[1] 柯尔克孜（Kirghiz），也译作吉尔吉斯，中亚的一支民族，为吉尔吉斯斯坦的主体民族，族人多信仰伊斯兰教。

器，单纯从人数上看其实力已经超过了官方的城防兵力。政府军又一次撒手而去，只留下七十门大炮对抗起义军。造反的队伍仍旧不足以通过猛攻夺取阵地，但是这一次普加乔夫在三里地外的别尔达建起了指挥部，他决意逼得城内负隅顽抗的官兵弹尽粮绝，直到投降为止。

截至11月越来越多的平民赶来加入了假沙皇率领的队伍，与此同时普加乔夫的宣言也已经扩散到了伏尔加河、亚伊克和西伯利亚西部的广大地区。12月又有一千名巴什基尔人赶来了，次年1月两千名鞑靼人也加入了进来。工厂里的农奴和自由农民占领了乌拉尔地区铸铜厂等金属铸造厂，随即四十四个铸造厂和矿场便开始向起义军供应枪支弹药。后援力量如雨后春笋般增长着，但是有一点例外格外引人注目——起义大军中始终不曾出现过普加乔夫的同胞顿河哥萨克人的身影。

亚伊克河流域出现叛乱的消息迟迟才传到圣彼得堡，听到这个消息时女皇与谋臣们都泰然自若，听上去这只不过又是一场小规模的局部事件，那个动荡不安的地区历来如此。此时俄军仍旧深陷战事，叶卡捷琳娜与战争委员会正全神贯注于波兰和多瑙河地区，他们都希望在即将到来的夏季能强行结束已经持续了六年的俄土战争。由于军队正全力以赴准备发起新一轮进攻，因此没有多少正规军可被调用，最佳方案无非是让驻守在喀山的瓦西里·卡尔将军率领一支小分队前往叛乱地区。此外，为了消除普加乔夫宣言的影响力，叶卡捷琳娜发布了一份声明，该声明仅供在叛乱地区扩散，如若不然俄国内乱的消息便会闹得尽人皆知。她将普加乔夫的骗局称为"丧心病狂之举""一场亵渎神灵的动乱"，并要求人民协助卡尔将军挫败"这名匪首、煽动者和骗子"，将其擒获归案。不幸的是叶卡捷琳娜与她的谋臣们都严重低估了卡尔将军将要对付的这位敌人。尚未进入奥伦堡的时候卡尔将军便发现叛军人数远远超过了自己的预期，而且队伍的规模还在日渐扩大。在普加乔夫的领导下起义军一举击溃了卡尔的小股部队，逃脱叛乱地区后卡尔回到了喀山，向中央政府禀告了实情，随即他便被解职了。又一支来自辛比尔斯克的军队被派遣去镇压叛乱，普加乔夫再一次轻松击退了敌人，并绞死了上校。

在别尔达指挥部，普加乔夫欣欣然地享受着沙皇的身份。他身穿猩红色土耳其长衫，戴着一顶天鹅绒帽子，一只手紧握权杖，另一只手里则攥着一柄银斧头，俯视着跪倒在他面前祈求得到保护的人们。大字不识一个的普加乔夫始终带着一名书记官，以便随时记录下他的口谕，然后再签上他的大名——"明君圣主沙皇彼得三世"。他宣布，登上皇位之日他便要开始亲自签发圣谕，还要铸造带有他的肖像和"彼得三世"字样的勋章。

每天普加乔夫都饮食无度，不停地同战友们声嘶力竭地吼着哥萨克歌曲，其中很多人已经成了"贵族"。在发誓消灭真正的贵族阶层后普加乔夫开始在亲随中大肆封官加爵，将部下纷纷改名为当朝大臣们的名字——帕宁伯爵、奥洛夫伯爵、沃伦佐夫伯爵、大元帅切尔尼谢夫伯爵。他还把从官军尸体上扒下来的奖章颁发给了这些新生的"贵族"们，并"赏赐"给他们波罗的海沿岸的地产，一些人甚至还得到了农奴。1774年2月，抛弃妻子的顿河哥萨克普加乔夫迎娶了一名亚伊克哥萨克人的女儿，贾斯廷娜·库兹涅佐娃，并赏给她十二名宫女。他的部下每日都要为皇帝和被称为"皇后陛下"的贾斯廷娜进行祈祷，后者也的确受到了皇后般的待遇。

普加乔夫手下的官吏们从未想过坐在自己身旁的这位自称为皇帝的人实际上只是一个目不识丁的哥萨克人，所谓的"皇后"也不过是乌拉尔地区土生土长的哥萨克姑娘，甚至都不是他的结发妻子，他真正的妻子至今还生活在顿河边，而另一位被起义军信以为真的妻子——女皇叶卡捷琳娜——又远在圣彼得堡。短命的"在位期"内普加乔夫及其随从们始终生活在现实与虚幻混杂不清的世界中，没有人对这群"业余演员"提出过不满，"皇帝"与"朝臣们"达成了互相做戏的默契，而普加乔夫则从中坐收渔利，他坚信势头日渐强劲的起义令自己无所不能。这个哥萨克文盲已经无法自已了。

在普加乔夫浓墨重彩的表演背后是血腥恐怖的现实，他在诏书中宣称贵族必须被斩尽杀绝，这份宣言引发了狂暴的仇杀情绪。自由农民杀死了地主及其家人，还有他们憎恨已久的监工；向来被认为是逆来顺受、完全服从于上帝、沙皇和主人旨意的农奴大开杀戒。躲藏起来的贵族被揪了出来，然后被活活抽死、烧死、大卸八块，或者被吊死在树上；孩童被当着父母的面砍断手脚或残杀，妻子在当着丈夫的面受尽侮辱后被割断喉咙，或者被当作奖品一样丢进马车，被农奴们带回家。没过多久，普加乔夫的军营里就挤满了被俘获的寡妇和少女，她们被当作奖品分发给了起义军。仍旧承认"篡位者叶卡捷琳娜"为俄国女皇的村民被一排排地吊死在树上，附近的山沟堆满了尸体；城里的居民遭受着审讯，直到说出心目中合法的君主，走投无路的居民不清楚审讯他们的人究竟希望听到怎样的答案，于是便笼统地回答道："你们代表的是谁就是谁。"

普加乔夫大军一路上气势汹汹地烧杀抢掠。在夜里乡间地主的豪宅火光冲天，地平线上翻滚着浓浓的烟幕。城里人和乡下人全都打开家门，主动投诚，神父们匆匆忙忙地带着面包和盐前去迎接起义军的到来。小要塞的驻防军官们纷纷被绞死，士兵们如果不缴械投降，便只有死路一条。

在尚未充分认识到问题严重性的时候，叶卡捷琳娜还曾试图在西欧各国面前尽量弱化这场叛乱的影响力，在1774年1月给伏尔泰的信中她写道，"这个厚颜无耻的普加乔夫"只不过是"一个普普通通的抢劫犯"，她也很不希望普加乔夫荒唐滑稽的表演搅扰了自己同德尼·狄德罗之间发人深省的交流。著名的《百科全书》编纂者此时正好到访圣彼得堡，伏尔泰也认为叶卡捷琳娜同启蒙运动领导人的对话不应该被"一个蟊贼的几桩惊人之举"所打断。叶卡捷琳娜抱怨说欧洲新闻界对"普加乔夫侯爵"

过于大惊小怪，"他只不过是在乌拉尔地区给我制造了一丁点麻烦罢了"，并告诉伏尔泰这个粗鲁无礼的家伙现在自称彼得三世。在将情况转述给达朗贝尔的时候，伏尔泰提到"奥伦堡冒出来一个叶卡捷琳娜的新丈夫"，不以为然的腔调同叶卡捷琳娜如出一辙。然而，这位"新丈夫"和"哥萨克孟贼"给叶卡捷琳娜带来的麻烦根本不止于此。截至1774年春天，普加乔夫的队伍已经发展到了一万五千多人，叶卡捷琳娜终于意识到这场局部地区的哥萨克叛乱正在演变成一场全国性的革命。卡尔将军没能拿获这名"凶徒"，受到围困的奥伦堡行政长官报告称食物和弹药严重短缺，叶卡捷琳娜坦白地告诉伏尔泰"这六个多星期来我都不得不一直操心着这件事情"。

叶卡捷琳娜决意剿灭叛乱分子，她请来亚历山大·比比科夫将军，将俄国东南各地的军队同地方当局都交由其全权指挥。比比科夫作战经验丰富，曾参加过在普鲁士和波兰的军事行动，由于被任命为立法委员会的主席元帅而受到全国人民的敬仰。尚未结束的俄土战争占用了俄国的大部分兵力，凡是能被调用的部队都被划拨给了比比科夫。12月26日比比科夫赶到喀山，建立起司令部，随即便着手稳定局势。经过一番动员，贵族们组建了义勇军，并武装起了那些在他们看来忠诚于自己的农民。叶卡捷琳娜同时命令比比科夫在喀山组建一个调查委员会，负责调查究竟是什么原因促使"这群乌合之众仅仅在狂热盲信或者政治蛊惑和无知的推动下就掀起了这场叛乱"，并且必须通过被俘获的造反者查明他们是否受到了外国势力的支持，土耳其方面是否参与其中？是什么原因，或者说是谁促使普加乔夫借用了"彼得三世"之名？是否有迹象显示她的臣僚也参与了这场阴谋？普加乔夫个人同旧礼仪派之间存在着怎样的关系，与不满现状的贵族又保持着怎样的联系？但是，她严禁比比科夫动用酷刑，在给将军的信中她写道："调查中需要鞭子吗？在我的眼皮底下秘密调查部已经有十二年不曾拿起过鞭子了，不仅问题全都得到了妥善的解决，而且得到的情报总是多得超乎需要。"比比科夫还有权对已经被定罪的平民造反者处以极刑，但凡是涉及贵族或地方官员，将军则必须将自己的判决意见呈报给女皇，由后者进行最终的判定。

在比比科夫启程之前叶卡捷琳娜又发布了一份仅针对叛乱地区的声明：

一个逃兵及亡命之徒正在集合队伍……一伙同眼下这位"彼得三世"一样的流浪汉……傲慢地妄称自己为彼得三世……我们不知疲倦地守卫着忠诚臣民的安宁生活……我们已经采取措施，要彻底消灭普加乔夫野心勃勃的图谋，剿灭这一伙胆敢对分散在乡野的小股政府部队发动攻击并残杀被俘军官的强盗。

两个星期后，叶卡捷琳娜接到了叛乱进一步升级的报告，她遂决定将叛乱的真实情况公之于众。为了说明自己出此下策的原因，她专门给诺夫哥罗德总督写了一封信：

奥伦堡已经被一伙土匪围困了整整两个月，目前这伙暴徒仍在继续着他们那些令人发指的暴行与劫掠。为了制止这场对俄国来说既不光荣又毫无益处的叛乱，比比科夫将军已经率领军队赶赴叛乱地区，其间将途经你的辖区。尽管如此，我还是希望能得到上帝的帮助，使我们打赢这场战役。这群乌合之众就是一群暴民，将一个恬不知耻、无知愚昧的骗子认作首领。或许绞架能够让事态得到平息，但是对于我这样一个反感绞架的人来说我会看到怎样的场面呢？欧洲舆论势必将我们同"伊凡雷帝"时代相提并论，但是这场可鄙的恶作剧只能让我们得到如此的荣耀。

在12月末刚一赶到喀山时，比比科夫就意识到局势超乎了圣彼得堡所有人的想象，在将军看来普加乔夫本人不足为惧，但是由于代表了民间普遍存在的不满情绪，这个人物就具有了举足轻重的地位。比比科夫带来的部队旋即便解除了造反者对奥伦堡长达六个月的围困，截至这时奥伦堡城内已经将近弹尽粮绝。普加乔夫率领九千名下属，带着三十六门大炮同官军展开对峙，但是正规军中经验丰富的炮兵对局势起到了决定性的作用。最终普加乔夫被击退了，他的四千名下属成了俘虏，"彼得三世"自己一路狂奔回了别尔达。奥伦堡之围终于宣告结束了。

在别尔达的叛军总部，普加乔夫的军官和随军家属们已经做好了逃亡的打算，但是所有人都清楚只有拥有马匹的人才有逃生的机会。"就让农民自生自灭去吧。普通民众无法战斗，他们只是一群绵羊而已"成了起义军中的基本论调。3月23日，普加乔夫带着两千名下属离开别尔达营地，其他人全都被他抛在了身后。比比科夫的先头部队在当天进入了别尔达。然而，这场胜利的缔造者——比比科夫——突然发起了高烧，很快便逝世了。叶卡捷琳娜感到很难过，不过她认为将军的下级军官会继续完成将军的使命。普加乔夫暂时消失在了乌拉尔地区。

去世前，比比科夫向叶卡捷琳娜郑重宣告"没有发现任何外国势力的参与"，叶卡捷琳娜遂致信伏尔泰，称出现"这场异想天开的事件"是由于奥伦堡地区"就跟美洲殖民地一样聚居着百无一用的废物，在过去的四十多年里俄国一直认为应该摆脱这部分人"。对被俘的造反者，叶卡捷琳娜基本上从轻发落，她在汉堡的朋友比耶克夫人愤愤不平地指出惩罚措施过于宽松，在给对方的信中叶卡捷琳娜解释道："你非常喜欢绞刑，那么让我告诉你吧，已经有四五个不幸的家伙被吊死了。有的国家将这种刑罚当作家常便饭，可是论及它所起的效果的话，极少采用它对我国所起到的效果胜于那些国家千倍。"

叶卡捷琳娜相信叛乱已经平息，在随后的三个月内她又将目光从普加乔夫那里挪回了正在多瑙河发起进攻的俄军身上，不过她还是持续留意着对叛乱起因的调查。委员会于1774年5月21日发来的报告再次重申了比比科夫之前的论断，排除了国内有人图谋造反和外国势力介入的可能性，叛乱被归咎为普加乔夫对亚伊克哥萨克、部落民族居民以及被划拨给乌拉尔地区铸造厂务工的农奴对现状的不满情绪大加利用，普加乔夫本人被描述为一个粗鲁、缺乏教育的人，但是调查人员提醒女皇这个男人狡诈、机智、能言善辩——一个不应当被忽视或遗忘的危险分子，除非他已经死去或者身披枷锁被移交给朝廷。

第五十七章
"普加乔夫侯爵"的末日

　　直到5月末读到秘密委员会的报告时,叶卡捷琳娜仍旧认为这不过是一份事后分析报告,普加乔夫已经不在人世了。令她大吃一惊的是7月11日普加乔夫又率领着两万人马出现在了伏尔加流域的喀山,次日大军便扫荡了这座小城,在占领之后将毫无防御措施的城镇付之一炬。普加乔夫宣布接下来的目标就是莫斯科。之前他曾向拥护者做出过承诺:"倘若上帝赐予我统治这个国家的力量,那么一旦占领莫斯科我便会下令让所有人都加入旧礼仪派,身穿俄罗斯服装,还要严禁剃须,所有人的头发都必须剃成哥萨克人的式样。"

　　喀山是一个多民族聚居的城镇,拥有人口一万一千人,在1768年7月造访这里时叶卡捷琳娜就对这座城市很着迷。而今在普加乔夫的进攻下城里的居民寡不敌众,城市很快就陷落了,以木材建筑为主的城市被淹没在火海中。叛乱者在城内肆意抢掠奸淫,身着西式服装、没有蓄须的男子首先遭到了屠杀,身着外国服装的女人被拖到普加乔夫的大本营;城内二千九百座房舍中有三分之二不复存在,侥幸逃脱的贵族携家眷纷纷逃往莫斯科。

　　俄国的旧都进入了备战状态,但是普加乔夫并没有出现。一支部队急匆匆地赶赴喀山,尽管没能来得及挽救喀山,但还是在7月15日重创了普加乔夫的队伍。次日,假冒的沙皇率领一万五千人卷土重来,经过四个小时的战斗被彻底击退了，两千人阵亡，五千人被俘。结束战斗后，被拘押在普加乔夫大本营的一万名男女老少被解救了出来，冒牌沙皇带着残余部队沿着伏尔加河向南逃去。

占领并焚毁喀山城将普加乔夫起义推向了顶点，倘若没有遭到重创，他必然会继续向莫斯科进发，将起义推进到农奴制俄国的心脏地带。没过多久，这个冒充沙皇的男人就得知俄国与土耳其签署了和平协定，他意识到现在朝廷可以调用正规部队来扑灭起义了。到了8月，一支刚刚从多瑙河战役中脱身出来、作战经验丰富的部队在瓦西里·苏沃洛夫将军的带领下向普加乔夫的方向赶去。经过重创，再加上一路南逃，普加乔夫的队伍士气低迷，人心惶惶，出逃人数与日俱增。

普加乔夫转移到了小地主聚居的地方，这些地主都只蓄养着不多的几名农奴。为了扩大队伍，他号召这里的农奴反抗主人，承诺"只要永远当哥萨克"就可获得自由之身，并且"可免除一切苛捐杂税，不参加征兵，永远不再受到邪恶的地主和腐败的法官的制约"。的确仍有农奴响应号召，从主人家中溜了出来，不过这样的情况越来越罕见。起义前景一片黯淡，队伍逐渐失去了活力和方向。在南逃的路上普加乔夫向着自己的故乡顿河哥萨克的聚居区赶去，然而骗子很少能在生养自己的故乡得逞。"他干吗管自己叫'沙皇？'"顿河的哥萨克纷纷问道。"他不就是叶梅利扬·普加乔夫吗？就是那个抛弃妻子的农夫，他老婆是索菲娅。"

普加乔夫再次在喀山现身后，叶卡捷琳娜意识到此前朝廷过早地放松了警惕。在7月14日的议会会议上，她宣布鲁缅采夫将军在多瑙河取得的一系列大捷让俄国走向了和平，随即在21日，鲁缅采夫的儿子带着俄土两国签署和平协定的消息回到圣彼得堡的两天前，圣彼得堡就先行接到了喀山陷落的报告。在召集议会的当天上午，叶卡捷琳娜并不知道在洗劫喀山城之后普加乔夫已经遭到了重创，也不清楚同土耳其的和平协议已成定局。喀山事件的消息令她"感到极度震惊",她打断议会的讨论,宣布自己将立即亲赴莫斯科,恢复旧都人民的信心。议员们陷入了沉默,最后还是尼基塔·帕宁挺身而出,声称女皇在莫斯科出人意料的露面并不会起到安抚作用,反而会引起民间的紧张情绪。最终她决定派此时赋闲人员中最老练的将军,即帕宁的弟弟、退职隐居在莫斯科附近的彼得·帕宁将军率军前去镇压普加乔夫。

叶卡捷琳娜勉强同意了这个选择,她承认彼得·帕宁具有卓越的军事能力,但是她对此人并无好感。彼得·帕宁常常当众宣称俄国应当由男人来统治,他倾向的人选是保罗大公。这位将军治军严明,但是常常做出一些离经叛道的举动,这一点也令叶卡捷琳娜感到担忧。他有时甚至会穿着灰色绸缎睡衣,头戴一顶饰有粉色缎带的法式睡帽出现在司令部。此外,将军突然提出退休,其夸张的表演也令叶卡捷琳娜感到恼火,人们普遍认为将军此举是由于他认为得到的奖赏同自己在土耳其战争中取得的胜利不相称。在1773年秋天,叶卡捷琳娜命人开始对"傲慢无礼的饶舌之人"实施监视。谈及再次起用彼得·帕宁的必要时,她对刚刚俘获的爱慕者格里高利·波将金坦言道:"出于对普加乔夫的恐惧,我当着世人的面举荐并提拔了一个曾对我出言不逊的超级'长舌头',让他享受到了一人之下,万人之上的荣耀。"尽管如此,女皇的身份还是压倒了一个受到羞辱的普通女人,在7月22日彼得·帕宁被任命为大将军。次日,俄土签署和平协定的消息传到了圣彼得堡,这对叶卡捷琳娜来说可谓是大好消息。通过《库楚克-凯纳尔吉条约》俄国的领土得到了极大的扩张,而且她的军队终于有精力去对付普加乔夫了。

彼得·帕宁要求女皇授予他对军队的全面指挥权,以应付国内的叛乱,叛乱辐射地区的地方当局和平民也交由他全权负责。叶卡捷琳娜再一次对波将金抱怨道:"瞧啊,我的朋友,那位帕宁(尼基塔)想要让他的弟弟在俄国最富饶的地方无拘无束地称王称霸。倘若我签发了这份授权书,不仅会冒犯到沃尔康斯基亲王(莫斯科总督),让他成了一个傻瓜,而且大家会以为我对这么一个超级骗子,一个对我出言不逊的人推崇备至。"

对于彼得·帕宁的要求叶卡捷琳娜并没有全盘接受。俄军在土耳其战争中取得了压倒性的胜利,再加上普加乔夫在喀山受到挫败,受到鼓舞的叶卡捷琳娜仅授权将军全权负责叛乱核心地区的事务,调查委员会的工作仍旧接受她的直接监管。此外,她任命苏沃洛夫将军为帕宁的副官,进一步限制了帕宁的权限。同比比科夫一样,帕宁也在叛乱各省大肆招募贵族参加镇压行动,作为回报,国家保证这些贵族将享有包括任意处置农奴在内的一切特权。该措施立见成效,贵族们积极召集人马,捐钱捐物。

在战场上,帕宁对起义军实施的打击报复比普加乔夫的手段仁慈不了多少。在比比科夫的指挥下,俄军对被俘的起义人员都从轻发落,在奥伦堡解困后释放了绝大部分俘虏,并劝说这些人重返故乡,同时还给他们派发了一张安全通行证。在喀山城外被俘获的起义人员在被释放时基本上都得到了十五个卢布,以用作回家的盘缠。现在,随着起义军顺着伏尔加河一路南下,在沿途不断实施着烧杀抢掠,这场叛乱终于发展到了最后阶段,帕宁对起义军发起了凶猛的还击。8月24日,他发布公告,宣布将对所有叛乱人员处以五马分尸的极刑。帕宁知道自己已经越权了,但是在这天高皇帝远的南方,女皇又能奈他何?

8月间叶卡捷琳娜一直居住在皇村,忧心忡忡地关注着普加乔夫沿伏尔加河南下时的暴行。月末,她告诉伏尔泰"决定性时刻"应该就要到来了,因为她已经有十天没有收到帕宁的报告了,"好事不出门,坏事传千里。我期待着好消息"。

作战经验丰富的苏沃洛夫大军一路推进,普加乔夫的队伍开始土崩瓦解，但是直到走投无路时他仍旧令对手感到胆寒。7月26日，他在萨兰斯当地行政长官的府邸进完餐后便将长官的寡妻吊死在了窗外。贵族们被成批地倒吊在各个地方，脑袋、双手和双脚都被砍掉了。8月1日，一群人骑着马冲进了奔萨的集市，高声喊着"彼得三世"来了，倘若当地人不按照传统礼节准备好盐和面包迎接他的话，包括婴儿在内的所有人就将被悉数杀尽。普加乔夫来到了奔萨，受到了当地人的接待，两百名男子被迫加入起义的队伍。执政官的府邸被付之一炬，执政官本人和二十名贵族被锁在熊熊燃烧的房间里。在另外一个镇子上，一位常驻当地的天文学家被吊死了，这样一来他或许就能"更靠近星星"了。

普加乔夫企图在顿河哥萨克中招募新生力量，但他的同胞基本无视他的努力，而且大家都知道朝廷已经贴出了悬赏告示，只要活捉他就可以得到两万卢布的奖金，况且能征善战的政府军也已经大举到来。很多人都知道普加乔夫并不是彼得三世，当他于8月21日亮相于察里津（后更名为斯大林格勒，现称为伏尔加格勒），正要赶上前去同几位顿河哥萨克的酋长谈判时，周围的民众都认出了他，称他为"冒牌货"。过了两天，即24日，普加乔夫在察里津以南的萨瑞普塔经历了最后一场重创。这场失败变成了灭顶之灾。他同三十名下属游过伏尔加河，才侥幸逃脱了被俘的命运。挫败、恐惧和饥饿侵蚀着下属对他的忠心。

1774年9月15日，在发动起义将近一年的时候，普加乔夫回到了起点——亚伊克河畔的雅茨克。一伙惊慌失措的下属指望着通过出卖首领能保全自己的性命。他们扑倒在普加乔夫的身上。"你们怎敢对你们的皇帝下手？你们什么也得不到！"普加乔夫嚷嚷道。无动于衷的下属们最终还是给他戴上镣铐，将他移交给了彼得·帕宁。

在9月30日写给叶卡捷琳娜的信中，帕宁说自己见到了"地狱恶魔"。普加乔夫没有挣扎着继续冒充彼得三世，他跪倒在地上，高声说自己名叫

"叶梅利扬·普加乔夫",随后便认罪伏法了,称自己假借彼得三世之名四处招摇撞骗就是对上帝与女皇陛下的罪过。普加乔夫被关进了一人高的铁笼子,然后笼子被螺栓固定在了两轮马车上,就这样被送到了数百英里外的莫斯科,在沿途经过的村镇里当地民众都曾将他看作人民解放英雄。

　　1774年11月4日,普加乔夫坐在他的移动囚笼里来到了莫斯科,随即便开始接受长达六个星期的审讯。女皇已经决意打消心中对叛乱的疑虑,但她始终无法相信一个目不识丁的哥萨克单凭一己之力就可以掀起这场叛乱。伏尔泰漫不经心地向女皇提议应当问普加乔夫一个问题:"先生,您究竟是主还是仆?我问的并非究竟是谁雇用了您,我只想知道您是否受人所雇?"叶卡捷琳娜想知道的并不仅限于此——倘若的确有人雇用了普加乔夫,那么雇主究竟是哪些人?她严密地掌控着审讯的进程。不过,尽管非常渴望得到答案,她还是严禁对犯人动刑。审讯开始之前她致信莫斯科总督沃尔康斯基亲王:"看在上帝的分上,不要刑讯逼供,这种做法总是会掩盖真相。"下达这项命令的动机不只是叶卡捷琳娜对野蛮酷刑的反感,其中还存在着她在政治方面的考虑。叛乱看上去的确已经结束了,但在起义军突袭喀山之前也出现过同样的局面,或许此时正有另外一个领头人在等待重整旗鼓的时机,对这位不少农民认作沙皇的造反领袖动刑或许会点燃又一场烈火。尽管叶卡捷琳娜对这个冒牌沙皇的为人与动机感到好奇,但她并不想亲眼一睹其真容。她打算去莫斯科住上一阵子,为俄土两国达成和平协定大肆庆祝一番,她一心希望在她到达莫斯科之前普加乔夫的事情已经尘埃落定。至于这场叛乱是否会在国外造成恶劣影响,早在审讯结束之前叶卡捷琳娜自己就已经断定这种可能性为零。在给伏尔泰的信中她写道:"普加乔夫侯爵生是一个无赖,死为一个懦夫。他目不识丁,不过倒是胆大坚定。至今尚未发现他受到外国势力操控的蛛丝马迹。这个普加乔夫侯爵应该只是一个天生的土匪，不受任何人的控制。自帖木儿[1]以来还从未有人能像他一样给国家带来这么大的灾难。"

12月5日，审讯委员会终于结束了调查工作，普加乔夫对罪行供认不讳，并表示希望得到从轻发落，但他无法逃脱死刑的处罚。尽管如此，叶卡捷琳娜还是在信中告诉伏尔泰："倘若只是危害到我个人，那么他的心愿可以得到满足，我可以饶恕他，但是审判涉及国家利益和法律问题。"为了在民众面前让自己摆脱与审判和行刑的干系，叶卡捷琳娜悄悄地将总检察长维亚泽姆斯基派往莫斯科，命其迅速解决普加乔夫的问题。随后又致信莫斯科总督沃尔康斯基亲王："请帮助大家克制情绪，尽量控制处罚人数及量刑程度，否则慈悲为怀的我将深以为憾。与野蛮人打交道我们无须过于伤脑筋。"

维亚泽姆斯基尽一切可能遵守了女皇的嘱托。在弥漫着复仇情绪的莫斯科，为了躲避来自民众的压力，他组建了一个由政府高级官员和圣议会成员组成的特别法庭。12月30日和31日，在克里姆林宫里悄悄地举行了对普加乔夫的审判。这位起义军领袖在第二天被带上了法庭，他双膝跪地，再一次招认自己的真名为叶梅利扬·普加乔夫，对自己的罪行供认不讳，并宣称自己向上帝与大慈大悲的女皇表示忏悔。普加乔夫被带走后法官们做出了裁决，将其活活肢解并斩首。但是，当起义军的一名军官被处以同样的刑罚时有几位法官提出了异议，他们认为对普加乔夫的处罚力度应当严于其同党。在给叶卡捷琳娜的信中维亚泽姆斯基说："他们希望对普加乔夫实施车裂之刑，以使其有别于他人。"最终，总检察长还是说服了所有的法官，维持了对普加乔夫的原判。维亚泽姆斯基清楚女皇绝不会允

---

[1] 帖木儿（Tamerlane，1336年4月—1405年2月），帖木儿帝国的奠基人，以今日的撒马尔罕为中心，发动极其残忍的侵略战争，征服小亚细亚、东察合台国、河中地区、花剌子模、美索不达米亚、高加索和大伊朗地区，与奥斯曼帝国交战，企图复兴大蒙古国，在东征明朝期间（1404年11月27日—1405年2月18日）逝世。

许当众将普加乔夫活活肢解，以示众人，他遂悄悄地同莫斯科的警督一起做好了安排，在行刑时刽子手将"无意中"先对普加乔夫执行斩首，然后再削去其手脚。1775年1月10日，莫斯科广场上人山人海，普加乔夫将要在这里接受刑罚。他在胸口画了十字，然后便将脑袋架在了行刑台上。随即，刽子手似乎笨手笨脚地错手将普加乔夫的脑袋先砍了下来，这一"失误"令围观者感到义愤填膺，其中有不少贵族是专程赶来体会复仇快感的，很多人都坚信刽子手或者纯属无能之辈，或者就是接受了贿赂。普加乔夫的四名下属均先被肢解，然后才被斩首，出卖并向政府军交出起义领袖的那几名军官得到了赦免。

普加乔夫被行刑几天后，叶卡捷琳娜动身赶赴莫斯科，去庆祝俄国在同土耳其的战争中所取得的胜利。在莫斯科期间她终于逐渐消除了对叛乱的记忆，普加乔夫的两位妻子与三个孩子被囚禁在俄属芬兰大公国境内的普里奥焦尔斯克要塞，他在顿河的房子被夷为平地，没有参与叛乱的亲兄弟不得再使用原本的姓氏，所有人都不得提及他的名字，亚伊克哥萨克被更名为"乌拉尔哥萨克"，亚伊克的首府雅茨克及流经该城的河流分别被更名为"乌拉尔斯克"和"乌拉尔"。1775年3月17日，叶卡捷琳娜签发了一道大赦令，赦免所有"参与过1773年至1774年间叛乱、暴动和骚乱事件的人"，确保"曾经发生过的一切都被人们彻底遗忘，永不再被提及"。之前判处的死刑均被改为苦役，其他较轻的处罚被减刑为流放至西伯利亚，逃兵和逃亡的官属农民均得到了赦免。女皇对彼得·帕宁表示了感谢，准许他引退，让他心怀不满地在莫斯科度过余生。

在乡下，没有多少贵族认同叶卡捷琳娜的克制政策，为了给惨遭屠杀的亲朋好友复仇地主们决意实施报复。军队刚一稳定了社会秩序，地主们便抛开了仁慈。凡是被认为有罪的农奴一律不经审判就被处死了，很少有人考虑对促使农民犯下如此暴行的生存境况进行改善。

"普加乔夫时期"成为俄国叛乱的顶点。在一百三十四年后，即1905年爆发的"俄国革命"掀起了全国性的罢工、城市暴动，在圣彼得堡制造了"血腥星期日"，在敖德萨港导致了"波将金号"战舰的哗变，让莫斯科的大街小巷遍布路障——最终没有实权的国家杜马立法议会得以成立；而1917年的"十月革命"其血腥程度与一场和平政变无异，通过这场革命，之前将废帝尼古拉二世取而代之的杜马大臣们也被推翻了。

　　普加乔夫掀起的这场叛乱同时也是叶卡捷琳娜执政期间遭遇到的最严峻的挑战，挫败他甚至将他处死并没有让叶卡捷琳娜感到心满意足，她深知国内以及全欧洲有舆论认为她应当承担一定的责任，无论她是否做过那些事情。叶卡捷琳娜知道人们对她有所指责，但她并没有因此而止步不前，实际上她从未退缩过。但是她决不会忘记尽管自己一心希望能改善百姓的生活，但是在自己执政十一年后人们还是会团结在"彼得三世"的周围，与她为敌，同时她也再一次记住了支持自己的人依然是贵族阶层。从此再也不会有人提起废除农奴制的话题，叶卡捷琳娜曾经鼓励地主对农奴和农民仁慈以待，经过这场叛乱之后女皇深信在一个绝大部分人目不识丁的国家，除非人民能接受教育，否则不应将启蒙精神贯彻在治国方略中。《训令》体现了启蒙思想的基本原则和叶卡捷琳娜年轻时所怀揣的理想与抱负，现在它彻底成了明日黄花。经历了普加乔夫起义之后，她开始将目光全面转向扩张帝国版图和繁荣民族文化这两件事情上，在她看来这才是俄国的利益之所在，也是自己在位时应当履行的职责。

第六部分

波将金与男宠

第五十八章
瓦西里奇科夫

1761年至1772年这十一年里，叶卡捷琳娜一直对格里高利·奥洛夫忠贞不渝，这个男人令她自豪极了，她常常对他的英勇、慷慨以及对她和皇室的忠诚啧啧称赞。尽管奥洛夫缺乏与政治成就相匹配的过人智慧，性格上也存在自私、自负和懒惰等不少缺陷，但是最初吸引了叶卡捷琳娜目光的勇气与男子气却始终没有消失过。由于没能说服女皇嫁给自己，而且意识到自己根本无法驾驭这个女人，奥洛夫便开始寻找其他女人的慰藉，饱受折磨的叶卡捷琳娜暂时抛开了对他的关注。但是在1771年在莫斯科瘟疫时期的英勇表现又让奥洛夫重新树立起自己在女皇心目中的高大形象，大喜过望的叶卡捷琳娜接着又分派给他一项新任务，以继续巩固他的声望。就在俄国南部战事陷入僵局，俄国做好了同土耳其讲和的打算时，叶卡捷琳娜将奥洛夫任命为俄方和谈负责人。1772年3月，奥洛夫赶赴多瑙河。在他临行前，叶卡捷琳娜致信汉堡的比耶克夫人："他的魅力一定会让土耳其人认为这是一位和平天使。"然而，和谈开始后奥洛夫自私笨拙的表现令他名誉扫地。他坚称土耳其应当将俄国当作战胜国一样考虑俄方提出的要求，他傲慢顽固地坚持着这副态度，土耳其和谈代表遂中断了谈判。其实在此之前奥洛夫在圣彼得堡的地位就已经不复存在了，就在他动身前往南方的当天，叶卡捷琳娜得知这个"天使"又开始了另一场风流韵事。奥洛夫在叶卡捷琳娜的生活中存在了十三年，她一次次地原谅他，到现在已经对他忍无可忍了。奥洛夫一而再再而三的出轨让叶卡捷琳娜终于决定结束这场恋爱。对叶卡捷琳娜而言做出这个决定实属不易，但是一旦做出决定她便不会再妥协了。她在等待奥洛夫远行那一刻的到来。

尼基塔·帕宁与奥洛夫五兄弟素无交往，看到女皇在愤怒与绝望中摇摆不定，他便力主由二十八岁的近卫骑兵团军官亚历山大·瓦西里奇科夫来取代奥洛夫的位置。叶卡捷琳娜曾开诚布公地说过"没有了爱我一天都活不下去"，但是眼下这个人选却很难被归入恋人的范畴。亚历山大·瓦西里奇科夫看起来不会给叶卡捷琳娜带来损失，他出身于一个古老的贵族家庭，知书达理，性格醇和，举止得体，还能讲一口流利的法语。在皇家晚宴上，叶卡捷琳娜早就注意到了他的这些优点，同时也看到了那张英俊的面庞和乌黑漂亮的眼睛。普鲁士公使发现只要有这个年轻人在场俄国女皇就会表现得兴致勃勃，而奥洛夫家的兄弟们则是一脸的紧张。在得到一个纯金鼻烟盒的赏赐时，瓦西里奇科夫流露出的不情愿在赏赐他的那个人心中激发起更强烈的恩宠欲望。8月时瓦西里奇科夫成了女皇的侍卫，9月又被提拔成高级侍官。紧接着，就在一夜之间这个年轻人被迁到了格里高利·奥洛夫在冬宫里的寝室，这个房间由一道女皇专用的楼梯同女皇的寝室相连。随后，他又被升任高级副官，享受一万二千卢布年薪的待遇，并得到十万卢布、珠宝、崭新的衣裳、仆役和郊外别墅的赏赐。陡然的升迁震惊了朝臣们，不过一想到奥洛夫回来后瓦西里奇科夫的好运气必然撑不过一个星期，他们便感到了一丝欣慰。

接到弟弟阿列克谢发自圣彼得堡的加急快报时，奥洛夫正守在巴尔干半岛等待土耳其方面恢复和谈。阿列克谢告诉哥哥女皇已经另觅新欢了，新情人是年轻的近卫军军官，"相貌堂堂，为人随和，不过只是一个无名小辈"。俄方的首席谈判代表立即丢下手边的工作，快马加鞭地赶回了圣彼得堡。在首都的郊外，他突然被迫停下了脚步，根据叶卡捷琳娜的命令，他必须退回到他在加特契纳的庄园。女皇借口前一年爆发了瘟疫，所有来自南部的人在进入首都之前都必须接受一段时间的隔离检疫。实际上，叶卡捷琳娜是对奥洛夫有些惧怕。她更换了门锁，派忠诚于她的卫兵把守在寝宫四周。尽管增加了这几重安保措施，任何动静都还是能够让她疑心是奥洛夫回来了，惊弓之鸟一样的她做好了随时逃走的准备，还对其他人说："你们不了解他。他会杀了我和保罗大公的。"

待在加特契纳的奥洛夫苦苦哀求能见上女皇一面，女皇拒绝了他的请求，只是给他发去一封短信，劝他保持理智，为了自己的健康不要再回到圣彼得堡，外出旅行去，奥洛夫反驳说自己永远也不会康复。叶卡捷琳娜要求奥洛夫归还她那幅嵌在珠宝相框里的微缩肖像，后者一直将这幅肖像挂在自己的胸口。奥洛夫拒绝了叶卡捷琳娜的要求，但是把相框上的珠宝退了回去。

经过四个星期的"隔离"，格里高利·奥洛夫突然在亲朋好友面前露面了，他表现得一切如旧，假装没有看到瓦西里奇科夫正在代他履行职责，甚至拿出一贯的幽默，同女皇的新宠套起了近乎，一边大肆赞美对方，一边拿自己打趣。一天晚上，当着朝臣们的面，女皇将手递给了瓦西里奇科夫，让后者护送她返回寝室，奥洛夫也在场，瓦西里奇科夫尴尬得面红耳赤，没有人知道该作何反应。没过多久，奥洛夫就意识到自己的确输给这个英俊的"无名小辈"了，他清楚叶卡捷琳娜对这名新宠没有多少感情，同他对情妇的需要如出一辙，最多只是一个随叫随到、百依百顺的伴侣而已，但同时他发现自己的处境有些荒唐，于是便请求女皇准许他选择出游。叶卡捷琳娜同意了这个请求，没有多说一句责难的话。实际上，在启程前奥洛夫还接受了一大笔额外的钱财，女皇还准许他以"神圣罗马帝国亲王"的身份出行。

格里高利·奥洛夫的离去让宫中恢复了宁静，但是对叶卡捷琳娜而言这份宁静同时也带来了无聊。瓦西里奇科夫的确面容英俊，但是头脑和性格上的不足让他无法陪女皇聊天。操劳了一整天国务之后，疲惫不堪的叶卡捷琳娜希望有人能激发自己的思维，让自己开怀大笑一场，充分享受几个钟头的休闲时光。瓦西里奇科夫缺乏这种能力，叶卡捷琳娜很快就意识到自己和一个笨嘴拙舌的讨厌鬼捆在了一起。瓦西里奇科夫倾尽了全力，对女皇体贴周到，尽职尽责，全心全意，总是把自己打扮得仪表堂堂。可是这些手段百无一用，叶卡捷琳娜对他的厌恶与日俱增，最终发展到了忍无可忍的地步。在瓦西里奇科夫之后，女皇根据外貌挑选出的男宠们同时必须具备公认的智慧，或者至少说具有良好的学习能力，而瓦西里奇科夫既缺乏这样的天资也毫无获得这种能力的希望。在二十二个月的男宠生涯中，他目睹了叶卡捷琳娜在位期间最痛苦、最艰难、最令人焦虑的几件大事——对波兰的瓜分、同土耳其的战争以及普加乔夫起义。叶卡捷琳娜需要一个即便无法在政治和军事方面帮她出谋划策，但至少能与她交流并给她支持和慰藉的人，所有人都清楚瓦西里奇科夫对此完全无能为力。

就这样，瓦西里奇科夫——而非格里高利·奥洛夫——成了这场"闺房变乱"的头号受害者，没有人比这个不幸的男宠更清楚这一点。他敏感地意识到自己令女皇感到厌烦，在女皇的心目中他只是一个临时性的替代品而已。曾经腼腆、温和的他变得暴躁、尖刻起来。在他的笔下，这段陪在女皇身边的日子充满了弃儿般的哀号：

我对她来说只不过是一个男妓罢了，她对我的态度也的确如此。我不得私自接待来访的客人，不能私自外出，想替自己或他人求情时她也根本不会理睬。我以前渴望得到圣安娜勋章，还把自己的心愿告诉了她。次日，我发现自己的口袋里多了一张三万卢布的期票。她总是用这种方法堵住我的嘴，把我打发回自己的寝室。她从不会屈尊倾听一下我的心声。

考虑到瓦西里奇科夫的无辜，就这样将其打发走太过于残忍，叶卡捷琳娜便继续尴尬地将这个卑微的小近卫军军官留在自己身边。但是，所有的忍耐都是有限度的。在给波将金的信中她写道："告诉帕宁，为了纠正自己犯下的错误，他必须尽快把瓦西里奇科夫转移到别处去。他快要让我窒息了，整日都在抱怨胸口痛。日后，他可被任命为外交使节或驻外大使，随便哪个清闲的地方都行。他就是一个讨厌鬼。我真是玩火自焚，以后再也不干这种事情了。"

尽管在叶卡捷琳娜所有的情人中，瓦西里奇科夫的表现可能最不如人意，不过对于大多数来自外界的指责叶卡捷琳娜还是坦然承认了。在她对明目张胆频频出轨的奥洛夫火冒三丈的时候，瓦西里奇科夫一夜之间取代了前任，后来她曾坦言道："那就是一个胡闹的决定，纯属走投无路的选择。当时我心中的伤痛难以言表。"

不幸的瓦西里奇科夫离去了，由于曾经的付出和好意，他得到了一笔丰厚的退休金。此后，他隐居在莫斯科郊外一座宽敞的别墅里，这座房子也同样是来自女皇的馈赠。年复一年，他渐渐地老去了，成了一个少言寡语的乡绅，他的女皇已经完全忽视甚至几乎忘记了他的存在。瓦西里奇科夫刚一搬离皇宫，叶卡捷琳娜便立即用一个天才和智慧的火花弥补了庸人和无聊时光留下的空白。她命人找来了波将金。

第五十九章

叶卡捷琳娜与波将金：热恋

叶卡捷琳娜在位期间除了她本人之外，俄国还出现了另外一位无与伦比的杰出人物——格里高利·波将金，从1774年至1791年的十七年里这个人成为全俄国最有权有势的人物。在叶卡捷琳娜的一生中，没有任何一个男人与她的感情能超过她同波将金之间深厚的感情，他是她的情人、参谋、大元帅，管理着帝国一半的属地，并为她创建了新的城池、港口、宫殿、军队和战舰。同时，他或许还是她的丈夫。

格里高利·波将金家族世代侍奉君王。17世纪时家族中的彼得·波将金即作为公使被彼得大帝的父亲沙皇阿列克谢派往西班牙和法国。出于坚决维护本国君主的地位和尊严的考虑，在到访马德里期间，这位波将金要求西班牙国王在提到沙皇名字的时候必须摘下帽子。在巴黎，由于太阳王路易十四在提及沙皇的称号时出现了一个小小的口误，他便拒绝与对方继续交谈下去。后来，在哥本哈根受到丹麦国王接见时，看到对方因身体染疾卧床不起时，他又要求在对方的床边加设一张床，以便双方能以绝对平等的姿态进行谈判。这位波将金便是格里高利的祖父，1700年逝世，享年八十三岁，终其一生保持着咄咄逼人、古里古怪的作风。

格里高利的父亲亚历山大·波将金与自己的老父亲相差无几。1709年风华正茂的他在参加了对瑞典国王查理十二的波尔塔瓦战役，以上校军衔退伍后定居在斯摩棱斯克附近的一座小庄园里。在一次旅行中他遇到了迷人而贫穷的年轻寡妇达里娅·斯科拉托娃，这一年他已年满五十五岁，而后者则刚满二十岁，但他当即便决定迎娶对方，同时也忘了告诉对方自己已经娶妻成家了。还没来得及发现丈夫另有家室达里娅就怀孕了，她找到波将金的正室夫人，寻求对方的帮助。年长的波将金夫人与丈夫的生活并不和睦，她决定进入修道院，实际上这就等同于和丈夫离婚，从而化解了眼前的危机。与前任相比达里娅与丈夫的生活并没有多少起色，不过她生下了六个孩子，其中五个都是女孩，唯一的男孩就是格里高利·波将金。

1739年9月13日，波将金家诞生了一个小男孩，自打来到这个人世他就沉浸在母亲和五个姐姐的疼爱中。家里没有条件为他聘请家庭教师，波将金便跟随教堂里的执事开始了启蒙教育。这个学生热爱音乐，执事恰好拥有一副非凡的嗓子，后者常常用这项天赋来调教这名少年老成、桀骜不驯的学生，一旦不遵守纪律他便威胁学生说自己不会再唱歌了。五岁时，波将金被送到莫斯科，同他那位身为公职人员的教父生活在了一起。他对语言的热情如同对音乐的一样强烈，学习了希腊语、拉丁语、法语和日耳曼语；少年时期他又迷上了神学，但同时也对军队生活心生向往。他曾说无论选择何种职业，他想要的都是拥有领导权。"倘若我成了将军，那我一定会把我的士兵调教得服服帖帖；倘若我成了主教，那修道士们也一样。"进入刚建成不久的莫斯科大学后，凭借着在神学领域的学习他赢得了一枚金质奖章，但是在热情消失后他便不再去听课，最终被校方开除了。随后，他以普通小兵的身份加入了近卫骑兵团，在成为下士后又于1759年升任上尉。1762年，他参加了奥洛夫五兄弟和尼基塔·帕宁发动的政变，同其他人一起将叶卡捷琳娜扶上了皇位。正是在这场事变中，在叶卡捷琳娜率领军队赶赴彼得霍夫宫时他为叶卡捷琳娜献上了后者恰好缺少的剑穗。随后，当叶卡捷琳娜对有功之臣大行封赏时波将金上尉也得到了提拔和一万卢布的奖金。

二十二岁的波将金身材纤长，长着一头浓密的赤褐色头发，聪明机智，饱读诗书，精力充沛。奥洛夫五兄弟主动将他带进皇宫，并引介给了叶卡捷琳娜，在他们看来这名年轻的军官迷人、健谈，而且还具有极强的模仿能力，总是能惟妙惟肖地模仿出其他人的嗓音。一天晚上，叶卡捷琳娜要求波将金模仿一下她的声音，波将金毫不迟疑地用女皇的声音做了回答，模仿得滴水不漏，就连她的口头禅和日耳曼腔调都表现了出来。对机智和幽默永不满足的叶卡捷琳娜情不自禁地大笑了起来。虽然无礼的模仿存在一定的风险，不过波将金相信女皇会被逗乐并原谅他，说不定还能永远记住他。他的判断没有错，从此之后他便常常受邀参加女皇的私人聚会，到场宾客不超过二十人，席间一切客套和礼节都被抛之脑后。女皇命所有来宾必须保持愉快的心情，不得出口伤人，不得撒谎和吹嘘，一切烦恼都同帽子和佩剑一起被丢在了门口。在这种无拘无束的气氛下，机敏、风雅、精通音律，总是能让女皇哈哈大笑的波将金备受宾主的喜爱。

朝中有人注意到女皇与波将金彼此之间的仰慕之情日渐强烈，很快宫中就出现了闲言碎语。传言称有一次波将金在宫中的走廊里碰到女皇，他跪倒在地上，亲吻着她的手，但是没有受到责备。奥洛夫五兄弟对这些传言很是反感。此时格里高利·奥洛夫在女皇身边地位稳固，并同女皇育有波布林斯基，他和他的兄弟们被赐予了重权和巨额财富，在他们看来波将金已经对他们构成了侵犯。据部分记载，波将金被召进格里高利·奥洛夫的房间，格里高利和阿列克谢两兄弟压在他身上，拳打脚踢地将他狠狠教训了一顿。据说正是这场厮打让波将金的左眼失明了，实际上更为可信的说法是由于庸医对感染部位的处理不当才造成了其左眼永久性的失明。无论出于何种理由，这个缺陷都令波将金心烦意乱，他不再进宫了。女皇向周围的人打听波将金的情况，方才得知他的面容受到了损伤。女皇派人转告波将金这个理由很牵强，他还是应该回到宫里。波将金没有违抗女皇的命令。

1763年，在得知波将金对宗教事务具有浓厚的兴趣后，叶卡捷琳娜将他任命为圣议会检察官的副手，协助检察官监督教会行政和财政事务，从此波将金的治国才能就得到了叶卡捷琳娜的重用。与此同时叶卡捷琳娜也在促进着波将金在军队中的发展，1767年的时候波将金已经成为近卫骑兵团的高级军官，次年他成为女皇的侍官，在立法委员会举行会议时他被任命为鞑靼人及其他民族的代表。此后，波将金始终对叶卡捷琳娜治下非俄罗斯的民族怀有一种特殊的热情。几年后，当他在南部地区大权在握的时候，随行队伍中总少不了信奉各种宗教的部落首领。他仍旧保持着早年对基督教大论战的浓厚兴趣，总是能抓住时机，和持不同信仰的酋长们交换对宗教的看法。1769年第一次俄土战争爆发后他立即主动请缨，要求奔赴前线。在得到叶卡捷琳娜的批准后他加入了鲁缅采夫将军的队伍，一开始他只是将军的副官，后来就一跃成为出类拔萃的骑兵团指挥官。由于在战斗中的表现他受到了将军的赏识，被提拔为少将。1769年11月，鲁缅采夫选派波将金向女皇送交军事报告，在圣彼得堡波将金受到了杰出指挥官才会享有的接待，并受邀同女皇共进晚餐。

回到驻守南方的军营时，他已经得到了同女皇单独通信的权利，但是令叶卡捷琳娜惊讶的是波将金迟迟不愿动用这项特权。1773年12月4日，女皇在信中敦促波将金：

中将及骑士先生：

我猜此刻您正在锡利斯特拉[1]要塞（土耳其位于多瑙河畔的要塞，此时正受到俄军的围攻）让你的双眼接受着全面训练，所以你才没有时

---

[1] 锡利斯特拉（Silistria/Silistra），位于现今保加利亚东北部。

间写信……尽管如此，我还是坚信你的所作所为皆出于你对我个人，以及你乐意为之肝脑涂地的国家所怀有的一片赤子之心。不过，我十分需要热忱、勇敢、聪明而灵活的人才，所以我要求你不要让自己置身险境……读到这封信时你或许会问这样一个问题——女皇为何会写这样一封信？我现在就可以向你做出回答——这样你就会确信我对你的态度，我对你向来都如此仁慈。

叶卡捷琳娜

波将金无法忽视这番措辞间流露出的诱惑。1774年1月，当俄军退缩进冬营后他便向上级告假，急匆匆地返回了圣彼得堡。

回到圣彼得堡后波将金却发现政府和叶卡捷琳娜正苦于应付各种危机。对土耳其的战争已经进入了第六个年头，普加乔夫掀起的叛乱又在四处蔓延，叶卡捷琳娜同亚历山大·瓦西里奇科夫的亲密关系也走向了灭亡。波将金原本以为女皇将他召回身边是出于私人理由，看到瓦西里奇科夫仍旧牢牢地占据着女皇的心波将金感到十分沮丧，他请求叶卡捷琳娜给他一次单独与其会面的机会。2月4日波将金走进了皇村，叶卡捷琳娜告诉他自己希望他能待在她的身边。波将金回到了皇宫，看上去一副欢天喜地的模样，一如既往地逗得叶卡捷琳娜哈哈大笑，人们普遍认为他将成为女皇的下一任男宠。据称，一天，当他在宫中那段女皇专用的楼梯拾级而上的时候碰到了格里高利·奥洛夫迎面走下楼。波将金问对方："宫里有什么新鲜事儿吗？"奥洛夫回答说："没什么大事儿，只是你要上来了，而我要下去了。"瓦西里奇科夫在自己的位置上又继续停留了几个星期，叶卡捷琳娜毕竟还是担心这样的内宫变动会在圣彼得堡和国外造成不良影响，而且她担心就这样打发走了帕宁举荐的人选，帕宁会因此同她疏远。最重要的是她希望进一步确证新的人选是一次正确的选择。

叶卡捷琳娜迟迟不做决断，波将金便决定给她施加压力，加快此事的进程。他不再频繁地进宫了，而且对于自己的改变他根本不做解释，接着他就彻底消失了。叶卡捷琳娜得知波将金正饱受一场不幸的爱情的折磨，因为他爱的那个女人没有回报给他同样的爱，绝望之下他已经在考虑进入修道院做修道士的问题了。叶卡捷琳娜不满地说："我真不明白能有什么事情让他感到如此绝望……我想我对他的友善一定让他意识到了他的热情并没有令我感到恼怒。"这番话传到了波将金的耳朵里，他明白瓦西里奇科夫马上就要离开皇宫了。

凭借着自己的渲染能力，波将金决定进一步加强给叶卡捷琳娜的压力。1月末，他进入了圣彼得堡的亚历山大·涅夫斯基修道院。为了做出一副伤心欲绝的样子他蓄起了胡须，过起了修道士的生活。帕宁知道波将金的把戏，他恳请女皇召见他。见到女皇后，帕宁告诉女皇波将金将军的功绩已经得到了世人的承认，而且他本人也受到了充分的嘉奖，无须再对其进一步奖励了。为了彻底消除波将金继续施压的可能性，帕宁说希望女皇能明白他的担心："国家与夫人您不日便会觉察出这个人的野心、骄傲和反常之处。我担心您的选择会为您招来不快。"叶卡捷琳娜回答说目前提出这些问题还为时过早，考虑到波将金的能力，无论是从军，还是出使外国他都能担当起重任；他勇敢、聪明、受过良好的教育，像这样的人才在俄国并不常见，她绝不允许这样的人才藏匿在修道院里，因此她将尽全力阻止波将金将军担任圣职。

叶卡捷琳娜不愿意冒险，以免波将金真的永远引退于修道院。据传闻称她曾打发自己的好友及侍臣普拉斯科维娅·布鲁斯女伯爵前去修道院探望波将金，并转告他只要能回到宫中，他尽可以相信女皇必将宠爱于他。在见面之前，波将金让女皇的信使吃了一点苦头，当女伯爵赶到修道院后波将金宣称自己要开始祷告，不能受到打扰，因此让对方稍候片刻。他身着修道士长袍，走在其他修道士中间。仪式开始后他五体投地地匍匐在圣叶卡捷琳娜塑像的脚下，口中念念有词，仪式结束后他从地上爬起身，在胸口画了十字，这才同女伯爵聊了起来。女伯爵捎来的口信终于让波将金相信了女皇的诚意，而且女皇能派女伯爵这种地位的人来送信也令他感动不已。他脱掉了修道士的长袍，刮掉胡须，换上自己的制服，乘坐着皇家马车回到了圣彼得堡。

波将金成为叶卡捷琳娜的情人，但是很快他就生出了满腹的妒意。在波将金出现之前，除了可悲的丈夫彼得之外叶卡捷琳娜先后同其他四个男人——萨尔蒂科夫、波尼亚托夫斯基、奥洛夫与瓦西里奇科夫有过云雨之欢。一想到自己的这些前任，以及她同他们同床共枕的画面波将金就感到痛苦万分，他斥责她在此之前曾拥有过十五个情人。2月21日这一天，为了平息波将金的怒火，叶卡捷琳娜将自己独自关在房间里，提笔写下了一封题为"真诚的忏悔"的信，在信中一五一十地交代了自己过去的每一段恋情。在古往今来皇室成员留下的书面悔罪书中这封信实属独一无二——一位无所不能的女皇试图争取苛刻的新情人宽恕她过去的生活。

陈述完自己过去的生活后，叶卡捷琳娜又讲起了自己在婚后受到的冷遇，以及之后那些风流韵事带给她的痛苦与失望，字里行间透出的焦急和近乎哀求的歉意无不清楚地显示出她对波将金的渴望有多么强烈。接着，她解释说伊丽莎白女皇对生育继承人的担忧最终导致了她的第一次出轨，她承认在女皇与玛丽亚·乔戈洛科娃的施压下她选择了谢尔盖·萨尔蒂科夫，"主要是由于他的态度比较明确"，但随后萨尔蒂科夫又被赶走了，"因为他行事轻率"。

经过了一年的悲痛，现在的波兰国王（斯坦尼斯瓦夫·波尼亚托夫斯基）来到了我的身边。一开始我们并没有注意到他，可是几个好心人……迫使我意识到了他的存在，注意到他具有一双无与伦比的眼睛，看到他让自己的那双美丽的眼睛（尽管那双眼睛近视得厉害，最远也只能看清楚他自己的鼻尖）频频朝一个方向转了过来。在1755年至1761年间，（包括）其中三年他没有陪在我的身边，这个人深爱着我，也为我所深爱。接下来，再一次在好心人的帮助下我注意到了格里高利·奥洛夫亲王，在他的努力下我的心情大为改观。倘若不是他厌倦了这段感情的话，那么陪我了此余生的人原本应当是他。就在他动身前往……（同土耳其进行和谈）的那一天我听说……（他又出轨了），我知道自己再也无法相信他的鬼话了。这个念头狠狠地折磨着我，逼得我在绝望之中随随便便地选择了（瓦西里奇科夫）这个人。做决定的时候我就为自己的选择感到难过，至今这种感觉仍旧难以名状……

然后一位骑士（波将金）便出现了。凭着自己的丰功伟绩和仁慈善行这位英雄令所有人为之着迷……大家都表示他理应占据这个住所。可是，人们并不知道我们已经将他召唤至此了……

好了，骑士先生，做完这番忏悔之后我是否有望得到您的宽恕呢？您将会欣喜地发现并没有十五个那么多，实际上只有三分之一而已：第一个（萨尔蒂科夫）出于需要被选中，第四个（瓦西里奇科夫）则出于绝望，在我心中根本算不得是享受。至于另外三个（波尼亚托夫斯基、奥洛夫和波将金本人）——倘若您能仔细审视一番的话——上帝明白他们都不是荒淫纵欲的产物，我丝毫也不愿意过着这样的生活。在我年轻时命运给了我一位无法激起我爱欲的丈夫，我原本应当对他忠贞不贰，问题是我的心哪怕一个钟头都不愿失去爱……倘若您愿意永远拥有我，那就让我拥有同样深厚、超乎寻常的友情与爱情吧，爱我，把您的真心话讲给我听。

在对自己过去一段段风流韵事的解释中流露着波将金的个性对叶卡捷琳娜的影响，波将金本人清楚地看到了这一点。他相信自己已经令之前的所有男性都黯然失色了，在回信中他提出了自认为理所当然的要求：

我始终无意嫉妒他们中的任何人，尽管比我年轻，但他们从女皇这里受到的恩宠远不如我，可是一想到在女皇陛下的心中我可能不如其他人那样与您相配我就感到火冒三丈。这个念头深深地困扰着我，我一直想斗胆问您一句我的工作是否配得上您的宠爱……只有授予我女皇陛下亲随副官的军衔才足以打消我的疑虑，这将令我体会到从未体会过的幸福。

这名副官成为叶卡捷琳娜公认的男宠，如果说所有人都能坦然接受波将金的晋升就完全是无稽之谈了。除了公认的无足轻重的瓦西里奇科夫，这个事实将招惹来奥洛夫家族、帕宁、大多数臣僚以及叶卡捷琳娜的儿子、俄国皇位继承人保罗大公的反感。但叶卡捷琳娜对此置若罔闻，在次日写就的一封信中她对波将金做出了回复，文字夹杂着官腔和私人间的调侃：

中将先生：

您的来信于今晨送交给了我，考虑到您对我和国家的付出，我认为您的要求一点也不过分，因此我已经命人草拟了诏书，授予您"副官"这一头衔。我承认您对我的信任令我欣喜万分，您竟然敢于直接向我提交书面要求，而没有选择通过某个中间环节。您尽可放心，我对您还是一如既往的仁慈。

叶卡捷琳娜

接着，叶卡捷琳娜致信正在率军镇压普加乔夫的亚历山大·比比科夫将军，通知对方已经将波将金提拔为她的副官，"他认为您对他颇有好感，所以在闻听我通告给您的这件事情后您必会大喜过望。在我看来，考虑到他对我的忠诚和付出我的这个决定并不过分，而他的喜悦也难以言表。望着他我由衷地感到开心，在我身边至少有一个人会如此开心"。叶卡捷琳娜同时任命波将金为普列奥布拉任斯基近卫团的中校，女皇本人则是这支声名最为显赫的近卫军的上校。几天后，英国公使罗伯特·嘉宁爵士就此事向伦敦发回了报告：

女皇的男宠瓦西里奇科夫理解力有限，在任何事情上都无法对女皇施加影响力，也得不到女皇的信任。现在，这位男宠已经被另外一个人取而代之。继任者非常有望在最大程度上获得前任所没能取得的成果。如果我告诉阁下保罗大公一派（包括帕宁）与奥洛夫家族对女皇的决定表示出了同样的不满……对于此事在极大范围内造成的震动您就不会感到难以理解了。

当这件事情席卷朝廷上上下下时，鲁缅采娃女伯爵在给丈夫的信中写道："亲爱的，现在您得向波将金提交报告了。"就在几个月前在对土耳其的战争中将军还是波将金的上级。

尽管之前曾针对波将金的为人提醒过叶卡捷琳娜，此番人事变动还是令帕宁感到欣慰，奥洛夫家族的势力因此将有望得到削弱。没有人对不幸的瓦西里奇科夫表示关心，仍旧住在皇宫里的他完全成了一个累赘。叶卡捷琳娜对新任男宠迷恋得不能自拔，就连波将金辉煌的风流韵事都令她感到骄傲。在给对方的信中她写道："全城人民都认为你有数不清的女人，对此我一点也不感到奇怪。我猜这世上没有人比你更忙于应付女人了。"

但是，叶卡捷琳娜希望现在波将金专属于她一个人。在写下"真诚的忏悔"一个星期后她等了一个晚上，最终还是没有等到他的到来。第二天她又给他写了一封信：

我不明白你被什么事情耽搁了，你甚至都不过来一趟。求求你，不要胆怯。我们都过于谨小慎微。我刚一躺下便又起身，穿上衣服，来到书房门口等待着你，我在穿堂而过的风中站了两个钟头。直到夜半三更……我才伤心地睡下。多亏了你，我……彻夜无眠……我想见到你，我必须见到你，无论发生什么事情！

尽管如此，波将金还是无法打消心头对其他男性的妒意，只要叶卡捷琳娜对其他人稍加注意他的妒火就会立即爆发。一天晚上，在看戏的时候叶卡捷琳娜对格里高利·奥洛夫做了一番善意的评价，波将金立即站起身，气势汹汹地走出了包厢。叶卡捷琳娜提醒波将金最好缓和一下自己对她前任男宠的情绪：

我只要求你不要做一件事情：不要破坏——想都不要想——我对奥洛夫亲王的看法，我想这对你来说也算是忘恩负义之举吧。从未有人像他（奥洛夫）那样赞美我，无论是在你到来之前，还是现在，他对我的爱都比你的更为强烈。如果说他有什么过错，那也不该是你我二人有资格评判，并让外界知道的。他喜欢你，他们（几兄弟）都是我的朋友，我是不会放弃他们的。好啦，这对你来说是一个教训，倘若你足够明智的话，你就应当留心这一点，违背它可算不得是明智之举，这可是绝对真理。

4月间，波将金搬进了女皇卧室楼下的房间里，两间卧室由一道隐秘的盘梯相连接，楼梯上铺着绿色的地毯。叶卡捷琳娜总是在清晨6点就开始起床工作，直到晚上10点才能躺下；波将金通常会熬夜打牌，直到凌晨才就寝，到了中午才起床。由于两个人的作息大相径庭，他们便很少有机会同床共寝。实际上，每天晚上不是其中一个爬上楼，就是另外一个下楼去，这样才得以共度一段时光。

两个人相爱时叶卡捷琳娜年满四十四岁，比波将金年长十岁，此时她变得越来越臃肿，但是依然保持着超乎寻常的机敏和活力。波将金感觉得到自己对这个女人的热情得到了强烈的回应，这进一步增强了她对他的吸引力。波将金原本可以踏踏实实地享受女皇男宠的奢华生活，聚敛随之而来的赏赐，然而他对讨好女皇一个人没有兴趣，他想拥有一场有所成就、担当重任的人生，他要凭借这个象征俄罗斯帝国的女人对他的支持来实现自己的抱负。

叶卡捷琳娜热情洋溢地认可了波将金的雄心大志，在她的心目中波将金是她所见到过的最英俊的男子，她几乎无视他那只受伤的左眼。三十四岁的波将金日渐发福，不再如往日那般苗条，而且总是难以克制地咬噬着自己的指甲。但是这些问题都无关痛痒，在给格林的信中叶卡捷琳娜写道："我已经跟一个非常优秀，同时也非常贫乏的平民（瓦西里奇科夫）分手了，随即就有一位铁器时代最伟大、最奇特，也是最离奇有趣的人取代了他的位置。我自己都不太清楚这一切究竟是怎么发生的。"

这段恋情从一开始就纷争不断，没有多少日子两个人能做到相安无事，几乎总是波将金先挑起事端，而首先让步的则总是叶卡捷琳娜。波将金怀疑叶卡捷琳娜对他的感情不会长久，不断地用质疑和指责来烦恼对方，同时也让自己痛苦万分。波将金的手书大多已经遗失了，留存下来的非常稀少，不过从叶卡捷琳娜写给他的信中可以体会到他曾对她说过些什么。无论在何种情况下，叶卡捷琳娜总是像对待一个被宠坏的孩子一样抚慰他，奉承他：

不，格里申卡，我对你的感情永远不变。对你自己公平一点吧，遇到你之后我怎么还会爱上别人呢？我想再也找不到你这样的人了，我一点也不在乎其他人。我讨厌变心。

…………

没有理由生气啊。噢，我不该再向你做出保证了。现在，你一定已经非常，非常，非常相信我对你的爱了……我希望你也爱我。我希望在你眼中我是那么迷人……如果你愿意的话，我可以把其他字句都勾画掉，只将这封信简化为三个字：我爱你。

…………

哦，亲爱的，你不应该感到羞愧。你怎会需要说"取代我的人都是短命鬼"这种话呢？用恐惧来迫使对方顺从自己像是正确的做法吗？这种最令人作呕的手段完全有悖于你一贯毫无邪念的思维方式。

除了嫉妒心，新"职位"的无常也在不断刺激着波将金那颗敏感的心，这又为他提供了挑起争端的理由。他坚决不接受只是被人当作女皇男宠的命运。有一封出自于他，叶卡捷琳娜在页边处做注，然后又退回给他的信显示了一场这样的争吵与和解：

波将金的信：

我最最亲爱的，请允许我将最后这几句话一吐为快，我再也不想跟你争吵了。对于我对这份爱的担忧不要感到惊讶。除了给我不可计数的礼物之外你还将我安放在了你的心中。可是，我希望那里只有我一个人，而不是之前的那些人，因为没有人能像我这般爱你。我是你所造就的，因此我希望你能保全我的地位，我希望对我行善会让你感到喜悦，我希望你能尽一切可能给予我安慰，希望高高在上、日夜操劳的您也能从中得到宁静。阿门。

叶卡捷琳娜的批注：

批准了。

越快越好。

冷静点。

彼此彼此。

坚定，再坚定。

你现在如此，将来也依然如此。

我明白，我也相信。

我满心欢喜。自然会有的。让你的心冷静下来吧。你的心是那么细腻，你会找到最合适的方式。

别再争吵了。阿门。

终于，叶卡捷琳娜既拥有了一位爱人，也拥有了一位伙伴，这个人几乎满足了她的一切愿望。两个人亲密无间，清晨波将金可以只披着一条睡袍就走进叶卡捷琳娜的卧室，哪怕房间里挤满了到访的客人与朝臣们。波将金很少能意识到这样的失礼，他的脑子里总是浮现着几个小时前那场令人陶醉的谈话。只是因为叶卡捷琳娜说自己必须睡上一会儿，然后就离开他的房间，回到楼上自己的卧室，他们的谈话才被迫中断了。

尽管同在皇宫里，但是白日里两个人不在同一处办公，他们便通过简短的书信交流，以继续夜间的谈话，在有关国家大事的商讨、宫中的是是非非、对彼此的责难、就两个人健康状况的讨论中夹杂着对爱的表白。叶卡捷琳娜将波将金称为"我的金野鸡""最亲爱的鸽子""小猫咪""小狗""小爸爸""我的精神伴侣""小鹦鹉""格里沙"和"格里申卡"，此外还有"哥萨克""莫斯科人""丛林里的雄狮""老虎""异教徒""我的好好先生""亲王""阁下""殿下""将军"以及"没有任何一位国王可以媲美的小可人"；波将金对叶卡捷琳娜的称呼则比较正规，始终在强调二人地位上的差异，例如"小母亲""夫人"，或者"女皇陛下"。波将金还总是随身带着叶卡捷琳娜的来信，常常从口袋里掏出来重温一番，这个习惯令叶卡捷琳娜有些担忧，她担心纸条一旦遗失，就有可能落到用心险恶的人手中。

作为一个拥有严密的德意志头脑、一贯严于律己的人，叶卡捷琳娜从波将金身上感受到的情感既让她感到一种解放，也让她有些心烦意乱。她必须在持久而疲惫的性欢愉和作为一国之君的职责中做出选择。她试图兼顾两者，但两件事情总是同时占据着她的头脑。由于无法随心所欲地守在对方身边，她只好不停地想着他，以此略微弥补一下自己的遗憾。无论是审阅文件时，或是倾听大臣的报告时，她无时无刻不在思念他。无法同对方单独享受蜜月的时光，她便只好将爱一股脑地塞进这些字迹潦草的便条中。

波将金也沉浸在激情中，但是令他烦恼的则是另外一些事情。他知道自己目前高高在上的地位仅仅是女皇的努力，她可以将瓦西里奇科夫召来撵去，也就可以随时将自己赶走。当然，只要能迈出最重要的一步，那么他的地位就会发生翻天覆地的变化。波将金的心中盘算着一个放肆而不切实际的计划，或者这只能是一场白日梦——他要让自己与女皇的爱情通过婚姻来实现合法化。在成为正式的男宠后不久，波将金便对叶卡捷琳娜和盘托出了自己的想法，在后者看来婚姻将意味着波将金拥有了更高的权力。要想让叶卡捷琳娜答应这个请求应该非常困难，她向来对损害权力的事情很警觉。但是，这一次她面对的爱人是波将金，或许她会接受这个提议。

如果真的存在过这样一场婚姻，其情形应该就是下述这个众所周知的故事：

这件事情原本应该不为任何人所知，但是至少应当按照东正教的传统举行一场体面的婚礼，这就要求具备一座教堂、一位牧师和几位证人的存在。婚礼安排妥当之后，1774年6月8日，在结束了向伊兹迈洛夫斯基近卫团致敬的谢军宴席后，叶卡捷琳娜身着该团的制服，乘着一艘小船从丰坦卡运河[1]出发，来到维堡一侧的涅瓦河畔，全程仅有一名受宠的宫女陪驾。然后，两个女人乘着一驾没有任何标志的马车赶到了圣桑普索诺夫斯基教堂，身着将军制服的波将金已经恭候在那里。到场的只有五个人——叶卡捷琳娜、波将金、叶卡捷琳娜的一名宫女和一名随从，以及波将金的外甥亚历山大·萨莫伊洛夫。婚礼就此开始了。

这则传闻是否属实呢？在史料中的确找不到任何记载，不过还是存在着其他形式的佐证。1782年，在陪同奥地利皇帝约瑟夫二世散步时，英国驻奥地利大使罗伯特·基斯爵士问起了有关这场婚姻的传言："先生，波将金亲王的体重和影响力看上去有所削弱吗？"约瑟夫二世回答道：一点也不见削弱，不过外界永远无法想象得出这两者究竟有多重。俄国女皇根本不愿意和他分开，就算她想分手，各种各样的理由，千丝万缕的联系也都让她难以摆脱他。"如果波将金只是男宠的话，叶卡捷琳娜怎会无法摆脱他？她就曾成功地甩掉了与自己的兄弟们合力将她扶上皇位，并同她育

---

[1] 丰坦卡运河（Fontanka Canal），连接圣彼得堡主要港口与涅瓦河的运河。

有一子波布林斯基的奥洛夫。但是，有了婚姻一切就都不一样了，或许奥地利皇帝指的正是这一点。

同亲王们一样，大使们也都喜欢摆出一副掌握很多内情的姿态。法国驻圣彼得堡大使菲利普·德·塞古尔于1788年发往凡尔赛的报告中宣称波将金拥有"某种神圣且不可剥夺的权利，他享有的各种特权因此得到了保证……天赐良机让我得以发现了这个事实，在对此事进行过全面调查后，一旦找到合适的机会我便会向国王禀明情况。"法国大使没能等到这种"机会"的出现。次年，法国大革命爆发了，塞古尔回到了故乡，五年后路易十六被送上了断头台。

更为有力的书面证明出现在1774年暮春开始叶卡捷琳娜每日写给波将金的便条中。在这些简短的信中她将对方称为"亲爱的丈夫"和"我的主人及温柔的伴侣"，并署名为"您忠诚的妻子"，无论是在波将金之前或是之后，叶卡捷琳娜都没有对其他人使用过"丈夫"这个称呼，也从未用"妻子"来指称过自己。1774年6月至7月间，即婚后——如果的确存在过这桩婚事的话——不久她写道："亲爱的丈夫，我全身心都在亲吻你、拥抱你。"几天后她又写道："亲爱的宝贝，亲爱的伴侣，求求你过来抱抱我。你的爱抚是那么的甜蜜可爱。"

最确凿的证据来自俄国的历史。在情欲消退后叶卡捷琳娜与格里高利·波将金却始终保持着一种常常令周围的人感到匪夷所思的特殊关系，婚姻或许可以为这种现象做出解释。如果他们二人的确秘密完婚，并十分挂念彼此，但达成了临时性的妥协，那么在余生中波将金始终对叶卡捷琳娜治下的俄国拥有独一无二的实权这一事实就不难理解了。在最后的十五年生命中，波将金一直拥有叶卡捷琳娜的忠诚和深情，他也对对方做出了同样的回报。就算他们的身边分别躺着其他的男男女女，这个事实也不容否认。

第六十章
波将金得势

无论是军衔，还是权力，波将金都一飞冲天。他被任命为女皇的亲随副官和普列奥布拉任斯基近卫团的中校。在近卫军中得到提拔就意味着随后的步步高升，头衔、荣誉和特权很快便会纷至沓来，历来如此。1774年5月6日，英国公使罗伯特·嘉宁向白厅发回报告："现任这位晋升的速度史无前例。昨日，波将金将军进入了枢密院。"一个月后，波将金又被任命为军事学院的副院长以及新俄罗斯总督，所谓"新俄罗斯"指的是克里米亚和黑海以北的辽阔疆域。由于在俄土战争中的表现他还得到了一把镶嵌着钻石的佩剑，以及装在钻石相框里的女皇微缩肖像，以供他挂在胸口，后一份礼物在先前只有格里高利·奥洛夫得到过。随后，他接受了一个又一个俄国最高级别的奖励和来自其他国家的奖章。首先是1774年圣诞节这一天他被授予了俄国最高荣誉勋章圣安德鲁勋章，接着又得到了普鲁士的黑鹰勋章、波兰的白鹰勋章、丹麦的白象勋章和瑞典的圣撒拉弗勋章。不过，在为自己的英雄谋取勋章的工作上叶卡捷琳娜并没有取得全面的胜利。奥地利拒绝授予波将金以金羊毛勋章，理由为他不是罗马天主教教徒。叶卡捷琳娜还试图为其争取大英帝国的嘉德勋章，乔治三世直截了当地拒绝了她的请求。曾经因其怠惰而将其开除的莫斯科大学也授予了波将金荣誉学位，当他同当年力主开除他的一位教授聊天时，他向对方问道："您还记得当初是怎么把我踢出去的吗？"教授回答："当时您罪有应得。"波将金哈哈大笑着在老人的后背上轻轻地拍了拍。

叶卡捷琳娜不断地赏赐给波将金珠宝、毛皮、瓷器和家具，仅饭食和美酒每年就要消耗掉十万卢布。波将金那位守寡的姐姐玛丽亚·恩格尔哈特的五个女儿也都进了宫，成了宫女。叶卡捷琳娜还无微不至地照顾着波将金的母亲，有一次她对波将金说："我发现你的母亲极其优雅，可是她竟然连一块表都没有。我要你把我的这块表送给她。"

第一次要求进入枢密院时波将金遭到了拒绝。法国外交使节记述了当时的情形：

礼拜日，我碰巧坐在了……（波将金）和女皇的旁边。我看到他不仅跟她没有交流，就连她提问的时候他都一声不吭。她彻底失控了，所有的人都感到紧张不安。站起身后女皇便独自退了席，回来时她双眼通红。到了礼拜一的时候她看起来就开心多了。就在这一天他进入了枢密院。

波将金明白自己的升迁招来了嫉妒的目光，而自己的前途不仅仰仗于同叶卡捷琳娜的关系，而且还需要自己在事业上有所成就。朝廷上上下下很快就了解到这位新男宠既不是瓦西里奇科夫那样的傀儡，也不像格里高利·奥洛夫那样随和、懒散和念旧。朝臣们分裂成了两个阵营——一派试图讨好这位新男宠，另一派则与他为敌。

尼基塔·帕宁不属于任何一派，他曾经对波将金的骤然高升表示过反对，但是他对奥洛夫五兄弟的痛恨压倒了他对这位野心勃勃的后起之秀的警惕。一开始，波将金试图争取到帕宁的帮助。要想同保罗大公讲和的话，帕宁就是唯一的渠道，他曾出任少年保罗的教师多年，再加上辅佐叶卡捷琳娜夺得皇权，这两样资本令帕宁具有了永远无法颠覆的影响力，允许他仍旧住在皇宫里的是他的影响力，而非他此时在外交学院的职位。他自己曾说过："只要皇宫里还有我的一张床，我就没有失势。"波将金接近保罗与这位老臣的努力产生了喜忧参半的结果。只要波将金能够回避开帕宁把持的外交事务，他们二人就可以保持正常的交往。然而，从内心而言保罗对任何接近母亲的人都有所排斥，波将金在这个方面的付出毫无成效。

1774年春，对土耳其的战争尚未结束，普加乔夫起义也没能被镇压下去，就在此时波将金被委以重任。叶卡捷琳娜下令将一切涉及叛乱的文书与信件都呈交给波将金，没过多久波将金的生活中就只剩下草拟文件、撰写信件，并为叶卡捷琳娜出谋划策这些事情了。从国家大事到鸡毛蒜皮的私事，叶卡捷琳娜总是要征求波将金的意见，而且需要他来纠正单词拼写、语法和文风错误的除了叶卡捷琳娜的公函之外，还增加了她的私人信件。"要是没有什么错误的话，就请把信发回来，我这就可以签发了；如果有错误的话，请帮忙修改一下。如果你想要做出改动，写下来即可……今天的谕旨和信件如果仍旧算不得一目了然的话，那一定是我太过蠢笨。"与此同时，在皇宫之外波将金还得应付军事、财政等问题以及军事学院的行政管理工作。他忙于制定军事战略和征兵方案、设计军装、为部队采购马匹以及确定部队授勋授奖人选等工作。同时，他还要参加枢密院的会议，渐渐地，他日复一日频繁地向资深同僚们的观点和决策发起了挑战。

波将金的努力令叶卡捷琳娜既感动又欣喜，但她还是不满于他的时间过多地被这些事情占用了，就连自己见他一面的愿望都无法得到满足。她曾对此提出过抗议："的确太过分了！直到9点你都没空单独和我在一起。我去了你的房间，看到的只是满屋子的人走来走去，不停地咳嗽着，还弄出那么大的动静，可是我还是要特意告诉你一件事情——我太爱你了！"

在另外一封信中她又写道："自打上次一别已经百八十年过去了。我不管你在做什么，请安排好你的日程，保证我过去的时候房间里没有其他人。否则，这一整天我将度日如年。日子已经够难熬的了。"

　　尽管忙于应付爱情、战争和叛乱之类的事情，神学和教会事务却依然吸引着波将金，为了参加神学讨论会，他会在重要的政治或军事会议上中途退席；他欣欣然地接待着所有神职人员的到访，无论对方地位高低，信仰的究竟是俄罗斯东正教、旧礼仪派、天主教还是犹太教。他喜欢与新鲜面孔和有趣的人待在一起，从不错过任何一次与旅行家聊天的机会，还把他们的故事记了下来。由于希望与帕宁交好，他便同外国使节保持着疏远的关系，但也不会让自己完全置身事外。在叶卡捷琳娜登基的周年庆典上，在彼得霍夫宫大摆宴席，招待外国使团的是他，而非帕宁。

　　1775年初，在叶卡捷琳娜庆祝对土耳其战争的结束时波将金终于得到了一次充分施展才华的机会。他说服叶卡捷琳娜在俄国的旧都及帝国的心脏——莫斯科——安排了这场庆祝会，然后他摇身一变，成为游行、焰火表演、彩灯、舞会和宴会等方面的负责人及大师。但是他与尼基塔·帕宁发生了一场激烈的争执。关于向战争英雄致敬的环节叶卡捷琳娜亲自向波将金做了指示，在庆典期间尼基塔·帕宁认为自己的弟弟彼得·帕宁将军没有得到应有的褒奖。出于无奈，波将金坦白地告诉对方，决定来自女皇，他只是执行者而已。不久，争执的矛头就转移到波将金日趋频繁地插手帕宁的地盘，即外交事务的问题上。枢密院的会议令帕宁大为恼火，在会上波将金对他的观点提出疑问，有时甚至针锋相对。有一次，在收到有关波斯局势动荡的报告时，波将金提出出于对本国利益的考虑，俄国应该促进当地的骚乱，帕宁则当众宣布自己绝对不会支持这种政策，波将金遂起身离席。

　　在此期间，在制定一项外交政策时叶卡捷琳娜完全抛开了波将金的意见。1775年夏，英国国王乔治三世向俄国大举借债，希望俄国能协助镇压英国在美洲殖民地出现的叛乱，实际上就是要求雇用俄国军队。当年6月3日，针对此事伦敦方面由英国外交部的萨福克伯爵向驻俄大使罗伯特·嘉宁下达了第一份指令：

在国王陛下的美洲殖民地出现的大面积叛乱要求我们谨慎征用一切可调动的力量。你应努力查明为此国王陛下是否可仰仗俄国女皇为其提供可观的陆军资源，或许以此可证实利用外国军力应对北美事务不失为一项权宜之计。无须我多言，你应该明白此项任务极其微妙。无论以何种方式开启谈判，无论是同帕宁，还是女皇本人，你都应当小心翼翼地保持自然，尽量让对方以为此议题纯属你个人之畅想，切莫令其察觉到此为官方的意图。

没过多久，英国政府就做出了更为明确的指示。英国需要俄国派出两万名步兵和一千名哥萨克骑兵，为此英方愿意支付一切费用，包括将部队输送到美洲的运输费、部队的给养费，以及支付给俄国政府的雇用费。叶卡捷琳娜并未对英国的请求置之不理，英国方面有恩于她。五年前在从波罗的海奔赴地中海的途中俄国舰队得到过英国的帮助，正是这一次航行给俄国带来了对土耳其的切什梅海上大捷。同时，英国对俄军表示出的尊敬也令叶卡捷琳娜感到受宠若惊。而且，由于刚刚经历了普加乔夫起义制造的大规模叛乱，她本人对乔治三世的处境也深表同情。尽管如此，她还是拒绝了对方的请求。于是，嘉宁便先后向帕宁和后起之秀——波将金——发出了求助的信号。可是，叶卡捷琳娜态度坚决，就连乔治三世的亲笔信都没能打动她，在一封措辞友善的信中她祝愿对方能取得胜利，但仍旧没有答应对方的请求。叶卡捷琳娜没有透露促使自己有此决定的一个重要原因，实际上她认为俄国的前途在于南部，而非黑海一带。尽管同土耳其签订了和平条约，她仍旧隐隐地感觉到稳定的局势不会长久，第二场战争无可避免。叶卡捷琳娜明白，当这场战争爆发时自己还需要那两万名战士。

第六十一章
叶卡捷琳娜与波将金：分手

恋爱初期叶卡捷琳娜与波将金激情四射，但是从未有过相安无事的日子。共度过一个冬天和春天之后，叶卡捷琳娜写给对方的小纸条就从热情如火的表白发展到了失望、幻灭、沮丧、愤怒和痛苦。她将对方发来的大部分小纸条都付之一炬，不过她写的纸条还是记录下了双方的冲突：

亲爱的朋友，我不明白其中的缘由，但是似乎今天你对我有些生气。如果没有的话，那就算我说错了，那样一来就更好了。要想证明的确如此，就赶快来到我的身边吧。我在卧室里等着你。我的心渴望你的到来。

你长篇累牍的信和谎话妙不可言，可是其中连一句温存体贴的话都没有，这也太愚蠢了吧。我凭什么要听你扯这些弥天大谎……你详详细细讲给我的这些事情无非都是（从别人那里）道听途说来的。在我看来，在你反复唠叨这些无稽之谈的时候，你还应该记住这世上有一个女人爱着你，而且我也有权得到一些贴心话。

你就是希望吵架。等你的这股劲儿过了还请通知我一声。

亲爱的宝贝，我拿一根绳子拴在石头上，再将绳子系在我们所有的争执上，然后把它丢进冰窟窿里……如果这能令你开心，求求你也这么做吧。

今天上午我给你写的信毫无理智。你将信退了回来，我当着你的面将其撕碎并付之一炬。你还希望我怎样满足你？就连教会都无意烧死更多的异教徒。我的信已经被烧掉了。你不会想把我也烧掉吧……我的朋友，握手言和吧。我将手伸向你，难道你不想握住这只手吗？

看在我的分上行行好吧——冷静下来。哭过之后我已经好多了，唯一让我难过的就是你的怒火。亲爱的朋友，我的宝贝，不要再折磨自己了。你我都必须心平气和，这样我们才可以平静下来，变得不那么不可理喻，否则我们就只能变成比赛中的网球了。

1776年1月13日，叶卡捷琳娜致信俄国驻维也纳大使，授意对方请求奥地利皇帝约瑟夫二世授予她的男宠以"神圣罗马帝国亲王"的头衔。这个头衔对受衔人选不存在必须信奉天主教的规定，当年3月波将金成为神圣罗马帝国的亲王，随后人们便开始称呼他为"亲王"或"殿下"。

同年3月21日叶卡捷琳娜批准这一头衔生效，可是两个人之间还是出了问题。几天后叶卡捷琳娜给波将金发去一封怒气冲天的信：

我应该想到殿下会如此盛怒，如果您希望向外界和我证明您是多么任性的话。毫无疑问，这充分显示了您对我的忘恩负义，还有您对我的薄情寡义，因为您的暴怒不仅有违我的心愿，而且会影响到我们之间的很多事情和处境。我向维也纳宫廷举荐了最高荣誉受奖人，此前没有先例可供他们参照，但是现在他们有条件判断我的推荐有多可靠了。你就是这样表示对我的名誉的关心。

随即她又反转口径，恳求对方的原谅：

我的大人及亲爱的丈夫！在回答你的问题之前我要先说一句最感动我的话：是谁命令你哭泣的？为何你允许不着边际的想象压倒对你妻子有力的证据？两年前的婚礼将她与你紧紧地维系在一起，不是吗？亲爱的，你所怀疑的完全是我根本不会做的事情。若是我回心转意，你还会没人爱吗？所以，为你自己仔细想一想吧：两年前的我是否比现在更为善待你？
…………

跟我不停地吵嘴就这么令你开心吗……我求你，控制一下你的脾气……除了甜言蜜语和实际表现之外，我还需要一张深情的面孔……我仍旧满怀希望。如同芸芸众生一样，没有希望我便只有死路一条。

为了你对我的不公……愿上帝宽恕你……叶卡捷琳娜绝对不是一尊木雕泥塑。即便到了现在这种境地，她仍旧全心全意地爱着你……我不明白你为何要说自己从未被爱过、令人厌烦，还说我只对你一个人不够宽厚……你绝对不会是一个令人厌烦、无人疼爱的人。你很少把爱挂在嘴上，可是我相信你是爱我的。还有谁能比我更有权得到你的友好和恬静？

1776年5月，针对叶卡捷琳娜指责自己对普列奥布拉任斯基近卫团疏于管理，波将金专门回复了一封信。叶卡捷琳娜在信中指出"失明"已经成了全团的问题，或许她只是出于无心，但这种说法不禁令波将金联想到自己的残疾。盛怒之下他做出了回击：

大慈大悲的陛下，打量世界的时候我用的可是自己那只健全的眼睛。若要取消我对某些工作的监管，那我将主动辞去该项职务。不过，若是有朝一日我的才能和热情消失了，您尽可以挑选其他精兵良将，对此我将欣然且毫无保留地表示拥护。

叶卡捷琳娜回复道：

我读了你的来信……看在上帝的分上，理智一点吧……难道你就无法弥合我们之间的裂痕吗？关于这个问题，你怎么想，愚蠢的百姓就怎么说。

在叶卡捷琳娜看来，现在的波将金似乎总是怒气冲天，但是她写的信中充斥着对握手言和与和睦共处的渴望。有时候，两个人的确能达成和解，对爱情也充满信心，然而日复一日叶卡捷琳娜终于厌倦了波将金的发作。终于，她的忍耐达到了极限，她向波将金发出警告，倘若他不改变态度她就只能收回自己的爱，这也是出于自我保护的需要。叶卡捷琳娜只是再也无力应付无休无止的争吵了。她原本以为波将金会成为她的避风港，让她躲避皇权带来的压力和孤独，结果爱情却变成了负担。波将金时时发作的脾气已经成了面对公众的惯用态度。他开始把自己同叶卡捷琳娜的争斗透露给家人，甚至还会详细地描述一番。叶卡捷琳娜在信中写道：

让外界看到这出滑稽剧，这也太可悲了，这只会成为你的仇敌与我的胜利。直到现在我才知道咱俩之间的事情他们居然知道得一清二楚。凡是涉及你的事情我不会告诉任何人，我在乎我们之间的隐私，我不愿跟任何人讲起这些事情……我再重申一遍我已经重复过无数次的话——不要再发火了，这样我也可以恢复先前的温柔。否则，你就会要了我的命。

波将金回复道：

小母亲，这就是过去几天你善待我的结果，我十分明白你希望跟我单独相处，可是你让局面变得太离谱了，你越来越不可能客客气气地对待我了。我之所以来见你是因为少了你的日子太乏味，太令人难以容忍了。我注意到我的到来令你感到不自在。我不知道现如今你在试图取悦谁，或者说在对什么事情示好，我只知道你这么做毫无必要，而且也只是在白费工夫。在我看来，似乎以前你从来不会如此局促不安。女皇陛下，我可以为你赴汤蹈火。但是，如果最终你决定将我赶走，那么至少不要公开这么做。我不会纠缠不休，尽管对我来说这同死亡没有什么区别。

交往到两年半的时候他们两个人之间的战争又升级了。波将金不断地指责叶卡捷琳娜容忍针对他的阴谋，允许他的敌人成为她的随从；叶卡捷琳娜则抱怨波将金不再爱她，温柔和好心情也都不复存在。停战之后总是会出现没完没了的争执，有时候波将金的蛮横无理甚至令叶卡捷琳娜恼怒得大发雷霆，尽管平日里她总是很快就原谅对方并主动表示和解。不过，很快她就消气了，一旦波将金接连几天闷闷不乐，而她又见不到他的话，她又会感到有些伤心。两个人的关系即将出现重大的改变，叶卡捷琳娜非常明白这一点。

你的一举一动还是一如既往的愚蠢，总是在我最放心的时候一座大山就朝我压了下来……对于你这样的蠢货……平和完全是无法容忍的情绪……我对你的感激没有消失，而且我想自始至终你都看到了我的态度。可是，你不断地拿着新捏造的事实来折磨我，我的气力已经完全被你夺去了……请你告诉我，为此我是否应该对你感恩戴德？迄今为止我一直认为世人都很重视健康的身体和平静的生活，可是我想知道跟你在一起如何能得到这些。

叶卡捷琳娜还曾痛苦地对两个人之间的不和谐做过一番分析。开篇便充满了刻薄的言辞：

有时候，听到你的那些话，或许有人会说我是一个怪物，所有的错都在于我——痛苦时我是一个可怕的两面派，之所以流泪不是因为我细腻敏感，而是因为截然不同的理由。你定会因此而鄙夷我，慢待我。如此温存的举动只会让我的心产生积极的反应。尽管这颗心可能既恶毒又可怕，但是它明白最爱一个人的方式莫过于让爱人开心……求求你，告诉我，如果我不断地用你认识的每一个人、你敬仰的每一个人，或者你为之效劳的每一个人所犯的错误来指责你，如果我认为你应该为他们的愚蠢错误负责的话，你会作何反应？你是否会沉得住气？如果看到你失去了耐性我就火冒三丈地起身，气势汹汹地走了，出去的时候还把门狠狠地摔上，如果这之后我还要给你摆出一张冷脸，拒绝直视你的目光，还威胁你，你又会作何反应……看在上帝的分上，请你尽全力保证我们之间不会再出现争执，我们总是在为一些无关紧要的琐事吵个不停。

我们会为了权力而争执不下，却不会为了爱情做这样的事情。这就是事实。

实际上，事实的确如此，这就是问题的症结之所在。有关权力的问题始终令波将金寝食难安，他一直对权力充满了热望，而对他来说权力又总是唾手可得。自儿时起他的生活便一直如此，他是家里唯一的男孩，受着母亲和五个姐姐的宠爱。在大学就读期间他一直将权力视为自己的奋斗目标，他曾公开宣扬自己将会成为战士或者修道士的领袖。之所以挺身而出，将自己的剑穗献给新女皇，或者模仿叶卡捷琳娜的嗓音和声调，逗得她捧腹大笑都是为了得到认可。为了得到女皇的宠爱他告别了部队，心急火燎地赶回了圣彼得堡。现在，他得到了各种头衔、财富、土地和高官厚禄，在女皇的提携下他的地位达到了空前的高度，她甚至有可能还与他缔结了婚约。他还在渴望什么？叶卡捷琳娜还能给予他怎样的权力？他是全俄罗斯史无前例的第一人，尽管如此他还是一副郁郁寡欢、不得志的模样。对于目前的地位，他明确地一贯地表示出那些奖励——头衔、勋章和金钱——并不能满足他的胃口。他需要的是在一片毫无限制的自由王国里享受着绝对的权力。

问题是无论他怎样努力，无论他得到了多少，他的地位始终完全仰仗着叶卡捷琳娜。他自己深知这一点，他也明白如果继续争吵下去，或许有朝一日女皇的本性就会压倒作为女人的叶卡捷琳娜，到那时她就会开始对付他，直到将他彻底打发走。到那时他就比一路磕磕绊绊的奥洛夫和可悲可叹的瓦西里奇科夫的处境好不到哪里去了。他不想冒这个险。现在，他必须在爱情与权力之间做出选择了。最终波将金选择了权力，这就意味着他必须同爱情告别，同叶卡捷琳娜告别了。不过他的告别并不彻底，令所有旁观者感到不可思议的是，尽管他们二人的肉体关系出现了变化，但两个人的感情却一如从前，以至于波将金在政坛上的地位丝毫没有得到削弱。相反，他手中的权力似乎越来越大了。

看到这对爱侣之间的关系出现了变化，朝臣们都以为波将金很快便会被赶出皇宫。1776年6月22日，在得知女皇将阿尼奇科夫宫[1]赠予波将金后人们更加确信这就是波将金在搬出冬宫之后在城里的栖身之地，这座坐落在涅瓦大道的豪宅是当年伊丽莎白女皇为阿列克谢·拉祖莫夫斯基修建的。在一定程度上，这种理解并没有错。出于对日后分居的考虑，波将金的住所自然就成了问题。叶卡捷琳娜支持他继续住在冬宫里，但同时也开始为波将金寻找其他的住处，如果波将金愿意的话。波将金屡次威胁女皇自己要搬出皇宫，一旦她当真的话他又开始抱怨起来。叶卡捷琳娜曾为此特意给波将金写了一封信：

上帝知道我无意将你赶走。请继续住在这里，冷静一点……如果你真的想要去其他地方走一走，散散心的话，我不会拦着你。求求你，回来的时候仍旧住在先前的地方。上帝做证，我对你的心坚如磐石，毫无保留，而且我也没有生气。但是，行行好，不要再折磨我的神经了。

波将金对叶卡捷琳娜表示了感谢，但言辞模棱两可：

大慈大悲的陛下：

得知……您将阿尼奇科夫宫赠送给我，请允许我亲吻您的双脚。与您的慷慨相比我的感激微不足道。大慈大悲的母亲，上帝让您应有尽

---

[1] 阿尼奇科夫宫（Anichkov Palace），圣彼得堡的一座前皇宫，位于涅瓦大道与丰坦卡河交汇处，得名于附近丰坦卡河上的阿尼奇科夫桥。阿尼奇科夫宫由伊丽莎白·彼得罗芙娜女皇兴建，被称为伊丽莎白时代最宏伟的私人住宅。

有，可是却没有赋予您洞察人心的能力。这是我的大不幸。全能的上帝啊！让我的君主及恩人明了我对她是多么感激，多么忠诚，为她肝脑涂地也在所不辞。大慈大悲的陛下，请允许这个全身心都忠诚于您的人永远受到您的保护和眷顾，他将对您的真心至死不渝。

陛下忠贞不贰的仆人

波将金亲王

  波将金始终没有入住阿尼奇科夫宫。逗留圣彼得堡期间，当宫殿被修缮一新后他只是在这里举办晚宴和舞会，两年后他便将其变卖了。

  将波将金引介给叶卡捷琳娜的奥洛夫五兄弟对波将金的憎恨与日俱增。由于坚信这位男宠马上就要被女皇赶走了，永远有权同女皇直言相告的阿列克谢·奥洛夫便对女皇说她应该看清楚这位男宠对她造成的危害，尽快将其打发走。他甚至说："夫人，您知道我是您的仆人，随时听候您的差遣。如果波将金让您感到心烦，就请您对我下令吧。我会让他立即消失的，您不会再听到有关他的任何消息。"叶卡捷琳娜向波将金提起了奥洛夫的这番话，结果出人意料，阿列克谢·奥洛夫称病离职，从此便隐退了。

第六十二章

新情人

1776年的冬春两季，让叶卡捷琳娜与波将金维系在一起的情欲日渐消退，两个人的积怨逐渐加剧，在这种情况下叶卡捷琳娜找到了下一任男宠。这个人就是陆军元帅鲁缅采夫的门徒，彼得·札瓦多夫斯基。在鲁缅采夫的指挥下，俄军在对土耳其战争中取得了最终的胜利，当他重返圣彼得堡时一同带回了两名乌克兰青年，札瓦多夫斯基和亚历山大·别兹博罗德科。他们两个人均受过良好的教育，在战争中及随后的和平谈判期间共同效力于鲁缅采夫麾下。当叶卡捷琳娜要求鲁缅采夫举荐几位才华卓著的下属充当她的私人书记官时，元帅提供了这两人的名字。于是，札瓦多夫斯基和别兹博罗德科都得到了女皇的任命，日后两个人也都在各自的事业上大放异彩。

一开始，札瓦多夫斯基似乎更具备成功所必需的条件。他出身良好，陪同元帅一道赶赴战场，在战争中英勇无敌的他被提拔为中校。与波将金同龄，这一年年满三十七岁的札瓦多夫斯基面容英俊，心地善良，受过最上乘的教育，为人谦逊，彬彬有礼。别兹博罗德科则截然不同，他面容粗糙，举止粗野，但是从长远而论他将比前者取得更为辉煌的成就。在成为一名备受敬仰的文官之前，札瓦多夫斯基曾短暂地享受过女皇的宠爱；别兹博罗德科凭借着超凡的智慧和辛勤的工作最终得到了亲王的头衔，并成为俄国总理。

叶卡捷琳娜注意到札瓦多夫斯基完全是顺理成章的事情。后者生就一张黝黑俊俏的面容，身高六英尺，对工作专心致志，这一切都吸引着女皇的目光。在得到波将金的同意后，尚不满一个月的时候她就将扎瓦多夫斯基编入了私人随从的队伍中，充当她的私人书记官。与此同时，别兹博罗德科则在总理府从事着普普通通的文书工作。1775年7月底，札瓦多夫斯基开始同叶卡捷琳娜与波将金一道进餐。

在叶卡捷琳娜与波将金陷入僵局的时候，由于两位当事人的默许，札瓦多夫斯基出现了得势的迹象。女皇与波将金都急于毫发无伤地摆脱目前的境地，而札瓦多夫斯基则为他们提供了缓冲。起初，新的方案收到了成效。叶卡捷琳娜已经疲于应付波将金那些极端苛刻的要求和愈加喜怒无常的情绪，札瓦多夫斯基这位默不作声、谨小慎微的乌克兰青年让她得到了解脱，出于治理国家的需要这样的选择十分必要。然而，她又不愿失去波将金在情感上的支持、不同寻常的活力和独一无二的政治与管理才能。波将金也同样需要札瓦多夫斯基这样一个人，他也急于甚至可以说极度渴望找到一种解决办法，既能确保他作为女皇生命中头号男性的地位，同时又能让他获得充分的自由，而且不用再担心有朝一日醒来的时候突然发现自己已经被取而代之了。叶卡捷琳娜与波将金都希望找到一个解决方案，以维持两个人的感情中最宝贵的核心本质不会消亡。波将金渴望在保住权力的同时消除心中的不安全感，叶卡捷琳娜需要一位爱人，同时也需要稳定的生活，她不希望再面对更多的不测了。叶卡捷琳娜相信札瓦多夫斯基正是她需要的男人，一开始波将金对此也表示认可。

1776年3月，与波将金仍未彻底结束感情生活的叶卡捷琳娜同札瓦多夫斯基发生了肉体上的关系。俄国朝廷和各国使节对此都感到手足无措，每个夜晚陪同女皇返回寝宫的换成了札瓦多夫斯基，而不再是波将金，可是其他方面却似乎一切照旧。波将金仍旧住在冬宫里，而且总是同叶卡捷琳娜一起露面。他们两个人当着众人的面似乎不再像过去那样亲密，但是"继任者"与"卸任者"之间却没有流露出任何紧张或嫉妒的痕迹。实际上，在面对札瓦多夫斯基时波将金总是兴致勃勃，几乎就是一副兄长的模样。

札瓦多夫斯基实现了叶卡捷琳娜的期望。他热情洋溢，对地位和财富毫无野心，后一点在叶卡捷琳娜众多的情人中实属独一无二。两个人有着说不完的甜言蜜语，叶卡捷琳娜给对方起了很多昵称，札瓦多夫斯基则将她称为"卡特娅"或"喀秋莎"[1]。入住冬宫后，原本所有人都相安无事，可是札瓦多夫斯基对叶卡捷琳娜的迷恋一发不可收拾，结果招惹来波将金强烈的妒意。波将金希望一人独霸叶卡捷琳娜，他甚至直接提出了这样的要求，他宣称"继任者"的光芒遮蔽了他的道路。叶卡捷琳娜努力向札瓦多夫斯基解释着自己的处境和感情，后者却不愿接受这些说辞。固执己见的札瓦多夫斯基最终还是失宠了。

6月28日，札瓦多夫斯基正式成为新一任男宠。就在几天前，波将金刚刚离开首都，前往诺夫哥罗德，四个星期后才能回来。在此期间札瓦多夫斯基始终闷闷不乐，他天生就不善于阿谀奉承，宫廷里的生活令他感到厌倦，加之他又不擅长法语，无法参与社交生活。波将金也同样郁郁寡欢。7月底回到圣彼得堡后他抱怨说自己太孤独了，无处可去。叶卡捷琳娜对他说："我的丈夫在信中问我'我应该上哪儿去？在哪里才能找到我自己的位置？'最最亲爱的丈夫，回到我的身边来。我的怀抱等待着你。"

波将金一开始并不反感自己的"继任者"，但是渐渐地，他意识到后者不仅是在私人空间，而且在职务上也已经对他构成了威胁，在叶卡捷琳娜面前他牢骚满腹。叶卡捷琳娜原本指望"后宫"相安无事，现在却发现

---

[1]　卡特娅、喀秋莎均为"叶卡捷琳娜"的爱称。

除了波将金的妒火，她还得应付札瓦多夫斯基的醋意。1777年春，波将金躲在乡下的别墅中，没有出席叶卡捷琳娜的生日庆典。在此期间他向女皇发去了赶走札瓦多夫斯基的最后通牒。叶卡捷琳娜否决了他的要求。

　　您要求我遣走札瓦多夫斯基。一旦做出这样的事情，我的名誉就会受到极大的损害，而且我们之间的裂隙也会得到进一步的扩大，但相比于你而言我总是容易动摇……我还要补充一点，对于一个无辜者而言这种做法有失公正。切莫逼我做出不公正的事情，不要再听信谣传，把我的话放在心上。往日的和睦会恢复的。如果我的悲伤令你有所触动，那你就彻底丢掉疏远我的念头。看在上帝的分上，这种事情哪怕是想一想都会令我感到无法忍受，这再一次证明我对你的感情比你（对我）的感情更为强烈。

　　波将金不会做出让步，札瓦多夫斯基的离去是必然的。1777年夏，经历了不满十八个月的男宠生涯后札瓦多夫斯基带着女皇的告别礼物——一万八千卢布和五千卢布的年金——愤恨而惆怅地离去了，然后躲在乌克兰的家中，过起了闭门不出的日子。当年秋天，叶卡捷琳娜又敷衍了事地做了一番努力，试图劝说札瓦多夫斯基重新回到皇宫，可是这一年俄国充满了政治危机，而波将金作为总督统治着叶卡捷琳娜的帝国南部，他的支持对她来说不可或缺，私生活上出现的波动也无法撼动他的地位。札瓦多夫斯基隐退了整整三年，1780年被选入枢密院后才又重新回到了圣彼得堡，次年出任了国家银行行长，银行正是基于他的提案而创立的。随后他又进入了议会，最终升任教育大臣，并成了叶卡捷琳娜的长孙亚历山大一世的教师。

　　叶卡捷琳娜与波将金之间的关系发生了实质性的改变，两个人从此可以自由选择性伴侣，但同时他们之间的爱并没有消失，而且依旧保持着紧密的政治合作关系。叶卡捷琳娜不停地思念着波将金："我迫不及待地想再次见到你，似乎我已经有一整年没有见到你了。亲吻你，我的朋友。快快乐乐、健健康康地回来吧，我们会相亲相爱的……亲吻你，我太想见到你了，因为我全心全意地爱着你。"通过书信她不断地告诉他自己的新男宠——无论当任者为何人——向他表示敬意与热爱，并且让情人直接写信给他，信中基本上都是些阿谀奉承之辞——他们也非常想念他、爱慕他，甚至是崇拜他。这些年轻人之所以这么做是因为他们都十分清楚，与波将金的影响力相比自己在女皇面前形同虚设。

与此同时，波将金也以自己的方式爱着叶卡捷琳娜。他不再渴望得到她的肉体，但是对她的爱和忠诚却不曾消失。不过，从此他开始在一个又一个妙龄女子身上寻找着性快乐，其中就包括他的外甥女们，即姐姐玛丽亚·恩格尔哈特的三个女儿，亚历山德拉、瓦尔瓦拉和叶卡捷琳娜。

首先吸引到舅父目光的是瓦尔瓦拉（又名"芭芭拉"）。这个一头金发的女孩生性轻浮，非常挑剔，年方二十的她就已经懂得如何控制三十七岁的亲王，即便使出浑身解数波将金还是无法满足她。他写给她的信远比之前写给叶卡捷琳娜的信要炽热得多：

维洛琳卡：

亲爱的，我爱你，我从未像爱你这样爱过任何人……吻你的全身，我最亲爱的女神……再见，我唇齿间的蜜糖……此刻你正在酣睡，不记得任何事情。离去时我给你盖好了被子，然后吻了你……我的美人，我的女神，跟我说你爱我……我的甜心儿，若你胆敢生病的话，当心我揍你……吻你两千两百万次。

瓦尔瓦拉不费吹灰之力就让溺爱她的舅父对她百依百顺了。她不断地挑逗他，误导他，当波将金前往南方之后她装出一副孤独忧伤的样子，女皇叶卡捷琳娜甚至都在给波将金的信中写道："听着，亲爱的，维洛琳卡病得很重，这都是你不能陪伴她所造成的。这是你的不对。我越发喜欢她了，可是你却要把她给害死了。"其实，波将金与叶卡捷琳娜双双被这个年轻女子蒙蔽了，当时她已经同年轻的亲王谢尔盖·戈利岑坠入了爱河，正试图争取他们两个人准许她同亲王的婚事。瓦尔瓦拉成功了，她嫁给了谢尔盖，婚后生养了十个孩子。

接下来，年长瓦尔瓦拉两岁的姐姐亚历山德拉（萨申卡）出现在波将金的生活中。她不像妹妹那样同舅父如火如荼，但是她与舅父的交往更为认真，也更为持久。在余生中，波将金始终与她相亲相爱。即便在嫁给波兰有权有势的贵族塞维尔·布兰尼斯基伯爵后，亚历山德拉仍旧时不时地陪伴着波将金。如果不在波将金的身边，她便总是陪着叶卡捷琳娜，渐渐地她成了女皇最为宠爱的女官。亚历山德拉身材苗条，双眼湛蓝，生有一头栗色的秀发和高高的颧骨，举止端庄得体，堪称完美。在所有的外甥女中波将金最看重她，他几乎将所有遗产都留给了她，她自己曾计算过在上了年纪之后她名下的财产有两千八百万卢布之巨。不过，在叶卡捷琳娜在世期间，大多数时间亚历山德拉都住在冬宫，当女皇谢世后她便悄无声息地退隐到乡下的一座木屋去了。

另一位外甥女叶卡捷琳娜是恩格尔哈特家五姐妹中最漂亮也是最懒惰的一个，她之所以屈服于波将金的追求是因为她甚至懒得反抗他。与瓦尔瓦拉相比，波将金与她的交往更为不平静；与亚历山德拉相比，则少了很多甜蜜。叶卡捷琳娜嫁给了保罗·斯科夫龙斯基，但是女皇却任命伯爵为驻那不勒斯公使，伯爵夫人拒绝陪同丈夫一道远走他乡。叶卡捷琳娜留在了圣彼得堡，好让舅父如愿以偿。后来，她还是去了意大利，但是丈夫已经一病不起。她丢下丈夫，自己则斜躺在沙发上，裹着一条黑色的皮大衣，通宵达旦地玩着扑克。波将金送给她硕大的钻石首饰，丈夫买给她巴黎的时装，这些东西她碰都不碰一下，还说："这些东西有什么用？谁想要这些劳什子？"就在她住在意大利期间波将金离开了人世，等丈夫也亡故之后她便回到了俄国，改嫁给一位意大利伯爵，与其共度余生。

当时的社会对波将金与外甥女们之间的恋情并不认同，但是外界对此默不作声，很少有人会直截了当地提出异议。在18世纪，俄国及其他欧洲宫廷与贵族阶层过着绚丽而封闭的生活，这种生活让亲属之间很容易相互产生肉体上的吸引，同时也很难让人对此提出非议。十三岁时叶卡捷琳娜，即安哈尔特–泽布斯特的索菲娅，在动身前往俄国，准备嫁给自己的远房表哥彼得大公之前就已经同舅父乔治有过一段眉来眼去的交往。

尽管如此，对于波将金同外甥女们的恋情，俄国国内还是出现了不一样的声音。波将金的母亲达里娅·波将金娜坚决反对儿子同自己的外孙女保持这种关系。但是所有人都将她的意见当作耳旁风。波将金对她充满斥责的信件一笑了之，然后便揉成一团，丢进了火塘里。

叶卡捷琳娜没有因为这些年轻女子同波将金同床共枕便对她们醋意大发，令她嫉妒的只是她们的年轻。叶卡捷琳娜自己的青春被荒废了，十六岁那一年她嫁给了一个不幸的少年；作为成熟的女性，直到二十五岁时她才初次体会到性的滋味，而对方却是一个冷酷无情的浪荡子。看着波将金的外甥女们，年届五旬的她仍旧想象着自己当年没能实现的如火青春。对于衰老她感到深恶痛绝，举国欢庆的寿辰成了她的哀悼日。在给格林的一封信中她写道："一位女皇倘若能永远停留在十五岁该多么美妙啊！"

第六十三章

男宠

在十四岁那一年刚来到俄国的时候叶卡捷琳娜——当年的索菲娅——便懂得了"男宠"这个词的含义，即把持皇权的那个女人伊丽莎白女皇明确且公认的情人。以女大公身份度过的婚后岁月中她自己也先后有过三个情人：萨尔蒂科夫、波尼亚托夫斯基和格里高利·奥洛夫，但这些人都不能被称为"男宠"，因为她还不是女皇。当然，在登基后她与奥洛夫仍旧保持着情人关系，后者也因此成为她的首任男宠。终其一生，叶卡捷琳娜统共有过十二个情人，登基前先后与上述三位交往过，自三十三岁起她在位三十四年，在此期间又拥有过九个情人。她曾深爱过其中的五位，波尼亚托夫斯基、奥洛夫、波将金、札瓦多夫斯基和亚历山大·朗斯科耶；萨尔蒂科夫、伊凡·里姆斯基-科萨科夫和亚历山大·马莫诺夫这三位在她心中只激起过情欲，而非爱情；瓦西里奇科夫、西蒙·佐里奇和亚历山大·耶尔莫洛夫都属于草率的选择，很快便都遭到抛弃了；最后登场的普拉通·祖伯夫则另当别论。

通常，新旧男宠交替时中间只存在短暂的间隙。大部分男宠对国家政策都没有产生过影响，不过他们终究还是有机会向叶卡捷琳娜吹"枕边风"。叶卡捷琳娜在位期间，各国使臣发回国内的快信中充斥着有关男宠起起落落的报告，其内容无不是在解释每一个重大变动。有几位情人在这个女人的生命中只扮演了"花瓶"的角色，他们出身低微，最终还是被丢弃在了黑暗中。这个"职位"总是充满了激烈的竞争，胜出者会得到珠宝、金钱、宫殿和乡村别墅之类的"奖品"，"卸任"时必须强忍住泪水，也不得出言不逊。有时候，卸任者随后又会出现在朝臣的队伍中。

叶卡捷琳娜的大多数男宠都是由于英俊的外貌而被选中的年轻军官，但是他们的当选和陪伴并不仅仅是为了满足叶卡捷琳娜的性欲，这甚至都算不得是主要的需要。她渴望爱，也渴望被爱。她曾经与令人难以忍受的丈夫度过了一段感情的真空期，通过她写给波将金的信不难发现，在渴望肉体得到满足的同时她也期待着一位聪明而深情的伴侣。

接受了失宠现实的格里高利·奥洛夫同年仅十五岁的远房表妹叶卡捷琳娜·季诺维耶娃相恋了，求婚后他花了很长一段时间带着对方周游西欧各国。看到自己这么快就被取而代之，女皇的自尊心受到了伤害，不过她还是为奥洛夫的婚事同圣议会进行了斡旋，最终让教会破例为其解除了对同门婚姻的禁令，在1777年奥洛夫终于如愿以偿地完婚了。然而婚后新娘患上了肺结核，健康状况逐渐恶化下去，尽管奥洛夫对她无微不至，带着她四处求医，但她还是于四年后在瑞士的洛桑逝世了。奥洛夫又回到了圣彼得堡，他的身体每况愈下，并出现了严重的幻觉，最终发展成了痴呆。1783年4月12日，奥洛夫离开了人世，享年四十六岁，根据遗嘱其留下的庞大财产全部留给了他同叶卡捷琳娜生养的孩子，阿列克谢·波布林斯基。

同情人相恋之初，在私下里有时候叶卡捷琳娜或许表现得有些急躁，但是在公开场合她从来都保持着端庄的仪态。她从不为豢养男宠而表示歉意，也没有流露过为此感到羞愧的迹象。每一位男宠都过着正大光明的生活，实际上朝廷和民间对他们的态度似乎更加平常。皇宫里永远都能见到他们的身影。庞大的帝国令叶卡捷琳娜不堪重负，在作为女皇的同时她还是一名骄傲并充满激情的女子，她没有工夫，也无意向外人做出解释或者狡辩。孤身一人的她需要伴侣，需要有人陪她聊天、欢笑，给予她来自同类的温存，但同时又不会危及她的权力。然而，在这件事情上存在着一个棘手的问题——对权力的渴望和吸引爱情的权力，要想调和这两者并非易事。

除了札瓦多夫斯基，其他男宠均出自近卫团，其中绝大多数出身于小贵族家庭。人选一旦被确定，新任男宠便会被人带进宫中叶卡捷琳娜寝室旁的房间里，进入房间后他会看到在梳妆台的抽屉里放着一大笔钱——来自女皇的见面礼，从此他便过起了饱食终日、平淡无奇的生活。每天上午10点，他被召进女皇的寝室；在公共场合他会受到朝廷重臣的礼遇；他要随时陪在女皇的左右，在女皇漫长的工作日里必须十分留心她的需要，不能有丝毫的怠慢；必须做好随时伸出手臂，陪同她在群臣面前、晚宴上、皇宫剧院里亮相；出行时他同她一道坐在皇家马车里，在官方招待会上就座于她的身旁，还同她一起守在牌桌前；一到晚上10点，他便再一次将手臂递给她，护送她返回卧室。除了履行这些职责以外，他几乎过着与世隔绝的生活。波将金和札瓦多夫斯基之后，叶卡捷琳娜的绝大多数男宠都不得私自出访或接待访客。叶卡捷琳娜慷慨地赐予这些年轻人礼物和头衔，不过鲜有人能在这个金鸟笼里逗留两年以上。离去时，几乎每一个人都得到了大笔赏赐，从未有人对叶卡捷琳娜心存怨恨。

大多数男宠都是年轻人，青春稚嫩的他们同仪态万方、对他们恩宠有加的女皇形成了鲜明的对比，二者在年龄和地位上的差别令群臣感到困惑，也为欧洲各国不断地提供着话柄，但是每一位男宠取悦她的方式和床帏之内的细节却始终不为外界所知。波将金和札瓦多夫斯基同女皇的往来信件大多被保留了下来，但是信中对这些事情还是语焉不详。有人试图探寻叶卡捷琳娜同情人之间的情欲之事，但都一无所获，无论是她自己，还是其他人都不曾在言谈或文字间提及过她的性倾向和性生活。叶卡捷琳娜的卧室永远大门紧闭。

除了同波将金、札瓦多夫斯基以及最后一任男宠普拉通·祖伯夫的交往之外，叶卡捷琳娜始终能做到"公私"分明，将自己的个人生活同政治、朝廷和外交等事区分开。由于担心情人会利用她的感情，并对皇权产生非分之想，她决不允许任何一位男宠插手政府工作。年事渐高后她对亲密关系和情感支持的渴望终于使得男宠们有机可乘，只要对她在知识和艺术领域的追求流露出兴趣就很容易得到她更长久的宠爱。朗斯科耶（1780年—1784年）和马莫诺夫（1786年—1789年）的经历就说明了这一点，前者英年早逝，后者则移情别恋，背叛了同她的感情。

直到一连串近卫团年轻军官粉墨登场，叶卡捷琳娜的情事才开始令整个欧洲大开眼界。只要是一国之君，必然少不了"后宫佳丽"的陪伴，同时代的各位君主自己的私生活令外界对叶卡捷琳娜的做法难以诟病。在俄国，彼得大帝在同情妇结婚之前便与其生养了一双女儿，安娜皇后和伊丽莎白女皇则为男宠在俄国宫廷的合理存在铺平了道路。由于在政治领域取得的成就，叶卡捷琳娜在私生活方面的瑕疵则轻而易举地被忽略不计，或者至少也大打折扣了，根据1780年代英国驻俄国大使的描述，作为一国之君她始终"母仪天下"地管理着整个朝廷。

随着时间的推移，男宠的存在不再受到人们的质疑，真正引起注意的是这些男子的年龄，以及他们同叶卡捷琳娜在年龄上的严重失调。当外界的目光日益集中于年龄问题时，叶卡捷琳娜解释说这种关系在栽培人才方面起到了重要作用，在她的调教下这些年轻人为泱泱俄国优雅迷人的宫廷锦上添花，无论是对君主个人，还是对于帝国而言，他们必须有所建树，能够担当重任。在写给德国作家格林男爵的信件中她宣称这些年轻人天赋过人，她有责任为他们创造机会，以便让他们的才华得到进一步的施展。

在彼得·札瓦多夫斯基失宠后，波将金开始寻找新的男宠，这个人必须得到叶卡捷琳娜的认可，同时又必须对他忠心耿耿。波将金最终选中了三十二岁的佐里奇。这位具有塞尔维亚血统的俄国军官身材高挑，相貌堂堂，待人接物彬彬有礼，但是缺乏头脑。他是一位功勋卓著的军人，在对土耳其的战争中有过英勇顽强的表现，随后又坚强不屈地熬过了五年的战俘生涯，于1774年重返俄国后成为波将金的助手。1777年5月札瓦多夫斯基离开了皇宫，佐里奇遂成为新一任男宠。

作为男宠，佐里奇比札瓦多夫斯基更为短命，新的身份令他变得利令智昏。叶卡捷琳娜敕封他为爵士，但是他要求得到同奥洛夫和波将金同等的头衔——亲王。他的不满激怒了女皇，在入宫仅仅十个月后女皇告诉波将金："昨天夜里我还爱着他，今天我就对他忍无可忍了。"叶卡捷琳娜需要的是一位知心人，然而波将金忘记了这一点。佐里奇同女皇的关系日趋恶化，但是他并不明白这位对他恩宠有加的女人为何在一夜之间就变得翻脸无情。他将女皇的转变归咎于波将金，随之便决意开始捍卫自己的地位。佐里奇发出了挑战，亲王则不屑地抽身离去了。1778年5月，入宫刚满一年的时候佐里奇便带着一笔补偿金被打发走了。这个冥顽不化的赌徒后来挪用部队公款，东窗事发后最终含羞离开了人世。

取代佐里奇的是二十四岁的近卫团军官，伊凡·里姆斯基-科萨科夫，这位男宠"任职"两年。这位英俊的军官擅长演奏小提琴，还是天生的男高音。他的男性魅力令叶卡捷琳娜不禁联想起古希腊英雄，在给格林的信中她将这位男宠比作"古希腊伊庇鲁斯国王皮洛士，每一位画家都应当为其作画，每一位雕塑家都应当为其塑像，每一位诗人也都应当吟诵他……他的一举一动、一颦一笑都那么优雅而高贵"。

如此出众的里姆斯基-科萨科夫却没有多少学识，当叶卡捷琳娜赠送给他一幢位于圣彼得堡的宅邸时他觉得应该在其中布置一间书房，以显示自己的地位。书架搭建完毕之后他叫来了圣彼得堡首屈一指的书商，对方问他需要什么类型的书籍，这位刚刚起步的藏书家回答道："你比我更懂行。最底层放大部头，上一层放小一点的书，就这样一直码放到顶层。"书商遂运来了一堆滞销的皮面日耳曼语圣经注疏类书籍。没过多久，在对这位男宠做了一番调查之后，英国大使发现"他的原名为寻常可见的伊凡·科尔萨克，后来他给自己改名为发音更为悦耳的伊凡·里姆斯基-科萨科夫"。

尽管叶卡捷琳娜对里姆斯基-科萨科夫不吝溢美之词，但朝廷中的大部分人都认为这位男宠在宫中的生活长久不了，除了女皇，所有人都看得出他的心思根本不在"本职工作"上。他必须随时陪伴在女皇身边，不得擅自离开皇宫，渐渐地，他感到了无聊和躁动。里姆斯基-科萨科夫投向了普拉斯科维娅·布鲁斯的怀抱，这位女伯爵是叶卡捷琳娜的首席女侍臣，也是多年来的好友之一。他们愚蠢地以为他们可以在宫中保持这种关系。这对恋人设法维持了将近一年的交往，有一天就在他们行云雨之欢的时候叶卡捷琳娜突然推开了房门，就这样这段恋情结束了。叶卡捷琳娜派人告知里姆斯基-科萨科夫，倘若他能立即离开圣彼得堡，她则对他宽大处理；布鲁斯女伯爵则必须回到丈夫身边。

这场感情纠葛并未到此结束。叶卡捷琳娜、群臣以及布鲁斯女伯爵本人很快发现里姆斯基-科萨科夫只是将女伯爵当作诱饵，并利用她来打发时光，缓解自己的无聊，其实他的真正目标是年轻貌美的叶卡捷琳娜·斯特罗加诺夫女伯爵。斯特罗加诺夫的丈夫在全俄国都是数一数二的富豪，她自己曾在巴黎生活了六年。年轻的女伯爵对这位英俊的"伊庇鲁斯国王"一见钟情，失宠的里姆斯基-科萨科夫刚一离开莫斯科，斯特罗加诺夫便追随他而去，如果没有出现如此戏剧化的场面，这段曲折的双重背叛也就不会暴露了。斯特罗加诺夫伯爵的反应颇具豪门气派，在这起丑闻变得妇孺皆知后，由于担心年幼的儿子会受到影响，他便将妻子安置在莫斯科的一所豪宅中。女伯爵同里姆斯基-科萨科夫在此度过了十年的幸福时光，养育了三个孩子。

在经历了里姆斯基-科萨科夫带来的创伤后，叶卡捷琳娜度过了六个月的孤独时光，但是在1780年复活节期间新的男宠——亚历山大·朗斯科耶——终于出现了。这位二十二岁的青年出身于乡下一户落魄贵族家庭，效力于近卫骑兵团。意识到自己的存款不足以维持同战友一样的生活时，他主动请调到一处偏远的要塞，在那里他的消费就可以大为削减。朗斯科耶的申请在呈交给军事学院后被波将金驳回了，出人意料的是亲王反而将这位年轻人提拔为自己的副官，并将他引介给了女皇。朗斯科耶容貌俊秀，根据叶卡捷琳娜的描述，他"为人善良、快乐、诚实，彬彬有礼"。1779年11月，朗斯科耶正式入住皇宫，他那间寝室的前主人正是里姆斯基-科萨科夫。财富一如既往地纷至沓来——珠宝、十万卢布和一幢乡间别墅，一样不少。随后，他的三位表兄弟在普列奥布拉任斯基近卫团得到了军职，三位姐妹以宫女的身份入宫，随后均同贵族联姻，最终都晋升为女官。

叶卡捷琳娜对这位可爱的随从十分欣赏，爱慕之情激起她对教育的信念。她认为在俄国应该有更多的人受到军事化训练，以为国家效力，朗斯科耶对女皇的提议表示了全心全意的拥护。之前他所受教育有限，现在他对女皇的忠诚既来自对女皇这个身份的尊敬，同时也由于他将女皇视为自己的师长。看到他对学习的渴望后，叶卡捷琳娜便帮助他用法文开始了同格林的书信往来。

叶卡捷琳娜对朗斯科耶的感情完全不同于她曾经对奥洛夫和波将金产生过的感情，但是朗斯科耶的温和与忠诚在心中激起了近乎慈母般的爱意。这个年轻人聪明机智，不愿插手一切公共事务，而且还颇具艺术天赋，具有良好的鉴赏力，对文学、绘画和建筑都充满了浓厚的兴趣。他成了女皇理想的伴侣，愿意陪着她出席音乐会和戏剧演出，安静地坐在一旁聆听她的倾诉，甚至还能在她为皇村设计新花园的时候给她出谋划策。

日复一日，年复一年，叶卡捷琳娜越来越离不开这位年轻的爱人了，就连愤世嫉俗的亚历山大·别兹博罗德科都承认，"同其他人相比他就是天使，广结善缘，对邻人从不起歹念，还总是努力向他人施以援手"。朝中经常传出波将金对这位于人无害的年轻人妒火中烧，而朗斯科耶则随时会被赶走的消息。事实与此大相径庭，波将金对朗斯科耶十分满意，叶卡捷琳娜也毫无后顾之忧地将情感倾注在朗斯科耶的身上。她曾说过是朗斯科耶的开朗令皇村"变成了最迷人、最快乐的去处，在那里时间总是转瞬即逝，没人知道怎么一眨眼的工夫时间就没了"。

四年过去了，自从十二年前同奥洛夫结束关系后，叶卡捷琳娜还从未与任何一位情人保持过如此长久的交往。1784年6月19日，朗斯科耶说喉咙有些疼痛。结果，病情不断恶化下去，他发起了高烧，最终因喉咙发炎而离开了人世。自发病到逝世前后只有五天的时间，据说他患上的是白喉。

朗斯科耶的逝世令人猝不及防，他永远地离开了叶卡捷琳娜，后者沉浸在悲痛中不能自拔。叶卡捷琳娜一连三个星期卧床不起，不愿走出房间，也拒绝儿子、儿媳及她所疼爱的孙子的探访，他们在她的卧室门外听到她不停地抽泣着。远在南方的波将金立即赶回了圣彼得堡，同其他人一起努力安慰叶卡捷琳娜。然而，后来叶卡捷琳娜在信中告诉格林："他们努力了，可是我无法忍受他们的帮助。没有人能说到我的心坎上，也没有人能理解我。人们只能循序渐进，可是每迈出一步都伴随着一场战斗，总有一方最后会做出让步。"最终，波将金还是设法让叶卡捷琳娜恢复了往日的平静，她不再执着于朗斯科耶的离去。"他成功地将沉睡不醒的我唤醒了。"她说。

叶卡捷琳娜不再流泪了，可是她始终摆脱不了心中的消沉。在给格林的信中她写道：

我陷入了极度的痛苦中，我的幸福一去不返。我失去了最要好的朋友，我原本以为这不可弥补的损失会让我随他而去。我原本希望他会成为我晚年的依靠……我正在亲自培育这个年轻人，他知恩图报、温柔、诚实，他帮我承担痛苦，也同我分享我的喜悦……我成了一个绝望而寡言的人，如行尸走肉般步履沉重，只要看到别人的面庞我便哽咽无语。我不知道自己接下来会出什么事情，但我确信这一辈子最悲哀的时刻莫过于现在，我最好、最亲爱、最善良的朋友就这样弃我而去了。

朗斯科耶将作为男宠所得到的一切财产全都留给了叶卡捷琳娜，后者又将其平均分配给了他的母亲、兄弟和几位姐妹。那个夏天，叶卡捷琳娜无法继续空守在皇村，到了9月才又重新出现在公众面前，直到次年2月才回到了冬宫。终于，她还是再一次来到皇村，在他们一起参与建造的花园里将他安葬在了一座希腊式的坟冢里。朗斯科耶的墓碑上刻着"最亲爱的朋友——叶卡捷琳娜 敬献"。

在叶卡捷琳娜的一连串男宠中，似乎在每一段辉煌感情结束后总会出现一个无足轻重的人物，奥洛夫之后是瓦西里奇科夫，札瓦多夫斯基后面跟着佐里奇。这一次也不例外，在朗斯科耶逝世后亚历山大·耶尔莫洛夫来到了女皇的身边，不过间隔了一段时间。朗斯科耶给叶卡捷琳娜造成的创伤愈合得非常缓慢，那间专供男宠居住的寝室空了整整一年。生活恢复正常后，叶卡捷琳娜在三十岁的耶尔莫洛夫的身上才勉强找到了一丝慰藉。

同大多数男宠一样，耶尔莫洛夫也是一名近卫团军官，而且同朗斯科耶一样他也曾效力于波将金。亲王对他颇有好感，认为他不具有威胁性，而且深知他没有学识，对学习也毫无热情，但是他相貌英俊，看上去为人诚实，在当时的情况下非常适合叶卡捷琳娜的需要。叶卡捷琳娜没有心情再接受一名热情的年轻学生，在她的心中没有人能同魅力非凡、聪明过人并忠心耿耿的朗斯科耶相提并论。在1785年的春天，她在信中告诉格林："我的内心再度恢复了平静和安详……我已经找到了一位非常合格的朋友。"

在十七个月的男宠生活里，耶尔莫洛夫很少主动要求叶卡捷琳娜将时间和心血花费在他的身上，最终他又一手造成了自己的"退位"。作为波将金曾经的门生他竟然开始与波将金作对，仿佛以为自己可以与亲王平起平坐。出于对男宠这个职务的判断，他开始有恃无恐地在叶卡捷琳娜面前对亲王评头论足。无论真假，他将涉及亲王的每一桩丑闻传言讲给女皇，其中就包括波将金将原本划拨给克里米亚废帝的养老金收归自己囊中。结果可想而知。1786年6月，勃然大怒的波将金当着群臣的面对耶尔莫洛夫发起了反击，他冲后者吼道："你这个杂种，你这个小丑，我曾经就是用这个臭水坑里的臭水养活了你，如今你居然敢把这些脏水往我身上泼。"自负的耶尔莫洛夫立即握住自己的剑柄，但是波将金突然狠狠地给了他一拳，他登时便失去了平衡。波将金又冲进了叶卡捷琳娜的房间，咆哮道："要么他滚，要么我滚！倘若你让这个蝼蚁中的蝼蚁继续留在宫里的话，那我今天就辞去一切职务。"耶尔莫洛夫随即便被赶走了，离去时女皇给了他十三万卢布的现金，并允许他在国外生活五年。此后叶卡捷琳娜再也没有见过这位男宠。

耶尔莫洛夫被赶走后，男宠更替的规律再一次应验了，将无足轻重的前任取而代之的是一个看起来十全十美的人，叶卡捷琳娜甚至相信这位新情人与朗斯科耶无异。二十六岁的亚历山大·马莫诺夫相貌英俊，受过良好的教育，能讲一口流利的法语和意大利语，同样身为近卫团军官的他是为人慷慨大度的斯特罗加诺夫伯爵的外甥，后者年轻的妻子已经同女皇之前的男宠里姆斯基-科萨科夫私奔了。就在耶尔莫洛夫被打发走的第二天晚上，马莫诺夫便陪同叶卡捷琳娜走进了她的寝室，次日清晨叶卡捷琳娜的书记官在记录中写下了一条——"二人睡至9点"。新男宠很快就在普列奥布拉任斯基近卫团中得到了高升，1788年5月被擢升为中将，当月叶卡捷琳娜又册封他为伯爵。由于最喜欢红色的军装，他被女皇昵称为"红外套"。马莫诺夫比大多数前任都聪明，叶卡捷琳娜便时常就政务之类的事情咨询他的意见。尽管当着他的面叶卡捷琳娜总是一脸严肃，但是对外人提起他的时候叶卡捷琳娜总是如慈母谈及爱子一般。在给格林的信中她写道："我们就像魔鬼一样聪明，我们热爱音乐，我们将自己对诗歌的衷情掩藏了起来，仿佛它是一桩罪行似的。"她还热情洋溢地告诉波将金："萨沙堪称无价之宝……拥有取之不尽、用之不竭的欢乐，具有独到的见解，同时又见多识广……我们之间的气氛堪称上流社会中的上流社会，我们用俄文和法文写下的书信完美无缺，而且我们的面容如此相像，都生就一双黝黑的眼睛和浓眉，举止又都那么高贵而自在。"

尽管一开始两个人对彼此热情如火，但是在十八个月后这段感情还是冷却了下来。1788年1月，这位男宠开始流露出倦怠的痕迹，有传言称他甚至在尽量回避与女皇发生亲密的接触。事实上，是马莫诺夫厌倦了同叶卡捷琳娜生活在一起而受到的束缚。在圣彼得堡他几乎无法逃离女皇的视线；他也非常不喜欢出城旅行，因为总是一连数天被闷在船舱或车厢里，他曾抱怨说乘坐女皇的马车旅行"令人窒息"。

1788年春，马莫诺夫同二十五岁的达尔娅·谢尔巴托娃开始秘密交往了。没过多久他便致信波将金，恳求对方能解除自己同女皇的关系。波将金斩钉截铁地回复道："尽忠职守是你的本分。切莫犯糊涂，自毁前程。"

当年11月，马莫诺夫的健康开始衰退，他提醒女皇自己已经无力继续履行职责。尽管如此，在1789年初他仍旧保持着男宠的职位，叶卡捷琳娜对一切更换男宠的提议都充耳不闻。2月11日的夜晚，马莫诺夫同叶卡捷琳娜突然爆发了一场争执，他要求辞去目前的职务，次日女皇痛哭了一整天。没有花费多少工夫波将金就平息了事态，可是马莫诺夫却对一位知心好友说自己过的日子就像"蹲监狱"一样。当月21日，叶卡捷琳娜泪水涟涟地抱怨说马莫诺夫"一脸冷淡，心事重重"，在随后的几个星期里她几乎见不到他的身影。4月21日，叶卡捷琳娜一个人度过了自己的六十岁寿辰。此时，朝中不少人都已经知道了马莫诺夫同谢尔巴托娃的恋情，不过女皇对此尚一无所知。6月1日，前任男宠彼得·札瓦多夫斯基获悉马莫诺夫决定迎娶谢尔巴托娃，在札瓦多夫斯基的眼中这个女孩"平淡无奇，既没有姿色，又缺乏天赋"。当月18日，马莫诺夫终于向女皇坦白了一切。他的开场白充满了口是心非的表述，他抱怨说是女皇冷落他在先，并让女皇告诉他他应该做出怎样的选择，叶卡捷琳娜明白对方是在恳求得到解脱。然而，为了将他继续留在宫中，她提出让马莫诺夫与俄国最富有的女继承人之一——布鲁斯女伯爵年仅十三岁的女儿——成婚。叶卡捷琳娜吃惊地看到马莫诺夫拒绝了这个提议，随即马莫诺夫便将一切和盘托出。他战战兢兢地说自己同谢尔巴托娃已经相恋一年，早在六个月前他就给对方许下了结婚的承诺。叶卡捷琳娜十分震惊，但是在自尊心的驱使下她只能对对方表示宽宏大量。在将马莫诺夫与谢尔巴托娃召到自己面前后她立即看出来后者已经怀有身孕，她宽恕了马莫诺夫，并准许他们成婚，甚至执意在皇宫教堂里为他们安排了一场婚礼。她没有出席这场婚礼，但是赏赐给这对新婚夫妇十万卢布和一座乡村别墅。"愿上帝赐予他们幸福。"她说。唯一的要求只是他们能离开圣彼得堡。

叶卡捷琳娜素来慷慨大度，但这背后是一颗伤痕累累的心。在给波将金的信中她写道："我完全无法描述出长久以来自己所遭受的折磨。你能想象得出吗？"他（马莫诺夫）对"成百上千相互抵触的事情、自相矛盾的念头，以及荒诞不经的行为"都负有责任，任何人都认为他一直在女皇的迫使下不断做出违心的选择，一想到外人的这种认识叶卡捷琳娜就感到怒不可遏。"我绝对没有当过任何人的暴君，束缚别人的自由令我感到深恶痛绝。"

同叶卡捷琳娜相比马莫诺夫的境遇则更为可悲。他莫名其妙地将女皇在分手时的宽宏大量误解为女皇对她余情未了。1792年，对妻子感到厌倦之后，远在莫斯科的他开始给女皇写信，乞求恢复往日的关系，对年轻时导致自己失宠的"愚蠢"感到痛心疾首，并称这件事情"无休无止地折磨着"他的"灵魂"。叶卡捷琳娜没有做出回应。

在这些花瓶似的年轻男子身上，叶卡捷琳娜究竟在寻求什么？她曾表示自己寻找的是爱情，在《回忆录》中她写道："少了爱，我一天也过不下去。"然而，世间有千百种爱情，而叶卡捷琳娜渴望的并非仅仅只是肉体上的欢愉，而是来自对方的友情、温暖、支持和智慧，如果有可能的话最好再多一分诙谐。此外，对方还应当对她表示出足够的尊敬——不只是对女皇这个角色本能的敬意，其中还应该包括一个男人对一位迷人女性的尊重。随着年纪的增长，她需要证明自己风采依旧，仍然有能力拴住男人的心。叶卡捷琳娜固然是一个现实主义者，但同时心中又充满了对浪漫的渴望。这些年轻人之所以能被吸引到她的身边是因为她是他们的统治者，他们接受这份感情的理由和目标与她的截然不同。她清楚这些事实，也能做到安之若素。对爱与性的渴望并非吸引这些男宠的主要原因，驱动他们的是各自的野心、对名望和财富的渴望，有的人甚至还对权力充满了幻想。这一点叶卡捷琳娜也同样十分清楚。她索求的并非只是单纯的性爱，她想看到他们流露出自己因为她的存在而感到喜悦的迹象、渴望理解她的观点、欣然接受她富于智慧和经验的督导，欣赏她的幽默，并能带给她欢笑。在她的感情生活中肉体的欢愉只能在很短的一段时间里对她构成吸引。这些男宠受到遣散并不是因为他们缺乏阳刚之气，而是因为他们令她感到了厌倦，并非只有当了女皇才能发现陪自己过夜的男子到了清晨就令人完全无法与之谈话。

少女和少女时代的经历足以解释叶卡捷琳娜同男宠们的感情纠葛。十四岁那一年她被送到了异地他乡，两年后嫁给了一个存在心理阴影和生理缺陷的少年，在婚后九年里这个男人自始至终没有碰过她。她没有家人，父母双亡，三个孩子自出生起就被抢走了。日复一日，她深陷在对青春永驻的渴求中。时至今日，人们有了各种各样延长这一错觉的方法，然而在叶卡捷琳娜的时代人们对此无能为力。为了挽留住青春，叶卡捷琳娜试图通过年轻男子的爱来证明她的存在，必要的话她甚至可以接受虚情假意。当他们无法帮助女皇维持这种错觉的时候，或者他们，或者女皇自己便会终止这场哑谜，然后她又会同下一位情人开始一场新的哑谜。

叶卡捷琳娜先后拥有过十二位情人，令当时的社会感到震惊的并非这个数字，而是后期几位情人同她之间存在的年龄差距。她对此做了一番精心的解释，宣称自己将这些人视为自己的学生，希望能为自己培养一些精神上的伙伴。一旦这些人彻底无法达到她的要求——不过她从未妄想过这些人日后将成为另一位伏尔泰或者狄德罗，就连第二个波将金都没有可能——她至少还可以说自己是在培养他们参与行政管理的能力。

这些年轻人心甘情愿地接受女皇对自己的利用，尤其是在对对方毫无爱意的情况下与其保持性关系，世人应当对他们做出怎样苛刻的评价？这个问题不仅存在于18世纪，也不仅仅是只针对年轻男子的案例。实际上，女性总是可以委身于自己不爱的男人，除了武力上的胁迫和来自家庭的压力之外，她们做出这种选择的理由同叶卡捷琳娜身边这些年轻男子的考虑大致一样——野心、对财富的渴望、对某种形式的权力的觊觎，有人甚至渴望有朝一日能够获得独立的地位。在叶卡捷琳娜身边的年轻男子中很少有主动渴望成为男宠的例子，出身低微的他们大多受到亲人的催逼，后者一心指望着以此能得到女皇慷慨的赏赐。世人很少会在道德层面对这种做法提出诟病，实际上在叶卡捷琳娜的男宠中从未有人碰到过家人冲他们竖起食指，说："罢手吧！这么做是不对的！"

　　叶卡捷琳娜将感情生活可以被公之于众的一面毫无保留地公开了，在自己的《回忆录》以及给波将金和其他人的信件中，她总是不断地对这些男宠盛赞一番。对男宠们的描述都只是些错误的判断和感情用事而已，但是对于自己，她总是能做出忠实客观的评价。她曾开诚布公地告诉波将金在他之前自己曾有过四位情人。在《回忆录》中她也记述下了在诸如俄国宫廷这样的环境下抵制诱惑的艰难，对于她同男性的交往，她的为人和她的出身都起到了决定性的作用。如果她像英国的伊丽莎白一世一样拥有一位堪称明君的父亲，或者能如伊丽莎白那样将处子之身和禁欲的一生当作奖品一样诱惑并操纵着有权有势的男人们，那么欧洲君主制时代这两位卓越女性统治者的人生或许就不会如此大相径庭了。

第七部分

"我的名字是'叶卡捷琳娜二世'"

第六十四章

叶卡捷琳娜、保罗与娜塔莉娅

叶卡捷琳娜被带到俄国是为了生产子嗣，以确保罗曼诺夫王朝后继有人。同丈夫彼得生养孩子的职责耗费了她九年的荒芜生命，面对她的失败，伊丽莎白女皇执意要求她在两位潜在的"代孕"父亲——谢尔盖·萨尔蒂科夫和列夫·纳雷什金——之间做出选择。就在她成功履行了职责的那一刻，伊丽莎白却将新生儿夺走了。

这个残忍的打击无论是对叶卡捷琳娜，还是对她的儿子保罗而言都造成了终生挥之不去的影响。伊丽莎白女皇不允许叶卡捷琳娜享受为人母的快乐，她对这个孩子的出生及婴儿时期的记忆充满了痛苦。萨尔蒂科夫作为孩子父亲的事实几乎不存在任何疑问，但是为了显示自己的胜利这个男人抛弃了叶卡捷琳娜，保罗的存在提醒着她曾经有一个男人对她那么冷酷无情。与之相比，她的丈夫彼得则更"胜"一筹。多年来彼得不断地羞辱着叶卡捷琳娜，甚至威胁要将她永久性地打入修道院。这两个男人一个是皇室公认的保罗父亲，另一个是保罗的生身父亲，这两个男人在她的心中留下了悲伤、失望和孤独夹杂的苦涩记忆。

1762年，叶卡捷琳娜登上皇位，她立即着手修复同儿子的关系。然而，一切为时已晚。八岁的保罗瘦小纤弱得出奇，经常因为患病卧床不起。起初，他十分怀念伊丽莎白女皇，这个高大而热情洋溢的女人一直在娇惯他，在他的身边安排了很多保姆和其他女性，让他过着衣来伸手、饭来张口的生活。每次得到准许探访保罗的时候，高大的格里高利·奥洛夫总是陪伴在叶卡捷琳娜的身旁，他曾宣称彼得感受到的关注都来自他。

对于叶卡捷琳娜而言，在位期间最棘手的心理及政治难题便是同保罗的关系及保罗对皇位继承的影响。自打一开始，叶卡捷琳娜就意识到图谋推翻她的人势必会将矛头指向罗曼诺夫家族的继承人，具体说就是她的儿子，问题的焦点则在于保罗的父亲究竟是彼得三世，还是叶卡捷琳娜的情人谢尔盖·萨尔蒂科夫。在《回忆录》中叶卡捷琳娜做过明显的暗示，即保罗是后者的儿子，而且在他诞生之初满朝官员几乎没有人相信彼得会是他的父亲。彼得在性生活方面的无能、婚后同妻子之间的破裂的感情及性生活，以及叶卡捷琳娜同萨尔蒂科夫的婚外情在宫廷里尽人皆知。然而，当时的俄国百姓对这些事情一无所知，他们相信皇位继承人的确出自叶卡捷琳娜的丈夫，即未来的沙皇彼得三世。在叶卡捷琳娜的加冕典礼上向保罗欢呼致敬的莫斯科人民认为保罗是彼得大帝的嫡亲重孙。坐在马车里的叶卡捷琳娜听到了欢呼声，她知道百姓的欢呼究竟是为了什么——保罗成了她有力的竞争对手。但是，依据法规保罗作为继承人的地位并不取决于父亲的身份，称帝后叶卡捷琳娜的新身份确保了保罗的继承权将完全取决于她。彼得大帝颁布过法令，规定君主有权自行决定继承人选。根据这一规定叶卡捷琳娜做出了公开声明，宣布保罗为自己的继承人。没有人质疑她做此决定的合法性。

可是，匪夷所思的事情出现了——保罗的五官发生了变化。九岁那一年，保罗长时间饱受疾病的折磨，幼儿时期的俊俏消失了，曾经讨人喜爱的脸面和五官出现了畸形，远非常见的青春期偏位现象那么简单。他生出一头稀薄的褐色头发，下唇凸出，下颌则向后倾斜，看上去更像彼得而非萨尔蒂科夫，而且同彼得一样肢体僵硬笨拙。了解彼得的人终于相信保罗的确为先帝的亲生子。

当保罗进入青春期后，至少他与彼得的父子关系不再受到怀疑，他对父亲彼得的崇敬与日俱增。保罗开始向人打听父亲的身亡，以及皇位为何由母亲而非他自己继承之类的事情。一旦对方面露迟疑的神色，保罗便会说成年后他便要立即查明真相。每当他问及自己继承皇位的可能性时，对方总是会不自在地沉默良久。在其他一些方面他的认识也同样是一片空白，他曾听说格里高利·奥洛夫的弟弟，即男宠的亲弟弟，涉嫌参与了谋害他父亲的阴谋。奥洛夫几兄弟在皇宫里的存在，母亲同格里高利·奥洛夫的恋情无时无刻不在折磨着这位少年。与此同时，他在心中逐渐构建起一个光辉高大的彼得，以彼得为模范，效仿起他的一举一动。在得知彼得曾对涉及军队的各种事情充满热情后，他又开始同战士交往了起来。一开始还是玩具士兵，渐渐地就过渡到了真正的战士，一如当年的彼得。接着，他又仿照彼得的经历，将崇拜的目光投向了当时世间最伟大的战士，普鲁士的腓特烈。

自1760年起，即保罗六岁的时候，尼基塔·帕宁开始担任他的监护人与高级教师。保罗的学习内容包括语言、历史、地理、数学、自然、天文学、宗教、绘画和音乐，此外他还得掌握舞蹈、骑术和剑术。这个少年聪明但急躁，而且神经高度紧张，他的一名教师曾说："殿下冒进的习惯很糟糕。起床、吃饭、睡觉，全都匆忙了事。他以为要吃得有多快，或者坐下得有多迅速才能争取到可怜的几分钟呢……他吃得太快了，都不会多嚼几下，害得他的胃负担过重。"

十岁时，保罗拿起了法国数学家达朗贝尔的著作。叶卡捷琳娜向这位《百科全书》的联合编纂者发出了前往俄国为保罗面授数学的邀请，但是遭到了对方的谢绝。她没有因此就打消这个念头，再次向对方发出邀请的时候她又补充了几项优厚的条件，包括提供一所豪宅、一大笔薪俸以及驻俄大使的地位与特权。

叶卡捷琳娜的这种做法招惹来达朗贝尔对她的羞辱，他不仅重申了自己的态度，而且私下里还对此评头论足了一番。在提到俄国对彼得三世的死因给出的官方解释时他说："我太容易患上痔疮了，这在俄国可谓是大病。我还是更愿意让屁股安安全全地在自己家里疼一疼就行了。"这番话一传千里，俄国女皇终生未能原谅这位数学家。

1771年夏，年满十七岁的保罗同流感抗争了五个星期，叶卡捷琳娜与帕宁不安地看着他同高烧和消耗体力的腹泻苦苦地做着斗争。保罗刚一痊愈，皇位继承的问题就又被提上了日程。次年9月，年满十八岁的那一天保罗便有权继承皇位了，叶卡捷琳娜深知自己无法阻挡儿子成长的脚步。就在这时，帕宁提出同一位健康年轻女性的婚姻或许能让羸弱的保罗成熟起来，他还进一步补充道，这样一来女皇陛下或许不日便将喜获皇孙，从此可以根据自己的喜好来抚养这个孩子。帕宁的这番考虑对叶卡捷琳娜颇具吸引力。

早在三年前，即1768年，当时保罗年仅十四岁，叶卡捷琳娜就已经开始考虑未来儿媳的人选了，最终确定了几位候选人。不出所料，她所选择的完全是自己的化身——几位明白事理、出身不那么显赫的日耳曼公主。候选人中最令她满意的是符腾堡的索菲娅，但这位小公主现在只有十四岁，尚不到成婚的年纪，于是她将目光转向了黑森–达姆施塔特亲王的幼女。她打算邀请公主与三位待字闺中的女儿前来俄国，保罗将按照她的要求在十八岁的阿玛丽亚、十七岁的威廉明娜和十五岁的路易莎中间挑选出自己的新娘。如同当年自己的亲身经历一样，她的邀请名单中没有包括女孩们的父亲。

1772年夏，在格里高利·奥洛夫被新任男宠取而代之后，叶卡捷琳娜同儿子的关系得到了改善。母子俩一起搬到了皇村，叶卡捷琳娜终于有了闲暇，可以陪伴在保罗身旁了，他们之间长期形成的疏远似乎终于有望画上句号了。她在信中告诉远在汉堡的比耶克夫人："我同儿子在皇村度过了九个星期的快乐时光，我们从未如此开心过，他也变得越来越可爱了。看起来我的陪伴的确令他感到愉快。星期二，我同儿子回到了城里，他根本不想离开我半步，有时候在席间还会特意把座位调换到我身旁。能如此令他欢欣我感到十分荣幸。"保罗以为奥洛夫就此彻底消失了，然而后者却仍旧不断地在宫中露面。保罗又陷入了深深的沮丧中。

1773年春，黑森的三位公主同她们的母亲接到了俄国女皇的邀请。公主一行首先来到了柏林，一如三十一年前对安哈尔特-泽布斯特的索菲娅公主的态度，腓特烈提醒她们永远记住自己的日耳曼血统。6月末，四艘俄国军舰来到吕贝克，迎接黑森客人赶赴波罗的海地区。负责此次护送公主任务的指挥官是保罗最要好的朋友安德烈·拉祖莫夫斯基，他的父亲基里洛·拉祖莫夫斯基是叶卡捷琳娜的密友。安德烈深深地被黑森王子的二女儿所吸引了，而威廉明娜也对他产生了同样的感觉。

在圣彼得堡，保罗花了两天时间就做出了选择，他同安德烈一样也看中了威廉明娜公主。不幸的是，得知这个瘦小古怪的年轻人即将成为自己的丈夫后公主显得十分冷淡。叶卡捷琳娜同公主的母亲都注意到了公主的迟疑，然而外交事务和社交礼仪远比公主的情绪更为重要。正如叶卡捷琳娜同母亲当年的情形一样，无论是待嫁的女儿还是公主都对改变宗教信仰的要求无动于衷。不出所料，随着大婚之日的临近，远在德意志的亲王在信中对女儿皈依东正教表示了反对。同样不出所料的是，亲王最终还是服从了妻子的决定。1773年8月15日，威廉明娜加入了东正教教会，改名为娜塔莉娅·阿列克谢耶夫。

在随后的宴会和舞会上以及夏末野餐时，有了日耳曼公主的陪伴叶卡捷琳娜变得兴致盎然，这位精力充沛的公主与歌德交往甚密。奥洛夫亲王在加特契纳为三位小公主及她们的母亲、叶卡捷琳娜和满朝官员举办了一场豪华宴会，五百名宾客用来自塞夫尔[1]的瓷器金盏享用着美食。女皇带着新任男宠瓦西里奇科夫出席了宴会，为了刺激女皇，奥洛夫很快同最年幼的公主路易莎开始眉来眼去起来。在发往柏林的报告中普鲁士公使称："奥洛夫亲王对公主给予了高度关注，对待几位公主，尤其是对小公主的态度也毫无拘束。"

十九岁的保罗同十七岁的娜塔莉娅于当年9月29日成婚，接下来整整十天里皇宫里社交舞会、戏剧表演和化装舞会不断，大街小巷到处都在向百姓免费供应啤酒和肉馅饼，圣彼得保罗要塞上空绽放着绚烂的焰火。这一切令保罗欣喜若狂，新生活与自由似乎已经近在眼前了。在此期间娜塔莉娅也感到了一丝安慰，毕竟安德烈·拉祖莫夫斯基总能陪伴在她左右。

随着保罗大婚的日渐临近，尼基塔·帕宁为保住自己对保罗及其未婚妻的影响而尽其所能地做着努力。叶卡捷琳娜意识到一旦成婚，保罗必将进一步摆脱她的控制，不过她断定保罗同时也会减轻对帕宁的依赖，保罗的婚姻为割断同帕宁的关系提供了借口和时机。但是，一旦失去储君的宫廷教师的地位，帕宁势必就没有了继续住在宫中日日与学生相见的理由。他将不再对保罗的政治态度构成影响，叶卡捷琳娜断定正是在他的影响下保罗才会对腓特烈二世推崇备至。

帕宁已经担任宫廷教师这个职位十三年，对女皇的打算他毫无防备。作为皇位继承人的监护人和教师，他因此在政府和上流社会中具有了主导性的地位。未来君主的健康和教育是他的职责所在，大公府邸内的教师、书房人员、医生和所有仆役都经由他的挑选、督导，是否解雇某人也完全由他决定。他的办公桌在整个圣彼得堡都算得上数一数二，每天他坐在这张桌子前接待来访的客人，包括政府高官、外国来宾、作家、科学家以及

---

[1] 塞夫尔（Sèvres），法国法兰西岛大区上塞纳省的一个市镇，属于布洛涅－比扬古区塞夫尔县，以瓷器制造业而著名。

他自己的很多亲戚。据称，帕宁是在代表大公行使权力，而大公则在列席旁听。简言之，太子教师一职就是帕宁的政治影响力之根基，多年来他谢绝了其他任何职务，就是为了避免对储君宫廷教师这个职务构成伤害。1763年，在成为外交学院的实际领导人后他仍旧屈居人下，拱手将最高职位让给了基本不参与学院管理的总理大臣米哈伊尔·沃伦佐夫。在同女皇的频繁接触中，帕宁还就不少私人问题为女皇出谋划策。就在一年前的秋天，他向叶卡捷琳娜引介了瓦西里奇科夫，促成了她同奥洛夫的决裂。考虑到这些职务与功劳，帕宁始终坚信自己具有难以估量的价值，自己的地位无可撼动。

对帕宁而言不幸的是1773年5月奥洛夫回到了首都，并再度进入了议会。奥洛夫渴望报仇雪恨，同时也是帮助叶卡捷琳娜打破帕宁对大公的控制。最终，就在保罗大婚在即的时候帕宁被告知大公已经完成了学业，他作为其教师的任务结束了。帕宁威胁说倘若被迫与保罗分离，那他便将彻底退隐到自己在斯摩棱斯克附近的庄园，从此不再返回首都。由于并不希望彻底失去帕宁的支持，叶卡捷琳娜找到了一个折中方案。帕宁不再负责教育保罗，放弃对大公府邸的管理。看到帕宁迟迟未能搬离在皇宫的寝室后，叶卡捷琳娜宣布他的住所需要修缮，但是出于安抚需要又同时规定此后他可享受总理大臣或大元帅的同级待遇，并将他擢升为外务部大臣。此外，帕宁还得到了十万卢布的奖金、每年三万卢布的养老金和一万卢布的薪俸。同老师的分离令保罗感到遗憾，但是由于忙于筹备同娜塔莉娅的婚事他便也没有对此表示出不满。

婚礼过后女皇告诉黑森公主，刚刚产生的女大公堪称"一位绝妙的年轻女子"，她的儿子看起来与她深爱着彼此。经过一段时间的仔细观察之后，叶卡捷琳娜却对儿媳感到了恼怒。她对格林抱怨道：

这位女士凡事无不竭尽所能。只要出去散步，从来都要走上……（十三里地）；一跳舞就总是跳上二十轮，能有多久就有多久……房间里甚至不生火，以免太热……简而言之，她绝对不懂得适可而止是什么意思……她的身上既看不出优雅，也看不到谨慎和智慧，天晓得她日后会出些什么状况……一年半载后她还是连一句俄语都说不了，那可如何是好。

她同样也冲着波将金抱怨了一番：

大公……亲自来跟我说他和女大公又欠债了……他告诉我她欠债是因为这个，因为那个，因为杂七杂八的事情，我说她跟他一样，都各有各的津贴，放眼全欧洲根本找不到其他人享受这种待遇，而且这份津贴只是为他们穿衣打扮和购置新奇的小玩意儿提供的，其他方面的用度——用人、餐饮和马车——都是现成的……我担心他俩这种状态永远都没个尽头……要是把一切都算在内的话，这一年我在他俩的身上已经花掉了五十多万卢布，即便这样他俩还是那么拮据，而且从来没有对我说过谢谢，连一句表示感谢的话都没有说过。

叶卡捷琳娜还听说娜塔莉娅同安德烈·拉祖莫夫斯基的关系已经超过了正常范畴，在针对儿媳大肆挥霍的问题教育儿子的时候她还进一步建议儿子留意妻子私下里的举动。保罗已经意识到了问题的存在，婚姻生活令他感到失望，轻浮的妻子从未试图激发丈夫的爱欲。然而，当母亲提出赶走拉祖莫夫斯基的时候，他还是义正词严地告诉母亲自己绝对不会同知己安德烈分开，在他的心中这个人的地位仅次于他的妻子。

真正令叶卡捷琳娜感到不满的并非娜塔莉娅的经济状况，而是成婚两年半时她仍未出现怀上未来皇位继承人的迹象。不过到了1775年的秋天这些不满就都烟消云散了，女大公断定自己怀孕了。英国大使在报告中称："她的朋友都急于让她证明这一点，这种情绪合乎情理。"一个月后，俄国皇室宣布娜塔莉娅确有身孕，次年春天有望产下一子。直到1776年3月娜塔莉娅的身体状况都十分稳定，女皇已经为即将到来的孩子安排好了乳母。腓特烈二世的弟弟亨利亲王也从柏林启程，前来俄国见证罗曼诺夫王朝的这一重大时刻。

4月10日，星期日，凌晨4点，保罗被母亲派人唤醒，得知妻子在头天夜里已经临盆。叶卡捷琳娜从被窝里爬起来，套了件长袍便急匆匆地赶去了儿媳的寝室，但是真正的宫缩还未开始。她陪着这对小夫妻一直熬到了上午10点，然后回去梳洗打扮了一番，中午时分又回来了。这时娜塔莉娅宫缩加剧，似乎分娩在即。然而，中午和夜晚都过去了，众人却什么都没有等到，剧痛过后产妇也精疲力竭地睡去了。星期一，情况依旧。星期二，接生婆与医生宣布已经没有希望保全婴儿了，所有的人都认为这个孩子已经死去了。星期三，即4月13日，大家还在拼命地挽救着母亲，但同时也为产妇做完了临终祷告。就在星期五，即15日这一天，在经历了长达五天的剧痛后，将近下午6点时娜塔莉娅离开了人世。

叶卡捷琳娜与儿子陪伴着娜塔莉娅共同经历了这五个日日夜夜，在给格林的信中她写道："这辈子我还从未像此刻这样感到过艰难、可怕、痛苦。连续三天我不吃不喝，有那么几次她的痛苦让我感到是我自己的身体被撕裂了。接着我就对一切都无动于衷了。看着她死去时素来喜欢落泪的我却自始至终没有掉一滴眼泪，我告诉自己：'倘若你开始哀号了，其他人就会抽泣；倘若你抽泣，其他人就会昏厥。'"更加令叶卡捷琳娜感到悲痛的是胎死腹中的孩子是一个"发育良好的男婴"。经过尸检发现这名婴儿体形过大，无法通过产道。医生还告诉女皇由于骨骼存在先天性且无法得到治愈的畸形，娜塔莉娅根本无法生产。叶卡捷琳娜告诉朋友在儿媳的尸体被剖开后，"人们发现产道仅四指宽，孩子的双肩却足有八指宽"。

尽管身心俱疲，叶卡捷琳娜还是没有失去理智。她不得不这样，悲痛欲绝的保罗一直守在亡妻身旁，不准任何人带走尸体。最终，他甚至没有参加在亚历山大·涅夫斯基修道院举行的葬礼，陪在他母亲左右的是波将金和格里高利·奥洛夫。

除了娜塔莉娅的逝世、保罗的心碎，叶卡捷琳娜还需要面对的是一场三年的婚姻和一次十月怀胎却没有为王朝产下一位小继承人的事实。此外，由于目前的情绪，没有人可以说得出大公究竟何时打算，或者说有能力开始履行对王朝的天职。前一秒钟悲痛还令他身体僵硬，下一秒钟他便开始啜泣和尖叫起来，还在房间里左冲右撞，狠狠地砸着家具，威胁说要从窗户里跳出去，一死了之。保罗拒绝任何再婚的提议。

为了缓和儿子的情绪，叶卡捷琳娜选择了一种残忍的疗法。她强行打开了娜塔莉娅的桌子，不出所料她在抽屉里找到了这位亡人同安德烈·拉祖莫夫斯基的情书。儿子为了一个同他的知己一起背叛他的女人号啕不已，这一幕令叶卡捷琳娜怒不可遏，她决意利用这些信件将儿子拉回到现实中来。女皇将这些情书塞到了儿子的眼皮底下，读着两个自己深爱的人欺骗自己的证据，保罗甚至开始怀疑死婴的父亲究竟是不是他自己。他痛苦地呻吟着，哭泣着，然后便感到怒火中烧。他要求将拉祖莫夫斯基流放至西伯利亚，但是出于对拉祖莫夫斯基的父亲的忠诚女皇拒绝了儿子的请求，仅仅命令这名青年立即离开首都。疲惫不堪的保罗无法恢复正常状态，对母亲的一切决定都没有任何异议。他随即决定立即再婚，此时还远远未到传统的一年守丧期结束。叶卡捷琳娜在信中告诉格林："我片刻都没有耽误，立即趁热打铁，弥补损失。就这样，我成功地驱散了笼罩在我们头上的悲痛。亡人已去，我们必须为活着的人做好打算。"

娜塔莉娅的逝世令叶卡捷琳娜感到悲伤，但她的悲伤并非因为失去了儿媳，而是因为孙儿的死亡。在对比耶克夫人提及这件事情的时候她的言辞冷若冰霜，看不到对儿媳的一丝同情："好啦，既然已经清楚她无法生育，我们就不用再惦记她了。"此时，首要的事情已经变成了尽快找到合适的人选，取代这位已故的大公夫人。罗曼诺夫王朝和帝国的未来均面临着危险，确保一切万无一失是君主的职责之所在。自娜塔莉娅逝世的那天起，叶卡捷琳娜就已经开始考虑下一任儿媳的人选了。

第六十五章

保罗、玛丽亚与皇位继承人

早在三年前，叶卡捷琳娜的首选儿媳原本是符腾堡的索菲娅公主，但当时由于年仅十四岁这位公主最终被排除了。现如今，索菲娅即将年满十七岁，无论从哪个方面而言她都完全符合叶卡捷琳娜的标准———一位日耳曼的公主，出身贵族，但是家境平平，父母生养有九个孩子，三个男孩高大健壮，六个漂亮的女孩都生有宽大的臀部。由于普鲁士的亨利亲王暂居在圣彼得堡，叶卡捷琳娜的新计划便得以顺利进行。符腾堡的索菲娅是腓特烈二世与亨利亲王的侄孙，考虑到保罗对普鲁士和普鲁士君王的崇拜，叶卡捷琳娜希望亨利亲王能够说服心神不安的保罗，接受他心目中的大英雄———腓特烈二世———的这位亲戚。亨利深知自己的哥哥一直渴望进一步巩固普鲁士同俄国的关系，他遂派人快马加鞭地向哥哥发去了急信。

腓特烈二世竭尽所能地满足了叶卡捷琳娜的要求。他敦促索菲娅及其双亲接受这桩婚事，强调说这个选择不仅对普鲁士的政治利益有利，而且会为符腾堡大公家族带来潜在的经济利益，并指出叶卡捷琳娜承诺为符腾堡的三位公主都提供嫁妆。然而，这中间还存在一个需要解决的问题，索菲娅已经同黑森-达姆施塔特的路易斯（路德维希）亲王订婚，后者正是刚刚过世的娜塔莉娅的哥哥，即保罗之前的大舅子。按照国王的命令，黑森方面取消了婚约。叶卡捷琳娜许诺支付一笔补偿金，再加上又得到了符腾堡家族的另一个女儿，路易斯亲王便也打消了怒气。

接下来要做的事情就是为这对未来的新人安排一次见面。腓特烈将索菲娅召至柏林，保罗也将从俄国赶往柏林赴约，这个安排令方方面面都感到甚为满意。在经历了妻子逝世的悲剧，随后又受到妻子出轨带给自己的奇耻大辱后，出国旅游正好给保罗提供了散心的机会，而且此次柏林之行的前景似乎也应该能令这位年轻的鳏夫振作起精神，此前他还从未去过俄国以外的任何一个国家。此外，同腓特烈二世的会面对他而言也颇具诱惑力。

1776年6月13日，亨利亲王陪同保罗乘坐着宽敞舒适的马车踏上了前往柏林的旅程。保罗出行期间叶卡捷琳娜与其保持着频繁的书信往来，在夸赞儿子的来信时也对他的健康感到忧心忡忡。在母亲的鼓励下，保罗对俄国境内沿途各地政府、军事要塞和商贸企业进行了一番视察。在读到儿子盛赞利沃尼亚秩序井然、民风淳朴的报告后，叶卡捷琳娜回复道："我希望俄国大部分地区在各个方面迟早不再屈居……利沃尼亚之下了，无论是社会秩序，还是民风，希望你有生之年能目睹到这种变化。"保罗还在路上的时候腓特烈就已经将俄国宫廷的情况对符腾堡的索菲娅做了简要的讲解，与三十二年前他对安哈尔特–泽布斯特的索菲娅的做法如出一辙。当年，他曾告诉信仰路德教的索菲娅皈依东正教不会对她构成任何影响，尤其是当国家利益涉及其中的情况下。

保罗到达柏林后，腓特烈使出浑身解数，试图打动这位二十四岁的大公，并向其表达敬意。为了迎接保罗的到来，柏林城响起了礼炮，象征着凯旋的拱门和分列两行的士兵等待着他的到来。他一场接一场地参加着招待会、晚宴和舞会，在政治献媚方面很少有能超过由普鲁士国王亲自主办的宴会。在母亲统治的朝廷中，保罗向来只是一个无名小卒，而现在却受到了腓特烈的礼遇和推崇，这是他有生以来第一次由于拥有一个重要皇朝的皇位继承权而受到外人的尊敬。在发自柏林的报告中英国大使写道：

"普鲁士国王陛下对大公殷勤之至，他不费吹灰之力就征服并取悦了后者。"保罗沉醉其中，这令他更加确信普鲁士国王是全欧洲最了不起的人物，也是最英明的君主，在给母亲的信中他宣称就文明发展水平而言普鲁士比俄国提前了二百年。

在柏林受到的礼遇不仅让保罗完全接受了再婚的安排，而且还在他的心中激起对索菲娅的好感。符腾堡的这位公主身材高挑，生有一头金发，身体健康，性情温和，还有些多愁善感。由于受到了腓特烈的推荐，在保罗看来她就更是魅力非凡了。至于索菲娅，无论是同黑森英俊的路易斯亲王解除婚约，还是被舅爷腓特烈与亨利亲王推荐给瘦小且相貌平平的保罗，她始终不曾提出异议。无论初见到保罗时她作何感想，她都顺从地接受了对方。她在信中告诉母亲："大公极其和蔼，非常迷人。"

保罗在信中对索菲娅的相貌和深明大义，以及她对成为贤妻良母同掌握俄语的决心的描述都令叶卡捷琳娜感到满意。女皇向公主表示了祝福，但是为了确保对公主的全面控制她执意要求索菲娅将母亲留在柏林，独自前来俄国。在给公主的信中她赞扬了一番对方成为"我的女儿"的态度，同时提醒对方"请相信，我会抓住一切机会向殿下证明一位慈母对你的爱"，而且还强调自己希望婚礼能尽快举行。在给格林的信中她写道：

十天之内她就会赶到这里。一旦见到她，我们就要着手处理她的皈依问题。我认为应该需要半个月的时间。我不知道多久才能让她学会用俄语清晰正确地念出教义，总之越快越好……为了加速这一过程……（一位阁老）已经赶去梅梅尔，以便在途中先行教授她字母和教义，接受信仰是这之后的事情了。从现在起八天之内我要筹备好婚礼。倘若你想在婚宴上跳支舞，那就尽快上路吧。

与此同时，女皇还派人给未来的儿媳送去了一条钻石项链和一副耳坠，并给对方的父母赠送了镶嵌有珠宝的一柄佩剑和一个鼻烟盒。8月24日，索菲娅跨过了俄国边境城市里加，31日在皇村同保罗受到了叶卡捷琳娜的热情欢迎。几天后，在给比耶克夫人的信中女皇写道：

我的儿子欣喜若狂地带着他的公主回来了。我得向您坦白，她把我也给迷住了。她十全十美，有着仙子一样曼妙的身材，面色就如百合与玫瑰一样，完全就是世间最美妙的肤色，身材高挑，但同时又十分优雅，态度谦和，性格甜美，善解人意，一脸的天真……所有人都为之着迷……她竭尽所能地让所有人都感到开心……简而言之，我的这位公主完全符合我的需要。所以，我十分满意。

9月6日，叶卡捷琳娜、保罗与索菲娅离开皇村，前往圣彼得堡。一位路德教神父同一位热情的东正教牧师向公主证明普鲁士国王腓特烈所言非虚，路德教同东正教相差无几。9月14日，索菲娅·多萝西娅加入了东正教教会，改名为玛丽亚·费奥多罗芙娜，次日便举行了正式订婚仪式。当天她给保罗写了一封信："我发誓对你的爱一生一世不变，我永远属于你，世上没有任何事情能改变我对你的态度。这就是你那挚爱且忠诚于你的未婚妻对你的情感。"

1776年9月26日，就在娜塔莉娅逝世五个月后保罗与玛丽亚成婚了。婚后新的大公夫人立即履行了自己的职责，十四个半月后，即次年12月12日，经历了几个小时的努力后便安然无恙地产下了一名健康的男婴，喜出望外的女皇为其取名为亚历山大。这个孩子是叶卡捷琳娜的长孙，日后成了俄国皇帝。十八个月后第二个孩子也来到了人世，同样是一名健康的男婴，罗曼诺夫王朝从此便后继有人了。叶卡捷琳娜再一次大喜过望，为这个孙子取名为康斯坦丁。

第二段婚姻或许是保罗一生中最幸福的一段时光。玛丽亚在信中告诉远在日耳曼的朋友："我亲爱的丈夫就是一个天使，丈夫们的楷模。我痴迷于他，我太幸福了。"对于保罗来说，玛丽亚也同样是一位无与伦比的妻子。她竭尽所能地给予丈夫幸福，抚平他的焦虑，除了妻子，她还扮演着朋友的角色。在家中，她鼓励保罗展现出自己的优点，在公众场合下又对他尊敬有加。心存感激的保罗致信普鲁士的亨利亲王："无论身处何地她都有能力散播快乐，让他人感到轻松自在。她非常善于驱除我内心一切忧伤的念头，而且还能还给我在过去悲惨的三年时间里彻底失去的快乐。"保罗与玛丽亚先后养育了九个健康的孩子。

叶卡捷琳娜一心指望说服亲普鲁士的儿子相信她同奥地利的约瑟夫二世刚刚建立起的友谊对俄国大有裨益，1781年她为此安排保罗与玛丽亚出访欧洲各国。按照计划，大公夫妇为期一年的行程将包括维也纳、意大利、大公夫人的故乡——符腾堡，以及巴黎，但柏林则被断然排除在此行目的地之外。玛丽亚·费奥多罗芙娜渴望与家人重聚，但得知自己的孩子不能一同出行时她的情绪顿时低落了下去。保罗的失望则具有政治意义，他的母亲不准他重访柏林，这意味着他无法进一步巩固同腓特烈的关系。几乎与此同时，把持着外交学院头把交椅的尼基塔·帕宁又遭到解职，这更加剧了女皇与大公之间的紧张情绪。事实上，帕宁被免职的确同女皇拒绝保罗访问柏林一事有关。确保俄国和普鲁士两国维持紧密关系一直是帕宁的外交政策中的重中之重，然而叶卡捷琳娜同约瑟夫二世日益增强的情谊摧毁了帕宁的努力。就在一年前，约瑟夫对叶卡捷琳娜及圣彼得堡做了一番访问，女皇也希望将奥地利当作对抗土耳其的盟友。

1781年10月1日，大公夫妇以"北国伯爵与伯爵夫人"的身份踏上了旅程。马车的车轮滑动之前，由于与孩子们的分别玛丽亚昏厥了三次，但是一上路她就恢复了平静，而此次出访也大获成功。慷慨的叶卡捷琳娜专为大公夫妇划拨了多达三十万卢布的经费，在给她"最亲爱的孩子们"发去的情深意切的信中她告诉他们一旦想家就赶紧回到俄国。三岁大的亚历山大"得到了一份欧洲地图，这样他就能及时掌握双亲的行程了"。

"伯爵夫妇"首先来到了波兰，斯坦尼斯瓦夫的魅力征服了玛丽亚·费奥多罗芙娜。出于对老情人的好奇，叶卡捷琳娜问儿子"波兰国王陛下是否依然那么风趣健谈，他的这些优点是否被王位带来的烦恼所摧毁"，并说"我的老朋友一定不太能从我现在的画像中找到他记忆中的那个我"。

"伯爵夫妇"在波兰受到的礼遇只是一个小小的开场白。约瑟夫二世甚至亲自前往奥地利边境，等待迎接俄国皇位继承人的到来。维也纳对他们的到访大肆庆祝了一番，奥地利宫廷及贵族阶层的优雅精致令玛丽亚感到陶醉。原计划两个星期的访问延长为一个月，在此期间保罗对普鲁士的强烈感情得到了削弱，同时对约瑟夫二世的好感与日俱增。当客人准备动身南下时，约瑟夫告诉远在托斯卡纳和那不勒斯的亲戚，大公夫人"喜欢用水果炖出来的甜腻腻的甜品，她和丈夫均滴酒不沾。她非常喜欢矿泉水"。

在意大利的哈布斯堡亲王们对大公夫妇也同样做了一番热烈的欢迎，不过在巴黎此次行程才真正达到了高潮。出现在剧院里和赛马场中，或是在杜伊勒里花园[1]散步时，所到之处大公夫妇无不受到当地人民的欢呼致敬。在凡尔赛宫，约瑟夫二世的妹妹、法国王后玛丽·安托瓦内特也竭力取悦着保罗，并称："大公浑身充满了热情和冲动的情绪，但他非常有自

---

[1] 杜伊勒里花园（Tuileries Gardens），法国巴黎一座对外开放的庭园，位于卢浮宫与协和广场之间，由王后玛丽·德·美第奇于1564年时为了兴建杜伊勒里宫所设计，于1667年首次对外开放，并在法国大革命后成为公园。

持力。"皇后对待大公夫人的态度就好像后者是她要好的老友一般。在看到一套产自塞夫尔的精美瓷器时玛丽亚原以为是为叶卡捷琳娜女皇所准备的，结果她吃惊地看到盘子上绘制着交织在一起的俄国和符腾堡纹章。

返回俄国的旅途对"北国伯爵与伯爵夫人"来说痛苦而乏味。等夫妻俩回到圣彼得堡，在离开家十四个月后第一次见到儿子时，两个男孩就像见到陌生人一样紧紧地攥着祖母的裙摆。叶卡捷琳娜似乎决意要挫伤夫妇俩的成就感，在欧洲各地受到的欢迎提高了保罗的自尊心，可是她却说此趟旅行让他变得飞扬跋扈了。年轻的女大公也受到了更具有针对性的指责。之前她曾在玛丽·安托瓦内特的制帽商、赫赫有名的"博汀小姐"家购买了一大批帽子，从巴黎带来的行李尚未打开时叶卡捷琳娜就下令禁止任何人戴着高高的羽毛头饰出现在皇宫里，实际上她所指的正是玛丽亚带回来的效仿法国王后的那些帽子。女皇命令大公夫人退货，并对她说身材高挑的女人身着朴素的俄式服装远比那些花里胡哨的巴黎玩意儿要强得多。就在这时保罗发现尼基塔·帕宁的健康状况突然恶化，1783年大公夫妇陪伴着二十三年来一直作为大公的老师、顾问、保护者和朋友的老人度过了最后的时光。

尽管第二次的婚姻十分美满，然而在一生中的大部分时间里保罗都一直深陷在灰心失意中。在不同的场合下这位皇位继承人总是表现出迥然不同的两副面孔，见过他的人常常会对他产生截然相反的印象。1780年，奥地利皇帝约瑟夫二世首次出访俄国，他在给母亲玛丽亚·特蕾西亚的报告中讲述了自己对俄国的印象。如其他人一样他十分欣赏玛丽亚·费奥多罗芙娜，然而令人惊讶的是他居然声称保罗基本还算是讨人喜欢。

大公在其他国家受到了严重的低估。他的妻子非常美丽，似乎天生就属于这个角色。他们二人情投意合，两个人头脑敏捷，开朗活泼，也都受过良好的教育，并且很有教养，开明，而且具有正义感。在他们看来，他人的幸福比自己的财富更为重要。在女皇面前他们总是一副惴惴不安的样子，尤其是大公。（保罗与母亲）二人之间缺乏亲密的交流……倘若不能与母亲保持亲密关系，那我根本活不下去。女大公则较为自然。她对丈夫具有极强的影响力，她爱他，统治着他。无疑，早晚她将成为一个重要的人物……从很多方面来看大公都非常可敬，但是在这里叶卡捷琳娜把持着头把交椅，身居她之下的日子非常艰难。我对女大公的了解愈深入，对她的钦佩就愈强烈。她的头脑与心胸都非常了不起，长相迷人，行为举止无懈可击。如果十年前我能遇到这样一位公主，我必定会欣然娶她为妻。

1783年，法国驻俄大使菲利普·德·塞古尔伯爵来到圣彼得堡，虽然其中掺杂着一些保留意见，不过他基本上对保罗没有做过负面评价：

被他们的圈子接纳后我才了解到这段时期令他备受众人喜爱的罕见品质……尽管这个圈子非常庞大，但看起来他们之间更像是朋友，而非呆板的君臣关系，尤其是在乡下的时候。没有任何一个家庭能像大公夫妇家如此自在而体面地尽宾主之谊……一切都尽显着最上乘最精致的品位。女大公风姿绰约，随和自然，美丽而不失庄重，亲切而不失真诚，给人一种品德尽善尽美却毫无矫揉造作之感。保罗总是希望令大家开心，而且见多识广，他的活力和高贵令人感到惊讶。不过，这些都是初次见到他时留下的印象。很快，你就会注意到他是那么的焦躁不安，疑虑重重，极度敏感，尤其是当他谈起自己当前的处境和未来的状况时。实际上，他的身上具有很多古怪之处，由于这些特点的存在他必然会犯错，会受到不公正的对待，会招惹来厄运。如果不是这种身份，或许他会为自己和其他人都带来幸福。然而对于他这样的男人而言，皇位，尤其是俄国皇位，不可能不存在危险。

多年后，当政的保罗遭暗杀身亡，塞古尔伯爵自己也早已返回法国后，他对这位皇帝做出了更充分的评价，但远不如之前的评价那么积极：

他头脑聪慧，消息灵通，但同时充满了不安和狐疑，情绪变化无常。尽管常常会表现出平易近人，甚至到了与人打成一片的样子，但更多的时候他还是保持着一副目中无人、专横而无情的面目。你绝对见不到比他更惊恐更反复无常的人了，所有人都比他更有能力为自己及他人带来幸福。他的为人并不算是恶毒……只是因为他拥有病态的思维。他折磨着任何一个接近他的人，因为他一刻不停地折磨着自己……恐惧感影响了他的判断力。想象中的危险招致了真正的危险。

在格里高利·奥洛夫于1783年逝世后，叶卡捷琳娜买下了前者在加特契纳的豪宅，她先是将这座首都以南三十里的府邸赠给男宠，后来又送给了保罗。与家人住在这种宫殿里时保罗总是毫不留情地抱怨说自己受到了排挤，无法得到权力，也无法履行职责。在给亨利亲王的信中他写道："你责备我整日里杞人忧天，情绪低落，事实或许的确如此，可是注定无所作为的生活至少能在一定程度上让你谅解我目前的状态。"在另外一封信中他又告诉亲王："请允许我经常写信给您吧，我需要倾诉，尤其是过着现在这种悲惨的生活时。"写到这里信戛然而止，因为"泪水"令他"难以继续下去"。

在加特契纳的日子里，保罗随心所欲地让自己沉浸在对彼得三世热衷于军旅生涯的幻想中。由于女皇禁止他统率正规部队，他感到自己受到了莫大的羞辱，为了安慰自己他当起了普鲁士式的教官，并着手组建了自己的小型私家军队。截至1788年，他已经有了五个连队的下属，战士们都穿着普鲁士军装，扣子扣得严严实实，头上还戴着扑了香粉的假发。就像曾经的彼得三世那样，每天保罗必然会穿着高筒靴，戴着长及手肘的手套，将自己的部下操练得精疲力竭。他脾气暴躁，发火的时候总是狂乱地挥舞着手杖。在发给友人的信中费奥多·罗斯托普钦伯爵写道：

目睹大公的一举一动，任何人都不可能不感到同情和恐惧，所有人都会认为他在故意招惹其他人对他的憎恨。他觉得所有人都鄙视他，想要冒犯他。由于有了这种想法，他会随时抓起任何东西，不分青红皂白地将对方教训一番。拖延得越久，内心的矛盾情绪就越强烈……然后他就变得勃然大怒。

令保罗永远无法释怀的羞辱就是母亲身边的那些男宠，正是他们的存在他才不愿住在宫中，自然而然地，他们便成了他的敌人。在儿时他痛恨的是奥洛夫，随后奥洛夫被亚历山大·瓦西里奇科夫，以及佐里奇、耶尔莫洛夫、里姆斯基-科萨科夫和普拉通·祖伯夫之类的无名小卒所取代。女皇在这些年轻男子的身上挥金如土，令保罗更加清楚地看到自己负债累累的窘境，以及母亲对待他们同对待他的差异。手中的大权日甚一日，波将金甚至已经懒得对大公表示出应有的客套，公然将他当作傻瓜一样给打发走了。

在夺取皇位后，叶卡捷琳娜曾宣布保罗为自己的继承人，如果不出所料的话，一旦保罗成年她就应该允许他作为联合执政的身份登基，并开始履行重要的职责，正如玛丽亚·特蕾西亚对儿子约瑟夫二世的做法一样。

奥地利女皇允许儿子和自己共同治理朝政，从而培养儿子的执政能力。在维也纳期间保罗目睹了这种母子共事的效果。然而，叶卡捷琳娜绝对不会给儿子这样的机会，在她的眼中儿子就是自己的竞争对手而非帮手。甚至在政府中保罗都没能得到一官半职，按照规定他和妻子必须出席各种官方庆典，除此以外母子俩就鲜有见面的机会了。

为了让保罗在政坛上始终扮演着无足轻重的小角色，叶卡捷琳娜不断地给他找茬，有时候嫌他太幼稚，有时候又说他不够独立。前一分钟她还责备他对大事不够关心，下一秒钟她又转而抱怨说他过多地插手于自己无能为力的事务。由于无法确定应该对他委以何种"重任"，或者说不知道究竟应该把他打发到哪里去，她便彻底将他弃而不用。在要求进入枢密院时保罗遭到了拒绝，叶卡捷琳娜对他说："我告诉过你，提出任何要求前都需要三思。我认为你不适合进入枢密院。你应该耐心一点，等到我改变主意吧。"在1787年俄国同土耳其爆发第二次战争时，当时已年满三十三岁的保罗要求作为志愿兵参加前线作战。叶卡捷琳娜先是拒绝了儿子的请求，随后她又做出了让步，但是在得知玛丽亚怀孕后她又反悔了。她告诉儿子自己认为如果他将妻子抛下，让她独自面对生产的那一刻，那么他的缺席将会伤害到罗曼诺夫王朝那个宝贵的小生命。母亲的否决令保罗愤愤不平。一年后，俄国突然又同瑞典开战了，这一次叶卡捷琳娜大发慈悲，允许儿子前去芬兰慰问俄军。保罗对这项任务的热情在妻子对他的担忧中可见一斑，后者甚至以为他是要去参战。玛丽亚曾写道："我就要同我深爱的丈夫分离了，我为他的安危担心得几乎要心碎了，为了他的安全我愿意牺牲自己的性命。"1788年7月1日，保罗穿上军装，离开了圣彼得堡。然而，他的工作很快便结束了。他对仓促集结起来的驻芬兰大军提出了批评，因为这支部队没能达到加特契纳练兵场上的标准；他还同指挥官发生了争执；指挥部不允许他审阅地图，也不让他参与有关军事部署的讨论。

9月中旬，他回到了首都，此后再也没有到过前线。

在保罗和玛丽亚的长子亚历山大尚年幼时，叶卡捷琳娜便开始认真考虑起剥夺保罗的继承权，将皇位直接传给孙子的问题。从宪法的角度而言这种安排不存在阻力，彼得大帝颁布的继承法赋予俄国在位君主以否决长嗣继承制并任命自己的继承人——男女皆可——的权力。直到临终前，叶卡捷琳娜始终有权做出自己的决定。不少人都认为她打算指定天赋异禀、相貌英俊的孙子为自己的继承人，保罗更是这样认为。此外，母亲还有另外一个令他憎恨的地方，她不仅阻挠他历练执政能力，而且现在还用他的儿子来同他对抗。早熟的亚历山大颇具魅力，深得女皇的宠爱，面对保罗几乎等待了一生的东西他现在成了父亲最大的竞争者。

多年来的沮丧裹挟着保罗，他变得越发古怪起来，原本就悲观忧伤的他现在似乎更加失常了，有时候他的一举一动甚至令忠诚的妻子都感到担忧，后者曾说："每一个人每一天都会对他的失常评头论足一番。"具有讽刺意味的是，保罗忽上忽下的口碑和古里古怪的行为进一步巩固了叶卡捷琳娜的地位，所有人都希望她能尽可能长久地牢牢把持着皇位。在感到体力有所衰退后叶卡捷琳娜开始担忧起俄国的未来，但她对儿子执政的可能性闭口不谈。她挂在嘴边的总是亚历山大，否则她便会伤感地说："我能想象得到一旦我走了帝国将落到怎样的一双手里。"在1791年给格林的信中，当提到法国大革命中出现的血腥骚乱时她预见到了有朝一日不是成吉思汗便是帖木儿，总有一个人将会打到欧洲来。她说："在我有生之年这一幕是不会出现的，我希望在M.亚历山大的一生中这种事情也同样不会发生。"临终前的几个月里，叶卡捷琳娜或许的确考虑过更换继承人的事情。在她离世三十年后，保罗的遗孀玛丽亚向女儿安娜和盘托出了当年的情形。就在逝世前的几个星期里，叶卡捷琳娜请玛丽亚签署了一份文件，该文件正式要求保罗放弃继承权。玛丽亚愤怒地拒绝了女皇的请求。接着，叶卡捷琳娜又恳求亚历山大能挺身而出，以免他的父亲接管国家。这一次的努力也同样是一场徒劳。

长久以来的噩梦令保罗已经无从知道如何将它结束，多年来他一直很清楚母亲有意剥夺他的继承权。1788年，在启程前往芬兰慰问前线的俄军之前他口述了一份遗嘱，指示妻子在女皇驾崩后立即找到她留下的一切文书，确保不会落于他人之手，他可不想看到对他的继承权构成影响的临终遗嘱。直到咽气前的几个小时，朝中不少大臣都仍旧认为叶卡捷琳娜打算剥夺保罗的继承权。1797年1月1日，人们断定即将宣读的声明会包括这一决定，并宣布她的孙子继承皇位。叶卡捷琳娜究竟是否留下过这样的遗嘱，还是被保罗销毁了，这一切已经不得而知。不过，或许直到闭眼时叶卡捷琳娜仍旧举棋不定，这种可能性似乎更大一些。

母子间的分歧从生前一直延续到了身后。在母亲入土为安后，保罗终于在1796年登基了，随即他便恢复了长嗣继承制。此后，直到1917年俄国的君主制和罗曼诺夫王朝双双宣告灭亡时，俄国皇位一直由过世君主的长子继承，如果亡君没有留下儿子，那么继承权便转交给直系亲属中最年长的男性。罗曼诺夫家族再也没有任何一位继承人经历保罗曾经历的一切，俄国也没有再出现过女性君主。

第六十六章
波将金：建设者与外交官

1769年至1774年，格里高利·波将金参加了叶卡捷琳娜发动的第一场对土耳其的战争，战后俄国的边境扩张至黑海。波将金清楚仅仅实现国土的扩张还远远不够，新得到的土地还需要有人保卫和开垦。对波将金来说，一生中最为持久的事业便成就在南部这片疆土上。他将自己对这片土地的梦想和规划透露给了叶卡捷琳娜，并最终让梦想得以成真。

叶卡捷琳娜授予波将金以仅次于她的重权，这项权力覆盖了很多地区，而波将金也证明了自己的组织、管理和建设能力，无论是行政管理、外交事务、军事部署还是组织出游，或者仅仅只是一场戏剧表演、音乐会或游行，负责管理、统筹、谈判、执行和督导的永远都是波将金。在第一次与第二次俄土战争之间的十三年里他的事业重心集中在了南方诸省，在这里他取得了无与伦比的成就。

尽管始终打着远在圣彼得堡的女皇的旗号，实际上波将金在南方诸省的地位与皇帝一般无二。在所有的成就中最耀眼同时也最具有生命力的就是他亲手建造的一座座城镇。位于第聂伯河下游的赫尔松是其中最先完工的，按照他的构想这个地方将用作港口和建造战船，因此在1778年他首先在这里搭建起了码头和一座造船厂。赫尔松距离黑海二十英里，正好坐落在第聂伯河的入海口里曼（即"潟湖区"）。俄国控制着里曼东岸狭长的沙洲地带金布恩，这一带水陆相连；土耳其则占据着东岸的奥恰科夫，并在这里修建了雄伟的要塞。面对着无法逾越的障碍波将金仍旧决心将这里发展成一座城池。他将数千名工匠带到赫尔松，第一艘军舰的龙骨于1779年完工，随即在次年他便着手打造配备有六十四个炮位的战列舰和五艘护卫舰。1782年参观赫尔松时，基里洛·拉祖莫夫斯基看到这里已经修建起一座座石砌的房子、一座城堡、能容纳一万名士兵的营房，港口里海停满了希腊商船。1783年，在叶卡捷琳娜将克里米亚吞并后，波将金又在这个半岛的南岸开始建造第二个海军基地。这个被命名为塞瓦斯托波尔的基地坐落在一段隐蔽安全的海湾里，能同时容纳数十艘船只停泊。

1786年，波将金设计并开始建造这个南方帝国的首府。他选定了第聂伯河的一处河宽将近一英里的拐弯处，将其命名为叶卡捷琳娜斯拉夫（后更名为"第聂伯罗彼得罗夫斯克"），意为"叶卡捷琳娜之荣耀"，并计划修建一座教堂、一所大学、一所音乐学校、法院、公园和花园，以及十二座丝绸和羊毛厂。1789年，他又在距离赫尔松二十里外的上游地区建造了一座港口及船坞。俄土战争结束后他又立即开始选址，计划建造新的城市，即今天的敖德萨，然而该项目尚未动工他便与世长辞了。

在改造南方诸省之前波将金在军队中也推行了一场改革，并取得了在外交事务上的控制权。1784年2月，叶卡捷琳娜将他提拔为军事学院院长，授衔元帅。波将金随即便开始推行改革：要求俄国士兵身着最简洁舒适的军装（即外套和裤装臀部处必须宽松）、不会压迫双脚的靴子以及舒适的头盔。他严禁士兵理发、剪发，也不得往头发上扑粉。他说："这是军人该干的事情吗？他们可没有贴身男仆伺候他们。"一年后，他又取得了黑海舰队的领导权。这样一来，除了是战是和的最高决定权以外，俄国其他一切涉及土耳其的事务的决定权就完全集中到了波将金的手中。

就在俄国向欧洲东部和中部扩张势力范围的同时，其他国家也开始加紧争取俄国的友谊和支持。英国曾试图雇用俄军镇压北美殖民地的暴乱，当时叶卡捷琳娜拒绝了英国国王的请求。1778年的春天英国遭受了更为严重的挫败。由于七年战争英国夺走了大量的法属北美殖民地，为了一雪前耻法国承认了反叛的美洲殖民地具有合法的独立地位。6月，英法两国又爆发了战争。伦敦方面向圣彼得堡派驻了一位新的大使，即日后受封为爵士的詹姆士·哈里斯，最终他被册封为马姆斯伯里伯爵。哈里斯出生于1764年，父亲是著名的希腊学者，这一年他年仅三十二岁，但是一头浓密蓬乱的头发过早地变白了，这令他看起来多了一份成熟。此前他曾率领使团出访马德里，后来又成为驻柏林公使，曾与腓特烈二世成功地达成过协议。此番前往俄国他的任务是劝说俄国与英国结成攻守同盟。在圣彼得堡，哈里斯见到了帕宁和叶卡捷琳娜，这两个人对哈里斯态度友好，但是对外交问题没有做出任何明确的表态。实际上，帕宁坚决反对俄国同英国结盟，叶卡捷琳娜也不希望让俄国卷入英国同法国以及她的盟友——西班牙——之间的战争。哈里斯奉命再次请求俄国出兵援助英国，同"国王陛下那些误入歧途的美洲臣民"进行斗争。为了给此事铺平道路，哈里斯得到授权，可以向俄国做出决不反对其在黑海沿岸进行扩张的官方保证。

哈里斯一直在同帕宁进行谈判，到了1779年8月，在他来到圣彼得堡八个月后他断定帕宁在朝中的地位岌岌可危，自己不应该对他抱以太大的希望。初来乍到之时他原本对波将金保持着戒备心，但这时他将目光转向了亲王，并称自己"还从未见过像他这样能集智慧、率直、学识和幽默于一体的人"。1789年7月，波将金为哈里斯与俄国女皇在晚间的牌局之后安排了一场非正式会谈。哈里斯在报告中记录下了这场谈话：

　　她非常希望帮助我们，之所以有所迟疑是因她不愿让自己的国家再度引火烧身，甚至在战争中结束自己的统治……她对我国的国力和士气推崇备至，对我们击败法国和西班牙的能力也没有表示怀疑。女皇陛下接着又对美洲战争做了一番论述，对我们未能将其扼杀在摇篮中感到遗憾，并暗示我们可以宣布停止同殖民地的战争，从而恢复和平局势。我问她，倘若这些土地属于她，某国提出这样的言和条件，她是否会接受。她慷慨激昂地回答道："我宁愿赔上老命。"

哈里斯意识到叶卡捷琳娜内心十分矛盾。她崇拜英国，但是看到英国政府缠身于同法国的再度交战中她毫不动容。英国过于强盛对俄国毫无益处，她担心有朝一日英国改变政策，对俄国在黑海地区继续扩张提出反对。哈里斯没有将叶卡捷琳娜的顾虑一五一十地通报给伦敦方面，不过他同时也发现一旦叶卡捷琳娜再度动武，对方肯定不是法国。同俄国交战的将会是土耳其。

奥地利皇帝约瑟夫二世的心中也日渐生出对土耳其的觊觎。腓特烈二世夺走了西里西亚，约瑟夫二世急于弥补这一切带给自己的国家和母亲的损失以及羞辱。他打算夺取土耳其在巴尔干半岛和地中海东部的领土，凭借着奥地利与俄国的盟友关系他想到了实现这一目标的方法。他恳请俄国女皇同意自己前往俄国邻近奥地利的边境小镇莫吉廖夫，与其进行一次私人会晤。叶卡捷琳娜明白在未来对土耳其的战争中，奥地利这位盟友远比普鲁士对俄国更有利，于是她授意波将金安排此次会晤。

1789年5月，两国君主在莫吉廖夫见面了。叶卡捷琳娜欣喜地接待了这位化名为"费尔肯斯坦伯爵"的特殊来客，同母亲一起联合执掌古老的哈布斯堡王朝的正是这位"伯爵"，他同时还是神圣罗马帝国的皇帝。约瑟夫二世此番俄国之行在各国君主中史无前例，此前从未有过任何一位外国君主访问过俄国。在叶卡捷琳娜的盛情邀请下这位皇帝又陪同她踏上了前往圣彼得堡的旅程，并在俄国首都逗留了三个星期，在皇村待了五天。

由于此次为微服出游，因此约瑟夫二世身边没有随从的陪伴，而且他原本就偏好投宿在平常人家的小客栈，俄国女皇将一座宫殿旁的附属建筑改造成了旅馆，仆人们也都乔装成旅馆杂役。叶卡捷琳娜的园丁约翰·布什兼具英国和汉诺威的双重血统，这位以日耳曼语为母语的花匠扮演了旅馆老板的角色。当约瑟夫告辞时，这位奥地利皇帝与俄国女皇已经达成了协议，双方均同意保持定期通信，并将建立军事联盟。在此番会晤中，双方的讨论焦点集中在如何分割奥斯曼土耳其帝国在欧洲境内的领土。在叶卡捷琳娜的想象中，在孙子康斯坦丁的统治下俄国将恢复为希腊式的帝国，到那时君士坦丁堡将成为俄国的新都；约瑟夫则渴望得到土耳其在巴尔干半岛上的领土，以及爱琴海和地中海东部沿岸尽可能多的土地。

约瑟夫于1780年的5、6月间访问了莫吉廖夫和圣彼得堡，当年11月他的母亲、六十三岁的玛丽亚·特蕾西亚逝世了，三十九岁的约瑟夫成为奥地利及哈布斯堡王朝的绝对统治者。次年5月，他同叶卡捷琳娜签署协议，承诺将在俄土战争中向俄方提供援助。该协议的签订标志着俄国外交政策的尼基塔·帕宁时代结束了。帕宁不断鼓吹联合普鲁士共同对抗奥地利，面对俄奥之间的结盟协议，他宣布"自己绝不会辱没国家"，拒绝在协议上签署自己的名字，并请求女皇允许他告老还乡。1781年，这位在十九年前将叶卡捷琳娜扶上皇位的老臣被解职了。

波将金接替了帕宁的位置。仍旧试图促成英俄结盟的英国大使詹姆士·哈里斯劝说国王乔治三世亲自给叶卡捷琳娜写一封热情洋溢的私信，然而就连英国国王本人也没能打动叶卡捷琳娜。当哈里斯敦促波将金暗中相助时，后者解释说："您选择的时机不对。男宠（朗斯科耶）此刻奄奄一息，其患病原因和康复的渺茫把女皇弄得已经精神错乱了，她根本没办法考虑任何其他的事情，抱负、荣耀和尊严全都被眼下的这一桩事情吞没了。她已经筋疲力尽了，根本不愿参加任何活动或行动。"

朗斯科耶的身体日渐恶化下去，哈里斯也患上了流感和黄疸病，波将金也连续患病三个星期。当这场疾病风波平息后，波将金告诉哈里斯，女皇仍旧倾向同英国结盟，叶卡捷琳娜也亲口对大使说："我对您的国家非常感兴趣，因此我决意竭尽所能帮助你们。我可以为你们做任何事情，除了参战。毕竟，对于战争所导致的后果，我必须对我的臣民和我的继任者，甚至是全欧洲有所交代。"叶卡捷琳娜在同英国是否结盟的问题上始终不曾改变过立场。

英国并未就此放弃努力。1780年10月，外交部的斯托蒙特勋爵吩咐哈里斯再度求见叶卡捷琳娜，并向其提供"值得她注意的条件，比如割让给她一块足以增强其商贸和海军力量的土地，这样定会说服女皇同国王结盟，在对法国和西班牙以及叛乱殖民地的战争中助我们一臂之力"。哈里斯向对方回禀道："尽管没有直言，但波将金亲王已经明确向我表示只有一块土地能说服女皇与我们结盟，即梅诺卡岛。"这座小岛位于地中海西部，岛上建有一座坚固的海港暨海军基地马翁港，英国视该岛为一笔不可多得的财富。哈里斯请求同叶卡捷琳娜当面详谈一次，波将金为他做了安排，并向他提出了建议："尽量吹捧她。不要说太多的甜言蜜语，要按照她的理想状态，而非现实中的样子吹捧她。"

见到女皇时哈里斯说："您可以随心所欲地向我们提出要求。只要是能令女皇陛下开心的要求，我们就绝对不会拒绝。"叶卡捷琳娜的态度很坚决，她决不允许俄国被卷进英国同法国、西班牙及美洲的战争。对话的双方随之变成了哈里斯和波将金，他们两个人对挽回局面仍旧心存一丝希望。

"你们能将哪些土地割让给我们？"波将金向哈里斯问道。

"我们在美洲、东印度群岛和蔗糖岛（位于加勒比海地区）拥有不少土地。"哈里斯回答道。

波将金摇了摇头："要是把那些远在天边的殖民地给了我们，那可就要了我们的老命了。我们的船只几乎连波罗的海都走不出去，怎么可能跨越大西洋呢？要是给我们一些别的东西，一些离家比较近的地区……要是你们能割让梅诺卡的话，那我向您保证，我相信自己完全有能力让女皇不计一切代价。"

哈里斯向伦敦方面发回了报告："我告诉他……我认为他的要求完全无法实现。"

波将金对此做出了回答："那可就更糟糕了。它完全确保我们对你们的永远支持。"

尽管俄方索求过分，做出让步必然十分痛苦，但是为了梦寐以求的英俄联盟，英国政府还是着手草拟结盟条款。"俄国女皇帮助大不列颠、法国和西班牙重修旧好……这就明确表示法国将立即撤出罗得岛及国王陛下位于北美的各处属地。此外，针对那伙乱臣贼子的问题，我们决不与任何人达成任何协议。"

尽管如此，叶卡捷琳娜仍旧没有答应英国的请求，她深信与英国签署结盟协议无异于将她和她的臣民拖入欧洲大陆的战火中。当波将金再次因此事求见她时，她用法语回答道："新娘太漂亮了，他的娘家人不过是想要愚弄我罢了。"她还强调自己对英国颇有好感，但决不会接受对方的提议。1781年年底，英方的提议变得毫无意义了，就在当年的12月驻防北美洲的英军投降了，在约克镇，康华利勋爵向乔治·华盛顿交出了自己的佩剑，次年3月诺斯勋爵领导的政府垮台了，一位辉格党出身的部长接替了勋爵的职位。英国终于放下了同俄国结盟的构想。

叶卡捷琳娜拒绝同英国结盟还存在另外一个原因，与奥地利恢复邦交后俄奥两国已经正式成为盟友。也正是考虑到这一点，她同波将金就做起了吞并克里米亚的准备。和平吞并的计划是波将金的主意，最终也是他促成了此事。根据1774年结束了第一次俄土战争的《库楚克-凯纳尔吉条约》的规定，克里米亚取得了独立地位，但是这个汗国在名义上仍旧是奥斯曼土耳其的附属国。波将金担心由于该半岛的存在会导致俄国在黑海沿岸的领土四分五裂，他告诉叶卡捷琳娜如果克里米亚不属于俄国，那么南部边疆的安全将难以得到保证。"克里米亚不会增强我们的实力，也不会让国家变得更加富庶，但是它将确保一切太平。"他说。1783年7月，叶卡捷琳娜宣布将克里米亚半岛并入俄国版图。在波将金的努力下，俄国未动一兵一卒便实现了这个目标，但是波将金本人却不得不为之付出长久的代价。在克里米亚期间，他患了一场严重的疟疾，余生中他始终未能痊愈。

第六十七章
克里米亚之行与"波将金村"

　　1787年春，叶卡捷琳娜大帝沿第聂伯河一路南下，最终到达克里米亚。久而久之，历史变成了传说，在人们的心中没有任何一位君主在位时曾做过如此与众不同的出游，格里高利·波将金也借机做了一场最为辉煌的公开展示。与此同时，这场出行又被人诟病为一场盛大的骗局，出现在女皇眼前的村庄欣欣向荣，但据说都是染了色的纸板搭建而成的；幸福的村民据说都是乔装改扮的农奴，他们从一座宫殿赶往下一座宫殿，不断亮相于女皇必经之地，当女皇经过时向她欢呼致敬。在这些指责的基础上渐渐形成了"波将金村"之谜。据说波将金在第聂伯河沿岸假造了一批村落，只是为了蒙骗叶卡捷琳娜和众多宾客，以免他们目睹到真正的俄国南疆。日复一日，"波将金村"便用来专指用以掩盖负面状况的假话或赝品。时至今日，这种说法已经变成了固定用语。在判断这种说法的真假时必须考虑到两个事实：其一，嘲笑或谴责波将金的人并没有参加此次出游；其次，有不少人目睹了波将金的成就，证人中包括三位目光敏锐、老于世故的外国人，即奥地利皇帝约瑟夫二世、法国大使塞古尔伯爵以及奥地利陆军元帅查理·约瑟夫·利涅亲王。两个多世纪以来，从未有人拿出过任何证据，证明以上三位有关此次出游的所言所述与事实有所出入。

　　在九年的时间里，波将金一直致力于将南方刚刚并入俄国版图的领土建设成为一片欣欣向荣的富庶地区。出于对个人成就的自豪，他敦促女皇前往南方亲自视察一番他的工作。终于，女皇答应在1787年的春夏两季南下巡游，这一年她登基刚好整整二十五个年头。波将金立即着手规划并筹备女皇的克里米亚之行。此次出游将成为叶卡捷琳娜一生中最漫长的一次旅程，也将是其在位期间最为壮观的一场公开展示。六个多月的时间里她将取道陆路和水路，走完四千多英里的路程，其间使用到的交通工具将包括雪橇、帆船和马车。此行巩固了俄国在未来对这片辽阔疆域的控制权。自叶卡捷琳娜"南巡"这一年开始，直到1941年德国入侵苏联，以及1991年乌克兰宣告独立为止，这片土地始终牢牢地掌握在俄罗斯人的手中。

波将金最希望展示给女皇的是克里米亚半岛，自古以来许许多多的民族一直在这片土地上繁衍生息，丰富多彩的文化在发扬光大。公元前5世纪至公元前4世纪时，希腊在克里米亚海岸一带建立起了新的定居点，该地被命名为"陶里斯（金牛）"，据说阿伽门农与克吕泰涅斯特拉的女儿伊菲革涅亚就是在这里的阿耳忒弥斯（戴安娜）神庙担任祭司。三百年后，这片土地被纳入罗马帝国的版图，后来蒙古人征服并占领了克里米亚。在1783年吞并这座半岛时，叶卡捷琳娜指示波将金在此地兴建公路、城市、港口，发展农业并增加农作物种类，在保证其宗教和文化完整性的前提下将穆斯林族群纳入俄国的管辖范围。波将金建造起一座座城镇、公园、葡萄园和植物园，为当地引进了牲畜、蚕、桑树以及甜瓜的种子，并开始修造战舰，在赫尔松、尼古拉耶夫和塞瓦斯托波尔湾为新组建的俄国黑海舰队建起了海军基地。

叶卡捷琳娜急于目睹这些对她来说已经耳熟能详，并且投入了巨资的地方。此外，她还有外交方面的考虑，她希望给欧洲各国留下深刻的印象，同时令土耳其感到畏惧。在此次旅行中，她将见到一位国王和一位皇帝，即波兰的斯坦尼斯瓦夫和奥地利的约瑟夫二世。前者是女皇的老情人，在波兰与俄国以第聂伯河为边界的地方加入了女皇一行；后者是女皇的盟友，女皇劝他参加此次出游，好让世人看到俄奥联盟的实力。就这样，叶卡捷琳娜的此番南巡既是一次度假之旅，是对"新俄罗斯"的视察，同时也是一次强有力的外交声明。

启程时叶卡捷琳娜已经年满五十八岁，对于同龄妇女来说这样的旅程难以想象。叶卡捷琳娜不仅显示出自己的活力和热情，而且也表明了她对耗费三年心血策划此番巡游的总设计师充满信心。刚一上路她便对塞古尔说：

他们不择手段地阻挠此次出行。他们告诉我一路上的艰难险阻和许多不尽如人意的地方一定会令我汗毛倒竖，还说旅行会让我变得精疲力竭，这些话无非就是想吓唬我罢了。那些人根本就不了解我，他们不知道对我来说阻挠就等于鼓励，他们描述的各种困难就是额外的刺激。

但是，此次出行的首要原因在于，叶卡捷琳娜希望全力支持波将金在南方取得的成就。多年来，他在朝中的宿敌一直不屑于他的付出，他们断言他只是在浪费，甚至是盗窃巨额资产，迄今为止国库已经划拨了数百万卢布，用于新地区的发展。波将金自己十分清楚如果叶卡捷琳娜此次"南巡"大获成功的话，那么从此将无人再敢对他横加指责；反过来，"南巡"一旦失败，他的地位便会土崩瓦解。此外，他也明白欧洲各国也都在关注此事。因此，他力劝叶卡捷琳娜将各国驻圣彼得堡大使纳入随行队伍，以便他们将目睹的一切报告给各自的政府。

为了这场重大活动波将金使出浑身解数，他的组织能力和哗众取宠的能力都得到了最大程度的发挥，他甚至对庞大的皇家车队每天晚上的停靠点都做出了明确安排。为了解决这批游客的住宿问题，他专门修建并租借了一批公馆、豪宅和民房；对于举行舞会、焰火表演和庆典的场地他也做了一番精心的挑选。他命人专门建造了一批奢华的巨型帆船，以供女皇和其他宾客们取道第聂伯河，一路南下。他还印制了"导游"手册，对游船将经过的第聂伯河沿岸的市镇村落做出了详细的描述，并标注船队每日出游的里程数。

叶卡捷琳娜负责确定受邀宾客，一些人被她排除在了名单之外，其中就包括普鲁士大使。无嗣的腓特烈大帝于一年前逝世，他的侄子在柏林继承了王位，这位新国王对叶卡捷琳娜的憎恶终于得到了对方热烈的响应。此外，撒克逊大使格奥尔格·冯·黑尔比格也被留在了圣彼得堡，因为他曾诋毁过波将金及其建树。

更为引人注目的是叶卡捷琳娜的家人也没有出现在随行的队伍中。直到出发前的最后一刻她还打算带上长孙及其二弟，即十岁的亚历山大和八岁的康斯坦丁。她希望两个孩子能一睹俄国南部边疆、市镇和舰船的风貌，这都是她亲自为他们争取到的遗产。然而，临近启程时孩子们的双亲表示了强烈的反对。一想到自己的儿子即将前往瘟疫和疟疾肆虐的地方，素来平和的玛丽亚·费奥多罗芙娜就几乎失去了理智。罗杰森医生对大公夫人的态度表示支持。叶卡捷琳娜坚称让老奶奶一个人孤零零地出门远游，身旁没有一个亲人的陪伴，这种做法太残忍了。在给保罗和玛丽亚的信中她写道："孩子属于你们，但同时也属于我，属于国家。自他们年幼时我便将温柔之至地疼爱他们视作自己的职责与欢乐之所在。我有如下的考虑：在远离你们时他俩的陪伴能够给予我些许的慰藉。难道只有我——在这把年纪——在长达六个月的旅行中无权享受家人的陪伴吗？"读完这封信玛丽亚只是感到更加绝望。保罗提议他们同两个儿子一起陪同母亲出游，如果玛丽亚无法接受这种安排，那么他将主动要求独自与母亲同行。毕竟，他将继承皇位，等待着他们一行人的那片土地终有一天将接受他的统治，那么他为何不去亲自视察一番呢？这个提议又一如既往地遭到了女皇冷酷的拒绝，在信中她回复道："你最近的这个提议会令很多人感到不安。"实际上，叶卡捷琳娜只是不希望保罗的在场成为一个"沉重的包袱"，影响她尽情欣赏波将金的杰出成就。

最终，这场争执彻底失去了意义，就在出发前夕两个孙子都出了水痘。六位医生先后被召至叶卡捷琳娜面前，证明了两位皇孙的病情的确属实，叶卡捷琳娜这才做出让步，允许两个孩子在家养病。保罗同样也被留下了，无论面对何等事情，只要有母亲在他就永远不会被委以重任，这个事实令他痛苦万分。

1787年元旦，叶卡捷琳娜在冬宫见到了外交使团，随后他们一行人便驱车前往皇村。1月7日这一天阳光灿烂，空气凛冽，上午11点叶卡捷琳娜率领第一批车队离开了皇村。十四辆宽敞舒适的马车被架在宽大的滑橇上，这样马车就变成了雪橇车。上路时，叶卡捷琳娜让在任的男宠亚历山大·马莫诺夫以及列夫·纳雷什金、伊凡·舒瓦洛夫和一名女官陪她同乘一辆能容纳六个人的马车，所有的人都裹着柔软的毛皮，熊皮垂落在膝头。各国大使、朝廷重臣、政府官员和女皇的亲随乘坐着其他雪橇车，跟在他们的身后。叶卡捷琳娜深知尽管英法两国交恶，但是法国大使菲利普·德·塞古尔和英国大使阿莱恩·菲茨赫伯特（后被册封为圣海伦勋爵）两个人私交甚好，因此她将两位大使安排在同一辆马车内。医生、药剂师、乐师、厨师、技师、梳头工、银器擦洗工、洗衣女工和几十名男女杂役分坐在一百二十四驾小型雪橇上，紧紧跟在队伍的末尾。

1月间，俄国的北方冰天雪地，河流、田野、树林、道路和房舍全都消失得无影无踪，大地变成了起伏跌宕的白色海洋，在阴霾的日子里甚至找寻不到天地交汇之处。天空湛蓝的晴好日子里阳光刺目，仿佛雪地上撒落了成千上万颗钻石，反射着阳光一般。在叶卡捷琳娜那个时代长距离的公路上都铺有原木，但是只有在夏天才能见得到这种路面，一到冬天路面便覆盖上了一层光溜溜的冰雪，雪橇能够以惊人的速度滑行。叶卡捷琳娜一行有时候甚至能在一天内跑完一百英里地。塞古尔写道："在这个季节里所有的牲畜都待在畜舍里，所有的农人都守在自己的火炉边，能够表明人类存在的就只有一队队的雪橇如同破冰前行的船只一般留下的痕迹。"在这个时节里，北方的白昼每日不超过六小时，即便如此叶卡捷琳娜还是不会为此而停下脚步。启程后的第一天，下午3点"夜幕"便降临了，然而篝火和熊熊燃烧的火把继续照亮着旅程。

出行并不会改变叶卡捷琳娜的日常作息，她还是一如既往地在6点起床、喝咖啡，然后便独自一人处理两个钟头的公务，有时候书记官或大臣们也会同她一起工作；上午8点，她将密友叫来，同自己一道享用早餐；9点，她登上马车，开始继续赶路；下午2点，车队会为午餐逗留一个小时，随后便又重新上路了；在天色变黑很久之后，即傍晚7点她才允许车队停下脚步，准备休息，但她自己很少会感到疲乏，总是继续工作一会儿，要不就是同朋友们聊天、打牌或者找找其他的乐子，直到晚上10点。

车队一路飞驰在雪野上，在此期间为了丰富话题和增加乐趣，叶卡捷琳娜不停地更换着车厢内的旅伴，常常用塞古尔和菲茨赫伯特替换掉纳雷什金和舒瓦洛夫。最受她欢迎的是塞古尔，这位大使精明老到、头脑敏捷，颇具讲故事的天赋。塞古尔的话总是能逗得女皇哈哈大笑，不过有一次他意识到女皇的忍耐也是有限度的。

一天，在路上时我坐在她的对面，她示意我讲我自己编的小故事。她在旅伴面前的亲切随和，她的开朗，年轻男宠也陪在一旁，再加上她同……伏尔泰和狄德罗的通信，想到这些我就以为放肆的爱情故事不会令她感到震惊。于是我讲了一个公认为有伤风化的故事，但至少巴黎的淑女们都能接受它。

结果我惊讶地看到原本笑嘻嘻的旅伴突然恢复了女皇陛下的神情，冷不丁地用毫不相干的问题打断了我，就这样改变了话题。过了几分钟，为了让她知道我已经领悟到了教训，我便开始恳求她听一听另外一个截然不同的故事。对于第二个故事她则听得津津有味。

在斯摩棱斯克，由于大面积的雪堆，加之马莫诺夫的喉咙突然发热肿痛，叶卡捷琳娜一行被耽搁了四天。守候在克里米亚的波将金写信催促叶卡捷琳娜："在这里，草场已经绿意丛生，我想很快就要到百花齐放的时节了。"

1月29日，车队抵达了坐落在高高的第聂伯河西岸的基辅。叶卡捷琳娜只是于四十三年前陪伴伊丽莎白女皇访问过这座城市，当时迎接十五岁女大公的是隆隆作响的礼炮和浑厚响亮的钟声。这一次，波将金为每一位大使都专门安排了一套装修精美的豪宅或公馆，仆人等候在房间里，上好的美酒堆放在酒窖里。夜晚，宾客们做着游戏，听着音乐，或者翩翩起舞，叶卡捷琳娜总是同塞古尔和马莫诺夫玩着惠斯特牌[1]。

波将金也从克里米亚赶到了基辅。一开始他躲开众人，远离他亲手创造的这一切欢乐。他告诉大家在四旬节的斋期自己更愿意同修道士待在一起，而非朝臣和外国使节。为此他选择了著名的石窟修道院，完全在河岸上方的山岩上开凿出来的佩彻尔斯克修道院。在迷宫般的洞窟和低矮逼仄的隧道里，七十三具圣徒的尸体被安放在敞开的壁龛中，若有人从旁经过时完全可以伸手摸到这些干尸。了解波将金脾气的叶卡捷琳娜提醒众人：

---

[1] 惠斯特牌，两人一组玩的扑克牌游戏。

"倘若看到亲王像头怒气冲冲的狼，那你们最好躲远点。"亲王的这种举动来源于他内心的焦虑，负责监管此番巡游对他而言任重如山，而且最艰巨的部分尚未开始。

除了波将金，另有一位"游客"也在基辅加入了女皇一行，即查理·约瑟夫·利涅亲王。五十岁的亲王出身于比利时的一个贵族家庭，现在在约瑟夫二世手下任奥地利陆军元帅一职，从维也纳远道赶来的他受到了女皇的欢迎。这位见多识广的西欧客人同伏尔泰和玛丽·安托瓦内特保持着无拘无束的书信往来，他是一个机智诙谐、富于智慧、老于世故、愤世嫉俗、多愁善感，同时又谨言慎行的人，处理问题时游刃有余。他同众多君主和亲王交好，对同辈友善仁爱，受到下级的拥戴，他能让所有人都感到轻松自在。叶卡捷琳娜的邀请令他感到喜悦，后来他曾将女皇称为"同时代最伟大的天才"。在此次出游的所有随行宾客中，始终受到女皇及众人欢迎的便是这位亲王，女皇曾说他是"最令人愉快的伙伴，最随和的人，以前我还从未碰到过这样的人"。在他的君主、朋友，同时也是心腹之交的约瑟夫二世加入队伍后，利涅亲王受邀坐在了皇家马车里，借机听到了两位君主的谈话。当两位君主邀请他发表意见时他总能侃侃而谈，而另外一位陪客，亚历山大·马莫诺夫则百无聊赖地昏睡了过去。

叶卡捷琳娜同客人在基辅逗留了六个星期，随后一行人便乘坐着专为此次出游建造的大型帆船开始了在第聂伯河段的行程。4月22日，隆隆作响的炮声宣布冰面开裂，中午时分女皇及众宾客分别搭乘上七艘装饰华丽、设施齐全的罗马式帆船，船身均被涂成红色和金色，船体两侧还绘制了俄国皇室的双鹰纹章。叶卡捷琳娜所乘坐的船被命名为"第聂伯河"，船上配备有悬挂着金色和猩红色锦缎帷帐的卧室、起居室、书房、小型音乐厅和餐厅各一间，以及配有吊顶的甲板，保证她在呼吸新鲜空气的时候不会受到阳光的暴晒。紧随其后的六艘帆船也几乎同样奢华，这些船也都被涂成红色和金色，船舱内饰有昂贵的锦缎。坐在船上的波将金不再是"怒气冲冲的狼"，与他同乘一条船的有两位外甥女及她们的丈夫，以及他刚刚结交的朋友、粗俗放荡的冒险家、拿骚–锡根[1]的查理亲王。这位四十二岁的亲王具有西班牙和日耳曼血统，经济困顿，所能继承的公国也不过是一个无足轻重的弹丸之地。他曾周游世界，具有陆地和海上的作战经验，同一位波兰女子结婚后夫妻俩来到了俄国。正是在俄国，拿骚亲王结识了波将金。叶卡捷琳娜对拿骚亲王的态度模棱两可，她对波将金说："真稀奇，你居然会喜欢拿骚亲王，他可是一个出了名的莽夫。不过，他的勇敢也是尽人皆知。"

就在女皇一行人登船的当天，在帆船尚未起锚时叶卡捷琳娜邀请五十位客人在餐船上共进午餐。午后3点，船员解开缆绳，七艘庞大的帆船开始顺流而下，三千名专为这支罕见的船队提供服务的仆役乘坐着八十只小船尾随在后。下午6点，一小批客人又乘船回到女皇的船上，与她共进晚餐。接下来的日子里，宾主一直保持着这样的惯例。

蓝天下河水波光粼粼，涂着彩漆的船桨一起一落地拍打着河面，"克娄巴特拉舰队"——利涅亲王为船队起的绰号——顺着第聂伯河一路南下。取道几条大河对俄国人而言是出行时司空见惯的选择，但是眼前这种规模的船队却史无前例。当游船从眼前掠过时，站在河岸两侧的民众一边打量着帆船，一边向船上的人挥手致意。大河沿岸绿草茵茵，春花烂漫，牛羊成群，一个个村落都修建有配套的教堂，刚刚粉刷过的房舍闪动着亮光。一路上女皇的船队中总是穿梭着一艘艘的小船，来来回回在不同游船中运送着客人、美酒、食物以及在用餐时和晚间音乐会上进行演奏的乐师。白天，叶卡捷琳娜总是在自己的专用甲板上躺在凉棚下。她的客

---

[1] 拿骚–锡根（Nassau-Siegen），历史地名，曾属神圣罗马帝国。

人及专供客人差遣的仆役们早上的时光总是清闲无事，仆役们互相"串门"，聊聊工作，说说闲话，要不就玩一会儿扑克。到了中午，女皇的游船会鸣枪示意午宴的开始，有时候会有十位客人乘着小船赶到她的船上，有时候多达五十位客人按照她的吩咐聚集在专门的餐船上。船队时常会停泊在岸边，好让客人们野餐，或者仅仅沿着河岸散散步。

六天后船队到达了卡涅夫，第聂伯河的东岸属于俄国，西岸则是波兰的土地。在这里，叶卡捷琳娜将见到她一手造就的波兰国王，斯坦尼斯瓦夫·波尼亚托夫斯基，自1759年分离后他们已经阔别了二十八个年头。尽管已经年满五十六岁，斯坦尼斯瓦夫仍旧相貌堂堂，举止得体，同时也仍旧那么敏感、善良和羸弱。然而叶卡捷琳娜却有些拘束，五十九岁的她深知岁月已经让当年的她面目全非，她不愿意面对昔日情人的目光。

当船队在卡涅夫抛锚后，波兰国王乘着小船来到叶卡捷琳娜乘坐的游船跟前。这一天清晨风雨交加，登上游船时国王已经变成了落汤鸡。叶卡捷琳娜以国宾待遇对斯坦尼斯瓦夫的到来表示了欢迎，后者也用不减当年的老练对女皇做出了回应。由于受到宪法的限制，作为国王的斯坦尼斯瓦夫不能离开波兰的领土，为了登上俄国女皇的游船他只能采用化名。他一边向甲板上迎接他的众人鞠躬，一边说："先生们，波兰国王命我将波尼亚托夫斯基伯爵托付给你们。"

叶卡捷琳娜态度冷淡。眼前的斯坦尼斯瓦夫看上去索然无味，言行举止过于优雅，没完没了地唠叨着过于讲究的客套话。在给格林的信中叶卡捷琳娜写道："我已经有近三十年没有见过他了，可以想见我们在彼此的身上看到了多么显著的变化。"她将斯坦尼斯瓦夫引介给各位大臣外国宾客，然后便身体僵硬地走出了众人的视线，去跟斯坦尼斯瓦夫进行半个小时的私人谈话。再次出现在宾客面前时她看上去神情紧张，而斯坦尼斯瓦夫则神色忧郁。就餐时塞古尔恰好坐在女皇和波兰国王的对面，后来他记述下了当时的情形："他们交流很少，但是却凝视着彼此。我们欣赏了一场精彩的管弦乐表演，礼炮响起时我们还为国王的健康举起了酒杯。"

离别前，从桌旁站起身时波兰国王一时没能找到自己的帽子，结果叶卡捷琳娜将帽子递给了他。道谢后他露出了笑容，说这是她赠送给他的第二顶头冠，前一顶就是波兰国王的王冠。

斯坦尼斯瓦夫试图说服叶卡捷琳娜顺延旅行计划，同宾客们在此地继续逗留些时日，但最终他还是没能打动她。为了向叶卡捷琳娜表示敬意，他特意安排了宴席和一场舞会，地点就在他专门为此次活动修建的宫殿里。叶卡捷琳娜谢绝了对方的好意，她早已打定主意此次重逢最多只能占用一天的时间。她告诉斯坦尼斯瓦夫自己必须赶往下游的赫尔松，在那里她将同奥地利皇帝约瑟夫二世会晤，而且皇帝陛下应该已经等候在那里了，她的行程无法做出改动。对斯坦尼斯瓦夫颇有好感的波将金对此感到恼怒，他提醒叶卡捷琳娜拒绝波兰国王的盛情挽留将会对国王在波兰的地位造成伤害。叶卡捷琳娜斩钉截铁地说："我知道我们这位客人希望我能在这里多待上一两日，但是鉴于我同皇帝的会晤，你自己也清楚这是绝对不可能的事情。请让他明白我的行程不可能改变，尽量客气一些。此外，如你所知，我也觉得改动原定计划并不是什么好事。"波将金继续争辩着，他的固执激怒了叶卡捷琳娜，她说："所谓明天的宴会绝无半点可能……我做决定就总有自己的理由……所以，明天我必须按计划动身……我真的太厌烦这一切了！"为了安抚波将金，她允许自己的客人前去参加斯坦尼斯瓦夫将在当天晚上举办的舞会，但是她自己则留在了船上，在甲板上看着焰火表演，只有马莫诺夫陪伴在她的身旁。翌日清晨，船队启程继续南下。叶卡捷琳娜对波将金说："国王令我感到厌恶。"此后她再也没有同斯坦尼斯瓦夫见过面。

与此同时，约瑟夫二世已经先期抵达位于第聂伯河下游的赫尔松，等待叶卡捷琳娜一行的到来。约瑟夫二世本人喜欢出行时无拘无束，曾有一次他化名为"费尔肯斯坦伯爵"微服出游。出游时他不会带很多行李，随行人员也只有一名侍从和两名仆人，他还习惯先行赶到目的地。在赫尔松，厌倦了等待之后他决定沿着河岸一路北上，最终在凯德克与叶卡捷琳娜会晤。按照预计，叶卡捷琳娜的船队在接近第聂伯河第一处激流时暂停前进。到达凯德克后，叶卡捷琳娜得知"费尔肯斯坦伯爵"正在下游的赫尔松恭候他们。随即，根据最新消息，她又听说"伯爵"已经取道陆路，打算赶往凯德克同她会晤。为了不输给"伯爵"，叶卡捷琳娜匆忙上岸，乘车前去拦截自己的盟友。结果，两个人在半道上相遇了。"伯爵"换乘上叶卡捷琳娜的马车，两位君主一起回到了二十里外的凯德克。与叶卡捷琳娜的"南巡"队伍会合后约瑟夫二世仍旧执意使用化名，同其他客人一起参加女皇举办的招待会，并始终以"费尔肯斯坦伯爵"的身份结识新的朋友。同自己的好朋友及陆军统帅利涅的会面，以及与塞古尔刚刚建立的友谊都令他欣喜不已。在对法国大使谈及年长自己十岁，已经同自己结盟的这位非凡女性浑身洋溢的活力时，"伯爵"充满了钦佩之情，不过他对马莫诺夫并没有做过多的恭维。后来他写道："这位新任男宠容貌俊朗，但是看起来没有多少头脑，似乎对自己的地位仍旧感到十分惊讶。他其实只是一个被宠坏的孩子而已。"

在凯德克逗留了整整一天后，叶卡捷琳娜同约瑟夫二世让俄国大臣和各国使节继续乘船欣赏第聂伯河的风光，他们俩则乘车前往波将金计划施工建造的新城，叶卡捷琳娜斯拉夫。在约瑟夫二世的陪同下，叶卡捷琳娜为这座城市的新教堂举行了奠基仪式。在尚未建起城市也无人定居之前就开始修建一座如此庞大的教堂，对此奥地利皇帝心存疑虑。在给维也纳的朋友的信中他写道："今天我干了一桩大事。女皇为新教堂铺下了第一块石头，而我也摆好了一块——最后一块。"

船队安然地穿过了湍流，两位君主随即便再度登船，顺流前往赫尔松。九年前，波将金决定在距离第聂伯河在黑海的入海口以北二十里地的赫尔松大兴土木时，这里还是一片沼泽，只有零星的几座小棚屋，而今它变成了一座建有防御工事的城市，城内坐落着两千座洁白的房舍，笔直的大街上绿树成荫，花园里鲜花盛开，教堂和公共设施一应俱全，还有容纳两万名士兵的营房，大街小巷人来人往，商店里货物琳琅满目。造船厂里也是一片繁荣兴旺的景象，沿着码头建有一排仓库，已经完工的两艘战舰和一艘护卫舰整装待发。港口里停靠着一百多艘船只，大多数都为俄国人所有。5月15日，叶卡捷琳娜同约瑟夫二世一道为三艘新船举行了下水仪式，其中就包括战列舰"弗拉基米尔"号和一艘80门炮位的重量级战列舰。出于外交考虑，后一艘战舰被命名为"圣约瑟夫二世"。

土耳其人近在咫尺的事实在两位君主的心头蒙上了一层阴影，他们看到波将金在城门处竖起了一道拱门，门上刻着一行激励人心的希腊文——"通往拜占庭之路"。在这里，他们见到了俄国驻君士坦丁堡公使雅科夫·布尔加科夫。公使专程赶来向女皇报告当前的局势，他指出奥斯曼土耳其帝国绝对不会任由俄国吞并克里米亚，或者说不允许俄国在黑海地区的存在，并提醒叶卡捷琳娜土耳其此时只是在静候时机。叶卡捷琳娜和波将金十分清楚这一点，但由于距离做好全面迎战的准备尚需要至少两年的时间，他们便敦促布尔加科夫对土耳其方面坚持安抚政策。

此时叶卡捷琳娜只能谨慎行事。她原本希望能走完整条第聂伯河，即从赫尔松顺流而下，一路乘船抵达黑海。然而，土耳其方面先发制人，派出四艘战舰和十艘护卫舰游弋在最后一段航程，即入海口处。土耳其是在提醒叶卡捷琳娜第聂伯河尚未完全开放。

尽管大失所望，但是为了给宾客们留下过目不忘的记忆，叶卡捷琳娜还是决意率领自己的盟友及各国使节前往克里米亚。5月21日，叶卡捷琳娜一行离开赫尔松，同时也告别了第聂伯河，他们又改乘了马车。刚一进入大草原地区约瑟夫二世就被震惊了，一千二百名鞑靼骑手突然踏着滚滚尘烟出现在了他的眼前。这些人来自部落民族，不久前才被俄国降服，现在在俄国看来他们已经培养起对俄国的忠心，足以充任荣誉近卫军。眼前的景象给约瑟夫留下了深刻的印象，一天傍晚他走出自己的营帐，同塞古尔一起漫步在一望无际、杂草丛生、平平坦坦的荒原上。"多么特殊的一片土地啊，谁能想到我会和叶卡捷琳娜二世、法国及英国大使穿行在鞑靼人的荒原上？多么了不起的一段历史啊！"奥地利皇帝说。

在连接克里米亚半岛和北方的乌克兰及俄国的皮里柯普地峡[1]的一段路途中车队上下颠簸着朝峡谷深处走去，乱石嶙峋的小路径直通向克里米亚汗国曾经的首府巴赫奇萨赖[2]，当年可汗王宫里一间间隐秘的寝室而今被两位到访此地的君主当作临时的居所。早在数月前，叶卡捷琳娜就委派自己的御用苏格兰建筑师查理·卡梅隆将昔日的可汗王宫修缮一新。卡梅隆保留了原有的伊斯兰风情，内廷和隐蔽的花园外环绕着一堵堵高墙和桃金娘树篱，房间凉爽整洁，贴着瓷砖的墙壁色彩炫目，墙上还挂着精致的挂毯，地板上铺着厚实的地毯，每间房屋的正中央还有一座大理石喷泉。透过敞开的窗户叶卡捷琳娜可以瞥见耸立在高墙背后的清真寺宣礼塔，闻得到空气中弥散的玫瑰、茉莉、橘子树和石榴树的芬芳。宫殿被包围在一座城镇中央，十九座清真寺和高高的宣礼塔俯视着整座城市，每天一座座尖塔都要发出五次召唤信徒进行祈祷的呼唤声。在这里逗留期间叶卡捷琳娜命人又追建了两座清真寺。城外同样也别具风情，充满了伊斯兰世界的景色——丰富多彩的集市、长袍飘逸的鞑靼王子和男人们，以及除了双眼

---

[1]　皮里柯普地峡（Perekop Isthmus），连接欧亚大陆和克里米亚半岛的窄长的陆地，宽约五至七千米。古代鞑靼人曾在皮里柯普地峡上修建壕沟作为防御工事，被称为"鞑靼壕沟"。

[2]　巴赫奇萨赖（Bakhchisarai），位于现今的乌克兰境内，由克里米亚管辖。

之外全身都包裹得严严实实的女人。

波将金急于向叶卡捷琳娜和奥地利皇帝展示他自认为自己在南方最杰出的成就，于是众人在巴赫奇萨赖仅仅停留了三天两夜。5月22日，女皇一行在青松翠柏间穿过群山，来到克里米亚半岛在黑海南岸崎岖不平的海岬。这是一片类似于里维埃拉的地区，水草丰美，一年四季气候温和，四处可见橄榄树、果园、葡萄园、草场和生长着茉莉、月桂、丁香、藤萝、玫瑰和紫罗兰的花园。每年一开春，一夜之间鲜花怒放的果树、灌木丛、葡萄园和野花用它们炫目而浓烈的色彩和香气，将这片海岸变成了一座巨大的芳香花园。

女皇一行的最终目的地是俯视着黑海的因克尔曼[1]。在新建的凉亭里享用过午餐后，波将金站起身，拉起凉亭另一头的帘幕，出现在众人眼前的是万里无云、碧蓝如洗的克里米亚天空。长途跋涉的客人们看到孔雀蓝色的海面上升起一座座起伏不平的山冈，将一块平坦的大地环绕其间。这里正是塞瓦斯托波尔大海湾，在阳光下闪烁着粼粼的波光，波将金正在组建的黑海舰队就停泊海湾内。在接到发自凉亭的信号后，舰船开始向两位君主鸣炮致敬。最后，其中一艘新船上升起了代表奥地利皇帝的旗帜，并专门为他单独鸣放了礼炮。

叶卡捷琳娜带着约瑟夫二世走向马车，随后二人一道驱车前往港口，将海港和整座城市游览了一番，他们看到这里不仅有新建的造船厂和码头、防御工事、海军办公楼、军火库、营房，而且还有教堂、商店、民房、学校和两所医院。曾经对赫尔松有所保留，并提出过批评的约瑟夫二世完全被塞瓦斯托波尔的景象震惊了，他宣称这是自己所见过的"最美丽的海港"。看到俄国自己制造的舰船不仅质量上乘，而且整装待发，他又

---

[1] 因克尔曼（Inkerman），位于现今的乌克兰南部，由克里米亚管辖。

补充道："实际上，只有亲自来这里看一看才敢相信我所看到的这一切的确存在。"

叶卡捷琳娜原本打算陪同客人从塞瓦斯托波尔出发，横穿克里米亚，直到亚速海的塔甘罗格湾，可是夏日里赤日炎炎，约瑟夫二世也希望返回维也纳，叶卡捷琳娜认为其他人应该也已经看够了。女皇一行又回到了第聂伯河边。一路上女皇和皇帝同乘一辆马车，聊的仍旧是政治问题和对未来的规划。6月2日，两位君主作别，叶卡捷琳娜朝着波尔塔瓦继续北上，波将金在那里安排了一场重现1709年波尔塔瓦大捷的演出，当年就是凭着这一场胜利，彼得大帝彻底摧毁了查理十二世率领的瑞典侵略军。在波尔塔瓦叶卡捷琳娜观赏了由五万名俄国军人重现的这场战役，其中一些人打扮成俄军的模样，其余的人则扮演了瑞典士兵。

6月10日，叶卡捷琳娜和波将金在哈尔科夫[1]话别了。临行前波将金送给叶卡捷琳娜一条订购自维也纳的珍珠项链，项链璀璨夺目；叶卡捷琳娜授予他陶里斯亲王的头衔。随后，叶卡捷琳娜径直北上，途经库尔斯克、奥廖尔和图拉，马车颠簸了一路，乘坐雪橇穿过雪原的顺畅旅途不复存在。6月27日叶卡捷琳娜回到了莫斯科，她喜出望外地看到在得到双亲的同意后亚历山大和康斯坦丁赶到这里等候着她的归来。这是叶卡捷琳娜最后一次来到旧都。7月11日，她回到皇村，此时她已经筋疲力尽。

波将金的成就令她感到无比地骄傲，自哈尔科夫分别后她在旅途中给他发去了一封封充满感激和深情的信："我爱你，以及你所做的贡献，只有真正的赤子之心才能做到这一切……请多保重……你那里一到正午就热得要命，求求你，就当是帮我的忙，看在上帝和咱俩的分上，当心你的身

---

[1] 哈尔科夫（Kharkov），位于现今的乌克兰东北部，在德苏战争中德军与苏军在这座城市附近进行过四场战役。

体。希望我能令你开心，正如你总是令我这么开心。"

波将金的回信也同样充满感激之情和近乎子女对父母般的热诚：

女皇陛下！只有上帝知道我是多么珍惜您亲口表白的感情！对我，您甚至超过了真正的母亲……您给予过我多少恩惠？您授予过我多少荣誉？我有多少亲朋好友受到过您的关照？最重要的是他人的恶意和嫉妒从来不曾让您对我产生偏见，所有的背信弃义之举在您这里都没能得逞。这才是世间最罕见的事情，您自己竟然如此坚定不移。国家不会忘记它曾得到的幸福……再见，我的恩人，我的母亲……您忠心耿耿、至死不渝的仆人。

针对波将金的敌人所表现出的"恶意和嫉妒"，叶卡捷琳娜回复道：

我的朋友，让我简明扼要地告诉你事实的真相——你对我有所贡献，我对你心怀感激。仅此而已。凭借着你对我的一片赤诚和你对国家大事的热情，你已经向你的敌人发出了警告。这些话仅你知、我知。

波将金建造起崭新的城市和港口，开拓出新的工业部门，打造了一支舰队，为俄国引进并种植了新的农业作物，打通了俄国通往新海域的道路。有一方当局者绝不相信波将金展示在叶卡捷琳娜面前的城市和村镇、船厂和舰队都是用硬纸板做成的。土耳其十分清楚黑海北岸这个新兴帝国的实力，他们急不可耐地做出了反应。叶卡捷琳娜返回皇村，休养身体，但是她没能得到充分的调养。就在她重返北方之后不久土耳其向俄国宣战的消息便传来了。

第六十八章

第二次俄土战争与波将金之死

俄国同土耳其于1774年签署的和平协议不堪一击，土耳其绝不甘心丧失南方的领土，并向俄国的商船开放黑海。波将金刚一开始组建黑海舰队，土耳其的担忧便日甚一日。随即，叶卡捷琳娜吞并了克里米亚，并在奥地利皇帝的陪同下进行了一次耀武扬威的"南巡"，在塞瓦斯托波尔视察海军基地让此番出游达到了高潮。塞瓦斯托波尔海湾停满了战舰，距离君士坦丁堡仅两日海上行程。叶卡捷琳娜此举似乎是在有意挑衅，土耳其苏丹遂决定宣战。

土耳其出其不意的举动震惊了俄国。叶卡捷琳娜和波将金都清楚土耳其对俄国的敌意从不会消失，但他们都认为这一趟大获成功的"南巡"对土耳其造成了威慑，而非挑衅，因此他们当然不可能料想到这竟然会招惹来一场迫在眉睫的战争。对土耳其而言，先发制人有利也有弊，主动宣战使得俄奥两国的秘密协议生效了，约瑟夫二世不得不向叶卡捷琳娜施以援手。就在土耳其宣战两个星期后，奥地利皇帝告诉俄国女皇，他会尊重两人达成的协议，1788年2月奥地利便对奥斯曼土耳其帝国宣战了。

对于这场战争，土耳其的目标十分简单，即夺回克里米亚，消灭俄国的黑海舰队。叶卡捷琳娜的打算更为丰富，她的终极目标仍旧是将土耳其赶出欧洲，并占领君士坦丁堡，但眼下她将目标只是锁定在向强大的奥恰科夫要塞发起进攻，第聂伯河的入海口就处于该要塞的控制下。在这个有两万名士兵把守的坚固的战略要地被攻陷后，叶卡捷琳娜和波将金立即决意让手下的人马沿着黑海北岸继续向西推进，占领布格河与德涅斯特河之间的地区。到那时，他们便可以考虑进军君士坦丁堡的可能性了。

毫无疑问波将金将担任俄军此次军事行动的最高指挥官，一切必要的控制权都牢牢地掌握在他手中。十年来他一直担任着南方诸省的总督及军队总司令，亲手在这里创建了城市和舰队，而且还任职军事学院院长，对有关此次战争的一切有效军事资源、军事部署以及行政和政治问题都了如指掌。他凭着自己的本事成为总司令，就连俄军最有资历的彼得·鲁缅采夫将军也心甘情愿地服从他的指挥，当时俄军战功最为卓著的指挥官苏沃洛夫将军也已经效力于他的麾下。

波将金和苏沃洛夫是一对离经叛道的怪人。仅就军事才华而论，将军胜过亲王；单纯作为一名战士的话，亲王的确可以做到随机应变，然而政治事务让他变得谨小慎微，举棋不定，他是一名出色的政治家、管理者及军事家，但他缺乏将军在战场上那种快速直观的决断力。他们两个人相辅相成，亲王为将军提供战略参谋、军队和补给，将军则向亲王和俄国贡献出一场场的胜利。波将金总是坚持授予苏沃洛夫将军最高奖赏，例如，他曾要求女皇忽略其他更为资深的将领们，首先将圣安德鲁勋章颁发给苏沃洛夫将军。

土耳其首先对俄国在金布恩的要塞发起了进攻，这片沙洲位于第聂伯河入海口东岸，对面即奥恰科夫。土耳其两次试图登陆金布恩，但均被苏沃洛夫将军击退了。将军倾向于冷兵器作战，"子弹是蠢货，刺刀才是勇士"是他的军事哲学。凭借这种战术思想，当土耳其士兵跳下战船时俄军便立即向对方发起了猛攻，对方很多人在双脚尚未干透的时候就被击毙了。然而，俄方为这场胜利也付出了惨重的代价，苏沃洛夫将军在战斗中负伤，随后俄军从塞瓦斯托波尔驶出的战舰又遭遇了风暴，一艘大型战舰沉没，其他的船只也纷纷受损。看着心爱的舰船破损波将金感到十分难过，他声称撤出克里米亚，放弃所有的指挥权。他的反应激怒了叶卡捷琳娜，在给他的信中她写道："你急躁得就像个五岁大的孩子，可是你现在负责的事情需要的正是沉着、耐心。你属于国家，属于我。我的朋友，无论是时间，还是距离，或是这世上的其他人都无法改变我对你的看法和印象。"最后她还补充说，根据自己的猜测——事后证明她的猜测完全正确——这场风暴也同样给土耳其的舰队造成了损失。波将金对女皇表示了歉意，并说自己之所以如此怯懦是因为内心过于敏感，再加上头痛和痔疮又发作了。

入冬后，第聂伯河进入了冰封期，土耳其同俄国都暂停了军事行动，直到次年5月，波将金才又开始将五万大军部署在奥恰科夫前方。尽管如此，波将金似乎仍旧是一副不慌不忙的样子。根据他的估计这座要塞迟早会被攻陷，再加上他担心全力攻城会给俄军带来惨重损失，于是在一番权衡后他决定按兵不动，等待着对方主动投降。波将金本人并非一个懦夫，在长时间的包围战中他屡次置危险于不顾。由于坚信自己受到上帝的保护他会身着阅兵时的制服冲进火线，让自己成为对方的头号攻击目标。有一次，站在他身后的一名军官被炮弹击中并牺牲，波将金的这种自信就更加牢不可破了。他曾对自己的部下说："孩子们，我严禁你们为了我从壕沟里爬起来，莽撞地将自己暴露在土耳其人的子弹前。"苏沃洛夫将军无法接受波将金如此谨慎的战术安排。在他看来致命性的突然袭击更为有效，为此他可以不计任何代价。下令禁止将军对奥恰科夫发起进攻时波将金说："靠着上帝的帮助我将不费吹灰之力打赢这场战争。"苏沃洛夫回答说："干瞪着眼睛是不可能打下一座要塞的。"尽管如此，他们对彼此的仰慕之情仍旧一如从前。在将军负伤后波将金写道："亲爱的朋友，对我而言您胜过千军万马。"苏沃洛夫将军回复道:"愿格里高利·亚历山德罗维奇亲王长命百岁!他是一个正直的人,一个好人,一个伟人,为他赴死我欣慰不已!"

俄军的包围仍在继续。令俄国感到恼怒的是土耳其将俘虏的俄军斩首示众,堡垒外墙下一字排开的木桩上垒满了俄国战士的头颅。围困到第二年冬天,即1788年12月时,面对着饱受严寒折磨的将士们,波将金终于屈服了。他向部下许诺,一旦攻下这座要塞,他们便可以对整座城市大肆劫掠一番。波将金将进攻兵力编为六个纵队,每个纵队有五千人,于12月6日凌晨4点将六个纵队全部派出。进攻持续了四个小时,成了俄国军事史上最为血腥的战役之一,据说当天上午两万名俄国将士和三万名土耳其军人阵亡。但是,夺取了奥恰科夫意味着俄国打开了通往德涅斯特河与多瑙河的道路。

1789年,德涅斯特河全面纳入了俄军的控制范围,同时俄军未动一兵一卒就让阿克曼和本德两座要塞重镇屈服了。仅本德一地就拥有两万名驻防官兵。就在同一年奥地利夺取了贝尔格莱德和布加勒斯特。可是,1790年2月,叶卡捷琳娜的朋友和盟友奥地利皇帝约瑟夫二世因肺结核而辞世了。约瑟夫没能留下子嗣,他的弟弟托斯卡纳大公利奥波德遂继承了皇位,成为利奥波德二世。这位皇帝无意继续同土耳其作战,1790年6月他同苏丹达成了停火协议,接着在8月间又同对方签订了和平协议,任由叶卡捷琳娜孤军奋战。尽管奥地利撤军了,俄国仍旧推进到多瑙河下游,一路上不断攻城略地,一直打到了全欧洲最坚固的要塞之一伊兹梅尔。这座由碉堡和塔楼构成的庞大要塞受到三万五千名士兵和二百六十五门大炮的守卫,俄军动用了三万大军和六百门大炮对其进行包围,但是直到1790年11月末也没能取得任何进展,三名负责作战指挥的将军产生了撤退的念头。忧心忡忡的波将金派人去请苏沃洛夫将军,并将是攻是退的决定权完全交给了他，任凭将军自行决断。波将金在信中写道："快点，我亲爱的朋友。我唯一的希望就在于上帝和你的英勇了。平起平坐的将军太多了，结果这里变成了优柔寡断的议会。"苏沃洛夫将军于12月2日赶到了前线，并通知波将金自己将在五日内发起猛攻。在进攻前将军先对土耳其人进行了劝降，他警告对方："若是伊兹梅尔胆敢抵抗，我势必将城内杀得片甲不留。"土耳其总司令拒绝接受俄军的威吓，俄军遂在当天傍晚发动了进攻。碉堡上、城门口、大街小巷里的土耳其人，甚至城内的家家户户都对俄军发起了英勇的抵抗，然而在俄军气势汹汹的攻势下他们彻底被击垮了。曾在进攻前对全体将士做出承诺的苏沃洛夫将军没有食言，他任由自己的部下在城内大肆劫掠了整整三天。

1788年至1790年间俄国分别在南北两地进行了两场战争。1788年6月，瑞典国王古斯塔夫三世看到眼前出现了机会，瑞典终于有望收复一个世纪前被彼得大帝夺取的土地了。俄国将大部分兵力集结在南方，古斯塔夫难以抗拒这种诱惑，他的目标在于收复芬兰大公国，消除俄国在波罗的海诸省的势力。他夸张地表示一旦失败，他将效仿一个世纪前克里斯蒂娜女王[1]的做法，放弃王位，皈依天主教，在罗马了此余生。1788年7月1日，叶卡捷琳娜收到了古斯塔夫发来的最后通牒，对方要求俄方归还之前瑞典在波罗的海的领土，并且执意要求叶卡捷琳娜答应瑞典对俄国和土耳其进行调解，将克里米亚及1768年俄土战争以来俄国从土耳其手中夺走的其他领土均归还给奥斯曼土耳其帝国。在这封充满挑衅的信函中，古斯塔夫还宣称自己曾向叶卡捷琳娜提供过"帮助"，因为在俄国对土耳其的第一次战争中，以及普加乔夫掀起大规模叛乱时他没有对俄国发起攻击。这

---

[1] 克里斯蒂娜女王（Queen Christina），即克里斯蒂娜·奥古斯塔，1632年至1654年间的瑞典女王。古斯塔夫二世·阿道夫在三十年战争吕岑会战中阵亡后，其六岁的独生女克里斯蒂娜便以假定继承人的身份继承了王位。克里斯蒂娜转信天主教并退位后，在法国和罗马度过晚年，死后葬于圣伯多禄大殿。

番话对叶卡捷琳娜而言不啻奇耻大辱。远在斯德哥尔摩的古斯塔夫吹嘘说自己不日便将在彼得霍夫宫享用早餐，接着就将在圣彼得堡捣毁彼得大帝的塑像，然后在原址安放上自己的塑像。叶卡捷琳娜将这份通牒看作来自"约翰·法斯塔夫爵士[1]"的"愚蠢遗书"，在给波将金的信中她称这位国王"披甲戴盔，浑身插满羽毛"，并说"我究竟犯了什么错，上帝竟会用瑞典国王这么一个不中用的东西来教训我"。

1789年7月，古斯塔夫入侵芬兰大公国，向芬兰湾派出舰队。他的陆军部队遭到挫败，海军也只取得了局部胜利。这场战争最终不了了之，对瑞典而言尤其如此，毕竟叶卡捷琳娜在忙于应付土耳其，在波罗的海能够维持现状对她而言就算是胜利。1790年夏，古斯塔夫请求同叶卡捷琳娜讲和，根据瑞典同俄国于8月3日签订的和平协议，双方边界完全保持古斯塔夫发出"愚蠢遗言"之前的状态。叶卡捷琳娜如释重负。此时波将金仍旧深陷于对土耳其的战事中，在给他的信中叶卡捷琳娜写道："我们已经从（波罗的海这个）泥潭里拔出来了一条腿。一旦从（南方那个）泥潭中拔出另一条腿，我们就能高唱'哈利路亚'了。"

围绕着格里高利·波将金这个传奇人物产生了形形色色的传说，对土耳其的第二次战争又为波将金的传说"锦上添花"。格里高利·波将金，据说在围攻奥恰科夫期间他为自己建立了一座地下作战指挥部，在巨大的地下大理石大厅中竖立着一行行青金石廊柱，天顶上悬挂着硕大的枝形吊灯，大厅里摆放着不计其数的蜡烛和巨大的镜子，一排排男仆头戴扑满香粉的假发，身着金色锦缎制服，随时听候他的调遣。更加难以置信的是另有传言称他还给自己配备了一个剧团和一个由一百名乐师组成的交响乐

---

[1] 约翰·法斯塔夫爵士（Sir John Falstaff），在莎士比亚的剧作《亨利四世》和《温莎的风流娘儿们》中被首次提到的艺术形象。他是一个嗜酒成性又好斗的士兵，他的名字"法斯塔夫"已成了体形臃肿的牛皮大王和老饕的同义词。现实中的法斯塔夫于1414年因叛国罪被执行死刑。

团，以供他鼓舞士气和娱乐属下。根据更为夸张的传言，在奥恰科夫的军营里他还同其他女人发生了一段段的风流韵事。据说他豢养了一大群漂亮女人，其中包括叶卡捷琳娜·多尔戈鲁基公主和迷人的普拉斯科维娅·波将金。前者的丈夫是波将金的部下，后者的丈夫则是他的亲戚保罗·波将金。

不过，奥恰科夫最引人注目的还是波将金本人。曾同叶卡捷琳娜和波将金一起"南巡"克里米亚的奥地利陆军元帅利涅亲王在俄国司令部敦促波将金对土耳其发动猛攻，以逼迫土耳其撤出奥地利已经出兵入侵的巴尔干地区。拖延了一段时间之后波将金还是拒绝了这个请求，但利涅仍旧被面前这个男人所深深折服。在给圣彼得堡的朋友塞古尔的信中他写道：

我在这里见到了一位外松内紧的指挥官，他的双膝就是办公桌，手指就是梳子，他总是斜靠在躺椅上，可是整日整夜他都无休无眠；没有击中他的炮弹仍旧令他感到不安，因为他会想到这枚炮弹让他的战士丢掉了性命；对他人的安危忧心忡忡，自己则充满大无畏的精神，随时警惕着危险的临近，身处险境也依然不忘嬉戏欢笑，面对享受反而变得无精打采，对一切"暴饮暴食"，随即又心生厌腻；总是闷闷不乐、反复无常；他是一位深刻的哲学家，一位平易近人的大臣，一位卓越的政治家，宽宏大量，对自己遭受的伤痛寻求谅解，对不公正的事情能立即进行纠正，畏惧魔鬼时他心怀对上帝的爱；一边对可爱的女人挥手致意，一边在胸口画着十字；从女皇那里得到无数馈赠，随即便将其转赠他人；出手大方，拥有惊人的财富，同时又一贫如洗；个人好恶令他总是对万事万物抱有偏见；对将领们聊着上帝，对主教们谈着战术；从不读书，对谈话的另一方却穷追不舍；要么极其随和，要么非常凶残，其行为做派不是最迷人的，便是最令人反感的；粗鲁的外表下掩藏着最仁慈的心，要么如孩童一般渴望拥有一切，要么像伟人那样凭空创造一切；不是在咬自己的手指，就是在啃苹果或芜菁；不是在训斥部下，就是在哈哈大笑；不是在忙着胡闹，就是在忙着祷告；他会将二十名侍卫召到自己身边，对他们一声不吭，也不在乎他们饱受严寒之苦，虽然他自己看起来倒是一副少了皮衣便活不下去的样子；他要么打着赤足，要么趿拉着拖鞋；回到家中他总是佝偻着身子，面对将士他绝对如阿伽门农站在希腊诸王中间一般高大、挺拔、骄傲、英俊、高贵和庄重。他究竟有何魔力？天赋，生而就有的能力，超凡的记忆力，与生俱来的谋略，征服所有人的技巧，因此他人也对他施以慷慨、仁慈和公正。他对人性了如指掌。

有关俄土战争还有另外一个故事——这则传言的确属实，很少有人能将这则故事的主角同俄国女皇叶卡捷琳娜或是格里高利·波将金联系起来，这个人就是被美国人称为"美国海军之父"的约翰·保罗·琼斯。

琼斯出身卑微，死时孤苦伶仃，被世人彻底遗忘，然而在世时他的确得到了自己梦寐以求的声名。他的原名为约翰·保罗，"琼斯"为日后补缀的姓氏。他父亲是一个名不见经传、穷困潦倒的园丁，一家人生活在苏格兰索尔威湾岸边。十三岁那年他以无薪水手的身份登上了一艘开往巴巴多斯岛和弗吉尼亚的商船，从此开始了海上生涯。年满十九岁的时候，即1766年，他以三副的身份加入了一艘贩奴船，连续从事了四年的贩奴贸易。二十三岁时他当上了一艘商船的船长，水手们对他的领导能力心悦诚服，但又随时提防着他的暴躁脾气。琼斯生有一副瘦小结实的身板，五点五英尺高，长着一双栗色的眼睛，尖削的鼻子，高高的颧骨，坚挺的下颌上有一道深深的沟痕。他总是穿着一身整洁的衣服，看上去他更像是一位海军军官而非商船船长，而且习惯随身带着佩剑。他的这柄剑曾经在西印度群岛刺穿过带头叛乱的部下，由于不清楚法律究竟会为他对叛乱镇压有力而欢呼喝彩，还是会将他判为杀人凶手，他便更名改姓为"约翰·琼斯"，登上了一条立即离港的船。

1775年夏，在费城，琼斯试图在叛乱诸州刚刚筹建的海军中谋到一官半职，最终他被大陆会议任命为首位海军中尉。一年后，在美国公布《独立宣言》后他回到了欧洲，希望能在护卫舰上担任指挥官。英国将军约翰·柏高英在萨拉托加投降的消息令法国政府感到振奋，法国遂决定完全承认美国的独立，美国在巴黎的代表本杰明·富兰克林开始向琼斯提供资助，在富兰克林的帮助下琼斯成为法国一艘东印度帆船的船长。这艘久经风霜的商船重达九百吨，琼斯为这艘船添置了三十门大炮，并将其命名为"好人查理"号，这个名字出自富兰克林的著名出版物《穷查理年鉴》。

1779年8月14日，琼斯开始了让他名闻天下的航行。从北海在约克郡的港口出发后他首先遇到了一支由四十四艘舰船组成的波罗的海舰队，船上满载着送往法国的海军物资。负责护卫的是一艘快速机动的五十枪位的英国"塞拉皮斯"号驱逐舰，指挥官是一名经验丰富的皇家海军上尉。琼斯遭到了对方的攻击。战斗开始于下午6点30分，在秋分时节的满月下持续了四个小时。两艘船的桁端被美式的抓钩锁在了一起，双方船员便开始互相射击。厮杀正酣时英国上尉冲站在对面甲板的琼斯喊道："你的船变色了吗？"他指的是投降。有人听到——或许是事后某位作家坐在书桌前的凭空想象——琼斯向对方回敬道："我还没开打呢！"战斗到最后"好人查理"号开始下沉，"塞拉皮斯"号也失火了，英国上尉突然亮出了白旗。琼斯将手下伤员和其余安然无恙的船员转移到了战利品上，扑灭大火后便向法国方向驶去。在巴黎，他成了英雄，路易十六在凡尔赛册封他为爵士，授予他军事功勋勋章，并赏赐给他一把纯金剑柄的佩剑。琼斯的名望和自信吸引来不少女人，他在身后留下了一大笔风流债，而且似乎正是其中一场恋爱出人意料地给他留下了一个瘦小的儿子。

琼斯从未放弃成为美国海军上将的梦想，但是在美国内战之前从未有任何一位海军军官被授予这样高的军衔。琼斯回到了巴黎。1787年12月，接替富兰克林，成为第二任美国驻法国公使的托马斯·杰弗逊告诉琼斯，俄国驻巴黎公使希望知道他是否有意在俄国海军中高就，即出任黑海舰队的指挥官，官拜上将。琼斯抓住了这个机会——不能做美国海军将领，俄国海军将领或许也是不错的选择。

刚刚走马上任的俄国海军上将于5月4日抵达圣彼得堡，在给格林的信中叶卡捷琳娜写道："保罗·琼斯刚刚抵达这里，他已经开始为我效力了。今天我见到了他，我认为对于我们的目标他是再合适不过的人选了。"琼斯对叶卡捷琳娜的判断也同样乐观："我完全被她给迷住了，我没有为自己提任何要求，只是把自己完全托付给她了。我只请求她帮我一个忙——永远不要在尚未听到我的陈述的情况下就对我进行处置。"接着琼斯一路南下，在叶卡捷琳娜斯拉夫见到了波将金。他以为黑海舰队的最高指挥官是波将金，于是他途经赫尔松，来到了入海口里曼。令他沮丧的是他看到另外还有三位海军少将也在这里，其中包括拿骚–锡根亲王，而且谁都不愿意接受琼斯的官衔高于自己的事实。波将金拒绝插手此事。

里曼属于战区，三十英里长的入海口最宽处不过八英里，最深处仅有十八英尺，在这里严重依赖风向的大型战船难以避免搁浅的问题。琼斯负责指挥一支由大型舰船组成的分舰队，其中包括一艘战列舰和八艘驱逐舰。一旦敌人，即土耳其人，决定大举挺进这片狭长而堵塞的海湾，他们有可能会出动多达十八艘战列舰和四十艘驱逐舰的兵力以及大量人力帆船，划船的都是被铁链子拴在座位上的奴隶。俄军也拥有一支二十五艘人力潜水帆船组成的小型舰队，但是舰队的指挥官拿骚–锡根亲王并不受琼斯的指挥，而是直接听命于波将金。6月5日一役没有收获任何成果，俄方的几位指挥官对战术争执不下，你争我夺地想要把逼迫土耳其人撤退的功劳记在自己名下。波将金对拿骚-锡根亲王表示支持，在给亲王的信中他写道："我将功劳算在您一个人的头上。"并在信中告诉叶卡捷琳娜："拿骚才是真正的英雄，这场胜利属于他。"十天后俄土大军又开战了，琼斯发现自己处境艰难，他不仅需要对付土耳其人，同时还要应付俄国人。他不懂俄语，他所指挥的舰船之间没有约定俗成的信号体系，这位海军将领只能亲自坐着小船，以便向各位船长下达指令，而且还需要通过一名翻译的帮助。尽管如此，他还是打了胜仗。土耳其人的旗舰搁浅了，随后便被摧毁。拿骚-锡根亲王将这场胜利归功于自己，在信中他对妻子说："我们大获成功，完全是我的舰队打下来的。保罗·琼斯这个可怜虫！我才是里曼的主人。可怜的保罗·琼斯！这个伟大的日子没有他的份儿！"在一生中琼斯始终对获得外界的承认表现出强烈的渴望，在给波将金的信中他写道："我希望不再受到更多的羞辱，希望我应邀加入女皇陛下的海军时你们曾许诺给我的条件尽快兑现。"结果，波将金解除了琼斯的指挥权，他对女皇解释说："谁都不想效力于他。"10月底，琼斯回到了圣彼得堡，他受到叶卡捷琳娜的亲自接待，后者让他等待改派波罗的海舰队的机会。

琼斯等待了整整一个冬天，其间只是跟好朋友法国大使塞古尔一起消磨时光。1789年4月的第一个星期里圣彼得堡全城哗然，据称"海军少将"琼斯强奸一名十岁大的女孩未遂，女孩的母亲来自德意志，定居俄国后经营着乳品生意。根据警察接到的报告，就在女孩沿街叫卖黄油的时候琼斯的男仆告诉女孩他的主人打算买一些，然后就把女孩带进了琼斯的房间。女孩说她看到顾客——以前她从未见过这个人——穿着白色军装，军装上还有一颗金星和一条红色的绥带。这位客人在买完了黄油之后就锁上了门，然后把她打倒在地上，接着就把她拖进了卧室，对她实施了侵犯。她跑回家，将此事告诉了母亲，母亲便找到了警察。塞古尔不仅在当时，甚至在后来撰写自己的回忆录时都为自己的朋友做了辩护。他说这名少女自己找上门，问琼斯是否有床单之类的东西需要缝补，琼斯说没有。记述到此塞古尔引用了琼斯的一段原话："接着她便放肆地做了一些下流动作。我劝告她不要从事这种粗俗的工作，又给了她一点钱，然后就把她打发走了。"这个女孩刚一走出琼斯家的正门就撕开了自己的衣服，大喊大叫着"强奸"，然后就一头扑到了母亲的怀里，当时她的母亲"恰好"就站在不远处。

两个星期后琼斯致信波将金，他说自己得知那位母亲已经承认是一位挂着勋章的先生出钱让她讲了这个加害这位美国人的故事。据她交代自己的女儿是十二岁，并非十岁，早在三个月前，也就是还未见过将军的时候就已经被将军的男仆诱奸了。此外，琼斯还说在所谓受到强奸之后，女孩并没有立即回家去找自己的母亲，而是继续在街头兜售黄油。在信中他告诉波将金："对我的指控纯粹是卑劣的诈骗行为。在俄国，一个抛弃丈夫、拐走女儿、住在花街柳巷里、过着下流放荡生活的恶毒妇的信誉，居然好到仅凭一个没有任何证据证明的控诉，就能对一位在美国、法国和这个国家均立下战功，并被授予过勋章的将官造成名誉上的伤害，我说的有错吗？我十分喜欢女人，这我承认，十分喜欢只有从女人身上才能得到的快乐，但是对我来说，通过暴力得到这些东西却是一桩骇人听闻的事情。我甚至无法想象不经过她们的同意就满足我自己的欲望这种事情。同时我向您保证，作为一名战士和一个正直诚实的人，若是这个令人怀疑的姑娘只经过了我的手，那她就还是一名处女。"

但是，有关此事尚存在第三种说法。在尚未与塞古尔谈话并致信波将金的时候，琼斯首先对警察局长做了陈述："对我的指控是错误的，完全是这个堕落姑娘的母亲捏造的。这个姑娘来过我家好几次，我经常跟她玩一玩，并总是给她点钱，但是我绝对没有夺去她的童贞。我以为她比阁下所说的年龄大几岁，每次来我家的时候她都非常主动地提出，只要是男人想让她做的事情她都可以做。最后一次也不例外，她离去的时候看起来很满意，也很平静，根本不是受过虐待的样子。要是检查后她已经失去了童贞的话，我得声明绝对不是我干的，我很容易证明这个声明的真实性。"有三位证人的书面证词为这封信提供了证明，这三位证人都信誓旦旦地说，他们看到这名女孩离开琼斯的公寓时非常安静，身上没有血或是瘀伤，衣服也没有被撕破，女孩也没有哭闹。

无论怎样，即便这期间不存在犯罪行为，一位焦躁孤独的中年男人和一位未成年的少女之间的交往也有违道德。没有人了解真实的情况，但是琼斯受到了圣彼得堡上流社会的排斥。塞古尔相信琼斯被愚弄了，拿骚-锡根亲王应对此负有责任，他宣称："保罗·琼斯的罪过并不比我多多少，他这种级别的男人还从未受到过一个被丈夫证明为老鸨，女儿又在小旅馆里接客的女人的控告。"对琼斯的控告被撤销了，但是担任波罗的海舰队指挥官的机会也化为了泡影，这个职务最终落到了拿骚-锡根亲王的手里，很快后者就在同瑞典的海战中打了败仗。

叶卡捷琳娜没有直言将琼斯解职，而是准许他告假两年。6月26日，在为琼斯送行时叶卡捷琳娜当着众人的面将手递给了对方，以便对方向她吻手致意，然后冷淡地用法语说了一声"一路顺风"。

在此之后琼斯度过了短暂而平淡的余生，他再也没有指挥过任何一艘船只，更不用说舰队了。在四十岁刚出头的时候，他独自一人住在巴黎，此时恰逢法国大革命初期，无论是古弗努尔·莫里斯[1]，还是美国驻

---

[1] 古弗努尔·莫里斯（Gouverneur Morris，1752年1月—1816年11月），美国政治家及美国开国元勋之一。

法国公使，或是拉法耶特侯爵[1]都分身乏术，没能接见他。琼斯在刚过完四十五岁生日的两个星期后，即1792年7月18日，因肾炎和支气管肺炎发作离开了人世。在他逝世后古弗努尔·莫里斯拒绝动用公费为其举行葬礼，或是将他的尸骨迁离贫民的墓地，反而是将其当作英雄的法国国民议会为其出资，略尽了绵薄之力。

一个世纪过去了。1899年美国驻法国大使贺瑞斯·波特拿出自己的积蓄，请人寻找琼斯的尸骨。最终，人们在巴黎郊外一座不起眼的公墓里找到了琼斯的遗骸，他就躺在便道地下一个小小的铅皮棺材里。西奥多·罗斯福在就职美国总统后，创建一支强大的美国海军部队成为他的梦想，他派出四艘装甲巡洋舰奔赴法国西北部的港口瑟堡，将琼斯的骸骨带回了位于大西洋另一端曾经收留过他的国家。1913年，就在约翰·保罗·琼斯逝世一百二十一年后，他被追认为美国海军之父，遗体被安放在美国海军教堂地下墓穴的一口大理石石棺内。此后，每一位海军军校学员都要牢记琼斯的名言——"我还没开打呢！"无论这句话是否的确出自琼斯之口。

到了1791年的夏天，俄国海军将土耳其人逼到了和谈的谈判桌前。双方在当年12月于摩尔达维亚（摩尔多瓦的旧称）的雅西议定的条约并未实现叶卡捷琳娜的首要目标，土耳其仍旧拥有君士坦丁堡，新月依然高悬于圣索菲亚大教堂之上[2]，世间并没有出现一个希腊式的君士坦丁堡大公国。尽管如此，叶卡捷琳娜还是大有收获。土耳其正式向俄国割让了克里米亚、第聂伯河在奥恰科夫的入海口，以及布格河与德涅斯特河之间的地区，使得德涅斯特河成为俄国的西部边界。根据和谈协议，俄国还对塞瓦

---

[1] 拉法耶特（Lafayette，1757年9月—1834年5月），吉尔贝尔·杜·莫提耶，拉法耶特侯爵，又译拉法叶，法国将军、政治家，同时参加过美国革命与法国革命，被誉为"两个世界的英雄"。

[2] 圣索菲亚大教堂（Haigia Sophia），位于现今土耳其伊斯坦布尔，有近一千五百年的漫长历史，因其巨大的圆顶而闻名于世。

斯托波尔海军基地拥有了真正的所有权，土耳其允许俄国舰队在此处设立大本营，俄国海军从而得以永久性地存在于黑海海域，随之兴建起来的商业港口敖德萨又为俄国大规模出口小麦提供了出路。

对土耳其的第二场战争的胜利属于波将金，他全面负责了战略制定、作战指挥和后勤保障等工作。叶卡捷琳娜一直对他给予鼎力支持，使波将金更为沉稳地尽量避免情绪上的大起大落、不断的自我怀疑和恐惧，以及偶然出现的绝望。对于这场战争的胜利他们两个人缺一不可，在军事行动结束后波将金将雅西和谈的负责权交给了其他人，他自己则直奔圣彼得堡，叶卡捷琳娜正在为他筹备凯旋仪式。北上旅途中，波将金仍旧忧心忡忡，十七年来叶卡捷琳娜还是头一次在选择男宠时完全无视他的强烈反对。新任男宠是英俊年少的普拉通·祖伯夫，他所受教育程度不高，自负虚荣，对金钱、产业、荣誉和头衔贪得无厌，不仅为自己，还为父亲和三个兄弟大肆搜刮，这些人很快就得到了伯爵的爵位。满朝重臣和各地的权贵纷至沓来，毕恭毕敬地等待着这个青年在早上接见他们。当会客室的房门推开时到访的客人们总是能看到祖伯夫横躺在梳妆镜前的安乐椅上，身旁的仆人正在为他更衣打扮，往头发上扑粉。他会穿着缀有珠宝的艳色绸缎长袍、白色的缎面裤子和黑色及踝的短靴。那些朝臣、外国来宾和其他上门请求帮助的人在他面前都纹丝不动，一声不吭，而他则肆无忌惮地对所有人摆出一副漠然的态度，只对自己宠爱的猴子表示出热情。在得到他的示意后他的宠物会开始一番表演，在家具之间上蹿下跳，在大吊灯上甩来甩去，最后还要蹦到某位客人的肩膀上，不是扯掉他的假发，就是揉乱他的胡须。当祖伯夫哈哈大笑起来时所有人也会跟着笑起来。

波将金知道，为了女皇的信任自己将会和普拉通·祖伯夫进行一番较量。目前来看他还保持着领先的优势，叶卡捷琳娜凡事都要征求他的意见，她曾说一旦波兰爆发战争他就将出任俄国全军的最高指挥官。然而，他仍旧无法感到安心。"祖伯"（zub）在俄语中指的是"牙齿"，当马车滚滚驶向首都时，波将金不停地告诉自己"必须拔掉这颗大牙"。

1791年2月28日波将金回到了圣彼得堡，他随即就表明自己仍旧是当年的那个波将金。当基里洛·拉祖莫夫斯基亲自登门，想要告诉波将金为了表示对他的敬意自己打算举办一场舞会时，波将金只是在光溜溜的身子上套了一条破破烂烂的长袍就出来会客了。拉祖莫夫斯基在几天后敦厚地回敬了波将金，他当着众人的面身着睡衣，头顶睡帽接待了波将金。波将金哈哈大笑着抱了抱这位东道主。

波将金着手处理普拉通·祖伯夫这个麻烦，他认为无论是出于对自己利益的考虑，还是保护叶卡捷琳娜，这个男宠都必须被除掉。他明白自己不能再像当年处理耶尔莫洛夫那样动用手中的大权解决眼前这个问题，若想找人替换掉祖伯夫，那他就必须采取较为隐蔽的做法，在他看来最佳方案莫过于恢复自己同女皇当年的情感。出人意料的是这个计划在一定程度上取得了成功，在5月21日写给格林的信中，叶卡捷琳娜提到波将金时语气中充满了多年前的热情：

看到作为亲王及元帅的波将金时，人们会说一场场胜利、一次次成功为他的容貌增色不少。从战场上回到我们身边的他如同白昼一般俊朗，如同云雀一样欢快，如同星辰一般璀璨，比以前任何时候都更加机智，也不再咬指甲，每天都在设宴款待大家，所有人都被这位优雅礼貌的东道主迷住了。

然而，波将金并非取得了全面性的胜利。显然，叶卡捷琳娜希望继续保持同祖伯夫的关系，两个男人因此僵持不下，难分伯仲。波将金公然表示出对祖伯夫的蔑视，后者则笑容可掬地等待着自己的时机。与此同时，一收到波将金送来的账单，叶卡捷琳娜便立即兑现，她吩咐国库将波将金亲王的花费视作她的支出一样对待。

波将金不断地举办并参加招待会、宴会和舞会，试图转移自己的注意力。1791年4月28日，在波将金的塔夫利宫[1]里出现了俄国史无前例的一个夜晚。当时受到邀请的宾客多达三千人，当女皇出现在现场时所有受邀宾客都早已会聚一堂。亲王也出现在了宴会厅门口，他身着猩红色的燕尾服，衣服上缀着纯金纽扣，每一颗纽扣上都镶嵌有一粒硕大的单体钻石。女皇刚一落座，包括叶卡捷琳娜的孙子亚历山大和康斯坦丁及他们的妻子在内的二十四对夫妇便开始跳起了瓜德利尔舞（方阵舞）。接着，东道主带领着宾客们在宫殿里畅游了一番，客人们看到在一个个的房间里要么有诗人在吟诗作赋，要么就是合唱团正在引吭高歌，甚至还有一个房间正在上演一出法国喜剧。

当天夜晚在一场舞会和奢华的晚宴中落下了帷幕，随后叶卡捷琳娜和波将金单独回到了冬景花园，一道徜徉在一座座喷泉和大理石雕像中间。其间，当波将金提起祖伯夫时叶卡捷琳娜没有作答。她一直逗留到了凌晨2点，此前她还从未有过如此先例。在波将金陪伴她走到大门口时她停下了脚步，对波将金表示了感谢。就在道别的一刻，波将金突然情不自禁地一头扑倒在叶卡捷琳娜的脚下，当他抬起双眼望着对方的时候眼睛里噙满了热泪。等叶卡捷琳娜离去后，波将金默默无语地在原地停留了几分钟，然后便独自回到了寝室。

1791年7月24日凌晨5点，波将金离开了皇村，此一去便成了他与此地的永别。他原本就已经过于疲劳了，南方之行愈加消耗了他的体力，普拉

---

[1] 塔夫利宫（Tauride Palace），圣彼得堡规模最大、历史最悠久的宫殿之一，被认为是18世纪最宏伟的俄罗斯贵族府邸。克里米亚总督格里高利·波将金亲王委托他最欣赏的建筑师伊万·斯塔洛夫设计了这座带有大花园的帕拉第奥式建筑，并开凿了与涅瓦河相贯通的运河。

通·祖伯夫的事情又令他感到十分抑郁，而叶卡捷琳娜似乎根本没有意识到自己的做法是对波将金的伤害，她仍旧在信中不断地谈及这位年轻的情人："这个孩子向你表示问候……这个孩子认为比起你身边的那些人你更聪明……而且远比他们更为幽默、可爱。"多年后，在波将金和叶卡捷琳娜双双过世后，"这个孩子"终于宣泄出自己对当年这位劲敌的真实感情："我没法将挡道的他除掉，但是除掉他对我来说至关重要，女皇永远都在对他做出让步，对他害怕得就好像他是她苛刻的丈夫似的。她爱的人只有我，可是她常常拿波将金当作楷模，让我效仿。如果不是因为他的存在，我的财富便会翻倍。"

郁郁寡欢的波将金踏上了缓慢的旅程，一路颠簸的马车令他痛苦不堪，于是他突然下令加快速度。马车在尘土飞扬的道路上飞驰，穿过了一座又一座的城镇和乡村，从涅瓦河出发后仅用了八天的时间就赶到了雅西。结果，日渐衰微的体力因为这趟旅行而彻底耗尽了。抵达雅西的当天，他在信中告诉叶卡捷琳娜他已经摸到了死神的指尖。患病的波将金显露出疟疾的症状，那还是他于1783年在克里米亚期间染上的旧疾。在南下的路上他拒绝服用奎宁和三位随行医生开出的其他药剂，就像叶卡捷琳娜一样，他坚信最好的康复方法就是听任身体自己解决问题。对医生有关节食的建议他也同样置若罔闻，整日里暴饮暴食。为了抑制疼痛，他将自己的脑袋包裹在湿毛巾里。抵达雅西后，他的下属派人去请他的外甥女萨申卡·布兰尼斯基，指望她能说服他变得通情达理一些，接受治疗。萨申卡急匆匆地从波兰赶了过来。9月中旬的一天，波将金突然高烧不退，抑制不住地哆嗦了整整十二个小时。在给叶卡捷琳娜的信中他写道："请给我送一件天朝式的睡衣过来。我太需要这么一件袍子了。"俄国驻维也纳大使安德烈·拉祖莫夫斯基在信中提议为波将金派去"全德意志的头号钢琴师及数一数二的作曲家"，以抚慰他。拉祖莫夫斯基找到了作曲家，对方也接受了他的邀请，可是波将金已经没有时间回复他了，最终沃尔夫冈·阿马德乌斯·莫扎特也没能成行。

　　雅西潮湿的空气令波将金变得无精打采，他曾两次驾车去郊外，想要呼吸一下新鲜空气，可是每次走到半道上就作罢了。远在圣彼得堡的叶卡捷琳娜苦苦地等待着南方的消息，她吩咐布兰尼斯基伯爵夫人每天都写信报告情况。面对波将金，她完全转变了自己对医生和药品的态度："凡是医生认为能缓解病情的东西你都要服用。求求你，在服药的时候克制住自己，切勿享用抵消药效的食物和酒水。"有了女皇的支持，萨申卡和医生们终于说服病人开始服药了。有那么几天，波将金似乎有所恢复，随即他又开始哆嗦了起来，而且无法入眠。他说自己"浑身都烧了起来"，要求给他拿来更多的湿毛巾，还不停地喝着凉水，并让人将一瓶瓶的花露水倒在他的脑袋上。他命人打开所有的窗户，可是仍旧感到周身燥热，于是他又执意让人将他送到花园里。每天他都不停地问身边的人是否收到女皇的来信，每当信被送到面前时他总是一边读信，一边流泪，反复不断地亲吻并重读着来信。当有人给他送来政府公函并为他宣读完后，他几乎已经无力再在末尾签署上自己的名字。显然，他已经奄奄一息了。波将金意识到了这一点，他不再服用奎宁："我无法康复了。我已经病得太久了……上帝的心愿已了。当我离去时请为我的灵魂祈祷，切莫将我遗忘。我从未有意伤害谁，让他人得到幸福始终是我最大的心愿。我不是一个恶人，也不是我们的母亲——女皇叶卡捷琳娜——所说魔鬼般的天才。"波将金请人为自己举行了临终圣礼，随后他就缓和了下来。一位从莫斯科赶来的大臣捎来了叶卡捷琳娜的又一封信、一件毛皮外套和波将金要求的丝绸睡衣。波将金失声痛哭，他对萨申卡说："坦白地告诉我，你觉得我还能好得起来吗？"萨申卡安慰他说一定会的。波将金抓住对方的双手，一边深情地抚摸着那双手，一边说："一双多么好的手啊，它们常能使我平静下来。"

渐渐地，这位激情似火、野心勃勃、年仅五十二岁的男人安静了下来，围在他身旁的人亲眼看着他安详地死去了。临死前，波将金恳请所有人原谅他曾经给他们造成的伤害，要求他们保证转告女皇，对于她曾给予他的一切他都心存最谦恭的感激。当收到女皇的又一封来信时他流下了眼泪。他答应服用奎宁，然而此时他已经无法吞咽了。他开始不断地昏厥过去，只有一半的时间能保持清醒，旋即又出现了窒息。他在信中对叶卡捷琳娜说："小母亲，哦，我病得太重了！"他要求将他从雅西转移到尼古拉耶夫，那里凉爽的空气或许对他的康复有所帮助。就在动身的当天他又口述了一封给叶卡捷琳娜的信："大慈大悲的女皇陛下，我已经没有气力经受折磨了。唯一的希望就是离开这座城市，我已经命人将我送到尼古拉耶夫去。我不清楚接下来自己会发生什么情况。"

10月4日上午8点，波将金被抬上了马车。走了几里路之后他说自己喘不过气来了，于是马车停了下来，他随即被送到了一所房子里，在那里他睡着了。休息了三个钟头之后他同大家愉快地聊起了天，就这样一直聊到深夜。他试图继续睡一会儿，可是始终无法入眠。拂晓时分他命人重新上路。这一次只前行了七里地他便下令停车："够了。继续走下去没有什么意义了。把我弄出车厢，就把我放在地上。我就想死在这片田野里。"一块波斯地毯摊开在草丛中，波将金被放在地毯上，身上盖着叶卡捷琳娜给他送来的丝绸睡衣。所有人开始忙着找金币，好按照东正教的传统为他合上双眼，可是直到最后也没能找到。一名负责护卫的哥萨克拿出一枚五戈比的铜板，人们将这枚铜板放在了波将金的眼睛上。10月5日，星期天，波将金于正午死去了，人们向女皇发去消息——"尊贵的亲王殿下已不在人世"。

10月12日傍晚5点，一名侍卫赶到圣彼得堡，将消息送到了冬宫。叶卡捷琳娜倒在地上，号啕大哭着说："从此我便无依无靠了。有谁能取代波将金？一切都不复从前了。他是一位真正的贵族。"日复一日，她的书记官只在日志中写道："泪水和绝望……泪水……更多的泪水。"

第六十九章
艺术、建筑与青铜骑士

当今馆藏一流的艺术博物馆——俄国圣彼得堡的艾尔米塔什博物馆——其基础是叶卡捷琳娜在登基一年后所奠定的。1763年，叶卡捷琳娜听说一位长期向腓特烈二世供货的波兰画商所囤积的二百二十五幅画作一时间找不到买主。该画商此前一直为腓特烈在波茨坦的宫殿无忧宫进行绘画作品的收购及保藏工作，但是腓特烈觉得自己无力购买这批作品。无论是他个人还是国家的积蓄都已经被七年战争洗劫一空，支付军饷和重建满目疮痍的国家远比为自己王宫的墙壁购买几幅画重要得多。该画商因此负债累累，急需找到新的买家。这时叶卡捷琳娜站了出来，甚至没有认真地讨价还价一番就将这一批藏品全部收入囊中。

或许收购原本应该属于腓特烈的画作带有一丝恶意。伊丽莎白女皇在位时俄国同普鲁士战争不断；姨母过世后彼得三世继承了皇位，他掉转船头，同腓特烈结成盟友。现在，叶卡捷琳娜从腓特烈的手里抢走这批画作在一定程度上平衡了过去的旧账。尽管这批藏品并非件件杰作，但其中至少含有三件伦勃朗、一件弗朗斯·哈尔斯和一件鲁本斯的作品。

当这批画作被送抵圣彼得堡后，叶卡捷琳娜欣喜地派人捎话给自己派驻欧洲各国的大使和工作人员，叮嘱他们随时注意其他新的待售藏品。幸运的是，俄国驻巴黎大使是风度翩翩的启蒙派迪米特里·戈利岑亲王。亲王同伏尔泰与狄德罗均私交甚好，是乔芙兰夫人的知识分子及艺术家沙龙的常客。1765年，在戈利岑的安排下，叶卡捷琳娜收购了狄德罗的全部藏书。此外，在巴黎期间他一直不断地为叶卡捷琳娜寻找着新的藏品。在他告别法国成为俄国驻海牙大使时狄德罗已经答应了叶卡捷琳娜的请求，开始为其物色人才，并筛选及购买绘画作品。就这样，世上最负盛名同时也是最见多识广的艺术评论家开始代表世上最富有并且最有权势的女人甄选艺术品了。

几年后，在1769年叶卡捷琳娜又来了一次大手笔。当时，日后的波兰国王及撒克逊选帝侯奥古斯都二世的外交大臣海因里希·冯·布鲁赫伯爵将著名的德累斯顿藏品抛向市场，叶卡捷琳娜用十八万卢布买下了这批藏品，其中包括四幅伦勃朗、一幅卡拉瓦乔和五幅鲁本斯的作品。这批画作取道波罗的海，然后经由涅瓦河，最终被运抵圣彼得堡。负责运送的船只在冬宫的码头抛了锚，距离宫殿正门仅五十英尺。在接下来的二十五年里，这一幕景象经常在圣彼得堡重现，从法国、荷兰和英国开来的货船停靠在码头上，工人们将一个又一个装着伦勃朗、鲁本斯、卡拉瓦乔、弗朗斯·哈尔斯和凡·戴克大作的柳条箱和纸箱从船上卸下来。在皇宫里，叶卡捷琳娜会等到只有自己一个人的时候才打开这些箱子，她喜欢先于任何人看到这些艺术品，并做出自己的判断。在箱子里的货物被拆封，一幅幅画作出现在她的眼前，随即这些画作又被靠墙立了起来之后，叶卡捷琳娜或者站在正前方，或者走来走去，不断地打量着它们，试图理解其中的奥义。在开始收藏的最初几年里，对于收购的画作，她对其视觉美感和艺术技巧并不像对其所蕴含的思想和叙述内容那么看重，此外还令她比较在意的是得到这些藏品所带给她的声望和关注度。

1771年3月25日，叶卡捷琳娜再一次震惊了欧洲，她收购了皮埃尔·克罗萨特举世闻名的藏品。自这位收藏家逝世后他的藏品已经几度易主，其中包括八幅伦勃朗、四幅委罗内塞、十二幅鲁本斯、七幅凡·戴克以及几幅拉斐尔、提香和丁托列托的作品。整批藏品中只有一件她没能得到，即凡·戴克为英国国王查理一世绘制的肖像。查理一世已经被奥利弗·克伦威尔斩首，法国国王路易十五的情妇杜巴利伯爵夫人买下了他的这幅画像，她深信自己的身上流着斯图亚特家族的血液。令叶卡捷琳娜欣喜的是狄德罗告诉她，他的收购价格只是实际价格的一半。就在同一年，几个月后叶卡捷琳娜又购进了舒瓦瑟尔公爵藏品中的一百五十幅绘画作品。后一次收购仍旧是狄德罗从中牵线，根据他的估算叶卡捷琳娜再一次以低于市价一半的价格得到了这批藏品。

1773年，狄德罗与格林双双造访了圣彼得堡。回到法国后格林立即接替了狄德罗，成为叶卡捷琳娜在巴黎的代表。面对格林，叶卡捷琳娜感到更加轻松自在一些，对她而言狄德罗就像伏尔泰一样都是需要她小心应付的伟人，而她同头脑敏捷的格林则意气相投，他们两个人的私人通信有一千五百多封。格林代表叶卡捷琳娜四处撒网，例如，正是在格林的帮助下叶卡捷琳娜才得到了雕塑家乌敦那尊栩栩如生的伏尔泰坐像。而今，这件作品的原件被收藏在法兰西喜剧院[1]，叶卡捷琳娜得到的复制品就存放在艾尔米塔什博物馆内。

1778年，叶卡捷琳娜收到俄国驻伦敦大使发来的信，得知罗伯特·沃波尔爵士那个挥霍无度的孙子，即继承人——乔治·沃波尔有意出售家族收藏的绘画作品。辉格党人罗伯特·沃波尔曾在乔治一世和乔治二世时期当了二十多年的首相，毕生热爱绘画收藏。自他过世后，三十三年来他的藏画一直挂在家族位于诺福克霍顿的祖宅——"霍庄园"的墙壁上。为了清偿自己欠下的债务，并维持饲养灵堤的爱好，爵士的孙子决定卖掉爷爷的全部藏品。这批藏品可谓全英国最上乘、最著名的私人艺术收藏，即便

---

[1]　法兰西喜剧院，法国最古老的国家剧院，于1680年奉路易十四之命创建，由原莫里哀演员剧团和马莱剧团、勃艮第府剧团合并而成。

在全世界也堪称一流。将近二百件藏品中包括伦勃朗的《亚伯拉罕杀子祭主》、十五幅凡·戴克和十三幅鲁本斯的画作。叶卡捷琳娜想要将它们统统买下。经过两个月的谈判，她以三万六千英镑的价格得到了全部藏品。

叶卡捷琳娜此举令英国人义愤填膺，他们无法容忍有人任由一位外国女皇收购并带走一笔英国的国家财富。这不仅意味着这批画作将从这个国家消失，同时英国历史和文化的整整一个篇章都将被带走。败家子的叔父贺瑞斯·沃波尔是作家也是美学家，他一直觊觎这批藏品，曾以为终有一天它们会落入自己的囊中。他将眼前发生的这一幕称为一场"盗窃"，并说若是自己得不到这批藏品，那他"更愿意看到它们被卖给英国国王，而非俄国女皇，因为在俄国一旦发生暴乱它们就会在木头宫殿里被付之一炬"。为了将它们重新收购回来，英国民间发起了一场募捐活动，但未能成功。叶卡捷琳娜对此毫不担心，她在信中对格林说："沃波尔的收藏已经不复存在了，因为您卑微的仆人已经将它们攥在了自己的手心里，她绝对不会放走它们，就像猫不会放走耗子一样。"

对沃波尔藏品的收购进一步强化了叶卡捷琳娜作为欧洲首屈一指的艺术收藏者的名声，有大量藏品等待出售的藏家们也将她看作首选的潜在客户。叶卡捷琳娜没有停止对艺术品的收购，但是比之过去她更加有选择性了。1779年，当格林建议她购买法国人博杜安伯爵的藏品时，尽管其中包括了九幅伦勃朗、两幅鲁本斯和四幅凡·戴克的作品，但她还是因为对价格的不满而克制住了。格林向她报告说："博杜安伯爵任凭陛下您决定合同条款、交易时间和其他一切事宜。"叶卡捷琳娜坦言："拒绝如此慷慨的条件的确非常无礼。"尽管如此她还是一直等到了1784年才做出了让步。在给格林的信中她写道："人世太奇怪了，幸福的人少之又少。我可以想象得到除非将自己的藏品卖掉，否则博杜安伯爵是不会开心的，而且似乎注定应该由我来帮他开心起来。"她给了格林五万卢布。当画作被运抵圣彼得堡后，趁着尚未开箱时她致信格林："我们喜出望外。"

在欧洲有很多有钱人都希望被世人当作鉴赏家，艺术市场的竞争非常激烈。叶卡捷琳娜在这个领域位列前茅，她拥有巨额的财富，信任自己的代理人，具有完美主义者的自信，并乐意为一流的藏品掏钱，后来她曾开诚布公地说过其中自负和声誉起到了一定的作用。她喜欢占有，嗜好囤积——"不是出于对艺术的爱，而是贪婪。我就是一个贪得无厌的人。"她的代理人不断地为她收购市场上出现的一切漂亮或有价值的东西，在位期间她的藏画达到了四千件之多。叶卡捷琳娜成为欧洲历史上最伟大的收藏家及艺术守护神。

叶卡捷琳娜不只是一位收藏家，她还是一位"建筑师"。她决意用建筑和藏画为圣彼得堡留下一个不会被时间湮没的文化标志。在位期间，她委派一位又一位才华横溢的建筑师在俄国建起了精致的公用设施、宫殿、华厦和其他建筑，这一切无不让人们想起她期望俄国成为其中一分子的那个广阔世界，这一切同时也成为那个世界的典范。伊丽莎白女皇生前也同样大兴土木，而今她那种繁复细腻，例如拉斯特雷利的设计所体现的巴洛克风格被朴素单纯的新古典主义样式所取代。叶卡捷琳娜意图在建筑的形制和石材中体现出自己的性格特点和品位，她倾向于俭朴和优雅并举的风格，喜欢采用花岗岩和大理石质地的宏伟石柱以及具有几何形式的主墙，而非像拉斯特雷利那样使用涂有灰泥的砖墙。

拉斯特雷利的标志性建筑，即庞大的巴洛克宫殿冬宫花费了八年的时间，于1761年竣工，伊丽莎白女皇也在当年溘然长逝。整座宫殿被刷成果绿色和白色，建有一面二百八十米长、一百四十米宽、二十二米高的主墙，是一个内设一千零五十个房间和一百一十七段楼梯的庞然大物。在伊丽莎白逝世六个月后叶卡捷琳娜坐上了皇位，这座宫殿的体积令她感到压抑，花哨繁杂的装饰令她感到窒息。她热爱理性和秩序，排斥金色、蓝色和闪光的东西营造出来的气氛，她想逃离冬宫。她不喜欢壮观的场面、拥挤的人群，也不喜欢建筑物上出现装饰性的褶边，她倾向于在小房间里和朋友无拘无束地待在一起，在这种环境中三五位密友的陪伴会令她欣喜。她还希望小房间不远处能设有一个宽敞明亮的大厅，这个大厅将被当作画廊，墙上挂满正在陆续到达楼下码头的那些杰作。为了给自己创造一个避难所，她求助于一位法国建筑师，这名建筑师由伊丽莎白生前的男宠伊凡·舒瓦洛夫带到俄国。舒瓦洛夫曾劝说女皇建立一座永久性的艺术学院，随之又说服了法国建筑师米歇尔·瓦林·德拉玛泽来到圣彼得堡，并建造了一座能容纳下艺术学院的美术馆。当时叶卡捷琳娜还只是女大公，成为女皇后她立即命令这名建筑师开始为她效力。

　　1765年，德拉玛泽为叶卡捷琳娜设计了一座私人休养院及艺术馆，她收藏的绘画作品将安置在馆内。叶卡捷琳娜将这座建筑称为"艾尔米塔什"（隐修院），即日后的"小艾尔米塔什"。德拉玛泽将这座三层楼的建筑同拉斯特雷利那座庞大的冬宫连接在一起，当作后者的附属建筑。然而，或许是由于相形之下过于瘦小的外观，其新古典主义风格的主墙竟然不可思议地同旁边那座巨大而华丽的冬宫相映成趣。在位期间，叶卡捷琳娜一直将这座小楼当作西欧式的民宅，在里面阅读、办公和谈话。当狄德罗造访圣彼得堡、格林两度来访时，叶卡捷琳娜都是在这里同他们会面，她还在这里接见了英国大使詹姆士·哈里斯和其他许许多多的访客。她还常常和朋友们一道流连徜徉于画廊中，对刚刚猎获的宝贝进行一番仔细的研究。

　　在1779年给格林的信中叶卡捷琳娜写道："您应当清楚我们对建筑的热爱从未如此强烈过。这种爱好太可怕了，让人不停地耗费金钱，而且建得越多，就越想继续建更多的。就像对酒精上瘾一样，这种爱好就是一种疾病。"不过，她下令修建的建筑物多半都并非为了自己使用。1766年，她委派安东尼·瑞纳尔蒂为格里高利·奥洛夫在距离圣彼得堡以南三十里远的加特契纳建造了一座乡村豪宅，正是在这座别墅中奥洛夫迎来了让-雅克·卢梭。当奥洛夫得知自己作为男宠已经被倒霉的亚历山大·瓦西里奇科夫取而代之，随即便怒气冲冲地从南方赶回圣彼得堡后，叶卡捷琳娜也同样是在这里将奥洛夫"隔离"了一个月。1768年，叶卡捷琳娜又委派瑞纳尔蒂在圣彼得堡为奥洛夫建造了面对涅瓦河的花园豪宅，大理石宫。如果是拉斯特雷利负责设计的话，他一定会在砖墙上覆以厚厚的灰泥，并涂上绚烂的颜色。瑞纳尔蒂没有这样做，他为奥洛夫建造了一座由灰色和红色花岗岩构成的宫殿，墙壁上贴有粉色、白色和蓝灰色等不同色调的大理石。叶卡捷琳娜在正面主墙上题写了献词——"为了美好的友谊"。

在叶卡捷琳娜为其他人修建的私人豪宅中，最为庞大和壮观的就是送给波将金的宫殿。为此她选择了一位俄国建筑师，曾在巴黎和罗马游学十年的伊万·斯塔洛夫。结果，这位建筑师创造出一座独一无二的新古典主义宫殿，塔夫利宫。1789年一经竣工，该建筑就被认为是全俄国最精美的私人住宅，圆顶门厅与二百三十英尺长的画廊相连，画廊里矗立着一根根爱奥尼亚石柱，画廊外则是一座宏大的冬景公园。1906年，当沙皇尼古拉二世建立俄国有史以来第一个杜马或称国会时，这个随即便被淹没在时代洪流中的政治机关就设立在塔夫利宫中。

斯塔洛夫在施工过程中同叶卡捷琳娜保持着最为紧密的合作关系。但最能在工作中体现出她个人趣味的建筑师并非斯塔洛夫本人，而是沉默寡言、朴实无华的苏格兰建筑师查理·卡梅隆。生于1743年的卡梅隆是一个詹姆士党[1]人，曾在罗马深造过，出于对经典古迹的设计风格的痴迷他曾就古罗马浴室撰写了一部专著。1779年的夏天他来到俄国，此时他已经是

---

[1] 詹姆士党，在英王詹姆士二世于1688年退位后继续支持他及其后代夺回英国王位的一个政治、军事团体，多为天主教教徒。

赫赫有名的新古典风格室内装饰和家具设计师。叶卡捷琳娜委派他重新设计并装修她在避暑行宫皇村的私人寝室。正如她对拉斯特雷利在圣彼得堡设计建造的冬宫所怀有的反感一样，这位建筑师在皇村为伊丽莎白修建的巴洛克宫殿在她看来也同样令人感到不自在。那座庞大的豪宅充斥着淡蓝色、果绿色和白色，一百四十米宽的正面主墙对她而言太宽大了，无穷无尽、装饰精美的公用房间在她的眼中就像美化过的营房一样。叶卡捷琳娜交代给卡梅隆的第一个任务便是对她在这座宫殿里的专用房间进行结构上的改造，并重新装饰。这项工作是对卡梅隆的鉴赏力和技能的考验。他创造出的房间朴素，典雅，色彩柔和，大量采用了乳白色、淡蓝色、绿色和紫罗兰色。在给格林的信中叶卡捷琳娜写道："这件作品不断地让我感到惊讶。我从未见过这样的设计。"随即她开始允许，接着又主动鼓励卡梅隆在设计中全部采用玛瑙、玉髓、青金石、孔雀石和青铜这些最为昂贵的建筑材料。

1780年，叶卡捷琳娜要求卡梅隆在距离皇村三英里的巴甫洛夫斯克，为她的儿子保罗大公及其妻子玛丽亚建造一座宫殿。早在1777年，当长孙亚历山大出生时，女皇赏赐了这对夫妻一千亩土地和一座巨大的英式花园，池塘、小桥、庙宇、雕像和柱廊散落其间。卡梅隆随即着手建造的宫殿成了玛丽亚丧夫后的避难所。在第二次世界大战中它曾遭受严重损伤，但在当今世人的眼中经过修复的它仍然堪称一件杰作。

卡梅隆接下来的任务是将皇村大宫殿中的另外一部分进行改造，结果他创造出了玛瑙厅，这座亭台由三间房子构成，墙壁均由玉髓所建，红色的玛瑙星罗棋布地散落在墙面上。随即，卡梅隆完成了他最为辉煌的杰作，一片以他的名字命名的阶地和柱廊，卡梅隆廊。这座大理石长廊有二百七十英尺长，以花岗岩为地基，开放式的阳台立满了纤细的爱奥尼亚石柱。此处距离叶卡捷琳娜的私人房间不远，位于拉斯特雷利修建的宫殿另一头的左向急拐弯处，看起来仿佛垂直于一长溜主体建筑。长廊上覆盖有顶棚，在其下的石柱间叶卡捷琳娜放置了五十多件古希腊和古罗马的哲学家及演说家的青铜胸像。夏日里她总是坐在这里读书，批阅文件，环绕在周围的都是她所敬仰的先贤。站起身她会走到长廊的尽头，与长廊相连的是一段绵延的弧形阶梯，阶梯又分成两段岔路，一段仍为阶梯，另一段化为坡道，均延伸向花园。在生命的最后几年里，每当在花园和长廊间往返时，叶卡捷琳娜会选择步行，或者乘坐轮椅。

除了卡梅隆以外，最受叶卡捷琳娜喜爱的建筑师就是同样擅长于设计建造新古典主义风格建筑物的意大利人贾科莫·夸伦吉。继卡梅隆来到俄国两年后，夸伦吉也于1780年来到了这个国家。他接受的第一项任务是为小艾尔米塔什设计新古典主义风格的守护神剧院，并用大理石廊柱和剧作家及作曲家的塑像对剧院进行装饰。夸伦吉亚还为叶卡捷琳娜挚爱的孙儿、日后继承皇位的亚历山大一世设计了朴素无华的皇村亚历山大宫，一个世纪之后这座宫殿变成了俄国末代皇帝，即叶卡捷琳娜的后裔，尼古拉二世及家人专用的乡间住宅。

得到叶卡捷琳娜鼓励和支持的艺术家并非都来自国外。艺术学院最优秀的俄国学生被分成十二人的小组，由国家出资将其送到法国、意大利或德意志学习两年或者四年，甚至更长的时间。在叶卡捷琳娜时代最杰出的两位肖像画家德米特里·列维茨基和弗拉基米尔·博洛维科夫斯均为乌克兰人，后者最为知名的一幅作品描绘了年迈的叶卡捷琳娜在皇村花园里遛狗时的情景。当时还有一位伟大的艺术家，他就是出生于俄国的建筑师格奥尔格·弗雷德里希·韦尔腾，他的父亲当年作为彼得大帝的厨师长来到了俄国。年轻的韦尔腾在国外掌握了建筑学方面的知识，回到俄国后他受到女皇的委派，负责清除涅瓦河沿岸的木结构码头，并用芬兰花岗岩铺饰河堤。这项工程完成了二十四英里河堤的改造，滨河马路因此换上了堂皇优雅的面貌，而且坚硬的花岗岩码头还成为来来往往的河船与海轮抛锚卸货的栈桥。

如果说叶卡捷琳娜希望在住房内看到笔直古典的线条，那么她对公园和花园之类的地方则充满了截然相反的期待。在对皇村里的荷兰及法式花园进行改造时，她选择了具有汉诺威血统，能同她用日耳曼语交流的英国人约翰·布什为自己出谋划策，并负责指导其他园丁。当奥地利皇帝约瑟夫二世以"费尔肯斯坦伯爵"的身份到访皇村时，布什的语言才华在扮演德意志"旅馆老板"的时候派上了用场。他任职园丁多年，退休后他的儿子接替了他的职务。此外，他同卡梅隆结成了亲戚。来到皇村后，卡梅隆这位苏格兰人既不懂俄语，也讲不了法语，于是他借宿在布什的家里，最后娶了布什的女儿。

叶卡捷琳娜也参与了新公园的设计工作。她喜欢花卉、灌木、塔柱、方尖碑、凯旋门、运河及蜿蜒小径，布什将这些景观都纳入了设计稿中。在给伏尔泰的信中叶卡捷琳娜写道："现在我爱上了英国这种散心的园子，线条弯曲，坡道缓和，还有湖泊一样的池塘……我已经瞧不上板直的线条了……我对那种让水流饱受折磨，强行改变水流自然流向的喷泉感到深恶痛绝……总而言之，对英国的狂热压倒了我对柏拉图的迷恋。"结束日常工作后，她常常会身着素净的衣裳在这座公园里驯一会儿狗，混在普通人中间。只要衣着得体，所有人都可以进入这座公园。亚历山大·普希金在叶卡捷琳娜逝世四十年后，围绕着普加乔夫起义所创作的中篇小说《上尉的女儿》中，其中一幕正是发生在皇村的这座公园里：一位满面愁容的年轻女子走在公园里，十八岁的她同一位青年军官订了婚，这名军官在起义中被俘，在被收押后遭到了不公正的判决。年轻女子无意中碰到了一位穿着朴素的中年女人，这个女人独自坐在长椅上。年长的女人问年轻女子为何如此忧伤，年轻女子将自己的事情讲给了对方，并说希望能想出一个办法，求得女皇的宽恕。提问的女人"年约四十"，"脸庞丰满，面色红润……带着一脸的安详和高贵……长着一双蓝眼睛……露出一抹淡淡的笑容……透着一股难以言传的魅力"，她告诉焦虑不安的女孩自己经常进宫，可以把这件事情转告给女皇，最后还鼓励这个女孩不要失去信心。不久，这名年轻女子被召进皇宫，并被带到女皇的更衣室，这时她才意识到自己之前在公园里碰到的正是叶卡捷琳娜本人。青年军官得到了赦免，绝望也变成了欢乐。

叶卡捷琳娜作为艺术保护神的名望并不仅仅在于无与伦比的藏画，以及她为自己和他人建造的一座座精致的新古典风格宫殿。为了表明伟大的改革家沙皇彼得大帝对自己的影响，叶卡捷琳娜特意嘱托雕塑家艾蒂安·莫里斯·法尔孔奈创作了彼得大帝骑马像，这座塑像是她在位期间俄国境内所完成的最著名的艺术单品。在彼得大帝当年亲自着手兴建的那座城市里，这件独一无二的杰作自1782年揭幕以来便一直矗立在位于涅瓦河岸的城市的中央，距今已有两百多年。

彼得大帝的女儿，当年的伊丽莎白女皇，视父亲为偶像，但是她从未为其树立起一座在叶卡捷琳娜看来与大帝相称的纪念碑。而今，叶卡捷琳娜这个"外国人"却希望俄国人民将她视作伟大先帝真正的政治传人，因此她决意为这位带领俄国走上欧洲强国之路的人物献上一份至高无上、清晰可见的礼物。同时她认为，自己这样一个吸取了欧洲之精髓、在彼得大帝谢世十八年后来到俄国的女人，应当继续沿着大帝当年开辟的富国强民的道路走下去。她希望俄国人民理解并认可她与彼得大帝之间的这种内在联系。

叶卡捷琳娜认为全俄国找不到一个能按照她的要求完成这件作品的天才，于是她先后嘱托派驻巴黎的大使和迪米特里·戈利岑亲王找一位法国雕塑家来设计铸造一尊伟岸的青铜骑马像。叶卡捷琳娜最初打算支付三十万法国里弗，戈利岑同三位著名的雕塑家进行了接触，他们分别开价四十五万、四十万和六十万。戈利岑同好朋友狄德罗谈了谈，狄德罗遂找到塞夫尔皇家瓷器厂雕塑车间的主管、雕塑家艾蒂安·莫里斯·法尔孔奈。法尔孔奈看起来并不符合女皇的要求，虽然人们认为这位穷苦木匠的儿子胜任自己的工作，但是资质平平。叶卡捷琳娜已经告诉了戈利岑和狄德罗她要求的是一座大型纪念碑，而法尔孔奈则是以小型人物陶瓷塑像而出名，他的作品深受路易十五的情妇蓬巴杜夫人的赏识。五十一岁的雕塑家此前还从未完成过大型作品。尽管如此，他还是屈服于狄德罗的劝说，接受了女皇开出的条件，答应每年只收取二万五千里弗的报酬，并称自己打算仅用八年的时间就完成这件作品。事实上，法尔孔奈在俄国逗留了十二个年头。

法尔孔奈于1766年来到了圣彼得堡，叶卡捷琳娜对他的到来表示了热情的欢迎，令女皇高兴的是，法尔孔奈的要价比她的出价和其他几位戈利岑询问过的雕塑家的报价都要低。尽管法尔孔奈在巴黎以暴躁自负的性格而出名，然而自从来到圣彼得堡，着手为塑像设计制作最初的黏土模型以来，他似乎一直在谋求雇主的认可，叶卡捷琳娜欣然地对雕塑家投之以热情和尊重。1767年，法尔孔奈交出了彼得大帝塑像的初稿，女皇声称自己对大帝缺乏了解，不便发表意见，她建议雕塑家依靠自己的判断和未来观众的潜在评价，法尔孔奈争辩道："对我来说陛下您就是未来的观众。至于我自己的判断，该有的时候自然会有。"

叶卡捷琳娜反驳道："您怎么能甘心听命于我呢？我连画画都不会。对于雕塑，就连小学生都比我懂得更多。"

欣喜地看到女皇对他的鉴赏力如此看重，法尔孔奈便开始对狄德罗收购并送抵俄国的艺术品发表起自己的看法来。他基本上都是在曲意逢迎，在提到一幅作者不太出名的画作时他写道："多么迷人的一幅画啊！多么精彩的笔触！多么优美的调子！阿佛洛狄忒的小脑袋多么可爱啊！手法稳健得令人钦佩！"关于另一件作品他又说："在它的面前我应该双膝跪地。任何胆敢不这么认为的人不是缺乏信仰，就是不守道德。毕竟我对它才有所认识，实际上这就是我的工作。"叶卡捷琳娜对雕塑家回复道："我想您说得没错。我十分清楚自己无法欣赏这幅作品的原因——我懂的还不够多，无法像您那样看出其中的奥妙。"在率先欣赏完新藏品后叶卡捷琳娜总是喜欢再同法尔孔奈一起继续欣赏一会儿，有一次她写信告诉雕塑家，又有一批画作被运抵圣彼得堡："我的藏画太漂亮了。您打算什么时候过来瞧瞧呢？"

叶卡捷琳娜在艺术品面前或许表现得很无知，但是在憧憬彼得大帝塑像时她十分清楚自己的要求。法尔孔奈从未指望过完工后的作品能符合叶卡捷琳娜所要求的规模，但是她的殷殷期盼鼓舞了他的斗志。为了能让雕塑家理解扬起前蹄的马具有怎样的形态，叶卡捷琳娜为其提供了自己最喜欢的两匹马及驯马师，当雕塑家需要的时候驯马师可以让马扬起前蹄。这时，随老师法尔孔奈一起从巴黎来到俄国的学徒，十八岁的玛丽·安妮·克洛特以先皇的面模和手边的肖像画为参考，开始了沙皇头部和面部的制作。法尔孔奈暂居在俄国期间这位女学生始终陪在他的身边，当雕塑家的儿子前来看望父亲时，她嫁给了同样身为艺术家的小法尔孔奈。

1769年夏，法尔孔奈取得的进展允许模型向公众开放。观众的反应有褒有贬，特别是围绕着雕塑家在马匹扬起的前蹄下放置的一条巨蛇展开了激烈的争论。法尔孔奈得知这条蛇的存在有所不妥，应当被去掉，持有这种观点的人没有意识到巨蛇对雕像其他部分的承重至关重要。如果少了马蹄和马尾同蛇背相连的三个连接点，这匹马就无法站立起来。面对指手画脚的人们雕塑家说："他们不像我，没有计算过压力，而我得考虑这个问题。他们不明白要是听了他们的意见，那这件作品就没法存在了。"叶卡捷琳娜不愿参与这场辩论，她对法尔孔奈说："老歌唱得好，'该怎样，就怎样'。这就是我对那条蛇的态度。你的理由很不错。"

1770年春，模型彻底完工，随之也出现了更多的反对意见。人们说法尔孔奈将这位俄国英雄打扮成了一位罗马皇帝，受到刺激的东正教教会领袖们抱怨说这个法国佬把彼得弄得就像是一个异教徒君主似的。叶卡捷琳娜宣称彼得大帝身着的是一件理想化的俄国服装，反对的声音这才得以平息下去。过后叶卡捷琳娜又给敏感的雕塑家发去了一封安慰信："我只听到对这尊塑像的赞扬。迄今为止我只听到过一个人提过那么一次，她希望衣服上能打些褶子，这样那些蠢人就不会认为这是无袖衬衣了。可是，谁都无法满足所有人的要求。"在整尊黏土塑像最终完工并揭幕后，叶卡捷琳娜仍旧得不停地安慰惴惴不安的法尔孔奈，现在令他感到担忧的是似乎他的作品没有产生任何反响，他抱怨说人们甚至都不会谈起他。叶卡捷琳娜再一次竭尽全力地安慰他，说："我知道……基本上所有人都十分开心。如果人们什么也不跟你说，那是因为他们太世故了。有人觉得自己不够格，还有些人或许担心他们的看法会触怒你，但是更多的人什么也没看懂。不要把所有的事情都想歪了。"

在忙于赶制巨大的塑像时，雕塑家和他的雇主同时也开始着手为这尊塑像寻找合适的基座。为涅瓦河堤的改建工程在芬兰人聚居的卡累利阿[1]一带寻找花岗岩的工人找到了一块巨大而完整的岩石，石块深深地嵌在沼泽地里。被采挖出来后人们看到这块巨石足有二十二英尺高，四十二英尺长，三十四英尺宽，据专家计算重达一千五百吨。叶卡捷琳娜断定这块来自冰河时代的巨石定能充当塑像的基座。为了将石块运到圣彼得堡，工

---

[1] 卡累利阿（Karelia），芬兰人聚居区，根据1617年沙皇俄国与瑞典王国签订的《斯托尔波沃条约》，瑞典将卡累利阿地区中的正统派基督教信徒居住地区，包括白卡累利阿和奥罗内卡累利阿地区，割让给沙皇俄国。自此卡累利阿地区开始东西分治。

人们专门研究出一整套运输方法，这套方法本身堪称工程领域的一大创举。入冬后，等到大地刚一冻结石块就被工人拖到了四英里外的海上，然后被装上一驾依靠红铜球滑动的金属橇车，铜球的作用相当于今天的滚珠轴承，在一截截被凿成轨道且首尾相连的原木上移动滑动。绞盘、滑轮，再加上一千名工人的努力让石块以每天一百码的速度从林中空地朝着芬兰湾的海岸缓缓挪动着，一艘专门为这块巨石建造的驳船早已等候在那里。在将石块装船的时候，船体两侧各有一艘大型战船支撑着驳船，以免其发生倾覆。人们以同样的方式拖着巨石缓缓穿过芬兰湾，接着又一路拖到涅瓦河，再转移上岸，送达目的地，最终将其安放在了位于涅瓦河畔的归宿地。

五年的时间就这样过去了。接下来的四年里叶卡捷琳娜和雕塑家又在忙着寻找合适的铸造工匠、制造模具，以备接下来将巨量的红铜和锡浇铸成型。仅马匹和马背上的人加起来就将重达十六吨，最后完工的青铜铸件其厚度从一英寸到四分之一英寸不等。在铸造过程中模具破裂过一次，青铜熔液倾洒了出来，操作间立即燃起了大火。火被扑灭后熔化的金属又凝结了，工人们边撬边刮，终于将泼溅出来的青铜回收了起来，将青铜再度熔化后工人们又重新开始浇铸工作。一次次的失败消耗了大量的金钱，法尔孔奈同叶卡捷琳娜终于发生了龃龉。后者曾经给予雕塑家的热情和激励现在变成了冷漠和恼怒，胆战心惊的雕塑家变得越来越暴躁了，可是他无法直面女皇的指责，后者根本无法理解工程一拖再拖的原因。一开始女皇为法尔孔奈身上的艺术气质欣喜不已，到最后这种性格却令她心生厌倦。在委托格林帮她物色两位意大利建筑师的时候她说出了自己的沮丧："你要找的是诚实、通情达理的人，而不是法尔孔奈这样的空想家。（我想要的）人应该脚踏实地，决不会不切实际。"

法尔孔奈在俄国逗留了将近十二年，到最后他自己再也坚持不下去了。一次次的延迟让他感到厌倦，外界的批评令他恼怒，再加上身体和精神都陷入了崩溃状态，1778年他请求叶卡捷琳娜允许他告老还乡。叶卡捷琳娜结清了之前拖欠的酬劳，但是拒绝再与雕塑家见面。回到巴黎后法尔孔奈出任了法兰西美术院院长，1783年他遭受了中风的打击，不过康复之后又维持了八年的生命。他继续撰写着艺术方面的专著，但是再也没有碰过雕塑工作。

在法尔孔奈离去四年后，他的作品才终于亮相于公众面前，此时距离他来到俄国过去了整整十六年。叶卡捷琳娜没有邀请雕塑家重返俄国出席揭幕仪式，不过时间对她的忘恩负义做出了补偿，法尔孔奈耗费十二年心血完成的作品最终成为圣彼得堡永恒的地标，俄国最著名的纪念碑，无论在当时或是现在，它都堪称独一无二的杰作。在第二次世界大战中圣彼得堡经历了长达九百天的围困，德军从空中和地面不间断地炮轰着这座城市，然而法尔孔奈这尊坐落在涅瓦河岸上的塑像虽然无遮无拦，却安然无恙地熬过了这场浩劫。

1782年8月7日，叶卡捷琳娜为塑像主持了正式的揭幕仪式。她站在距离塑像不远处的议院厅，楼下的广场上人山人海。她望着广场上的近卫军和臣民，发出了指令。塑像上的罩布滑落了下来，顷刻间人群中爆发出充满赞叹和敬畏的欢呼声。

彼得大帝在青铜中化为永恒，他的头部高悬在距离地面将近五十英尺高的半空中。他身披朴素的罗马式战袍，头戴一顶桂冠，面朝着滚滚逝去的涅瓦河。他的左手紧紧攥着缰绳，胯下的骏马扬起前蹄，立于凝固在巨石中的浪尖之上；他的右臂向前伸出，右手指着对岸的那座要塞，即他当年在这座城市修建的第一座建筑。象征着他所战胜的艰难险阻的大蛇匍匐在他的坐骑蹄下，马的一双后蹄将大蛇踩成了几段。马的尾巴耷拉在大蛇的身上，三个连接点保证了整尊塑像的平衡。在花岗岩基座的前后两面镶嵌着同样几个金属大字："献给伟大的彼得一世——叶卡捷琳娜二世敬献"，一面为俄文，另一面为拉丁文。就这样，叶卡捷琳娜对先辈表达了敬意，同时也将自己与其联系在了一起。

在著名的叙事诗《青铜骑士》中亚历山大·普希金写道：

而笔直的在幽暗的高空

在石栏里面纹丝不动

正是骑着铜马的巨人

以手挥向无际的远方

…………

就是这个人按照他的意志

在海岸上建立了一个城

看 在幽暗里他是多么可怕

他的额际飘浮着怎样的思想

他掌握着怎样的力量

那匹马燃烧着怎样的烈焰

呵 高傲的马你将奔向何方

你的蹄子将往哪里飞扬

呵 你命运的有力的主宰[1]

在德意志人出身的俄国女皇的启发和坚持下，一位法国雕塑家完美地用青铜展现出俄国这位千古一帝的风采，俄国有史以来最杰出的诗人通过《青铜骑士》又完美地呈现出这尊塑像的内涵。通过这尊塑像叶卡捷琳娜

---

[1] 参见《青铜骑士》，查良铮译本。

成功地将自己与先辈联系在了一起，塑像本身也体现出了她的这番良苦用心。无论是从视野和意志力，还是从君主制时代的俄国所实现的成就来看，叶卡捷琳娜都完全可以同彼得大帝相提并论，实际上也是唯一可与其相匹敌的君王。

第七十章

"他们竟然能把国王吊死在灯杆上！"

法兰西及纳瓦拉[1]的国王，笃信王[2]路易十六是一个有些迟钝，但为人和蔼可亲的老好人，对他来说一生中最大的享受就是大吃大喝、狩猎牡鹿和修理门锁内部的部件。身边的大臣对一切事都争执不下，路易十六因此总是一副优柔寡断的模样，必须明确表态的要求常常令他感到一头雾水，一旦做出选择他又总是开始彷徨，有时候还会反悔。在执政的第十六个年头，即1789年5月，这位生不逢时的三十五岁的君主下令在凡尔赛召开三级会议。这个决定并非出于路易十六的本意，也并非延续法国先王们的传统惯例。实际上，路易十六此举实属无奈，他的政府急需筹措资金，以避免国家财政陷入破产的境地。

在外界看来法国似乎仍旧占据着欧洲文化的第一把交椅，国力和二千七百万人口也令其他强国难以与之匹敌；它的农业生产是整个欧洲大陆最兴旺繁荣的；它还是思想界的中心，欧洲各地有文化、受过良好教育的人都以法语为日常用语。自诺曼底公爵威廉于1066年取得黑斯廷斯[3]大

---

[1] 纳瓦拉（Navarre），现今西班牙北部一个自治区。前身是一个独立王国，1515年上纳瓦拉与西班牙合并。1589年，由于国王恩里克三世继承法国王位，成为亨利四世，下纳瓦拉与法国合并。

[2] 笃信王（HIS MOST CHRISTIAN MAJESTY），直译为"虔诚的基督教国王陛下"，有学者根据其历史演变及宗教内涵译为"笃信王"，这个别号由罗马教廷于公元8世纪时首创，但到了中世纪后期逐渐成为法国国王同罗马教廷及其他基督教国家进行斗争的工具。

[3] 黑斯廷斯（Hastings），英国港市，在著名的黑斯廷斯战役中诺曼底公爵即"征服者"威廉击败了英王哈罗德二世。

捷以来，法国就不断地在战场上取得胜利。自16世纪初开始，法国出现了一系列在整个欧洲的皇室中都堪称卓尔不群的明君，其中包括弗朗茨一世、亨利四世和路易十四。但是当太阳王路易十四的重孙路易十五于1715年继承王位，再加上战争仍旧持续不断，胜利对于法国来说不再是家常便饭。在结束于1763年的七年战争中，英国将法国在北美洲和印度的大部分主要殖民地都占为己有，出于报复英国的需要，法国在北美殖民地革命者打响的独立战争中为其提供了支持。在北美洲取得的军事胜利给巴黎人民带来了与费城人民同样的喜悦和幸福。

然而，战争耗资不菲，产生的账单等待着偿还。法国国家财政在战前就濒于枯竭，战争更是火上浇油，与此同时政府的开支仍旧节节攀升。面对这种情况，国库只能大肆举债，截至1788年仅利息就耗去了政府的一半开支。主要基于对底层人民横征暴敛的国家税收趋于崩溃，生活在土地贫瘠地区的人民过着一贫如洗的生活。1787年和1788年连续两年农业歉收，由此导致了谷物供应短缺，食品价格随之飞涨。面对崩溃的国家财政，法国国王和政府别无选择，只能召开中断已久的三级会议[1]，并打算在此次会议上承认不经过国家的批准政府无权提高税额。

1789年5月5日，三级会议在凡尔赛召开了。三个社会阶层产生了一千二百位代表：被认为是第一等级的神职人员拥有法国百分之十的土地，并基本被免除赋税，这一等级占据了三百个席位；第二等级为贵族，他们拥有百分之三十的土地，并享受着许多免税特权，他们也占据了三百个席位，其中一百位具有自由主义思想，其中五十位尚未年满四十，他们愿意甚至是急于改变现状；第三等级平民阶层的六百名代表将要在会议上代表法国百分之九十七的人口发言。平民阶层的主体为农业人口，同时也

---

[1] 从1614年到路易十六统治时期，三级会议中断了一百七十五年。1789年，路易十六召开了最后一次三级会议，这次会议导致了法国大革命。大革命后，三级会议随着旧制度一道被废除，不复存在。

包括城市苦力。对于第三等级而言，面包在他们的日常饮食中占有四分之三的比例，占据三分之一甚至一半的人均支出。此外，资产阶级，或者说中间阶层，即银行家、律师、医生、艺术家、作家、鞋匠及其他职业者，也被包括在这一等级中。由于饱受苛捐杂税、食物短缺、失业、贫困和生活动荡的折磨，第三等级希望甚至是不顾一切地渴望着改变现状。来自这一等级的代表们深知人民的情绪，但是政府之所以将他们召集在一起并非为了改善人民的境况，而是因为政府急需筹集资金。

在持续了几个星期的第一轮会议中，来自神职人员和贵族这两个特权阶层的代表成功地让普通大众意识到了自己地位卑下。6月20日，第三等级的代表照例来到例会大厅，可是却发现大门紧闭，荷枪的卫兵把守着大门，他们不得不在滂沱大雨中等待着有人能来为他们开门。这时有人想起附近有一个室内网球厅，六百名代表便匆匆赶往那里。来到网球厅后他们突然爆发了，声称自己才构成了真正的国民议会，并"向上帝及国家宣誓，除非满足选民对我们的要求，制定一部翔实确凿、公正合理的宪法，否则决不解散"。四十七名自由主义贵族也加入了国民议会，并同第三等级代表一起宣读了著名的"网球厅誓言"。

第三等级无权宣布自己为国民议会，也无权以国民议会的身份履行职责，国王以解散全体三级会议要挟第三等级，并声称如有必要将动用武力。代表平民的米拉波伯爵随即成为第三等级代表的领袖，面对国王的信使他说："回去告诉那些把你派来的人，我们的存在基于人民的意愿，除非见到刺刀，否则我们决不解散。"6月27日，路易十六颁布法令，宣布终止三级会议一切正在举行中的会议，称其"无效、非法、违宪"。随即，全国各地的城市和乡村都出现了暴动和骚乱，其中最著名的就是人民攻陷巴士底狱事件。

巴士底狱修建于14世纪，原为军事要塞，城堡内附设有八座圆形塔楼和五英尺厚的外墙，后来成为关押政治犯的监牢，凡是违法或冒犯政府的人都有可能被囚禁在这座监牢中，而且常常一去不返。但是，到了1789年这种情况发生了改变，这座监狱不再被人们看作阴森森的囚牢，它逐渐变成了暴政的象征。在巴黎人民攻陷巴士底狱一个星期之前，一直被关押在这里的萨德侯爵[1]在囚室的墙上挂着家人的画像，房间里还有一大批时髦的衣裳和大量藏书。陷落当天，城堡内仅关押着七名囚犯，其中五名均因造假而被打入大牢，另外两名则有些精神失常。尽管如此，这里仍旧保持着皇家军火库的作用，并有一百一十四名士兵驻防，因此政府决定将二百五十桶火药存放在这里。

7月14日，由于国王解散了三级会议，巴黎城内军人的数量与日俱增，再加上政府继续囤积火药，两千名愤怒的巴黎市民遂冲进了巴士底狱。几个钟头之后城堡中的驻防官兵便缴械投降了，暴动的人民解放了里面的七名囚犯，并带走了火药。城堡里的行政官被人们用大刀、剑、刺刀砍得七零八落，他的脖子被人用折叠刀锯开。人们将行政官的脑袋挑在长矛上，率领着浩浩荡荡的队伍，开始了在城内的游行。

无论在政治层面上，还是在精神层面上，巴士底狱的陷落都成了一个转折点。国民议会制定了新的宪章，并于8月4日投票废除了贵族享有的大部分权力，以及贵族和神职人员拥有的财政特权。8月26日，议会正式通过了《人权宣言》，这份赋予人们权利的宪章在字里行间无不折射出启蒙运动和美国《独立宣言》的基本思想。

路易十六和家人仍旧住在凡尔赛宫。10月5日，五千名妇女——男人乔装成了女人，人们确信国王不会命令王宫卫兵向女人开火——组成的队

---

[1] 萨德侯爵（Marquis de Sade, 1740年6月—1814年12月），唐纳蒂安·阿尔丰斯·弗朗索瓦·德·萨德，法国贵族，一系列色情和哲学书籍的作者，尤其以色情幻想的描写和他所导致的社会丑闻而出名，以他姓氏命名的"萨德主义"成为性虐待的别称。

伍从巴黎出发，在步行了十里地之后蜂拥冲入了太阳王的王宫，于次日迫使王室成员随他们一同返回了巴黎。国王一家以半拘禁的状态被安置在杜伊勒里宫中，他们仅被允许于每天下午驾车出游市内各个公园。路易十六及家人度过了九个月这样的生活，在此期间，主要由知识分子和律师以及少数几位贵族组成的国民议会领导层试图创造一种新的君主立宪制度，他们都认为应当在推行改革的同时保持社会秩序。直到1791年的春天——此时距离路易十六召开三级会议过去了二十四个月，距离巴黎市民攻陷巴士底狱也有二十二个月之久——就在国民议会的领导们着手落实自己的构想期间，法国政府的领导权一直掌握在由米拉波伯爵领导、以君主制度拥护者为主要成员的国民会议的手中。

1791年3月25日夜，米拉波伯爵带着两名舞女从剧院回到家中，在同这两名舞女过夜之后他一病不起，八天后便毙命了，这个凭借着自己的政治声望和雄辩的口才原本有望确保建立君主立宪制的人物就这样离去了。尽管少了米拉波伯爵，国民议会还是在5月3日公布了新的宪法，宣布建立君主立宪政体。国王不再是法国的统治者，他只保留了法国人民的名誉国王这一身份，不过法国仍旧属于君主国，但掌权的人变成了资产阶级政客。

6月20日，路易十六和玛丽·安托瓦内特主动打开了通往毁灭他们个人并为政局带来灾变的大门。国王和王后乔装成用人，设法逃出了杜伊勒里宫，带着孩子逃离巴黎后便直奔东部边境和奥地利统治下的尼德兰地区。可是，由于王后执意让全家人乘坐同一辆庞大的马车，超载严重的马车最快也只能达到七英里的时速。来到瓦雷内后他们认为自己已经脱离了险境，于是在当地投宿下来，打算过夜。此处距离边境仅有几英里之遥。结果，这位罩着深绿色外套、戴着仆人帽子、身形笨重的旅客被人识破了真容，并被逮捕了，随后便同家人一起不光彩地被带回了巴黎。

潜逃瓦雷内未遂令这位国王在政治上陷入了不利的境地，曾经坚持同他谈判，致力于创建新型君主政体的国民议会领导们也因此名誉扫地，同时他们感到自己遭到了背叛。国外不少人也对他提出了谴责。在路易十六被俘，并被遣送回巴黎之前，叶卡捷琳娜始终将其视作一个自由民，虽然羸弱，但并未失去自由。当他像牲口一样被关在笼子里，然后被人用小推车一路推回了巴黎后，俄国女皇对他作为自由民的幻想破灭了，她说："恐怕在国王出逃的过程中最大的障碍就在于他自己。王后了解自己的丈夫，她是不会离开他的。她做得没错，可是这就让他们的处境更加艰难了。"

国王没能得逞的出逃计划掀起了灾难性的轩然大波，街头巷尾到处都有人在议论挽救国王及其家人的必要。在6月底之前，玛丽·安托瓦内特的哥哥、刚刚继位的奥地利皇帝利奥波德二世呼吁欧洲列强帮助法国恢复君主制。利奥波德在哥哥约瑟夫二世逝世后继承了皇位，登基仅一年，他的这番求援有些三心二意，甚至可以说是虚情假意，当时他根本无意领导甚至不愿参与一系列反法的军事行动。但是他对妹妹一家的担忧，促使他同普鲁士国王腓特烈·威廉在撒克逊的温泉疗养地皮尔尼茨举行了一场出人意料的会晤。随后，路易十六不可一世的弟弟阿图瓦伯爵不请自来，加入了两位君主的谈话，并要求立即对法国进行武装干涉。

签署于1791年8月27日的《皮尔尼茨宣言》没有满足阿图瓦的要求，仅采纳了利奥波德的意见，即法国君主的命运涉及"方方面面的利害"，并呼吁欧洲各国君主"采取最有效的措施帮助法国国王复辟"，但是宣言并未提出任何实质性的建议。利奥波德之所以如此谨慎是由于，从兄长手中继承而来的帝国的尼德兰地区仍旧骚乱频频，其他各地也纷争不断，但他的确无法忽略自己在巴黎的妹妹和妹夫的命运，他明白这对夫妻已经到了生死攸关的地步，令他担心的是阿图瓦希望看到的军事行动很有可能会让妹妹的处境进一步恶化。利奥波德最终决定，除非得到列强的支持，否则绝不对法国动武，他清楚只要存在这样的条件他自己就不会遭受损失。因此，奥地利没有因《皮尔尼茨宣言》而承担不必要的责任。事实上，这份文件只起到了激怒法国国民议会的作用，就在宣言发表八个月后，即1792年4月，法国对奥地利宣战了。然而，利奥波德已经在3月间突然撒手人寰，他那个年仅二十四岁，仍旧少不更事的儿子弗朗茨二世继承了皇位。

在法国大革命的最初两年间，即1789年春至1791年夏，俄国报纸上可以见到各种各样有关法国局势的报道，来自法国的消息不会受到任何审查管制，如同有关刚刚诞生并已经起草了共和国宪法的美国的消息一样随处可见。三级会议的召开、第三等级自封为国民议会、巴黎市民攻陷巴士底狱、贵族交出特权，以及《人权宣言》的发表，任何消息都被译成俄文，并被全文刊登在《圣彼得堡公报》和《莫斯科公报》上。根据菲利普·德·塞古尔的记述，巴士底狱的陷落在当时激起了大范围的强烈反响："法国人、俄国人、丹麦人、德意志人、英国人和荷兰人……大街小巷里到处都是互相道贺、拥抱在一起的人。"

当第三等级自封为国民议会时，叶卡捷琳娜意识到，一伙自愿放弃政治及社会特权的贵族已经与农民阶级和资产阶级结成了一派。这个事实令她倍感震惊，在给格林的信中她写道："我根本不相信皮匠和鞋匠有能力管理政府、制定法律。"几个星期之后她从惊讶变成了警觉，在1789年9月间她惊呼道："这可真是不折不扣的大混乱！他们竟然能把国王吊死在灯杆上！"对于玛丽·安托瓦内特她显示出格外的关心："我尤其希望王后的处境与我对她的牵挂并无出入。大无畏必将战胜大灾难。我爱她，她的哥哥我最要好的朋友，约瑟夫二世。我钦佩她的勇气……她或许相信如果有需要我帮忙的地方，我定不会推卸责任。"然而，只要俄国在对土耳其和瑞典的南北两条战线上尚未结束战事，叶卡捷琳娜就根本无法履行自己的"责任"，无论她对"责任"二字作何解释。

1789年10月，叶卡捷琳娜意识到如果法国陷入真正意义上的大革命，那么欧洲其他实行君主制的国家便会受到威胁。这种局面令她和塞古尔的关系变得有些尴尬。当结束了在俄国为期四年的外派生涯后，这位大使前来向女皇道别，后者托他代为转达她对法国国王的问候，并提出了一些私人建议：

> 看到你将要离去我十分伤感。留在我的身边远比投身进风暴中心要明智得多，这场风暴所辐射的范围比你想象的要大得多。你的知识体系接近新兴思想，你的自由主义充满热情，这一切或许会让你接受当前备受欢迎的事业。令我感到遗憾的是，我属于并将永远属于贵族阶层。这是我的使命。切记，你会看到法兰西已经变得狂躁不安、病入膏肓了。

同样哀伤的塞古尔回答道："夫人，恐怕的确如此，所以我才有责任回去。"叶卡捷琳娜邀请塞古尔共进晚餐，好让自己能够聊表心意，离别的场面变得愈加感伤了。事后塞古尔回忆道："此一别我以为自己只是离开了俄国，倘若当时我知道那将是我最后一次见到她的话，离别一定会更加痛苦。"

叶卡捷琳娜对法国局势的看法越来越尖刻，国家议会就是"长了一千二百个脑袋的海德拉[1]"。通过新上台的执政者，她看到"那只是一些操纵机器的工人，缺乏控制局面的天赋和才能……法兰西成了一群律师，装扮成哲人的傻瓜、流氓，严重缺乏理智的小道学先生，几个连大盗都算

---

[1] 海德拉（Hydra），希腊神话中的九头蛇。

不上的小蟊贼手中操控的傀儡的猎物"。叶卡捷琳娜认为法国必须维护有效的行政管理和公共秩序："叫一千个人合写一封信，让他们对每一个字眼尽情争辩去吧。看看花多长时间他们才能完成这封信，再看看这封信会写成什么样子。"她对君主政体的辩护同这种观点一脉相承。法国社会秩序崩塌，无政府主义的阴影笼罩着这个国家，这一幕令叶卡捷琳娜感到深恶痛绝，她对无政府状态下的社会有所了解，普加乔夫起义已经让她见识过了这种景象。

　　叶卡捷琳娜无法对相距半个大陆之遥的法国采取军事行动，以支持自己的立场，不过直到路易十六出逃瓦雷内之前她对法国局势并不十分热衷。她曾告诉驻瑞典的大使，自己希望法国日后受到欧洲所有君主国的关注，并曾写道，法国的问题并不仅仅是出现了一场势不可挡的革命，它还需要恢复自己在平衡欧洲各方势力中扮演的角色。由于深知对荣耀念念不忘的瑞典国王古斯塔夫三世渴望在镇压法国大革命的君主国联军中担任指挥官，叶卡捷琳娜便决定支持这位国王。1791年10月，就在俄国同瑞典那场短暂而无谓的波罗的海之战结束仅一年后，叶卡捷琳娜就向古斯塔夫提供了足以支撑一万两千名瑞典士兵入侵法国的资金支持，双方将此次军事行动的时间确定在1792年的春天。

　　然而一场暴力事件阻止了瑞典的出兵计划。1792年3月5日，古斯塔夫三世在斯德哥尔摩举行的一场假面舞会上被人击中背部，受了重伤，当月月底便离开了人世。尽管刺客为瑞典贵族，导火索也在于瑞典本国的内患，叶卡捷琳娜还是立即看出，这场暗杀行动同全欧洲日甚一日的反君主制暴力风潮存在着不可分割的联系。警方有报告宣称，一名法国特工正在赶赴圣彼得堡，准备暗杀俄国女皇，冬宫方面立即增派了多一倍的警卫力量。此后再也无人提及向法国派出瑞典军队一事。

　　1792年春，叶卡捷琳娜提交了长达十页的外交照会，建议采取措施，以制止法国的混乱局面，重新建立君主政体，让法国恢复往日的平静和强盛。在照会开篇处她写道："法国国王一家之事乃为天下所有国王之事……（法国）国家议会的全部工作旨在于废除在法国已存在千年的君主制度。（当前）对欧洲而言让法国恢复强国的身份十分重要。"关于如何实现这个目标她又分析道："一万人的队伍足够横扫法国……不妨考虑一下雇佣军——最佳人选莫过于瑞士人，亦可以考虑德意志的各位亲王。凭借这支军队，我们必将能够把法国从强盗的手中拯救出来，重新建立君主政体，赶跑一切冒牌货，对流氓无赖严惩不贷，使法国摆脱压迫。"她强烈反对在法国国王成功复辟之后继续进行大范围的报复性镇压："几个名副其实的革命分子应当受到惩罚，但对于仅仅出于从众心理参加了革命，并且回心转意，继续效忠于国王者应宽大处理。"她认为国民议会中的不少代表都应当得到宽恕，在她看来"他们对此无能为力，因为选民并未要求废除君主制，更无须说基督教"。接下来她又指出国王复辟后，对于法国而言至关重要的问题就在于恢复当初的三个等级——贵族、神职人员和平民——之间的平衡。神职人员的财产和贵族的特权应当得到归还，广大民众对自由的合法要求"应当通过合理明智的法律手段得到满足"。在开始其他问题的论述前，她又补充说皇室成员务必得到释放，"随着军队的挺进，各位亲王及其军队必须将注意力集中在至关重要的事情上——将国王及其家人从巴黎人的手中解救出来"。

在叶卡捷琳娜写就这封照会仅几个月后，法国就爆发了"九月大屠杀"，君主制被正式废除，国王被斩首示众。叶卡捷琳娜的努力纯属无可救药的天真幻想，从中可以看出她对法国人民群众逐步发展起来的政治、经济、社会和心理状况的理解与实际情况完全背道而驰。早在她草拟这份照会之前，法国的社会情绪就已经变得越来越激进了。激进民主主义者雅各宾派在巴黎重权在握，在全国范围内其成员数量和影响力都与日俱增。

一开始雅各宾党人时常在圣奥诺雷路[1]上的老雅各宾修道院内举行集会，在审阅并对必要的改革方案进行讨论的过程中，他们逐渐登上了革命的舞台。雅各宾党人逐渐发展出一套激进的思想体系和暴虐的言论，并竭力主张采取极端措施，其领导人乔治·丹东、让-保尔·马拉和马克西米连·罗伯斯庇尔掌握了最高权力。1792年的夏天，新组建并受到"无套裤党"——"没有精致的及膝短裤的"普通市民——支持的市政府巴黎公社控制着巴黎。新当选的司法部部长是年仅三十岁的丹东，杜伊勒里宫里的国王一家被置于他的管辖范围之内。

8月10日，在巴黎公社的组织下一群暴民冲进了杜伊勒里宫。保卫国王的六百名瑞士卫兵同暴民展开了激战，为了避免出现流血事件，路易十六命令卫兵放弃抵抗。瑞士卫兵服从了国王的命令，在被俘后全部惨遭屠杀。随后暴民又攻入了国王及其家人的房间，将国王、王后及他们的孩子俘获，并押送到坦普尔监狱。

1792年春，普鲁士加入了奥地利对法国的战争，到仲夏时一支部队已经打到了莱茵河，正准备继续向巴黎挺进。在部队即将出发之际，指挥官布伦瑞克公爵得知路易十六及家人已经被带离杜伊勒里宫。针对这种情况，公爵立即对巴黎方面发出了一份威胁性的声明，声称"倘若国王及其家人受到丝毫损伤的话……为了以儆效尤，同时也为了对巴黎人给予永生难忘的报复"，自己将同巴黎决一死战。公爵的威胁起到了事与愿违的效果，其本意似乎是要让巴黎人民意识到暴行将会为他们招来报应。但在得知自己已经干下了将受到严惩的暴行后，巴黎人民相信自己已经走到了山穷水尽的地步。此外，又有传言称一旦敌军抵达巴黎，城内的人民便将被斩尽杀绝。

---

[1] 圣奥诺雷路（St.-Honoré），是法国巴黎第一区的一条古老街道，得名于位于古代的圣奥诺雷修道院内的圣奥诺雷教堂，该路靠近杜伊勒里花园。

1792年7月30日，五百名头戴红帽的人从马赛和南方各省赶到了巴黎，根据一位国民议会议员的描述，这伙人就像是"热那亚和西西里监狱里吐出来的一群穷凶极恶的人渣"。受到巴黎公社的雇用他们来到巴黎，参与保卫城市的战斗。为了增强这支"部队"的实力，巴黎公社还征用了本地囚犯。只要答应服从公社的命令，囚犯即可得到释放。

1792年9月2日至8日，由囚犯实施的惨无人道的大屠杀事先经过了周密的策划。在8月的最后两个星期里，数百名被描述为"推定罪犯"的巴黎市民遭到了逮捕，这些人注定难逃一死，为了行凶者的方便他们被集中在几所监狱中。这批囚犯中有不少人是神学院和教堂的神父，他们遭到了信奉反革命信仰的指控；另有一部分是国王和王后过去的仆从。此外，遭到逮捕的人中还包括剧作家皮埃尔·博马舍和玛丽·安托瓦内特的密友朗巴勒公主。此前公主已经成功地逃到了伦敦，但后来又回到巴黎，陪在王后的身边。但绝大部分被捕入狱的都是平民。丹东虽然并非这场事件的主要发起者，但是他事前就掌握了情况，他说："我对这群犯人毫不在意。就让他们自己照顾自己去吧。"后来他又补充道："为了安抚巴黎人民，必须将这些犯人正法。"罗伯斯庇尔只简单地说了一句："人民的意愿得到了表达。"

9月2日，星期天，普鲁士人夺取了凡尔登[1]的消息一大早便传到了巴黎，当天下午大屠杀便开始了。二十四名被送往圣日耳曼德佩区修道院监狱的神父被人从押送车里拖了出来，在尚未进入监狱时就死在了刀、剑、斧头及一把插在小巷卵石路面上的铲子之下。关押在修道院内的囚犯被一个接一个地推下台阶，然后就被人在台阶下的花园里用刀、斧头和锯子大

---

[1] 凡尔登（Verdun），现今法国东北部洛林大区默兹省规模最大的城市，不过该省首府设在较小的巴勒迪克。

卸八块。其他地方的囚犯也受到了攻击：在巴黎古监狱[1]有三百二十八名囚犯被杀害了；夏特雷有二百二十六人；加尔默罗修道院有一百一十五人，其中还包括一名主教；在比塞特尔有四十三名少年惨遭屠杀，其中十三个人为十五岁，十四岁和十三岁的各两名，还有一个孩子年仅十二岁。包括少女在内的所有女性都遭到野蛮凶残的凌辱。由于拒绝宣读对国王和王后的仇恨宣言，朗巴勒公主也被人砍得七零八落，她的脑袋被送到坦普尔监狱，好让国王和王后亲眼看到她的脑袋在长矛上晃荡的模样。

9月9日，法国人在瓦尔密击退了普鲁士军队，结束了联军的入侵，迫使普鲁士军队后撤到莱茵河一线。法国人并未就此止步，他们浩浩荡荡地出兵占领了美因茨和法兰克福。当月21日，就在大屠杀三个星期后，法国废除了君主制度，建立了共和国。12月，国家议会宣布，军队所到之处现行政体都将被人民政府所取代。

1793年1月21日，路易十六被处以死刑。事态发展到这一步，很多曾经对革命充满信念的人都开始认为这一幕有些过分。取得了瓦尔密大捷的弗朗索瓦·杜穆里埃将军曾经与丹东交情匪浅，在国王被行刑之后他便投奔了奥地利人。在巴黎市民冲进杜伊勒里宫后，拉法耶特也逃离了法国。不少地区纷纷掀起了对巴黎政府的抵抗运动，为之付出了惨重的代价。仅次于巴黎的法国第二大城市里昂最终放弃了抵抗，等待死刑的俘虏——绝大多数都是农民和苦力——被人用绳子两百人一组地捆了起来，然后被带到了郊外。大炮向被拴在一起的人群发射出一枚枚的霰弹。罗伯斯庇尔的一名特工就在现场，他向自己的主子报告说："要是您能亲眼看到国家的正义对这二百九十个恶棍进行了怎样的惩罚，那您该体会到怎样的喜悦

---

[1] 巴黎古监狱（Conciergerie），巴黎昔日的王宫和监狱之一，位于巴黎市政厅以西，靠近巴黎圣母院。它是大型建筑群司法宫的一部分。在法国大革命期间，许多囚犯从这里被送往巴黎各处上了断头台。

啊！多么崇高的感觉啊！看到这些无耻之徒落得个嘴啃泥的下场太令人兴奋了！"

政府新组建的行政委员会"公共安全委员会"中包括了丹东和罗伯斯庇尔。最终，罗伯斯庇尔断定从意识形态的层面而言这场革命鱼龙混杂，"为了使共和国免受内奸的伤害……即始终支持暴政和自由主义的敌人的人，无论他们做过什么、无论跟什么人保持着密切联系、无论说过什么、无论写下过什么"，以及那些"对革命没有表现出始终如一的忠诚的人"，政府开始实施恐怖统治。在九个月的时间里，仅官方统计的被处以死刑的人数就多达一万六千，据估计在恐怖时期丢了性命的人实际上是官方统计的两三倍之多。

得知法国的路易十六已经被送上了断头台，叶卡捷琳娜在震惊的同时患上了一场重病。她闭门谢客整整一个星期，命令宫中举行六个星期的哀悼。她同时命人断绝了同法国的外交关系，法国代办埃德蒙·热内随即遭到驱逐。她还废止了法俄两国于1787年达成的贸易协定，严禁两国间的一切商贸往来。凡是飘扬着大革命三色旗的船只都不准进入俄属水域，居住或出游法国的俄国臣民被召回国，俄国境内的法国公民必须在三个星期之内公开宣示效忠于俄国国王，否则就只能离开叶卡捷琳娜治下的帝国。结果，住在俄国的一千五百名法国人中只有四十三名拒绝宣誓。1793年3月，在路易十六身亡两个月后，叶卡捷琳娜在圣彼得堡接待了阿图瓦伯爵，并答应对他提供资助，劝导他同其他流亡海外的法国人一起协同努力，但是她仍旧不愿意出兵参加对法战争。她认为奥地利和普鲁士已经失败在先，若是缺少英国的支持，获胜的希望微乎其微，而英国又根本无意参加这场战争。首相威廉·皮特之前曾表明过这种态度，他说英国在制定政策时考虑的是欧洲的安全，而非法国政府的性质。但是，路易十六被处死让他改变了态度，他说对法国国王的行刑是"有史以来最卑鄙、最残暴的行径"。英国命令法国大使离开英国。法国再一次先发制人，于1793年2月1日对英国宣战。

在丈夫身亡六个月后，路易十六的遗孀，年仅三十七岁的玛丽·安托瓦内特长出了一头白发，原本同孩子们一起住在坦普尔监狱的她被单独送到了巴黎古监狱（巴黎裁判所附属监狱）。这位法国前王后，哈布斯堡的公主，奥地利皇帝的女儿，另外两位奥地利皇帝的妹妹和一位奥地利皇帝的姑母，在一间十一英尺高、六英尺宽的囚室里被单独关押了两个月。1793年10月5日，她被装进了法国大革命时期专用的行刑车。囚车穿过大街小巷，将曾经的王后送向了断头台。

行刑车来来回回地穿行在巴黎市内，巨大的刀刃每天起起落落四五十次，甚至六十次。可怕的政客们相互残杀，以免自己也被送上断头台。成百上千人仅仅因为私下里的口角或者邻里间的嫉妒就成了刀下鬼，而他们的罪行始终"有待查实"。受害者中包括来自普瓦图的二十位农村少女，其中一名躺在巴黎古监狱院子的卵石地上，等待着被处死的女孩尚在给新生的婴儿哺乳。诗人安德烈·舍尼埃也被斩首，因为他被人误当作他的兄弟，在得知杀错了人后巴黎公社又将他的兄弟也处死了。化学家安托万·拉瓦锡在行刑前要求刽子手给他宽限一点时间，好让他完成手头的实验。"革命不需要科学家。"对方回答道。在被斩首的人中还有八十岁的元帅穆希公爵，他年迈的妻子无法理解眼下的局势。老人温柔地对妻子说："夫人，咱们现在就得走了。这是上帝的心愿，咱们就向他的旨意致敬吧。我不会离开你的。我俩永不分离。"当公爵夫妇被带出监狱时有人喊了一声："勇敢点！"公爵回答道："我的朋友，十五岁时我曾为我的国王挺身而出，八十岁时我又要为我的上帝走上断头台。我可算不得倒霉蛋。"法国流亡者和难民向叶卡捷琳娜讲述了这些事情。

恐怖发展到了高潮，随后便出现了偃旗息鼓的趋势。1793年7月13

日，马拉被夏绿蒂·科黛刺死在浴盆里；1794年4月5日，丹东被罗伯斯庇尔送上了断头台；三个半月后，即同年7月27日罗伯斯庇尔的脑袋也滚落进了篮子里。罗伯斯庇尔死后，恐怖时期最可怕的一幕终于宣告结束了。随后出现了五人执政内阁，1799年又改为执政府，年轻的将军拿破仑·波拿巴成为第一执政，直至1804年称帝为止。拿破仑上台后，法国大革命引发的战争仍在继续，前后历时二十三年。在拿破仑失势后，曾经的普罗旺斯伯爵、路易十六幸免于难的哥哥重返法国，以路易十八的身份夺取了王位；之后他的弟弟，即先前的阿图瓦伯爵又继承了王位，史称查理十世；接下来皇位又交给了法国末代国王，路易·菲利浦一世的手中。与和蔼可亲、优柔寡断的路易十六相比这三位国王都没有太大的可取之处，前者尽管没能成为一位明君，但深爱着自己的国家，即使身陷囹圄也始终没有放弃自尊和高贵的风范，慷慨赴死时也毫无怨言。

断头台成了法国大革命永恒不灭的象征。通过文学手法，狄更斯在《双城记》中塑造的坐在毫不留情的断头台下织着毛衣的德法奇夫人，为路易十六和玛丽·安托瓦内特被处以极刑提供了佐证，他们的经历将这种极刑手段深深地烙印在了民族的记忆中。

人们认为死刑的目的在于结束生命，而非对人施加折磨，出于这种考虑断头台应运而生。在1792年4月出现第一个断头台下的牺牲品之前，法国的死刑犯有时候死得极其惨烈，或者遭受车裂，或者被处以四马分尸，即将其四肢分别绑在四匹马的身上。更为常见的是贵族被剑或斧头斩首，普通民众被绞死。然而行刑的常常是笨手笨脚的刽子手，剑和斧头也总是不够锋利，绞架上的套索经常迟迟不能完成任务，害得奄奄一息的受害者在半空中不住地扭动着。断头台的发明是为了让行刑更符合人道主义，让囚犯毫无痛苦地立即毙命，其设计师约瑟夫·吉约丹医生曾对这种刑具的原理做过解释："这种机械装置能够以闪电般的速度落下，随即犯人便身首异处，鲜血四溅，生命立即消亡。"这种刑具被认为更具有公平公正性，此后无论阶级出身，所有获罪之人都"享受"同等待遇。不管怎样，断头台都存在了相当长的时间。在德意志帝国时期、魏玛共和国时期，以及纳粹统治时期的德国一直在以断头台为死刑刑具，在1933年至1945年间全德国共有一万六千人被送上了断头台。在法国，作为行刑工具，断头台一直被用到了1977年，四年后法国废除了死刑。

断头台是否的确比斧头、绞索、电椅、枪支、药物更为仁慈既属于医学问题，同时也涉及政治和道德因素。要想回答这个问题，最有效的方法莫过于任由这个疑问随着国家强加于个人的死刑判决得到普遍禁止后自然而然地消失于无形中。社会各界正在为实现这个目标做着努力，与此同时第二个医学或者说科学问题又产生了——断头台的确能将人瞬间处死，不给人带来任何痛苦吗？有人认为这种说法无法成立，他们提出迅速通过脖颈和脊椎的刀刃对包裹着大脑的头颅产生的冲击力相对较小，人应该不会立即失去知觉。如果这种说法成立，是否应该认为死在断头台下的一部分受害者能够意识到自己的状况？目睹过用断头台行刑的人曾描述有些脑袋上的眼皮仍在翻动，有的人眼珠、嘴唇也依然在动。晚近时期，即1956年，对断头台斩下的脑袋做了试验的解剖学家针对这种说法做出了解释，他们宣称貌似脑袋对呼唤死者名字的声音和脸颊上的刺痛所做出的反应，应该只是偶然的肌肉抽搐或无意识的反射活动，其中并不涉及思维活动。毫无疑问，脊柱遭到重创和脑部血压骤然下降会导致意识的迅速丧失，即便不是同时发生的话。但是，就在那稍纵即逝的一瞬间，意识是否仍旧存在呢？

1905年，一位声誉卓著的法国医学博士在得到许可后对死囚兰古勒刚刚被斩下的脑袋进行了一场实验，在实验报告中该博士声称："在被斩首后……痉挛随之立即停止……就在这时我用尖锐的声调大喝了一声'兰古勒!',我看到他的眼皮缓缓地向上翻动起来……动作平缓,非常清晰正常……接着,兰古勒的双眼死死地盯着我,瞳孔也没有扩散……毋庸置疑,我所面对的是一双活生生地正在盯着我的眼睛……几秒钟后眼皮闭合了……我再次大喊了一声,眼皮再度翻起,那双活生生的眼睛牢牢地盯着我的眼睛,或许比前一次更富有洞察力。随后眼皮再度闭合……(此后)再也没有动静了。"

如果在这一瞬间被斩断的脑袋的确存在意识的话,那么路易十六、玛丽·安托瓦内特、乔治·丹东和马克西米连·罗伯斯庇尔以及成千上万死在断头台下的人,应该已经发现了这一点,但是我们其他人则无从知晓。

第七十一章
持不同政见者和对波兰的最后一次瓜分

法国大革命对叶卡捷琳娜造成了难以忘怀的影响，这不仅在于身为女皇的她对法国国君经历的落魄、羞辱和残杀感到恐惧，而且还因为她担心革命的狂热会四处蔓延。叶卡捷琳娜坚信她必须保卫自己和国家，这个念头突然让她产生了同自己早年对思想言论自由的认识背道而驰的看法。她对自己所谓的"法国毒药"的恐惧终于造成了一场欧洲历史上罕见的政治及军事事件，一个庞大而自豪的民族国家因此彻底消失。

起初，刚刚登基的年轻女皇叶卡捷琳娜一直同可敬的思想家保持着私人交往，伏尔泰和狄德罗将她称为全欧洲最具有自由精神的君主，堪称北方的塞米勒米斯。通过这两位哲学家，再加上对孟德斯鸠著作的研读，叶卡捷琳娜渐渐地认识到最好的政体就是开明君主制，也学到并遵循着启蒙思想的原则治理国家。在执政最初的几年里她一心想要改变一些俄国长期存在的低效且不公的传统，至少说让这些传统产生的效果有所改善，其中就包括农奴制。叶卡捷琳娜在1767年召集了立法委员会，听取了包括自由农民在内的各阶层人民的申诉和建议，然而很快普加乔夫起义爆发了。经历了这场叛乱后，叶卡捷琳娜仍旧同形形色色的思想家们保持着诚挚的友谊，但是她不再听从他们的教诲了。对他们描述的乌托邦她开始提出疑问，甚至常常发出挑战。

1789年，在位二十七年后叶卡捷琳娜完成了年轻时所形成的具有自由主义倾向的目标。在她的帮助下俄国逐渐形成了知识阶层，在贵族阶层中越来越多的人进入大学、游学国外、掌握了外语，并开始进行戏剧、小说和诗歌的创作。国家出资将有出息的年轻人送到国外的中学和大学深造；即便不是贵族出身，只要受过良好的教育便有机会成为政府高官、诗人、作家、医生、建筑师和画家。然而，普加乔夫起义的残酷现实，以及二十年后出现在法国的事件，似乎对她早年的努力和目标打上了问号。

叶卡捷琳娜沮丧地目睹着法国国王全家和旧制度被毁灭殆尽，每个月都有法国的流亡者、难民带着恐怖的消息来到俄国。同欧洲其他君主相比她更强烈地感觉到激进的法国所奉行的思想体系也将矛头指向了她。法国变得越来越激进，叶卡捷琳娜也随之做出了更具有防御性和反动性的回应。现在她终于看到了启蒙思想所蕴含的危险因素，在她曾经崇拜的那些思想家的著作中似乎可以找到革命如此过激的部分原因。多年来，这些思想家不断地对当权者和宗教口诛笔伐，严重地削弱了人民对当权者和宗教的敬畏。因此，这些思想家难道不应当——至少在一定程度上——对法国革命负责吗？他们和叶卡捷琳娜怎么会没有意识到这条道路去往何方呢？

1791年，叶卡捷琳娜命令所有书店都必须在科学院对各自经销的反对"宗教和我们俄国人"及"有伤风化"的图书登记造册；1792年，她又下令没收《伏尔泰全集》；1793年她命令各地地方长官禁止民间出版任何看上去"有可能损害道德标准，涉及政府，最重要的是有关法国革命的"出版物。叶卡捷琳娜开始担心革命思想会轻而易举地翻越国境，结果法国的报纸和书籍从此严禁进入俄国。1796年9月，叶卡捷琳娜在执政期间首次设立了正式的审查制度，一切私营印刷所都被关闭了，所有书籍在出版前都必须提交给审查办公室。最先受到这项新措施影响的是一位贵族出身的年轻知识分子，在此之前他已经在女皇统治下的政府里谋到了一个显赫的职位。

1749年，亚历山大·拉季舍夫出生在伏尔加河下游的萨拉托夫，在家里的十一个孩子中排行老大。他的父亲出身贵族，受过良好的教育，拥有三千名农奴。十三岁时拉季舍夫进入了圣彼得堡专门培养贵族及高官后代的军事学校，开始在宫中当差。十七岁那一年他同另外十一名学员被选中，国家出资将他们派赴莱比锡大学攻读哲学和法律。正是在这所大学里他结识了学友歌德。1771年，二十二岁的拉季舍夫回到了俄国，从议院办公室书记员开始了自己的职业生涯，随后又成为军事学院的司法人员。在1775年成婚后他又进入了亚历山大·沃伦佐夫主持的商业学院，后者是叶卡捷琳娜的朋友达什科娃公主的兄弟。最终拉季舍夫升任为圣彼得堡海关管理局局长。

1780年，拉季舍夫撰写了《从圣彼得堡到莫斯科的旅行记》一书，1790年他在家里的私人印刷所将书稿印制成册，按照规定他向圣彼得堡的总审查官上交了一册。这位官员随意地瞟了一眼书名，认为这是一部游记性质的书籍，随即便批准了该书的出版，并将上交的这一册归还给就职于海关管理局的那位贵族青年。拉季舍夫接着便增印了六百册，书上没有署名。拉季舍夫选择的时机不对，此时距离巴士底狱陷落仅过去了一年，俄国又在同时迎战土耳其和瑞典。

拉季舍夫的"旅行记"并非一本旅游手册，实际上这是一份对农奴制度慷慨激昂的控诉，是对允许这种制度存活下去的政府和社会结构的批判。在一开篇他便发起了一番动情的呼吁：

我们真的如此缺乏慈悲情怀、缺乏怜悯心、缺乏高贵的柔情、缺乏手足之情，竟忍心日日目睹这永不消亡的耻辱……（任凭）我们的忠实伙伴，本质上和我们一样的同胞，我们挚爱的手足背负着奴隶制度的沉重枷锁？这个将同胞当作奴隶的野蛮制度……象征着铁石心肠和毫无道义的制度，从古至今它蔓延到了世界的各个角落。我们斯拉夫人，人世间的光荣之子……也采纳了这种制度，令我们感到耻辱……也令这个理性时代感到耻辱的是迄今为止我们仍旧对这一制度未做出反抗。

通过书中主人公"旅人"走过沿途一座座乡村、城镇和补给站，拉季舍夫创造出大量的情景，从而形象地展示了农奴制造成的后果。他描述了农奴苦力受到的虐待，腐败的法官令人瞠目的裁决，女农奴任由如虎似狼的主人摆布时无能为力的处境。书中提到过这样一个故事：一户地主养了三个残暴成性的儿子，就在一个少女农奴出嫁的当天上午，这三个儿子袭击了这个美丽的女孩，将她捆绑了起来，还把她的嘴也堵上了，他们打算用她来满足自己的"兽欲"。目睹到这一切的农奴新郎做出了还击，三个恶棍被赶跑了，其中一个人的"脑袋也开了花"。作为惩罚，地主命人对新郎实施了惨无人道的杖刑。年轻的农奴接受了惩罚，但是他突然看到地主的三个儿子正在将他的未婚妻往他们的屋子里拖去，他便挣脱了束缚，救出了未婚妻，面对着三个敌人高高地挥舞着一根栅栏柱。就在这时其他农奴也赶来了，在随后发生的混战中，地主和他的三个儿子被活活打死了。所有被卷入此事的农奴都被判处终身苦役。拉季舍夫之所以讲述这个故事不只在于展示主奴关系的本质，同时也是在警告读者，许多被逼得走投无路的农奴现在只是在等待合适的时机，一旦时机成熟他们必将起身反抗：

亲爱的同胞，你们知道我们此刻面临着怎样的威胁，承担着怎样的风险吗……受到阻拦的涓涓细流其水势日趋迅猛。一旦破堤而出，这股水流必然势不可挡。这就是我们用枷锁束缚住的同胞兄弟，他们在等待适当的机会和时间。警钟已经敲响，充满兽性的毁灭大军正以惊人的速度挣脱枷锁……死亡和大肆破坏将对我们的残酷无情做出回答。我们越是迟迟不愿解开他们的枷锁,他们的报复就会变得愈加残暴。回想一下先前(普加乔夫叛乱期间)发生的一切……无论男女老少,悉数被他们斩尽杀绝。更令他们渴望的是复仇的快感,而非砸烂枷锁后的实际利益。这就是等待着我们的命运。我们必须想到这一点。

为了在一定程度上防止出现这种阴森恐怖的景象,拉季舍夫提出了一套循序渐进解放农奴的方案:首先,立即解放所有操持家务的农奴;分配给从事农耕的农奴小块土地,这块土地完全属于该农奴所有,并允许农奴用所得之利润为自己赎取自由之身,同时还应当允许他们自由嫁娶,而无须得到主人的批准,对他们进行审判裁决的也应该是他们的同类人,即其他农民。

1790年6月叶卡捷琳娜读到了这部著作,并在页边空白处做了注释。对于拉季舍夫的思想才华她做了一番评价:"(作者)对情况有着充分的了解,也做过大量的阅读……拥有丰富的想象力,完成了一部大胆创新的作品。"她还猜测作者应该曾在莱比锡接受过教育,"因此嫌疑落在了拉季舍夫先生的头上,在听说他在家中还设有印刷所后这种怀疑就更加强烈了"。倘若这部作品完成于三十年甚至二十年前的话,叶卡捷琳娜定然会认同其中的部分观点。然而,视角有所改变的她宣称"这部作品的狼子野心昭然若揭。其作者受到法国人的疯病的影响,自己的脑袋里也充满了疯狂的念头,他不择手段地试图败坏执政机构及当权者的声望,在人民心中激起对上级和政府的愤怒"。叶卡捷琳娜不接受拉季舍夫对地主的行径和农奴的生存境况所做的描述,拉季舍夫针对农奴的满腔怒火和迫在眉睫的复仇所提出的警告也令她火冒三丈。她声称作者是"一个比普加乔夫更为恶劣的暴民煽动家……煽动农奴进行血腥的反叛"。他挑唆人们蔑视上自女皇、下至地方政府的一切执政机构，他所教唆的对象不仅只有农民，而且还有普通民众。拉季舍夫针对她领导的政府做了一番指责，并将普加乔夫叛乱带来的恐怖和法国刚刚炮制出来的"毒药"混合在一起，叶卡捷琳娜从中看到，作者是在努力鼓吹巴黎革命的信条，趁着俄国两头作战之际进一步动摇俄国的根基。在书页旁的空白处她写道，这部书"令人忍无可忍"。

拉季舍夫的身份被查明了，遭到逮捕之后便被押送到彼得保罗要塞，以接受审讯。审讯人员没有对他动刑，但出于对家人的考虑他主动对自己的著作进行了一番否认。他声称这部书纯属虚荣心的产物，因为他渴望在文学界获得声望。为了尽可能地减轻自己将要遭受的处罚，他供认说自己的描写夸大其词，对政府的和官员们的指责并不属实，坚决不承认自己是在有意抨击叶卡捷琳娜领导的政府，而只想指出一些可以得到纠正的缺点；自己并非想挑起农民对地主的反抗，只是希望迫使不良的地主能够为自己的行为感到羞愧。他还坦言说自己的确希望农奴能够获得自由，但同时又宣称自己是希望通过法律手段实现这种构想，正如女皇叶卡捷琳娜已经采取或提出的措施一样。最后，他恳求得到叶卡捷琳娜的宽恕。拉季舍夫在圣彼得堡的中央刑事法院接受了审判，检察官以煽动罪和大不敬的罪名对他提起了诉讼，最终他被判处斩首。议院例行公事地批准了判决。不过，在此期间叶卡捷琳娜将拉季舍夫的作品送给了波将金，请他对此做出评价。尽管书中存在对波将金和女皇的人身攻击，亲王仍旧呼吁女皇对作者宽大处理。在给叶卡捷琳娜的信中他写道："您送来的书我已经拜读过了。我并不恼火。小母亲，似乎他一直在中伤您，但是您也不应该生气，您的实际行动才是您最有力的武器。"波将金有所节制的回复平息了叶卡捷琳娜心中的怒火，她又一如既往地对犯人做了减刑处理，将死刑改为流放西伯利亚十年。

相对而言拉季舍夫得到了从轻发落。宣判之后，他身披枷锁被带出了法庭，但是第二天上午，根据叶卡捷琳娜的命令他身上的枷锁就被解开了，女皇宽限了十六个月的时间赶到圣彼得堡以东四千英里的流放地。拉季舍夫的靠山及朋友，商务大臣亚历山大·沃伦佐夫给他送去了衣物和书籍，并给他每年一千卢布的补贴。最终，拉季舍夫的妻妹将他两个最年幼的孩子送到了西伯利亚，此时他的妻子已不在人世，妻妹留在了他的身边，他们又生育了三个孩子。拉季舍夫为家人、仆人和自己的藏书修建了一座大房子，业余时间为当地人看病问诊、教育孩子，以及阅读朋友们寄来的书。叶卡捷琳娜于1796年逝世，她的儿子保罗终止了拉季舍夫的流放，并恩准他回到自己在莫斯科附近的旧居。1802年，陷入极度抑郁的拉季舍夫选择了自杀，给亲人留下小加图[1]当年的遗言："现在，我终于可以为自己做主了。"他的《从彼得堡到莫斯科旅行记》于1859年在伦敦出版了，三年后，即拉季舍夫去世六十年后，叶卡捷琳娜的重孙沙皇亚历山大二世废除了农奴制。

在1772年瓜分波兰时，俄国、奥地利和普鲁士强加给这个国家一部宪法，这部宪法对国王和国会的权力做出了限制，将大权交到一个独立保守的贵族政府手中，这个政府既不愿参与统治，也不愿接受别人的统治。波兰就这样无限期地处在半无政府状态中。叶卡捷琳娜亲手扶植的国王斯坦尼斯瓦夫·奥古斯都执政十六年，然而对于一切重要事务的决策，波兰政府都受到圣彼得堡方面的监管。仅就国土面积而言波兰仍旧是一个大国，多年来很多波兰人对瓜分波兰的列强，尤其是俄国的愤怒愈演愈烈。1788年9月，叶卡捷琳娜及其盟友、奥地利的约瑟夫二世双双卷入了对土耳其

---

[1] 马尔库斯·波尔基乌斯·加图·乌地森西斯（Marcus Porcius Cato Uticensis，公元前95年－公元前46年），小加图是罗马共和国末期的政治家和演说家，以传奇般的坚忍和固执而闻名。其曾祖父被称为老加图。

的战争，波兰人看到了改变命运的机会，痛恨国家严重依附于俄国的波兰国会立即召开会议，旋即各方力量便组成了联盟。联盟将自由否决权抛之脑后，国会终于可以根据多数制定决策了。就在反俄情绪和对叶卡捷琳娜的谩骂猛烈爆发的时候，斯坦尼斯瓦夫提醒波兰人民，单方改动经由女皇批准生效的宪法将会引火烧身，但是没有人理睬他的警告。在接下来的几个月里，联合起来的国会着手推翻十六年来受到俄国支持的政治体系。由于俄军困守南方，叶卡捷琳娜至少暂时对波兰出现的变动无能为力，她选择了装聋作哑。

1790年，叶卡捷琳娜在政治上遭受了一系列重挫。3月，已于1786年在叔父腓特烈大帝辞世后继承普鲁士王位的腓特烈·威廉同波兰签署了防卫协定，承诺向波兰提供军事援助，以抵抗外国势力对波兰内政的干涉。此举震惊了俄国和奥地利。波兰国会知道俄国此时仍旧被困在黑海海域的战事中，而且也相信同普鲁士的协定足以保障波兰的安全。士气高涨的波兰联合国会遂于1791年5月3日投票批准了一部新宪法，一改曾经的君主选拔制，确立了继承制度。现任统治者斯坦尼斯瓦夫将继续留任至过世，但是在他死后国王的人选将通过在撒克逊选帝侯家族中由父及子的继承制确定。自由否决权也同时得到了废止，在国会中取而代之的是多数制。新宪法的颁布旨在削弱老贵族阶层的势力，使波兰拥有一个更为高效的国家政府。

叶卡捷琳娜意识到波兰的这部新宪法在很大程度上剥夺了波兰老贵族阶层的权力，而她正是仰仗着这股力量才能确保波兰始终处于羸弱无力的状态中。新宪法让她警觉了起来。波兰单方抛弃了同俄国于1772年签订的协议，而叶卡捷琳娜此时却找不到一支闲置的部队维护旧宪法，但是出于愤怒和沮丧，她立即在波兰人内部找到了同盟。保守的波兰贵族清楚，若想保住自己手中的权力，他们就必须维持一个软弱的中央政府，他们也同样抵制"5月3日宪法"。这群贵族在格罗德诺[1]召开会议，建立了自己的联邦政府，宣布恢复1772年颁布的宪法，并派代表赶赴圣彼得堡向叶卡捷琳娜求援。

叶卡捷琳娜急于对波兰的老贵族施以援手。"5月3日宪法"毫无过激之处，但是在叶卡捷琳娜看来，它同法国对君主制度日趋激烈的攻击同样令人感到不安。1791年7月，俄国同土耳其握手言和的景象近在眼前，俄国军队不久便可以腾出手，转而支持波兰的保守势力。就在波将金最后一次回到圣彼得堡期间，叶卡捷琳娜已经告知他自己打算命他负责指挥这场新的战斗。但是，这中间存在着一定的风险。奥地利的利奥波德和普鲁士的腓特烈·威廉对法国逐步恶化的局势感到担忧，他们希望出现在身后东欧地区日甚一日的动荡局面能得到平息，两位君主便表示同意接受波兰的"5月3日宪法"。腓特烈·威廉之所以做出这样的选择是因为普鲁士刚刚与波兰结盟，利奥波德则希望能将精力集中在法国这一处战场。这两位君主都敦促叶卡捷琳娜同他们保持统一阵线。

叶卡捷琳娜拒绝了两位君主的"好意"，她早已决定在万不得已的情况下单独出兵，不过她还是对普鲁士和奥地利做了一番劝说，希望他们能支持她的做法。1791年12月，她直言不讳地告诉外交学院自己绝对不会认可波兰刚刚组建的政治体系，并决意对此采取行动，她同时还预言普鲁士和奥地利"定然只会用一堆文件来反对我们"。叶卡捷琳娜期望普奥两国表示抗议，然而忙于同法国作战的奥地利应该不会做出任何反应；如果只有进一步用波兰的土地做交换，才能说服普鲁士无视自己同波兰的协议，那么她将会同意对波兰重新进行一次瓜分。至于波兰人，她明白若想恢复1772年宪法，就必须派出军队入侵波兰。

---

[1] 格罗德诺（Grodno），现今白俄罗斯格罗德诺州首府，位于涅曼河畔，邻近波兰和立陶宛，是国际交通和白俄罗斯国内交通的枢纽之一。

在叶卡捷琳娜的战斗热情背后是她对波兰制定的新政策,尽管不断地表示将联合各国讨伐法国,但实际上对她而言真正的隐患还在家门口。波兰人的举动令她恼火,未来的变数令她警觉,波兰境内存在这样一个施政高效并具有革命倾向的政权,对俄国而言无疑是一个巨大的威胁。叶卡捷琳娜会为了对抗法国的雅各宾主义而无视这个潜在的威胁吗?她的职责在于对付对她最具有威胁性的敌人,她做出了自己的决定,并告诉格林自己将要"消灭雅各宾党在华沙的老巢"。这只是她表面的说辞,在1791年11月14日冲着亲随书记官发火的时候,她说出了自己真正的打算:"就算打破头我也要逼着维也纳和柏林朝廷卷入法国的事务中。奥地利的大臣们会欣然从命,但是柏林方面肯定会拒绝采取任何措施……对于其中的理由我无法(向他们)做出解释。之所以希望能促使他们插手这些事情是因为我需要一些空间。我对一桩没有了结的事情念念不忘,必须让他们忙得无暇阻挠我。"叶卡捷琳娜所谓的"没有了结的事情"指的正是恢复俄国对波兰的控制。

1792年4月9日,法国向奥地利宣战,这无意中帮了叶卡捷琳娜的大忙。俄国女皇终于确信奥地利不会兑现承诺,支持波兰的"5月3日宪法"。当月底她向柏林和维也纳通告了自己入侵波兰的打算,5月7日,六万五千俄国大军跨过波兰边境,几个星期后俄国又向波兰增派了三万五千名官兵。基于1790年两国签署的防卫协议,波兰立即向腓特烈·威廉求救,普鲁士国王的反应同叶卡捷琳娜先前的预期如出一辙。考虑到可能将对法国作战,他便放弃了根据协议规定援助波兰的责任,宣布此前波兰方面未在起草"5月3日宪法"时咨询他的意见,由此免除了协议对普鲁士所规定的义务,并宣称自己"无须保卫自己对其毫不知情的宪法"。斯坦尼斯瓦夫又一次试图愚弄各方,他先是信誓旦旦地声称将为"5月3日宪法"而战,随即又试图同叶卡捷琳娜媾和,主动提出将王位让与她的孙子康斯坦丁。叶卡捷琳娜对这个提议毫无兴趣。由于没有其他可以提出的条件，波兰国王便号令军队放下武器。

对波兰的军事占领进展顺利，但是俄国很快意识到自己陷入了一汪政治泥潭中。叶卡捷琳娜所支持的保守派领导人出现了内讧，显示出在治理朝政方面的无能。1792年12月，叶卡捷琳娜终于断定只有一种方法可以解决日趋恶化的混乱局面，即通过再一次的瓜分正式确立对波兰的占领。她提出将腓特烈·威廉一直觊觎的波兰北部和西部划分给他，后者接受了她的提议。俄国和普鲁士均宣称自己的军事行动旨在消灭波兰境内的雅各宾主义，腓特烈·威廉还宣布出于不得已自己只能向波兰派军，以免汹涌的雅各宾主义漫过普鲁士的边境。叶卡捷琳娜再一次端出自己先前的说辞，在给格林的信中她写道："显然你忽略了华沙的雅各宾党人一直同巴黎雅各宾俱乐部保持着书信往来。"1793年1月，俄国和普鲁士悄悄地签署了一份协议，对波兰的第二次瓜分由此成为定局。

被蒙在鼓里的波兰保守派领导人请求叶卡捷琳娜做出保证，确保波兰国土的完整。然而一切为时已晚，1793年4月初俄国和普鲁士双双发表声明，宣布新的划分方案已经得到公布。为了给此次行动披上一件合法的外衣，叶卡捷琳娜同腓特烈·威廉强迫在华沙的斯坦尼斯瓦夫赶赴无能且保守的联邦政府老巢格罗德诺，在那里召集国会，促使国会最终达成"对划分波兰的列强的友好谅解"。为了帮助国会形成决议，俄国大使宣布"女皇陛下的战士将占领有代表反对国家意志的一切地区"。7月，国会议员愤愤不平地批准了同俄国的划分协议，但是由于对普鲁士的仇恨更为强烈，他们坚决不答应将领土割让给出卖他们的国家。在格罗德诺召集的国会立即受到俄国军队的包围，代表们被告知除非批准划分协议，否则任何人都不许离开会议厅。会议持续到深夜，一开始众位代表吵吵嚷嚷，拒绝安坐下来，接着他们又完全陷入了沉默，一动不动地坐在了座位上。凌晨4

点，会议主持人连问三遍："国会是否授权代表签署该协议？"所有的代表都默不作声，于是主持人大声宣布道："沉默即为同意。"就这样，波兰国会通过了列强的划分协议。

事实上，由于同俄国签署的划分协议，不久前才被掐头去尾的波兰变成了俄国的保护国，或者如一位波兰代表尖锐指出的那样，只是"俄国的一个行省"，它的一切内政外交政策都必须征得俄国的首肯，政府官员的任命也必须经由圣彼得堡方面的批准，波兰军队也必须缩编为一万五千人。斯坦尼斯瓦夫仍旧安坐在王位上，这个在政治上无能且多余的可悲角色回到了位于华沙的王宫里，忍受着臣民对他的唾弃。

通过这一次瓜分，俄国分得波兰的大片领土：东部八十九万平方英里的土地，包括前一次瓜分时白俄罗斯剩余的土地，明斯克这座城市也在其中；包括维尔纽斯在内的立陶宛公国的大面积领土；波兰控制下的乌克兰在前次没被瓜分走的全部领土。此外，叶卡捷琳娜的帝国还增加了总计三百万的人口。普鲁士拿走了二万三千平方英里的土地，长久以来它一直觊觎的但泽和托伦[1]这两个地区也终于连同波兰西部其他地区被它一并收入囊中。由此，普鲁士新增了一百万的居民。在此次掠夺中，奥地利一无所获，不过弗朗茨二世得到了普鲁士的承诺，后者答应在奥地利对法国的战争中为他提供积极的支持。波兰的领土缩减到原始面积的三分之一，仅剩四百万人口。在签署协议的时候叶卡捷琳娜告诉自己，这一次她不仅招架住了法国蔓延过来的革命病毒，并且重新拥有了16世纪时伟大的基辅公国曾经占有的土地，"这片土地上仍旧栖居着具有俄罗斯信仰和血统的人民"。

---

[1] 托伦（Thorn，波兰语为"Torun"），现今波兰的一个城市，1232年由条顿骑士团所建立，其旧市区被列入世界文化遗产。托伦在瓜分波兰的过程中曾被划给普鲁士，一战之后又划给独立的波兰，二战期间曾被德国占领。

截至1794年春，就在罗伯斯庇尔权倾法国之时，许多波兰人认为国家的分裂和强加给他们的可耻的宪法解决方案都令国民无法容忍。3月，当波兰军队开始解除武装时波兰人民终于爆发了。曾在法国接受训练，又同华盛顿和拉法耶特在美国独立战争中并肩作战的波兰军官塔德乌什·柯斯丘什科突然现身于克拉科夫，并取得了波兰反抗大军的领导权。3月24日，率领着四千名战士和两千名手持镰刀的农民，柯斯丘什科在克拉科夫附近击退了七千人的俄国军队。起义的势头很快便蔓延开来，波及华沙时，占领该地的七千名驻防官兵被打得措手不及，阵亡及被俘人数达到三千，波兰人将身亡的俄国士兵扒光，然后将赤裸的尸体扔得遍及大街小巷。起义军谴责腓特烈·威廉出卖了波兰，还从俄国大使馆里抢走了一幅叶卡捷琳娜的画像，当众将其撕得粉碎。

　　在关于波兰人民起义的报告被送达圣彼得堡后，叶卡捷琳娜告诉普鲁士和奥地利"消灭雅各宾党在波兰燃起的最后一簇火星"的时候到了。波兰人的羞辱刺痛了腓特烈·威廉，他要求叶卡捷琳娜和弗朗茨二世能允许他亲手扼杀波兰的抵抗。叶卡捷琳娜建议他负责镇压活跃在波兰西部维斯瓦河[1]一带的叛军，同时提议弗朗茨二世出兵波兰南部。两位国君都欣然地接受了叶卡捷琳娜的方案，但同时也都对自己的付出寄予了期望，因此三方都期待着再一次瓜分波兰。腓特烈·威廉抽调了在法国作战的军队，向东部派出了二万五千名官兵。7月中旬之前，普鲁士的这支部队和一万四千名俄军分别从两个方向开始向华沙挺进，当月下旬腓特烈·威廉的队伍推进到了华沙城外，率军包围了这座城市。但是普鲁士没能取得多少进展，到了9月，普鲁士国王宣布自己的人马需要去应付来自法国的威胁，随后便解除对华沙的包围，撤走了自己的军队。

---

[1] 维斯瓦河（Vistula River），又译"维斯杜拉河"，是现今波兰境内最长的河流，发源于喀尔巴阡山脉，最后注入波罗的海格但斯克湾。

直到这时俄国尚不需要任何帮助。实际上，叶卡捷琳娜意识到如果俄国在毫无外援的情况下独自粉碎波兰的叛乱，那么她便能操纵接下来的瓜分谈判。她任命彼得·鲁缅采夫将军为驻守波兰的俄军总指挥，苏沃洛夫将军为战术指挥。10月10日，苏沃洛夫在一场一万三千名俄军对阵七千名波兰官兵的战斗中击败了柯斯丘什科。柯斯丘什科身负重伤，被俘后又被送到圣彼得堡，最后被关押在施吕塞尔堡要塞。苏沃洛夫接着又出现在了普拉加附近，这片防卫森严的城郊地带同华沙仅隔一条维斯瓦河。

发动进攻之前，苏沃洛夫提醒部下记住：驻防华沙的俄军就在4月刚刚经历了一场大屠杀。黎明时分俄军发起了进攻，根据苏沃洛夫的报告，"三个小时后布拉格便尸横满地，血流成河"，据估计阵亡人数少则一万二千，多则两万。事后俄国方面宣称苏沃洛夫将军没能约束住自己的部下，结果他们为同年春天惨遭屠杀的战友向波兰人采取了报复行为，但是这种说法无法解释当时对妇孺和神父、修女的残杀。苏沃洛夫接着又用普拉加大屠杀对华沙发出了警告，倘若对方负隅顽抗，他便将采取同样的手段对付华沙。华沙立即停止了抵抗，波兰全国范围内的武装抵抗就此宣告结束。

叶卡捷琳娜将柯斯丘什科视为革命极端主义的代言人，她断定这个人定然同罗伯斯庇尔保持着通信。基于这种认识，她和枢密院对一蹶不振的波兰做出了最终的决定，他们一致认为由于雅各宾主义对俄国构成的威胁并未完全消除，仍旧允许波兰自治政府存在下去并不是明智的选择。别兹博罗德科固执地认为，几百年来的经验表明波兰人不可能与俄国人友好相处，他们总是支持将会同俄国为敌的国家，例如土耳其、普鲁士、瑞典或其他国家。此外，所谓的"缓冲国"并不适用于俄国人可随意出入其边境的国家。枢密院因此决定将波兰按照战败国处理，收缴波兰国王的王冠、旗帜和国家标志以及档案和藏书，然后统统运往俄国。根据叶卡捷琳娜的命令，苏沃洛夫将出任波兰的最高行政长官。

接下来要做的事情就是几国通过对波兰的新瓜分方案。叶卡捷琳娜原本应该倾向于彻底吞并波兰剩余的领土，但是她清楚普鲁士和奥地利不可能接受俄国的这种做法。因此，她提出对波兰进行第三次，也是最后一次瓜分。奥地利对此有所迟疑，建议维持现状，但是加强外部监控；普鲁士对一切瓜分计划都表示支持，无论是给波兰寸土不留，或是维持一个无足轻重的弹丸缓冲国。叶卡捷琳娜的态度最为极端，她想要瓜分波兰剩余的全部领土，从而将这个危险的邻居从地图上彻底抹去。其他两个国家接受了她的提议。

1795年1月3日，俄国同奥地利达成协议，决定对波兰进行第三次，即终极瓜分。仍旧在同法国作战的普鲁士得知，一旦准备妥当它随时可以拿走自己想要的那部分领土。5月5日，普鲁士同革命中的法国握手言和，并占领了俄国同奥地利划分给它的波兰领土。此次瓜分中，俄国得到的战利品包括库尔兰、立陶宛和白俄罗斯仅存的地区以及乌克兰东部；普鲁士占据了华沙和维斯瓦河以西的土地；奥地利拿走了克拉科夫、卢布林和加利西亚西部地区。叶卡捷琳娜随后又重申自己"连一个波兰人都没有得到"，只是收回了俄国和立陶宛曾经占据的土地，这片东正教教徒聚居的土地"现在终于回到了俄国母亲的怀抱"。

1795年11月25日，在国家被瓜分得片甲不留之后，作为国王的斯坦尼斯瓦夫也宣布退位了。叶卡捷琳娜逝世一年后，俄国的新皇帝保罗将波兰的这位前国王邀请到了俄国的首都。在圣彼得堡，保罗安排斯坦尼斯瓦夫住进了叶卡捷琳娜当年为格里高利·奥洛夫修建的大理石宫殿里。1798年斯坦尼斯瓦夫离开了人世。列强对波兰的第三次瓜分意味着波兰这个国家从此彻底消亡了，这种状况一直维持到了第一次世界大战后《凡尔赛条约》签署生效为止，战后俄国、德国和奥地利三大帝国的垮台使得地理意义上的波兰复活了，而此间长达一百二十六年的时间里，一直没有一个统一的国家容纳波兰人民和波兰文化。

第七十二章
日暮沉沉

1796年，即在位的第三十五个年头，叶卡捷琳娜成了一代明君。岁月改变了她的容颜，但是她对工作的赤诚和对生命的积极从未受到影响。她的身体愈加臃肿，原先的灰发也彻底变白了，但是那双湛蓝的眼睛依然青春逼人、明亮清澈。即使到了六十七岁的时候她依然焕发着活力，嘴里的假牙让外人误以为她的牙齿仍旧完好无损。她的举手投足间无不流露出高贵优雅的风范，尤其是当她面对公众高昂起头颅，然后和蔼地点点头时。朋友、政府官员、朝臣和仆役都无比热爱着她，同时也对她敬仰有加。

每天清晨6点她便裹着一袭丝绸睡袍，从被窝里爬了起来。听到她起床的动静后睡在她床边粉色锦缎躺椅上的一窝小小的英国灵堤便也醒了过来，其中年纪最大的那一只被她取名为"汤姆·安德森爵士"，爵士的夫人是"安德森女大公"，这对小狗来自苏格兰医生迪姆斯戴尔，当年正是这位医生为她和她的儿子保罗实施了预防天花的接种。爵士夫妇，再加上爵士的第二位夫人"咪咪小姐"，三个小家伙共同生养了许多小狗崽。叶卡捷琳娜亲自照顾它们的饮食起居，当它们想出门的时候她就打开通往花园的门。做完这些事情后她会喝上四五杯清咖啡，然后便坐下来，开始处理面前的官方或私人信函。她的视力日渐衰弱，阅读时必须戴着眼镜，有时候甚至还要借助放大镜。有一次当书记官撞见她的这副模样时她笑着说："你大概还用不上这个新玩意儿吧。你多大了？"书记官回答说自己二十八岁，她点了点头，说："长期为国家效力害得我们的眼睛都花了，现在我们只能戴上眼镜了。"一到9点她便立即放下手中的笔，然后摇一摇一个小铃铛，站在门外的仆人便知道到了女皇每日会客的时间了，这意味着漫长的清晨开始了。女皇将接待来访的大臣们和其他政府官员，审阅或听取他们的报告，并在他们准备好的文件上签名。这就是她的工作会议，当到访的客人认为她的观点有误时便提出疑问，并阐明自己的意见，而她则几乎永远保持着一副聚精会神、亲切和蔼、沉着冷静的样子。

当杰出的军事将领亚历山大·苏沃洛夫将军到访时，她则一改往日的做派。虔诚而古怪的苏沃洛夫走进她的房间，面向挂在墙上的喀山圣母像三鞠躬，然后跪倒在女皇面前，匍匐下身子。叶卡捷琳娜总是试图拦住将军，她会说："看在老天的分上，你难道就不觉得害臊吗？"苏沃洛夫则泰然自若地在落座后便一如既往地恳请女皇，能准许他前去意大利北部同法国人作战，在那里指挥法军的是一位年轻的将军，拿破仑·波拿巴。"小母亲，就让我去打法国佬吧！"将军恳求道。经过将军反复多次的拜访和请求，女皇终于同意了他的提议。1796年11月苏沃洛夫将军准备就绪，即将率领六万大军赶赴前线。然而，就在俄军开拔前夕叶卡捷琳娜逝世了，这个军事计划也随之被取消了。两位声名赫赫的战士终其一生也未在战场上相逢过。

下午1点，叶卡捷琳娜上午时段的工作终于结束了，她回到更衣室，换上午餐时专用的衣服，基本上都是灰色或紫罗兰色的丝绸礼服。同她共进午餐的宾客总有十到二十位，都是她的私交、贵族、高官和她最喜爱的几位驻俄大使。她对食物没有热情，席间的菜肴向来十分简朴，同女皇的午餐结束后客人们都小心翼翼地退回到住在宫中的侍臣们的房间，在那里继续享用自己的午餐。

午后，叶卡捷琳娜或者自己读读书，或者在做女红的时候让侍臣为她朗读几段。到了下午6点，如果当天安排了官方招待会，她便同客人一起出现在冬宫的会客室里，尽管每次都设有晚宴，但是她从不在席间进餐，到了晚上10点便告辞了；在没有官方招待会的日子里，她就悄悄地待在艾尔米塔什宫里打发时间，同朋友们听听音乐，欣赏一出法国或俄国戏剧，或者做做游戏，猜猜哑谜，玩玩惠斯特牌。在这样的聚会中她制定的规则长期有效——所有人都必须抛弃一切礼节，所有人都不得在女皇站起身时一同起立，所有人都要畅所欲言，禁止坏脾气，必须欢笑。在给朋友比耶克夫人的信中她写道："夫人，您必须保持愉快的心境，只有这样才能熬过这一生。这完全是我的经验之谈，毕竟我得忍受那么多事情，只要有机会我就会笑一笑，正是因为这样我才能熬到现在。"

1790年代，叶卡捷琳娜的身体日趋衰弱。她常年饱受头痛和消化不良的折磨，现在又频繁染上感冒，风湿病也经常发作。双腿时常出现浮肿，再加上放血治疗总是令她难以容忍，她便试着每天用新鲜冰冷的海水泡一泡双腿，苏格兰医生罗杰森对这种非常规疗法的怀疑更加令她确信这种方法具有"神乎其神的疗效"。

身体上的衰弱给她带来了许多不便，但是她并没有因此就过起了闭门不出的生活。秋冬两季她总是在冬宫和艾尔米塔什宫度过，在波将金逝世后她又在首都有了一处新居所，她从亲王的继承人手中买下了亲王的塔夫利宫，每年开春和入秋后她都要在这座王宫里住上几个星期，在这里的生活不断地唤醒她对王宫原主人的记忆，那是她曾经的伙伴、情人，或许也是她的丈夫。

相比于坐落在芬兰湾、总是令她想起往日不快的彼得霍夫宫和奥拉宁巴姆宫（橘园），她更喜欢在皇村避暑，在这里总有朋友和孙儿们陪伴着她。皇室和平民之间没有明显的界线，首都及近郊的所有公园都向"衣着得体"的人开放，其中就包括皇村里的公园。一天，在结束了清晨的散步后叶卡捷琳娜同自己宠爱的宫女在一张长椅上坐了下来。一位过路的男子匆匆瞟了一眼这两位年迈的女人，没有认出其中一位正是女皇，他吹着口哨扬长而去。宫女为此十分恼怒，叶卡捷琳娜却淡然地说："玛丽亚·萨维奇娜，你还指望什么呢？搁在二十年前绝对不会有这种事情，可现在咱们都老了。这只能怪咱们自己。"

1777年，当儿媳玛丽亚为她产下长孙时叶卡捷琳娜年满四十八岁，并非孩子父母的她为这个孩子取名为亚历山大。当年身为人母的日子不曾给她带来多少欢乐，作为祖母她终于得到了机会。她忘记了多年前伊丽莎白女皇夺走她的第一个孩子保罗时给她带来的痛苦，在亚历山大的生命中扮演起首要的角色。她的理由同伊丽莎白当年的借口相差无几，她们俩都深为自己的无能感到沮丧，一位是因为自己无法生育，另一位有能力生育却无权养育自己的孩子。这两个女人都为自己的行为找到了同样的幌子，她们宣称不应当让经验不足的年轻母亲负责抚养和教育未来的沙皇。

不过，同伊丽莎白当年对保罗的做法不一样，叶卡捷琳娜并没有将亚历山大完全占为己有。每天下午她都会将亚历山大放在办公桌旁边的地毯上，只要孙子一来到她的身边，她就会放下手边的一切工作，陪他一起玩耍。她跟他一起躺在地板上，给他讲故事，自己设计一些小游戏，纠正他的错误，不停地拥抱他。在给格林的信中她写道："我以前就跟你说过，现在我还要再说一遍。我太疼爱这个小淘气包了……只要高兴我的小淘气包就会在下午来找我，在我的房间里待上三四个钟头。"她称他为"亚历山大先生"，说"尽管他还不会说话，可是二十个月大的时候，他就懂得了三岁的孩子都无法理解的事情，这太令人惊讶了"。等亚历山大年满三岁的时候她又说："要是你知道了亚历山大在烹饪、建筑、绘画、混合色彩、劈柴、扮演马夫和车夫、自学阅读、绘画、算术和写字方面都取得了多么惊人的成就，那你该作何感想啊。"她急于让全世界知道——实际上，这些老祖母都固执地认为全世界必须知道此事——自己的孙子具有多么无与伦比的品质，取得了多么杰出非凡的造诣，叶卡捷琳娜的自吹自擂之言与这些老祖母的真情流露没有什么区别。无论怎样，叶卡捷琳娜都坚信亚历山大是一个独一无二的孩子，而这完全是她一个人的功劳。她曾说"我让他变成了一个令人赏心悦目的孩子"，"他对我的爱完全出于自己的本能"。她为亚历山大设计过一件穿脱自如的宽松连体服，他的手脚完全不会受到衣服的束缚。她还告诉格林："这件衣服刚一缝制好就被穿上了，背后用四五个小挂钩系住衣服。瑞典国王还要求给他也做一件亚历山大先生穿的这种衣服，他也的确得到了一件。"

在亚历山大出生十八个月后，叶卡捷琳娜的第二个孙子也来到了人世。她为这个孩子取名为康斯坦丁，这个名字象征着她为他谋划的王位。她希望有朝一日这个孩子能成为一个希腊式的东正教帝国的统治者，这个伟大崭新的帝国就将以君士坦丁堡为根基[1]。长大后康斯坦丁也开始随哥哥一道在祖母的地毯上玩耍。女皇为这两个孩子安排了不一样的皇位，因此他们接受的教育也有所差别。亚历山大将继承叶卡捷琳娜，成为俄国皇帝，女皇为他安排了英国式的教育，由一位英国奶妈照顾饮食起居，学习欧洲历史和启蒙思想的著作；康斯坦丁注定要统治君士坦丁堡，女皇为他安排了一位希腊保姆和一群希腊仆人，就连玩伴都是希腊孩子，以便让他尽早掌握希腊语，他的功课包括希腊、罗马、拜占庭和俄国的历史。

在亚历山大年满七岁、康斯坦丁将近六岁时，两个人都到了可以接受正规教育的年纪，叶卡捷琳娜针对他们的教育问题特意撰写了一份长达三十页的指示。他们两个人应当被培养成诚实勇敢之人；对仆人像对长辈

---

[1] 由于"康斯坦丁"和"君士坦丁堡"为目前普遍接受的中文译名，事实上根据其原文拼写和英语转音拼写方法前者"Constantine"完全取自于后者"Constantinople"。

一样彬彬有礼；每日应早早就寝，他们的房间里必须保证空气新鲜，室温应当保持在六十华氏度，他们的床上应当铺着平整的羽绒床垫；每天他们都应当洗凉水澡，冬天接受俄国式的蒸气浴，夏日里要学习游泳；饮食必须简单，夏季的早餐必须包括各色水果；他们要亲自打理各自的花园，栽种蔬菜；任何必要的惩罚措施都应当唤起孩子对过失行为的羞耻心，教师应当在私下里对他们进行责备，在公开场合对他们提出表扬，绝对不允许对他们实施体罚。

1784年，叶卡捷琳娜委派瑞士人弗雷德里克-凯撒·德·拉阿尔普全面负责这两个孩子的教育。这位质疑专制统治的共和主义者赢得了亚历山大的尊敬和喜爱。在得到叶卡捷琳娜的准许后，他不断地向孩子们教授着自由的益处和君主对臣民的责任。亚历山大耐心地聆听着老师的教诲，康斯坦丁则发起了挑战。曾经有一次康斯坦丁冲着拉阿尔普叫嚣说一旦自己执掌大权，他就会率军挺进瑞士，彻底摧毁那个国家。拉阿尔普平心静气地回答道："在我的国家，靠近小镇穆尔滕[1]的地方有一座房子，专门用来存放以这种方式出访我国的客人的骸骨。"

自亚历山大年幼时叶卡捷琳娜便萌生了用这个孩子取代儿子保罗，成为她的继承人的想法。很快保罗便开始怀疑母亲之所以霸占他的儿子亚历山大是因为母亲有意剥夺他的继承权，渐渐长大的亚历山大也同样意识到自己成了双亲和祖母之间这场争夺战的目标，他学会了面对双方的技巧。在加特契纳他侧耳倾听着父亲对女皇的谩骂，回到皇宫后他又对祖母说的一字一句表示赞同，毫无选择余地的他变得越来越优柔寡断，说话时总是闪烁其词。终其一生，亚历山大始终难以做出明确清晰的决定。

---

[1] 穆尔滕（Morat），现今瑞士的城镇，位于该国西部，其中四成居民信奉基督教。

保罗和玛丽亚在十九年的时间里生育了十个孩子，四个男孩，六个女孩。1796年，叶卡捷琳娜在世的最后一年里，他们的第三个孩子尼古拉降临了人间，这个孩子逃脱了严格的管束。与男孩不同，这个家里的女孩全都留在了父母身边，根据自己的喜好接受了相应的教育。最让叶卡捷琳娜牵挂的孩子始终是亚历山大，出于对皇位继承和王朝未来的忧虑她逼迫他早早就完婚了。尽管教师们都认为亚历山大还远未到成婚的年纪，叶卡捷琳娜还是于1792年10月邀请了两位巴登的德意志公主前来圣彼得堡，以供她选出未来的孙媳。两位公主中年纪较长的是十四岁的路易莎，妹妹弗雷德里卡比姐姐小一岁。路易莎生性腼腆，但是很快便爱上了眼前这位俄国亲王，亚历山大也承认自己对对方颇有好感，这对叶卡捷琳娜来说就足够了。1793年1月，路易莎皈依东正教，改名为伊丽莎白·阿列克谢耶夫娜女大公，年仅十五岁的亚历山大同年仅十四岁的伊丽莎白于1793年9月举行了婚礼。然而叶卡捷琳娜对王朝的满腔希望最终还是化为了泡影，伊丽莎白始终没能顺利地产下一男半女。在哥哥临终后拒绝继承皇位的康斯坦丁也同样身后无嗣。这样一来，被叶卡捷琳娜留给母亲抚养教育的尼古拉便继承了皇位，罗曼诺夫王朝通过他的子孙得到了延续。

叶卡捷琳娜允许保罗和玛丽亚将女儿留在自己身边，但是一旦认为女孩们到了出嫁的年纪她便会立即亲自安排女孩们的前程。长孙女亚历山德拉·帕夫洛芙娜在年仅十三岁的时候，女皇便认定她应该嫁人了，并希望她能同古斯塔夫三世的儿子古斯塔夫·阿道夫成婚。四年前，古斯塔夫三世遇刺身亡，古斯塔夫·阿道夫遂继承了王位，但至今尚未举行加冕典礼。同年轻的古斯塔夫联姻将有助于化解俄国同瑞典长期存在的积怨，确保俄国在波罗的海北部地区的地位。

然而，这桩婚事存在着一个阻碍，1795年11月古斯塔夫已经宣布同梅克伦堡–什未林[1]大公的女儿，信奉新教的路易莎公主订婚。叶卡捷琳娜并未因此而放弃自己的打算。结果，瑞典摄政王、遇害的古斯塔夫三世的兄弟，即尚未加冕的年轻国王的叔父索德曼兰达公爵听说，一旦满足俄国女皇的心愿，瑞典国库就将增收数十万卢布。1796年4月初，摄政王答应推迟侄儿的婚礼，直到当年11月后者年满十八岁为止。

叶卡捷琳娜邀请古斯塔夫同叔父一同前来圣彼得堡。由于瑞典国王尚未加冕，此次出访仅为"私人"访问，国王和摄政王分别以"哈加"和"瓦萨"的化名出行。8月15日两位"伯爵"来到了圣彼得堡，俄国人看到瑞典国王举止稳重，一头金发垂在黑色外套的肩头。他被引介给了亚历山德拉，在当天晚上的舞会上这对年轻人跳了一曲开场的小步舞。叶卡捷琳娜一反常规地待到了半夜。接下来的三个星期里，女皇为客人安排了满满当当的娱乐活动，不过这对青年得到了充足的单独相处的机会。女皇欣喜地看到古斯塔夫多少有些放松了，还时不时地同亚历山德拉窃窃私语着。终于，在一场舞会中古斯塔夫捏了捏亚历山德拉的手，后者对自己的监护人说："我不知道自己这是怎么了。我太害怕了，甚至以为自己要摔倒了。"两天后，在塔夫利宫享用过晚宴后，古斯塔夫同叶卡捷琳娜坐在花园里的长椅上，他向女皇吐露了自己的心声，表示愿意娶她的孙女为妻。叶卡捷琳娜提醒对方说他已经同其他人订了婚，古斯塔夫保证说自己会立即取消婚约。与这场婚姻相伴而来的两国结盟事宜也被摆到了谈判桌上，俄国承诺每年将为瑞典提供三十万卢布的资金援助。

事情的进展令叶卡捷琳娜心满意足，她将正式的订婚仪式安排在了9月11日。但是，在此之前还需要确定一个重要的事实——新娘在婚后的宗教信仰。叶卡捷琳娜态度坚决地提出亚历山德拉必须有权继续信奉俄国东

---

[1] 梅克伦堡–什未林大公国（Mecklenburg–Schwerin），19世纪时北德意志邦联的邦国之一，由居住于什未林的梅克伦堡家族统治。

正教，古斯塔夫表示对此无法理解，他认为事实非常清楚，倘若他同亚历山德拉成婚，那么妻子就应当接受路德教。叶卡捷琳娜执意让古斯塔夫做出保证，即便在奉路德教为国教的瑞典做了王后，她的孙女仍旧属于俄国东正教教会。实际上，叶卡捷琳娜完全没有预料到古斯塔夫的态度，她从未想过一位尚未加冕的少年君主竟敢指望一位俄国女大公，一位俄国女皇的亲孙女抛弃自己的信仰。在她看来，个人和国家的声望同恪守宗教信仰一样重要，甚至比后者更为重要。而且，她认为凭借着提供给瑞典的雄厚资金援助自己完全有权提出任何条件，实际上这笔资金就是她为这桩婚姻支付给瑞典的报酬。

叶卡捷琳娜还有另外一个考虑。当她在亚历山德拉这个年纪时，母亲代她接受了求婚，尽管父亲表示强烈的反对，但最终她还是在这段婚姻的迫使下改变了宗教信仰。现在，她对自己立下了誓言，决不允许孙女经历半个世纪前自己曾经历的那一切。她在婚约中补充了一项条款，有了该条款的保证亚历山德拉不仅能够在成为瑞典王后的同时保留自己的东正教信仰，而且她还有权在瑞典的王宫里拥有一座私人教堂，并配备一名东正教牧师和告解牧师。古斯塔夫对以新教为国教的瑞典怀着一片赤子之心，认为王后应当同自己拥有同一种信仰，他断然拒绝了俄国女皇的要求。叶卡捷琳娜义正词严地说他的大臣们都已经做出了承诺，保证满足她的心愿，年轻的国王答复说自己的大臣和参加谈判的俄国官员一定对彼此产生了误解。叶卡捷琳娜随即要求古斯塔夫亲自写下书面保证，后者一开始举棋不定，但在叔父的压力下最终还是答应对婚约做出修改。

通往订婚仪式的道路似乎已经毫无阻碍，按照计划仪式之后在塔夫利宫还将举行一场舞会。两个家族及双方的全权代表在订婚当天的正午时会面，共同见证协议的签署。然而，俄国方面立即发现婚约中看不到有关亚历山德拉的宗教信仰的条款。古斯塔夫擅自取消了该条款，以便同俄国女皇做进一步的协商。下午，他说自己最多只能保证"女大公不会由于宗教信仰问题受到良心的谴责"。叶卡捷琳娜将这番话理解为古斯塔夫的承诺，并向摄政王提议继续举行订婚仪式。在征询了古斯塔夫的意见之后摄政王同意了叶卡捷琳娜的提议。"有教会的祝祷吗？"叶卡捷琳娜问对方。"是的。遵循你们的仪式。"摄政王回答道。在确信问题得到解决后，叶卡捷琳娜认为自己无须再同古斯塔法继续争执下去，便将最终的草案交由普拉通·祖伯夫全权处理。

晚上7点，叶卡捷琳娜走进皇宫大殿，然后坐在了自己的宝座上。在她的身旁站立着东正教大主教加维利尔，桌子上摆放着两枚戒指，两把紫罗兰软靠垫扶手椅等待着瑞典国王和他的未婚妻。保罗、玛丽亚及皇室其他成员均出席了这个仪式。所有人的目光都落在了亚历山德拉的身上，她站在祖母的皇椅旁，等待着自己即将现身的未婚夫。时间一分一秒地过去了……半个小时……接着又是整整一个小时，在场的官员面面相觑。一定出了什么问题，毕竟叶卡捷琳娜统治下的俄国宫廷凡事都讲求速度。终于，双层大门被拉开了。然而，出现在门口的并非古斯塔夫，而是一位书记官。来人附在普拉通·祖伯夫的耳边，轻声低语了几句，同时递给祖伯夫一张纸，祖伯夫随即便匆匆地走出了大厅。瑞典国王拒绝在修正过的婚约上签字，因为在新的婚约中他看到了叶卡捷琳娜再次补充进去的条款。他恢复了之前的立场，指出瑞典王后必须是一名路德教教徒。越来越感到绝望的祖伯夫使出浑身解数，试图说动瑞典国王回心转意，与此同时叶卡捷琳娜和家人以及大臣们仍旧在等待着。

皇宫大殿里弥漫着一股紧张不安的气氛。一开始叶卡捷琳娜还是一副泰然自若的样子，随着时间的流逝她的笑容消失了，脸涨得通红。身旁的孙女已经流下了眼泪。钟表的指针已经走过了9点，正朝着10点的刻度走去。终于，双层大门又被拉开了，重新回到大厅的普拉通·祖伯夫递给叶卡捷琳娜一张纸。瑞典国王再一次改变了主意，他最终表示先前自己已经承诺亚历山德拉在宗教信仰的问题上不会受到阻挠，但是他不会对此做出任何书面保证，只要婚姻的合约中含有叶卡捷琳娜所提出的条款，他就绝不可能在上面签下自己的名字。

叶卡捷琳娜几乎无法相信自己读到的声明。她从皇椅上站起身，挣扎着开了口，但是说出来的话令人费解。在有些人听来似乎她有些眩晕，有的人则以为她又出现了轻度的中风。不论实情如何，这种状况很快就消失了，一分钟后她的口齿又恢复了清晰："古斯塔夫国王陛下身体不适，仪式暂时延后。"说完便在亚历山德拉的搀扶下离去了。尽管瑞典摄政王为侄儿的行为表示了歉意，叶卡捷琳娜仍旧怒气难平。次日清晨她又出现在众人面前，同摄政王和国王简短地聊了几句。摄政王心急如焚，古斯塔夫的态度却"像推弹杆一样生硬"，他还不停地念叨着"已经落在纸上的，已经落在纸上的，已经落在纸上的我是绝对不会再改动了"。

叶卡捷琳娜无法容忍作为俄国女皇的她在自己的地盘上被一个年仅十七岁的黄口小儿击败，她断定时间会改变他的固执，因此她坚持挽留叔侄俩在圣彼得堡继续逗留两个星期。古斯塔夫答应再待上十天，但是对于婚约绝不让步。最终，两国还是未能成功联姻。

先是受到一番羞辱，接着又在外人面前强压着心头的怒火，就这样叶卡捷琳娜的健康受到了进一步的损害。事后她得知曾有一位严格的路德教神父告诉古斯塔夫一旦娶了信仰不同的妻子，他的臣民将永远不会原谅他。叶卡捷琳娜还发现就在两个人长时间的独处中，年轻的国王貌似一直努力讨得年轻女大公的芳心，实际上自始至终他都在努力劝说她皈依路德教。叶卡捷琳娜在信中愤愤不平地告诉保罗：

事实就是国王假称亚历山德拉已经答应他改变信仰，行路德教的圣礼，宣路德教的誓言，而亚历山德拉也的确帮了他的忙……她跟我说他坦率天真地告诉她在加冕的那一天她就得随他一起按照路德教的方式宣誓，听到这些话她说："当然可以喽。要是我有机会，祖母也同意的话就没问题。"

待嫁的亚历山德拉始终没能摆脱此事对她造成的影响。在祖母逝世后，她的父亲，刚刚继位的新皇帝保罗将她许配给了哈布斯堡王朝的储君。这段婚姻并不幸福，十七岁时亚历山德拉死于难产。1796年11月1日，古斯塔夫加冕成功，成为古斯塔夫四世，紧接着便迎娶了叶卡捷琳娜的长孙媳伊丽莎白女大公的妹妹，巴登的弗雷德里卡公主。

第七十三章
大帝离世

　　1796年11月4日，星期四，当夜在艾尔米塔什宫的小范围好友聚会上，叶卡捷琳娜最后一次出现在众人面前。到场宾客中包括四十多年前同谢尔盖·萨尔蒂科夫一起被列入一份候选名单的列夫·纳雷什金，候选者一旦被选中就要帮助叶卡捷琳娜完成一项紧急任务——生育一个孩子，后来他又像猫一样在她的门口叫唤个不停，连夜带她出宫去同情人波尼亚托夫斯基幽会。时至今日列夫仍旧扮演着宫廷小丑的角色，将自己打扮成街头小贩，捧着一托盘的玩具和小摆件拖拖拉拉地走向叶卡捷琳娜，做出一副沿街叫卖的样子，这番表演令叶卡捷琳娜笑得前仰后合。这天晚上叶卡捷琳娜早早地就离席了，她告诉大家自己笑得太厉害，需要休息了。

　　翌日，即11月5日，清晨6点叶卡捷琳娜起了床，喝了清咖啡之后就坐下来提起了笔。9点，她告诉大家自己想单独待一会儿，然后便回到了自己的更衣室。她没有再走出更衣室。侍者一直等待着，终于总管敲了敲门，然后走进了房间，但是却发现里面空无一人。等了一分钟后他想进紧邻的盥洗室看一看，可是盥洗室的门被卡住了，只能推开一条缝。总管和一名女仆合力推开了门，结果看到女皇不省人事地躺在地上，身体抵住了房门，脸涨得通红，双眼紧闭。总管轻轻地托起她的脑袋，这时她低低地呻吟了一声。总管急忙找来其他人帮忙，大家终于设法连抬带拽地将叶卡捷琳娜转移到了卧室里，可是大家发现她瘫软的身体重得让人根本无法将她抬到高高的床上去，于是人们将她放在地板上的羽绒床垫上。罗杰森医生终于赶来了，他划开了她手臂上的一条血管。

女皇醒了过来，但是没有睁开眼睛，也没有吭声。聚集在一旁的官员们一致同意立即派人将保罗大公找来。普拉通·祖伯夫旋即便派自己的兄弟尼古拉快马加鞭地赶赴加特契纳，将这个消息报告给保罗。很快，十九岁的亚历山大泪眼婆娑地请求费奥多·罗斯托普钦伯爵前去加特契纳，正式向他的父亲禀明情况。亚历山大希望能让保罗相信没有人打算攫取皇位，尤其是他自己就更不存在这种可能性。在尼古拉·祖伯夫上路后，罗斯托普钦伯爵也紧随其后地赶往加特契纳。

下午3点45分，尼古拉·祖伯夫带着叶卡捷琳娜可能出现中风的消息赶到了加特契纳。保罗命人准备好橇车，立即与玛丽亚动身前往圣彼得堡。在半道上的一座补给站他们碰到了罗斯托普钦。事后伯爵回忆道：

大公走下橇车，以便解手。我也下了车，提醒他欣赏一下美丽的夜色。极其安详而明亮……透过云层可以看到月亮，万籁俱寂……我看到大公直勾勾地盯着月亮，双眼饱含热泪，泪水顺颊而下……我一把抓起他的手："阁下，这对您来说是多么美好的一刻啊！"他捏了捏我的手，说："等一等，我亲爱的朋友，等一等。我已经活了四十二年了。或许上帝将赐予我勇气和理智，以让我承受命中注定的使命。"

晚上8点25分，保罗和玛丽亚赶到了冬宫，受到了亚历山大和康斯坦丁的迎接，这两个孩子已经换上了普鲁士风格的"加特契纳"军装，身着扣子系得严严实实的僵挺的紧身短上衣和高筒靴。大公看到母亲纹丝不动、双眼紧闭着躺在羽绒床垫上，他跪了下来，亲吻着母亲的手。叶卡捷琳娜毫无反应，保罗和玛丽亚在她身边坐了整整一夜。

宫中各个角落都充满了对这个一病不起的女人的同情和算计。她还能恢复过来吗？她还能恢复一段时间的神智吗，至少坚持到剥夺保罗的继承权，改命亚历山大为继承人？对于是否应该表示效忠，向谁以及何时宣誓效忠之类的问题群臣一时间都举棋不定。这期间有一个人始终一言不发，始终孤零零地坐在角落里，所有人都竭力地回避着他，这个人就是普拉通·祖伯夫。

　　众人守了整整一夜。黎明时，医生告诉保罗他的母亲叶卡捷琳娜遭受了中风的打击，没有康复的希望了。保罗派人请来了别兹博罗德科，命他起草宣布他继承皇位的声明。中午，大公又命别兹博罗德科在他的两个儿子的监督下将叶卡捷琳娜书房里的文件进行分类并密封，工作完成后锁上书房大门，然后将大门的钥匙交给他。当天下午5点，叶卡捷琳娜气息奄奄，罗杰森医生告诉保罗女皇气数将尽。大主教加维利尔主持了临终祝祷，为叶卡捷琳娜施了涂油礼，分别在她的额头、面颊、嘴唇、胸口和双手涂抹上了圣油。

　　一个小时又一个小时过去了。所有人都一声不吭。1796年11月6日夜晚9点45分，在中风并陷入昏迷三十六个小时后叶卡捷琳娜离开了人世。一名官员向聚集在前厅里的朝臣们宣布："先生们，女皇叶卡捷琳娜已经辞世，保罗·彼得罗维奇皇帝陛下已决定继承俄国皇位。"

　　11月8日，在母亲逝世两天后，刚刚登基的新皇帝便前往亚历山大·涅夫斯基修道院。在修道院里，被保罗认定为亲生父亲的那个男人——彼得三世——的棺椁被打开了。里面的尸体没有经过防腐处理，因此仅存一把骸骨、一把灰尘、一顶帽子、一副手套、一双靴子和几枚扣子。12月2日，一队人马从修道院出发，护送彼得三世的棺椁返回冬宫。保罗一家人和满朝官员以及各国使节跟着护卫队穿过近卫军林立的大街小巷。一位曾经的故人也走在队伍中，一度在罗普莎皇家避暑庄园负责看守工作并向叶卡捷琳娜发去其丈夫死讯的阿列克谢·奥洛夫。保罗命令这位八十岁的老人用软垫托着保罗的皇冠，紧跟在棺椁的后面，保罗就走在他的身后。奥洛夫头颅高昂、神色坚毅地忍受着羞辱。彼得同叶卡捷琳娜的棺椁被并排停放在冬宫里，以供人们前来吊唁。12月5日，两副棺椁穿过冰封的涅瓦河，被送进了圣彼得保罗教堂，最终被安放在彼得大帝的坟墓不远处。至今，这两副棺椁依然保存在那里。

叶卡捷琳娜信奉开明君主制，她对舆论的密切关注足以证明她的这种信仰和相应的举措。正是因为有了这种认识，她才会对狄德罗说"对于毫无信心将其废除的我便暗中将其瓦解"。

她对专制权的行使表现在她对细微差别的敏锐感觉上，多年后，波将金的副官波波夫对她的这个特点做过一次详细的阐述。波波夫给年轻的皇帝亚历山大一世讲述了自己同女皇的一次谈话：

当时我们谈起了伟大的叶卡捷琳娜统治帝国的无限权力……我说她的旨意在任何一个地方都能得到臣民盲目恭顺地执行，所有人都在急切而热情地拼命讨好她，这种景象令我感到十分惊讶。

她回答道："这可不像你想象得那么简单。首先，除非我的命令存在可行性，否则就无法得到执行。你也清楚我在颁布新法的过程中是多么谨小慎微。我要研究现实情况，我要听取他人的建议，我要征询开明人士的意见，这样我才能认识到新的法律究竟会起到怎样的效果。事先确定新法将得到广泛的认可后我才会发布命令，然后欣喜地看到我的命令得到你所谓的盲目执行。这才是无限权力的基础。但是，相信我，倘若我的命令不符合人民的意见，那他们是不会盲目地遵从这些命令的。"

叶卡捷琳娜很清楚自己的私生活在某些方面饱受批判，对此她的回答是自己的人生与众不同："在成为今日这般模样之前的三十三年里我跟芸芸众生别无二致，只是最近这三十年我才变得跟他们有所区别，这种转变可以让人学会如何生活。"

在波将金过世后叶卡捷琳娜为自己撰写了一篇碑文：

此处长眠着叶卡捷琳娜二世

生于1729年4月21日，斯德丁

1744年，她来到俄国，嫁与彼得三世。十四岁时她立下三道誓言，决意取悦自己的丈夫、伊丽莎白和这个国家，她从不错失任何一个坚守誓言的机会。十八年乏味孤独的生活让她得以进行大量的阅读。

继承俄国皇位后她一心希望对国家有所贡献，努力为臣民创造幸福、自由和繁荣的生活。

她宽宏大量，与人为善。她秉性敦厚，平易近人，宽容豁达，通情达理，性格开朗。她具有共和主义者的精神和一颗善良的心。

她随和友善。

她交友广泛。

她以工作为乐。

她热爱艺术。

这显然是一份理想化，同时又过于谦逊的自我描述。1764年俄国立法代表大会曾试图称她为"叶卡捷琳娜大帝"，在信中不惜笔墨对她大肆称颂的伏尔泰也不时送给她一些名号。格林也不例外，他也曾在1788年的信中将她称为"叶卡捷琳娜大帝"。对于这些夸张的称号叶卡捷琳娜素来都拒绝接受，在给格林的回信中她写道："求求您，不要再称我'叶卡捷琳娜大帝'了……我的名字是'叶卡捷琳娜二世'。"直至她去世后，俄国人民才开始将她称为"叶卡捷琳娜大帝"。

叶卡捷琳娜是君主制时代一位无与伦比的人物，唯一有资格与她相提并论的欧洲女性君主就只有英国的伊丽莎白一世。在俄国的历史上，无论在能力上还是成就上，她与彼得大帝都令罗曼诺夫王朝三百年里的其他十四位沙皇和女皇无法企及。叶卡捷琳娜还将彼得大帝留给俄国的遗赠进一步发扬光大。彼得大帝让俄国拥有了一扇波罗的海岸边"面向西方的窗户"，在那里建造起了自己的都城，叶卡捷琳娜继续在黑海海域打开了拥有塞瓦斯托波尔和敖德萨这两颗明珠的另一扇窗户；彼得为俄国引进了工业技术和政府机构，叶卡捷琳娜带来了欧洲的伦理、政治和司法理念、文学、艺术、建筑、雕塑、医学和教育；彼得大帝创建了俄国海军，组建了一支曾挫败过欧洲精英部队的军队，叶卡捷琳娜为俄国建造了全欧洲最伟大的美术馆，以及医院、学校和孤儿院；彼得大帝剃去了大贵族们的胡须，截短了他们的长袍，叶卡捷琳娜则说服他们接受了预防天花的接种；彼得大帝将俄国建设成欧洲强国，叶卡捷琳娜进一步增强了俄国的实力，推动这个国家朝着文化大国的方向走去，在随后的一百年里这个国家滋养出加甫里尔、普希金、莱蒙托夫、果戈理、陀思妥耶夫斯基、托尔斯泰、屠格涅夫、契诃夫、鲍罗丁、里姆斯基–科萨科夫、穆索尔斯基、格林卡、柴可夫斯基、斯特拉文斯基、巴兰钦、季亚吉列夫等人，这些名家和他们的作品都成了叶卡捷琳娜留给俄国的宝贵财富。

1794年，六十四岁的叶卡捷琳娜在给格林的信中写道：

就在前天，即2月9日，距离我同母亲抵达莫斯科的那一天刚好整整五十年，我猜全圣彼得堡还记得此事的大活人恐怕还不到十个。贝特斯科伊还在，可是已经老眼昏花，暮气沉沉，一副老糊涂的模样，居然还在问年轻的小夫妻们记不记得彼得大帝……我还在身边留着一位老宫女，尽管她什么都已经记不得了。有不少东西都能证明我们已步入晚年，而我本人就是证据之一。尽管如此，我还是如五岁的孩童一般喜欢盲人捉迷藏，年轻人，包括我的孙子，他们都说只有跟我在一起玩的时候才最有乐趣。我也还是那么爱笑。

当十四岁的她穿越茫茫雪原赶赴俄国的时候，世间无人能够想象到这段旅程竟会如此漫长而卓越，即便是她自己也未曾预料到。

致　谢

在本书的写作过程中我大量地引用了耶鲁大学斯特林纪念图书馆的馆藏文献，在此我向该图书馆致以衷心的感谢。对于该图书馆这项慷慨的政策以及随时提供帮助的工作人员，我心存感激。由于你们我才能够日复一日地徜徉在书库中，搜集我希望能带回家阅读的书籍，并占有相当长的一段时间。此外，我还频繁借用了纽约公共图书馆的资源，在此我向纽约文化生活中明珠般的机构致以谢意。

在我撰写本书的数年里以下各位始终如一地给予我口头或行动上的鼓励：安德烈·伯纳德，唐纳德·比茨伯格，肯尼思·伯罗斯，珍妮特·班尼，乔治娜·卡佩尔，安东尼·奇塔姆，罗伯特·卡罗与艾娜·卡罗夫妇，帕特里夏·奇瓦莱，罗伯特·克朗布与艾琳·克朗布夫妇，唐纳德·霍顿，梅勒尼·杰克逊与托马斯·平琼，詹姆斯·马拉斯与玛丽·纽金特-海德，马西家的吉姆、洛纳与米兰达，杰克·梅与林恩·梅夫妇，劳伦斯·麦奎德与玛格丽特·麦奎德夫妇，吉尔伯特·梅里特，尤妮斯·迈耶，戴维·米凯利斯与南茜·斯坦纳，埃德蒙·莫里斯与西尔维娅·莫里斯夫妇，玛丽·穆利根，萨拉·纳尔逊，悉尼·奥菲特，乔治·潘恩，海瑟·普雷文，戴维·雷姆尼克与埃斯特·B.费恩，彼得·萨兰蒂纳基与玛莎·萨兰蒂纳基夫妇，理查德·魏斯与布伦达·维尼埃珀。道格拉斯·史密斯慷慨地允许我使用了他所翻译的叶卡捷琳娜与波将金二人往来信函，并同意我大量引用他的著作《珍珠》，并借用该书对俄国农奴制度，尤其是在农奴构成的戏剧、芭蕾舞团、剧团、交响乐团及其他表演艺术领域的论述。

本书有幸得到兰登书屋的出版。该出版社汇集了一批才华横溢的工作人员。在这个大家庭中对于这部作品为我提供了帮助的有埃维德·巴什拉德，埃文·卡姆菲尔德，吉娜·森特里洛，乔纳森·饶，苏珊·卡米尔，伦敦·金，卡罗尔·罗温斯坦，珍妮·马丁，莎莉·马文，汤姆·佩里，罗宾·希夫，本·斯坦伯格与杰西卡·沃特斯。多洛莉丝·卡尔、雷恩·特里普与亚历克斯·雷姆尼克给予了我个人一些帮助。

多年来，兰登书屋的鲍勃·卢米斯一直是我最重要的朋友、顾问及支持者。2011年的夏天，在兰登书屋兢兢业业地工作了五十四年，创造了非凡的成就之后他终于退休了。他的智慧、热情、善良以及坚定而温和的忠告曾指引过包括我在内的数百名作者，帮助他们获得提高。在开始进行一番教导前他总是会这样说："咱们来看看能否让这部作品更加完善一些。"在这个方面鲍勃·卢米斯是独一无二的。

草稿完成后，我的妻子、文学代理人以及我所认识的最擅长阅读的黛博拉·卡尔为本书提供了很多建议，所有这些建议均呈现在这部最终获得出版的作品中。我的三个孩子，小鲍勃、伊丽莎白与克里斯托弗也阅读了初稿，并提出了很多不错的问题。我在远方的女儿苏珊娜一直关注着这部作品的进展，守在家里的女儿索菲娅和诺拉一直用她们的爱、永恒的乐观精神和日渐凸显的艺术天分支持着我。

最后，我必须指出，在写作过程中我笔下这位杰出女性的陪伴给予了我难以名状的喜悦。八年来她一直与我如影随形，日后我必将永远怀念她。

参考文献

1. 约翰·T.亚历山大（John T. Alexander），1989，《叶卡捷琳娜大帝》（*Catherine the Great*），牛津大学（纽约）

2. 弗雷德·安德森（Fred Anderson），2001，《战争熔炉》（*Crucible of War*），经典出版社（纽约）

3. M.S.安德森（M. S. Anderson），1958，《英国发现俄罗斯，1553—1815》（*Britain's Discovery of Russia, 1553—1815*），麦克米伦出版公司（伦敦）

4. 凯瑟琳·安东尼（Katharine Anthony），1925，《叶卡捷琳娜大帝》（*Catherine the Great*），诺普夫出版公司（纽约）

5. 罗伯特·阿斯普雷（Robert Asprey），1986，《腓特烈大帝》（*Frederick the Great*），历史书籍俱乐部出版社（纽约）

6. R.尼斯比特·贝恩（R. Nisbet Bain），1902，《俄国皇帝彼得三世》（*Peter III, Emperor of Russia*），康斯特勃出版公司（威斯敏斯特）
——1897，《彼得大帝的门徒》（*The Pupils of Petter the Great*），康斯特勃出版公司（威斯敏斯特）

7. 詹姆斯·H.比林顿（James H. Billington），1966，《圣像与斧头》（*The Icon and the Axe*），诺普夫出版公司（纽约）

8. 叶卡捷琳娜二世（Catherine II），1859，《回忆录》（*Memoirs*），亚历山大·赫尔岑（译），阿普尔顿出版公司（纽约）
——《叶卡捷琳娜大帝的回忆录》（*Memoirs Catherine the Great*），1927，凯瑟琳·安东尼（译），诺普夫出版公司（纽约/伦敦）
——《叶卡捷琳娜大帝的回忆录》（The *Memoirs Catherine the Great*），1955，多米尼克·玛杰丽（Dominique Maroger）（编），毛拉·巴德伯格（Moura Budberg）（编），麦克米伦出版公司（纽约）
——《叶卡捷琳娜大帝的回忆录》，2005，马克·克鲁斯，希尔德·胡根布姆（Mark Cruse & Hilde Hoogenboom）（编译），现代丛书公司（纽约）

9. 罗伯特·考夫兰（Robert Coughlan），1974，《伊丽莎白与叶卡捷琳娜：俄罗斯帝国的女皇》（*Elizabeth and Catherine: Empresses of All the Russias*），普特南森出版公司（纽约）

10. 爱德华·克兰克肖（Edward Crankshaw），1969，《玛丽娅·特蕾西亚》（*Maria Theresa*），维京出版公司（纽约）

11. 莫里斯·克兰斯顿（Maurice Cranston），1986，《思想家与檄文家》（*Philosophers and Pamphleteers*），牛津大学出版社（牛津）

12. 文森特·克罗宁（Vincent Cronin），1978，《俄罗斯帝国女皇叶卡捷琳娜》（*Catherine, Empress of All the Russias*），威廉·莫洛出版公司（纽约）

13. 叶卡捷琳娜·达什科娃公主（Princess Catherine Dashkova），《回忆录》（*Memoirs*），两卷本，1840，亨利·科尔伯恩出版公司（伦敦）

14. 皮埃尔·笛卡尔（Pierre Descargues），1961，《列宁格勒的艾尔米塔什博物馆》（*The Hermitage Museum, Leningrad*），哈利·N.阿布拉姆斯阿布拉姆斯（纽约）

15. 西蒙·迪克森（Simon Dixon），2001，《叶卡捷琳娜大帝》（*Catherine the Great*），朗文–培生出版公司（伦敦）

16. 克里斯托弗·达菲（Christopher Duffy），1988，《腓特烈大帝》（*Frederick the Great*），劳特利奇出版公司（伦敦）

——1988，《理性时代的军中生活》（*The Military Experience in the Age of Reason*），图书馆出版公司（纽约）

——1981，《俄国军事西化历程》（*Russia's Military Way to the West*），劳特利奇出版公司（伦敦）

17. 保罗·杜克斯（Paul Dukes），1967，《叶卡捷琳娜大帝与俄国贵族阶级》（*Catherine the Great and the Russian Nobility*），剑桥大学出版社

18. 威尔·杜兰特，埃瑞尔·杜兰特（Will Durant & Ariel Durant），1965，《文明的故事》（*The Story of Civilization*）第九卷"伏尔泰时代"（*The Age of Voltaire*），西蒙与舒斯特出版公司（纽约）

——1967，第十卷"卢梭与革命"（*Rousseau and Revolution*），西蒙与舒斯特出版公司（纽约）

19. 奥兰多·菲吉斯（Orlando Figes），2002，《娜塔莎之舞》（*Natasha's Dance*），大都会霍尔特出版公司（纽约）

20. 海伦·费舍（Helen Fisher），2004，《我们为何而爱》（*Why We Love*），亨利·霍尔特出版公司（纽约）

21. G.P.古奇（G. P. Gooch），1966，《叶卡捷琳娜大帝及其他研究》（*Catherine the Great and Other Studies*），执政官图书公司（康涅狄格州哈姆登市）

22. 伊娜·戈尔巴托夫（Inna Gorbatov），2006，《叶卡捷琳娜大帝与法国启蒙思想家》（*Catherine the Great and the French Philosphers of the Enlightenment*），学术出版社（马里兰州贝塞斯达市）

23. 伊恩·格瑞（Ian Grey），1962，《叶卡捷琳娜大帝》（*Catherine the Great*），利平科特出版公司（费城）

24. 琼·哈斯利普（Joan Haslip），1977，《叶卡捷琳娜大帝》（*Catherine the Great*），普特南森出版公司（纽约）

25. 沃尔瑟·胡巴奇（Walther Hubatsch），1973，《腓特烈大帝》（*Frederick the Great*），泰晤士 & 哈得逊出版公司（伦敦）

26. 吉娜·考斯（Gina Kaus），1935，《叶卡捷琳娜：一位女皇的画像》（*Catherine: The Portrait of an Empress*），文学联合会出版公司（纽约）

27. 亚历山大·克伦斯基（Alexander Kerensky），1934，《被钉在十字架上的自由》（*The Crucifixion of Liberty*），学术期刊公司（纽约）

28. Ch.拉里维埃里（Ch. Lariviere），1895，《叶卡捷琳娜二世与法国大革命》（*Catherine II et la Revolution Francaise*），苏迪尔丛书出版社（巴黎）

29. W.布鲁斯·林肯（W. Bruce Lincoln），1998，《天堂地狱之间》（*Between Heaven and Hell*），维京–企鹅出版公司（纽约）

30. 菲利普·朗沃斯（Philip Longworth），1973，《三个女皇》（*The Three Empresses*），霍尔特，莱因哈特 & 温斯顿出版公司（纽约）

31. 斯坦利·卢米斯（Stanley Loomis），《恐怖时代的巴黎》（*Paris in the Terror*），乔纳森·凯普出版公司（伦敦）

32. 伊莎贝尔·德·马达里亚加（Isabel de Madariaga），1981，《叶卡捷琳娜大帝时代的俄国》

（*Russia in the Age of Catherine the Great*），耶鲁大学出版社（纽黑文）

——1990，《叶卡捷琳娜大帝》（*Catherine the Great*），耶鲁大学出版社（纽黑文）

33. 克里斯托弗·马斯登（Christopher Marsden），1942，《北方的巴尔米拉：早期的圣彼得堡》（*Palmyra of the North: The First Days of St. Petersburg*），费伯 & 费伯出版公司（伦敦）

34. 查尔斯·马森（Charles Masson），1970，《圣彼得堡宫廷秘密回忆录》（*Secret Memoirs of the Court of Petersburg*），阿诺出版社/《纽约时报》（纽约）

35. 塞柏格·蒙蒂菲奥里（Sebag Montefiore），2001，《亲王之王：波将金的一生》（*Prince of Princes: The Life of Potemkin*），圣马丁出版社（纽约）

36. 塞缪尔·埃利奥特·莫里森（Samuel Eliot Morison），1959，《约翰·保罗·琼斯》（*John Paul Jones*），利特尔&布朗出版社（波士顿）

37. 佐伊·奥尔登堡（Zoe Oldenbourg），1965，《叶卡捷琳娜大帝》（*Catherine the Great*），万神殿出版公司（纽约）

38. L.杰伊·奥利瓦（L. Jay Oliva），1971，《叶卡捷琳娜大帝》（*Catherine the Great*），增生出版公司（新泽西恩格尔伍德克利夫斯）

39. 理查德·派普斯（Richard Pipes），1974，《旧体制下的俄国》（*Russia Under the Old Regime*），斯克里布纳出版社（纽约）

40. J.H.普朗姆（J. H. Plumb），1966，《乔治一世至四世》（*The First Four Georges*），芳塔纳–柯林斯出版公司（伦敦）

41. 雷内·普米奥（Rene Pomeau），1999，《费尔梅的伏尔泰》（*Voltaire Chez Lui*），伊迪生凯贝迪塔出版公司（莫尔日区扬村市）

42. 斯坦尼斯瓦夫–奥古斯都·波尼亚托夫斯基（Stanley–August Poniatowski），《国王回忆录》（*Memoires du Roi*），1914，俄罗斯皇家科学院出版社（圣彼得堡）

43. 亚历山大·拉吉舍夫（Alexander Radishchev），1958，《从圣彼得堡到莫斯科旅行记》（*A Journey from St Petersburg to Moscow*），利奥·维纳（Leo Wiener）（译），哈佛大学出版社（马萨诸塞州剑桥市）

44. 马克·拉伊夫（Marc Raeff），1966，《俄国知识阶层源头考》（*Origins of the Russian Intelligentsia*），预言者出版公司/哈考特·布雷斯出版公司（纽约）

——1972，《叶卡捷琳娜大帝传略》（*Catherine the Great: A Profile*），希尔&王出版社（纽约）

45. L.戴维·兰塞尔（L. David Ransel），1975，《叶卡捷琳时代的俄国政治状况：帕宁党》（*The Politics of Catherinian Russia: The Panin Party*），耶鲁大学出版社（纽黑文）

46. 威廉·菲迪恩·雷德韦（William Fiddian Reddaway），1931，《叶卡捷琳娜大帝文献集：与伏尔泰的通信，及1767年〈训令〉》（*Documents of Catherine the Great: Correspondence with Voltaire and the Nakaz of* 1767），剑桥大学出版社（英国剑桥）

47. 塔玛拉·塔尔博特·赖斯（Tamara Talbot Rice），1970，《俄国女皇伊丽莎白》（*Elizabeth, Empress of Russia*），韦登菲尔德 & 尼科尔森出版社（伦敦）

48. 梅尔文·里克特（Melvin Richter），1977，《孟德斯鸠的政治学说》（*The Political Theory of Montesquieu*），剑桥大学出版社（英国剑桥）

49. 格哈德·里特（Gerhard Ritter），1984，《腓特烈大帝》（*Frederick the Great*），加利福尼亚大学出版社（伯克利）

50. 弗吉尼亚·朗丁（Virginia Rounding），2006，《叶卡捷琳娜大帝》（*Catherine the Great*），哈钦森出版公司（伦敦）

51. 西蒙·沙玛（Simon Schama），1989，《市民：法国大革命年记》（*Citizens: A Chronicle of the French Revolution*），诺普夫出版公司（纽约）

52. 格拉迪斯·斯科特·汤姆森（Gladys Scott Thomson），1947，《叶卡捷琳娜大帝与俄国的扩张》

（*Catherine the Great and the Expansion of Russia*），霍德&斯托顿出版公司（伦敦）

53. 道格拉斯·史密斯（Douglas Smith），2005，《爱与征服：叶卡捷琳娜大帝与格里高利·波将金通信集》（*Love and Conquest: Personal Correspondence of Catherine the Great and Gregory Potemkin*），北伊利诺伊大学出版社（伊利诺伊州迪卡尔布市）

——2008，《珍珠》（*The Pearl*），耶鲁大学出版社（纽黑文）

54. 乔治·索洛维伊奇科（George Soloveytchik），1938，《波将金：叶卡捷琳娜时代的俄国掠影》（*Potemkin: A Picture of Catherine's Russia*），桑顿·巴特沃斯（伦敦）

55. 埃文·托马斯（Evan Thomas），2003，《约翰·保罗·琼斯》（*John Paul Jones*），西蒙与舒斯特出版公司（纽约）

56. 詹姆斯·韦斯特弗尔·汤普森（James Westfall Thompson），1933，《法国大革命全记录》（*French Revolution Documents*），牛津大学出版社

57. 亨利·特罗亚（Henri Troyat），1994，《叶卡捷琳娜大帝》（*Catherine the Great*），子午线出版公司（纽约）

58. 贝希尔·威廉姆斯（Basil Williams），1962，《辉格党的鼎盛时期：1740—1760》（*The Whig Supremacy*，1740—1760），克莱兰顿出版社（牛津）

59. 杰伊·维尼克（Jay Winik），2007，《乱世》（*The Great Upheaval*），哈珀柯林斯出版公司（纽约）

60. 卡齐米日·瓦里柴夫斯基（Kasimierz Waliszewski），1968，《女皇浪漫史》（*The Romance of an Empress*），执政官图书公司（康涅狄格州哈姆登市）

61. 阿夫拉姆·亚莫林斯基（Avrahm Yarmolinsky），1936，《亚历山大·普希金的诗歌、散文与戏剧集》（*The Poems, Prose, and Plays of Alexander Pushkin*），现代丛书公司（纽约）

62. 史蒂芬·茨威格（Stefan Zweig），1933，《玛丽·安托瓦内特》（*Marie Antoinette*），维京出版公司（纽约）

注 释

叶卡捷琳娜的一生可以被划分为两个在时间上几乎等长的阶段：1729年—1762年间为德意志公主与俄国女大公；1762年—1796年，即逝世前为俄国女皇。有关其前半生的资料来源以她的自传《回忆录》为主，书中包含了她对少年时期的回忆至1758年二十九岁时的生活，以及在伊丽莎白女皇统治的朝廷里所承受的压力。这部《回忆录》自然同其他自传一样不乏作者的主观视角，尽管如此，其中所提供的史料依然具有弥足珍贵的价值。

叶卡捷琳娜的《回忆录》是用法文撰写的，迄今至少已出版有四个不同版本的英文译本。首先是流亡于伦敦的俄国著名作家亚历山大·赫尔岑所完成的译本，面世于1859年。美国作家凯瑟琳·安东尼重新翻译并编辑的《回忆录》于1927年在伦敦和纽约同时出版。叶卡捷琳娜用法文撰写的《回忆录》原稿由英多米尼克·玛杰丽编辑并出版于巴黎，后被毛拉·巴德伯格译为英文，该译本于1955年在纽约出版。现代图书馆出版公司于2005年购进了马克·克鲁斯和希尔德·胡根布姆的译本，这部作品将叶卡捷琳娜的回忆按照时间顺序进行了重新编译，完成了叶卡捷琳娜及此前所有译者都未完成的工作。对于我在本书中所借用的上述前三部编译作品，在注释部分中按照以下方式指明：多米尼克·玛杰丽和毛拉·巴德伯格的编译作品仅用"《回忆录》"指称；亚历山大·赫尔岑的译本为"赫尔岑"，安东尼的译本为《回忆录》"安东尼"。

11 "在这里，一切都那么辉煌……": 同上。

12 "这就是大公的新娘。": 考斯，42

4. 伊丽莎白女皇

1 "就像爱自己的灵魂一样热爱自己的两个女儿。": 赖斯，15

2 "我的父亲一而再再而三地说……": 贝恩，《俄国皇帝彼得三世》，13

3 "我从未见过如此出众的美人……": 迈锡，《彼得大帝》，806

4 "当时我还年轻……": 赖斯，48

5 "清楚没有任何一个家族……": 同上。

6 "陛下或许可以让我成为元帅……"同上，61

7 "当着外人的面……": 朗沃斯，162

8 "古道热肠，平易近人……"赖斯，47

9 "夫人，现在您务必要做出选择了……": 同上，57

5. 公爵的诞生

1 "我相信在当代……": 迈锡，806

2 "记住，我是个俄国人……": 贝恩，《彼得大帝的门徒》，125

3 "他这一辈子最幸福的一天": 奥尔登堡，48

4 "我发现殿下还有很多东西需要学习……": 贝恩，《俄国皇帝彼得三世》，11

5 "完全不务正业": 同上，14

6 "他非常虚弱……": 同上，15

7 "这是你最后一次侮辱我了。": 奥尔登堡，52

8 "……真是没法说我有多么开心。": 贝恩，《俄国皇帝彼得三世》，13

9 "他（即上帝）给牧师们许下了……": 奥尔登堡，53

10 "他开口时仍旧跟平日一样任性……": 同上

6. 初见伊丽莎白与彼得

1 "我等不及了，": 考斯，43

2 "迄今为止，我对你的付出……": 同上

3 "……不可能不被她的魅力……": 《回忆录》，60

4 "最英俊的男人之一": 同上，61

5 "我们过着王后般的生活……": 考斯，53

6 "在最初的十天里……": 《回忆录》，62

7 "因为这是姨母的心愿": 同上

8 "我面红耳赤地听着……": 同上

7. 肺炎

1 "外在的礼拜方式": 马达里亚加，《叶卡捷琳娜大帝时代的俄国》，6

2 "仔细反省一下你自己……": 安东尼，82

3 "改变信仰这件事……": 同上，81

4 "我发着高烧躺在那儿……": 《回忆录》，63

5 "我发着高烧躺在那儿……": 奥尔登堡，68

6 "把西蒙·托多尔斯基叫来": 安东尼，83

7 "女侍臣们信马由缰地聊着……": 赫尔岑，28，

8 "在我患病期间母亲的做派……": 《回忆录》，64

9 "很难想象人们会乐意见到……": 《回忆录》，65

10 "主啊，我斗胆致信殿下……": 奥尔登堡，68

6 "经常偷偷地给我捎来有用而且十分必要的消息……": 同上

7 "这是您母亲写给您的。": 《回忆录》, 144

20. 盛夏趣事

1 "魁梧、愚蠢、笨手笨脚的姑娘……": 《回忆录》（安东尼）, 132

2 "我获得了难以想象的自由……": 同上, 147

3 "头号爱好": 赫尔岑, 78

4 "坐在女式马鞍上": 同上, 131

5 "坦言说，尽管我一直在骑马狩猎……": 《回忆录》, 183

6 "她身材高大……": 同上, 181

7 "我们都强忍着才没有笑出声。": 同上, 182

21. 罢免风波

1 "那个女人就是一座活档案馆……": 《回忆录》, 164

2 "别靠近我……": 同上, 150

3 "昨晚，莱斯托克伯爵和他的妻子被抓起来了……": 同上

4 "女皇没有勇气为一个无辜的人谋求正义……": 同上, 151

5 "这个狗娘养的要把我给乐死了。": 同上, 140

6 "您还记得当年在皇村的时候……": 同上, 141

7 "这就是愚蠢轻率的结果……": 同上

8 "为了不破坏他的雅兴……": 同上, 133

9 "就只对两样事情感兴趣……": 同上, 154

10 "从早上7点开始……": 同上

11 "一天，听到一条狗哀号了好久之后……": 同上, 159

22. 莫斯科与田园生活

1 "你怎敢说这种话？舒瓦洛夫女伯爵告诉女皇……": 《回忆录》, 156

2 "我清楚是怎么一回事儿……": 同上, 157

3 "这一辈子我的头还从来没有这么疼过……": 同上, 160

4 "她极其害怕老鼠……": 同上, 163

5 "我一骑就是一整天……": 同上, 161

6 "绝不会跟酒过不去": 同上, 163

7 "他不知道自己说了些什么……": 同上

8 "他总是一副兴高采烈的样子……": 同上, 161

9 "她坐在床边……": 同上, 164

23. 乔戈洛科夫树敌

1 "谁会想到我……": 赫尔岑, 101

2 "乔戈洛科夫就是个脑袋肥肿……": 《回忆录》, 165

3 "他向来不会……": 同上, 167

4 "我这辈子还没有尝到过如此的剧痛。": 同上, 170

24. 节前沐浴与马鞭事件

1 "生有一双漂亮的眼睛……": 《回忆录》, 173

2 "她的智慧让大家忘记了她容貌上的缺陷。": 赫尔岑, 118

3 "……而我则因此受到了怠慢": 同上, 120

4 "所有的人都感到震惊……": 同上

6 "可别让我陪着你们一起饿死渴死。": 同上

7 "大公的乐师": 同上，285

8 "只有亚历山大·舒瓦洛夫……": 同上

37. 别斯杜捷夫的陨落

1 "伯爵，我刚刚收到法国政府发来的消息……": 《回忆录》，286

2 "谢天谢地，咱们这是要去逮捕……": 同上，287

3 "一个忠诚耿直的男人……": 同上

4 "当时我的心口上可谓是插着一把尖刀……": 同上，288

5 "这些绝妙的好事儿都意味着什么……": 同上

6 "妄图在女皇陛下与两位大公……": 同上，292

7 "你可以证明我将自己的文件……": 同上，294

38. 博弈

1 "气势汹汹地冲进房间……": 《回忆录》，297

2 "您要对她说些什么呢？": 同上

3 "今天，我那个该死的外甥……": 同上，299

4 "我始终认为自己拥有……": 同上

5 "天性中的骄傲……": 同上，300

6 "如前所述，我是一个具有吸引力的女子……": 同上，301

7 "我们都担心您……": 同上，302

39. 对峙

1 "为什么要我送你回家……": 《回忆录》，305

2 "我的孩子现在在您的手里……": 同上

3 "陛下您可以向臣民公布……": 同上

4 "上帝做证……": 同上

5 "你太傲慢了……": 同上，306

6 "她太恶毒了……": 同上

7 "你插手干涉了很多与自己无关的事情……": 赫尔岑，288

8 "那么，你为什么要告诉他这些事情？": 同上，289

9 "大公对我一副愤愤不平的样子……": 同上

10 "我有一肚子的话想跟您说……": 同上，290

11 他告诉我女皇又同他谈了一会儿……": 同上，291

12 "我希望对我的每一个问题你都能实话实说。": 同上，296

40. 四角关系

本章中的引语均摘自波尼亚托夫斯基本人撰写的回忆录，R.马西翻译。

41. 帕宁、奥洛夫、达什科娃，伊丽莎白之死

1 "暂且让儿子被帕宁管教上一段时日吧……": 考斯，176

2 "我更愿意做沙皇的母亲……": 同上，177

3 "敌军在我方官兵心中……": 达菲，《腓特烈大帝》，171

4 "倘若我是皇帝……": 亚历山大，55

5 "我得给自己腾出一块地方。": 考斯，183

6 "天使的面容，运动员的体魄": 同上

7 "只知道寻欢作乐的男人……": 达什科娃，1:3

8 "我们能讲一口流利的法语……": 同上，4

9 "我可以斗胆断言……": 同上，13

10 "她征服了我的心与头脑……": 同上，29

11 "我的孩子，你迟早会记住……": 同上，27

12 "你还只是个毛孩子……": 同上，29

13 "变得声名赫赫": 同上，30

14 "……我知道人民对大公几乎不抱什么希望。": 同上，31

15 "之所以有如此举动一定是发疯了": 奥尔登堡，230

16 "原本四万八千人的大军……": 阿斯普雷，520

17 "我的麻烦在于……": 达菲，《腓特烈大帝》，192

18 "我有意让战争继续下去": 奥尔登堡，222

19 达什科娃公主深夜拜访叶卡捷琳娜及谈话内容均摘自达什科娃本人的记述，1:32－35

20 "伊丽莎白·彼得罗芙娜女皇已长眠于主的怀抱……": 哈斯利普，108

42. 彼得三世的短命王朝

1 "没想到我居然受到如此的爱戴。": 贝恩，《俄国皇帝彼得三世》，40

2 "我的小朋友，听一听我的建议吧……": 达什科娃，1:38

3 "皇帝表现出的节制与宽容……": 贝恩，《俄国皇帝彼得三世》，49

4 "在这里我看不到任何一个人……": 同上

5 "普鲁士方面的头号利器": 同上，56

6 "在晚宴上，素来对我恩宠有加的皇帝……": 同上

7 "决意摆脱对维也纳的所有义务": 同上，57

8 "咱们必须达成和解……": 同上，63

9 "向英勇的普鲁士将士们致以敬意": 同上，74

10 "关于老盟友奥地利，他倒是事无巨细地……": 同上

11 "出于对苦难者的同情……": 同上，77

12 "阁下，维护神圣的盟约……": 同上，79

13 "坦率地讲，我不太信得过……": 同上，116

14 "如果俄国人想要伤害我……": 同上，117

43. "蠢货！"

1 "看起来皇帝很少就国事……": 贝恩，《俄国皇帝彼得三世》，123

2 "皇后沉浸在悲痛与不祥的预感中……": 同上，130

3 "……小酒馆里的女招待": 同上，126

4 "面部宽阔肿胀，还长着一脸的麻子……": 同上

5 "蠢货！": 马达里亚加，《叶卡捷琳娜大帝时代的俄国》，27

6 "直到这时我才终于开始听取（废黜彼得的）提议……": 贝恩，《俄国皇帝彼得三世》，192

7 "若想报复他的话，陛下……": 同上，134

8 "你知道的已经太多了……": 考斯，214

9 "小母亲，醒醒……": 安东尼，165

10 "小母亲，原谅我们来迟一步……": 马达里亚加，《叶卡捷琳娜大帝时代的俄国》，29

11 "感谢上苍！": 达什科娃，1:81

12 "就像是十五岁的少年一般": 同上，1:98

13 "我此次率军前去是为捍卫皇权……": 亚历山大，9

14 "我不是总跟你说……": 贝恩，《俄国皇帝彼得三世》，154

15 "我们已经没有皇帝了……": 同上，160

16 "我接受提议……": 同上，161

17 "我，彼得，完全出于自愿……": 考斯，233

18 "他就像一个被打发去睡觉……": 同上。

44. "我们根本不清楚自己都干了些什么"

1 "……那是我一生中最悲哀的一次经历。": 马达里亚加，《叶卡捷琳娜大帝时代的俄国》，31

2 "你怎么有权……": 达什科娃，1:89

3 "才怀着难以言表的痛苦与屈辱……": 同上，1:90

4 "我恳请陛下信赖我……": 彼得在罗普莎期间写给叶卡捷琳娜的信，安东尼，176 - 177

5 "小母亲，世间最悲悯的女君主……": 马达里亚加，《叶卡捷琳娜大帝时代的俄国》，32，

6 "他脸上的神情……": 奥尔登堡，252

7 "我们根本不清楚自己都干了些什么": 考斯，244

8 "对于这起死亡事件我的恐惧难以言表……": 达什科娃，1:107

9 "执政第七天……": 考斯，246

10 "以免损害健康……": 特罗亚，139

11 "彼得三世失去了曾经拥有的智慧……": 贝恩，《俄国皇帝彼得三世》，191

12 "……这让我们明白了做人一定要时刻保持清醒。": 克罗宁，156

13 "对于这桩罪行女皇非常无辜……": 哈斯利普，133

14 "巴黎人民对于我丈夫的死亡作何评价？": 安东尼，180

45. 加冕典礼

1 "看到我时就连最底层的小兵……": 亚历山大，67

2 "您只是尽忠职守罢了。": 克罗宁，172

3 "我恳请陛下不要授予我这枚勋章……": 达什科娃，1:97

4 "在一系列事件中达什科娃公主起到的作用微乎其微……": 哈斯利普，144

5 叶卡捷琳娜与贝特斯科伊伯爵之间的交谈摘自达什科娃1:101 - 2和考斯，240

6 "一位中等个头的女人……": 斯科特·汤姆森，85 - 86

7 "主将这顶皇冠放在你的头上。": 格瑞，119

8 "我无法出门……": 同上

46. 政府与教会

1 "国库中尚有……": 瓦里柴夫斯基，313

2 "耻辱的和解": 考斯，239

3 "没有合适的服装": 同上

4 "考虑到最近同普鲁士国王陛下已达成和解……": 同上

5 "我的帝国如此广阔，如此无边无际": 哈斯利普，137

6 "每日清晨须向我呈交所有报告。": 同上

7 "女皇属于国家": 同上

8 "不能说你们对我的福祉……": 马达里亚加，《叶卡捷琳娜大帝时代的俄国》，44

9 "君主之眼": 同上，40

10 "您将看到议会存在着两个派别……": 同上，44 - 45

11 "您必须明白……": 同上，58

12 "就像一群哑巴狗一样……": 同上，116

13 "教会的敌人……（他们）将手……": 考斯，254

14 "当今的君主……": 马达里亚加，《叶卡捷琳娜大帝时代的俄国》，116

15 "叫他闭嘴！"：同上，301；"大骗子安德鲁"：同上，117

16 "你们都是十二使徒的传人……"：考斯，255

47. 农奴制

1 "待售：理发师一名……"：奥尔登堡，285

2 "欲购买一家人……"：瓦里柴夫斯基，304

3 "待售：多名家佣和技工……"：格瑞，122

4 "倘若我们不主动减少……"：同上，164

5 "好啦！人们都自由了！"：克罗宁，262

6 "……那一幕真令我感到恶心"：格瑞，122

7 "我这是在教训他……"：史密斯，《珍珠》，105

8 "这是我的小提琴手……"：同上，312；"绚烂美丽的奇迹……"：同上，70

9 "我对她满怀柔情蜜意……"：同上，71

48. "奥洛夫夫人绝对成不了俄国女皇"

1 "我身边的这些男人缺乏教育……"：哈斯利普，143

2 "我的朋友，或许你说得没错……"：亚历山大，74

3 "告诉女皇陛下……"：考斯，271

4 "众人皆应管好自己的事情……"：同上，273

5 "倘若女皇想要将我的项上人头放在断头台上……"：哈斯利普，149

6 "我真诚地希望……"：达什科娃，1:128

7 "如若不是他厌倦了这段感情……"：史密斯，《爱与征服》，9

8 "您应该不会惊讶于……"：哈斯利普，178

49. 伊凡六世之死

1 "当心点……"：考斯，277

2 "倘若犯人不服从管教……"：同上

3 "囚犯比以前安静了一些……"：同上

4 "他说话很吃力，结结巴巴……"：同上，278

5 "不得让该囚犯成功获救。"：同上，280

6 "撤免我们吧……"：同上

7 "最迟不超过初夏……"：同上

8 "年轻人，去开创自己的事业吧……"：同上，282

9 "继位后不久彼得三世……"：马达里亚加，《叶卡捷琳娜大帝时代的俄国》，35

10 "如果别人答应入伙……"：考斯，285

11 "皇帝在哪里？"：亚历山大，91

12 "瞧啊，我的弟兄们……"：考斯，285

13 "上帝之道妙不可言，高深莫测……"：马达里亚加，《叶卡捷琳娜大帝时代的俄国》，36

14 "离开（里加）时她浑身洋溢着……"瓦里柴夫斯基，264

15 "凡涉及对我个人的中伤……"：考斯，287

16 "尽忠职守"：同上，288

17 "关于伊凡之死她（叶卡捷琳娜）……"：特罗亚，167

18 "依我之见，如果我坐在那个位置上的话……"：同上

19 "我不得不说您……"：同上

50. 叶卡捷琳娜与启蒙运动

1 "我的行为方式……"：哈斯利普，157

2 "……无论胜负，国家都承受了同样的苦难……": 杜兰特，10:151

3 "噢，伟大的上帝……":同上，9:750

4 "把他们打发走……":同上，10:133

5 "最高处，也是最冷的阁楼里": 同上

6 "由于对上帝的爱而被绞死……": 同上，9:731

7 "判处这名男子死刑只花了两个小时……": 同上，9:733

8 "我去巴黎只是为了你……":同上，10:392

9 "生在伏尔泰的时代……":同上，10:139

10 "整个文明世界尽在他的掌握中。":同上，9:784

11 "在我看来，自伏尔泰之后……": 安东尼，229

12 "我清楚……为了涉及亲夫的一些琐事……":戈尔巴托夫，70

13 "我相信咱们必须克制……": 同上

14 "北方的塞米勒米斯": 杜兰特，9:448

15 "看在老天的分上，努力说服……": 马达里亚加，《叶卡捷琳娜大帝时代的俄国》，336

16 "在很多方面……都尽善尽美……":戈尔巴托夫，177

17 "您与狄德罗先生目前正在完成的著作……": 杜兰特，9:719

18 "加油，勇敢的狄德罗……": 同上

19 "将学者与他的藏书……":古奇，60

20 "伟大的公主，我匍匐在您的脚下……": 特罗亚，177

21 "狄德罗，达朗贝尔与我……":同上，178

22 "三十年的辛劳……": 同上

23 "我未曾料到……":戈尔巴托夫，156

24 "狄德罗先生，您看到自己走进来的那扇门了吗……":奥利瓦，119

25 "我的夫人": 特罗亚，207

26 "你们这位狄德罗先生太不同寻常了……": 杜兰特，9:448

27 "狄德罗先生，我兴致盎然地聆听着……": 特罗亚，207

28 "您已经同凯撒……":同上，209

29 "夫人：在您的朝臣看来我一定颜面尽失……": 雷德韦，198

30 "先生，好好享受生活……":同上，199

31 "戴着枷锁回心转意了":同上，200

51. 《训令》

1 "在在位君主编纂并出版的论著中……":马达里亚加，《叶卡捷琳娜大帝时代的俄国》，151

2 "俄国属于欧洲。":同上，153

3 "对于犯罪，预防比惩罚更行之有效": 雷德韦，225

4 "只会制造无知……":同上，288

5 "酷刑的使用……":同上，231

6 "并未带来丝毫明显的不便":同上，232

7 "在尚未断明公民是否有罪的时候……":同上，244

8 "一切对人身造成严重伤害的……":同上，227

9 "在有些案件的审理中法官应当与被告人来自同一阶层":同上，232

10 "文明社会要求稳定的秩序……":同上，256

11 "灵魂都不属于自己……": 哈斯利普，162

12 "这些观念会让一切土崩瓦解。": 马达里亚加，《叶卡捷琳娜大帝时代的俄国》，158

5 "每一次俄军取得胜利时我都情不自禁地想要写信给您……": 同上

6 "看来在波兰人只能逆来顺受……": 安东尼, 203

55. 医生、天花和瘟疫

1 "去小村子看看……": 克罗宁, 167

2 "真希望英国的医院也都能如此重视清洁卫生问题。": 马达里亚加,
《叶卡捷琳娜大帝时代的俄国》, 560

3 "我身染重病……": 亚历山大, 144

4 "四年来我的头痛一直没有发作过……": 同上, 143

5 "就连跳蚤叮的包你都治不好。": 克罗宁, 169

6 "做得好, 夫人! 做得好!": 同上, 169

7 "你知道我还是个孩子……": 亚历山大, 145

8 "具有不同寻常的美德和美貌, 并且富甲天下": 同上

9 "我非常难过……": 同上

10 "……女伯爵逝世的消息一传来……": 同上

11 "所见过的最迷人的女性": 克罗宁, 168

12 "完全是尽人皆知的秘密……": 亚历山大, 146

13 "只是略有不适": 同上, 147

14 "我之所以能够以身作则……": 同上

15 "我们的医学院里那些牙尖嘴利的庸医们": 同上, 148

16 "善意而热心": 雷德韦, 135

17 "著名的18世纪……": 同上

18 "我们已经在这种境况中煎熬了一个月……": 亚历山大, 158

56. "彼得三世"归来

1 "自源头至河口的所有河流全部开放……": 马达里亚加,《叶卡捷琳娜大帝时代的俄国》, 243

2 "我将赐予你们……": 奥尔登堡, 299

3 "如果上帝允许我进入圣彼得堡……": 考斯, 296

4 "一场亵渎神灵的动乱": 亚历山大, 170

5 "明君圣主沙皇彼得三世": 马达里亚加, 《叶卡捷琳娜大帝时代的俄国》, 270

6 "你们代表的是谁就是谁。": 考斯, 298

7 "一个普普通通的抢劫犯": 奥尔登堡, 301

8 "一个蟊贼的几桩惊人之举": 特罗亚, 213

9 "普加乔夫侯爵": 亚历山大, 177

10 "奥伦堡冒出来了一个叶卡捷琳娜的新丈夫": 哈斯利普, 211

11 "这六个多星期我都不得不……": 格瑞, 162

12 "这群乌合之众……": 亚历山大, 171

13 "调查中需要鞭子吗……": 马达里亚加, 《叶卡捷琳娜大帝时代的俄国》, 249

14 "奥伦堡已经被一伙土匪困围……": 亚历山大, 171

15 "就让农民自生自灭去吧……": 马达里亚加, 《叶卡捷琳娜大帝时代的俄国》, 248

16 "没有发现任何外国势力的参与": 亚历山大, 174

17 "就跟美洲殖民地一样聚居着百无一用的废物……": 同上

18 "你非常喜欢绞刑……": 同上

57. "普加乔夫侯爵"的末日

1 "倘若上帝赐予我统治这个国家的力量……": 马达里亚加,《叶卡捷琳娜大帝时代的俄国》, 271

5　"他的原名为寻常可见的……"：哈斯利普，261

6　"为人善良、快乐、诚实……"：马达里亚加，《叶卡捷琳娜大帝时代的俄国》，354

7　"同其他人相比他就是天使……"：哈斯利普，288

8　"他们努力了，可是我无法忍受他们的帮助……"：亚历山大，217

9　"我陷入了极度的痛苦中……"：同上，216

10　"最亲爱的朋友——叶卡捷琳娜 敬献"：哈斯利普，290

11　"我的内心再度恢复了平静和安详……"：同上，292

12　"你这个杂种，你这个小丑……"：同上，299

13　"要么他滚，要么我滚……"：同上

14　"二人睡至9点"：亚历山大，218

15　"我们就像魔鬼一样聪明……"：考夫兰，295

16　"萨沙堪称无价之宝……"：哈斯利普，305

17　"令人窒息"：同上，306

18　"尽忠职守是你的本分……"：同上，330

19　"一脸冷淡，心事重重"：亚历山大，219

20　"平淡无奇，既没有姿色……"：同上，220

21　"愿上帝赐予他们幸福。"：古奇，51

22　"我绝对没有当过任何人的暴君……"：亚历山大，222

23　"无休无止地折磨着"：同上

64. 叶卡捷琳娜、保罗与娜塔莉

1　"……我们从未如此开心过……"：古奇，26

2　"星期二，我同儿子回到了城里……"：同上

3　"这位女士凡事无不竭尽所能……"：亚历山大，227

4　"大公……亲自来跟我说……"：史密斯，《爱与征服》，58

5　"她的朋友都急于……"：亚历山大，228

6　"这辈子我还从未……"：同上

7　"连续三天我不吃不喝……"：哈斯利普，239

8　"发育良好的男婴"：亚历山大，229

9　"我片刻都没有耽误……"：特罗亚，232

10　"好啦，既然已经清楚她无法生育……"：同上，231

65. 保罗、玛丽亚与皇位继承人

1　"我希望俄国大部分地区在各个方面……"：同上，231

2　"普鲁士国王陛下对大公殷勤之至……"：古奇，29

3　"大公极其和蔼……"：同上

4　"我的女儿"，"请相信……"：亚历山大，232

5　"十天之内她就会赶到这里……"：安东尼，277

6　"我的儿子欣喜若狂地带着他的公主回来了……"：亚历山大，233

7　"我发誓对你的爱……"：特罗亚，234

8　"我亲爱的丈夫就是一个天使……"：古奇，30

9　"无论身处何地她都有能力……"：同上

10　"得到了一份欧洲地图"：哈斯利普，285

11　"波兰国王陛下是否依然……"：同上，286

12　"喜欢用水果炖出来的甜腻腻的甜品……"：同上

69. 艺术、建筑与青铜骑士

1　"沃波尔的收藏已经不复存在了……":笛卡尔, 42

2　"博杜安伯爵任凭陛下您决定合同条款……":同上, 44

3　"人世太奇怪了……": 同上

4　"我们喜出望外。": 同上

5　"……我就是一个贪得无厌的人。": 瓦里柴夫斯基, 344

6　"您应当清楚我们对建筑的热爱……":马达里亚加, 《叶卡捷琳娜大帝时代的俄国》, 532

7　"现在我爱上了英国这种散心的园子……": 瓦里柴夫斯基, 390

8　《上尉的女儿》参见亚莫林斯基, ed., 599 - 727

9　"对我来说陛下您就是未来的观众……":瓦里柴夫斯基, 341—529

10　"多么迷人的一幅画啊……":笛卡尔, 26

11　"我的藏画太漂亮了……":同上, 29

12　"他们不像我, 没有计算过压力……":朗丁, 221

13　"老歌唱得好……":同上, 222

14　"我只听到对这尊塑像的赞扬……": 同上

15　"……基本上所有人都十分开心……": 同上

16　"你要找的是诚实、通情达理的人……": 瓦里柴夫斯基, 350

17　普希金的《青铜骑士》选段摘自亚莫林斯基, ed., 106 - 107

70. "他们竟然能把国王吊死在灯杆上!"

1　"向上帝及国家宣誓……": 沙玛, 359

2　"回去告诉那些把你派来的人……": 沙玛, 363

3　"无效、非法、违宪": 维尼克, 124

4　"恐怕在国王出逃的过程中最大的障碍……":古奇, 103

5　"法国人、俄国人、丹麦人……": 马达里亚加, 《叶卡捷琳娜大帝》, 189

6　"我根本不相信皮匠和鞋匠有能力……":古奇, 99

7　"……他们竟然能把国王吊死……": 马达里亚加, 《叶卡捷琳娜大帝时代的俄国》, 421

8　"我尤其希望王后的处境……":古奇, 99

9　"看到你将要离去我十分伤感……":哈斯利普, 341

10　"夫人, 恐怕的确如此……": 同上

11　"长了一千两百个脑袋的海德拉": 瓦里柴夫斯基, 351

12　"那只是一些操纵机器的工人……":古奇, 100

13　"叫一千个人合写一封信……": 克罗宁, 269

14　"法国国王一家之事乃为天下所有国王之事……":叶卡捷琳娜这份外交照会节选自拉里维埃里, 101 ff.

15　"……为了去仿效尤, 同时也为了对巴黎人给予永生难忘的报复": 沙玛, 612

16　"……监狱里吐出来的一群穷凶极恶的人渣": 卢米斯, 75

17　"我对这群犯人毫不在意……":沙玛, 633

18　"为了使共和国免受内奸的伤害……":汤普森, 258 - 9

19　"有史以来最卑鄙、最残暴的行径": 沙玛, 687

20　"革命不需要科学家": 卢米斯, 335

21　"夫人, 咱们现在就得走了……":同上, 333

22　"这种机械装置能够以闪电般的速度落下……": 沙玛, 621

23　"在被斩首后…………":参见 www.guillotine.dk/Pages/30sek/html

5 "此处长眠着叶卡捷琳娜二世"：安东尼，325
6 "……我的名字是'叶卡捷琳娜二世'"：亚历山大，265
7 "就在前天……"：哈斯利普，361

译名参照表

Abdul Hamid　阿卜杜勒·哈米德一世

Académie des Beaux-Arts　法兰西美术院

Adadurov, former Russian language teacher
阿达杜洛夫

Adam Czartoryski , Prince-Chancellor　亚
当·卡齐米日·恰尔托雷斯基

Admiralty Square　海军广场，圣彼得堡

Adolphus（Adolf）Frederick, the Prince-
Bishop of Lübeck　阿道夫·腓特烈，吕贝克亲王
主教，约翰娜的哥哥

Agamemnon　阿伽门农

Akkerman / Ackkerman　（战区）阿克曼

Alekseyevna　阿列克谢耶夫娜

Alexander Bezborodko　亚历山大·别兹博罗德科

Alexander Bibikov, General　亚历山大·比比科夫将军

Alexander Golitsyn　亚历山大·戈利岑

Alexander Lanskoy　亚历山大·朗斯科耶

Alexander Mamonov　亚历山大·马莫诺夫

Sasha / the Red Coat　萨沙 / 红外套（昵称）

Alexander Nevsky Monastary　亚历山大·涅夫斯
基修道院

Alexander Potemkin　亚历山大·波将金

Alexander Radischev　亚历山大·拉季舍夫

Alexander Shuvalov, Count　亚历山大·舒瓦洛
夫伯爵

Alexander Kerensky　亚历山大·克伦斯基

Alexander Markov　亚历山大·马尔科夫

Alexander Samoilov　亚历山大·萨莫伊洛夫

Alexander Stroganov, Count　亚历山大·斯特
罗加诺夫伯爵

Alexander Sumarokov　亚历山大·苏马罗科夫

Alexander Vasilchikov　亚历山大·瓦西里奇科夫

Alexander Vorontsov　亚历山大·沃伦佐夫

Alexander Yermolov　亚历山大·耶尔莫洛夫

Alexandra Pavlovna　亚历山德拉·帕夫洛芙娜

Alexandra / Sashenka　亚历山德拉 / 萨申卡

Aleksey Orlov　阿列克谢·奥洛夫

Alexis Bestuzhev-Ryumin, Count　阿列克
谢·别斯杜捷夫−柳明伯爵

promoted from vice chancellor to chancellor
伊丽莎白女皇的总理大臣

Alexis Mikhailovich　阿列克谢·米哈伊洛维奇

Alexis Razumovsky　阿列克谢·拉祖莫夫斯基
（伊丽莎白女皇的情人）

Grand Master of the Hunt　狩猎团团长

Alexis Gregorovich (son of Gregory)　阿列克
谢·格里高利维奇（意为"格里高利之子"）

Aleksey Grigorievich Bobrinsky, Count　阿列克
谢·波布林斯基伯爵

Alleyne Fitzherbert (later Lord St. Helens)　阿莱
恩·菲茨赫伯特，英国大使（后被册封为"圣海伦
勋爵"）

Amalie　阿玛利亚

Ambrosius, Father　安布罗斯

Anatolia　安纳托利亚（亚洲西部半岛小亚细亚的
旧称）

Andrei Chernyshev　安德烈·切尔尼谢夫

André Chénier　安德烈·舍尼埃

Andrei Razumovsky　安德烈·拉祖莫夫斯基

Anhalt - Zerbst　安哈尔特−泽布斯特公国

Anichkov Palace　阿尼奇科夫宫

Anna　安娜（彼得大帝的长女，俄国伊丽莎白女皇
的姐姐）

Anna Leopoldovna　安娜·利奥波多芙娜（伊凡六
世的母亲）

Anna Sheremeteva, Countess　安娜·舍列梅捷

娃女伯爵

Annunciation　圣母领报教堂

Anthony Ulrich　安东·乌尔里希

Antoine Pesne　安东尼·皮斯尼

Antoine Lavoisier　安托万·拉瓦锡

Antonio Rinaldi　安东尼·瑞纳尔蒂

Appolon Ushakov　阿珀龙·乌沙科夫

Archangel Michael　天使长米迦勒教堂

Archangel region（Arkhangelsk）　阿尔汉格尔斯克

Armand Lestocq　阿尔芒·莱斯托克

Arseniy（Arsenius /Arseny）Matseyevich，metropolitan of Rostov　亚瑟尼斯·麦茨耶维奇

Artois，Count / Charles X　阿图瓦伯爵 / 查理十世

Astrakhan　阿斯特拉罕

Bakhchisarai　巴赫奇萨赖

Barbados　巴巴多斯岛

Bashkir　巴什基尔（人）

Bar　巴尔（波兰南部小镇）

Baden　巴登

Barre，Father（nicholas）　尼古拉·巴诺神父

History of German　《德意志史》

Baudouin，Comte de　博杜安伯爵

Beketov　贝科托夫

Belgrade　贝尔格莱德

Bender（战区）　本德

Berda　别尔达河

Bernardi，Venetian jeweler　贝尔纳迪，威尼斯的珠宝商

Bernhard von Goltz，Baron　伯恩哈德·冯·戈尔茨男爵

Bicêtre　比塞特尔

Bielcke，Frau　比耶克夫人

Black Sea Fleet　黑海舰队，俄国

Boerhave，Dr.　布尔哈夫医生

Bonhomme Richard　好人查理号（约翰·保罗·琼斯指挥的法国商船）

Boris Godunov　鲍里斯·戈东诺夫

Boris Sheremetev　鲍里斯·舍列梅捷夫

Bressan　布雷森

Brockdorff　布洛克多夫

Brummer，Otto　奥托·布鲁默

Brunswick，Duchess of Brunswick　布伦瑞克公爵夫人

Bug River　布格河

Bucharest　布加勒斯特

Buturlin，General　布特林将军

Buckinghamshire，Earl　白金汉郡伯爵

Butirsky Regiment　布提尔斯基军团

Caligula　卡利古拉

Campredon　康普勒东

Candide　《憨第德》

Carmelite convent　加尔默罗修道院

Carpathians　喀尔巴阡山脉

Catherine Dashkova　叶卡捷琳娜·达什科娃

Catherine Zinovieva　叶卡捷琳娜·季诺维耶娃

Charles Augustus　查理·奥古斯都

Cape Matapan　马塔潘角

Carpathian　喀尔巴阡山脉

Catherine Karr　叶卡捷琳娜·卡尔（彼得的情人）

Cesare Beccaria　西萨尔·贝卡里亚

Essay on Crimes and Punishment　《论犯罪与刑罚》

Charles Cameron　查理·卡梅隆

Charles de Ligne　查理·约瑟夫·利涅（奥地利陆军元帅）

Charles de Nassau–Siegen，prince　查理亲王，拿骚–锡根

Charles Frederick　查理·腓特烈

Charles Hanbury–Williams，Sir　查尔斯·汉伯里–威廉爵士（英国驻俄国大使）

Charles James Fox　查尔斯·詹姆士·福克斯

Charlotte Corday　夏绿蒂·科黛

Châtelet　夏特雷

Chelvabinsk　车里雅宾斯克

Cherbourg　瑟堡

Chesme Bay　切什梅海湾

Chios，island of　希俄斯岛

Choiseul，Duc de　舒瓦瑟尔公爵

Christian Augustus，Prince　克里斯蒂安·奥古斯都亲王

Christina，Queen　克里斯蒂娜女王

Chulkov　丘尔科夫

Claudius　克劳迪乌斯

Cleopatra　克娄巴特拉

Clytemnestra　克吕泰涅斯特拉

College of Medicine　俄国医学院

Consulate　执政府（法国大革命之后）

Committee of Public Safety　公共安全委员会

尼姆夫人

Malmesbury, Earl　马姆斯伯里伯爵

Jassy　雅西（战区）

Jean d'Alembert　让·勒朗·达朗贝尔

Jean-Jacques Rousseau　让-雅克·卢梭

Jean-Paul Marat　让-保尔·马拉

Johanna Elizabeth of Holstein-Gottor, Princess　约翰娜·伊丽莎白公主

John Burgoyne　约翰·伯戈因

John Busch　约翰·布什

John Elphinstone　约翰·埃尔芬斯通

John Falstaff, Sir　约翰·法斯塔夫爵士

John Locke　约翰·洛克

John Paul Jones　约翰·保罗·琼斯

John Rogerson　约翰·罗杰森

Jospeh Guillotin　约瑟夫·吉约丹

Julian calender　儒略历（后改为格里历）

Junker lineage　容克阶层

Kachenevski　凯申涅夫斯基

Kaidek　凯德克

Kalmuck　卡尔梅克（人）

Kamchatka Peninsula on the Pacific　堪察加半岛

Kaniev　卡涅夫

Karelia　卡累利阿

Karlsbad　卡尔斯巴德

Katya / Katyusha　卡特娅/喀秋莎

Kerch　刻赤

Kexholm（瑞典语名称）　普里奥焦尔斯克（俄语名称）

Kharkov　哈尔科夫

Kherson　赫尔松

Khotilovo　霍季洛沃

Kiel　基尔

Kiev　基辅

Kinburn　金布恩

King Frederick William of Prussia　普鲁士国王腓特烈·威廉一世

Kirghiz　柯尔克孜族（吉尔吉斯族）

Kolomenskoe palace　卡洛明斯卡雅庄园

Konigsberg　柯尼斯堡

Koseletz　科塞勒茨

Kostrama　科斯特罗马

Kozludzhi　克兹鲁德芝

Krasnoe Selo　红村

Kraców　克拉科夫

Kronstadt　喀琅施塔德海军基地

Kruase, Madame　克鲁泽夫人

Kuchuk Kainardzhi　库楚克-凯纳尔吉

Kuchuk Kainardzhi, Treaty of　《库楚克-凯纳尔吉条约》

Kunersdorf　库勒斯道夫战役

Kursk　库尔斯克

Kurt von Schwerin, Count　库尔特·冯·施维林伯爵

Kuskovo　库斯科沃庄园

Kyril（Kyrylo）Razumovsky, Count　基里洛·拉祖莫夫斯基伯爵

Ladoga, Lake　拉多加湖

Lafayette　拉法耶特

Lamballe, Princesse　朗巴勒公主

Landgrave　伯爵/亲王/领主（某些德国王子的称号）

Landgravine　伯爵夫人/公主/领主夫人（某些德国王子夫人的称号）

Languille　兰古勒

Lausanne　洛桑（瑞士）

La Chetardie , marquis　拉舍塔迪埃侯爵

Lefort　莱福特

Leghorn　来亨

Leopold　利奥波德

Les Délices　乐园（伏尔泰在日内瓦的故居）

Lestocq　莱斯托克

Lev Naryshkina　列夫·纳雷什金

Lewis（Ludwig）,Prince　路易斯（路德维希）亲王（黑森-达姆施塔特）

Liman, Tale　里曼（潟湖区）

Liria　利里亚

Lithuania　立陶宛公国

Livonia / Livonian　利沃尼亚

Lynar, Count　利内尔伯爵

Long Gallery　冬宫里的长廊

Louise　路易莎

Louisa Ulrika　路易莎·乌尔莉卡

princess of prussia　腓特烈大帝的妹妹

Lublin　卢布林

Luka Chekin, Lieutenant　柳卡·切克金

Luders, Dr.　吕德斯

Lübeck, the Lutheran Bishop of Lübeck　路德会在吕贝克地区的主教

Valmy 瓦尔密

Van Dycks 凡·戴克

Varennes 瓦雷内

Varvara /Varinka 瓦尔瓦拉/维洛琳卡

Varvarsky Gate 瓦瓦斯基大门

Vasily Dolgoruky, General 瓦西里·多尔戈鲁基

Vasily Kar 瓦西里·卡尔

Vasily Shkurin 瓦西里·什库林

Vasily Suvorov, General 瓦西里·苏沃洛夫将军

Vassilevsky Island 瓦西里岛

Vasily Mirovich 瓦西里·米罗维奇（营救伊凡
六世）

Verdun 凡尔登

Veronese 委罗内塞

Vilnius 维尔纽斯

Vinovaty, Matushka（We beg your pardon,
Mama） 小母亲，恳求您原谅我们吧

Virginia 弗吉尼亚

Vistula River 维斯瓦河（又译"维斯杜拉河"）

Vladimir Borovikovsky 弗拉基米尔·博洛维科
夫斯

Vladimir, Grand Prince 弗拉基米尔，基辅大公

Volkonsky [the governor-general of Moscow]
沃尔康斯基（莫斯科总督）

Voronezh 沃罗涅日

Vyazemsky, A. A. 维亚泽姆斯基

Vyborg 维堡

Wallachia 瓦拉几亚

Wagner, Pastor 瓦格纳牧师

Warsaw 华沙

Westphalia 威斯特伐利亚地区

White Sea 白海

Wight, Isle of 怀特岛

Wilhelm Christian 威廉·克里斯蒂安

Wilhelm Frederick 威廉·腓特烈

Wilhelmina Louise, Princess 威廉明娜·路易莎
公主（俄语名为娜塔莉·阿列克谢耶芙娜）

Wilhelmina 威廉明娜

William Penn 威廉·佩恩

William Pitt, prime minister 威廉·皮特总理

William of Normandy 威廉，诺曼底公爵

Wolff, Baron 沃尔夫男爵（英国驻圣彼得堡的
领事）

Wolfgang Amadeus Mozart 沃尔夫冈·阿马德乌
斯·莫扎特

Württemburg 符腾堡

Xavier Branitsky 塞维尔·布兰尼斯基

Yaik 亚伊克河（1775年更名为"乌拉尔河"）

Yaitsk 雅茨克（后更名为"乌拉尔斯克"）

Yaitsk River 雅茨克河（后更名为"乌拉尔河"）

Yakov Baturin 雅科夫·巴特瑞恩

Yakov Bulgakov 雅科夫·布尔加科夫

Yaroslavl on the Volga 雅罗斯拉夫尔

Yekaterinburg 叶卡捷琳堡

Yorktown 约克镇

Yorkshire 约克郡

Yustina Kuznetsova 贾斯廷娜·库兹涅佐娃

Yusupov, Prince 尤苏波夫王子

Zakhar Chernyshev, Count 扎克哈尔·切尔尼
谢夫伯爵

Gentlemen-of-the Bedchamber 侍寝官

Zorndorf 曹恩道夫

图书在版编目（CIP）数据

通往权力之路 : 叶卡捷琳娜大帝 / 叶卡捷琳娜大帝 / (美) 罗伯特·K.迈锡著 ; 徐海幉译. -- 北京 : 北京时代华文书局,
2025.3.（2025.9重印）-- ISBN 978-7-5699-5937-6

Ⅰ.K835.127=41

中国国家版本馆CIP数据核字第2025TJ5644号

北京市版权局著作权合同登记号 图字：01-2023-2579

TONGWANG QUANLI ZHI LU:YEKAJIELINNA DADI

出 版 人：陈　涛
图书策划：陈丽杰
责任编辑：王立刚
装帧设计：程　慧　迟　稳
责任印制：刘　银

出版发行：北京时代华文书局 http://www.bjsdsj.com.cn
　　　　　北京市东城区安定门外大街138号皇城国际大厦A座8层
　　　　　邮编：100011　电话：010-64263661　64261528
印　　刷：三河市嘉科万达彩色印刷有限公司
开　　本：710 mm×1000 mm　1/16　　　成品尺寸：165 mm×230 mm
印　　张：47.75　　　　　　　　　　　　字　　数：600千字
版　　次：2025年3月第1版　　　　　　　印　　次：2025年9月第2次印刷
定　　价：129.00元

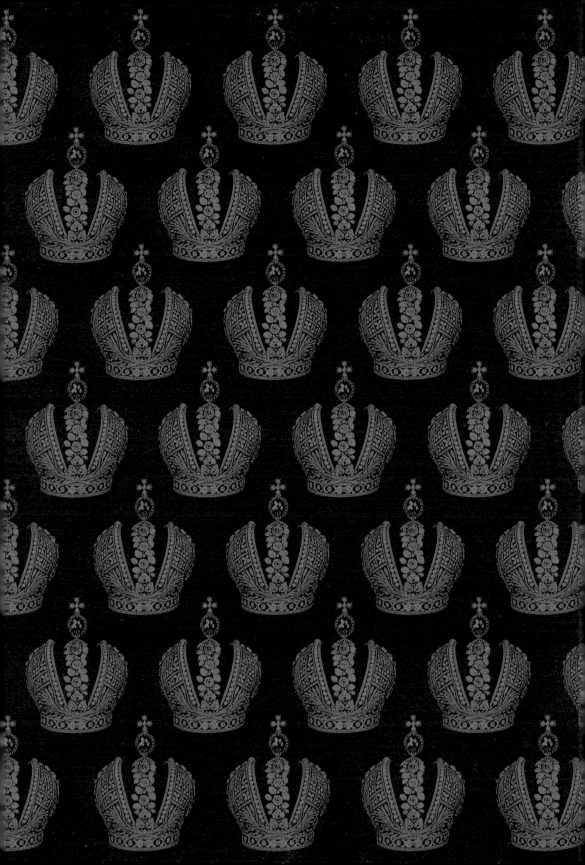